Adolf Wagner und Ullrich Heilemann (Hrsg.)

Empirische Makroökonomik und mehr

Adolf Wagner und Ullrich Heilemann (Hrsg.)

Empirische Makroökonomik und mehr

Festschrift zum 80. Geburtstag von Karl Heinrich Oppenländer

Lucius & Lucius · Stuttgart

Anschrift der Herausgeber:

Univ.-Prof. Dr. Dr. h. c. Adolf Wagner
Universität Leipzig
Burglehenweg 7
D-72108 Rottenburg
prof@adolfwagner.eu

Univ.-Prof. Dr. Ullrich Heilemann
Institut für Empirische Wirtschaftsforschung (IEW)
Universität Leipzig
Grimmaische Straße 12-14
D-04109 Leipzig
heilemann@wifa.uni-leipzig.de

Die Drucklegung dieses Bandes wurde ermöglicht
durch eine Zuwendung der Wüstenrot Stiftung

WÜSTENROT STIFTUNG

Bibliographische Information der Deutschen Nationalbibliothek

Die Deutsche Nationalbibliothek verzeichnet diese Publikation in der Deutschen Nationalbibliografie; detaillierte bibliografische Daten sind im Internet über http://dnb.d-nb.de abrufbar.

ISBN 978-3-8282-0570-3

Druck und Einband: BELTZ Bad Langensalza GmbH, Bad Langensalza
Printed in Germany

Vorwort

Karl Heinrich Oppenländer[1] wurde am 17. Januar 1932 als Lehrerssohn in Dörzbach, Kreis Künzelsau, geboren. Aufgewachsen ist er zusammen mit einem Bruder und einer Schwester. Nach dem Abitur 1951 in Mühlacker führte sein beruflicher Weg zunächst in eine kaufmännische Lehre, die er 1953 mit der Kaufmannsgehilfenprüfung vor der Industrie- und Handelskammer Stuttgart abschloß. Nach einiger Zeit als Exportkaufmann in seinem Lehrbetrieb folgte das Studium der Volkswirtschaftslehre an der Ludwig-Maximilians-Universität in München, das Oppenländer 1958 als Diplom-Volkswirt erfolgreich beendete. Verheiratet ist Oppenländer seit 1958 (»Ein bezauberndes Mädchen«) mit Cäcilie Mathilde, geb. Weiß. Das Ehepaar hat zwei Kinder: Christine und Thomas.

In die angewandte Wirtschaftsforschung führte Oppenländers Weg ab September 1958, als er in die Industrieabteilung des Ifo-Instituts für Wirtschaftsforschung als wissenschaftlicher Referent eintrat. Dort folgten nach und nach Leitungsaufgaben als Abteilungsleiter und im Vorstand sowie von 1976 bis 1999 schließlich die Stellung als Präsident (Vorsitzender des Vorstandes) des Ifo-Instituts München. Nach 41 Jahren hauptamtlicher Tätigkeit bei Ifo trat Oppenländer in den Ruhestand.

Stets hat Karl Heinrich Oppenländer – nebenberuflich – intensiven Kontakt zur Wissenschaft in der Universität gepflegt. Zu erwähnen ist die Promotion zum Dr. oec. publ. bei dem renommierten Professor Dr. Erich Preiser 1963 an der Universität München. Die Dissertation wurde unter dem Titel »Die moderne Wachstumstheorie« als Buch veröffentlicht. Eine mit Erich Preiser abgesprochene Habilitation wurde durch den frühen Tod Preisers am 16. August 1967 abgebrochen. Gleichwohl gab es danach zahlreiche Kontakte mit anderen Professoren und einige interessante Lehraufgaben an Universitäten; denn diesen anderen Weg hat Oppenländer nie ganz aus den Augen verloren. Doch erst im Jahre 1972 entwickelten sich nach Einladungen von Prof. Dr. Alfred E. Ott nach Tübingen sowie in das von Ott mit veranstaltete Wirtschaftswissenschaftliche Seminar Ottobeuren ernsthafte Anknüpfungen an die Universität.

Mit der Schrift »Der investitionsinduzierte technische Fortschritt« (Buchtitel) kam schließlich an der Universität Tübingen eine Habilitation zustande. Am 10. Juli 1975 beschloss der Senat der Universität Tübingen die Verleihung der venia

---

1 Vgl. Helmut Marcon, Heinrich Strecker (Hrsg., 2004): 200 Jahre Wirtschafts- und Staatswissenschaften an der Eberhard-Karls-Universität Tübingen. Leben und Werk der Professoren. Die Wirtschaftswissenschaftliche Fakultät der Universität Tübingen und ihre Vorgänger (1817–2002), in zwei Bänden, Bd. I, Stuttgart, S. 835–843, sowie Karl Heinrich Oppenländer (2011): Erinnerungen eines Wirtschaftsforschers. Privates und Berufliches, Norderstedt.

legendi für »Volkswirtschaftslehre und Wirtschaftsstatistik«. Nach Umhabilitierung des Tübinger Privatdozenten Oppenländer an die Universität München am 15. September 1976 lehrte Oppenländer dort »Volkswirtschaftslehre und Wirtschaftsstatistik« (ab 1983 als apl. Professor).

Zeitweilig sprach man im Fach vom »Wachstums-Oppenländer«. Daran orientiert sich der Titel der vorliegenden Festschrift. Allerdings ist die Thematik des vorliegenden Bandes zu Ehren von Karl Heinrich Oppenländer entsprechend seinem Arbeitsfeld sehr weit gespannt. Die Herausgeber waren für gesamtwirtschaftliche Theorie (nach Alfred Stobbe), für Analysen mit Aggregatvariablen (nach Ragnar Frisch), für Saldenmechanisches (nach Wolfgang Stützel), für ältere und neuere Ökonometrie (nach Peter Schönfeld und Peter Swann), für Input-Output-Analysen (nach Wassilij Leontief und Gerhard Gehrig), für die Schwierigkeiten des Arbeitens mit unscharfen Variablen (nach Joan Robinson) und unüblichen Größen (nach Gustav Feichtinger) bis hin zur Methodologie empirischer Makroökonomik (nach Kevin D. Hoover) und für die Grenzen empirischer Wirtschaftsforschung überhaupt (nach Josef Richter) offen. Die einzelnen Forschernamen stehen zugleich für einen wesentlichen Teil wissenschaftlichen Denkens, das Karl Heinrich Oppenländer weiterhin beschäftigt.

Durch drei einschlägige exemplarische Monografien ist Karl Heinrich Oppenländer neben zahlreichen anderen Schriften im Fach besonders als Wachstumsforscher hervorgetreten:

- Karlheinz Oppenländer (1963): Die moderne Wachstumstheorie. Eine kritische Untersuchung der Bausteine der Gleichgewichtskonzeption und der Wirklichkeitsnähe, München.
- Karl Heinrich Oppenländer (1976): Der investitionsinduzierte technische Fortschritt. Berechnung und Analyse für die Verarbeitende Industrie der Bundesrepublik Deutschland, München-Berlin (russisch: Moskau 1981).
- Karl Heinrich Oppenländer (1988): Wachstumstheorie und Wachstumspolitik. Die Strukturdynamik als wesentlicher Erklärungsfaktor des wirtschaftlichen Wachstums und als Ansatzpunkt für eine innovationsbezogene Wachstumspolitik, München.

Wie leicht nachzuweisen, sind K. H. Oppenländer mit seiner Wachstumsforschung zugleich auch Beiträge zur Innovationsökonomik, zur Bevölkerungsökonomik und zur Evolutorischen Ökonomik gelungen.

Alte und neue Leser von Oppenländers Arbeiten werden von seiner souveränen Beherrschung theoretischen Räsonnements, empirischer Methoden und intimer Kenntnis der Daten beeindruckt sein. Hinzu kommt ein ausgeprägtes Verständnis für wirtschaftspolitische Erfordernisse, ohne die Grenzen für die wissenschaftliche Machbarkeit und Vertretbarkeit aus dem Auge zu verlieren. Fähigkeiten und Eigenschaften des Jubilars, verstärkt durch Toleranz und Geduld bei der

Beschreitung wissenschaftlicher Produktionsumwege, halfen Oppenländer auch bei der Leitung des Ifo-Instituts. International und gesamtdeutsch erwarb sich der Jubilar durch sein weitsichtiges Engagement hohes Ansehen – etwa auf dem Gebiet der Konjunkturforschung (mit CIRET) oder mit der zeitigen Gründung einer Institutsniederlassung in Dresden. Oppenländer wurde mit dem Bayerischen Verdienstorden, dem Bundesverdienstkreuz I. Klasse und mit einem Ehrendoktor des Instituts für Weltwirtschaft (IMEMO) in Moskau ausgezeichnet.

Die Autoren des vorliegenden Bandes spiegeln mit ihren 24 Aufsätzen Oppenländers umfassendes Lebenswerk gegenwartsnah. »Zu Theorie und Politik« liegen zwei Beiträge vor. »Zum längerfristigen Wachstum« sind sechs sowie »zur Konjunkturforschung« fünf Beiträge abgedruckt. »Zur Bevölkerungsökonomik und zum Arbeitsmarkt« äußern sich drei Autoren. »Zur Förderung von Regionen« werden zwei Aufsätze präsentiert. »Zu Institutionellem« gibt es vier Abhandlungen, und zwei Autoren äußern sich »zur Informationsbasis«.

Alle Autoren und Herausgeber des Bandes gratulieren dem wissenschaftlich verdienten und nach wie vor aktiven Jubilar sehr herzlich. Sie wissen sich im Einvernehmen mit zahlreichen Kollegen, die an Beiträgen verhindert waren. Sie sagen der Wüstenrot-Stiftung, Ludwigsburg, dem Institut für Angewandte Wirtschaftsforschung (IAW), Tübingen, dem Verlag Lucius & Lucius, Stuttgart, und nicht zuletzt dem Büro Claudia Rupp, Stuttgart, verbindlichen Dank.

Leipzig

Adolf Wagner, Ullrich Heilemann

Inhaltsübersicht

I Zu Theorie und Politik

Zum Verhältnis von empirischer Wirtschaftsforschung und Wirtschaftspolitik

*Von Hans J. Barth**

1 Aufgaben und Arbeitsteilung

In der empirischen Wirtschaftsforschung geht es im weitesten Sinne darum, theoriegestützt und faktenbasiert Ursachen und Wirkungen wirtschaftlicher Sachverhalte aufzuzeigen und so wirtschaftliche Ereignisse und Entwicklungen auf globaler, nationaler, regionaler oder sektoraler Ebene zu erklären. Aufgabe der Wirtschaftspolitik ist es, durch Gestaltung der Rahmenbedingungen für das Handeln der Wirtschaftsakteure und durch geeignete diskretionäre Maßnahmen, das heißt durch fallweise Eingriffe nach fallweisen Entscheidungen, darauf hinzuwirken, dass die tatsächliche Wirtschaftsentwicklung der politisch angestrebten Entwicklung möglichst nahekommt und Fehlentwicklungen vermieden resp. korrigiert werden.

Empirische Wirtschaftsforschung kann somit als eine Voraussetzung für rationales wirtschaftspolitisches Handeln gesehen werden. Dass die Wirtschaftspolitik der empirischen Wirtschaftsforschung die Fragestellung vorgibt, ist dabei nicht die einzig vorkommende Beziehung zwischen beiden. Es gibt auch die gegenläufige Beziehung; diese ist dann gegeben, wenn empirische Wirtschaftsforschung, die zunächst aus reinem Erkenntnisinteresse betrieben wird, mit ihren Ergebnissen wirtschaftspolitischen Handlungsbedarf aufdeckt, der zuvor nicht erkannt war.

Das sich aus dieser wechselseitigen Beziehung ergebende Spannungsverhältnis wird noch dadurch verstärkt, dass empirische Wirtschaftsforschung zwar eine notwendige, aber keine hinreichende Bedingung für eine rationale Wirtschaftspolitik ist. Denn die politische Rationalität hat nicht nur Sachkenntnis als Determinante. Das macht den Weg von der Erkenntnis zur Umsetzung oft lang, mit der Folge, dass Handlungsmöglichkeiten ungenutzt bleiben. Fehlentwicklungen lassen sich dann später nur mit umso höheren wirtschaftlichen und gesellschaftlichen Kosten beheben.

* Dr. Hans J. Barth, Lörrach, E-Mail: dr.hans.barth@t-online.de

2 Verständnisprobleme

Es kommt vor – und der Autor des vorliegenden Beitrags hat solche Fälle mehr als einmal erlebt –, dass Politiker empirische Forschungsergebnisse für ihre Entscheidungen nicht zu benötigen glauben. Selbst solche, die das nicht so offen sagen, begegnen der empirischen Forschung oft mit Vorbehalt, weil sie diese wenn nicht für wirklichkeitsfremd, so doch für nicht problemadäquat halten. Das einfach mit Vorurteilen abzutun, würde zu kurz greifen. Mit Blick auf die Tauglichkeit empirischer Wirtschaftsforschung als Voraussetzung für eine rationale Wirtschaftspolitik sind vielmehr zwei grundsätzliche Fragen zu stellen, nämlich zum einen, wie verlässlich die Forschung Fragen der Politik beantworten kann, und zum anderen, wie sich die Forschung das erforderliche Gehör in der Politik zu verschaffen vermag.

Die empirische Wirtschaftsforschung hat ihre Grenzen. Diese ergeben sich nicht selten schon aus der Datenlage, liegt es doch auf der Hand, dass die Verlässlichkeit der Forschungsergebnisse von der Verlässlichkeit der statistischen Informationen abhängt, auf denen sie basieren. In makroökonomischer Hinsicht haben sich in den letzten Jahrzehnten ohne Frage mit dem Ausbau der Volkswirtschaftlichen Gesamtrechnungen ebenso wie mit dem Quantensprung in der Informationstechnik weitreichende Verbesserungen der Datenverfügbarkeit ergeben, und auch bezüglich der mikroökonomischen Fundierung gesamtwirtschaftlicher Sachverhalte ist die empirische Forschung heute sowohl methodisch als auch datenmäßig besser gerüstet als vor zwanzig oder dreißig Jahren. Gleichwohl bleibt Verbesserungsbedarf.

So lässt nicht nur die Erfassung weiter Teile der heutigen Finanzmarkttransaktionen, sondern auch die Verzahnung der Finanzierungsrechnung mit der Entstehungs-, Verwendungs- und Verteilungsrechnung in den Volkswirtschaftlichen Gesamtrechnungen zu wünschen übrig, was gerade in jüngster Zeit eine verlässliche Analyse der wirtschaftlichen Entwicklung erschwert, von Prognosen nicht zu reden. Auch die fortschreitende Globalisierung der Märkte findet in den verfügbaren Daten bislang nur einen unzureichenden Niederschlag. Was zum Beispiel Überschüsse oder Defizite in den Handelsbilanzen über Ungleichgewichte im internationalen Handel wirklich aussagen, ist fraglich, wenn im Zuge der Globalisierung immer mehr Teile der Wertschöpfungskette aus anderen Ländern und nicht aus dem »Ursprungsland« stammen, dem die Statistischen Ämter das Endprodukt als Ganzes nach der traditionellen Erfassungsmethode zuordnen.[1] Mit Beeinträchtigungen der Aussagefähigkeit internationaler Ana-

1 Auf dieses Problem hat der Direktor der Welthandelsorganisation (WTO), Pascal Lamy (2010), unter dem Titel »Verzerrte Wahrnehmung« in einem Gastkommentar im Handelsblatt aufmerksam gemacht.

lysen ist zudem dann zu rechnen, wenn nationale Statistiken Gleiches von Land zu Land ungleich behandeln. Die Umstellung von nationalen auf harmonisierte Statistiken, wie sie die EU vorantreibt, kann die Vergleichbarkeit fördern. Sie kann aber auch zu Fehlinterpretationen führen, wenn bei der Harmonisierung Ungleiches gleich behandelt wird. Mit der Harmonisierung kann außerdem ein vermehrter Revisionsbedarf einhergehen, etwa wenn die relevanten Daten nicht in allen Ländern zum gleichen Zeitpunkt vorliegen; mangelnde Verlässlichkeit ist dann die Folge.[2]

Zu den Problemen der Datenverfügbarkeit und der Datenqualität kommen Probleme einer theoretisch und methodisch adäquaten Nutzung der Daten in der empirischen Forschung hinzu.[3] In theoretischer Hinsicht resultieren diese häufig schon aus der Unschärfe von Begriffen, so etwa wenn der Sachverständigenrat untersuchen soll »...wie im Rahmen der marktwirtschaftlichen Ordnung gleichzeitig Stabilität des Preisniveaus, hoher Beschäftigungsstand und außenwirtschaftliches Gleichgewicht bei stetigem und angemessenem Wachstum gewährleistet werden können.«[4] Wie die Begriffe zu operationalisieren sind, hat der Gesetzgeber offen gelassen; sie sind folglich sowohl interpretationsbedürftig als auch interpretationsfähig. Noch gravierender sind die Probleme, wenn neben begrifflichen auch wirtschaftstheoretische Unschärfen vorliegen, wie es beispielsweise bei Fragestellungen zur internationalen Wettbewerbsfähigkeit von Volkswirtschaften der Fall ist. Die Außenhandelstheorie beschäftigt sich zwar mit einer Reihe von Faktoren, die konstitutiv für die Erklärung von Handelsströmen und Tauschverhältnissen sind, eine Theorie der internationalen Wettbewerbsfähigkeit liefert sie aber nicht. In methodischer Hinsicht können sich zudem Adäquationsprobleme daraus ergeben, dass sich die verfügbaren Daten inhaltlich nicht mit den Sachverhalten decken, über die Aussagen getroffen werden sollen, oder dass die Messmethode der Intention der zu treffenden Aussage nicht entspricht. Ob etwa die Entwicklung des Preisindex für die Lebenshaltung aller privaten Haushalte, des Preisindex des privaten Verbrauchs, des Preisindex der letzten inländischen Verwendung oder des Preisindex des Bruttoinlandsprodukts der bessere Maßstab für die Entwicklung des »Preisniveaus« darstellt, ist ein Beispiel für den erstgenannten Fall. Im zweiten Fall geht es um Fragen wie etwa die Wahl des adäquaten Indextyps, die Verwendung von Ursprungswerten oder von saisonbereinigten Daten, die Entwicklung im Vorjahresvergleich oder im unterjährigen Verlauf sowie die Verwendung von Strom- oder Bestandsgrößen.

Häufig nimmt die Politik solche eher handwerklichen Schwachstellen empirischer Wirtschaftsforschung gar nicht wahr. Was in ihren Augen die Ergebnisse

2 Hans J. Barth (1995): S. 175 f.
3 Hans J. Barth (1988).
4 § 2 des Gesetzes über die Bildung eines Sachverständigenrates zur Begutachtung der gesamtwirtschaftlichen Entwicklung, BGBl I (1963): S. 685.

empirischer Forschung als konkrete Entscheidungshilfe mehr beeinträchtigt, ist die Tatsache, dass es in der Forschung wenig Sachverhalte gibt, die sich nur auf eine einzige Weise und nicht auch anders interpretieren lassen. Gerade in den Wirtschaftswissenschaften, die naturgesetzliche Konstanten nicht kennen, ist das zum Teil in der Art des wissenschaftlichen Arbeitens begründet, für die das beständige Hinterfragen gegebener Erkenntnisse kennzeichnend ist. Zum Teil hängt die Tatsache, dass es den Forschungsergebnissen oftmals an Eindeutigkeit fehlt, aber auch damit zusammen, dass die Interpretation empirischer Sachverhalte vom Blickwinkel des Betrachters abhängt.

Der Blickwinkel kann von Werturteilen bestimmt sein. Wer empirische Wirtschaftsforschung betreibt, um einen Beitrag zu einer rationalen Wirtschaftspolitik zu leisten, wird – auch wenn er die Warntafeln respektiert, die Max Weber vor den Werturteilen in der Wirtschaftswissenschaft als einer Erfahrungswissenschaft aufgestellt hat[5] – nicht um Wertungen herumkommen. Das gilt schon deshalb, weil in der Wirtschaftspolitik in der Regel mehrere Ziele gleichzeitig verfolgt werden, wobei die einzelnen Ziele oft miteinander in Konflikt stehen. Der Forscher, der nach Wegen sucht, das vorgegebene Zielbündel bestmöglich zu erreichen, muss dann zwangsläufig die einzelnen Ziele gegeneinander abwägen und damit Wertungen vornehmen. Entscheidend ist, dass er diese offen darlegt und sie nicht – bewusst oder unbewusst – unter der Hand hält, damit nicht der falschen Eindruck erweckt wird, es handle sich um objektiv gültige Aussagen.

Der Blickwinkel kann sich auch aus der Wahl der Theorie oder des Modells ergeben, auf der oder dem die Forschungshypothesen basieren. Wer zum Beispiel von den Annahmen der Neuen Klassischen Makroökonomik ausgeht, die den privaten Sektor der Wirtschaft prinzipiell für stabil hält, wird die Ursachen von Unterbeschäftigung und die Wege zu ihrer Beseitigung anders sehen als jemand, der die Neue Keynesianische Makroökonomik vertritt, wonach der private Sektor durch eine systemimmanente Instabilität gekennzeichnet ist.[6] Das rückt eine grundlegende Problematik im Verhältnis von Forschung und Politik in den Blickpunkt: Während die Forschung wegen der notwendigen Reduktion von Komplexität mit stilisierten Fakten arbeitet, hat es die Politik mit realen Entwicklungen zu tun. Zu wissen, welches die zielführenden Maßnahmen wären, wenn die Annahmen der einen oder der anderen Theorie zuträfen, reicht mit anderen Worten für rationale Entscheidungen nicht aus, so lange in der konkreten Situation nicht klar ist, welche der Annahmen – wenn überhaupt eine – zutrifft. Erschwerend kommt hinzu, dass Annahmen, die sich in der Vergangenheit als realitätskonform erwiesen haben, dies unter einer veränderten Bedingungskonstellation – beispielsweise einem anderen Wechselkursregime oder einer

5 Max Weber (1951).
6 Vgl. Hans J. Barth (1998): S. 136f und die dort angegebene Literatur.

fortschreitenden Liberalisierung der internationalen Güter- und Finanzmärkte – nicht weiterhin tun müssen. Die Berufung auf Denkschulen allein ist daher im Allgemeinen kein probates Mittel, die Tauglichkeit von Forschungsergebnissen für die Politikberatung zu fördern.[7]

Selbst dann, wenn die empirische Forschung realitätsnahe und problemadäquate Erkenntnisse bereitstellt, ist deren Umsetzung in entsprechende wirtschaftspolitische Entscheidungen nicht immer sicher. Gelegentlich werden von der Politik sogar Forschungsaufträge in der Absicht vergeben, Entscheidungen auf die lange Bank zu schieben. Ein Musterbeispiel dafür stellt die »Kommission für wirtschaftlichen und sozialen Wandel« dar. Anlass für deren Berufung durch die Bundesregierung Anfang 1971 war, dass die Gewerkschaften in der Konzertierten Aktion auf eine Flankierung der Globalsteuerung der Wirtschaft durch eine über die gängige Strukturpolitik hinausgehende Investitionslenkung drängten. Aus ordnungspolitischen Gründen war das zuständige Wirtschaftsministerium dagegen. Um aber den Gewerkschaften nicht vor den Kopf zu stoßen, erklärte man die Thematik für so wichtig, dass man sie in einen größeren Kontext stellen und die langfristigen Zusammenhänge zwischen Beschäftigung und technischem Fortschritt samt den damit verbundenen sozialen Folgen umfassend untersuchen müsse. Das durfte ruhig seine Zeit brauchen und auch richtig Geld kosten. Insgesamt vergab die Kommission 144 Drittforschungsaufträge, deren Ergebnisse sie allein in 65 Plenumssitzungen beriet und schließlich in ihrem Endgutachten zusammenfassend darlegte.[8] Ursprünglich hatte dieses Ende 1974 vorliegen sollen; fertig war es dann Ende 1976. Das störte den Auftraggeber aber nicht groß, war die Investitionslenkung zu diesem Zeitpunkt doch längst vom Tisch.

Solche Fälle sind sicher nicht die Regel, und bei weitem nicht immer ist eine mangelnde Resonanz von Forschungsergebnissen in der Politik der Beratungsresistenz der wirtschaftspolitischen Akteure anzulasten. Oft liegt der Grund auch darin, dass die um Rat gefragten Forscher den Adressaten aus dem Blick verlieren und ihre Gutachten in einer Sprache abfassen, die den Fachkollegen in der Wissenschaft geläufig ist, nicht aber Politikern, die vielfach zu den ökonomischen Laien zählen. Mit anderen Worten: Will sich der Forscher in der Politik Gehör verschaffen, so muss er sich verständlich ausdrücken. Dass das mit zur Bringschuld des Forschers gehört, hat auch der Sachverständigenrat anfangs noch lernen müssen, zu dessen gesetzlichem Auftrag es expressis verbis gehört,

---

7 So hat der Sachverständigenrat Mitte der 1970er Jahre in seiner stabilisierungspolitischen Konzeption die Nachfrageorientierung zu Recht zugunsten der Angebotsorientierung aufgegeben, weil sich spätestens seit der ersten Ölkrise zeigte, dass nicht mehr die zyklischen Schwankungen um den längerfristigen Wachstumstrend, sondern die Abflachung des Trends selbst zum zentralen wirtschaftspolitischen Problem wurde (siehe Sachverständigenrat (1976): Ziffern 303 ff.). Auch die Angemessenheit der Angebotsorientierung steht jedoch nicht ein für allemal fest; auch sie muss situationsabhängig stets aufs Neue hinterfragt werden.

8 Kommission für wirtschaftlichen und sozialen Wandel (1976).

mit seinen Gutachten zur Erleichterung der Urteilsbildung bei allen wirtschaftspolitisch verantwortlichen Instanzen sowie in der Öffentlichkeit beizutragen.[9] Noch in seinem vierten Jahresgutachten hatte er der Kritik, seine Gutachten seien zum Teil in einer Fachsprache geschrieben, die der Allgemeinheit das Verständnis erschwere, ein Zitat von John Kenneth Galbraith entgegengehalten, wonach Schreiben eine schwere Aufgabe sei, schwer genug, auch ohne dass man sich verständlich mache; bei wissenschaftlichen Erörterungen gehe es nicht ohne eine Arbeitsteilung zwischen denen, die schreiben, und denen, die lesen.[10]

Forschungsergebnisse und Handlungsempfehlungen sollten im Übrigen auch deshalb verständlich kommuniziert werden, weil das die Wahrscheinlichkeit erhöht, dass sie Aufmerksamkeit in den Medien finden.[11] Dass Präsenz in den Medien ein wichtiges Marketinginstrument im Wettbewerb der Forschungsinstitute und Politikberater untereinander darstellt, ist dabei ein nicht unbedeutendes, aber keineswegs das Hauptargument. Wichtiger ist, dass die Aufklärung der Öffentlichkeit über Handlungsbedarf und zielführende Handlungsmöglichkeiten nicht nur die politische Diskussion im Vorfeld der Entscheidungsfindung versachlicht, sondern auch dazu beitragen kann, anstehende Maßnahmen mehrheitsfähig und damit durchsetzbar zu machen; dazu gilt es, die Medien als Verbündete zu gewinnen. Eine leichte Aufgabe ist das für den Forscher nicht. Denn die mediengerechte Vereinfachung seiner Aussagen zugunsten einer größeren Öffentlichkeitswirksamkeit darf nicht zulasten der wissenschaftlichen Redlichkeit gehen. Die Gefahr, gegen diesen Grundsatz zu verstoßen, ist bei Äußerungen in den elektronischen Medien besonders groß, weil diese in der Regel die Zuspitzung suchen und nur in den wenigsten Fällen Zeit und Raum für eine Explizierung der Annahmen lassen, auf denen die Aussagen beruhen. Ob die größere Reichweite der elektronischen Medien im Vergleich zu den Printmedien das wert ist, bedarf immer wieder einer sorgfältigen Abwägung.

3 Umsetzungsprobleme

So notwendig empirische Wirtschaftsforschung für eine rationale Wirtschaftspolitik ist, eine hinreichende Bedingung ist sie, wie eingangs bereits angesprochen, nicht. Denn wie alles politische Handeln wird auch wirtschaftspolitisches Handeln nicht nur vom Wissen um Handlungsbedarf und Handlungsmöglichkeiten, sondern auch von zahlreichen anderen Einflussfaktoren bestimmt.

9 Siehe: Gesetz ... (1963): § 1 (1).
10 Sachverständigenrat (1967): Vorwort, Ziffer 11.
11 Vgl. Jörg Buteweg (2010): S. 110 ff.

Wie zentral dabei die Mehrheitsfähigkeit von Maßnahmenentscheidungen für die politische Rationalität ist, macht die Helmut Kohl zugeschriebene Aussage deutlich, er wolle nicht den Ludwig-Erhard-Preis, sondern die nächste Bundestagswahl gewinnen. Sie rückt zugleich den begrenzten Zeithorizont ins Licht, der in der Politik wegen der Wahlzyklen vorherrscht. Die Folge ist oft, dass Maßnahmen, die erst längerfristig Erfolg versprechen, entweder gar nicht in Betracht gezogen oder auf die lange Bank geschoben werden, vor allem dann, wenn dabei kurzfristig eher nachteilige Wirkungen in Kauf genommen werden müssen. Schon der Hinweis darauf, dass es längere Zeit braucht, bis in Rede stehende Maßnahmen ihre Wirkung entfalten, reicht häufig aus, sie in der politischen Diskussion zu diskreditieren. Hier liegt auch einer der wesentlichen Gründe dafür, dass indirekt wirkende ordnungspolitische Maßnahmen im allgemeinen schlechtere Umsetzungschancen haben als interventionistische Maßnahmen, bei denen die Wirkung in der Regel nicht nur schneller sichtbar wird, sondern dem handelnden Politiker auch leichter zugerechnet und ihm so bei Wahlen gutgeschrieben werden kann.

Es kommt hinzu, dass »die Politik« nicht der einheitliche Akteur ist, als den ihn die Wissenschaft gerne modelliert. Das gilt umso mehr, als die nationale Autonomie auf mehr und mehr Politikfeldern de jure oder zumindest de facto schrumpft. Für die Außenhandelspolitik ist schon seit langem die EU zuständig, und in der Geld- und Währungspolitik ist die Kompetenz mit der Einführung der Europäischen Währungsunion auf die Europäische Zentralbank übergegangen. In der Finanzpolitik ist es zwar bei der nationalen Autonomie geblieben; Einschränkungen im Gefolge der Schuldenkrise sind jedoch abzusehen. Neben Gemeinschaftsinstanzen, die damit an Bedeutung gewinnen, spielen in einem föderativen Staat wie dem deutschen außer dem Bund auch die Länder und die Kommunen finanzpolitisch weiterhin eine nicht unbedeutende Rolle.

Deutlich erschwert wird die Durchsetzbarkeit finanzpolitischer Entscheidungen in Deutschland vor allem durch die spezifische Ausprägung, die der Föderalismus hierzulande gefunden hat.[12] Hatte das Grundgesetz ursprünglich noch eine klare Aufgabentrennung zwischen Bund und Ländern vorgesehen, so wurde diese von Mitte der 1960er Jahre an durch eine ausufernde Etablierung von Gemeinschaftsaufgaben und eine entsprechende Mitfinanzierung von Länderaufgaben durch den Bund zunehmend verwischt. Immer weitere Teile der Bundesgesetzgebung bedurften der Zustimmung der Länder im Bundesrat. Die Politik brachte sich damit in eine Situation, in der die Handlungsfähigkeit mehr und mehr darunter litt, dass alle Ebenen bei fast allen Entscheidungen mitreden konnten, was sie im Wettbewerb der Parteien um die Wählergunst auch nach Kräften taten. Eine Rückführung der Mischfinanzierung scheiterte lange Zeit am Widerstand der

12 Siehe dazu Klaus von Dohnanyi (2010): S. 146 ff.

finanzschwachen Länder, die im Bundesrat die Mehrheit stellen. Auch mit den Föderalismusreformen der Jahre 2006 und 2009 ist der große Wurf nicht gelungen. Noch immer sind vier von zehn Gesetzesvorhaben der Bundesregierung im Bundesrat zustimmungsbedürftig.

Zu den Einflüssen, die das politische Handeln mitbestimmen, gehören nicht zuletzt die Interessen von gesellschaftlichen Gruppen. Je weiter diese Interessen divergieren, desto schwerer fällt es den politisch Verantwortlichen, die notwendige Mehrheit für anstehende Entscheidungen zu finden – oder anders formuliert: desto höher sind die politischen Kosten in Form von Verlusten an Wählerstimmen, wenn sie ihre Entscheidungen durchsetzen.[13] Die Folge ist eine Tendenz zur Verfestigung des Status quo. Das gilt insbesondere dann, wenn die Entscheidungen Verteilungsinteressen berühren, wie es in der Finanzpolitik und vor allem in der Sozialpolitik regelmäßig der Fall ist. Solche Interessen werden keineswegs nur von den Tarifparteien vertreten. Auch Wirtschaftsverbände aller Art bringen sich regelmäßig in Stellung, wenn es um Eingriffe in überkommene Besitzstände oder um neue Fördertatbestände geht.

Die immer wieder zu beobachtende Tatsache, dass Wähler dazu neigen, mögliche Verschlechterungen ihrer Verteilungsposition höher zu gewichten als mögliche Verbesserungen, veranlasst die Politiker dazu, unpopulären Entscheidungen aus dem Weg zu gehen und sogenannte Blame-Avoidance-Strategien zu betreiben.[14] Das heißt, statt der Verfolgung von Lösungen, die den anstehenden Problemen gerecht werden, rückt das Bestreben in den Vordergrund, bei möglichst wenigen Wählern anzuecken. Dazu gehört, dass Entscheidungen vertagt, Sündenböcke für Fehlentwicklungen gesucht und Verantwortlichkeiten abgeschoben werden.

Es gibt freilich auch Fälle, in denen die verantwortlichen Politiker nicht auf Ergebnisse der empirischen Wirtschaftsforschung warten können. Exogene Schocks, wie die drastische Verknappung des Rohölangebots durch das OPEC-Kartell im Winter 1973/74, machen ein rasches Reagieren der Politik unumgänglich, auch wenn keine empirische Evidenz bezüglich der Effektivität oder möglicher ungewollter Nebenwirkungen zur Diskussion stehender Maßnahmen vorliegt. Ein anderes Beispiel ist die Wiedervereinigung Deutschlands 1990. Im Nachhinein lässt sich leicht sagen, dass es aus ökonomischer Sicht ein Fehler war, die Währungsunion zwischen der Bundesrepublik und der DDR zeitgleich mit der Wirtschafts- und Sozialunion in Kraft zu setzen und die Mark der DDR zum Wechselkurs von 1 zu 1 gegen die D-Mark zu tauschen. Kritisieren kann man außerdem die Entscheidung, die sozialen Sicherungssysteme der alten Bundes-

13 Die mit dem Kürzel Hartz I bis Hartz IV bezeichneten Arbeitsmarktreformen der rot-grünen Koalition in den Jahren 2003 bis 2005 sind ein beredtes Beispiel dafür.

14 Siehe R. Kent Weaver (1986): 371 ff.

länder ungeachtet der großen Produktivitätsunterschiede einfach auf die neuen Bundesländer zu übertragen sowie die Sanierung und die Modernisierung der Infrastruktur im Osten durch eine kräftige Ausweitung der Staatsverschuldung zu finanzieren, statt die Prioritäten bei den Staatsausgaben im vereinten Deutschland neu zu setzen und bei den Ausgaben im Westen zu sparen. Angesichts des Erwartungsdrucks, der sich in der Euphorie nach dem Mauerfall im Osten aufgebaut hatte, bleibt jedoch fraglich, ob ein zeitlich gestreckter Weg zur Einheit, der über vorgängige Reformen zur Stärkung der Wettbewerbsfähigkeit der Wirtschaft in der DDR geführt hätte, politisch gangbar gewesen wäre.[15]

Ein drittes Beispiel für akuten politischen Handlungsbedarf bei unsicherer Entscheidungsgrundlage liefert die europäische Schuldenkrise, die im Frühjahr 2010 einsetzte und nach Griechenland in rascher Folge auch Irland, Italien, Portugal und Spanien erfasste. Dass dabei Geburtsfehler der Europäischen Währungsunion – insbesondere das großzügige Tolerieren kreativer Buchführung zur Erlangung der Mitgliedschaft in der Währungsunion und das Fehlen stringenter Sanktionsmechanismen bei Verstößen gegen die postulierte Haushaltsdisziplin – eine wichtige Rolle spielten, steht außer Frage: Wie sich zeigte, war der Anreiz zu ungehemmter Verschuldung, der vom Zinsbonus für Defizitländer in der Währungsunion ausging, größer als die disziplinierende Wirkung, die daraus resultieren sollte, dass die Schulden nun in einem Geld – nämlich der Gemeinschaftswährung – bedient werden mussten, das die Länder nicht mehr selbst herstellen konnten.[16] Außer Frage steht aber auch, dass die Kapitalanleger erst nach dem Schock der weltweiten Finanzkrise den Defizitländern das bis dahin an den Tag gelegte Vertrauen in deren Solvenz entzogen. Unter Druck gerieten damit auch die Gläubigerbanken in den Euroländern. Die Politik musste handeln, ohne dass es empirische Evidenz darüber gab und bis heute gibt, welche Maßnahmen in welcher Dosierung die Erwartungen an den Finanzmärkten stabilisieren und weitere Selbstverstärkungseffekte der Krise verhindern konnten. Ob sie dabei zu zögerlich vorging, wie ihr die einen vorwerfen, oder ob sie überhastet agierte, wie andere monieren, wird umstritten bleiben. Das gleiche gilt für die Antwort auf die Frage nach der Angemessenheit des Policy Mix. Welche Risiken die finanzpolitischen Sparprogramme auf der einen Seite für die wirtschaftliche Entwicklung in den Defizitländern bergen und welche Inflationsgefahren auf der anderen Seite die Öffnung der Geldschleusen durch die Europäische Zentralbank nach sich zieht, wird der empirische Befund erst im Nachhinein zeigen.

---

[15] Siehe Sachverständigenrat (1990), insbesondere Ziffer 297.

[16] So Olaf Sievert (1992).

IV Fazit

Versucht man ein Fazit zu ziehen, so kann man erstens festhalten, dass der Wirtschaftsforscher zugestehen muss, nicht auf alle Fragen, die ihm von der Wirtschaftspolitik gestellt werden, präzise Antworten geben zu können. Er mag sich damit trösten, dass die meisten wirtschaftspolitischen Instrumente nicht so zielgenau dosierbar und steuerbar sind, dass es auf punktgenaue Forschungsergebnisse ankommt; häufig hilft es schon, die Richtung und die Größenordnung der Wirkungen der in Betracht kommenden Maßnahmen zu kennen. Das entbindet den Forscher selbstverständlich nicht von der Verpflichtung, so akkurat wie nur möglich zu Werk zu gehen. Zweitens darf der Forscher mit seinen Handlungsempfehlungen, wenn er glaubwürdig bleiben will, der Politik nicht nach dem Mund reden, selbst auf das Risiko hin, dass ihn das einen Folgeauftrag kostet. Umgekehrt darf sich der Politiker, dem an sachgerechten Entscheidungen liegt, keinen gefälligen Berater wünschen. Dass Forschung Geld kostet, sollte nicht zu dem Fehlschluss verleiten, dass sie käuflich sei. Drittens schließlich muss sich der Forscher stets der Verantwortung bewusst sein, die er trägt, wenn er mit seinen Aussagen auf politische Entscheidungsprozesse einwirkt. Selbst wenn er nicht dazu neigt, seinen Einfluss zu überschätzen, macht es einen Unterschied, ob seine Aussagen wirtschaftliche Folgen für eine breite Öffentlichkeit haben können, oder ob sie sich lediglich auf seine Reputation bei den Fachkollegen auswirken, wie es im Falle rein wissenschaftlicher Publikationen die Regel ist.

Literatur

Barth, Hans J. (1988): Probleme einer theoretisch und methodisch adäquaten Nutzung statistischer Daten, in: K.-D. Freimann, A. E. Ott (Hrsg.): Theorie und Empirie in der Wirtschaftsforschung. Institut für Angewandte Wirtschaftsforschung Tübingen, Schriftenreihe 44, S. 61–74.

Barth, Hans J. (1995): Bedeutung von Indizes für ökonomische Entscheidungen. Forum der Bundesstatistik 28: Indizes – Status quo und europäische Zukunft, S. 168–176.

Barth, Hans J. (1998): Konjunktur und Wachstum – Anmerkungen zum Verhältnis von Theorie und Politik, in: R. Hüpen, Th. Werbeck, (Hrsg.): Wirtschaftslehre zwischen Modell und Realität; Stuttgart, S. 135–148.

Buteweg, Jörg (2010): Politik, Politikberatung und die Medien – ein zwiespältiges Verhältnis, in: Ch. Böllhoff, M. Schlesinger (Hrsg.): Mit dem Blick fürs Ganze, Basel, S. 110–113.

Gesetz über die Bildung eines Sachverständigenrates zur Begutachtung der gesamtwirtschaftlichen Entwicklung (1963), BGBl I, S. 685.

Kommission für wirtschaftlichen und sozialen Wandel (1976): Wirtschaftlicher und sozialer Wandel in Deutschland, Göttingen

Lamy, Pascal (2010): Verzerrte Wahrnehmung. Handelsblatt, 3. November, S. 56.

Sachverständigenrat zur Begutachtung der gesamtwirtschaftlichen Entwicklung (1967): Stabilität im Wachstum, Jahresgutachten.

Sachverständigenrat zur Begutachtung der gesamtwirtschaftlichen Entwicklung (1990): Auf dem Weg zur wirtschaftlichen Einheit Deutschlands, Jahresgutachten.

Sievert, Olaf (1992): Geld, das man nicht selbst herstellen kann – ein ordnungspolitisches Plädoyer für die Europäische Währungsunion. Frankfurter Allgemeine Zeitung, 26. September, S. 13.

von Dohnanyi, Klaus (2010): Warum stolpert der deutsche Föderalismus?, in: Ch. Böllhoff, M. Schlesinger (Hrsg.): Mit dem Blick fürs Ganze, Basel, S. 146–153.

Weaver, R. Kent (1986): The Politics of Blame Avoidance. Journal of Public Policy 6, S. 371–398.

Weber, Max (1951): Die Objektivität sozialwissenschaftlicher und sozialpolitischer Erkenntnis. Gesammelte Aufsätze zur Wissenschaftslehre, Tübingen.

Gedanken zur aktuellen Rolle der empirischen Forschung in den Wirtschaftswissenschaften

*Von Bernd Schips**

Zu den »Nachwehen« der – sich vor allem in den Jahren von 2007 bis 2009 akzentuierenden – Probleme auf den Finanzmärkten gehören auch die Diskussionen über die in den letzten Jahrzehnten vollzogenen Paradigmenwechsel in der makroökonomischen Theorie. Eine zunehmend erkennbare Diskrepanz zwischen der Leistungsfähigkeit der gegenwärtig in der ökonomischen Theorie dominierenden Modelle zur »Erfassung« des gesamtwirtschaftlichen Geschehens und den von der Wirtschaftspolitik – unter Beachtung der jeweils gegebenen Rahmenbedingungen – effektiv zu lösenden Problemen, beschäftigt nicht nur eine breite Öffentlichkeit, sondern in letzter Zeit auch eine Reihe von namhaften Wirtschaftswissenschaftlern. Verschiedentlich ist dabei sogar die Rede von der Notwendigkeit eines neuen »Methodenstreits«.[1]

Ein zentrales Argument in den einschlägigen Diskussionen ist zweifellos, dass sich die aus der aktuellen makroökonomischen Theorie abgeleiteten gesamtwirtschaftlichen Modelle erfahrungsgemäß nicht durch besonders hervorstechende Prognose-Qualitäten auszeichnen. Hinzu kommt noch die recht gut begründete Vermutung, dass die in den letzten Jahrzehnten nicht gerade seltenen Fehlentwicklungen auf den Finanzmärkten im Kern auf die gegenwärtig vorherrschende »mikrofundierte« makroökonomische Theorie zurückzuführen sind.

In der Regel wird jedoch versucht solche »Störungen« des Geschehens auf den Finanzmärkten und die sich daraus ergebenden Folgen für die Realwirtschaft hauptsächlich mit einer unerwartet eingetretenen Krisensituation zu erklären. Mit der Verwendung des Begriffs »Krise« ist aber zwangsläufig immer auch die Vorstellung von einer »Normalität« verbunden. Der eigentliche Grund für die Bezeichnung einer bestimmten Entwicklung als eine »Krise« ist deshalb oft

* Prof. Dr. Bernd Schips, St. Gallen, E-Mail: bschips@ethz.ch
Der Autor dieses Beitrags beschäftigt sich seit vielen Jahren mit der Funktion der »Empirischen Wirtschaftsforschung« im Spannungsfeld zwischen Wirtschaftstheorie und Wirtschaftspolitik. In Publikationen und Vorträgen hat er seine Überlegungen zu dieser Thematik schon mehrfach dargelegt. Einige der nachfolgenden Ausführungen werden daher dem einen oder anderen Leser bekannt vorkommen. Diese »Selbst-Plagiate« sind jedoch beabsichtigt. »Gutta cavat lapidem, non bis, sed saepe cadendo: Sic homo fit sapiens, bis non sed saepe legendo» (Zitat aus dem Lustspiel »Il candelajo« von Giordano Bruno, 1582).

1 Vereinzelt wird sogar bezweifelt, dass die modernen Wirtschaftswissenschaften noch eine wissenschaftliche Disziplin sind. Vgl. dazu z. B. F. Schläpfer (2011), Die Karikatur als Standard, http://www.oekonomenstimme.org/artikel/2011/06/.

nur eine unzureichende Vorstellung über die Gesamtheit der Faktoren, die das ökonomische Geschehen tatsächlich bestimmen.

Die weitgehend fehlende Berücksichtigung des tatsächlichen Verhaltens der Finanzinstitute in der Geldpolitik während den – durch eine Reihe von Deregulierungswellen im Finanzsektor geprägten – Jahren zwischen 1982 und 2007 war z. B. eine ganz wesentliche Ursache für die sich mehrfach wiederholenden »Übertreibungen« auf den Finanzmärkten. Mit den vor Kurzem noch gerne als »Great Moderation« bezeichneten Geldpolitiken konnten die auf den Finanzmärkten in den Jahren 1987, 1991, 1994, 1998 und 2001 akut gewordenen Probleme und die damit einhergehenden gesamtwirtschaftlichen Wachstumsschwächen zwar jeweils rasch wieder überwunden werden, der dafür zu entrichtende »Preis« war jedoch eine ständig wachsende Verschuldung im öffentlichen und privaten Sektor.

In den heute die ökonomischen Theorie bestimmenden Gleichgewichtsmodellen wird davon ausgegangen, dass die Schulden eines Wirtschaftsakteurs nichts weiter als die Ersparnisse anderer Wirtschaftsakteure sind und die Finanzinstitute lediglich zwischen den um Kredite nachsuchenden Investoren und den Sparern vermitteln. Die Finanzinstitute können jedoch auch selbst Geld schöpfen. Sie können deshalb nach eigenen Einschätzungen und vor allem weitgehend unabhängig von den geldpolitischen Intentionen der Notenbanken Kredite gewähren. Wenn nun das Risikobewusstsein in den Finanzinstituten abnimmt oder durch »fehlkonstruierte« Anreizsysteme – in Verbindung mit einer fehlenden bzw. einer in Bezug auf das Entscheidungsverhalten vernachlässigbaren Haftung – die Risikofreudigkeit der über die Kreditvergaben entscheidenden Personen und/oder Organe sogar noch erhöht wird, dann muss es unweigerlich zu den nun hinlänglich bekannten »Übertreibungen« bei den Kreditvergaben kommen. Ein Grossteil der Kredite basiert dann aber nicht mehr auf den durch einen Konsumverzicht gespeisten Ersparnissen, sondern nur noch auf einem Rückzahlungsversprechen der Kreditnehmer. Dies kann jedoch nur solange gut gehen, solange die Risikobereitschaft der Kreditgeber und Kreditnehmer sich nicht ändert. Zahlreiche Gläubiger mussten aber z. B. im Jahr 2007 plötzlich erkennen, wie leichtfertig sie Kredite vergeben hatten und Heerscharen von Schuldnern mussten einsehen, dass sie kaum noch tragbare Verpflichtungen in Bezug auf den Schuldendienst eingegangen sind. In vielen Ländern bereiten nun aber gerade die Spätfolgen dieser Geldpolitiken den Entscheidungsträgern in Politik und Wirtschaft ernsthafte Probleme.

Eine der Ursachen dieser Fehlentwicklungen war sicherlich der von der vorherrschenden ökonomischen Theorie gestützte »Glaube« an die Leistungsfähigkeit der Marktprozesse, sobald die Märkte von dem »Ballast« einer Regulierung der Aktivitäten der Marktakteure befreit sind. Die im Zentrum der aktuellen ökonomischen Theorie stehende Annahme, dass Märkte immer perfekt funktionieren und wirtschafts- oder sozialpolitisch motivierte staatliche Eingriffe in das Marktgeschehen nur zu einer »Verschlechterung« der Marktergebnisse führen würden, lässt institutionelle Gegebenheiten sowie den spezifischen Charakter politischer Entscheidungsprozesse völlig außer Acht und berücksichtigt auch die historischen Erfahrungen der verschiedenen Wirtschaftssubjekte – trotz der in den Modellen der »Mainstream economics« häufig gemachten Annahme einer rationalen Erwartungsbildung – nicht wirklich.

Eine Reduktion der Analyse des ökonomischen Geschehens auf die Vorstellung, dass Märkte immer zu einer effizienten Allokation der knappen Ressourcen führen und regulatorische Eingriffe grundsätzlich nur »Schaden« stiften, verhindert von vorneherein eine objektive Auseinandersetzung mit den Ursachen der zu beobachtenden ökonomischen Entwicklungen. Marktprozesse können die von ihnen erwarteten Ergebnisse nur unter bestimmten Bedingungen zustande bringen. Eine Beschränkung der Analyse einer sogenannten »Krise« auf die Suche nach Fehlern im staatlichen Handeln oder nach anderen exogenen Schocks reicht daher meist nicht aus, um die spezifischen Ursachen einer zu beobachtenden Entwicklung aufzudecken. Eine Auseinandersetzung mit den strukturellen Besonderheiten der verschiedenen Märkte ist mindestens ebenso wichtig. Diese Aufgabe sollte insbesondere von der empirischen Wirtschaftsforschung geleistet werden. In der Praxis sind jedoch die meisten der mit der Etikette »empirisch« versehenen Forschungsarbeiten weit davon entfernt, einem derartigen Anspruch zu genügen.

Die intellektuelle Faszination, die von den ständig komplexer und raffinierter werdenden Modellen in der ökonomischen Theorie ausgeht, lässt die Ökonomen oft die notwendige kritische Reflektion der empirischen Relevanz der dabei gemachten Annahmen vergessen.[2] Nicht selten wird nur über die Modelleigenschaften und über die mit Hilfe der Modelle erzielten Ergebnisse, aber nicht auch eingehend über die bei der Modellkonstruktion gemachten Annahmen diskutiert. Häufig geht zudem die Wahl des Modelltyps auf einen dem Zeitgeist entsprechenden »Bias« zurück. Dennoch finden die Ergebnisse solcher Arbeiten oft Anklang, insbesondere dann, wenn mit einer als »empirisch« deklarierten Untersuchung bereits vorgefasste Meinungen oder Wunschvorstellungen von Interessensgruppen und/oder politischen Entscheidungsträgern »wissenschaftlich begründet« werden können.

Die »Qualität« einer sogenannten empirischen Fundierung lässt aber in vielen Fällen zu wünschen übrig.[3] So ist z.B. die Schätzung von »geeignet« gewählten Regressionsbeziehungen noch nicht zwangsläufig mit einer empirischen Fundie-

---

2 Vgl. B. Schips (2002): Empirische Wirtschaftsforschung im Spannungsfeld zwischen Theorie und Praxis, in: Schweizerische Zeitschrift für Volkswirtschaft und Statistik, Bd. 138, S. 345–357.

3 Vgl. B. Schips (2002): Empirische Wirtschaftsforschung....., a.a.O.

rung gleichzusetzen. Zu denken ist in diesem Kontext etwa an die häufig völlig unbeachtete Signifikanztest-Falle. In aller Regel wird ein geschätztes Modell nur dann präsentiert, wenn es den gängigen statistischen Prüfkriterien genügt. Dazu gehört insbesondere, dass die geschätzten Koeffizienten auf einem bestimmten Testniveau als von Null verschieden betrachtet werden dürfen. Nicht-signifikante Ergebnisse werden üblicherweise gar nicht veröffentlicht. Übersehen wird dabei in der Regel auch, dass das letzten Endes für die Ableitung ökonomischer Befunde präsentierte numerisch konkretisierte Modell in den meisten Fällen das Resultat eines oft langwierigen »Trial and error«-Prozesses ist und dadurch die Wahrscheinlichkeit einen Fehler zweiter Art zu begehen – d.h. eine zu überprüfende Hypothese zu akzeptieren, obwohl sie falsch ist – schon bei wenigen aufeinanderfolgenden Signifikanztests gegen Eins geht.

Selbst in hoch angesehenen wirtschaftswissenschaftlichen Zeitschriften finden sich zudem auch immer wieder Beiträge in denen die Ergebnisdarstellungen mit dem Begriff »hoch-signifikant« charakterisiert werden. Offensichtlich geschieht dies, um den Eindruck zu erwecken, dass das erzielte Ergebnis besonders »gut« empirisch fundiert sei. Die Festlegung eines Testniveaus für einen Signifikanztest ist aber stets das Ergebnis einer Risikoabwägung zwischen der Wahrscheinlichkeit einen Fehler erster Art und der Wahrscheinlichkeit einen Fehler zweiter Art zu begehen. Diese Abwägung sollte deshalb nicht einfach im Nachhinein zugunsten einer in der Regel bevorzugten Fehlerkategorie, d.h. der Wahrscheinlichkeit einen Fehler erster Art zu begehen, geändert werden, ohne die sich dadurch meist stark ändernde Wahrscheinlichkeit für einen Fehler zweiter Art explizit zu erwähnen bzw. bei der Interpretation der Ergebnisse zu berücksichtigen, auch wenn es in den meisten Fällen nicht möglich sein dürfte, numerische Werte für diese Fehlerwahrscheinlichkeit zu berechnen.

Auf die Problematik einer Verwendung methodenspezifischer Befunde wird außerdem häufig gar nicht näher eingegangen. So werden die Auswirkungen gebräuchlicher Datentransformationen – z.B. die Berechnung von Differenzen oder von Veränderungsraten – auf die Ergebnisse empirischer Untersuchungen oft ganz bewusst nicht erwähnt. Beispielsweise wurde der vielzitierte Beitrag von Granger/Newbold[4] über »Spurious regression« zunächst dankbar aufgegriffen, um mit Hilfe von in ersten Differenzen spezifizierten Schätzansätzen den – aus Sicht der damals in der makroökonomischen Theorie an Einfluss gewinnenden monetaristischen Modelle erwünschten – Nachweis einer nicht nur langfristigen, sondern auch einer kurzfristigen Neutralität von Geldmengenänderungen zu führen. Die realen Effekte von Geldmengenänderungen mussten bei solchen

4 Vgl. C. W. J. Granger/P. Newbold (1974): Spurious regressions in econometrics, in: Journal of Econometrics, Bd. 2, S. 111–120.

Spezifikationen der Schätzansätze aber zwangsläufig ausbleiben.[5] Die für diese Modellspezifikationen vorgenommene Datentransformation ist bekanntlich ein Filter, mit dem die niedrigen Frequenzen, d. h. – im Komponentenmodell gedacht – die Trend- und Zykluskomponente weitgehend eliminiert und die kürzerfristigen Bewegungskomponenten – insbesondere die so genannte Noise-Komponente – in den für die Schätzungen schließlich verwendeten Zeitreihen verstärkt werden.[6]

Auf derartige methodenbedingte Probleme bei der Spezifikation der für empirische Analysen verwendeten Modelle wird leider viel zu wenig hingewiesen und die Robustheit der mit Hilfe von Modellen gewonnenen Befunde wird viel zu selten hinterfragt. Neue oder zumindest neu erscheinende Paradigmen werden dagegen in der Regel begeistert aufgenommen, weil sich dadurch oft neue Betätigungsfelder für theoretische Reflexionen und darauf aufbauende wirtschaftspolitische Empfehlungen, insbesondere aber auch karrierefördernde Publikationsmöglichkeiten ergeben. So hat z. B. die Kritik wegen der fehlenden Mikrofundierung der – bis zur Mitte der 70erJahre des letzten Jahrhunderts – bei der Analyse gesamtwirtschaftlicher Verläufe und Prognosen dominierenden strukturellen makroökonometrischen Modellen zu den heute in der Theorie und auch in empirischen Analysen dominierenden Modellen der Neuen Klassischen Makroökonomie (NCM) geführt. Die Vertreter der NCM erheben den Anspruch, dass in ihren Modellen das individuelle Verhalten der Wirtschaftssubjekte explizit berücksichtigt wird.

In den Modellen der NCM wird der zeitliche Verlauf der gesamtwirtschaftlichen Größen als Ergebnis eines intertemporalen Optimierungskalküls so genannter repräsentativer Agenten aufgefasst.[7] Die im Rahmen der NCM zur Diskussion gestellten Modelle konzentrieren sich deshalb auf die Beschreibung des Verhaltens der jeweils in Betracht gezogenen »repräsentativen Agenten« und den sich daraus ergebenden Konsequenzen auf die jeweils interessierenden gesamtwirtschaftlichen Größen. Es wird dabei davon ausgegangen, dass mit der Kenntnis des »universellen individuellen Entscheidungsgesetzes« auch alle gesamtwirtschaftlichen Fragestellungen beantwortet werden können. Diese Hypothese ist die Ausgangsbasis für die Entwicklung der makroökonomischen Theorie seit Mitte der 70erJahre. Die Standardformulierung für diesen Ansatz

---

5 Erst Jahre später wurde mit der Spezifikation und Schätzung so genannter Fehlerkorrekturmodelle wieder versucht sowohl die kurz- als auch die langfristigen Beziehungen zwischen den jeweils interessierenden ökonomischen Größen simultan zu erfassen.

6 Vgl. B. Schips (2000): Konjunkturforschung heute – Theorie und Empirie: Einige Probleme der empirischen Wirtschaftsforschung – dargestellt am Beispiel der Konjunkturanalyse und -prognose, in: Statistisches Bundesamt, Forum der Bundesstatistik, Bd. 35, Wiesbaden, S. 62–71.

7 Vgl. dazu J. Hartwig/B. Schips (2008): Wachstumspolitik im ideologischen Korsett, in: H. Hagemann/G. Horn/J. Krupp (Hrsgb.), Aus gesamtwirtschaftlicher Sicht, Marburg, S. 31–43.

war und ist, dass alle der auf den verschiedenen Märkten operierenden Individuen unabhängig voneinander rational agieren und ihre eigenen Nutzenerwartungen unter gewissen Nebenbedingungen über die Zeit maximieren.

Aus Sicht der empirischen Forschung sollte im Zentrum der Überlegungen eigentlich zunächst die Frage stehen, wie realistisch die getroffenen Annahmen über das individuelle Verhalten sind. Diese naheliegende Fragestellung fand jedoch lange Zeit kaum Beachtung. Von Interesse war praktisch immer nur die Frage, ob und inwiefern die jeweils gemachten Annahmen Bedingungen darstellen, unter denen die mathematische Formulierung eines allgemeinen Gleichgewichts noch möglich ist. Für die zur Nutzung der mathematischen Fertigkeiten der Modellkonstrukteure erforderliche Formalisierung ist aber ein »hoher Preis« – in Form teilweise recht »heroischer« Annahmen – zu entrichten. Die in den Modellen der NCM gemachten – und für das »Handling« dieser Modelle aber auch notwendigen – Annahmen sind in der Regel jedoch alles andere als empirisch fundiert.

Als der entscheidende Vorteil der NCM-Modelle wird aber oft gerne angeführt, dass dabei mit einem geschlossenen Theoriegebäude argumentiert wird, während alternative Ansätze auch auf ad-hoc-Annahmen zurückgreifen müssen. Dieser »Nachteil« der mit NCM-Ansatz konkurrierenden gesamtwirtschaftlichen Modelle gilt daher bei vielen Ökonomen als der »den Match entscheidende« Kritikpunkt, obwohl selbst in den Naturwissenschaften ad-Hoc-Annahmen nicht selten auch zu bedeutenden »Durchbrüchen« geführt haben.[8]

Es ist jedoch z.B. äußerst schwierig, ohne einschränkende Restriktionen über die individuellen Präferenzen und deren Verteilung, aus den einzelnen Konsum-Spar-Entscheiden eine fallende aggregierte Konsumnachfragefunktion her-zuleiten.[9] Aber diese – mit einer konsequenten Mikrofundierung der gesamtwirtschaftlichen Konsumentwicklung verbundenen – Schwierigkeiten bedeuten keinesfalls, dass in gesamtwirtschaftlichen Analysen und Modellen nicht mit einer derartigen Konsumnachfragefunktion gearbeitet werden darf. Konsumenten kaufen bei steigenden Preisen für ein bestimmtes Gut in der Regel weniger von diesem Gut. Diese Feststellung ist – trotz der hinlänglich bekannten Ausnahmen – in der Mehrheit der Fälle beobachtungsäquivalent. Eine ökonometrische Schätzung einer entsprechend spezifizierten gesamt-wirtschaftlichen Konsumnachfragefunktion kann deshalb – trotz einer fehlenden bzw. unzulänglichen Mikrofundierung – durchaus für weitergehende Analysen und Überlegungen verwendet werden.

---

8 Vgl. dazu insbesondere P. Feyerabend (1981), Probleme des Empirismus. Schriften zur Theorie der Erklärung, der Quantentheorie und der Wissenschaftsgeschichte, Ausgewählte Schriften, Bd. 2, Braunschweig.

9 Vgl. zu diesem Abschnitt W. Franz (2000), Wirtschaftspolitische Beratung: Reminiszenzen und Reflexionen, in: Perspektiven der Wirtschaftspolitik, Bd. 1, S. 53–71.

Nicht mikrofundiert spezifizierte Modelle können – zumindest aus Sicht der Vertreter der gegenwärtigen »Mainstream economics« – jedoch nicht das liefern, was die NCM scheinbar an leistungsfähigen Instrumenten bereitstellt. Allgemeine Gleichgewichtsmodelle stehen nicht zuletzt deshalb nach wie vor im Zentrum der aktuell dominierenden ökonomischen Theorie. Diese Modelle bestimmen den Inhalt der in der Ausbildung überwiegend verwendeten Lehrbücher, aber auch die Ausrichtung der – für wissenschaftliche Karrieren heute immer wichtiger werdenden – Beiträge in den wirtschaftswissenschaftlichen Zeitschriften und bilden leider auch die Grundlage für die Ratschläge an die wirtschaftspolitischen Entscheidungsträger.

Dank der Fortschritte in der numerischen Mathematik können detailliert spezifizierte Gleichgewichtsmodelle heute auch als Basis für empirische Analysen verwendet werden. Die zentralen und aus Sicht der empirischen Wirtschaftsforschung besonders kritischen Annahmen bei der Spezifikation dieser Modelle werden jedoch zumeist verschwiegen. Es wird einfach immer vorausgesetzt, dass das Angebot stets der Nachfrage entspricht und alle Akteure genau wissen, wie eine Volkswirtschaft funktioniert.

Die dem Paradigma der NCM folgenden »Real-business-cycle«-Modelle[10] – mit denen versucht wird, gesamtwirtschaftliche Wachstumsfluktuationen zu erklären – und die berechenbaren Gleichgewichtsmodelle – die vor allem in den letzten Jahren häufig zur Abschätzung der Auswirkungen wirtschafts- und sozialpolitischer Entscheide benutzt werden – sind die beiden Modelltypen, die gegenwärtig besonders gerne gesamtwirtschaftlichen Analysen zugrunde gelegt werden.

Die »Real-business-cycle«-Modelle kennen eine umfangreiche Palette von möglicherweise Zyklen erzeugender Störungen.[11] Mit diesen Ansätzen soll gezeigt werden, dass die Ursachen gesamtwirtschaftlicher Wachstumsfluktuationen nicht zwangsläufig in einem Marktversagen aufgrund von Informationsdefiziten oder rigiden Löhnen und Preisen usw. zu suchen sind. Ganz bewusst wird dabei auf die Einbeziehung der Einflussfaktoren verzichtet, die in den eher traditionell spezifizierten Konjunkturmodellen zur Erklärung für das Entstehen von Wachstumsfluktuationen herangezogen werden. Abweichungen von der idealisierenden Welt der »Allgemeinen Gleichgewichtstheorie« bleiben damit außerhalb der Betrachtung. Der zentrale Bezugspunkt der »Real-business-Cycle«-Modelle ist allein der gleichgewichtige langfristige Wachstumspfad – d. h. der »Steady state« – einer Volkswirtschaft. Für empirische Analysen werden die Parameter

10 Trotz der Bezeichnung beschränken sich »Real-business-cycle«-Modelle nicht auf die Analyse realwirtschaftlicher Störungen, eine zutreffendere Bezeichnung wäre deshalb der Begriff »Dynamic-stochastic-general-equilibrium«-Modelle.

11 Vgl, B. Lucke (2002), Die Real-business-cycle-Theorie und ihre Relevanz für die Konjunkturanalyse, Hamburgisches Welt-Wirtschafts-Archiv (HWWA), Discussion Paper 178.

dieser Modelle so bestimmt, dass die statistischen Momente (Erwartungswert, Varianz usw.) der vom Modell erzeugten und der beobachteten Datensätze möglichst übereinstimmen. Abgesehen davon, dass eine »Steady state«-Interpretation der zur Verfügung stehenden Beobachtungswerte eine fragwürdige Angelegenheit ist, beschränkt sich eine Bewertung der so kalibrierten Modelle zwangsläufig auf einen Vergleich von simulierten und beobachteten Daten.[12] Damit wird aber die Überprüfung der »Güte« eines Modells anhand recht milder Kriterien vorgenommen.[13] Die kurzfristige Dynamik der »Real-business-cycle«-Modelle kann zudem empirisch überhaupt nicht überprüft werden und diese Modelle sind grundsätzlich auch nicht für Prognosen verwendbar. Immer noch häufig wird aber trotzdem an der vor allem aus »Real-business-cycle«-Modellen abgeleiteten Auffassung festgehalten, dass das Auftreten von Wachstumsfluktuationen nur auf exogene Schocks oder auf durch wirtschafts- und sozialpolitische Entscheide verursachte Störungen zurückzuführen ist.[14]

Auch die so genannten »Berechenbaren Gleichgewichtsmodelle« sind aus Sicht der empirischen Wirtschaftsforschung eher kritisch zu sehen. Abgesehen von den realitätsfernen Annahmen über das individuelle Verhalten werden dabei in der Regel exogene Vorgaben für sich eigentlich erst aus der gesamtwirtschaftlichen Entwicklung ergebende und daher als endogen zu betrachtende Größen und Strukturen, wie z.B. insbesondere für die Produktivitätsentwicklung und die Input-Output-Beziehungen, gemacht. Das langfristige Wachstum wird bei diesen Modellen daher im Wesentlichen durch den exogen vorgegebenen und zeitinvarianten Produktivitätsfortschritt bestimmt. Häufig werden auch nicht alle Modellparameter auf dem Wege einer Kalibrierung gewonnen, sondern die numerischen Werte für bestimmte Größen – z.B. die Schätzwerte für Elastizitäten – werden einfach aus anderen Studien übernommen. Hinzu kommt meist auch noch ein unzulängliches Verständnis für das Konzept der Elastizitäten. Elastizitäten sind grundsätzlich nur für sehr kleine Änderungen unter sonst gleichen Umständen definiert (Punktelastizitäten). Die Schätzungen von Elastizitäten aufgrund beobachteter Anpassungsreaktionen dürfen daher keinesfalls für eine Analyse größerer Änderungen von für das individuelle Verhalten wichtigen

---

12 Vgl. dazu L. J. Christiano/M. Eichenbaum (1992), Current real-business-cycle theories and aggregate labor-market fluctuations, in: American Economic Review, Bd. 82, S. 346–353.

13 Angesichts der methodisch bedingten Schwierigkeiten bei der Überprüfung der »Güte« eines »Real-business-cycle«-Modells und anderen auf dem Konzept eines »Allgemeinen Gleichgewichts« basierenden Modellen wird auch vorgeschlagen, die Parameter mit der »General method of moments (GMM) zu schätzen und die Momente der von einem auf diese Weise numerisch konkretisierten Gleichgewichtsmodell erzeugten Zeitreihen mit denen der beobachteten Reihen zu vergleichen. Da die Verteilung der GMM-Schätzfunktionen approximativ bekannt ist, sind auf dieser Basis im Prinzip auch approximative Tests für die Parameter des geschätzten Modells möglich. Die Macht dieser Tests ist jedoch sehr gering.

14 Vgl. R. E. Lucas (2003), Macroeconomics priorities, in: American Economic Review, Bd. 93, S. 1–14.

Parametern verwendet werden. Genau dies geschieht aber, wenn berechenbare Gleichgewichtsmodelle zur Abschätzung der Auswirkungen von Änderungen in der Steuerbelastung oder einer Einführung neuer Abgaben usw. eingesetzt werden.

Die berechenbaren Gleichgewichtsmodelle erfreuen sich aber trotzdem großer Beliebtheit sowohl in der ökonomischen Theorie, weil diese Modelle dem Mainstream folgen, als auch bei den Politikern, weil die Ergebnisse in den meisten Fällen scheinbar zeigen, dass die geplanten wirtschafts- und sozialpolitischen Maßnahmen keine nennenswerten Wachstumseinbussen und Wohlfahrtsverluste mit sich bringen. Die Aussagekraft eines Modells ist jedoch grundsätzlich auf den Erfahrungsbereich der zur numerischen Konkretisierung der Parameter verwendeten Beobachtungsdaten begrenzt. Empirische Befunde über früher erfolgte Anpassungsreaktionen können deshalb nicht einmal näherungsweise für die Abschätzung der Auswirkungen bisher nie erfahrener Veränderungen benutzt werden.

Diese Feststellung gilt für jede statistische Modellierung und ist – genau besehen – der eigentliche Kern der vielfach geäußerten Fundamentalkritik an den traditionellen makroökonometrischen Modellen[15]. Allgemeine Gleichgewichtsmodelle geben vor, diese Beschränkungen aufheben zu können und auch die Reaktionen der Wirtschaftssubjekte auf vorher nicht beobachtete Konstellationen zu erfassen. Die dazu notwendigen Annahmen widersprechen aber dem alltäglich zu beobachtenden realen ökonomischen Geschehen. Die ökonomische Realität wird durch Ungleichgewichte und durch nicht vollständig informierte Wirtschaftsubjekte bestimmt. Menschen treffen ihre Entscheidungen nicht immer rational und begehen Fehler. Viele der wirtschaftlich relevanten Entscheidungen erfolgen nicht völlig unabhängig von dem Verhalten anderer Wirtschaftssubjekte usw. Trotzdem setzen die Modelle der NCM auf idealisierende Annahmen, die so nicht beobachtet werden können.

Wirtschaftspolitische Beratung setzt jedoch eine differenzierte und ausgewogene Analyse voraus. Politikberatung sollte auf Evidenz basieren, d. h. durch empirisch gesicherte Befunde gestützt sein. Dazu kann und muss eine problemorientierte und vorurteilsfrei angelegte empirische Wirtschaftsforschung beitragen. Die Beziehungen zwischen aggregierten Größen lassen sich z. B. durchaus beobachten, und auch gewisse Bestimmungsfaktoren der zu beobachtenden Abläufe können herausgearbeitet werden. Diese Sicht der Dinge ist kein Rückfall in den Machbarkeitsglauben der in den 50er- und 60er-Jahre des letzten Jahrhunderts vorherrschenden Wirtschaftspolitik, es ist lediglich die Konsequenz aus der Einsicht, dass die Ökonomie eine empirische Disziplin ist. Das Spannungsverhältnis

15 Vgl. z. B. R. E. Lucas (1976), Econometric policy evaluation: A critique, in: Carnegie Rochester Conference Series, Bd. 1, S. 19–46.

zwischen dem Modellbau in der Theorie und dem empirisch zu beobachtenden Geschehen beherrscht das gesamte wissenschaftliche Denken seit der Antike. Einen »Königsweg« ökonomische Zusammenhänge und damit das wirtschaftliche Verhalten der Menschen besser zu verstehen, gibt es aber leider nicht.

Der wichtigste Ansatzpunkt für eine leistungsfähigere Wirtschaftswissenschaft ist deshalb die Ausbildung. Es gilt die Studierenden, aber auch die Lehrenden, permanent für die allgegenwärtige Mess- und Datenaufbereitungsproblematik zu sensibilisieren. Der Stellenwert einer detaillierten Deskription der wirtschaftlichen Abläufe und der zu beobachtenden Beziehungen zwischen den wirtschaftsstatistischen Größen sollte dabei immer wieder betont werden. Die Vermittlung der in der wirtschaftstheoretischen Literatur vorgestellten Modelle muss unbedingt mit einer Diskussion des Realitätsbezugs der dabei jeweils zugrundegelegten Annahmen ergänzt werden. Die Gewichtung der empirischen Forschung in der Ausbildung sollte unbedingt wieder den Anforderungen einer empirischen Disziplin, wie den Wirtschaftswissenschaften, entsprechen.

Kenntnisse in den Modellierungstechniken und in statistischen Methoden sollten deshalb nur einen Teil, die inhärenten Grenzen eines Modells und das Wissen um die Voraussetzungen zur Anwendung eines bestimmten statistischen Verfahrens sollten den anderen – und zumindest ebenso wichtigen – Teil im Programm zur Ausbildung von Ökonomen bilden. Ohne detaillierte Kenntnisse der bei der Erstellung wirtschaftsstatistischer Konstrukte zur Anwendung kommenden Abgrenzungen, Messkonzepte und Berechnungssystematiken ist eine fundierte Analyse des wirtschaftlichen Geschehens nicht vorstellbar.

Literatur

Christiano, L. J./Eichenbaum, M. (1992): Current real-business-cycle theories and aggregate labor-market fluctuations, in: American Economic Review, Bd. 82, S. 346–353.

Feyerabend, P. (1981): Probleme des Empirismus. Schriften zur Theorie der Erklärung, der Quantentheorie und der Wissenschaftsgeschichte, Ausgewählte Schriften, Bd. 2, Braunschweig.

Franz, W. (2000): Wirtschaftspolitische Beratung: Reminiszenzen und Reflexionen, in: Perspektiven der Wirtschaftspolitik, Bd. 1, S. 53–71.

Granger, C. W. J./Newbold, P. (1974): Spurious regression, in: Journal of Econometrics, Bd. 2, S. 111–120.

Lucas, R. E. (1976): Econometric policy evaluation: A critique, in: Carnegie Rochester Conference Series, Bd. 1, S. 19–46.

Lucas, R. E. (2003): Macroeconomics priorities, in: American Economic Review, Bd. 93, S. 1–14.

Lucke, B. (2002): Die Real-business-cycle-Theorie und ihre Relevanz für die Konjunkturanalyse, Hamburgisches Welt-Wirtschafts-Archiv (HWWA), Discussion Paper 178.

Hartwig, J./Schips, B. (2008): Wachstumspolitik im ideologischen Korsett, in: H.Hagemann/ G. Horn/J. Krupp (Hrsg.), Aus gesamtwirtschaftlicher Sicht, Marburg, S. 31–43.

Schips, B. (2000): Konjunkturforschung heute – Theorie und Empirie: Einige Probleme der empirischen Wirtschaftsforschung – dargestellt am Beispiel der Konjunkturanalyse und -prognose, in: Statistisches Bundesamt, Forum der Bundesstatistik, Bd. 35, Wiesbaden, S. 62–71.

Schips, B. (2002): Empirische Wirtschaftsforschung im Spannungsfeld zwischen Theorie und Praxis, in Schweizerische Zeitschrift für Volkswirtschaft und Statistik, Bd. 138, S. 345–357.

Schläpfer, F. (2011): Die Karikatur als Standard, http://www.oekonomenstimme.org/artikel/2011/06/.

II Zum längerfristigen Wachstum

Endogenes Wachstum und Überakkumulation

*Von Carl Christian von Weizsäcker**

1 Einführung: Die Große Externalität

Die neue Wachstumstheorie rankt sich um den Gedanken, dass auch das langfristig relevante Trendwachstum eine Größe ist, die von der Wirtschaftspolitik beeinflusst werden kann. Der technische Fortschritt, aber auch der institutionelle Aufbau der Wirtschaft werden in dieser Theorie endogenisiert. Allen Modellen des endogenen Wachstums ist eigen, dass wirtschaftliche Aktivität positive externe Effekte in der Form von Wissensvermehrung abwirft. Die Größenordnung dieser Lerneffekte ist erheblich. Ich spreche daher von der »Großen Externalität«, die in der neuen Wachstumstheorie berücksichtigt wird. Allerdings ist die Bedeutung der Großen Externalität für Bereiche der Wirtschaftstheorie außerhalb der Wachstumstheorie noch gar nicht voll ausgelotet worden. In dieser Arbeit schlage ich eine Brücke zwischen der Großen Externalität und der Kapitaltheorie mit Konsequenzen, die sich hieraus für die aktuelle Staatsschulden-Diskussion ergeben. Es zeigt sich, dass sich eine Politik des Staatsschulden-Abbaus mit einem Problem herumschlagen muss, das ich das Problem der Überakkumulation von Realkapital nennen möchte.

Im Abschnitt 2 behandle ich ein Modell des endogenen Wachstums. Im Abschnitt 3 diskutiere ich die Frage nach dem geeigneten Modell für die Produktivität von Kapital. Im Abschnitt 4 befasse ich mich mit dem »Vermögenswunsch« der Menschen, die Zukunftsvorsorge betreiben wollen. Es stellt sich heraus, dass dieser Vermögenswunsch ohne Staatsschulden nur erfüllt werden kann, wenn das Wachstum der Volkswirtschaft durch Überakkumulation beeinträchtigt wird.

2 Ein Modell des endogenen Wachstums

Die verschiedenen Zweige der endogenen Wachstumstheorie sollen hier nicht im Detail dargestellt werden.[1] Auch wenn wir nicht wissen, welche wirtschaftspolitischen Weichenstellungen die entscheidenden dafür sind, ob das Wachstum gefördert oder gehemmt wird, so ist doch klar, dass sich die große Externalität darin äußert, dass es einen positiven Zusammenhang zwischen der Höhe des So-

* Prof. Dr. Carl Christian von Weizsäcker, Bonn, E-Mail: weizsaecker@coll.mpg.de

1 Vgl. hierzu Aghion and Durlauf (Hrsg.) (2005).

zialprodukts und seinem Wachstum gibt. Wenn eine umfassendere wirtschaftliche Aktivität auch mehr Wissen hervorbringt, und wenn Wissen ein öffentliches Gut ist, so gibt es eine positive Rückkopplung zwischen dem Niveau wirtschaftlicher Aktivität und seinem Wachstum.

Das folgende Modell formalisiert diesen Zusammenhang. Es sei Q die Menge des akkumulierten Wissens und der kumulierten Fähigkeiten; es sei Y das Sozialprodukt. Dann unterstellen wir folgende Dynamik

$$\frac{dQ}{dt} \equiv \dot{Q} = \alpha Y \tag{1}$$

wobei $\alpha > 0$ eine Größe ist, die von solchen Dingen abhängt wie der Zusammensetzung des Sozialprodukts, dem institutionellen Aufbau der Gesellschaft etc. Wir werden in unserer Analyse diese Faktoren nicht im Einzelnen besprechen. Hierzu gibt es inzwischen auch eine breit aufgefächerte Literatur.[2] Ein früher Beitrag hierzu stammt von Karl Heinrich Oppenländer.[3]

Das Sozialprodukt sei erklärt mittels einer makroökonomischen Solowschen Produktionsfunktion

$$Y = F(A, K) \tag{2}$$

Dabei ist A der »erweiterte« Arbeitseinsatz oder einfach »erweiterte Arbeit« und K das Sachkapital, das ich auch »Realkapital« oder einfach »Kapital« nennen werde. Der erweiterte Arbeitseinsatz A wird wiederum erklärt als

$$A = e^{\beta t} Q^{\gamma} L \quad \text{mit} \quad \beta \geq 0 \quad \text{und} \quad 0 < \gamma \leq 1 \tag{3}$$

Dabei ist L der Arbeitseinsatz in Stunden pro Jahr.

Die Kapitalbildung ergibt sich aus der Identität

$$\frac{dK}{dt} \equiv \dot{K} = sY \tag{4}$$

wodurch die volkswirtschaftliche Sparquote s definiert wird.

Die Produktionsfunktion $F(A, K)$ habe konstante Skalenerträge. Somit können wir sie in folgender Weise schreiben

$$Y = Af(k) \quad \text{mit} \quad k = \frac{K}{A} \tag{5}$$

Wir nennen k die »normierte Kapitalintensität«. Sie ist nicht zu verwechseln mit der »einfachen Kapitalintensität« K/L, die aber in der weiteren Analyse auch keine Rolle spielen wird. Die hier angenommene Produktionsfunktion entspricht Harrod -neutralem technischen Fortschritt. Die Funktion $f(k)$ sei charakterisiert

2 Vgl. Neben Aghion und Durlauf op. cit., hierzu exemplarisch Acemoglou and Robinson (2012), sowie North, Wallis and Weingast (2009).

3 Oppenländer (1988).

durch abnehmende Grenzerträge; also ist die zweite Ableitung negativ: $f''(k) < 0$. Die erste Ableitung wird ausführlich im nächsten Abschnitt besprochen.

Ich diskutiere das hier entwickelte Modell des wirtschaftlichen Wachstums nicht in seiner vollen Allgemeinheit. Ich greife zwei Spezialfälle heraus, die als exemplarisch gelten können.

Erster Spezialfall: $\beta = 0$, $\gamma = 1$ und die Sparquote s sei konstant über die Zeit. Gleiches gilt für L, die Zahl der Arbeitsstunden. Wir können hier einen Steady-State Wachstumspfad ausrechnen, bei dem die normierte Kapitalintensität k im Zeitverlauf konstant bleibt. Dann ergibt sich

$$\frac{\dot{Y}}{Y} = \frac{\dot{A}}{A} = \frac{\dot{Q}}{Q} = \alpha\frac{Y}{Q} = \alpha L f(k). \qquad (6)$$

Die Wachstumsrate des Systems ist proportional zu α, proportional zum Arbeitseinsatz L und proportional zum Output pro erweiterten Arbeitseinsatz, $f(k)$. Für unsere Zwecke ist von besonderem Interesse, dass die Wachstumsrate des Systems hier genau solange mit der normierten Kapitalintensität steigt als das Grenzprodukt des Kapitals positiv ist. Die normierte Kapitalintensität k^*, die das Steady-State Wachstum maximiert, ist diejenige, bei der das Grenzprodukt des Kapitals den Wert Null erreicht.

Zweiter Spezialfall: $\beta = 0$, $\gamma = 1/2$, und die Sparquote wird so angepasst, dass k im Verlauf der Zeit konstant bleibt. Hier ist kein exponentielles Steady State Wachstum möglich. Dies könnte bei $\gamma = 1/2$ dann wieder erreicht werden, wenn β positiv wäre. Letzteren Fall werde ich hier nicht untersuchen. Indem wir hier $f(k)$ als zeitlich konstant voraussetzen, können wir errechnen

$$\begin{aligned}\dot{Y} &= f(k)\dot{A} = f(k)L\frac{1}{2}Q^{-1/2}\dot{Q} = f(k)L\frac{1}{2\sqrt{Q}}\alpha Y = f(k)L\alpha\frac{f(k)L\sqrt{Q}}{2\sqrt{Q}} \\ &= \alpha[f(k)L]^2 \end{aligned} \qquad (7)$$

Das Sozialprodukt wächst linear mit der Zeit. Der jährliche Zuwachs ist proportional zu α und proportional zum *Quadrat* des Ausdrucks $f(k)L$.

Wir beobachten ferner, dass einer konstanten erweiterten Kapitalintensität eine im Zeitverlauf sinkende Sparquote entspricht. Damit die erweiterte Kapitalintensität, wie angenommen, konstant bleibt, muss die prozentuale Wachstumsrate des Kapitalstocks gleich der prozentualen Wachstumsrate des erweiterten Arbeitseinsatzes sein, die bei konstanter erweiterter Kapitalintensität wiederum gleich der prozentualen Wachstumsrate des Sozialprodukts ist. Also gilt $\frac{\dot{Y}}{Y} = \frac{\dot{K}}{K} = s\frac{Y}{K}$. Nun bleibt aber bei konstanter erweiterter Kapitalintensität der Kapitalkoeffizient $\frac{K}{Y}$ konstant. Da andererseits die *prozentuale* Wachstumsrate des Sozialprodukts bei linearem Wachstum des Sozialprodukts ständig abnimmt, muss auch die Sparquote s ständig abnehmen. Umgekehrt bedeutet das, dass bei einer konstanten Sparquote die erweiterte Kapitalintensität k über alle Grenzen wächst.

3 Die Theorie der Produktionsumwege

Von Böhm-Bawerk stammt die temporale Kapitaltheorie.[4] Er erklärte den volkswirtschaftlichen Kapitalbedarf mit der Mehrergiebigkeit längerer Produktionsumwege. Diese soll hier im Einzelnen nicht dargestellt werden. In der modernen Wachstumstheorie hat die temporale Kapitaltheorie praktisch keine Rolle mehr gespielt. An ihre Stelle ist die makroökonomische Produktionsfunktion getreten, mit deren Hilfe Solow 1956 die neoklassische Wachstumstheorie begründet hat.[5] Hier geht das Kapital unmittelbar als Produktionsfaktor in die makroökonomische Produktionsfunktion ein. Auf ihr aufbauend wurde die Produktionsfunktion mit konstanter Substitutionselastizität (CES-Funktion) entwickelt, wobei sich die Substitution auf diejenige zwischen Arbeit und Kapital bezieht. Bei konstanten Skalenerträgen hat die CES Funktion die Eigenschaft, dass das Grenzprodukt des Kapitals bei jedem noch so hohen Kapitaleinsatz positiv bleibt. Nicht zuletzt deshalb hat sich die alte Ansicht von Böhm-Bawerk halten können, dass es auch für die Mehrergiebigkeit längerer Produktionsumwege keine Grenze gibt. Im Folgenden baue ich eine Alternativtheorie auf, die darauf hinausläuft, dass bei einer endlichen normierten Kapitalintensität ein Maximum der Arbeitsproduktivität erreicht wird, so dass von da ab noch längere Produktionsumwege keinen Produktivitätsvorteil mehr bieten, sondern einen Produktivitätsnachteil darstellen. An die Stelle der CES Funktion tritt dann eine andere Klasse von Produktionsfunktionen, bei denen ebenfalls ein Substitutionsparameter konstant bleibt. Die aber ist durch ein Maximum der Arbeitsproduktivität bei einer endlichen normierten Kapitalintensität ausgezeichnet.

In der berühmten Cambridge-Cambridge-Kontroverse ist von der englischen Seite die makroökonomische Produktionsfunktion nach Solow als Ideologie kritisiert worden. Sie wurde als ungeeignet angesehen, um als Ergebnis der Aggregation zahlreicher heterogener Kapitalgüter zu dienen. Höhepunkt dieser Kritik war der Verweis auf das so genannte Reswitching. Ich habe seinerzeit in meinem Buch »Steady State Capital Theory«[6] gezeigt, dass sich die durchschnittliche Produktionsperiode von Böhm-Bawerk durchaus als Aggregator heterogener Kapitalgüter eignet, sofern man sich in einem Steady State befindet. Allerdings hängt die Messung des Ausmaßes der Produktionsumwege mithilfe der durchschnittlichen Produktionsperiode von einem Gewichtungssystem ab, das von dem gleichgewichtigen Zinssatz induziert wird. Damit ergibt sich die durchschnittliche Produktionsperiode in doppelter Weise als eine Funktion des Zinssatzes: einerseits bestimmt der Zinssatz für das dazugehörige Gleichgewicht

4 Böhm-Bawerk (1888).
5 Solow (1956).
6 Von Weizsäcker (1971), modernisiert in von Weizsäcker (2011b).

des Produktionssektors die Produktionstechnik θ, die gewählt wird; andererseits bestimmt der Zinssatz r ebenfalls das Gewichtungssystem, mit dessen Hilfe bei gegebener Produktionstechnik die durchschnittliche Produktionsperiode gemessen wird. Wir haben also für die durchschnittliche Produktionsperiode T die zwei Bestimmungsgrößen θ und r, also $T = T(\theta; r)$. Man kann die in der Volkswirtschaft verfügbaren Produktionstechniken so parametrisieren, dass die bei einem Zinssatz r gewählte gewinnmaximierende Produktionstechnik θ gerade den Wert r annimmt. Also $\theta(r) = r$. Die durchschnittliche Produktionsperiode ist der durchschnittliche zeitliche Abstand zwischen den originären Faktorinputs und den dazugehörigen Konsumgüteroutputs. Der Kapitalbedarf der Volkswirtschaft steht in dieser Theorie in einem engen Zusammenhang mit der Höhe der durchschnittlichen Produktionsperiode.

Man kann nun ein Substitutionstheorem zeigen: bei festgehaltenem Gewichtungssystem r verändert sich mit steigendem Zinssatz die Produktionstechnik derart, dass die durchschnittliche Produktionsperiode kleiner wird, im Grenzfall ohne Substitution gleich bleibt. Es gilt also

$$\frac{\partial T(\theta; r)}{\partial \theta} \leq 0 \text{ an der Stelle } \theta = \theta(r) = r$$

Hieraus kann man ein Maß für die Substitution entwickeln, das ich den intertemporalen Substitutionskoeffizienten nenne. Er sei mit Ψ bezeichnet und wie folgt definiert

$$\Psi = \frac{\partial \frac{1}{T}}{\partial \theta} \tag{8}$$

Dieser Koeffizient der intertemporalen Substitution ist wegen des Substitutionstheorems immer nicht-negativ. Wie die herkömmliche Substitutionselastizität ist er zudem dimensionslos, da das Inverse $1/T$ der Produktionsperiode T genau wie der Zinssatz die Dimension »1/Zeit« hat. Insbesondere hängt sein Wert nicht von der Wahl der Zeiteinheit ab.

In Analogie zur CES-Funktion kann eine Klasse von Produktionsfunktionen definiert werden, die wir CIS-Funktionen nennen können: Produktionsfunktionen mit konstantem intertemporalem Substitutionskoeffizienten Ψ. Diese können auch für den allgemeinen kapitaltheoretischen Fall definiert werden.[7] Hier beschränke ich mich auf den Fall der Solow-Produktionsfunktion, der ein Spezialfall des allgemeinen kapitaltheoretischen Falls ist. Es stellt sich heraus, dass die Solow-Produktionsfunktion für den Fall eines konstanten intertemporalen Substitutionskoeffizienten Ψ folgende Form hat

Für den Fall, dass $\Psi > 1$ gilt, lautet sie $f(k) = B k^{\frac{1}{\Psi}} - \alpha k$ mit $B > 0$ und $\alpha > 0$

7 Vgl. von Weizsäcker (2011b).

Für den Fall, dass $\Psi < 1$ gilt, lautet sie $f(k) = \alpha k - B k^{\frac{1}{\Psi}}$ mit $B > 0$ und $\alpha > 0$ Wie sich leicht sehen lässt, erreicht f in beiden Fällen ein Maximum bei einem endlichen Wert von k. Im Fall $\Psi > 1$ haben wir eine Cobb-Douglas-Funktion mit angehängtem negativem linearem Term.

Weshalb[8] gibt es ein endliches Maximum der Arbeitsproduktivität als Funktion des Ausmaßes der Produktionsumwege? Eine Antwort ist die Notwendigkeit der Wartung und von Reparaturen. Könnte man Wartung und Reparaturen ignorieren, so ließe sich einiges dafür sagen, dass die Arbeitsproduktivität mit steigendem Ausmaß der Produktionsumwege immer noch weiter erhöht werden könnte. Aber es gibt die Notwendigkeit der Wartung und der Reparaturen. Bauten, die den quantitativ wichtigsten Teil der Sachkapitalbindung im Produktionssektor darstellen, benötigen fast ständig irgendwelche Arbeiten zur Aufrechterhaltung ihrer vollen Funktionsfähigkeit. Daher kann man die Produktivität der Arbeitskräfte nicht immer weiter steigern, indem man ihnen immer mehr Raum zur Verfügung stellt. Irgendwann ist der Produktivitätszuwachs durch einen weiteren Raumzuwachs so klein, dass er die zusätzlichen Reparaturarbeiten für das Gebäude nicht mehr aufwiegt. Ähnliches gilt aber auch für Maschinen und Anlagen.

Je länger man über diesen Zusammenhang zwischen Produktionsumwegen und Arbeitsproduktivität nachdenkt, desto fester wird die Überzeugung, dass es eine maximale Arbeitsproduktivität geben muss, die bei einer bestimmten endlichen Produktionsperiode, bei einem bestimmten endlichen Produktionsumweg erreicht wird. Dahinter steht im Grunde der zweite Hauptsatz der Thermodynamik, sprich, das Gesetz der wachsenden Entropie. Im volkswirtschaftlichen Produktionsprozess kämpft man quasi ständig gegen dieses Naturgesetz an. Gebäude und Anlagen unterliegen wegen dieses Naturgesetzes dem ständigen Verschleiß. Daher ist Wartung und Reparatur als ständige Aufgabe unvermeidlich. Es ist interessant, dass die herkömmliche Ökonomie unter Verwendung der CES-Funktion diesen Grundtatbestand menschlichen Produzierens nicht beachtet hat. Neben der Lösung des Aggregationsproblems mithilfe meines österreichischen kapitaltheoretischen Ansatzes spricht auch diese Erkenntnis des Zusammenhangs zwischen menschlichem Produzieren und einem physikalischen Grundgesetz für diesen Ansatz, speziell unter Verwendung eines konstanten Koeffizienten der intertemporalen Substitution.

Die hier angestellten Überlegungen über das richtige Modell zur Darstellung des gesamtwirtschaftlichen Produktionsprozesses können vielleicht mit Nutzen durch einen kleinen erkenntnistheoretischen Exkurs ergänzt und angereichert werden. Theoriebildung ist in der Wissenschaft immer auch Extrapolation. Newton hat

[8] Die folgenden vier Absätze sind meiner Walter-Adolf-Jöhr-Vorlesung entnommen: von Weizsäcker (2011a).

das Gravitationsgesetz der klassischen Mechanik anhand der Planetenbewegung entdeckt und die Gravitationskraft hieraus errechnet. Er hat dann die so errechnete Gravitationskonstante als universale Konstante angenommen, also über seine Beobachtungen hinaus extrapoliert. Um die Relevanz konkreter Beobachtungen für die (vorläufige) Bestätigung einer allgemeinen Theorie behaupten zu können, bedarf es somit immer der Extrapolation von gemessenen Parameterwerten auf andere als die beobachteten Zusammenhänge.

Genauso geht auch die ökonomische Theorie vor. Bei der vorherrschenden makroökonomischen Produktionsfunktion, der Solow-Produktionsfunktion, veranlasste der grundsätzliche Gedanke der Substitution zwischen Kapital und Arbeit die Theoretiker, das quantitative Maß der Substitutionselastizität zu entwickeln. Indem man nun begann, Substitutionselastizitäten ökonometrisch zu schätzen, hat man sich der Annahme einer konstanten Substitutionselastizität bedient. Auf diese Weise konnten die empirischen Schätzwerte, die sich auf bestimmte Bereiche des Verhältnisses von Kapital und Arbeit bezogen, als allgemein gültige Schätzungen angenommen werden. Mithilfe dieser Annahme der Konstanz eines geschätzten Parameters hat man die Ergebnisse auch auf Bereiche extrapoliert, für die man keine direkten Daten hatte. Auf diese Weise war es dann möglich, auch Prognosen zu machen, die sich auf Bereiche erstreckten, die nicht im beobachteten Intervall lagen. Genau auf derselben Basis kann man die Annahme rechtfertigen, dass der Koeffizient der intertemporalen Substitution konstant ist.

4 Das Anlageproblem

Die modernen demographischen Verhältnisse schaffen einen sehr großen Vorsorgebedarf. Im Durchschnitt der Bevölkerung der reichen Länder überschreitet die Lebenserwartung das Alter, in dem man die Berufstätigkeit beendet, um annähernd zwei Jahrzehnte. Ich verwende einen weiten Vermögensbegriff. Dazu gehören auch die Gegenwartswerte künftiger Pensions- und gesetzlicher Rentenansprüche, abzüglich noch zu leistender Prämienzahlungen. Bei einer Altersperiode ohne Erwerbseinkommen von knapp zwanzig Jahren und unter der Annahme eines Jahreskonsums im Alter in gleicher Höhe mit demjenigen während der Berufstätigkeit ergibt sich, dass das Durchschnittsvermögen der Bevölkerung ungefähr 10 Jahren Konsums entsprechen muss.[9] Auch wenn der aus eigener Tasche bezahlte private Konsum im Alter geringer ist als während der Berufstätigkeit, sind andererseits die von Versicherungen abgedeckten Leistungen insbesondere für den Krankheits- und Pflegefall im Alter ungleich höher als zuvor. Diese werden durch explizite oder implizite Altersrückstellungen der Versicherer

[9] Detaillierte Rechnungen in von Weizsäcker (2011b).

abgedeckt, welche wir in gleicher Weise dem Vermögen der Versicherten zurechnen können wie Pensions- und Rentenansprüche. Im Saldo ist der Konsum im Alter nicht niedriger als während der aktiven Berufstätigkeit.

Hinzu kommt, dass ein Großteil der Bevölkerung ihren Kindern oder anderen Empfängern Vermögen vererben will. Sehr große Vermögen werden häufig in Stiftungen eingebracht, die dazu verpflichtet sind, dieses Vermögen dauerhaft zu erhalten und nur die Kapitalerträge dem Stiftungszweck zuzuführen.

Aufgrund dieser Fakten komme ich zum Schluss, dass der über die Bevölkerung summierte *Vermögenswunsch* mindestens dem Zwölffachen des jährlichen volkswirtschaftlichen Konsums entspricht. Unter dem Vermögenswunsch verstehe ich dasjenige Vermögen, das der Mensch unter Berücksichtigung der aus seinem Lebenseinkommen abzuleitenden Budgetbeschränkung im Sinne einer optimalen intertemporalen Allokation seines Konsums halten möchte. Dabei ist das vom Staat verordnete Zwangssparen im Rahmen der gesetzlichen Rentenversicherung und der gesetzlichen Krankenversicherung ebenfalls dem »Vermögenswunsch« zuzurechnen. Wenn ohne dieses Zwangssparen die Menschen »zu wenig« für das Alter vorsorgen, so zum Teil deswegen, weil sie damit rechnen können, dass die staatliche Sozialhilfe ihnen auch im Alter ein menschenwürdiges Leben ermöglicht. In diesem Sinne muss auch das »soziale Netz« des Sozialstaats jenseits der gesetzlichen Rente als »Vermögen« in der Form einer Art impliziter »Grundlebensversicherung« angesehen werden, die allerdings nur für den Fall leistet, dass andere Versorgungsquellen versagen. Sofern Menschen quasi »irrational« für die Zukunft nicht vorsorgen, kann man das Zwangssparen der gesetzlichen Rentenversicherung als eine Art »paternalistische« Maßnahme ansehen, die dann aber auch einem in diesem Fall von außen oktroyierten »Vermögenswunsch« entspricht. Faktisch kann man nur schwer unterscheiden, ob unzureichende Zukunftsvorsorge einem rationalen Einkalkulieren des sozialen Netzes oder einer mangelnden Willenskraft oder kognitiven Defiziten entspricht. Die Fähigkeit zu dieser Unterscheidung ist auch sozialpolitisch nicht erforderlich, weil die Antwort auf beide Tatbestände das paternalistische Zwangssparen ist, das wir dem »Vermögenswunsch« zurechnen.

Wie ermöglicht die Volkswirtschaft einen Vermögenswunsch in der Höhe von mindestens 12 Jahren Konsums, wenn doch das beobachtete Verhältnis zwischen Realkapital und jährlichem Konsum in reichen Ländern nur ungefähr 5 beträgt? In der heutigen Praxis geschieht dies ganz überwiegend durch Staatsschulden. Sie belaufen sich in dem OECD + China – Raum auf einen Betrag, der mindestens so hoch ist wie das Realvermögen. Dabei sind die impliziten Staatsschulden in der Form von vermögensähnlichen Ansprüchen der Bürger an den Staat, insbesondere bei der Altersvorsorge mitgezählt. Die Staatsschulden bedeuten ja, dass das private Netto-Vermögen der Bürger wesentlich höher sein kann als das Volksvermögen. Unter Einschluss des Staates ist in einer geschlossenen Volkswirtschaft das Realvermögen gleich dem Reinvermögen. Indem der Staat nun in hohem Maße ein negatives Netto-Reinvermögen generiert, kann das Reinvermögen der privaten Wirtschaftssubjekte deren Realvermögen übersteigen.

Nun entspricht es dem heutigen Zeitgeist, dass die Staatsverschuldung abgebaut werden soll. Daher entsteht die Frage, wie das Anlageproblem der Wirtschaftssubjekte gelöst werden kann, wenn der Staat nicht mehr verschuldet ist. Hier kann es zu dem kommen, was ich Überakkumulation nenne. Wenn der Staat durch seinen Schuldenabbau keine privaten Vermögensanlagemöglichkeiten jenseits der Bildung von Realkapital mehr bietet, dann kann es sein, dass die normierte Kapitalintensität k größer wird als k^*, das dem Wert entspricht, bei dem die Arbeitsproduktivität ihr Maximum erreicht. Aus Gründen der Zukunftsvorsorge findet sich dann der Anleger mit einer negativen Rendite ab, solange ihm nur die »Sachwerte«, also insbesondere Immobilien, eine Möglichkeit bieten, einer massiveren Entwertung seines Vermögens zu entkommen.

Die Überakkumulation mag eine Antwort auf das Anlageproblem sein, aber diese Antwort wird erkauft mit einem geringeren Wachstum, sofern wir uns auf das oben diskutierte Modell des endogenen Wachstums und die kapitaltheoretischen Überlegungen zu den Grenzen der Mehrergiebigkeit längerer Produktionsumwege stützen können.

In einem komplexeren Modell kann man berücksichtigen, dass es weitere Anlagemöglichkeiten als die in Realkapital und in Staatsschulden gibt. So mag es Erträge aus Gegenständen geben, die nicht dem Realkapital entsprechen. Zu denken ist an Gewinne aus Monopol- bzw. Oligopolsituationen, die zum Teil in der Form der Marke oder des Erfinderpatents auch rechtlich abgestützt sind. Derartiges »immaterielles Kapital« kann auch von der breiten Masse der Vermögensbesitzer auf dem Wege des Erwerbs von börsennotierten Aktien erworben werden. Indessen übersteigt der Börsenwert solcher Anlagen wohl in keinem Land den volkswirtschaftlichen Konsum eines Jahres. Die entsprechenden Jahresgewinne einer Volkswirtschaft machen wohl in keinem Land mehr als 10 % des Konsums aus. Und als Faustregel kann man für etablierte Rechte dieser Art ein Kurs-Gewinn-Verhältnis von 10 veranschlagen. Es ist ja mit derartigen Rechten immer ein großes Risiko verbunden, sodass der verlangte Erwartungswert der Rendite selbst bei einem Realzins von Null (wie derzeit) wenigstens 10 % p.a. ist, was einem Kurs-Gewinn-Verhältnis von 10 entspricht.

Es gibt das Argument, dass nicht vermehrbare Güter wie der Boden eine hinreichende Anlagemöglichkeit bieten, um den Vermögensbildungswunsch auch ohne Staatsschulden voll befriedigen zu können[10]. Das Argument ist unter den für seine Ableitung gemachten Annahmen auch richtig. Eine »ewige« Ricardosche Bodenrente hat einen Kapitalwert, der im Modell gegen unendlich strebt, wenn

10 Homburg (1991).

der Zinssatz gegen Null strebt. Indessen besteht das Enteignungsrisiko. Dieses mag für Realkapital nicht so hoch sein, da hier immer berücksichtigt werden muss, dass Anreize zum Investieren verbleiben müssen. Das aber ist kein Gegeneinwand gegen die Enteignung von knappem Boden, der nicht fliehen kann und auch nicht ständig neu produziert werden muss. Die Enteignung kann natürlich den Weg über die Besteuerung nehmen. Dann aber ist Boden ein Gut, das erhebliches Risiko trägt und keinesfalls exorbitante Werte annimmt. Angesichts des Ausmaßes der heutigen Staatsschulden in den OECD-Ländern und China ist es kaum möglich, dass gestiegene Bodenwerte ausreichen würden, bei einem nichtnegativen Realzins einen vollen Abbau der Staatsschulden zu kompensieren.

Jedem guten Ökonomen ist bewusst, dass ein Zustand bei einer Grenzproduktivität des Kapitals unter der Wachstumsrate des Systems kein Allgemeines Gleichgewicht im Sinne von Arrow-Debreu ist, da dann im Prinzip Arbitragemöglichkeiten in der Form von Ponzi-Spielen möglich bleiben. Indessen, der einzige glaubwürdige Ponzi-Spieler ist der Staat. Und das Ponzi-Spiel des Staates läuft eben darauf hinaus, dass er sich verschuldet.[11]

5 Zusammenfassung

Vielfach wird Staatsverschuldung als Wachstumshemmnis als »Leben auf Kosten künftiger Generationen« gesehen. In dieser Arbeit zeige ich, dass die Dinge komplizierter sind. Ohne Zweifel besteht bei gegebenem Vermögenswunsch ein Substitutionsverhältnis zwischen Realkapitalbildung und Staatsverschuldung. Jedoch ist in moderner Zeit der Vermögenswunsch so stark angestiegen, dass die Realkapitalbildung ohne Staatsverschuldung über das Ziel hinaus schießt, dass es zu Überakkumulation von Realkapital kommt, die sich in einer negativen Grenzproduktivität des Kapitals ausdrückt. Dies hat negative Auswirkungen für das Wachstum der Volkswirtschaft und schädigt damit gerade künftige Generationen. Insofern ist ein gewisses Ausmaß an Staatsschulden gerade wachstumsfördernd – und dies sogar ohne jede Berücksichtigung eines »keynesianischen« Problems unzureichender Nachfrage.

11 Vgl. hierzu von Weizsäcker (1979).

Literatur

Acemoglou/Robison (2012): Why Nations Fail: The Origins of Power, Prosperity and Poverty, New York, 2012, 525 Seiten.

Aghion/Durlauf Hrsg. (2005): Handbook of Economic Growth, Amsterdam, 2005, Vol. IA and IB, Amsterdam 2005, 1821 Seiten.

von Böhm-Bawerk, Eugen (1889): Positive Theorie des Kapitales, Jena 1889, Dritte Auflage Jena 1909.

Homburg (1991): Stefan Homburg, Interest and growth in an economy with land, Canadian Journal of Economics, 1991, XXIV, 450–459.

North/Wallis/Weingast (2009): Douglass C. North, John Joseph Wallis, Barry R. Weingast, Violence and Social Order, Cambridge University Press, 2009, 308 Seiten

Solow, Robert (1956): a Contribution to the Theory of Economic Growth, Quarterly Journal of Economics, 1956.

Oppenländer, Karl Heinrich (1988): Wachstumstheorie und Wachstumspolitik. Die Strukturdynamik als wesentlicher Erklärungsfaktor des wirtschaftlichen Wachstums und als Ansatzpunkt für eine innovationsbezogene Wachstumspolitik, München 1988.

von Weizsäcker, Carl Christian (1979): Das eherne Zinsgesetz, Kyklos 1979.

von Weizsäcker, Carl Christian (2011 a): Staatliches Gewaltmonpol, Staatsverschuldung und individuelle Vorsorge, Walter Adolf Jöhr Vorlesung 2011, St. Gallen, 2011, www.fgn.unisg.ch/Walter+Adolf+Joehr+Vorlesung.aspx.

von Weizsäcker, Carl Christian, Public Debt Requirements in A Regime of Price Stability, Preprint of the Max Planck Institute for Research on Public Goods, Bonn 2011/20, August 2011 http://www.coll.mpg.de/biblio/aid/123?sort=issue

Endogenous R&D, technological change and market structure in the global economy

*Von Manfred Neumann**

1 Introduction

Beginning with the basic and seemingly contradictory contributions of Schumpeter attributing innovations primarily either to entrepreneurial activities of pioneers (1912) or big corporations (1942) a voluminous literature has emerged.[1] In contrast to this literature where market structure and firm size have been treated as exogenous variables to explain technological progress (Oppenländer 1990), in this paper I wish to look at R&D expenditures and the ensuing cost reductions as determining the market structure, where R&D expenditures follow from maximizing profits.

Previously Dasgupta and Stiglitz (1980), in their treatment of the relationship between industry structure and innovative activity, considered a Cournot oligopoly where firms choose the level of output and R&D simultaneously and, in a model with free entry, found a linear relationship between research intensity and industrial concentration, which both are simultaneously determined. They emphasize that no causality is to be imputed to this relationship, ›*industrial concentration and research intensity are simultaneously determined*‹ by the same exogenous variables. (Dasgupta/Stiglitz 1980, p. 276, *italics* in the original). By contrast, in the present chapter, I submit that sequential decision making regarding output and R&D is more realistic and opens the way to examine the strategic use of fixed costs by firms to enhance their market share and to acquire monopolistic market power. Comparing a simultaneous choice of output and R&D on one hand and sequential decision on the other one making suggests that in a game, where players adopt different strategies, sequential decision making turns out as the Nash equilibrium. Therefore, rather than assuming the level of output and fixed costs to be chosen simultaneously, I propose sequential decision making. It mirrors the commonly found governance of the firm. The top management, acting as agent of owners, decides on the organizational structure, the technique to be employed, and for that matter, on the level of fixed costs

---

* Prof. Dr. Manfred Neumann, Nürnberg, E-mail: neumann-lauf@t-online.de

1 Reviews by Kamien and Schwartz (1975), Oppenländer (1976), Scherer (1980), Audretsch (2004).

where R&D expenditures are an important part of them. It is left to production managers to determine the output expected to maximize profits.

This approach yields interesting conclusions regarding mergers as strategies to enhance profitability. First, R&D expenditures are to be recognized as fixed costs which impact on the level of marginal costs. Higher fixed costs entail lower marginal costs. Second, fixed costs involve a capital investment (Bittlingmayer 1996) which causes marginal costs to decline and thus to render the profitability of the merged firm to rise. In contrast to Salant, Switzer and Reynolds (1983)[2] horizontal mergers are thus shown to be always attractive. Consequently, a free entry equilibrium, if it exists, will be upset by strategic moves of competing firms. This poses a challenge to competition policy.

2 Endogenous fixed costs

Consider a Cournot oligopoly facing an inverse demand function $p = a - b(q_1 + q_2 + \ldots + q_n)$, q_i being the output of firm *i*. Profits of firm *i* are $\Pi_i = [p - c(F_i)]q_i - F_i$, were F_i are fixed costs incurred by firm *i*.

The cost function follows from minimizing cost by choosing an appropriate set of variable inputs, given user prices of factors, subject to a production function and the *a priori* choice of the technology to be employed. The production function is $q = T(F)f(L_1, \ldots, L_z)$, with $T'(F) \geq 0$, where $T(F)$ denotes the chosen technology the maintenance of which requires fixed costs F to be incurred. For the sake of simplicity the stock of technological possibilities, depicted by T, is assumed to evaporate within one period and must be replaced by current expenses F. Thus F is the capital stock which embodies technological knowledge, incorporated in machinery and human minds, and brings to fruition the superior capabilities of such knowledge. In other words, the productivity of capital depends on making available for human use laws of nature which, in itself, are immaterial. Knowledge of them, like the physical laws of motion, are useless unless they are made available for human use by appropriate instruments or organizational structures the creation of which requires pecuniary outlay, that is, fixed costs.[3]

2 Salant, Switzer and Reynolds (1983), argued that in an homogeneous oligopoly a merger aiming at exploiting monopolistic market power is doomed to failure unless the cooperating firms are in command of an overwhelmingly large combined market share. Therefore mergers are typically unprofitable, unless the welfare losses due to monopolistic market power are offset by efficiency gains (Perry and Porter 1985) or if the merger occurs on a market with differentiated products (Deneckere and Davidson 1985). In this paper I shall retain the model of an homogeneous market and, in contrast to Perry and Porter, assume fixed costs to be endogenous.

3 In this view the productivity of capital does not depend on such notions as roundaboutness of production, as suggested by Böhm-Bawerk (1889), but on utilizing laws of nature, just as in the case of so-called original factors, such as land.

The function $f(.)$ pertaining to the variable factors will, for the purpose of the present paper, be assumed to be linearly homogeneous. Minimizing costs, $C = \sum_z w_z L_z + F$, where w_z denotes the user price of factor z, by choosing L_z subject to the production function yields the cost function $C(q, F) = \frac{v(w)}{T(F)} q + F$, where marginal costs, $v(w)/T(F) =: c(F)$, do not depend on the level of output.[4] The cost function for output i can thus be written $C_i = c(F_i) q_i + F_i$, where $c'(F) < 0$, $c''(F) > 0$. Note that in the short run, i.e., at a given level of technological possibilities, variable costs change proportionally with output. For the purpose of the present paper, to focus on the role of fixed costs, marginal cost shall be approximated by $c(F) = \alpha - m\sqrt{F}$, which exhibits the properties mentioned above. The term α depends on the prices of variable factors, as explained above, and m denotes how fixed costs impact on marginal costs. The larger m the lower are marginal costs at a given level of fixed costs, and conversely, the larger m the lower are fixed costs required to yield some given level of marginal costs.

3 Fixed costs following from alternative strategies

For determining output I consider a Cournot game in quantities. At the Cournot equilibrium the price is

$$p = \frac{a + c_1 + c_2 + \ldots + c_n}{n+1}, \tag{1a}$$

and output of the individual firm is

$$q_i = \frac{a - nc_i + \sum_{j \neq i}^{n} c_j}{b(n+1)}. \tag{1b}$$

The resulting profit of firm 1 is

$$\Pi_1 = \frac{1}{b}\left(\frac{a - nc(F_1) + c(F_2) + \ldots + c(F_n)}{n+1}\right)^2 - F_1 \tag{2}$$

and similarly for all other firms.

If both firms choose output and fixed costs simultaneously, as suggested by Dasgupta/Stiglitz, profit maximization requires that at a symmetric equilibrium,

$$\frac{a - c(F)}{b(n+1)} = \frac{1}{-c'(F)} \tag{3a}$$

(Dasgupta and Stiglitz 1980, p. 275). Using $c = \alpha - m\sqrt{F}$ yields

4 The influence of factor prices will be disregarded.

$$\sqrt{F_D} = \frac{(a-\alpha)m}{2b(n+1)-m^2}, \tag{4a}$$

In the case of sequential decision making $\partial \Pi_i / \partial F_i = 0$, yields

$$\frac{1}{b}\frac{a-\alpha+m\sqrt{F}}{n+1} \times \frac{nm}{n+1} \times \frac{1}{\sqrt{F}} - 1 = 0 \tag{3b}$$

from which follows

$$\sqrt{F_N} = \frac{(a-\alpha)nm}{b(n+1)^2 - nm^2}. \tag{4b}$$

It will be noted, that the optimal level of fixed costs depends on both, the number of competitors and the horizontal size of the market, as depicted by b, i.e., the slope of the inverse demand function. It can be verified that $\partial F / \partial n < 0$, $\partial F / \partial b < 0$. As for both alternative strategies $\partial F / \partial m > 0$, the more strongly fixed costs impact on marginal costs the more attractive is it to incur fixed costs. Hence the following

Proposition 1: *In a given market larger firms choose a higher level of fixed costs so that marginal costs are lower, and for a given number of firms fixed costs are higher and marginal costs are lower the larger the market horizontally or vertically or both.*

Thus, horizontal growth of the market gives rise to both larger firms with higher fixed costs and lower marginal costs. This prediction has been borne out by the development of industry since the later decades of the 18th century. In particular in the wake of innovations in transport and communication technology markets grew larger and big firms came into existence which, by using more efficient ways of production, replaced smaller firms which incurred higher costs and could not stand the competition of their larger rivals (Martin 2004, pp. 21 f.). An outstanding example has been the United States of America where, given large markets, firms came into existence which dwarfed their counterparts in the more fragmented Europe. A more recent case has been the common market of the European Union and globalisation which followed from dismantling tariff barriers and other impediments to international trade achieved by the activities of GATT. The enlargement of the relevant markets has primarily been exploited by large firms (Vogel et al. 2009, Mayer/Ottaviano 2007) showing that in manufacturing industries in Germany the largest 10 per cent of firms account for 90 per cent of exports and similar relationships exist in other European countries.

To answer the question which kind of decision making can be expected to survive in a competitive market consider a duopoly where each firm may choose between simultaneous v. sequential choice of output and fixed costs. In the case where both firms adopt the same strategy, fixed costs, marginal costs and profits can be determined straightforwardly by using

$$\Pi_i = \frac{1}{b}\left(\frac{a - 2c_i + c_j}{3}\right)^2 - F_i. \tag{5}$$

In the case where the players adopt different strategies the equilibrium is found in a Cournot like fashion, such that each player assumes the choice of the other one as given. If firm no.1 adopts the simultaneous choice whilst firm no. 2 adopts sequential decision making the solution for fixed costs are determined by the following set of equations (›reaction curves‹)

$$\begin{pmatrix} (6b - 2m^2) & m^2 \\ 2m^2 & (9b - 4m^2) \end{pmatrix} \begin{pmatrix} \sqrt{F_{DN}} \\ \sqrt{F_{ND}} \end{pmatrix} = \begin{pmatrix} m(a - \alpha) \\ 2m(a - \alpha) \end{pmatrix}$$

For example, $a = 10$, $\alpha = 4$, $b = 0.49$, $m = 0.8$, gives rise to the following pay off matrix

Tab. 1: Profits of rivalling firms arising from adopting alternative strategies

Firm 1 \ Firm 2	Simultaneous choice		Sequential decisions	
Simultaneous choice	8.98,	8.98	3.04,	13.67
Sequential decisions	13.67,	3.04	6.80,	6.80

Although adopting the strategy suggested by Dasgupta and Stiglitz (›simultaneous choice‹) by both players is more profitable than adopting sequential decision making, the latter is clearly the Nash equilibrium of a »prisoners' dilemma« game. Given initially a situation where both players adopt the strategy suggested by Dasgupta / Stiglitz, it is more profitable for any one of the players to switch over to sequential decision making to win an edge over the rival, who is driven into a wretched situation. To avoid this he (or she) will also adopt sequential decision making. This justifies to focus on sequential decision making, the more so, first, because this kind of decision making arises from the most popular governance structure of firms and, second, because it contributes to understanding why mergers are attractive.

4 Free entry equilibrium

Given sequential decision making a free entry equilibrium may exist. The underlying idea is that profits arising from prices exceeding average costs would induce the entry of new competitors which would drive prices down so that eventually profits are bound to erode. This is the standard textbook case which applies if there are no indivisibilities and marginal costs equal average costs. Actually, however, fixed costs are pervasive, as explained above, and thus marginal costs fall short of average costs. Still, if that applies, an equilibrium is conceivable where the declining branch of the average cost curve is tangential to the demand curve and profits are zero.

In the framework of the present model, assuming profits to be zero, following free entry of identical firms, requires

$$\Pi_i = \frac{1}{b}\left(\frac{a - \alpha + m\sqrt{F}}{n+1}\right)^2 - F = 0, \; i = 1,2 \tag{6}$$

where endogenous fixed costs are shown in (4b). Combining these two equation yields the number of competitors emerging at a free entry equilibrium,

$$n^0 = \frac{b}{m\sqrt{b} - b}. \tag{7}$$

Hence a free entry equilibrium is feasible, under some conditions.[5] However, a free entry equilibrium, even if it exists can be shown to be non-sustainable.

Look at the free entry equilibrium and assume a merger to occur. It will cause profits to increase. It will thus be tempting for new rivals to enter the market. Upon the arrival of additional competitors profits of all firms in the industry will decline. Still, the merged firm enjoys a first mover advantage whilst the incumbents which did not participate in the merger, are likely to suffer a loss. Thus entry would be unprofitable. For an investor contemplating an investment in the industry it is more promising to join a further merger than to fight incumbents. This is in particularly true if, in contrast to the assumption of my model, fixed costs are also sunk so that incumbents can be satisfied in the short run to just cover marginal costs whilst the entrant must at least cover total costs.[6] Moreover, since on balance profits, which arise due to merger, are likely to exceed profits which are available by challenging incumbents, it will ordinarily be much easier for firms to acquire financial means for merger than to find financiers for supporting to challenge incumbents. Unless entrants are in command of an entirely new and superior technology, depicted in the present model by the parameter m, which provides for an overwhelming cost advantage, a free entry equilibrium appears to be unsustainable.

---

5 It is worth noting that, given free entry, the equilibrium number of firms is likely to decrease upon a rise in the horizontal size of the market ($\partial n^0/\partial b > 0$). The equilibrium number is smaller if the impact of fixed costs on marginal costs is stronger ($\partial n^0/\partial m < 0$).

6 Accordingly, as shown by international comparison, successful entry into a given industry seems to be rare (Geroski/Schwalbach 1991).

5 Profitability of merger

Following a merger, profits of both participating and non-participating firms increase. Profits of firm i are $\Pi_i = \Pi(n, F(n))$. Given the horizontal size of the market, as depicted by b, upon a change of the number of firms

$$\frac{d\Pi_i}{dn} = \frac{\partial \Pi_i}{\partial n} + \frac{\partial \Pi_i}{\partial F_i}\frac{\partial F_i}{\partial n} \tag{8}$$

Since according to the first order condition for maximizing profits with respect to fixed costs, $\partial \Pi_i / \partial F_i = 0$,

$$\frac{d\Pi_i}{dn} = -\frac{2(a - c(F))^2}{b(n+1)^3} < 0 \tag{9}$$

Hence, the following proposition applies.

Proposition 2: *In a Cournot setting where fixed costs are endogenous, profits of both, participating and non-participating firms, rise following a merger, irrespective of the number of competitors.*

To understand what's going on note that a decrease in the number of rivalling firms increased monopolistic market power entails higher profits. That is the first term on the right hand side of (8). In addition fixed costs rise and marginal costs decrease. Hence profits tend to increase. This effect, however, is offset at the margin by higher fixed costs. Ultimately, at he margin, only the effect of monopolistic market power remains, as shown by (9). This is true for all firms of the industry. Hence for total profits, $n\Pi_i$, one obtains

$$\frac{\partial(n\Pi_i)}{\partial n} = \Pi_i + n\frac{\partial \Pi_i}{\partial n} = \frac{1}{b}\left(\frac{a-c}{n+1}\right)^2\left(\frac{-(n-1)}{n+1}\right) - F_i < 0.$$

Hence, total profits are expected to rise upon a decrease in the number of competing firms of the industry.

The profitability of a merger might be assessed by comparing the profits of two merging firms before the merger with the profit earned after the merger has been completed. As pointed out by Salant, Switzer and Reynolds (1983), frequently the profit of the firm emerging from a merger is lower than the sum of profits of the participating firms before merger (Neumann 2012). Yet, looking at the profit per firm does not yield the appropriate standard of comparison if the merger requires a larger amount of capital invested. Therefore, for an investor deciding upon merger, it is not profit as such that counts but profit per unit of capital invested, that is, the rate of return on capital.

In fact, given the cost function underlying the present example, profit per unit of capital can be calculated by dividing profit by fixed costs to obtain

$$\frac{\Pi_i}{F_i} = \frac{b\,(n+1)^2}{n^2 m^2} - 1. \; i = 1, 2, \ldots, n$$

As $\partial(\Pi_i/F_i)/\partial n = -2b\,(n+1)/n^3 m^2 < 0$, profit per unit of invested capital increases upon merger and the ensuing rise of horizontal concentration.[7]

6 Consumer surplus following a merger

Although horizontal mergers are advantageous for investors, as immediately following from (1a), they render the price to increase and thus are disadvantageous for consumers.

In fact, as consumer surplus is

$$CS = \frac{1}{2b}(a-p)^2.$$

It decreases if the price is raised. Thus, to evaluate how a merger affects consumer welfare requires to examine the effect of a change of the price following a change in the number of competing firms, which at the Nash equilibrium all incur identical marginal costs. In the oligopoly under consideration, a merger gives rise to two opposing effects. A decrease in the number of rivals following a merger yields increased monopoly power and thus a higher price. On the other hand, a smaller number of rivals entails higher fixed costs and thus lower marginal costs, which causes the price to decline. At first glance the outcome seems to be ambiguous. At a closer look, however, the price can be shown (Neumann 2012) to rise unequivocally upon a decline in the number of firms. Hence

Proposition 3: *Following a merger, the price rises and consumer surplus declines.*

Summarizing, we find two tendencies. If the number of competitors decreases profitability rises whilst consumer surplus declines. This poses the question what guidance can be drawn for competition policy to enhancing economic welfare.

---

7 It should be emphasized that the outcome regarding the incentive for merger depends on the assumption of sequential decision making. If decisions pertaining to output and fixed costs are taken simultaneously, as assumed by Dasgupta and Stiglitz (1980), mergers are unattractive. Following from (3a) and (4a), profit per unit of invested capital, $\Pi_D/F_D = (4b/m^2) - 1$, does not depend on the number of competing firms. Hence mergers and acquisitions would be unattractive. Since mergers in industry have been quite numerous (in Germany from 1990 to 2010 the number of mergers notified to the Federal Cartel Office moved in the range from around 1000 to 2000, Bundeskartellamt 2011) even in homogeneous markets, they could not have arisen if firms would have chosen output and fixed costs simultaneously. Hence the assumption of sequential decision making, following from the common governance structure, appears to be most realistic.

7 Maximizing total welfare

Consumer welfare is an encompassing notion, which definitely goes beyond consumer surplus. A more comprehensive goal to be pursued would be maximizing total welfare, which is the sum of consumer surplus and producer surplus, i.e., profits in the (present) case of a horizontal marginal cost curve (Rowley/ Rathbone 2004). However, it appears unreasonable for merger control to stipulate arbitrary thresholds for intervention that are not grounded in economic theory. This gave rise to the EC Commission to propagate a »more economic approach«. This challenge makes it mandatory to take efficiency gains into consideration.[8]

Therefore, for the government it appears appropriate to examine how a merger impacts on total welfare, rather than to focus exclusively on consumer surplus.[9] Merger control must in particular take into account that mergers and acquisitions may yield marginal costs to decrease. This will cause output to rise which will ultimately benefit consumers. At first glance it might be questionable to consider profits as part of consumer welfare. However, distributive issues aside, eventually profits accrue to some people who may use them as they like and ultimately they will allow consumption and thus consumer surplus to increase.

Since with an increasing number of firms, that is with decreasing horizontal concentration, consumer surplus rises, whilst profits decline, total welfare is likely to exhibit a maximum at some level of horizontal concentration. If governmental merger control would focus on this level it could overcome the ambiguities of using such terms as »substantially lessen competition«. Governmental merger control would be well advised to allow mergers as long as total welfare falls short of its maximum.

Total welfare, $TW = n\Pi + CS$, is the sum of profits and consumer surplus, where profit of each firm is $\Pi = \frac{1}{b}\left(\frac{a-c}{n+1}\right)^2 - F$ and consumer surplus, $CS = \frac{n^2}{2}\frac{1}{b}\left(\frac{a-c}{n+1}\right)^2 = \frac{n^2}{2}(\Pi + F)$. Therefore total welfare is

$$TW = \left(n + \frac{n^2}{2}\right)\Pi + \frac{n^2}{2}F.$$

It attains a maximum with respect to the number of firms if first order and second order conditions,

---

8 In the US neither the Sherman Act nor the Clayton Act provides specifically for an efficiency defence. It was only in 1973 that the Supreme Court in the case of US v. General Dynamics took issue with a purely structural approach and emphasized the necessity of careful scrutiny. Accordingly, since 1984 the US Merger Guidelines contain rules for taking account of merger specific efficiencies. Similar provisions found entry into EC Merger Guidelines.

9 Heyer (2006) and Carlton (2007, pp. 157ff.) argue forcefully in favour of Total Surplus as the appropriate target of antitrust policy, not the least because it also takes fixed costs into account.

$$\frac{dTW}{dn} = 0, \quad \frac{d^2TW}{dn^2} < 0,$$

are satisfied.

Using (9), which can be rewritten

$$\frac{\partial \Pi}{\partial n} = -\frac{2}{n+1}(\Pi + F),$$

the first order condition is

$$\frac{dTW}{dn} = \frac{\Pi(F)}{n+1} - \frac{n}{n+1}F + \frac{n^2}{2}\frac{\partial F}{\partial n} = 0, \qquad (10)$$

where F follows from (4b). The first order condition determines some n^*, which renders total welfare to be maximal. Hence

Proposition 4: *Total welfare exhibits a maximum at some level n^*. In merger control the government should allow a merger as long as $n > n^*$ and should disallow mergers leading to $n < n^*$.*

This proposition entails an important insight regarding the assessment of technological change associated with a merger. As long as $n > n^*$, mergers give rise to higher fixed costs and a technological change which impacts beneficially on economic welfare by raising both consumer surplus and profits. By contrast, if $n < n^*$ mergers and the associated technological change are harmful.

Identifying a maximum of total welfare does not imply for merger control that the government should be obliged to pursue this goal by giving instructions to private firms regarding the technology to be applied. Rather than adopting such a kind of industrial policy merger control should do no more than inhibit a substantial lessening of competition. That requires, first, to establish a level playing field by leaving it to the competitive process for discovering and implementing the best technology, and, second, to disallow horizontal concentration in excess of what is deemed to attain a maximum of social welfare.

8 Horizontal size of the market

It will be noted that the welfare maximizing number of competitors, and thus the benchmark to be applied for merger control depends on the horizontal size of the market.

If, in contrast to the submitted approach, fixed costs would be exogenously given a horizontal enlargement of the market would cause the number of suppliers to increase such that the market would become more competitive. This tendency, which has been widely believed to follow from the creation of common market in Europe (Cecchini 1988) and more generally from globalisation, is being counteracted insofar as fixed costs are endogenous.

A horizontal enlargement of the market causes fixed costs to increase and thus marginal costs to decline. As demonstrated by the following example, allowing mergers upon an enlargement of the relevant market renders both profits and consumer surplus, and hence economic welfare, to increase.

Tab. 2: Total welfare for alternative sizes of the market and numbers of firms

Slope of inverse demand	n = 1	n = 2	n = 3	n = 4	n = 5
b = 1	16.10	17.96	18.21	**18.22**	18.19
b = 0.8	21.13	23.15	**23.21**	23.08	22.96
b = 0.6	30.69	**32.58**	32.01	31.47	31.09

Assumptions: $a = 10$, $\alpha = 4$, $m = 0.7$

In the example, as indicated by the bold faced numbers, the larger the horizontal size of the market, as depicted by a decreasing slope of the inverse demand function, the lower the critical number firms being allowed by merger control to survive after merger. This observation does not depend on specific values of the involved parameters but depends on the assumption displayed by the assumed cost function.

The impact of a change in the horizontal size of the market, i.e., the size of b, on the number n^*, given all other exogenous variables, can be evaluated by using the total differential of the first order condition (10)

$$\frac{d^2TW}{dn^2}dn^* + \frac{d^2TW}{dndb}db = 0$$

from which follows

$$\frac{dn^*}{db} = -\frac{d^2TW/dndb}{d^2TW/dn^2}.$$

Since the denominator is clearly negative, the sign of dn^*/db depends on the sign of the numerator.

Now, writing down the first order condition (10) in full yields

$$\frac{dTW}{dn} = \frac{(a-\alpha)^2}{[b(n+1)^2 - nm^2]^2} \times \left\langle b(n+1) - n^2m^2 - \frac{nm^2(n^2-1)b}{b(n+1)^2 - nm^2} \right\rangle = 0.$$

Upon differentiation with respect to b

$$\frac{d^2TW}{dndb} = \frac{(a-\alpha)^2}{[b(n+1)^2 - nm^2]^2} \times \left[(n+1) + \frac{n^2m^4(n^2-1)}{[b(n+1)^2 - nm^2]^2} \right] > 0.$$

Hence $dn^*/db > 0$.

Proposition 5: *In homogeneous oligopoly, if the size of market increases horizontally, the maximum of total welfare may move to a smaller number of firms.*

The regulatory authority will thus allow mergers which in a smaller market would lie beyond the acceptable level of horizontal concentration.

9 Conclusion

The foregoing analysis sheds some new light on the controversy between Schumpeter (1912) and Schumpeter (1942) and, in that way, on the relationship between the microeconomic analysis and macroeconomic growth theory. The microeconomic approach focuses on a particular market and its development following from mergers. In this respect it is related to Schumpeter (1942). On the other hand, pioneering entrepreneurs can be expected to create new firms to open new markets, as Schumpeter (1912) has suggested. Macroeconomic growth is driven by entrepreneurial activities, creating new markets and new products. Ordinarily, as markets grow over time, these activities lead up to bigger firms and technological advance in the way depicted by the above microeconomic story.

Literature

Audretsch, David B. (2004): Small firms, innovation and competition, in: Neumann, Manfred and Jürgen Weigand (eds.), The International Handbook of Competition, Cheltenham UK and Northampton, Massachusetts USA.

Bittlingmayer, George (1982): Decreasing Average Cost and Competition: A New Look at the Addyston Pipe Case, Journal of Law and Economics Vol. XXV, 201–229.

Böhm-Bawerk, Eugen von (1889): Kapital und Kapitalzins: Positive Theorie des Kapitals, Innsbruck (Capital and Interest, London 1890).

Carlton, Dennis W. (2007): Does Antitrust Need to be Modernized? Journal of Economic Perspectives Vol. 21, 155–176.

Cecchini, Paolo (1988): Europa '92. Der Vorteil des Binnenmarktes, Baden-Baden.

Dasgupta, Partha/Stiglitz, Joseph (1980): Industrial Structure and the Nature of Innovative Activity, Economic Journal Vol. 90, 266–293.

Deneckere, Raymond/Davidson, Carl (1985): Incentives to Form Coalitions with Bertrand Competition, Rand Journal of Economics Vol. 16, 473–486.

EC Commission (2004): Council Regulation no. 139/2004 ›On the control of concentration between undertakings‹ (EU Merger Regulation).

Geroski, Paul A./Schwalbach, Joachim (eds.) (1991): Entry and Contestability. An International Comparison, Oxford and Cambridge.

Heyer, Ken (2006): Welfare Standards and Merger Analysis: Why Not the Best? Competition Policy International Vol. 2, 29–54.

Kamien, Morton I./Schwartz, Nancy L. (1975): Market Structure and Innovation: A Survey, Journal of Economic Literature Vol. 13, 1–37.

Martin, Stephen (2004): Globalisation and the natural limits of competition, in: Neumann, Manfred and Jürgen Weigand (eds.), The International Handbook of Competition, pp. 16–64, Cheltenham (UK) and Northampton (USA).

Mayer, Thierry/Gianmarco I. P. Ottaviano, G. (2007): The happy few: the internationalisation of European firms, Brussels: Bruegel-CEPR Blueprint Series.

Neumann, Manfred (2012): Horizontal Concentration, Endogenous Fixed Costs, Efficiency and Merger Control, (forthcoming) in: Neumann, Manfred and Jürgen Weigand (eds.) The International Handbook of Competition and Antitrust, Cheltenham (UK) and Northampton (USA).

Oppenländer, Karl-Heinrich (1976): Investitionsinduzierter technischer Fortschritt, Berlin-München.

Oppenländer, Karl-Heinrich (1990): Investitionsverhalten und Marktstruktur – Empirische Ergebnisse für die Bundesrepublik Deutschland, in Gahlen, Bernhard (ed.), Marktstruktur und gesamtwirtschaftliche Entwicklung, Berlin pp. 253–66.

Perry, Martin K./Porter, Robert H. (1985): Oligopoly and the Incentive for Horizontal Merger, American Economic Review Vol. 75, 219–27.

Rowley, Charles/Rathbone, Anne (2004): Political Economy and Antitrust, in: The International Handbook of Competition, eds. Manfred Neumann and Jürgen Weigand, 173–206, Cheltenham, UK/Northampton, USA.

Salant, Stephen W./Switzer, Sheldon/Reynolds, Robert J. (1983): Losses from Horizontal Merger: The Effects of an Exogenous Change in Industry Structure on Cournot-Nash Equilibrium, Quarterly Journal of Economics Vol. 98, 185.

Scherer, Frederic M. (1980): Industrial market structure and economic performance, 2nd ed., Chicago.

Schumpeter, Joseph A. (1912): Theorie der wirtschaftlichen Entwicklung, Berlin (The Theory of Economic Development, Cambridge, Mass. 1934).

Schumpeter, Joseph A. (1942): Capitalism, Socialism and Democracy, New York.

US Department of Justice and the Federal Trade Commission 2010, Horizontal Merger Guidelines.

Vogel, A./Burg, F./Dittrich, S./Wagner, J. (2009): Zur Dynamik der Export- und Importbeteiligung deutscher Industrieunternehmen – Empirische Befunde aus dem Umsatzsteuerpanel 2001–2006', Working Paper 148, Universität Lüneburg.

Wohlstandsmehrung durch Konsumverzicht: Leere Versprechungen und falsche Ratschläge

*Von Fritz Helmedag**

1 Wachstumstheorie in der Krise

Die Geschichte der Nationalökonomie lässt sich treffend als Abfolge von Auseinandersetzungen zwischen konkurrierenden Lehren veranschaulichen. Seit der Aufklärung und der Industriellen Revolution geht es dabei immer wieder um folgende Punkte:

- Verläuft der auf individuellem Erwerbsstreben beruhende marktvermittelte Kapitalismus gesetzmäßig oder nicht?
- Sind der Expansion Grenzen gesetzt?
- Wem nutzt die Wirtschaftsweise, wer erleidet Schaden?
- Welcher politische Handlungsbedarf besteht?
- Wie lässt sich das System gestalten?
- Gibt es Alternativen?

Eine redliche Vermittlung des akademischen Stoffs blendet die Grundzüge solcher Kontroversen nicht aus, sondern schärft an der Abwägung des Für und Wider einzelner Positionen die ökonomische Urteilskraft der Studierenden und trägt zur eigenen Meinungsbildung bei. Nimmt man dies zum Maßstab, dann ist es um die Disziplin schlecht bestellt.

Inzwischen sind die meisten der weltweit gängigen volkswirtschaftlichen Lehrbücher wortreiche, um nicht zu sagen geschwätzige Texte mit bescheidenem Anspruchsniveau, die auf Aberhunderten von Seiten ein blasses Zerrbild des Erkenntnisobjekts malen. Es haben sich »Mickymaus-Modelle« etabliert,[1] welche die gerade angesprochenen Fragen, wenn überhaupt, nur oberflächlich erörtern, geschweige denn mit Antworten aufwarten. Dies gilt sowohl für einzel- als auch für gesamtwirtschaftliche Themen.[2] Die These wird im Folgenden an Hand eines inzwischen etablierten Gebiets der Standard-Makroökonomik illustriert: Wir

* Prof. Dr. Fritz Helmedag, Chemnitz, E-Mail: f.helmedag@wirtschaft.tu-chemnitz.de

[1] Das Etikett benutzt der »Wirtschaftsweise« Peter Bofinger im Gespräch mit der Financial Times Deutschland am 10.04.2012. Ähnlich äußert sich der Nobelpreisträger Amartya Sen im Handelsblatt vom 12.04.2012.

[2] Vgl. dazu auch Fritz Helmedag (2012b): Fortschrittsillusionen in der Ökonomik: Die Neue Handelstheorie, in: Zur Zukunft des Wettbewerbs, In Memoriam Karl Brandt (1923–2010) und Alfred E. Ott (1929–1994), hrsg. v. Harald Enke/Adolf Wagner, Marburg, S. 39–55.

nehmen Aussagen über »die Volkswirtschaft bei langfristiger Betrachtung«[3] und die daraus abgeleiteten Handlungsempfehlungen unter die Lupe.[4] Zur Einordnung seien kurz die Etappen des Diskurses umrissen.

Die Altmeister sahen die Perspektiven des sich entfaltenden Kapitalismus durchaus skeptisch. Adam Smith erkannte Grenzen der produktivitätsfördernden Arbeitsteilung, weil trotz internationalem Handel die Märkte nicht beliebig expandieren könnten. David Ricardo lokalisierte Hemmnisse in der beschränkten Fruchtbarkeit der Natur, was im Entwicklungsprozess zunehmend Gewinn in Rente verwandle. Karl Marx identifizierte eine tendenziell sinkende Kapitalverwertung als Totengräberin des Systems, da die Mehrwertproduktion durch lebendige Arbeit nachlasse.[5] Alle genannten Autoren teilen somit die Auffassung, dass – aus welchen Gründen auch immer – die Akkumulation früher oder später zum Erliegen kommen müsse.

Harmonischere Interpretationen wurden gesucht und gefunden: Die Grenznutzenrevolutionäre, William Stanley Jevons, Carl Menger und Leon Walras rückten im letzten Drittel des 19. Jahrhunderts das optimierende Individuum in den Mittelpunkt ihrer Betrachtungen und versprachen eine nutz(en)bringende Zukunft qua offener Märkte und vollständigem Wettbewerb. Die Soziale Frage, Monopolisierungen und schließlich die Weltwirtschaftskrise hoben ins Bewusstsein, dass es im richtigen Leben weit weniger kommod zugeht. Das wiederum bot einem herausragenden Denker die Bühne: Keynes erkannte, dass *das* ökonomische Problem entwickelter Volkswirtschaften nicht mehr wie all die Jahrhunderte zuvor darin besteht, knappe Mittel zum Zwecke der Bedürfnisbefriedigung dienstbar zu machen. Vielmehr kennzeichnet die Moderne ein Mangel an *effektiver* Nachfrage.[6] Freie Kapazitäten und Massenarbeitslosigkeit sind deutliche Zeichen, dass zwar die Produktionsschlacht im Prinzip gewonnen wurde, aber an der Beschäftigungsfront drohen ohne Eingriffe schwere Niederlagen. Um das zu verhüten, ist zu ermitteln, welche Faktoren das Niveau der Wirtschaftsaktivität bestimmen. Dann weiß man, an welchen Schrauben gedreht werden muss, damit sich das System in Richtung Vollbeschäftigung bewegt.

Als Grundlage der weiteren Überlegungen genügt ein Modell ohne Staat und Außenwirtschaftsbeziehungen. Von Abschreibungen wird ebenfalls abgesehen, Brutto- und Nettogrößen des Sozialprodukts unterscheiden sich daher nicht. Die

---

[3] So lautet die üblich gewordene Überschrift in den einschlägigen Bestsellern. Vgl. stellvertretend für viele N. Gregory Mankiw (2011): Makroökonomik, 6. Aufl., Stuttgart. Dem Buch liegt eine auflagenstarke amerikanische Ausgabe mit globaler Verbreitung zu Grunde.

[4] Es gibt freilich durchaus alternative Darstellungen. Vgl. Adolf Wagner (2012): Evolutorische Makroökonomik, Innovative Modifikationen zur Standard-Ökonomik, Marburg.

[5] Mehr zur klassischen Politischen Ökonomie bietet Fritz Helmedag (1992): Warenproduktion mittels Arbeit, Zur Rehabilitation des Wertgesetzes, 2. Aufl., Marburg 1994, S. 109 ff.

[6] Vgl. zum Konzept Fritz Helmedag (2012a): Effektive Nachfrage, Löhne und Beschäftigung, in: Keynes' General Theory nach 75 Jahren, hrsg. v. Jürgen Kromphardt, Marburg, S. 93–106.

Wertschöpfung (Y) realisiert sich einerseits im Zuge der Erzeugung von Konsumgütern (C) und andererseits bei der Herstellung eines Ausstoßes, den man traditionell als Investitionen (I) bezeichnet. Wir lassen an dieser Stelle noch offen, was genau unter diesem Sammelbegriff zu verstehen ist, später wird eine nähere Spezifikation geliefert. Aus der Entstehungsperspektive gilt mithin:

$$Y = C + I \tag{1}$$

Das so geschaffene Volkseinkommen kann von den Empfängern entweder verbraucht oder als Ersparnis (S) behalten werden. Meist wird eine uniforme Sparquote (s) vorausgesetzt, die sich mit dem Anteil der Ausgaben für Konsum zu 100 % ergänzt. Die Verwendungsseite des Sozialprodukts liefert darum:

$$Y = C + S = C + sY \tag{2}$$

Aus der Übereinstimmung der Formeln (1) und (2) folgt:

$$I = S = sY \tag{3}$$

Das Gleichgewichtsvolkseinkommen beträgt deshalb:

$$Y = \frac{I}{s} \tag{4}$$

Diese Formel akzeptieren die Standard-Lehrbücher *nolens volens* immerhin für die »kurze Frist«, wenngleich mit erheblichen kognitiven Dissonanzen, widerspricht sie doch den Vorurteilen, die Mainstream-Ökonomen für die lange Sicht hegen. Besondere »Verdauungsschwierigkeiten« verursacht die Tatsache, dass Bemühungen, der (individuellen) Tugend vermehrten Sparens zu frönen, nicht nur gesamtwirtschaftlich zum Scheitern verurteilt sind, sondern sogar den Ausstoß *drosseln*, wenn die Investitionen vorgegeben sind. Ein namhafter Kronzeuge äußert sich dazu mit erkennbarer Verwunderung:

> »... attempts by people to save more lead both to a decline in output and to unchanged saving. This surprising pair of results is known as the *paradox of saving* (or the paradox of thrift) ... Should the government tell people to be less thrifty? No. ... as we shall see later in this book when we look at the medium run and the long run ... an increase in the saving rate is likely to lead eventually to higher saving and higher income.«[7]

Das Zitat belegt in Wahrheit die mangelnde Bereitschaft zu akzeptieren, dass (vielfach kreditfinanzierte) Investitionen als verursachende Größe über Sozialproduktvariationen die betragsgleiche Ersparnis *endogen* erzeugen. Paradox ist allein der Versuch, dem Leser weismachen zu wollen, eine Aussage, die Periode für Periode gilt, verkehre sich »irgendwann« wie durch Zauberhand in ihr genaues Gegenteil.

---

7 Olivier Blanchard (2003): Macroeconomics, 3. Aufl., Prentice Hall, S. 60.

Von einer anderen Warte gesehen besteht indes durchaus Aufklärungsbedarf, welche Wirkungen dauerhaft eintreten, wenn die Investitionen zur Beschäftigungsausweitung erhöht werden. Dies ist der Anknüpfungspunkt der »modernen« Wachstumstheorie, die zunächst in nachfrageorientierten postkeynesianischen Bahnen verlief, ehe angebotsfixierte Neoklassiker das Ruder übernahmen.[8]

Rein formal ist die Angelegenheit rasch erledigt: Eine »gleichmäßig fortschreitende Wirtschaft«[9] erfordert, dass sich alle interessierenden Größen übereinstimmend mit einer Rate *g* vermehren, wobei das bereits bekannte Ensemble um den »Kapitalstock« (*K*) angereichert wird.[10] Im »steady state« gilt dann:

$$g = \frac{dY}{Y} = \frac{dI}{I} = \frac{dS}{S} = \frac{dK}{K} = \frac{I}{K} \tag{5}$$

Die letzte Gleichung in Ausdruck (5) offenbart, was landläufig unter »Investitionen« verstanden wird: Es handele sich um die Ausweitung des physischen Produktionsapparats, worunter Werkzeuge, Maschinen und Gebäude fallen. Aus kreislauftheoretischer Sicht ist das eine viel zu enge Interpretation mit weit reichenden Konsequenzen, wie noch aufzudecken ist. In Verbindung mit Gleichung (3) kann nun die Wachstumsrate *g* konkretisiert werden, wobei *v* für den Kapitalkoeffizienten K/Y steht:

$$g = \frac{I}{K} = \frac{S}{K} = \frac{sY}{K} = \frac{s}{v} \tag{6}$$

Die berühmten Modelle von Harrod[11] und Domar[12] liefern selbstverständlich die gleiche (fiktive) Wachstumsrate *g* eines »golden age« (Joan Robinson), die auf nichts anderem als tautologischen Umformungen beruht. Ökonomisch interessant wird es eigentlich erst ab jetzt. Domar betrachtet die Investitionen als autonome Ausgaben, die permanent wachsen müssen, damit der Kapazitätseffekt kompensiert und die Beschäftigung stabilisiert wird. Harrod geht darüber hinaus. Er verknüpft das Investitionsvolumen mit Sozialproduktveränderungen, dem sog.

---

8 Der Gegenangriff wird oft mit den Beiträgen von Robert M. Solow (1956): A Contribution to the Theory of Economic Growth, in: Quarterly Journal of Economics, Vol. 70, S. 65–94 und Trevor W. Swan (1956): Economic Growth and Capital Accumulation, in: Economic Record, Vol. 32, S. 334–361 verbunden. Vgl. dazu die instruktiven Ausführungen von Karlheinz Oppenländer (1963): Die moderne Wachstumstheorie, Eine kritische Untersuchung der Bausteine der Gleichgewichtskonzeption und der Wirklichkeitsnähe, Berlin/München.

9 Vgl. Gustav Cassel (1918): Theoretische Sozialökonomie, 5. Aufl., Leipzig 1932, S. 28ff.

10 Oft wird die temporale Veränderung einer Variablen mit einem Punkt über dem Symbol erfasst. Hier wird das Differential für den Sachverhalt benutzt, weil eben nicht die Zeit schlechthin treibende Kraft des Prozesses ist. Nähere Erläuterungen dazu ebenfalls unten.

11 Roy F. Harrod (1939): An Essay in Dynamic Theory, in: The Economic Journal, Vol. 49, S. 14–33, deutsch in: Wachstum und Entwicklung der Wirtschaft, hrsg. v. Heinz König, 2. Aufl., Köln/Berlin 1970, S. 35-54.

12 Evsey D. Domar (1946): Capital Expansion, Rate of Growth and Employment, in: Econometica, Vol. 14, S. 137–147, deutsch in: Wachstum und Entwicklung der Wirtschaft, hrsg. v. Heinz König, 2. Aufl., Köln/Berlin 1970, S. 55–66.

Akzeleratorprinzip. Das Unternehmerverhalten orientiert sich an einer bestimmten Auslastung der Anlagen, womit das Wachstum »auf des Messers Schneide« verläuft: Fehlt es an Aufträgen, reduzieren die Entscheidungsträger die Bestellungen für Produktionsmittel, was die Schrumpfung verschärft. Umgekehrt kommt es zu kumulativen Expansionsprozessen, wenn der Ordereingang besser als erwartet ist. Man spricht vom Harrod'schen Paradoxon: Unterkapazitäten bestehen, weil zu viel investiert worden ist, während Überkapazitäten auf mangelhafter Investitionsnachfrage beruhen.[13] Das neoklassische Establishment reagierte auf die eher pessimistische Botschaft recht rasch und vermeldete erwartungsgemäß Blinden Alarm. Im kommenden Abschnitt skizzieren und kommentieren wir die Argumentation und die daraus abgeleiteten wirtschaftspolitischen Empfehlungen.

2 Fabeln statt Fakten

Die orthodoxe Makroökonomie des 21. Jahrhunderts stützt sich nach wie vor auf das 1803 formulierte Gesetz von Jean-Baptiste Say: Jedes Angebot schaffe sich seine Nachfrage, fehlender Absatz sei höchstens kurzfristig ein Problem. Durch diese Brille verwandeln sich Ersparnisse auf nicht näher erklärte Weise quasi automatisch in Investitionen.[14] Deshalb genüge es, die Erzeugung des gesamtwirtschaftlichen Ausstoßes zu betrachten. Hierbei spielt die famose Cobb-Douglas-Produktionsfunktion mit den Faktoren Arbeit (A) und Kapital (K) die Hauptrolle. Die Exponenten in Gleichung (7) ergänzen sich annahmegemäß zu eins, ein manchmal auftretender Niveauparameter wurde weggelassen:

$$Y = A^{\alpha} K^{1-\alpha} \quad \text{mit} \quad 0 \leq \alpha \leq 1 \tag{7}$$

In der Ökonomik tobte über Jahrzehnte ein intensiver Streit, ob diese Allzweckwaffe die Durchschlagskraft besitzt, die ihr zugeschrieben wird. Hier müssen einige Stichworte genügen. Es beginnt mit einer dimensionalen Konfusion. Während man dem Arbeitsvolumen in einer Volkswirtschaft A noch einen Sinn beilegen kann, wird es beim »Realkapital« K dunkel: Ein Hammer und eine Drehbank lassen sich nun einmal nicht sinnvoll addieren. Trotzdem behaupten dies viele Autoren. Noch dubioser wird es, wenn sie ihr hybrides Konstrukt potenzieren, um es mit einer Wurzel des Arbeitseinsatzes malzunehmen, was als Resultat das Sozialprodukt (etwa in Euro pro Jahr?) auswerfen soll.

---

13 Harrod geht über diese Analyse weit hinaus und modifiziert später seine Interpretationen teilweise. Siehe näher Helmut Walter (1983): Wachstums- und Entwicklungstheorie, Stuttgart/New York, S. 19ff.

14 Der gelegentlich genannte Zinsmechanismus bewerkstelligt die Transformation in der Realität nicht, da die private Geldakkumulation hauptsächlich vom Einkommen und der Produktionsmittelerwerb von der Kapazitätsauslastung abhängen.

Die multiplikative Verknüpfung der Inputs bringt das neoklassische Substitutionsdogma zum Ausdruck. Demnach kann ein Faktor alleine gar nichts herstellen, stattet man jedoch die Landbevölkerung Chinas mit einem Blumentopf und einer Handvoll Erde aus, produzieren die Bauern dort genügend Getreide, um die gesamte Menschheit zu versorgen. Das ist ökonomisch zwar blanker Unfug, erfüllt aber die ideologische Funktion, eine Produktivität des Kapitals zu begründen, die es erlaube, nach Belieben (zu teure) Arbeit durch Mehreinsatz an Produktionsmitteln zu ersetzen. Allerdings bleibt völlig offen, *woher* das Realkapital kommt, denn ein entsprechender Herstellungsprozess wird gar nicht modelliert. Deswegen impliziert die Cobb-Douglas-Funktion letztlich eine Ein-Gut-Welt, deren Erzeugnisse sowohl konsumiert als auch investiert werden können.

Wenn man diese radikale Konsequenz scheut, erhebt sich ein praktisch unlösbares Aggregationsproblem.[15] In dem Zusammenhang treten sog. Wicksell-Effekte auf den Plan, die das schöne Bild verzerren: Die funktionelle Verteilung beeinflusst den Wert der Produktionsmittel.[16] Als Ergebnis der »Cambridge-Cambridge-Kontroverse« kann festgehalten werden, dass die Existenz einer gesamtwirtschaftlichen Produktionsfunktion mit den zugesicherten Eigenschaften füglich bezweifelt werden darf.[17]

Die offenbar mehr von der Einkommensmaximierung denn von einer seriösen Wissensvermittlung motivierten Lehrbuchschreiber schert das indes wenig.[18]

---

15 Vgl. Seyed Ahmad (1991): Capital in Economic Theory, Neo-classical, Cambridge and Chaos, Aldershot, S. 405 ff.

16 Vgl. Adolf Wagner (1978): Der Wicksell-Effekt, Tübingen. Fairerweise muss man erwähnen, dass die »Erfinder« der makroökomischen Produktionsfunktion dimensionslose Indexwerte bei ihren Schätzungen benutzten. Damit werden die genannten Schwierigkeiten zwar vermieden, aber der theoretische Gehalt des Ansatzes schwindet. Vgl. Charles W. Cobb/Paul H. Douglas (1928): A Theory of Production, in: The American Economic Review, Vol. 18, S. 139–165. Vgl. zu Hintergrund und Motivation der Konstruktion Bernhard Gahlen unter Mitarbeit von Fritz Rahmeyer (1973): Einführung in die Wachstumstheorie, Bd. 1: Makroökonomische Produktionstheorie. Tübingen, S. 70 ff.

17 Einen informativen Überblick mit einer vernichtenden Einschätzung der theoretischen Fundierung bieten Jesus Felipe/Franklin M. Fisher (2003): Aggregation in Production Functions: What Applied Economists Should Know, in: Metroeconomica, Vol. 54, S. 208–262. Auch die empirische Leistungskraft der Cobb-Douglas-Funktion ist höchst fraglich und beruht im Wesentlichen auf den ziemlich konstanten Anteilen der Löhne und Gewinne am Sozialprodukt. Vgl. Anwar Shaikh (1974): Laws of Production and Laws of Algebra: The Humbug Production Function, in: The Review of Economics and Statistics, Vol. 56, S. 115–120 sowie Anwar Shaikh (1980): Laws of Production and Laws of Algebra: Humbug II, in: Growth, Profits and Property, hrsg. v. Edward J. Nell, Cambridge, S. 80–95. Siehe zudem mit weiteren Literaturangaben Jesus Felipe/John McCombie (2010): On accounting identities, simulation experiments and aggregate production functions: a cautionary tale for (neoclassical) growth theorists, in: Handbook of Alternative Theories of Economic Growth, hrsg. v. Mark Setterfield, Cheltenham, S. 189–207.

18 Beiträge mit höherem Anspruch erwähnen immerhin die fundamentale Kritik, ohne jedoch näher darauf einzugehen. Vgl. Thomas A. Knetsch (2012): Ein nutzungskostenbasierter Ansatz zur Messung des Faktors Kapital in aggregierten Produktionsfunktionen, in: Deutsche

Es ist auch zu schön, um wahr zu sein: Die Exponenten in Gleichung (7) sollen zugleich die partiellen Produktionselastizitäten sowie die Lohn- bzw. Gewinnquoten angeben, womit die Grenzproduktivitätstheorie der Verteilung zuträfe und Leistungsgerechtigkeit herrsche. Kritisches dazu, wiewohl reichlich vorhanden, erfährt der Leser nicht.[19] Stattdessen rückt das *Individuum* in den Mittelpunkt der neo-klassischen *Makro*ökonomik.

Die lineare Homogenität der Cobb-Douglas-Funktion erlaubt es, auf eine Pro-Kopf-Betrachtung umzuschwenken. Der Ausstoß einer Arbeitseinheit ($y = Y/A$) hängt von der Kapitalintensität ($k = K/A$) ab:

$$y = f(k) \quad \text{mit} \quad f'' < 0 < f' \tag{8}$$

Der Output wächst in abnehmendem Maß mit der Kapitalintensität. Diese variiert, wenn die Veränderungsraten des Kapitals und der Arbeit (n) differieren:

$$\frac{dk}{k} = \frac{dK}{K} - \frac{dA}{A} = \frac{sY}{K} - n \tag{9}$$

Die entscheidende Manipulation in dem Ausdruck verbirgt sich in der Umformung von dK, ohne weiteren Kommentar werden Kapitalzuwächse zu 100 % mit Ersparnissen identifiziert. Konsumverzicht wird damit *uno actu* ein Prozess der Produktionsmittelerzeugung. In Wahrheit stellt diese Vorstellung die tatsächlichen Verhältnisse auf den Kopf: Warum soll ein Niedergang der Endnachfrage einen Investitionsboom auslösen?[20] Ehe wir näher auf die krude Doktrin eingehen, ist der Fortgang des Märchens darzulegen.[21]

Die Multiplikation der Gleichung (9) mit der Kapitalintensität bringt:

$$dk = \frac{sY}{A} - nk = sy - nk \tag{10}$$

Bundesbank, Diskussionspapier Nr. 01, Frankfurt a.M., S. 4f. In offiziösen Darstellungen werden einschlägige Einwände ebenfalls ausgeblendet. Vgl. Deutsche Bundesbank (2012): Potenzialwachstum der deutschen Wirtschaft – Mittelfristige Perspektiven vor dem Hintergrund demographischer Belastungen, in: Monatsbericht April, S. 13–28.

19 Im deutschen Sprachraum wurde das Konzept recht früh skeptisch beurteilt. Vgl. Erich Preiser (1953): Erkenntniswert und Grenzen der Grenzproduktivitätstheorie, in: Schweizerische Zeitschrift für Volkswirtschaftslehre und Statistik, Bd. 89, S. 25–45, wieder in: Erich Preiser, Bildung und Verteilung des Volkseinkommens, 4. Aufl., Göttingen 1970, S. 265–289.

20 Die verkehrte Weltsicht ist inzwischen auch Hausmeinung im ifo Institut. So heißt es in einer Pressemitteilung vom 10. Mai 2012 apodiktisch: »… wachsen kann eine Volkswirtschaft nur, indem sie spart. Sparen ist das Gegenteil von Konsumieren und stellt die Finanzmittel für Investitionen bereit, aus denen Wachstum entsteht. Investitionen vergrößern den Kapitalstock einer Volkswirtschaft und insofern deren Produktionskapazität.«

21 Die genannte Literaturgattung ist eine Anspielung auf einen Artikel von Edmund S. Phelps (1961): The Golden Rule of Accumulation: A Fable for Growthmen, in: The American Economic Review, Vol. 51, S. 638–643, deutsch in: Wachstum und Entwicklung der Wirtschaft, hrsg. v. Heinz König, 2. Aufl., Köln/Berlin 1970, S. 358–365.

Das Gleichgewicht in der Lesart des Mainstream hat sich eingestellt, wenn die »zentrale Bewegungsgleichung« (10) verschwindet. Formal befinden wir uns dann wieder im »stetigen Zustand«:

$$n = \frac{sy}{k} = \frac{sY}{K} = \frac{s}{v} = \frac{dY}{Y} = \frac{dA}{A} = \frac{dK}{K} = \frac{I}{K} = \frac{S}{K} \tag{11}$$

Diese allseitige Harmonie wartet freilich mit einer intuitiv nicht ohne weiteres eingängigen Erkenntnis auf: Bis auf eine einzige können sich alle anderen Wachstumsraten innerhalb des ökonomischen Systems anpassen, exogen ist neben den Parametern lediglich die Veränderung des Arbeitsangebots n. Diesem »neoklassischen Theorem« zufolge muss die Wirtschaft auf lange Sicht *nolens volens* mit der »natürlichen« Wachstumsrate expandieren.[22] Immerhin erkennen die Unterrichtungswerke kein Problem dauerhaften Stellenmangels, da die behaupteten Substitutionsprozesse für jeden eine Einkommensgelegenheit schaffen, der die Entlohnung nach dem Grenzprodukt akzeptiert. Doch die etablierte Lehre hat mehr zu bieten. Die Orthodoxie reichert die tröstliche, wenngleich offenkundig fehlerhafte Vollbeschäftigungsprognose mit einem Ratschlag an, was zu tun sei, um Wohlfahrt bis in alle Ewigkeit in höchstem Maße zu genießen.

Die von außen bestimmte Akkumulationsrate n sagt für sich genommen noch nicht, welches *Niveau* der Konsumpfad aufweist, auf dem sich die Wirtschaft durch die Zeit bewegt. Je nach Anfangswert sind beliebig viele Expansionswege denkbar. Nahezu gleichzeitig wurde Anfang der 60er Jahre des letzten Jahrhunderts von verschiedenen Ökonomen eine »Goldene Regel« vorgestellt, die optimales Verhalten beschreibt.[23] Zielsetzung ist die Maximierung des Pro-Kopf-Verbrauchs:

$$(1-s)f(k) \rightarrow \text{Max!} \tag{12}$$

Dabei ist die Nebenbedingung einer konstanten Kapitalintensität zu beachten, Gleichung (10) verschwindet deshalb:

$$sf(k) - nk = 0 \tag{13}$$

Die Addition der Zielfunktion (12) und der mit einem Faktor λ gewichteten Nebenbedingung (13) liefert eine Lagrange-Funktion (L):

$$L = (1-s)f(k) + \lambda(sf(k) - nk) \tag{14}$$

[22] Ersatzweise wirkt ein mit Gleichgewichtswachstum kompatibler Harrod-neutraler technischer Fortschritt arbeitsvermehrend. Vgl. Robert J. Barro/Xavier Sala-i-Martin (1995): Economic Growth, Cambridge (USA)/London 2001, S. 54f.

[23] Vgl. Wilhelm Krelle (1964): Investition und Wachstum, in: Jahrbücher für Nationalökonomie und Statistik, Bd. 176, S. 1–22.

Notwendigerweise ist im Optimum die erste partielle Ableitung nach der Sparquote null:

$$\frac{\partial L}{\partial s} = -f(k) + \lambda f(k) = 0 \tag{15}$$

Daraus resultiert sofort:

$$\lambda = 1 \tag{16}$$

Die gesuchte Kapitalintensität ergibt sich aus:

$$\frac{\partial L}{\partial k} = (1 - s)f'(k) + \lambda(sf'(k) - n) = 0 \tag{17}$$

Mit Hilfe des Lagrange-Multiplikators (16) erhält man:

$$f'(k) = n \tag{18}$$

Das Konsummaximum wird erreicht, wenn die Steigung der Pro-Kopf-Produktionsfunktion dem Arbeitswachstum entspricht. Der Grenzertrag an dieser Stelle gibt in der gängigen Deutung zugleich den »Realzins« (r) als Entlohnung des Faktors Kapital an:

$$r = f'(k) = n \tag{19}$$

Die neoklassische Idealwelt kennzeichnet sich mithin durch Identitäten, welche die Gleichungen (11) und (19) verbinden:

$$sf(k) = nk = rk = sy \tag{20}$$

Daraus lässt sich eine Vorschrift gewinnen, die angibt, auf welche Höhe die Gesellschaft – repräsentiert durch einen wohlwollenden Diktator? – die optimale Sparquote zu hieven hat:

$$s = \frac{rk}{y} \tag{21}$$

Die Goldene Regel der Akkumulation verlangt, dass die Profitquote mit der Sparquote übereinstimmt, d. h. eine extreme klassische Sparfunktion verspricht das Paradies auf Erden: Jeglicher Gewinn soll dauerhaft in die Ersparnis fließen und diese wiederum ist zu 100 % zu investieren, um den Kapitalstock zu erweitern. Was lässt sich mit dieser Empfehlung anfangen? Handelt es sich bloß um eine Dezennien zurückliegende akademische Trockenübung oder um eine Leitlinie für aktuelle Politik?

Auch ohne Erörterung statistischer Details sind Zweifel an der praktischen Anwendbarkeit der Maxime am Platz. Nach einer groben Abschätzung liegt die durchschnittliche Sparquote der Bundesrepublik Deutschland etwas über 10 %, die Gewinnquote beträgt je nach Abgrenzung ungefähr das drei- bis vierfache.

Die gesamtwirtschaftliche Ersparnis müsste demnach laut der Goldenen Regel drastisch erhöht werden, entsprechend dramatisch ginge der Verbrauch in den Keller. Kann das angesichts Millionen Arbeitsloser wirklich ein ernst gemeinter Vorschlag sein? Fördert Konsumverzicht tatsächlich letzten Endes die Wohlfahrt?

Erstaunlicherweise hat sich der Mainstream dafür entschieden, die fast ein halbes Jahrhundert alte Überlegung unter Ausblendung jedweder Kritik im Maßstab 1 : 1 auf die Wirklichkeit zu übertragen. So meint Mankiw im Brustton der Überzeugung, dass

> »... der Kapitalstock in der Volkswirtschaft der Vereinigten Staaten deutlich unterhalb des durch die Goldene Regel gegebenen Niveaus liegt. Anders gewendet: Würden die Amerikaner einen höheren Anteil ihres Einkommens sparen und investieren, würde ihr Wirtschaft schneller wachsen und schließlich einen stationären Zustand mit höheren Konsummöglichkeiten erreichen. Diese Schlussfolgerungen gelten nicht nur für die Wirtschaft der Vereinigten Staaten.«[24]

Der Leser erfährt allerdings nicht, wie lange er und seine Zeitgenossen den Gürtel enger schnallen müssen, um in ferner Zukunft die Früchte der Enthaltsamkeit zu ernten. Man muss gleichfalls rätseln, weshalb die schwere Depression, die eine gewaltig ansteigende Sparquote heraufbeschwört, die Investitionsaktivitäten beflügeln soll. Es macht Hoffnung, dass Studenten Vorlesungen solchen obskuren Inhalts boykottieren.[25]

3 Gewinnbringende Investitionen

Tatsächlich geriet die moderne Wachstumstheorie nach dem kometenhaften Aufstieg im Anschluss an den Zweiten Weltkrieg rasch in die Stagnation: »Seit Mitte der sechziger Jahre sind schöpferische Ideen weitgehend ausgeblieben«, heißt es bei Oppenländer.[26] Dabei ist es geblieben.[27] Die Ursache dafür liegt in einem

---

24 Gregory N. Mankiw (2011): Makroökonomik, 6. Aufl., Stuttgart, S. 295.

25 Im November 2011 unterbrachen Hörer Mankiws ökonomischen Grundlagenkurs. Andere Unzufriedenheitsbekundungen folgten. Vgl. Moritz Koch (2012): Protestbewegung Occupy Harvard, http://www.sueddeutsche.de/wirt-schaft/2.220/protestbewegung-occupy-harvard-entzauberung-des-amerikanischen-traums-1.1332413 [25.04.2012].

26 Karlheinz Oppenländer (1972): Wachstum und Investition, in: Probleme der Wachstumstheorie, hrsg. v. Bernhard Gahlen/Alfred E. Ott, Tübingen, S. 241–277, S. 242. Siehe ferner Karlheinz Oppenländer (2012): Wirtschaftswachstum, technischer Fortschritt, Innovationen – eine endlose Geschichte, in: Zur Zukunft des Wettbewerbs, In Memoriam Karl Brandt (1923–2010) und Alfred E. Ott (1929–1994), hrsg. v. Harald Enke/Adolf Wagner, Marburg, S. 141–155.

27 Weiterentwicklungsversuche wie neoklassische Zwei-Sektoren-Modelle führten gleichfalls zu wenig erbaulichen Ergebnissen. Vgl. Fritz Helmedag (1988): Besprechung von Erich Wallenwein (1986): Die Bedeutung der Kapitalintensitätshypothese im neoklassischen Zwei-Sektoren-

unzureichenden Verständnis der Funktionsweise kapitalistischer Marktwirtschaften. Das betrifft konkret die Ausklammerung der funktionellen Verteilung und die oberflächliche Interpretation der Begriffe Sparen und Investieren sowie die Missachtung der Kausalität zwischen den Größen. In diesem Abschnitt werden Präzisierungsvorschläge unterbreitet, die dazu beitragen sollen, eine tragfähige Basis zum Studium der Dynamik des modernen Wirtschaftens zu schaffen.

In Schritt eins gilt es, die treibenden Kräfte im System näher zu kennzeichnen. Es gibt eben keinen gesamtwirtschaftlichen Planer, der mit welchen Methoden auch immer für die Realisierung der optimalen Sparquote sorgt, wie Neoklassiker seltsamerweise (und daher stillschweigend) annehmen. Vielmehr bestimmt unternehmerisches Gewinnstreben, wohin die Reise geht. Hierfür muss man jedoch wissen, woher der Profit kommt – für die meisten Ökonomen ein Buch mit sieben Siegeln. Dabei liegen entsprechende Kenntnisse schon lange vor.

Zunächst trennen wir das Volkseinkommen in Löhne (W) und Gewinne (P) mit darauf bezogenen Sparquoten.[28] Gemäß der Kaldor-Kalecki-Tradition[29] gilt:

$$0 \leq s_W < s_P \leq 1 \tag{22}$$

Gleichgewicht auf der makroökonomischen Ebene bedeutet, dass sich der Zustrom in den Kreislauf mit dem »Sickerverlust« die Waage hält. Wir erhalten demnach eine modifizierte Bedingung (3):

$$I = s_P P + s_W W \tag{23}$$

Traditionell tauchen auf der linken Seite der Gleichung (23) die »Investitionen« auf, die aber genauer »autonome Nachfrage« heißen sollten.[30] Denn es geht um die Erfassung *aller* Ausgaben der Kapitalisten, die *nicht* von der Höhe des laufenden Einkommens abhängen. Von der Finanzierungsseite betrachtet handelt es sich individuell stets um einen Geldvermögensabbau. Dieser kann sowohl eine Verringerung von Kassenbeständen als auch die Inanspruchnahme von Kredit bedeuten. Zu der Kategorie gehören selbstverständlich Anschaffungen

---

Modell und ihre empirische Überprüfung, Frankfurt a.M./Bern/New York, in: Jahrbücher für Nationalökonomie und Statistik, Bd. 205, S. 90–94.

28 Der Gesamtprofit ist eine Bruttogröße, von der Renten für natürliche Ressourcen und ggf. der Schuldendienst abzuzweigen sind. Diese nähere Aufschlüsselung interessiert im Weiteren nicht.

29 Vgl. zur Modellfamilie und den Quellen Eckhard Hein (2004): Verteilung und Wachstum, Eine paradigmenorientierte Einführung unter besonderer Berücksichtigung der post-keynesianischen Theorie, Marburg.

30 Vgl. zu dem Problemkreis Karlheinz Oppenländer (1981): Autonome Investitionen, technischer Fortschritt und wirtschaftliches Wachstum, in: Wirtschaftstheorie und Wirtschaftspolitik, Gedenkschrift für Erich Preiser, hrsg. v. Wolfgang J. Mückl/Alfred E. Ott, Passau, S. 377–387.

zur Verbesserung oder Erweiterung des Produktionsapparats.[31] Aber es kann sich eben auch um Aufwendungen für Rennpferde und Bungalows handeln. Die diskretionäre Nachfrage nach solchen Gütern wird ebenfalls unter dem Symbol »I« subsumiert, obwohl die Erwerbungen dem Privat- und nicht dem Produktionsbereich zuzuordnen sind.[32] Vor diesem Hintergrund erscheint es zweckmäßig, die »Sparquoten« genauer als »Vermögensbildungskoeffizienten« zu interpretieren. Die Parameter s_P und s_W geben dann an, welcher Teil der Einkommen die Reinvermögen erhöhen, entweder in Form von pekuniären oder physischen Aktiva.

In diesem Licht fordert die Bedingung (23), dass die expansiv wirkende monetäre Injektion in die Zirkulation exakt durch einen kontraktiven Mittelentzug kompensiert wird. Aus der Umstellung erhält man die Gewinnfunktion:

$$P = \frac{I - s_W W}{s_P} \tag{24}$$

Für positive Überschüsse muss der Zähler auf der rechten Seite größer als null sein. Dann wächst das Reinvermögen der Kapitalisten als Differenz zwischen der Zunahme an Sachvermögen und ihrem Finanzierungsdefizit, dem Sparen aus Löhnen, das den Forderungsbestand höchster Liquidität der abhängig Beschäftigten erhöht. Die Profitbezieher haben es somit selbst in der Hand, durch eigene Ausgabensteigerungen ihr Einkommen nach oben zu treiben.[33] Allerdings ist klar, dass die Selbständigen sich in einer Gefangenendilemma-Situation befinden, wo jeder Einzelne hofft, ein »Kollege« gibt mehr aus, damit man selbst ein zusätzliches Plus verbuchen darf.

Nur in dem Umfang, wie Arbeiter Geld akkumulieren, entstehen Verbindlichkeiten der Unternehmer. Alle anderen Zahlungen fließen wieder an sie zurück.[34] Der maximale Kreditbedarf beträgt $s_W W$ und ist unter folgender Bedingung zu 100 % durch das höhere Sachvermögen gedeckt:

$$s_P P = I - s_W W \geq s_W W \tag{25}$$

[31] Vorleistungen sowie der Ersatz von Produktionsmitteln lassen sich über die Konstruktion »vertikal integrierter Subsysteme« den Enderzeugnissen zurechnen. Vgl. Fritz Helmedag (2012c): Principles of capitalistic commodity production, in: Intervention. European Journal of Economics and Economic Policies, Vol. 9, S. 23–34.

[32] Abhängig Beschäftigte mögen desgleichen fallweise auftretende Verbrauchsentscheidungen treffen. Diese Ausgaben werden mit der Ersparnis aus Löhnen verrechnet, die schon deswegen bescheiden ausfallen dürfte.

[33] Keynes verband diese Aussage mit dem biblischen »Krug der Witwe«, der sich nicht leert, wie viel ihm auch entnommen wird. Vgl. John M. Keynes (1930): A Treatise on Money, Vol. I, The Pure Theory of Money, London 1935, S. 139.

[34] Einem von Kaldor in einem oft zitierten Aufsatz Kalecki zugeschriebenen Bonmot zufolge geben nicht sparende Lohnbezieher aus, was sie verdienen und die Kapitalisten verdienen, was sie ausgeben. Vgl. Nicholas Kaldor (1955/1956): Alternative Theories of Distribution, in: Review of Economic Studies, Vol. 23, S. 83–100, S. 96.

Die Umformung bringt:

$$I \geq 2 s_W W \tag{26}$$

Periode für Periode ist eine volle Besicherung der entstehenden Schuld durch den Reinvermögenszuwachs der besitzenden Klasse möglich, wenn ihre autonomen Ausgaben doppelt so hoch sind wie die Geldvermögensbildung in Arbeitnehmerhand. Jedenfalls müssen die Investitionen keineswegs zur Gänze durch Depositen finanziert werden, wie angebliche Experten glauben.[35] Schon gar nicht stimmt die neoklassische Sicht, dass selbst eine gehortete Sparsumme auf geheimnisvolle Weise ein ebensolches Investitionsvolumen erzeugt. Tatsächlich ist die Kausalität genau umgekehrt: Variationen der diskretionären Nachfrage führen über Sozialproduktanpassungen zur betragsgleichen Ersparnis. Ausgaben werden eben stets zu Einnahmen, die sich aber keineswegs immer völlig in effektive Nachfrage verwandeln.

Ergänzt man den Profit (24) um das Salär der Belegschaften, ergibt sich das Volkseinkommen:

$$Y = P + W = \frac{I - s_W W}{s_P} + W = \frac{I + (s_P - s_W)\, W}{s_P} \tag{27}$$

Offensichtlich hängt die Wertschöpfung neben der autonomen Nachfrage von der Lohnsumme und den Vermögensbildungskoeffizienten ab. Lediglich bei übereinstimmenden Sparquoten $s = s_P = s_W$ resultiert die simple Sozialproduktformel (4), welche die Lehrbücher bevölkert. Damit wird ein praktisch irrelevanter Spezialfall als allgemein gültig ausgegeben. Um die Gleichung (27) näher zu durchleuchten, nehmen wir an, dass der Gesamtausstoß dem Produkt aus dem Arbeitseinsatz (A) und dem durchschnittlichen Ertrag pro Kopf oder Stunde (y) entspricht:

$$Y = yA \tag{28}$$

In gleicher Manier schlüsseln wir die Lohnsumme auf, wobei w den mittleren Verdienst pro Einheit angibt:

$$W = wA \tag{29}$$

Mit den Zerlegungen (28) und (29) ermittelt man aus Gleichung (27) die Beschäftigung:

$$A = \frac{I}{(y - w)\, s_P + w s_W} \tag{30}$$

[35] Im deutschen Sprachraum hat Wilhelm Lautenbach früh auf diesen Sachverhalt aufmerksam gemacht. Vgl. Wilhelm Lautenbach (1952): Zins/Kredit und Produktion, hrsg. v. Wolfgang Stützel, Tübingen.

Bei gegebenem Lohnsatz w und fixiertem Stundenertrag y im Nenner des Ausdrucks (30) drückt das neoklassische Rezept, die Sparquoten gemäß Goldener Regel energisch nach oben zu treiben, das Niveau der Wirtschaftsaktivität nach unten.[36] Konsumverzicht bei unterausgelasteten Kapazitäten *senkt* die Wohlfahrt, sowohl auf kurze als auch auf lange Sicht.

In erster Linie kommt es darauf an, die autonome Nachfrage I zu stärken, damit das Arbeitsvolumen sowie Löhne und Gewinne wachsen. Der Umfang und die Variation der diskretionären Ausgaben sind von zentraler Bedeutung für das System, das sich diesen Vorgaben endogen anpasst.[37] Die Sache hat jedoch einen Haken. Zur Erläuterung formulieren wir die Sozialproduktfunktion (28) in Veränderungsraten:

$$\frac{dY}{Y} = \frac{dy}{y} + \frac{dA}{A} \tag{31}$$

An dieser Gleichung lässt sich die Doppelgesichtigkeit einer forcierten Investitionsförderung illustrieren. Sobald aufgrund von Rationalisierungsanstrengungen die Produktivität y stärker zunimmt als das Volkseinkommen Y, ***muss*** der Arbeitseinsatz A sinken. Weniger statt mehr Beschäftigung ist dann das Ende vom Lied. Dem kann auf zweierlei Weise begegnet werden. Einerseits ließe sich der »Luxusanteil« der autonomen Nachfrage gemäß einer Feststellung von Friedrich Schiller und Johann Wolfgang Goethe vergrößern: Wenn die Könige baun, haben die Kärrner zu tun.[38] Andererseits erlaubt eine verringerte individuelle Arbeitszeit einer größeren Personenzahl, die Früchte des Fortschritts zu genießen. Im Licht des gerade von Mainstream-Wissenschaftlern geschürten und inzwischen fest verwurzelten Sparwahns allerorten hält sich jedoch die Hoffnung in Grenzen, dass diesbezüglich ökonomische Vernunft in absehbarer Zukunft die Oberhand gewinnt.

---

36 Zur Auswirkung variierender realer Lohnstückkosten (w/y) auf Einkommen und Beschäftigung vgl. Fritz Helmedag (2012a): Effektive Nachfrage, Löhne und Beschäftigung, in: Keynes' General Theory nach 75 Jahren, hrsg. v. Jürgen Kromphardt, Marburg, S. 93–106.

37 Selbstverständlich umfasst eine problemadäquate Wachstumspolitik weitaus mehr als eine »hydraulische« Globalsteuerung. Vgl. Karlheinz Oppenländer (1988): Wachstumstheorie und Wachstumspolitik, München.

38 Es versteht sich, dass dieser Hinweis aus den Xenien nicht nur auf den Bau von Schlössern zu münzen ist.

Literatur

Ahmad, Seyed (1991): Capital in Economic Theory, Neo-classical, Cambridge and Chaos, Aldershot.

Barro, Robert J./Sala-i-Martin, Xavier (1995): Economic Growth, Cambridge (USA)/London 2001.

Blanchard, Olivier (2003): Macroeconomics, 3. Aufl., Prentice Hall.

Bofinger, Peter (10.04.2012), Gespräch mit der Financial Times Deutschland, http:// www.ftd.de/politik/konjunktur/:wirtschafts-weiser-im-interview-bofinger-geisselt-mickymaus-modelle-der-oekonomen/70019094.html [23.04.2012].

Cassel, Gustav (1918): Theoretische Sozialökonomie, 5. Aufl., Leipzig 1932.

Cobb, Charles W./Douglas, Paul H. (1928): A Theory of Production, in: The American Economic Review, Vol. 18, S. 139–165.

Deutsche Bundesbank (2012): Potenzialwachstum der deutschen Wirtschaft – Mittelfristige Perspektiven vor dem Hintergrund demographischer Belastungen, in: Monatsbericht April, S. 13–28.

Domar, Evsey D. (1946): Capital Expansion, Rate of Growth and Employment, in: Econometica, Vol. 14, S. 137–147, deutsch in: Wachstum und Entwicklung der Wirtschaft, hrsg. v. König, Heinz, 2. Aufl., Köln/Berlin 1970, S. 55–66.

Felipe, Jesus/Fisher, Franklin M. (2003): Aggregation in Production Functions: What Applied Economists Should Know, in: Metroeconomica, Vol. 54, S. 208–262.

Felipe, Jesus/McCombie, John (2010): On accounting identities, simulation experiments and aggregate production functions: a cautionary tale for (neoclassical) growth theorists, in: Handbook of Alternative Theories of Economic Growth, hrsg. v. Setterfield, Mark, Cheltenham, S. 189–207.

Gahlen, Bernhard unter Mitarbeit von Rahmeyer, Fritz (1973): Einführung in die Wachstumstheorie, Bd. 1: Makroökonomische Produktionstheorie. Tübingen.

Harrod, Roy F. (1939): An Essay in Dynamic Theory, in: The Economic Journal, Vol. 49, S. 14–33, deutsch in: Wachstum und Entwicklung der Wirtschaft, hrsg. v. König, Heinz, 2. Aufl., Köln/Berlin 1970, S. 35–54.

Hein, Eckhard (2004): Verteilung und Wachstum, Eine paradigmenorientierte Einführung unter besonderer Berücksichtigung der post-keynesianischen Theorie, Marburg.

Helmedag, Fritz (1988): Besprechung von Wallenwein, Erich (1986): Die Bedeutung der Kapitalintensitätshypothese im neoklassischen Zwei-Sektoren-Modell und ihre empirische Überprüfung, Frankfurt a.M./Bern/New York, in: Jahrbücher für Nationalökonomie und Statistik, Bd. 205, S. 90–94.

— (1992): Warenproduktion mittels Arbeit, Zur Rehabilitation des Wertgesetzes, 2. Aufl., Marburg 1994.

— (2012a): Effektive Nachfrage, Löhne und Beschäftigung, in: Keynes' General Theory nach 75 Jahren, hrsg. v. Kromphardt, Jürgen, Marburg, S. 93–106.

— (2012b): Fortschrittsillusionen in der Ökonomik: Die Neue Handelstheorie, in: Zur Zukunft des Wettbewerbs, In Memoriam Karl Brandt (1923–2010) und Alfred E. Ott (1929–1994), hrsg. v. Enke, Harald/Wagner, Adolf, Marburg, S. 39–55.

— (2012c): Principles of capitalistic commodity production, in: Intervention. European Journal of Economics and Economic Policies, Vol. 9, S. 23–34.

ifo Institut (2012): Pressemitteilung vom 10. Mai zur Debatte »Sparen oder Wachstum«.

Kaldor, Nicholas (1955/1956): Alternative Theories of Distribution, in: Review of Economic Studies, Vol. 23, S. 83–100.

Keynes, John M. (1930): A Treatise on Money, Vol. I, The Pure Theory of Money, London 1935.

Koch, Moritz (2012): Protestbewegung Occupy Harvard, http://www.sueddeutsche.de/wirt-schaft/2.220/protestbewegung-occupy-harvard-entzauberung-des-amerikanischen-traums-1.1332413 [25.04.2012].

Knetsch, Thomas A. (2012): Ein nutzungskostenbasierter Ansatz zur Messung des Faktors Kapital in aggregierten Produktionsfunktionen, in: Deutsche Bundesbank, Diskussionspapier Nr. 01, Frankfurt a.M.

Krelle, Wilhelm (1964): Investition und Wachstum, in: Jahrbücher für Nationalökonomie und Statistik, Bd. 176, S. 1–22.

Lautenbach, Wilhelm (1952): Zins/Kredit und Produktion, hrsg. v. Stützel, Wolfgang, Tübingen.

Mankiw, N. Gregory (2011): Makroökonomik, 6. Aufl., Stuttgart.

Oppenländer, Karlheinz: (1963): Die moderne Wachstumstheorie, Eine kritische Untersuchung der Bausteine der Gleichgewichtskonzeption und der Wirklichkeitsnähe, Berlin/München.

— (1972): Wachstum und Investition, in: Probleme der Wachstumstheorie, hrsg. v. Gahlen, Bernhard./Ott, Alfred E., Tübingen, S. 241–277.

— (1981): Autonome Investitionen, technischer Fortschritt und wirtschaftliches Wachstum, in: Wirtschaftstheorie und Wirtschaftspolitik, Gedenkschrift für Erich Preiser, hrsg. v. Mückl, Wolfgang J./Ott, Alfred E., Passau, S. 377–387.

— (1988): Wachstumstheorie und Wachstumspolitik, München.

— (2012): Wirtschaftswachstum, technischer Fortschritt, Innovationen – eine endlose Geschichte, in: Zur Zukunft des Wettbewerbs, In Memoriam Karl Brandt (1923–2010) und Alfred E. Ott (1929–1994), hrsg. v. Enke, Harald/Wagner, Adolf, Marburg, S. 141–155.

Phelps, Edmund S. (1961): The Golden Rule of Accumulation: A Fable for Growthmen, in: The American Economic Review, Vol. 51, S. 638-643, deutsch in: Wachstum und Entwicklung der Wirtschaft, hrsg. v. König, Heinz, 2. Aufl., Köln/Berlin 1970, S. 358–365.

Preiser, Erich (1953): Erkenntniswert und Grenzen der Grenzproduktivitätstheorie, in: Schweizerische Zeitschrift für Volkswirtschaftslehre und Statistik, Bd. 89, S. 25–45, wieder in: Preiser, Erich, Bildung und Verteilung des Volkseinkommens, 4. Aufl., Göttingen 1970, S. 265–289.

Sen, Amartya (12.04.2012): Gespräch mit dem Handelsblatt, http://www.handelsblatt. com/politik/oekonomie/nachrichten/amartya-sen-viele-oekonomen-nehmen-ihre-simplen-modelle-zu-ernst/6500622.html [25.04.2012].

Shaikh, Anwar (1974): Laws of Production and Laws of Algebra: The Humbug Production Function, in: The Review of Economics and Statistics, Vol. 56, S. 115–120.

— (1980): Laws of Production and Laws of Algebra: Humbug II, in: Growth, Profits and Property, hrsg. v. Nell, Edward J., Cambridge, S. 80–95.

Solow, Robert M. (1956): A Contribution to the Theory of Economic Growth, in: Quarterly Journal of Economics, Vol. 70, S. 65–94.

Swan, Trevor W. (1956): Economic Growth and Capital Accumulation, in: Economic Record, Vol. 32, S. 334–361.

Wagner, Adolf (1978): Der Wicksell-Effekt, Tübingen.

— (2012), Evolutorische Makroökonomik, Innovative Modifikationen zur Standard-Ökonomik, Marburg.

Walter, Helmut (1983): Wachstums- und Entwicklungstheorie, Stuttgart/New York.

A New View of General Purpose Technologies

By Uwe Cantner and Simone Vannuccini***

»Auf die Umsetzung der technologischen Revolutionen kommt es an«[1]

1 Introduction: General Purpose Technologies

Technologies are not all alike. Some of them add incrementally to the economic and productive system; other technological innovations, instead, have a revolutionary impact: they impose on the economy a new structure of dependencies and complementarities (*rejuvenation*, in Carlota Perez's[2] terms) and exploit physical phenomena in new ways[3]. The economy continuously reconfigures itself and its working logic around such technologies, producing as a result an open-ended evolutionary process of change. Recently, the economic literature started to recognize the heterogeneity characterizing the nature of different technologies, introducing the concept of General Purpose Technologies (GPTs hereafter). The aim of this paper is to critically guiding the reader into the topic, offering also what we think is a novel perspective in this field of studies.

The recognition that major technological changes are the main determinant of cyclical and non-linear patterns in the evolution of an economy is not a monopoly and exclusive right of the literature on GPTs; conversely, the idea is at the core of the long-standing research and debates on the existence of Long Waves[4] and dates back to end of the Nineteenth century, when scholars started to abstract from the case-specific theories of economic crisis, generalizing formal models of *trade* cycles (in the English tradition), *business* cycles (in the United States) and *Konjunctur* (in Germany)[5]. If already Shakespeare, cited in Jevons' Politi-

* Prof. Dr. Uwe Cantner, Jena, E-Mail: uwe.cantner@uni-jena.de

** Simone Vannuccini, Jena, E-Mail: simone.vannuccini@uni-jena.de

1 Oppenländer, K. H. (2008), Regionale Cluster bringen Innovationen und Wachstum – Auf die Umsetzung der technologischen Revolutionen kommt es an, Wissenschaftsmanagement, 3, 2008, pp. 18–21, 18.

2 Perez, C. (2004), Technological revolutions, paradigm shifts and socio-institutional change, Globalization, Economic Development and Inequality: An Alternative Perspective, Cheltenham, UK: Edward Elgar, 217–242.

3 See Arthur, W. B. (2009), The nature of technology: What it is and how it evolves, The Free Press.

4 Silverberg, G. (2003), Long Waves: Conceptual, Empirical and Modelling Issues, in Hanusch, H./Pyka, A. (eds), The Elgar Companion to New-Schumpeterian economics, Cheltenham: Edward Elgar, 2007, chapter 50.

5 Besomi, D. (2010), The periodicity of crises – A survey of the literature before 1850, Journal of the History of Economic Thought 32(1), 85–132.

cal Economy chapter (XIV) about the periodicity of industry, wrote that »*there is a tide in the affairs of men, Which, taken at the flood, leads on to fortune*«, we can agree upon the constant relevance of the topic over time. The work of Kondratieff[6] and Schumpeter[7] – especially the latter via the often misrepresented and re-invented hypothesis on clustering of innovations and creative destruction – are milestones in this sense, paving the way for a wide range of theoretical and empirical attempts to identify Long Wave patterns in economic history[8].

From the brief perspective just outlined, the research on GPTs appears more as a contemporary endeavor to empower endogenous growth theory[9], with the analytical tools capable to explain economy-wide fluctuations, than a conceptual novelty. However, we find the GPT »instantiation« of the more general topic quite interesting and important for innovation scholars, since the focus of GPTs theories, instead of explaining the wave in itself or stressing the systemic consequence of techno-economic paradigm changes[10], is narrowed to the nature of technology and to its effect on productivity dynamics, capital accumulation and innovative activities, such as the return on R&D investments.[11]

Before starting with the most diffuse definition of what GPTs are, however, it is worth recalling two more issues. The first helps us to frame the GPTs models in the literature[12]: it is clear the similarity between the concept of general purpose

6 Kondratieff N. D./Stolper W. F. (1935), The Long Waves in Economic Life, The Review of Economics and Statistics 17(6), 105–115.

7 Schumpeter, J. A. (1939), Business cycles, Cambridge University Press.

8 For a comprehensive overview, see Silverberg, G. (2003), Long Waves: Conceptual, Empirical and Modelling Issues, in Hanusch, H./Pyka, A. (eds) (2007), The Elgar Companion to New-Schumpeterian economics, Cheltenham: Edward Elgar, chapter 50.

9 For the sake of clarity, in the paper we call endogenous growth theory the two sets of models, one inspired by the AK approach and Paul Romer's contributions (Romer, P. (1990), Endogenous technical change, Journal of Political Economy 98(5), 71–102; Romer, P. (1986), Increasing returns and long-run growth, The Journal of Political Economy, 1002–1037), the other collecting under the label of Schumpeterian growth models are the quality-ladder and R&D-based models such as Aghion and Howitt (Aghion, P./Howitt, P. (1992), A Model of Growth Through Creative Destruction, Econometrica 60(2), 323–351), together with the quasi-endogenous literature started by Dinopoulos, Segerstrom and others (Dinopoulos, E./Sener, F. (2007), New directions in Schumpeterian growth theory, in: Hanusch, H./Pyka, A. (eds), Elgar Companion to Neo-Schumpeterian Economics, Edward Elgar, 2007, chapter 41).

10 Perez, C. (2004), Technological revolutions, paradigm shifts and socio-institutional change, Globalization, Economic Development and Inequality: An Alternative Perspective, Cheltenham, UK: Edward Elgar, 217–242.

11 Alternatives to GPT-based modeling of economic fluctuations and long-waves are, for example, Jovanovic and Rob (Jovanovic, B./Rob, R. (1990), Long waves and short waves: Growth through intensive and extensive search, Econometrica 58(6), 1391–1409) formal account of Schumpeterian cycles, technological opportunities, extensive and intensive search.

12 For a complete taxonomy see Coccia, M. (2003), An approach to the measurement of technological change based on the intensity of innovation, Ceris-Cnr Working Papers, p. 11.

technology with that of radical innovations, macro-inventions[13] or shifts in the technological paradigm[14]. Therefore, as theorists found a tricky challenge in trying to identify a clear-cut boundary between macro and micro or radical and incremental innovations (and the same problem holds in the innovation-studies literature distinguishing between process and product innovations), a similar shortcoming affects the appropriate criteria for identifying the technologies that actually are GPTs. We argue more about that in the next pages, since this is a relevant point for our argument.

The second premise is methodological, and we stress it because it should be clear that GPT-based modeling brings together the analytical framework of neoclassical growth theory, that is *linear* in nature since – following Solow[15] – a theory of growth should not explain short term fluctuations but only the long-term *potential* trajectory of an economy, and the cycling behavior of economic aggregates, traditionally a feature of heterodox growth theories[16]. Such a »refinement« with respect to the simpler approach to technological change adopted by mainstream growth theory, where a generic (a scalar) stock of »ideas«, »knowledge« or technology interact with a production function, is not the only modeling strategy available to economic theorists. As Goodwin[17] puts clearly in his dealing with the (non-linear) accelerator principle as the determinant of cycles,

> »[a]lmost without exception economists have entertained the hypothesis of linear structural relations as a basis for cycle theory [...] whether we are dealing with difference or differential equations, so long as they are linear, they either explode or die away with the consequent disappearance of the cycle or the society. One may hope to avoid this unpleasant dilemma by choosing that case (as with the frictionless pendulum) just in between. Such a way out is helpful in the classroom, but it is nothing more than a mathematical abstraction [...] Mention should also be made of the fact that there exists an alternative way out of the dilemma – that of an impulse-excited mechanism. There are two basically different classes of such mechanisms to be distinguished. (a) There are the synchronized systems of which the most familiar is the ordinary pendulum clock. [...] The wider system [...] is a particular type of nonlinear oscillator since it is autonomous and maintains a uniform cycle independently of initial conditions. (b) Significantly different is a

13 Mokyr, J. (1990), Punctuated equilibria and technological progress, The American Economic Review 80(2), 350–354.

14 Dosi, G. (1982), Technological paradigms and technological trajectories: a suggested interpretation of the determinants and directions of technical change, Research Policy 11(3), 147–162.

15 Solow, R. (1997), Learning from »learning by doing«: lessons for economic growth, Stanford University Press.

16 Setterfield, M. (2010), Handbook of alternative theories of economic growth, Edward Elgar.

17 Goodwin, R. (1951), The nonlinear accelerator and the persistence of business cycles, Econometrica: Journal of the Econometric Society 19(1), 1–17.

> system subject to random shocks. Here the mechanism itself is damped, but an outside, unexplained source keeps it going, and in this sense it is not a complete theory, for the source of maintenance lies outside the theory [...]«

GPTs models fall under the point (b), since a new general purpose technology – also in advanced models inspired to Goodwinian Lotka-Volterra dynamics[18] and even more in the »classical« modeling approach to GPTs[19] – *arrives* from the outside of the system, both when it is modeled directly as an exogenous variable (in a deterministic or stochastic fashion, as we deepen further later) and when it is an indirect result of endogenous knowledge accumulation. GPTs are then just shocks revitalizing an economy characterized by the tendency to »relax« in a steady-state equilibrium growth.

As it will made clear in the paper, we argue that in addition to Goodwin's choice (a), that of using non-linear systems, it is possible to frame a more complex point (c), where the emergence of a GPT is the result of localized and directed knowledge interactions, the exploitation of technological opportunities and the coordination in production across heterogeneous and evolving industries and firms. What we propose is a real evolutionary and Schumpeterian account of GPTs, where the innovative change comes *from within*, producing differential growth[20].

2 Defining and Identifying GPTs, Engines of Growth

The strand of literature dealing with GPTs has been initiated by David[21] and especially by Bresnahan and Trajtenberg[22], where general purpose technologies are defined as key technologies, fully shaping a technological era, »characterized by the potential for pervasive use in a wide range of sectors and by their technological dynamism«[23]. GPTs execute some *generic functions* such as »continuous rotary motion« or »binary logic« and act like platforms, »enabling mechanisms« for complementary innovations in downstream sectors, whose development leads to the transformation of the economic system as well as to generalized produc-

18 Fatàs-Villafranca, F./Jarne, G./Sànchez-Chòliz, J. (2011), Innovation, cycles and growth, Journal of Evolutionary Economics 22(2), 1–27.

19 Helpman, E. (1998), General purpose technologies and economic growth, The MIT press.

20 Metcalfe, J./Foster, J./Ramlogan, R. (2006), Adaptive economic growth, Cambridge Journal of Economics 30(1), 7–32; Metcalfe, J., Foster, J. (2010), Evolutionary growth theory, in: M. Setterfield (ed), Handbook of Alternative Theories of Economic Growth, Cheltenham: Edward Elgar, 64–94.

21 David, P. (1990), The dynamo and the computer: an historical perspective on the modern productivity paradox, The American Economic Review 80(2), 355–361.

22 Bresnahan, T. F./Trajtenberg, M. (1995), General purpose technologies »Engines of growth?«, Journal of Econometrics 65(1), 83–108.

23 Ibidem, p. 84.

tivity gains. Rosenberg and Trajtenberg[24] identify more precisely the properties of a GPT in their historical case-study of the Corliss Steam Engine in the U.S. (italics added):

> »first, it is a technology characterized by *general applicability*, that is, by the fact that it performs some generic function that is vital to the functioning of a large number of using products or production systems. Second, GPTs exhibit a great deal of *technological dynamism*: continuous innovational efforts increase over time the efficiency with which the generic function is performed, benefiting existing users, and prompting further sectors to adopt the improved GPT. Third, GPTs exhibit *»innovational complementarities«* with the application sectors, in the sense that technical advances in the GPT make it more profitable for its users to innovate and improve their own technologies.«[25]

Therefore, on the »input side«, what makes a technology a GPT is its *i) general applicability*[26], *ii) technological dynamism* and *iii) innovation spawning*. Quite similar features are listed in alternative definitional exercises, to be found in the collection of papers by Helpman[27] and in the studies of Lipsey, Carlaw and Bekar[28], Guerrieri and Padoan[29] and Jovanovic and Rousseau[30]. The latter, in particular, testing empirically similarities and differences between two popularly recognized GPTs, electrification and ICT, add six other »symptoms« of a GPT derived from theoretical models and holding also (even with different magnitudes

24 Rosenberg, N./Trajtenberg, M. (2004), A general-purpose technology at work: The Corliss steam engine in the late-nineteenth-century United States, The Journal of Economic History 64(01), 61–99.

25 Ibidem, p. 65.

26 General applicability is sometimes replaced in the literature by the term »widely used« (more precisely, see Bresnahan, T. F./Yin, P. (2010), Reallocating innovative resources around growth bottlenecks, Industrial and Corporate Change 19(5), 1589–1627), showing a tendency in the theoretical analysis of GPTs to loosen the concept, in order to integrate a wider range of technologies under the definition of »general purpose«. An additional criticism that we will not address here concerns the definition of general applicability itself, which in the GPT-literature is always conceptualized in relation to the number of application sectors that use the GPT. Alternatively, general applicability can be interpreted as the feature of »doing nothing in particular« (Simon, H. (1987), The steam engine and the computer: What makes technology revolutionary, Educom Bulletin 22(1), 2–5), therefore pointing more to the breadth of functions a technology can potentially operate, abstracting from the connections with other sectors or technologies.

27 Helpman, E. (1998), General purpose technologies and economic growth, Cambridge, MA: MIT Press.

28 Lipsey, R./Carlaw, K./Bekar, C. (2005), Economic Transformations: General Purpose Technologies and long-term economic growth, Oxford University Press, USA.

29 Guerrieri, P./Padoan, P. (2007), Modelling ICT as a general purpose technology, Collegium 35, 6–21.

30 Jovanovic, B./Rousseau, P. (2005), General purpose technologies, in: Aghion, P./Durlauf, S., (eds), Handbook of Economic Growth, Elsevier, 1182–1224.

for the two technologies) from data evidence[31]; these can be meant as »output side« characteristics of GPTs: *i) productivity slowdowns*, due to learning effects and to the allocation of productive resources to develop new compatible and complementary capital required to use the GPT; *ii) rise in the skill premium* (the increase in demand for skilled labor should facilitate and shorten the learning process); *iii) rise in entry, exit and mergers* as a measure of reallocation of resources; *iv) initial fall of stock prices*, due to the acceleration in the rate of obsolescence of old capital vintages caused by the adoption of the new GPT; *v) changes in market shares favoring young firms*; *vi) rise in the interest rate and worsening of trade balance*, since assets reallocation, reducing output, push demand and consumption to search for foreign markets.

Productivity slowdowns on the one hand and, on the other, the consequent time-lag needed for the new GPT's productivity improvements to show up in the data, can be seen as one of the explanation for the so-called Solow paradox[32, 33]; this is also the main dynamic generated by the first cohort of GPT-based growth models, built around the concept of »the time to sow and the time to reap«[34]. Fluctuations in productivity, together with the acknowledgment that technological progress is uneven, »comes in bursts«[35] and is pervasive with different degrees, can be considered the main motivation leading to the development of GPTs literature.

We envisaged earlier in the paper that the problem emerging from this kind of definitions is one of *identification*. The issue is problematic from an *ex-ante* point of view (can we infer the GPT nature of a technology since its very introduction in the market?[36]) as well as from an *ex-post* perspective (that of classifying under the label GPT what has been recognized in a generic way as a radical innovation). Which technology is a GPT and which one, instead, is not? The knife-edge distinction, here, is between those scholars who recognize only two or three GPTs since the industrial revolution (the steam engine, electrification and the more questioned ICTs) and see them as singularities or extreme cases of radical inno-

---

31 Jovanovic, B./Rousseau, P. (2005), General purpose technologies, in: Aghion, P./Durlauf, S., (eds), Handbook of Economic Growth, Elsevier, 1182–1224, p. 1203–1204.

32 Solow, R. (1987), We'd better watch out, New York Times Book Review 12(7), 36.

33 Basu, S./Fernald, J. (2007), Information and Communications Technology as a General-Purpose Technology: Evidence from US Industry Data, German Economic Review 8(2), 146–173.

34 Helpman, E./Trajtenberg, M. (1994), A time to sow and a time to reap: Growth based on general purpose technologies, National Bureau of Economic Research Cambridge, Mass., USA.

35 Jovanovic, B./Rousseau, P. (2005), General purpose technologies, in: Aghion, P./Durlauf, S., (eds), Handbook of Economic Growth, Elsevier, 1182–1224, p. 1221.

36 In the literature, a GPT is never seen as an »emergent property« of market and technological interactions.

vations (»epochal innovations«, as Rosenberg and Trajtenberg[37] rename them), and those who expanded the list to a much more wide range of technologies. As we will show in the next paragraph, the first generation of GPT-based growth models (except the very first model of Bresnahan and Trajtenberg[38]) – employing one GPT per period – is closer to the first interpretation, while recent models tend to a more generous interpretation of the notion. The empirical literature made some steps forward in solving the identification puzzle; the results can be considered useful only for what concerns measurement issues but without being able to distinguish clearly between GPTs and just »radical innovations«.[39]

David and Wright[40] stress precisely the *ex-post* identification point when, after another enumeration of the properties characterizing a GPT, they criticize the growing number of technologies labeled »general purpose« by growth and innovation scholars[41]:

> »One has only to consider the length of such proposed lists of GPTs to begin to worry that the concept may be getting out of hand. History may not have been long enough to contain this many separate and distinct revolutionary changes. On closer inspection, it may be that some of these sweeping innovations should be better viewed as sub-categories of deeper conceptual breakthroughs in a hierarchical structure. Alternatively, particular historical episodes may be fruitfully understood in terms of interactions between one or more GPTs on previously separate historical paths.«

---

37 Rosenberg, N./Trajtenberg, M. (2004), A general-purpose technology at work: The Corliss steam engine in the late-nineteenth-century United States, The Journal of Economic History 64(01), 61–99.

38 Bresnahan, T. F./Trajtenberg, M. (1995), General purpose technologies »Engines of growth?«, Journal of Econometrics 65(1), 83–108.

39 For example, Jovanovic and Rousseau (ibid.) cite the study of Cummins and Violante (Cummins, J./Violante, G. (2002), Investment-specific technical change in the United States (1947–2000): Measurement and macroeconomic consequences, Review of Economic Dynamics 5(2), 243–284), who – clearly choosing a capital-embodying perspective on technological change – »classify a technology as a GPT when the share of new capital associated with it reaches a critical level, ad if adoption is widespread across industries«. Another empirical choice is that needed to identify the beginning of a GPT era; again Jovanovic and Rousseau set it as »the point in time when the GPT achieves a one-percent diffusion in the median sector«. Other empirical analysis make use of patent data to »uncover« GPTs and to forecast new potential »candidates« for this role (see for example Hall, B./Trajtenberg, M. (2004), Uncovering GPTs with patent data, Technical report, National Bureau of Economic Research; Youtie, J./Iacopetta, M./Graham, S. (2008), Assessing the nature of nanotechnology: can we uncover an emerging general purpose technology?, The Journal of Technology Transfer 33(3), 315–329; Feldman, M./Yoon, J. (2011), An empirical test for general purpose technology: an examination of the Cohen–Boyer rDNA technology, Industrial and Corporate Change).

40 David, P./Wright, G./College, N. (1999), General purpose technologies and surges in productivity: Historical reflections on the future of the ICT revolution.

41 For example, Carlaw and Lipsey (see references later), referring to their extensive work on GPTs, suggest five technological classes into which to group different GPTs; the classes are materials, ICTs, power sources, transportation equipment and organizational forms.

Although subscribing the David and Wright comment, we have to admit that a heuristic, a rule or a principle to discriminate between GPTs and non-GPTs is still to be found. Nevertheless, in the fourth paragraph we will make an attempt to characterize some of the sources and conditions that can lead both to the *ex-post* prevalence and pervasiveness of a GPT.

3 Modeling GPT-based Economic Growth

It is useful to distinguish between a first and a second generation of GPT-based formal models. The first generation includes, in addition to the Bresnahan and Trajtenberg seminal paper[42], the models collected and reprinted in Helpman[43], in particular the two contributions by Helpman and Trajtenberg and that by Aghion and Howitt, who introduce GPTs into a modeling framework *à la* Helpman and Grossman[44]. After an interval of approximately five years, the research on GPT restarted with the models of van Zon *et al.*[45], Carlaw and Lipsey[46], Guerrieri and Padoan[47], Harada[48] to end up with the recent contributions of Bresnahan[49]. The list can be enlarged by another model, that of Fatás-Villafranca *et al.*[50], which deals with major innovations, cycles, long-waves and technological eras though without explicitly referring to GPTs. In what follows, we review only some of the models, who we think are the most representative and important.

---

42 Bresnahan, T. F./Trajtenberg, M. (1995), General purpose technologies »Engines of growth?«, Journal of Econometrics 65(1), 83–108.

43 Helpman, E. (1998), General purpose technologies and economic growth, Cambridge, MA: MIT Press.

44 Helpman, E./Grossman G. M. (1991), Quality ladders in the theory of growth, The Review of Economics Studies, 58(1), p. 43–61.

45 van Zon, A./Fortune, E./Kronenberg, T. (2003), How to sow and reap as you go: a simple model of cyclical endogenous growth, MERIT Research Memoranda.

46 Between the others, Carlaw, K./Lipsey, R. (2006), Gpt-Driven, Endogenous Growth, The Economic Journal 116(508), 155–174; Lipsey, R./Carlaw, K./Bekar, C. (2005), Economic Transformations: General Purpose Technologies and long-term economic growth, Oxford University Press, USA; Carlaw, K./Lipsey, R. (2011), Sustained endogenous growth driven by structured and evolving general purpose technologies, Journal of Evolutionary Economics, 1–31.

47 Guerrieri, P./Padoan, P. (2007), Modelling ICT as a general purpose technology, Collegium 35, 6–21.

48 Harada, T. (2010), The division of labor in innovation between general purpose technology and special purpose technology, Journal of Evolutionary Economics 20(5), 741–764.

49 Bresnahan, T. F. (2012), Generality, Recombination and Reuse, in: Josh Lerner and Scott Stern (eds.), The Rate and Direction of Inventive Activity Revisited, 2012, University of Chicago Press, p. 611–656. Bresnahan, T. F. (2010), General purpose technologies, in: Hall, B./Rosenberg, N. (eds.), Handbook of the Economics of Innovation 2, North Holland, 2010, 761–791.

50 Fatàs-Villafranca, F./Jarne, G./Sànchez-Chòliz, J. (2011), Innovation, cycles and growth, Journal of Evolutionary Economics 22(2), 1–27.

The rationale for distinguishing between the two different cohorts of models is both conceptual – considering the diverse perspectives on the nature of GPTs – and chronological, since the second generation of models is a tentative reprise of the topic after its rapid success and even faster decline at the end of the 1990ies.

The Bresnahan and Trajtenberg (BT from now on) paper[51] cannot properly be considered a growth model, since it stems from a micro/industrial organization-framework and it represents the interaction between two kinds of sectors, the GPT sector and a number of application sectors (AS), as a strategic game leading to Nash-equilibria. The focus in this model is not on the GPT itself, but mainly on the pure incentive-based »dual inducement mechanism« between the two types of sectors, where an increase in the quality of the GPT (what we called »technological dynamism«) incentivizes the AS to increase their technological level (the »innovation complementarities« property of GPTs), and this, in turn, induces the GPT sector to advance its technology. There are two kinds of externalities that, from a welfare point of view, lead to a social rate of return greater than the private rates of return: one is a vertical externality, related to the connected and hierarchical payoffs-structure of GPT and AS as well as to the role of imperfect information flows and appropriability between the sectors; the other is an horizontal externality focusing on the role of demand, since the more AS exists in an economy, the more valuable is the GPT; this kind of externality raises the importance of public subsidies and public demand. The implication of the model is that »the coordination problem between technology-innovating and technology-using industries«[52] cannot be solved optimally in a decentralized market system.

The Helpman and Trajtenberg (HT hereafter) model[53] draws on BT insights on GPTs and inject them into a fully-fledged endogenous growth model assuming agents' perfect foresight, where GPTs become the main determinants of long-run macroeconomic dynamics. Output is produced with a GPT and a continuous set of components that have to be compatible with the general technology and that are produced by innovators in a monopolistic competition framework. New GPTs arrive in a deterministic way at predetermined time intervals of equal length, generating a symmetric cycle with two (or three, in a special case) sub-phases; in the first one, the old GPT is used to produce final output while resources and labor are allocated to R&D in order to develop components for

51 Bresnahan, T. F./Trajtenberg, M. (1995), General purpose technologies »Engines of growth?«, Journal of Econometrics 65(1), 83–108.
52 Hall, B./Trajtenberg, M. (2004), Uncovering GPTs with patent data, Technical report, National Bureau of Economic Research.
53 Helpman, E./Trajtenberg, M. (1994), A time to sow and a time to reap: Growth based on general purpose technologies, National Bureau of Economic Research Cambridge, Mass., USA.

the new GPT. In the second phase, starting after a minimum threshold of components has been produced, the development of components continues but the new GPT is adopted, fostering productivity. During the first phase of the cycle real GDP declines as wages increases; the other way round is found in the next phase. This mechanism has been successfully summarized by the expression »a time to sow and a time to reap«, and has been extended by the same authors in a follow-up paper[54] that maintains the formal structure but allows for the existence of many sectors. The order of adoption of the GPT across the sectors between early adopters and laggards, so the diffusion process of the technology, can lead to multiple long-run equilibria. Policy implications are derived from the model, in particular the advice to act in order to shorten the first phase of the cycle, but its empirical verification results problematic.

The Aghion and Howitt model[55] (shortened as AH) starts from HT's basic formulation, stressing its limited empirical relevance in terms of the representation of *the size of the slump* (»all of the decline in output is attributable to the transfer of labor out of manufacturing and into R&D. But since the total amount of R&D labor on average is only about two and a half percent of the labor force, it is hard to see how this can account for change in aggregate production of more than a fraction of a percent.«[56]) and *the timing of the slow-down*, that in the previous model follows immediately the arrival of the new GPT. Therefore, AH add to the HT model both a Schumpeterian flavor, making the arrival of GPTs stochastic realizations of a Poisson process, and a more realistic representation of the adoption process, involving social learning (imitation, in evolutionary terms).

The AH model divides the cycle in three phases, instead of two: »first, the economy wide GPT must be discovered. Second, a firm in that sector must acquire a »template«, on which to base experimentation. Third, the firm must use this template to discover how to implement the GPT in its particular sector«[57]. The role of social learning is relevant here: a firm (an industry) can move from phase zero to phase one – the acquisition of the GPT template – via independent discovery (depending on a Poisson process) or through imitation, whose likelihood to occur is a probability given by a cumulative binomial distribution. Transition from phase one to phase two, then, requires the allocation of labor resources to R&D activities, with a rate of success depending on another Poisson distribution. In addition to that, AH provide some extensions of the model, considering skill differentials, wage inequalities and their relationship with technological change

54 Helpman, E./Trajtenberg, M. (1996), Diffusion of general purpose technologies, National Bureau of Economic Research Cambridge, Mass., USA.
55 Aghion, P./Howitt, P. (1998), On the macroeconomic effects of major technological change, Annales d'Economie et de Statistique, 53–75.
56 Ibidem, p. 55.
57 Ibidem, p. 63.

(and with the size of the slump generated by the arrival of the GPT), as well as the effect of the innovation-wave arrival on capital obsolescence.

Despite conceptual or analytical differences, the first generation GPT-based models share a common assumption: the GPT is recognized *ex-ante* as a general purpose technology. In BT it is the »first mover«, that then incentivizes application sectors to exploit innovation complementarities and starting what has been called a dual inducement mechanism. In HT – as well as in AH – an explicit assumption is made about the impossibility to develop new components before a new GPT has arrived. By having ex-ante knowledge about the existence of a new GPT, economic agents are left only with the possibility to decide, on the base of their expected profit, on the allocation of resources to research. The picture is quite simplified with respect to a reality of continuous technological change, with competition[58], diffusion and selection happening in an uncertain environment, which opens rooms for the role of risk-taking entrepreneurs.

The model of van Zon *et al.*[59] is thus assigned to the second generation of models, although it is just a modification of the Romer model (and so it may appear to belong to the first category), not only for a chronological reason, but mainly because it departs from the assumption that GPTs are identified *ex-ante*. It is also the first model that allows for co-existing GPTs. The model assumes two types of stochastic (Poisson) R&D processes: a basic R&D sector, which produces »core« technologies (the GPTs), and an applied R&D sector, producing »peripherals«, corresponding to HT components. Both R&D sectors are subject to decreasing returns, so after the arrival of a core technology the economic incentive – and so the labor force – switches to the production of peripherals, and the other way round. The fundamental novelty in the model, showed in a simulation study, relates to the possibility that some cores become »failed« GPTs if few or no components are developed for them. Failed GPTs remind us that »during the innovation process, the actual pervasiveness of an innovation when and if it arrives can only be guessed at«[60]. A GPT is an »*ex-post* mental construct«, deriving from the evidence that a particular technology is capable to execute a wide range of (old and new) productive functions in the economy; assuming otherwise can lead to a limited comprehension of the GPT-based economic growth.

Carlaw and Lipsey[61] (CL from now on) extend the idea of the van Zon *et al.* model, proposing an out-of-equilibrium three (competitive) sectors model, where

58 Arthur, W. B. (1989), Competing Technologies, Increasing Returns, and Lock-in by Historical Events, Economic Journal 99,116–31.

59 van Zon, A./Fortune, E./Kronenberg, T. (2003), How to sow and reap as you go: a simple model of cyclical endogenous growth, MERIT Research Memoranda.

60 Ibidem, p. 8–9.

61 Carlaw, K./Lipsey, R. (2006), Gpt-Driven, Endogenous Growth, The Economic Journal 116(508), 155–174.

the appearance of a GPT is driven by an endogenous mechanism. The three sectors, each represented by a specific production function, are: *i) a fundamental research sector that* accumulates a stock of basic knowledge and produces the GPT; *ii) an applied R&D sector* and *iii) a consumption sector.* The latter sector produces consumption goods with a productivity level derived from a share of the knowledge generated by the applied R&D sector; in turn, this one accumulates knowledge with an effectiveness that depends on the stock of knowledge available in the fundamental research sector. Finally, the fundamental research sector creates GPT-related knowledge with a productivity depending on the share of applied knowledge that is not directed to the production of consumption goods. The arrival of a new GPT is again stochastic and it is modeled around a slightly more complicated mechanism than the Poisson process just seen in other models: two beta distributions generate two random values; the first is compared with a threshold and, if bigger, the GPT appears. The second serves to weight the share of new fundamental knowledge affecting as a productivity term the applied sector. Closing the model with assumptions on consumers' expectations, maximization problem and resources allocation (made by a social planner), CL can provide a simulation study. Their model is then further developed in a succession of studies ending-up with multiple and coexisting GPTs being active in the economy:[62] the fundamental research (GPT) sector is divided into different technological categories, while the applied R&D sector is represented by many research facilities. The picture of the economic evolution offered by the model becomes quite realistic, even if it is worth recalling the early warning we quoted from David and Wright: modeling plenty of GPTs, so revolutionary technologies, can appear as a forcing of the theoretical concept, with the consequence of losing the innovative feature of this strand of research. Moreover, the promising idea of the van Zon *et al.* model to challenge the assumption of an ex-ante identification of GPTs is lost in the CL formulation, which returns to the simple stochastic modeling of the GPTs arrival.

Before concluding this overview paragraph, another critical point should be added: in the latter models, as well as in the Goodwinian model of Fatás-Villafranca *et al.*[63], the arrival mechanism of a new GPT depends on the accumulation (due to the optimal allocation of resources to research, or to routinized decision-making) of a certain quantity of knowledge: technological eras follow one each other because of the collection of a generic, non-well specified commodity called knowledge. Once we realize that the evolution of knowledge is something more complex, localized, purposeful and somehow sticky, the modeling strategy used

62 Carlaw, K./Lipsey, R. (2011), Sustained endogenous growth driven by structured and evolving general purpose technologies, Journal of Evolutionary Economics, 1–31.

63 Fatàs-Villafranca, F./Jarne, G./Sànchez-Chòliz, J. (2011), Innovation, cycles and growth, Journal of Evolutionary Economics 22(2), 1–27.

in the existing literature to represent the arrival of GPTs results too much stylized. A new view of GPTs should deal also with this issue.

In spite of some of the subsequent theoretical developments, we think that the initial approach followed by Bresnahan and Trajtenberg (the BT model) is still the most promising starting point to deal with GPTs, especially in the more generalized forms recently proposed by Bresnahan[64] and Bresnahan and Yin.[65] The latter paper deals with the role demand plays in the interaction between GPT and growth, interpreting the dynamics of GPTs replacement as the overcoming of »growth bottlenecks«, generated by the inertial (locked-in) trajectory of technical progress and the presence of un-served demand. The former study returns to the supply-side to analyze the conditions for the emergence of a »GPT cluster« (a particular GPT connected with several AS), suggesting that the market knowledge available and the entrepreneurial knowledge characterizing the innovators affect both the incentive to introduce a new technology and the expectations about its value. Three stylized situations are highlighted: *i) planned initiative*, the classical hierarchical interpretation of GPT, where the introduction of a general purpose technology induces the development of complementary innovations; *ii) technological convergence*, where specific technologies are invented first – even lacking the knowledge about their potential linkages – and that raises the expected profit of inventing a GPT that connects the already existing components; *iii) inversion*, when a specific innovation increases the value of inventing a GPT whose introduction, in turn, augments the incentive to introduce a new specific technology.

The last two contributions, even if they don't tackle the definitional issue (a GPT is identified as such *ex-ante* in all the three different mechanisms just outlined), pave the way for an analysis built on micro and meso arguments. An uneven and self-reinforcing (or self-reducing, as it could be possible in the case of a vicious circle of dis-incentives for innovative activities both in the GPT and in the AS) interaction between a hierarchy of technologies is by definition a perfect start for a fully evolutionary account of GPTs, that has to be qualified with insights and categories coming from innovation economics. In addition to that, the recognition of the role of technological specificities/opportunities (in the case of convergence and inversion), together with the part demand plays in the »coordination game« of GPTs' introduction and diffusion, takes us very close to the industrial dynamics literature.

---

64 Bresnahan, T. F. (2012), Generality, Recombination and Reuse, in: Josh Lerner and Scott Stern (eds.), The Rate and Direction of Inventive Activity Revisited, 2012, University of Chicago Press, p. 611–656.

65 Bresnahan, T. F./Yin, P. (2010), Reallocating innovative resources around growth bottlenecks, Industrial and Corporate Change 19(5), 1589–1627.

4 The Microeconomics of GPTs – Prevalence and Pervasiveness

To summarize what we have been discussing so far, we quote again Bresnahan[66] (italics is ours):

> »one goal [*of studying GPTs*] lies in growth macroeconomics, to provide an explanation of the close link between whole era of economic growth and the innovative application of certain technologies, called GPTs, such as the steam engine, electric motors, or computers. Another goal is in the microeconomics of technical change and proceeds by differentiating between innovations of different types. The incentives and information related to the invention of GPTs themselves, may differ from those related to the invention of applications; another example would be the incentives and information related to an established GPT with successful applications in contrast to earlier stages. A third goal links the macro and the micro. Can we understand the linkages between aggregate economic growth and the incentives and information structures related to particular inventions and to their application to particular uses and sectors?«

In this paragraph we will study GPTs from a microeconomic point of view. As the discussion of GPTs in the growth literature has shown, in modeling, their appearance is taken as rather exogenous and their influence on other industries and sectors in an economy and hence their pervasiveness is taken as given. Certainly, to analytically proceed in this direction can be justified in two ways. First, it is for the purpose of modeling convenience allowing for an analytical solution. Secondly, the discussion of Long Waves of economic development has repeatedly highlighted the occurrence of fundamental technologies. The emergence of these fundamental technologies (as well as the approach of Long Waves in general) still is a phenomenon not well understood, despite several attempts in the 1980ies and 1990ies[67] searching for an explanation. In view of that state of the art, especially the assumption about the exogeneity assigned to GPTs in macro modeling seems to be not too farfetched.

---

[66] Bresnahan, T. F. (2010), General purpose technologies, in: Hall, B./Rosenberg, N. (eds.), Handbook of the Economics of Innovation 2, North Holland, 2010, 761–791.

[67] Weidlich, W./Haag, G. (1983), Concepts and Models of a Quantitative Sociology – The Dynamics of Interacting Populations, Berlin, Heidelberg, New York 1983, Chapter 5 »Non-Equilibrium Theory of Investment: ›The Schumpeter Clock‹«; Haag G./Weidlich W./Mensch G. (1987): The Schumpeter Clock, in: Batten, D./Casti, J./Johansson, B. (eds.): Economic Evolution and Structural Adjustment, Berlin, 187–226; Mensch, G./Haag, G./Weidlich, W. (1991) The Schumpeter Clock. A Micro-Macro Model of Economic Change, Including Innovation, Strategic Investment, Dynamic Competition, and Short and Long Swings in Industrial Transformation – Applied to United States and German Data, in OECD, Technology and Productivity, The Challenge for Economic Policy, Paris: OECD Publication Service, 1991, 523–544.

Our stance in this discussion is, however, to go further and to highlight some directions allowing to better grasp and understand the phenomenon of GPTs. For this purpose we combine the view by van Zon *et al.* of a GPT as a »*ex-post* mental construct« with considerations on early indicators of the emergence of GPTs. Hence we attempt to come closer to the »origins« of a GPT. By this we certainly follow Arrow[68] in admitting that »... it is hopeless to develop a model which will genuinely predict innovations« and in claiming that those models and the considerations behind them will provide »... some useful idea of the average rate of technological change, of the degree of fluctuations and the kinds of surprise that we may find in the future. We cannot, of course, predict a surprise; that is a contradiction in terms. But we can predict the kind of surprises that might occur«.

On this basis we suggest to enrich the approaches to GPTs by a micro and a meso level analysis and draw attention to approaches which address path dependency, technology competition and dominant designs, as well as collective innovation and sectoral interdependencies. A look at the characterization of GPTs from a microeconomic point of view again already indicates some avenues to follow.

An attempt to summarize various definitional exercises on GPTs in the literature[69] leads to the following three characteristics:

(1) Pervasiveness: A GPT should have an impact on technical change and productivity growth across a large number of uses/industries;
(2) Improvement: A GPT should experience a wide scope of improvement and elaboration in its own industry;
(3) Innovation spawning: A GPT should lead to product and process innovation in a broad range of uses/application sectors.

These characterizations are based on an implicit assumption, namely that the technology under concern, the GPT, is a prevailing technology, it exists for a longer period of time, it is accepted on a broad scale and for these reasons it impacts on an economy in a pervasive, improving and innovation generating way. Hence, the conditions for a broad usage of a GPT in an economy are of interest but neither her sources nor the conditions of her prevalence. What are the sources of prevalence and of pervasiveness so much at the core of GPTs? What can be said beyond addressing an exogenous source?

---

68 Arrow, K. J. (1991), The Dynamics of Technological Change, in: OECD (ed.), Technology and productivity: The Challenge for Economic Policy, 473–476, p. 473.

69 Bresnahan, T. F./Trajtenberg, M. (1995), General purpose technologies »Engines of growth?«, Journal of Econometrics 65(1), 83–108; Lipsey, R. G./Bekar, C./Carlaw, K. (1998), »What Requires Explanation?« In E. Helpman, ed., General Purpose Technologies and Economic Growth. Cambridge: The MIT Press, 1998, 15–54; Jovanovic, B./Rousseau, P. L. (2005), General purpose technologies, in: Aghion, P./Durlauf, S. (eds), Handbook of Economic Growth, Elsevier, 1182–1224.

Conditions for prevalence

The prevalence of a technology is given by her persistency over time. In other word, such kind of technology is unlikely and difficult to be challenged by new alternative technologies – it seems to be incontestable, at least for some time. Instead of taking that feature as given we have to think about mechanisms and determinants just providing for prevalence. To accomplish that let us first look into the reasons for a technology to be incontestable.

According to David[70] this prevalence is the result of a coordination of agents' choices on a specific technology. The outcome then is a specific allocation which is rather stable over time. Three conditions lead agents to coordinate their choices and also lend persistence to the resulting allocation:

(1) the technical interrelatedness of system components;
(2) quasi-irreversibility of investment (or, more generally, switching costs);
(3) positive externalities or increasing returns to scale.

The technical interrelatedness of a system (1) appears to be an aspect very much out of the economic realm. Chemical and physical laws as well as engineering types of relationships presumably determine which kinds of technologies fit together, which ones may be substituted, and which complementarities cannot easily be challenged. If we consider GPTs as the core of such kind of a system then the explanation for their prevalence is a rather technical one.

The quasi-irreversibility of investment and related – often very high – switching costs (2) extend the previous argument and translates it into economic cost terms. The technical interrelatedness (1) could as well be expressed in cost terms: the switching costs, related to the resources required for exploring new chemical and physical laws or engineering relationships, which allow for breaking up the interrelated system, are very (if not infinitely) high. In other cases, it is the systemic dimension of the supply of the goods and services related to a certain technology which protects against the challenges of new invader technologies – the combustion engine for automobiles and the accompanying system of fuel stations and fuel logistics just being a point in case. Combined with these investments are mutual dependencies – not only of a technical nature but also in terms of relative prices – which contribute to the prevalence of the core technology. As long as relative factor price changes remain in a certain range, switching costs to new alternatives prevail high and secure the persistency of the existing technology.

70 David, P. A. (1987), Some New Standards for the Economics of Standardization in the Information Age, in: Dasgupta, P./Stoneman, P. (ed.), Economic Policy and Technological Performance, Cambridge University Press, 206–239; David, P. A. (1985), Clio and the Economics of QWERTY, American Economic Review (Papers and Proceedings) 75, 332–37.

Another aspect of a technology, partly related to the aforementioned systemic aspect, addresses the existence of positive externalities or increasing returns-to-scale (3) in the use of a certain technology. These increasing returns may arise either on the supply side of a market as a result of learning effects (learning by doing or by using) or on the demand side as a result of positive network (or agglomeration) externalities that raise the benefits of a technique, product, or location for each user as the total number of users increases. Learning-by-doing, allowing the efficiency a certain technology to increase the more it is used, sustains competitiveness and dominance of the dominant technology. The positive network effects related to customers' adoption of a certain technology are based on idea that the individual benefits a customer enjoys depends positively on the number of other customers – as is the case in telephony, video system or in computer software. These supply and demand side based externalities already protect the established technology against possible invading new alternatives.

At least the second and third of the conditions above – irreversible investment and increasing returns – indicate already that the effects on prevalence are realized not at a single point of time but rather dynamically. In either case it is a positive feedback from the macro state of the system (high level of front-up investment, high number of adopters) to the choices of individual agents, eventually resulting in *de facto* standardization on a single technique. In the words of David[71], effects of path dependence are prevailing here.

Taking into account the dynamic dimension of the conditions for prevalence quite naturally leads to considerations about the sources of prevalence. Hence, the mechanisms that sustain prevalence are also the ones leading to dominance. Or to put it in reverse order, observing a technology that in competition appears to dominate due to positive feedbacks allows the conclusion that this technology will stay dominant for a certain longer period.

The dynamics towards prevalence

For understanding innovation and technology competition insights from industrial dynamics and the inherent innovation, learning and knowledge dynamics are useful. This literature informs about possible mechanisms, conditions and structural dynamics on which the development or the appearance of a standard or a dominant design is based.

At the core of the further discussion are approaches in industrial dynamics. This field of research established by formulating major criticism to the approaches in industrial organization tackling the traditional issues related to the Neo-Schumpeterian hypotheses, namely the question whether large (monopoly) firms

[71] Ibidem.

or small (competitive) firms are the major drivers of innovative activities and the resulting economic development. The inconclusive empirical evidence on these hypotheses induced a research agenda that considers the analysis of industries and the innovative activities herein to necessarily take into account innovation and technology dynamics. The resulting competition between differently innovative firms or different technologies is a major driving force in shaping industry and market structures.

A GPT in this context can be considered the result of competing new technologies or the successful challenge of an old (GPT?) technology. The mechanism behind is path dependent, presumably leading to the establishment of a standard or a dominant design – both resembling the characteristics of dominance over alternatives.

> A dominant design in a product class is, by definition, the one that wins the allegiance of the marketplace, the one that competitors and innovators must adhere to if they hope to command significant market following[72].

Compared to a GPT, a dominant design is just defined more from the generating side, in the sense of where it comes from and under which circumstances it appears. About its further effects not much is stated except that it is useful as well as widely accepted and used. In this sense, it complements the concept of GPT just from the generating side and combining both may help understanding better the appearance of GPTs.

As to the emergence of a dominant design, it is a competitive process of trying out the basic features of the dominant design:

> Prior to the appearance of a dominant design many of its separate features may be tried in varied products which are either custom designed or designed for a particular and demanding market niche.[73]

The industry life cycle literature – dealing with the long-run development of industries – just applies the concept of a dominant design[74] to explain the transition from a phase in which the number of firms in an industry is increasing to the appearance of the so-called shake-out, during which the net entry is negative and a sharp decline in the number of firms is observed – then eventually leading to a phase in which the number of firm is constant (an oligopoly). The appearance of dominant design is here seen as the outcome of the competition between various different technological solutions during the phase of expansion.

---

72 Utterback J. (2007), Dominant Designs and the Survival of Firms, excerpted from Utterback J., Mastering the Dynamics of Innovation, 1994, chapter 2, 2007.

73 Suàrez, F. F./Utterback, J. M. (1995) Dominant Designs and the Survival of Firms, Strategic Management Journal 16, 415–430, p. 418.

74 Utterback, J. M./Suarez, F. F. (1993), Innovation, competition, and industry structure, Research Policy 22, 1–21.

Among the factors reinforcing this development of competitive selection – best technology compromise; cooperation; combination of sociological, political, and organizational dynamics; economies of scale in Frenken and Murmann[75]; similar firm level related factors as well as environmental factors in Suarez[76] – sources of dynamic externalities or positive dynamic returns to scale are important in our context. In some literature these effects are related to path dependencies. Those may be connected to the size of the firm and the accumulated production experience or to demand side effects. In principle these externalities provide for additional benefits for a technology which is leading in terms of produced or sold or used units. Hence, a first mover advantage related to size (production volume) contributes to the dominance of a certain technology.

The effects of economies of scale[77] and related learning economies draw from the fact that the more units have been produced or the more often a technology has been applied the higher is the contribution to productivity which materializes in lower unit costs (and hence lower prices) or higher product quality (and hence a higher quality/price ratio). Both contribute to the benefit a user can reap and hence contribute to the dominance of the technology concerned.

An equivalent argument can be formulated for the demand side. David[78] and Arthur[79] highlight the benefit of using/consuming a specific product depending on the number of other users. Due to random factors one technology will gain a larger share in the population of consumers accompanied with comparatively higher returns. The likelihood that next consumers will select just this superior technology increases and subsequently without further larger random shocks the technology with the small lead will win a dominant position. Over time, the technology which accidentally grasps a certain lead in market share will in the end come to dominate the market or industry. Deviations from this outcome are either due to major stochastic shocks or the trespassing of a certain critical mass of adopters of a competing alternative[80].

Taken these arguments together, approaches addressing dominant designs inform about the competitive environment within which technologies strive for

75 Murmann, J. P./Frenken, K., (2006), Toward a systematic framework for research on dominant designs, technological innovations, and industrial change, Research Policy, 35, 925–952.

76 Suarez, F. (2004), Battles for technological dominance: an integrative framework, Research Policy 33, 271–286.

77 Klepper, S. (1996), Entry, exit, growth, and innovation over the product life cycle, The American Economic Review 86(3) 562–583; Klepper, S. (1997), Industry life cycles, Industrial and Corporate Change 6, 145–182.

78 David, P. A. (1985), Clio and the Economics of QWERTY, American Economic Review (Papers and Proceedings) 75, 332–37.

79 Arthur, W. B. (1989), Competing Technologies, Increasing Returns, and Lock-in by Historical Events, Economic Journal 99, 116–31.

80 Witt, U. (1997), »Lock-in« vs. »critical masses« – industrial change under network externalities, International Journal of Industrial Organization, 15, 753–777.

market dominance. One of the mechanisms or factors behind this process, namely dynamic economies of scale, coincides with the mechanism and conditions which provide for the prevalence of GPTs. On these terms, the emergence of a GPT and its prevalence seem to be intimately connected via the same kind of mechanism.

Conditions for pervasiveness

The other core characteristic of a GPT, the pervasiveness in application and for further innovation, is related to (a) her broad impact into other sectors and branches and (b) her relevance for further innovative activities there.

Pervasiveness appears on a first sight to be related to technological interrelationships, one of the conditions for a stable allocation formulated by David[81], and hence to be an exogenous factor. However, research into the innovation activities of firms, research institutes and other actors has delivered collective invention and innovation[82] as the mode of organizing these activities which has become more and more frequent over time. The basis for cooperating in innovation is risk and costs sharing on the one hand and knowledge exchange, access and sharing on the other. The context within which this collaboration appears is characterized by dispersed knowledge and competences which for the sake of coming to new solutions are required to be combined and interacted. This aspect becomes the more relevant the more complex is a technology to be developed and pursued.

Addressing again the literature on dominant designs[83] Liebowitz and Margolis[84] show that collaboration in innovative activities as well as related strategies such as licensing of new ideas is conducive to the emergence of a dominant design. One may assign this property also to the appearance of GPTs. Moreover, the participation of several actors and their agreement on the best technological compromise[85] induces a broad acceptance which contributes to pervasiveness. In this context, the multidimensional nature and high development costs of many

81 See cited references.

82 Allen, R. C. (1983), Collective invention, Journal of Economic Behavior and Organization, 4, 1–24; von Hippel, E. (1987), Cooperation between rivals: informal know-how trading, Research Policy 16, 291–302.

83 For example Cusumano, M. A./Mylonadis, Y./Rosenbloom, R. S. (1992), Strategic maneuvering and mass-market dynamics: the triumph of VHS over Beta. Business History Review 66 (Spring), 51–94; Khazam, J./Mowery, D. (1994), The commercialization of RISC: strategies for the creation of dominant designs. Research Policy 23, 89–102.

84 Liebowitz, S. J./Margolis, S. E. (1995), Path dependence, lock-in, and history, Journal of Law, Economics and Organization 11 (1), 205–226.

85 Abernathy, W. J./Utterback, J. (1978), Patterns of industrial innovation, Technology Review 50, 41–47; Christensen, C. M./Suarez, F. F./Utterback, J. M. (1998), Strategies for survival in fast-changing industries, Management Science 44 (12), 207–220.

complex products rather naturally requires that several parties agree on cooperating and negotiating[86] in the technology to be pursued collectively.

Establishing a dominant design collectively brings about a certain pattern of further innovative activities. According to Anderson and Tushman[87] the appearance of a dominant design is followed by innovative activities which are of a rather incremental type. These incremental steps allow refining the basics of the dominant design and exploiting specific sectoral, industrial or agent specific opportunities the dominant design offers. As long as these opportunities do not get exploited completely, the pervasiveness of the dominant design/the GPT (as well as her prevalence) appears to be secured.

Certainly, the foregoing discussion of the emergence of a dominant design as a collective outcome and its persistence over time is quite neutral with respect to the breadth of this design. With breadth we mean the number of industries affected by the design, using it or working with it. In fact, the literature on dominant design is mainly focusing on industries and the competition among firms and/or technologies in these industries – hence it is an intra-sectoral analysis with the inter-sectoral dimension not taken on board. Applying these findings to our understanding of the pervasiveness of GPTs requires certainly taking on board the inter-sectoral dimension. To this end further research needs to be performed which will be informed by analyses on the technological relations between sectors[88], the dimensions of related technological variety between sectors[89], as well as the policy designs in fostering collaboration in innovation[90].

5 Conclusions

The success of the GPT »category« in economic theory is probably well explained by the need to gather all the insights coming from a rich research trajectory on Long Waves and Business Cycles and to condense them into a workable »mainstream« modeling exercise. However, both the very notion of GPT and

86 Cowan, R. (1990), Nuclear power reactors: a study in technological lock-in, Journal of Economic History 50, 1990, 541–567; Tushman, M. L./Rosenkopf, L. (1992), On the organizational determinants of technological change: towards a sociology of technological evolution, Research in Organizational Behavior 14, 311–347.

87 Anderson, P./Tushman, M. (1990), Technological discontinuities and dominant designs: a cyclical model of technological change, Administrative Science Quarterly 35, 604–33.

88 Cantner, U./Hanusch, H. (1999), Technologiestromanalyse, in: A. Maußner, K. G. Binder (eds), Ökonomie und Ökologie, Berlin: Duncker&Humblot, 15–42.

89 Bürger, M./Cantner, U. (2011), The Regional Dimension of Innovativeness – An Empirical Investigation of two Specialized Supplier and two Science-Based Industries, Papers in Regional Science 90(2), 373–394.

90 Cantner, U./Pyka, A. (2001), Classifying Technology Policy from an Evolutionary Perspective, Research Policy 30(5), 759–75.

the simplifying assumption accompanying it in the macro-models can be questioned. In this paper, we offered a »new view of General Purpose Technologies«, building on the historical as well as on the recent literature, enquiring more in deep the definitional problems related to the GPTs and the conditions for their emergence, together with the characteristic for their prevalence and pervasiveness. A Schumpeterian and evolutionary view pointing at the micro and meso level of analysis – that of the dynamics of firms and industries –, is in our view the privileged perspective economists need to adopt in order to revitalize the theoretical and empirical study of GPTs. The similarities with the emergence of dominant designs and the relations with dynamics of increasing returns and path dependency in the choice between alternative technologies offer us a set of tools well suited to study the establishment of GPTs as a *process* unfolding in time, more than as a single homogeneous shock.

Explaining GPTs is thus not a matter of technology »arrival«, nor does it require explicitly some inherent »radicality« of the technologies. General purpose technologies can be introduced in particular niches of the market or in specific industries and there they can be »cultivated« or developed till, thanks to industrial interactions, demand pressures and technical competitions, they assume the role of core technologies, shaping the general configuration of production and of the whole economy.

As Mokyr points out[91], »major discoveries rarely arise *de-novo*, and what seems to us a breakthrough was only the last step in a long intellectual journey«. Our task as economist is to try to intercept the trajectory of this intellectual journey so to understand the possible alternatives an economic system can have to generally increase the total welfare of the Society.

Literature

Abernathy, W. J./Utterback, J. (1978): Patterns of industrial innovation, Technology Review 50, 1978, 41–47.
Aghion, P./Durlauf, S. (2005): Handbook of economic growth, North-Holland.
Aghion, P./Howitt, P. (1998): On the macroeconomic effects of major technological change, Annales d'Economie et de Statistique, 53–75.
Aghion, P./Howitt, P. (1992): A Model of Growth Through Creative Destruction, Econometrica 60(2), 323–351.
Allen, R. C. (1983): Collective invention, Journal of Economic Behavior and Organization, 1983, 4, 1–24.

[91] Mokyr, J. (2010), The Contribution of Economic History to the Study of Innovation and Technical Change: 1750–1914, in: Hall, B./Rosenberg, N. (eds.), Handbook of the Economics of Innovation 1, North Holland, 2010, 11–50, p. 31.

Anderson, P./Tushman, M. (1990): Technological discontinuities and dominant designs: a cyclical model of technological change, Administrative Science Quarterly, 1990, 35, 604–33.

Arrow, K. J. (1991): The Dynamics of Technological Change, in: OECD (ed.), Technology and productivity: The Challenge for Economic Policy, 1991, 473–476.

Arrow, K. (1962): The economic implications of learning by doing, The review of economic studies 29(3), 155–173.

Arrow, K. (1962): Economic welfare and the allocation of resources for invention, in The Rate and Direction of Inventive Activity, Princeton University Press and NBER.

Arthur, W. B. (2009): The nature of technology: What it is and how it evolves, Free Press.

Arthur, W. B./Polak, W. (2006): The evolution of technology within a simple computer model, Complexity 11(5), 23–31.

Arthur, W. B. (1994): Increasing Returns and Path Dependence in the Economy, Ann Arbor: University of Michigan Press.

Arthur, W. B. (1989): Competing Technologies, Increasing Returns, and Lock-in by Historical Events, Economic Journal 99, 116–31.

Atkinson, A./Stiglitz, J. (1969): A new view of technological change, The Economic Journal 79(315), 573–578.

Basu, S./Fernald, J. (2007): Information and Communications Technology as a General-Purpose Technology: Evidence from US Industry Data, German Economic Review 8(2), 146–173.

Besomi, D. (2010): The periodicity of crises – A survey of the literature before 1850, Journal of the History of Economic Thought 32(1), 85–132.

Bresnahan, T. F. (2012): Generality, Recombination and Reuse, in: Josh Lerner and Scott Stern (eds.), The Rate and Direction of Inventive Activity Revisited, 2012, University of Chicago Press, p. 611–656.

Bresnahan, T. F. (2010): General purpose technologies, in: Hall, B./Rosenberg, N. (eds.), Handbook of the Economics of Innovation 2, North Holland, 2010, 761–791.

Bresnahan, T. F./Trajtenberg, M. (1995): General purpose technologies »Engines of growth?«, Journal of Econometrics 65(1), 83–108.

Bresnahan, T. F./Yin, P. (2010): Reallocating innovative resources around growth bottlenecks, Industrial and Corporate Change 19(5), 1589–1627.

Bürger, M./Cantner, U. (2011): The Regional Dimension of Innovativeness – An Empirical Investigation of two Specialized Supplier and two Science-Based Industries, Papers in Regional Science 90(2), 373–394.

Cantner, U./Pyka, A. (2001): Classifying Technology Policy from an Evolutionary Perspective, Research Policy 30(5), 759–75.

Cantner, U./Hanusch, H. (1999): Technologiestromanalyse, in: Maußner, A./Binder, K. G. (eds), Ökonomie und Ökologie, Berlin: Duncker&Humblot, 15–42.

Carlaw, K./Lipsey, R. (2011): Sustained endogenous growth driven by structured and evolving general purpose technologies, Journal of Evolutionary Economics, 1–31.

Carlaw, K./Lipsey, R. (2006): Gpt-Driven, Endogenous Growth, The Economic Journal 116(508), 155–174.

Christensen, C. M./Suarez, F. F./Utterback, J. M. (1998): Strategies for survival in fast-changing industries, Management Science 44 (12), 207–220.

Coccia, M. (2003): An approach to the measurement of technological change based on the intensity of innovation, Ceris-Cnr Working Papers.

Cowan, R. (1990): Nuclear power reactors: a study in technological lock-in, Journal of Economic History 50, 541–567.

Cummins, J./Violante, G. (2002): Investment-specific technical change in the United States (1947–2000): Measurement and macroeconomic consequences, Review of Economic Dynamics 5(2), 243–284.
Cusumano, M. A./Mylonadis, Y./Rosenbloom, R. S. (1992): Strategic maneuvering and mass-market dynamics: the triumph of VHS over Beta. Business History Review 66 (Spring), 51–94.
Dasgupta, P./Stiglitz, J. (1980): Industrial structure and the nature of innovative activity, The Economic Journal 90(358), 266–293.
David, P. A. (1990): The dynamo and the computer: an historical perspective on the modern productivity paradox, The American Economic Review 80(2), 355–361.
David, P. A. (1987): Some New Standards for the Economics of Standardization in the Information Age, in: Dasgupta, P./Stoneman, P. (ed.), Economic Policy and Technological Performance, Cambridge University Press, 206–239.
David, P. A. (1985): Clio and the Economics of QWERTY, American Economic Review (Papers and Proceedings) 75, 332–337.
David, P. A./Wright, G. (1999): General purpose technologies and surges in productivity: Historical reflections on the future of the ICT revolution.
Dinopoulos, E./Sener, F. (2007): New directions in Schumpeterian growth theory, in: Hanusch, H./Pyka, A. (eds), Elgar Companion to Neo-Schumpeterian Economics, Edward Elgar, 2007, chapter 41.
Dosi, G. (1982): Technological paradigms and technological trajectories: a suggested interpretation of the determinants and directions of technical change, Research Policy 11(3), 147–162.
Fatàs-Villafranca, F./Jarne, G./Sànchez-Chòliz, J. (2011): Innovation, cycles and growth, Journal of Evolutionary Economics 22(2), 1–27.
Feldman, M./Yoon, J. (2011): An empirical test for general purpose technology: an examination of the Cohen–Boyer rDNA technology, Industrial and Corporate Change.
Goodwin, R. (1951): The nonlinear accelerator and the persistence of business cycles, Econometrica: Journal of the Econometric Society 19(1), 1–17.
Guerrieri, P./Padoan, P. (2007): Modelling ICT as a general purpose technology – overview and summary, Collegium 35, 6–21.
Haag G./Weidlich W., Mensch G. (1987): The Schumpeter Clock, in: Batten, D./Casti J./ Johansson B. (eds.): Economic Evolution and Structural Adjustment, Berlin, 187–226.
Hall, B./Trajtenberg, M. (2004): Uncovering GPTs with patent data, Technical report, National Bureau of Economic Research.
Harada, T. (2010): The division of labor in innovation between general purpose technology and special purpose technology, Journal of Evolutionary Economics 20(5), 741–764.
Helpman, E. (1998): General purpose technologies and economic growth, Cambridge, MA: MIT Press.
Helpman, E./Grossman G. M. (1991): Quality ladders in the theory of growth, The Review of Economics Studies, 58(1), 43–61.
Helpman, E./Trajtenberg, M. (1996): Diffusion of general purpose technologies, National Bureau of Economic Research Cambridge, Mass., USA.
Helpman, E./Trajtenberg, M. (1994): A time to sow and a time to reap: Growth based on general purpose technologies, National Bureau of Economic Research Cambridge, Mass., USA.
Jovanovic, B./Rob, R. (1990): Long waves and short waves: Growth through intensive and extensive search, Econometrica 58(6), 1391–1409.
Jovanovic, B./Rousseau, P. L. (2005): General purpose technologies, in: Aghion, P./Durlauf, S., (eds), Handbook of Economic Growth, Elsevier, 1182–1224.

Khazam, J./Mowery, D., (1994): The commercialization of RISC: strategies for the creation of dominant designs. Research Policy 23, 89–102.
Klepper, S. (1997): Industry life cycles, Industrial and Corporate Change 6, 145–182.
Klepper, S. (1996): Entry, exit, growth, and innovation over the product life cycle, The American Economic Review 86(3) 562–583.
Kondratieff N. D./Stolper W. F. (1935): The Long Waves in Economic Life The Review of Economics and Statistics 17(6), 105–115.
Liebowitz, S. J./Margolis, S. E. (1995): Path dependence, lock-in, and history, Journal of Law, Economics and Organization 11 (1), 205–226
Lipsey, R./Carlaw, K./Bekar, C. (2005): Economic Transformations: General Purpose Technologies and long-term economic growth, Oxford University Press, USA.
Lipsey, R. G./Bekar C./Carlaw K. (1998): »What Requires Explanation?« in: E. Helpman, ed., General Purpose Technologies and Economic Growth. Cambridge: MIT Press, 1998, 15–54.
Mensch G./Haag G./Weidlich W. (1991): The Schumpeter Clock. A Micro-Macro Model of Economic Change, Including Innovation, Strategic Investment, Dynamic Competition, and Short and Long Swings in Industrial Transformation – Applied to United States and German Data, OECD, Technology and Productivity, The Challenge for Economic Policy, Paris: OECD Publication Service, 1991, 523–544.
Metcalfe, J./Foster, J. (2010): Evolutionary growth theory, M. Setterfield (ed), Handbook of Alternative Theories of Economic Growth, Cheltenham: Edward Elgar, 64–94.
Metcalfe, J./Foster, J./Ramlogan, R. (2006): Adaptive economic growth, Cambridge Journal of Economics 30(1), 7–32.
Mokyr, J. (2010): The Contribution of Economic History to the Study of Innovation and Technical Change: 1750–1914, in: Hall, B./Rosenberg, N. (eds.), Handbook of the Economics of Innovation 1, North Holland, 2010, 11–50.
Mokyr, J. (1990): Punctuated equilibria and technological progress, The American Economic Review 80(2), 350–354.
Murmann, J. P./Frenken, K., (2006): Toward a systematic framework for research on dominant designs, technological innovations, and industrial change, Research Policy, 35, 925–952.
Nelson, R./Winter, S. (1982): An evolutionary theory of economic change, Belknap press.
Oppenländer, K. H. (2008): Regionale Cluster bringen Innovationen und Wachstum – Auf die Umsetzung der technologischen Revolutionen kommt es an, Wissenschaftsmanagement, 3, 2008, 18–21
Perez, C. (2004): Technological revolutions, paradigm shifts and socio-institutional change, Globalization, Economic Development and Inequality: An Alternative Perspective, Cheltenham, UK: Edward Elgar, 217–242.
Romer, P. (1990): Endogenous technical change, Journal of Political Economy 98(5), 71–102.
Romer, P. (1986): Increasing returns and long-run growth, The Journal of Political Economy, 1002–1037.
Rosenberg, N./Trajtenberg, M. (2004): A general-purpose technology at work: The Corliss steam engine in the late-nineteenth-century United States, The Journal of Economic History 64(1), 61–99.
Schumpeter, J. (1939): Business cycles, Cambridge University Press.
Setterfield, M. (2010): Handbook of alternative theories of economic growth, Edward Elgar.

Silverberg, G. (2003): Long Waves: Conceptual, Empirical and Modelling Issues, in: Hanusch, H./Pyka, A., (eds), The Elgar Companion to New-Schumpeterian economics, Cheltenahm: Edward Elgar, 2007, chapter 50.
Silverberg, G./Lehnert, D. (1993): Long waves and evolutionary chaos in a simple Schumpeterian model of embodied technical change, Structural Change and Economic Dynamics 4(1), 9–37.
Simon, H. (1987): The steam engine and the computer: What makes technology revolutionary, Educom Bulletin 22(1), 2–5.
Solow, R. (1997): Learning from »learning by doing«: lessons for economic growth, Stanford University Press.
Solow, R. (1987): We'd better watch out, New York Times Book Review 12(7), 36.
Suarez, F. (2004): Battles for technological dominance: an integrative framework, Research Policy 33, 271–286.
Suàrez, F. F./Utterback, J. M. (1995): Dominant Designs and the Survival of Firms, Strategic Management Journal 16, 415–430.
Tushman, M. L./Rosenkopf, L. (1992): On the organizational determinants of technological change: towards a sociology of technological evolution, Research in Organizational Behavior 14, 311–347.
Utterback J. (2007): Dominant Designs and the Survival of Firms, excerpted from Utterback J., Mastering the Dynamics of Innovation, 1994, chapter 2, 2007.
Utterback, J. M./Suarez, F. F. (1993): Innovation, competition, and industry structure, Research Policy 22, 1–21.
van Zon, A./Fortune, E./Kronenberg, T. (2003): How to sow and reap as you go: a simple model of cyclical endogenous growth, MERIT Research Memoranda.
von Hippel, E. (1987): Cooperation between rivals: informal know-how trading, Research Policy 16, 291–302.
Weidlich, W./Haag, G. (1983): Concepts and Models of a Quantitative Sociology – The Dynamics of Interacting Populations, Berlin, Heidelberg, New York 1983, Chapter 5 »Non-Equilibrium Theory of Investment: ›The Schumpeter Clock‹«.
Witt, U. (1997): »Lock-in« vs. »critical masses« – industrial change under network externalities, International Journal of Industrial Organization 15, 753–777.
Youtie, J./Iacopetta, M./Graham, S. (2008): Assessing the nature of nanotechnology: can we uncover an emerging general purpose technology?, The Journal of Technology Transfer 33(3), 315–329.

Globales Wachstum: Trends und Herausforderungen

*Von Willi Leibfritz**

1 Einleitung

Ein angemessenes und stetiges Wirtschaftswachstum gehörte früher ganz selbstverständlich zum Zielkatalog der Wirtschaftspolitik. So wurde in Deutschland im Gesetz zur Förderung der Stabilität und des Wachstums von 1967 dieses Wachstumsziel zusammen mit den Zielen Preisniveaustabilität, hohe Beschäftigung und außenwirtschaftliches Gleichgewicht, dem sogenannten magischen Viereck, gesetzlich fixiert. Damals galt für die Bundesrepublik Deutschland ein jährliches Wirtschaftswachstum von 3 bis 4 Prozent als angemessen. Inzwischen beträgt das Trendwachstum in Deutschland lediglich 1 bis 1,5 Prozent. Heutzutage wird das Wachstumsziel sehr kontrovers diskutiert. Einerseits gilt nach wie vor für viele die Gleichung »hohes Wachstum = hohe Beschäftigung = Wohlstand«. Andererseits wird die Gleichsetzung von Wachstum und Wohlstandsentwicklung in Frage gestellt. Es wird auf die negativen Folgen für Umwelt, Klimawandel und Ressourcenverbrauch hingewiesen und der quantitative am Bruttosozialprodukt fest gemachte Wachstumsbegriff als unangemessen und als wirtschafts- und gesellschaftspolitisch gefährlich bezeichnet. In der Tat gilt für jeden Einzelnen wie auch für ganze Volkswirtschaften, dass man mehr Produktion und mehr Einkommen nicht pauschal mit mehr Wohlergehen gleichsetzen kann. Die neuerdings in Mode gekommene ökonomische Glücksforschung bestätigt das alte Sprichwort, dass Geld allein nicht glücklich macht. Aber bedeutet dies, dass man auf die Messung der gesamtwirtschaftlichen Produktion verzichten und das Bruttosozialprodukt bzw. das Bruttoinlandsprodukt durch ein »Bruttosozialglück« ersetzen sollte? Das kleine Land Bhutan geht tatsächlich diesen Weg, aber auch in Europa gibt es Überlegungen in dieser Richtung. So setzte im Jahr 2008 der französische Präsident Nicolas Sarkozy eine Expertenkommission unter Führung von Joseph Stiglitz, Amartya Sen und Jean-Paul Fitoussi ein mit dem Ziel, die begrenzte Aussagekraft des Bruttoinlandsprodukts als Indikator für die wirtschaftliche Leistungsfähigkeit und den sozialen Fortschritt aufzuzeigen und herauszufinden welche zusätzliche Information nötig ist, um bessere Indikatoren zu finden (zum ersten Bericht dieser Kommission vgl., Report by the

* Dr. Willi Leibfritz, München, E-Mail: willi.leibfritz@web.de

Commission on the Measurement of Economic Performance and Social Progress, www.stiglitz-sen-fitoussi). Ende 2010 gab der britische Premierminister David Cameron dem britischen Statistischen Amt den Auftrag, ein Maß für das Allgemeine Wohlbefinden (General Well-Being) zu entwickeln. Mit diesem GWB soll der Politik ein zusätzlicher Maßstab für das wirtschaftliche und soziale Niveau eines Landes zur Verfügung gestellt werden. In Deutschland hat Anfang 2011 im Auftrag der Bundestags die Enquête-Kommission »Wachstum, Wohlstand, Lebensqualität – Wege zu nachhaltigem Wirtschaften und gesellschaftlichem Fortschritt in der Sozialen Marktwirtschaft« begonnen, einen ganzheitlichen Wohlstands- und Fortschrittsindikator zu entwickeln und die Möglichkeiten und Grenzen der Entkopplung von Wachstum, Ressourcenverbrauch und technischem Fortschritt auszuloten.

Während diese neueren Ansätze zur Wohlstandsmessung zusätzliche Informationen enthalten wird es noch ein weiter Weg sein bis das Bruttoinlandsprodukt als Messgröße für die gesamtwirtschaftliche Leistungskraft ausgedient haben wird. Möglicherweise wird dies nie der Fall sein. Trotzdem ist es sinnvoll, neben dem BIP – je nach Fragestellung – auch noch andere Indikatoren zu Rate zu ziehen, um den wirtschaftlichen und sozialen Fortschritt einer Volkswirtschaft zu beurteilen. So veröffentlichen die Vereinten Nationen seit 1990 den Human Development Index (HDI), der neben dem Durchschnittseinkommen auch andere Indikatoren berücksichtigt (Lebenserwartung und Bildungsstand).

Trotz mancher Mängel hat das BIP auch Vorteile. Zum einen ist es relativ schnell verfügbar und ist nicht von subjektiven Einschätzungen für Wohlbefinden abhängig. Wie eng der Zusammenhang zwischen dem Wohlbefinden des Durchschnittsbürgers (mean life satisfaction) und dem BIP je Einwohner ist, ist zwischen den Befürwortern und den Kritikern der ökonomischen Glücksforschung umstritten. Die letzteren verweisen darauf, dass es – anders als vielfach behauptet – im Länderquerschnittsvergleich sehr wohl eine positive Korrelation zwischen dem pro-Kopf Einkommen und der durchschnittlichen Zufriedenheit der Bürger gibt (vgl. Stevenson/Wolfers 2008, Economist, Nov. 10, 2010). Auch eine OECD Studie kommt zum Ergebnis, dass das Einkommen sehr wohl zur Zufriedenheit der Menschen beiträgt, allerdings neben anderen Faktoren wie Gesundheit, einen Arbeitsplatz zu haben und auch sozial eingebunden zu sein (Fleche u. a., 2011). Ein Vorteil des BIP ist auch, dass es auf der Grundlage international einheitlicher Verfahren ermittelt wird. Solange es jedenfalls keine international einheitlichen Berechnungsmethoden für das GWB gibt, könnten einzelne Regierungen versuchen, die in ihrem Land verwendeten Wohlstandsmasse so zu gestalten, dass das eigene Land im internationalen Vergleich besonders gut abschneidet (Norberg 2010).

Die folgende Analyse der globalen Wachstumstrends legt daher den herkömmlichen BIP Wachstumsbegriff zugrunde und versucht folgende Fragen zu beantworten: (i) Wie hat sich das Wirtschaftswachstum in der Welt und in den wichtigsten Regionen in den letzten Jahrzehnten verändert; (ii) Was sind die wichtigsten Ursachen für diese Veränderungen; (iii) Welche Trends zeichnen sich für die Zukunft ab und welche wirtschaftspolitischen Herausforderungen ergeben sich daraus.

Dieser Aufsatz ist dem Jubilar gewidmet, der sich in seiner langjährigen Forschungstätigkeit mit diesen Fragen beschäftigt hat und sich bis heute beschäftigt.

2 Schwellenländer als Wachstumsmotor der Weltwirtschaft

Die Weltwirtschaft ist gemessen am realen Bruttoinlandsprodukt (BIP) in den letzten 30 Jahren um durchschnittlich jährlich 3,3 Prozent gewachsen. Das weltwirtschaftliche Wachstum verlief allerdings nicht stetig (Abbildung 1). Die jährlichen Wachstumsraten zeigen deutlich konjunkturelle Ausschläge, die zuletzt mit der Rezession im Jahr 2009, der stärksten in der Nachkriegszeit, noch zugenommen haben. Misst man die Konjunkturzyklen vom ersten Aufschwungsjahr zum nächsten Tiefpunkt, also den Jahren mit der niedrigsten Wachstumsrate, dann erkennt man in diesem Zeitraum vier Zyklen mit sehr unterschiedlichen Längen: einen vierjährigen Zyklus von 1983 bis 1986, einen siebenjährigen Zyklus von 1987 bis 1993, einen fünfjährigen Zyklus von 1994 bis 1998, einen kurzen dreijährigen Zyklus von 1999 bis 2001 und den letzten achtjährigen Zyklus von 2002 bis 2009.[1] Die Ursachen für die konjunkturellen Rückschläge waren vielfältiger Natur, wobei häufig auch mehrere Ursachen zusammenkamen. Auslöser oder Verstärker des Abschwungs waren teilweise Überhitzungen und Inflationsdruck in den vorangegangenen Boom-Phasen, Ölpreisschübe, politische Schocks (wie die Anschläge vom 11. September 2001) und Finanz- und Bankenkrisen (wie beim jüngsten Einbruch). Interessant ist aber auch, dass sich nach den Rückschlägen die Weltkonjunktur immer wieder relativ rasch erholt hat. Insofern war die Konjunkturpolitik in diesen Phasen durchaus erfolgreich, so auch nach der jüngsten Rezession 2009.

Neben den jährlichen Wachstumsschwankungen ist auch ein Blick auf die Fünfjahres-Durchschnitte aufschlussreich. Das so gemessene durchschnittliche jährliche Weltwirtschaftswachstum belief sich zumeist auf rund 3,5 bis knapp

[1] Angesichts der relativ geringen Abschwächung im Jahr 1986 könnte man die ersten beiden Zyklen auch zu einem langen elfjährigen Zyklus 1983 bis 1993 zusammenfassen.

4 Prozent. Nur in der ersten Hälfte der achtziger Jahre und in der ersten Hälfte der neunziger Jahre war es mit 2,5 bis knapp 3 Prozent geringer. In den letzten 15 Jahren hat sich demnach trotz mehrfacher konjunktureller Rückschläge das durchschnittliche Weltwirtschaftswachstum nur wenig abgeschwächt. Die konjunkturellen Schwankungen der Weltwirtschaft wurden ganz eindeutig von den Industrieländern geprägt, nicht aber das mittelfristige Wachstum. Dieses hat im Verlauf des vergangenen Jahrzehnts in den Industrieländern tendenziell abgenommen (Abbildung 2). Auch in Deutschland hat sich das Wachstum tendenziell deutlich abgeschwächt, aber in der zweiten Hälfte des zurückliegenden Jahrzehnts wieder etwas erhöht (Abbildung 3). In den Schwellen- und Entwicklungsländern hat es sich dagegen beschleunigt. Die Schwellen- und Entwicklungsländer konnten sich zwar den Konjunkturschwankungen der Industrieländer nicht völlig entziehen, ihr starkes Wachstum in den letzten zehn Jahren hat aber die Wachstumsabschwächung der Industrieländer nahezu kompensiert, so dass das Wachstum der Weltwirtschaft kaum abgenommen hat (Abbildung 4). Für das zurückliegende Jahrzehnt gilt demnach: die Industrieländer machen die Konjunktur, die Schwellen-und Entwicklungsländer sorgen für anhaltendes Wachstum der Weltwirtschaft.

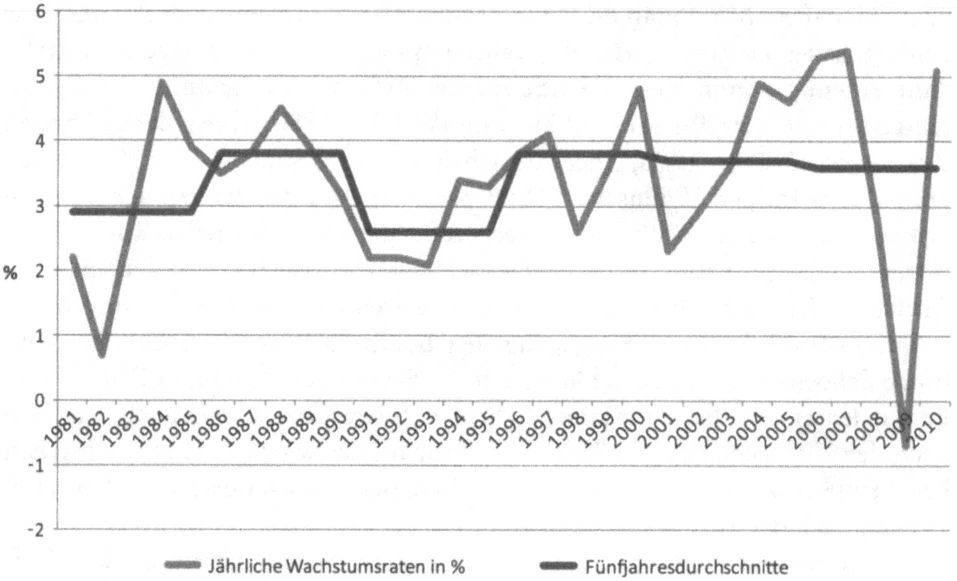

Quelle: Internationaler Währungsfonds und eigene Berechnungen.

Abb. 1: Globales Wirtschaftswachstum: Starke konjunkturelle Schwankungen bei relativ stabilem Trend

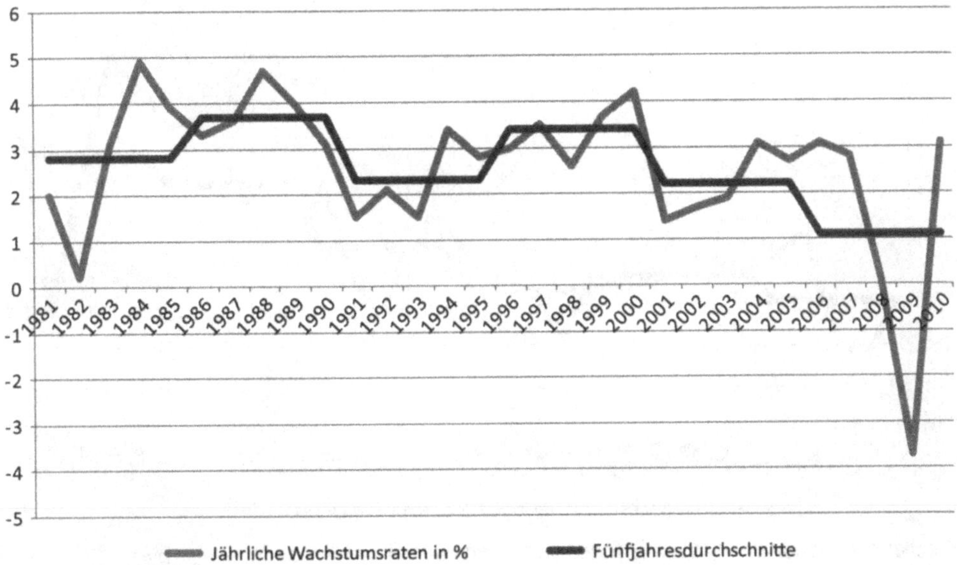

Quelle: Internationaler Währungsfonds und eigene Berechnungen.

Abb. 2: Industrieländer: Mittelfristiges Wachstum schwächt sich ab

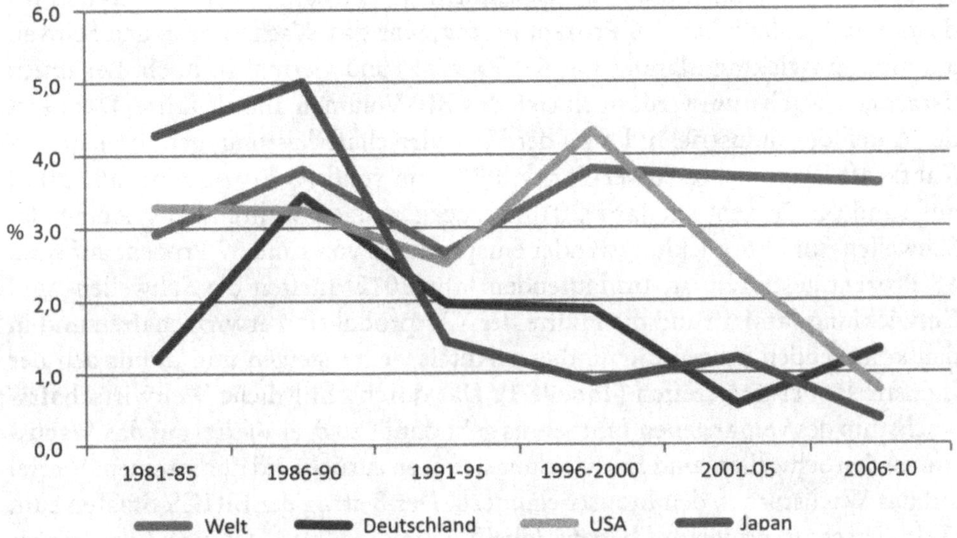

Quelle: Internationaler Währungsfonds und eigene Berechnungen.

Abb. 3: Schwächeres Wachstum in den drei größten Industrieländern
Durchschnittliches jährliches BIP-Wachstum in %

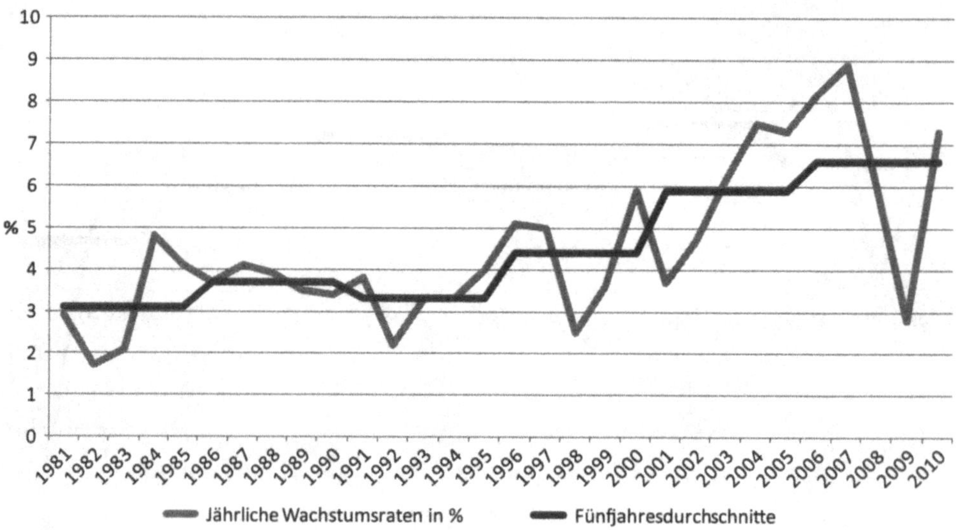

Quelle: Internationaler Währungsfonds und eigene Berechnungen.

Abb. 4: Schwellen- und Entwicklungsländer: Mittelfristiges Wachstum nimmt zu

Betrachten wir das internationale Wirtschaftswachstum in der letzten Dekade etwas genauer. Während das durchschnittliche jährliche Wachstum in den Industrieländern lediglich 1,6 Prozent betrug, war das Wachstum in den Schwellen- und Entwicklungsländer mit 6,3 Prozent rund viermal so hoch. Bei einem derartigen Wachstum verdoppelt sich das BIP-Volumen alle elf Jahre. Damit ist der Anteil der Industrieländer an der Weltwirtschaftsleistung, gemessen an der Kaufkraft (Purchasing-Power-Parity, PPP) von rund 63 Prozent im Jahr 2000 auf rund 52 Prozent im Jahr 2010 zurückgegangen während der Anteil der Schwellen- und Entwicklungsländer entsprechend von rund 37 Prozent auf rund 48 Prozent gestiegen ist. Im laufenden Jahr 2012 dürften die Schwellen- und Entwicklungsländer rund die Hälfte der Weltproduktion erwirtschaften und in den kommenden Jahren dürfte dieser Anteil weiter steigen und damit den der Industrieländer übertreffen (Tabelle 1). Das durchschnittliche Weltwirtschaftswachstum des vergangenen Jahrzehnts geht damit zu drei Viertel auf das Wachstum in den Schwellen- und Entwicklungsländern zurück und nur zu einem Viertel auf das Wachstum in den Industrieländern. Der Beitrag der BRICS-Staaten zum Weltwirtschaftswachstum betrug dabei knapp die Hälfte. China's fulminantes Wachstum machte allein rund 30 Prozent des Weltwirtschaftswachstums aus und der Wachstumsbeitrag Indiens lag bei etwa 10 Prozent. Damit ist China nach den USA zur zweitgrößten Volkswirtschaft der Welt geworden und Indien ist (seit 2011) die drittgrößte Volkswirtschaft (Tabelle 2). Nach Schätzung des Internationalen Währungsfonds wird ab 2016 China's Volkswirtschaft größer sein als die US-Wirtschaft. Brasilien hat inzwischen Großbritannien vom sechsten Platz verdrängt und in wenigen Jahren dürfte Südkorea Italien vom zehnten Platz der größten Volkswirtschaften verdrängen.

Tab. 1: Aufholprozess der Schwellenländer

	Durchschnittliches jährliches BIP-Wachstum in % 2001–2010	Anteil am Welt-BIP in %	
		2000	2010
Welt	3,6	100	100
Industrieländer	1,6	62,8	52,1
darunter:			
USA	1,6	23,5	19,5
Japan	0,7	7,6	5,6
EU	1,5	25,0	20,4
Deutschland	0,9	5,1	4,0
Schwellen- und Entwicklungsländer	6,3	37,2	47,9
darunter BRICS:			
Brasilien	3,6	2,9	2,9
Russland	4,9	2,7	3,0
Indien	7,5	3,7	5,5
China	10,5	7,1	13,6
Südafrika	3,5	0,7	0,7

Quelle: Internationaler Währungsfonds und eigene Berechnungen.

Tab. 2: Die zehn größten Volkswirtschaften der Welt
Bruttoinlandsprodukt in Kaufkraftparität, laufende internationale Dollar

	2011		2000		1990	
	Rang	$ Mrd.	Rang	$ Mrd.	Rang	$ Mrd.
USA	1	15065	1	9951	1	5800
China	2	11316	3	3015	7	911
Indien	3	4470	5	1571	9	745
Japan	4	4396	2	3215	2	2328
Deutschland	5	3090	4	2144	3	1445
Russland	6	2377	10	1282		
Brasilien	7	2309	9	1234	8	783
Großbritannien	8	2254	7	1516	6	961
Frankreich	9	2217	6	1534	4	1031
Italien	10	1829	8	1398	5	972

Quelle: Internationaler Währungsfonds.

3 Kapitalbildung und technischer Fortschritt als wichtigste Wachstumskräfte

Die Zerlegung des BIP Wachstums in die einzelnen Angebotskomponenten, auch als »Growth Accounting« bezeichnet, gibt einen ersten Eindruck über die wichtigsten Antriebskräfte des Wachstums. Allerdings ist zu berücksichtigen, dass es sich hier um eine rein buchhalterische Zuordnung handelt und dabei auch vereinfachende Annahmen über die Art der Produktion gemacht werden. Bei der Interpretation der Ergebnisse als Ursachenanalyse ist also eine gewisse Vorsicht geboten (Vgl. dazu auch Oppenländer 2012).

Das Wachstum des Bruttoinlandsprodukts entspricht definitionsgemäß der Veränderung der Zahl der Beschäftigten und dem Wachstum der Arbeitsproduktivität je Beschäftigten. Bezeichnet Δy das BIP-Wachstum, Δl die Wachstumsrate der Beschäftigung und $\Delta Y/L$ die Wachstumsrate der Arbeitsproduktivität je Beschäftigten, dann gilt (näherungsweise) $\Delta y = \Delta l + \Delta Y/L$. Das Produktivitätswachstum (je Arbeitskraft) ist also die Differenz zwischen dem BIP Wachstum und dem Wachstum der Beschäftigten $\Delta Y/L = \Delta y - \Delta l$. Ausgehend von der Wachstumstheorie von Solow und unter Annahme einer Cobb-Douglas Produktionsfunktion mit den beiden Produktionsfaktoren Arbeit und Kapital, konstanten Skalenerträgen und einem sogenannten Hicks-neutralen technischen Fortschritt kann das BIP Wachstum noch in weitere Bestandteile zerlegt werden:

Es gilt:

$$\Delta y = \alpha \Delta l + (1 - \alpha)\Delta k + \Delta TFP \quad (1)$$

Dabei sind Δl und Δk die Veränderungsraten der Faktoren Arbeit und Kapital, α ist die Lohnquote, $1 - \alpha$ ist die Gewinnquote und ΔTFP ist das Wachstum der Totalen Faktorproduktivität TFP (auch Multi-Faktorproduktivität MFP genannt). Da dieser Faktor als Residuum ermittelt wird (sogenanntes Solow Residuum), enthält es den Wachstumseffekt aller Einflüsse, soweit diese nicht durch die eingesetzten Mengen der Produktionsfaktoren Arbeit und Kapital erfasst werden. Dieser allgemeine Effizienzgewinn wird auch als Näherungsgröße für den technischen Fortschritt verwendet. Das Wachstum der Arbeitsproduktivität ist demnach umso höher, je höher das Wachstum der totalen

Faktorproduktivität (bzw. der technische Fortschritt) ist und je mehr Sachkapital den Beschäftigten zur Verfügung gestellt wird (capital deepening effect).

$$\Delta y - \Delta l = \Delta TFP + (1 - \alpha)(\Delta k - \Delta l) \quad (2)$$

Bezeichnet Δn das Bevölkerungswachstum, dann ist das Wachstum des Bruttoinlandsprodukts je Einwohner:

$$\Delta y - \Delta n = \Delta TFP + (1 - \alpha)(\Delta k - \Delta l) + \Delta l - \Delta n \quad (3)$$

Das Durchschnittseinkommen einer Volkswirtschaft steigt also um so mehr, je höher die Rate des technischen Fortschritts ist, je mehr Kapital die Beschäftigten zur Verfügung haben und je stärker die Zahl der Beschäftigten im Vergleich zur gesamten Bevölkerung steigt.

Diese Zerlegung des BIP Wachstums kann je nach empirischer Datenlage und Fragestellung noch weiter verfeinert werden. So kann die Arbeitsproduktivität auch mit Hilfe der eingesetzten Arbeitsstunden definiert werden. In diesem Fall ist Δl die Wachstumsrate der eingesetzten Arbeitsstunden und $\Delta y - \Delta l$ die Wachstumsrate der Arbeitsproduktivität je Stunde. Beim Faktor Arbeit kann auch die Veränderung des Ausbildungsniveaus der Beschäftigten berücksichtigt werden (Humankapital). Ferner lassen sich beim eingesetzten Sachkapital verschiedene Untergruppen bilden wie z. B. vorhandene Informations- und Kommunikationsmittel (ICT capital).

Wendet man nun diese Methode der Wachstumszerlegung auf das Wachstum der Weltwirtschaft und der Länder und Ländergruppen an, dann zeigt sich folgendes (Abbildung 5 und Tabellen A1 und A2 im Anhang):

- Das Wachstum der Weltwirtschaft war in den Jahren vor der Weltrezession 2009 sehr stark geprägt von der zunehmenden Sachkapitalbildung. Diese trug teilweise zu mehr als der Hälfte zum BIP Wachstum bei. An zweiter Stelle mit einem Beitrag von rund einem Viertel folgte der technische Fortschritt (TFP). Der Wachstumsbeitrag der quantitativen und qualitativen Erhöhung des Arbeitseinsatzes belief sich im Zeitraum 1996–2005 im Durchschnitt ebenfalls etwa ein Viertel, in den Jahren 2006–2008 aber nur auf etwas über ein Fünftel.
- Das im Vergleich zur globalen Wirtschaft unterdurchschnittliche Wachstum der Industrieländer ist auf alle der hier betrachteten Wachstumskomponenten zurückzuführen und das überdurchschnittliche Wachstum der Schwellenländer auf alle der hier betrachteten Wachstumsquellen. Die Schwellenländer erzielten ihr höheres Wachstum insbesondere aufgrund der stärkeren Sachkapitalbildung und der höheren technischen Fortschrittsrate (TFP). Der Wachstumsbeitrag des Faktors Arbeit war in den Schwellenländern ebenfalls etwas höher, aber dies erklärt nur einen relativ geringen Teil des höheren Wachstums.
- Vergleicht man innerhalb der Industrieländer die USA, Japan und die Eurozone dann zeigt sich, dass in den Jahren 1996 bis 2005 die USA eine höhere Sachkapitalbildung insbesondere im Informations-und Kommunikationsbereich hatten. Auch war die technische Fortschrittsrate höher und – insbesondere im Vergleich zu Japan – auch der Beitrag des Faktors Arbeit. Die deutliche Wachstumsabschwächung in den USA in den Jahren 2006 bis 2008 ist sehr stark zyklisch bedingt, da der Konjunkturabschwung schon 2007 einsetzte. In dieser Phase und besonders im Jahr 2009 schwächten sich alle Wachstumskomponenten ab und der TFP-Beitrag und der Beitrag des Faktors Arbeit wurden

sogar negativ. Inzwischen hat sich die amerikanische Wirtschaft wieder etwas erholt, wobei gegenwärtig eher fraglich ist, ob der frühere Wachstumstrend wieder erreicht wird.

- In Deutschland belief sich nach Schätzungen der Forschungsinstitute das durchschnittliche jährliche Potenzialwachstum seit 1995 auf 1,4 Prozent. Das Wachstum des (Sach-) Kapitalstocks trug mit 0,6 Prozentpunkten zum Potenzialwachstum bei. Der Wachstumsbeitrag des Solow-Residuums (TFP) war mit 0,7 Prozentpunkten nur wenig höher während der Beitrag des Arbeitsvolumens nur noch 0,1 Prozentpunkte betrug. Nach Schätzung der Institute wird sich beim Potenzialwachstum und bei den Wachstumsbeiträgen auch in den kommenden Jahren nichts Wesentliches verändern (Potenzialwachstum 2011-2016 1,4 Prozent, Beitrag Kapitalstock 0,5 Prozentpunkte, TFP Beitrag 0,7 Prozentpunkte, Arbeitsvolumen 0,2 Prozentpunkte).[2]
- Das hohe Wachstum in China und in Indien ist vor allem Folge der hohen Investitionstätigkeit und des technischen Fortschritts (TFP). Der Beitrag des Sachkapitals im Nicht-IT Bereich ist in beiden Ländern sehr hoch und erklärt in China über die Hälfte und in Indien über 40 Prozent des gesamtwirtschaftlichen Wachstums. In beiden Ländern ist auch der Beitrag des Kapitals im IT Bereich beachtlich und trägt knapp einen Prozentpunkt zum jährlichen gesamtwirtschaftlichen Wachstum bei. Der Wachstumsbeitrag des Faktors Arbeit ist inzwischen in China relativ gering während in Indien die Zunahme der Arbeitskräfte über einen Prozentpunkt zum jährlichen Wachstum beiträgt.
- In den letzten zwanzig Jahren hat sich das TFP Wachstum in China und Indien beschleunigt. Besonders stark war die Beschleunigung in China. Zwischen 2001 und 2010 trug diese Fortschrittsrate im Durchschnitt über vier Prozentpunkte zum jährlichen BIP Wachstum bei.
- In vielen Industrieländern betrug das TFP Wachstum im Durchschnitt seit 2001 lediglich rund einen halben Prozentpunkt wie in Deutschland und den USA oder weniger. In Großbritannien stagnierte die totale Faktorproduktivität und in Frankreich und Italien ging sie sogar zurück. Finnland musste ebenfalls eine starke Abschwächung des Produktivitätswachstums hinnehmen. In den neunziger Jahren galt das Land wachstumspolitisch noch als »Musterknabe« dank einer erfolgreichen Makro- und Strukturpolitik nach der schweren Finanzkrise zu Beginn des Jahrzehnts. Die Art wie Finnland damals die Finanzkrise überwand war in der Tat beispielhaft und wurde mit einem Produktivitäts- und Wachstumsschub in den Folgejahren belohnt (Honkapohja u. a. 2009). Ein Grund für die besonders schwache Produktivitätsentwicklung Finnlands im Durchschnitt der letzten Jahre war der absolute Rückgang während der Rezession 2008/2009.

2 Vgl. Gemeinschaftsdiagnose der Forschungsinstitute, Frühjahr 2012, S. 44.

- Bei der Beschäftigung zeigt sich in den Industrieländern eine deutliche Verlagerung vom industriellen Sektor hin zu den Dienstleistungen ähnlich wie es die Drei-Sektoren-Hypothese von Clark und Fourastié postuliert, nach der in Volkswirtschaften mit niedrigem Entwicklungsstand der primäre Sektor (Landwirtschaft) dominiert, bei fortgeschrittenen Entwicklungsstand der sekundäre Sektor (Industrie) und bei hohem Entwicklungsstand der tertiäre Sektor (Dienstleistungen). Nach dieser Theorie werden mit zunehmenden Einkommen mehr Dienstleistungen als Industriegüter nachgefragt. Ferner sei in der Industrie das Produktivitätswachstum höher als bei den Dienstleistungen, so dass dort weniger Arbeitskräfte benötigt würden.[3] Im Zeitraum 1995 bis 2008 stieg in den USA, in Japan und in der EU die reale Wertschöpfung des verarbeitenden Gewerbes zwar weiter an, wurde aber ausschließlich über eine Erhöhung der Arbeitsproduktivität je Beschäftigten erreicht während die Zahl der Beschäftigten abnahm. Die Arbeitsplatzverluste im verarbeitenden Gewerbe konnten aber durch Arbeitsplatzgewinne im Dienstleistungssektor mehr als ausgeglichen werden so dass die Gesamtbeschäftigung weiter stieg.

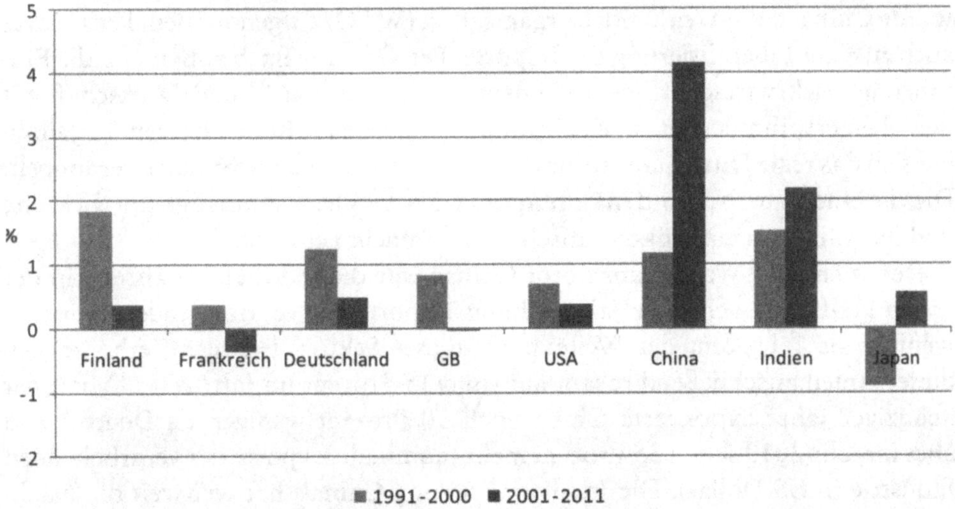

Quelle: The Conference Board Total Economy Database, Januar 2012 und eigene Berechnungen.

Abb. 5: Technischer Fortschritt: Abschwächung in den USA und Europa Beschleunigung in China und Indien
Durchschnittlicher jährlicher Beitrag von TFP zum BIP Wachstum in Prozentpunkten

[3] Bei näherer Betrachtung des Wertschöpfungsprozesses zeigt sich allerdings, dass die Trennung in die drei Sektoren den heutigen Gegebenheiten nicht mehr gerecht wird. So zeichnet sich die Industrieproduktion zunehmend dadurch aus, dass sie neben dem eigentlichen Produktteil einen erheblichen Serviceteil hat (produktionsnahe Dienstleistungen), welcher das eigentliche Produkt von der Forschung und Entwicklung bis hin zur Vermarktung begleitet (Oppenländer 2012).

4 Aufholprozess der Entwicklungs- und Schwellenländer

Das hohe Wachstum in China und Indien, aber auch in einigen anderen Entwicklungs- und Schwellenländern ist das Ergebnis eines erfolgreichen Konvergenzprozesses. Diese Länder haben entsprechende ökonomische und institutionelle Bedingungen geschaffen, um von den höheren Technologie- und Know-How Standards der Industrieländer und dem zunehmenden Welthandel zu profitieren.

In ***China*** begann der Reformprozess in Richtung Marktwirtschaft unter Führung von Deng Xiaoping Ende der siebziger/Anfang der achtziger Jahre. Wichtige Schritte waren damals die Öffnung nach außen für Direktinvestitionen und Handel im Jahr 1978 (sogenannte Politik der offenen Tür), die Entscheidung private landwirtschaftliche Betriebe zuzulassen (1979) und die Einrichtung spezieller Wirtschaftszonen in denen relativ frei von staatlichen Regulierungen gewirtschaftet werden konnte (1980). Spätere Reformen betrafen unter anderem die Einführung eines Insolvenzrechts für Staatsbetriebe (1986) und die Zulassung von Börsen (1990). Die Regierung proklamierte als Leitbild der neuen Wirtschaftsordnung die »sozialistische Marktwirtschaft« (1993). Im Jahr 2001 wurde China in die Welthandelsorganisation (WTO) aufgenommen. Dies führte auch zu einer Liberalisierung der Importe. Die Öffnung nach außen und die Einführung marktwirtschaftlicher Elemente im Inneren hat China's Wirtschaft auf den oben erwähnten steilen Wachstumspfad gebracht. In den letzten 30 Jahren hat sich das reale Durchschnittseinkommen alle sieben bis acht Jahre verdoppelt. Dies ist eine historisch und im internationalen Vergleich einmalige Entwicklung und hat China zu einer ökonomischen Großmacht gemacht.

Der wichtigste Wachstumsmotor Chinas war die Industrie. Während in der ersten Hälfte der achtziger Jahre Chinas Exporte der verarbeitenden Industrie weniger als 1 Prozent der Weltexporte dieses Sektors betrugen, erhöhte sich dieser Anteil anschließend rasant auf rund 15 Prozent im Jahr 2010. Mitte der neunziger Jahre exportierte China noch 30 Prozent weniger als Deutschland aber im Jahr 2010 schon 35 Prozent mehr (nominale Exporte der verarbeitenden Industrie in US Dollar). Die Industrialisierung China's hat weltweit die Nachfrage nach Rohstoffen erhöht und damit auch zum Anstieg der Rohstoffpreise beigetragen. Damit stiegen die Kosten in den rohstoffarmen Ländern während die rohstofferzeugenden Länder profitierten.

China's hohes Wirtschaftswachstum hat zusammen mit der Verbesserung der Infrastruktur und den verschiedenen Sozialprogrammen auch die Armut verringert. Laut offizieller Statistiken ist der Anteil der Armen an der Bevölkerung von rund 30 Prozent im Jahr 1978 stetig gefallen und beläuft sich inzwischen auf weniger als 5 Prozent. Auch nach der Statistik der Weltbank ist die Armut (gemessen als Anteil der Personen mit weniger als 1,25 US Dollar pro Tag in

Kaufkraftparität), ebenfalls stark zurückgegangen, betrug im Jahr 2008 (dem letzten verfügbaren Wert) aber noch rund 13 Prozent.

Das hohe Wirtschaftswachstum war aber auch mit Umweltkosten verbunden. Inzwischen gehört China nach den USA zu den Ländern mit dem höchsten CO_2 Ausstoß und dies obwohl pro Kopf der Bevölkerung China hier immer noch unter dem Durchschnitt in der Welt liegt.

Mit dem zwölften Fünf-Jahresplan (2011–2015) setzt nun China auf ein moderateres Wachstum, das aber immerhin noch jährlich 7 Prozent betragen soll. Gleichzeitig sollen die Ziele Umweltschutz und gleichmäßigere Einkommensverteilung mehr Beachtung finden. Ferner soll die Wachstumsbasis verbreitert werden durch eine Verschiebung der Wachstumskräfte und zwar weg vom einseitig Export getriebenen Wachstum zu mehr privaten Verbrauch und von der Industrie mehr auf den Dienstleistungssektor. Ob dies gelingt bleibt abzuwarten. Die Abkehr von dem stark export-getriebenen Wachstum würde erleichtert, wenn China die weitere Aufwertung seiner Währung zulassen würde. Dies würde auch die Kritik des Auslands verringern, dass die Wachstumserfolge auch mit Hilfe eines unfairen Wettbewerbs erzielt werden. In der Tat trug in der Vergangenheit die unterbewertete chinesische Währung mit zu den Exporterfolgen bei. Inzwischen ist die chinesische Währungspolitik flexibler geworden. Der reale Wechselkurs des Yuan ist tendenziell gestiegen und der Leistungsbilanzüberschuss hat sich verringert. Ob bzw. wie stark die chinesische Währung immer noch unterbewertet ist derzeit umstritten.

Indien leitete seinen Aufholprozess mit den Wirtschaftsreformen in der zweiten Hälfte der achtziger und Anfang der neunziger Jahre ein, also etwa zehn Jahre später als China. Die Reformen beruhten vor auf drei Säulen: makroökonomische Stabilisierung, Liberalisierung der heimischen Wirtschaft und Öffnung nach außen. Mit diesen Reformen endete die Phase einer sozialistisch-planwirtschaftlichen Wirtschaftspolitik. Diese Reformen brachten eine neue Dynamik in die indische Wirtschaft. Das Wachstum des realen BIP je Einwohner beschleunigte sich ab der zweiten Hälfte der neunziger Jahre und besonders im zurückliegenden Jahrzehnt (Abbildung 6).

Ein wichtiger Unterschied zwischen der Entwicklung Chinas und Indiens ist neben der höheren Wachstumsdynamik Chinas der unterschiedliche Strukturwandel. Während China, wie oben erwähnt, vor allem die Entwicklung der Industrie vorantrieb, insbesondere mit Hilfe von Exporten und begünstigt durch eine billige Währung, war in Indien der Dienstleistungssektor der wichtigste Wachstumsmotor. Die strukturelle Entwicklung Chinas entspricht also auf den ersten Blick der oben erwähnten Drei-Sektoren-Hypothese während dies in Indien nicht erkennbar ist. Bei einem näheren Blick auf die sektorale Entwicklung zeigt sich aber, dass hinsichtlich der Beschäftigung der primäre Sektor in beiden Ländern trotz der rückläufigen Anteils immer noch relativ groß ist. Ferner erkennt man, dass in China trotz der Dominanz des industriellen Sektors auch vom Dienstleistungssektor wichtige Wachstumsimpulse ausgegangen sind. In Indien hat der Anteils des sekundären Sektors ebenfalls etwas zugenommen, allerdings bei weitem nicht so stark wie der des tertiären Sektors (Bosworth u.a. 2007). Auch in Indien hat die günstige Wirtschaftsentwicklung dazu beigetragen, die Armut zu senken. Sie bleibt aber dennoch relativ hoch und deutlich höher als in China. Im Jahr 2010 hatten laut Weltbank in Indien noch 33 Prozent der Bevölkerung ein tägliches Einkommen von weniger als 1,25 US Dollar (in Kaufkraftparität) zur Verfügung. Im Jahr 2005 waren es allerdings noch 42 Prozent, Ende der achtziger Jahre noch mehr als die Hälfte und im Jahr 1978 noch 66 Prozent.

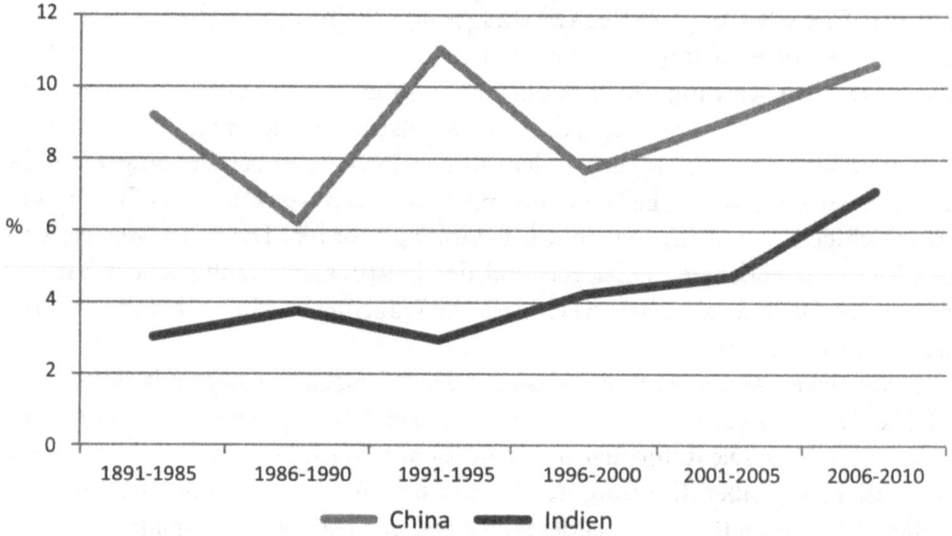

Quelle: Internationaler Währungsfonds, eigene Berechnungen.

Abb. 6: Aufholprozess in China und Indien
Jährliche durchschnittliche Veränderung des realen BIP je Einwohner in Prozent

Das »Catching-up« weniger entwickelter Volkswirtschaften beschränkt sich nicht nur auf China und Indien auch wenn dort wegen der Größe dieser Länder der Aufholprozess für die Weltwirtschaft besonders bedeutsam ist. Zu nennen sind insbesondere die sogenannten »vier asiatischen Tigerstaaten« Südkorea, Singapur, Hongkong und Taiwan, die schon vor China und Indien, nämlich seit den sechziger Jahren anhaltend hohe Wachstumsraten erzielten. Diese Länder litten aber sehr unter der Finanzkrise 1997, erholten sich aber wieder rasch und gehören schon seit längerem zur Gruppe der Industrieländer (newly industrialized Asian economies laut IWF Klassifikation). Singapur ist das reichste dieser

Länder, gefolgt von Honkong mit Durchschnittseinkommen (in Kaufkraftparität gemessen) die seit 2005 (bei Singapur) und seit 2011 (bei Hongkong) über dem der USA liegen. Dabei ist allerdings zu berücksichtigen, dass es sich bei diesen beiden Ländern um Stadtstaaten und nicht Flächenstaaten handelt. Taiwan's Durchschnittseinkommen liegt nur noch rund 20 Prozent unter dem der USA und inzwischen gleichauf mit Deutschland. In Südkorea ist das Durchschnittseinkommen rund ein Drittel niedriger als in den USA und nur weniger als ein Zehntel niedriger als in Japan und knapp ein Fünftel niedriger als in Deutschland. Demgegenüber sind die Durchschnittseinkommen in China, Indien und den anderen BRICS-Ländern trotz des Aufholprozesses noch sehr viel niedriger (Abbildung 7).

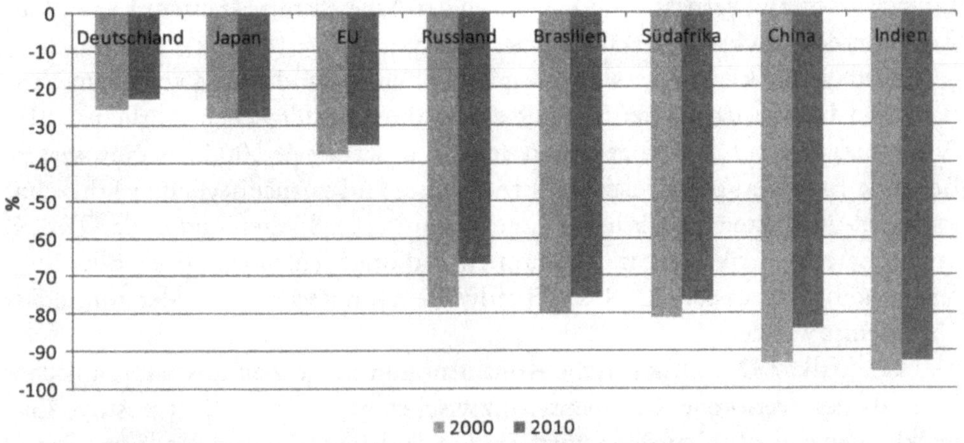

Quelle: Internationaler Währungsfonds und eigene Berechnungen.

Abb. 7: Weiterhin große Einkommensunterschiede zwischen Schwellenländern und Industrieländern
Abstand zum Niveau des BIP je Einwohner in den USA, in Kaufkraftparitäten, in Prozent

Bei der Ursachenanalyse für den erfolgreichen Aufholprozess der »asiatischen Tigerstaaten« gibt es unterschiedliche Meinungen, vor allem was den Beitrag des technischen Fortschritts (TFP Wachstum) betrifft. So wurde in einigen Studien über Südkorea den hohen Sachinvestitionen zusammen mit der besseren Ausbildung der Arbeitskräfte die Hauptrolle beim Aufholprozess zugewiesen und nur eine relativ geringe Bedeutung den technischen Fortschritt (Krugman 1994). Dies würde die neoklassische Wachstumstheorie stützen, dass die Konvergenz insbesondere durch den Faktorinput, und hier vor allem durch die Kapitalakkumulation zustande kommt. Die aufgrund des ursprünglich niedrigen Kapitalstocks hohe Kapitalrendite verstärkt nach dieser Theorie Sparen und Investitionen und lockt auch Auslandsinvestitionen an. Mit zunehmendem Entwicklungsstand sinken dann Kapitalrendite und Investitionsneigung und das Wachstum verlangsamt sich und würde ohne technischen Fortschritt nach Erreichen des langfristigen Gleichgewichts (steady state) zum Stillstand kommen. Andere Studien über den Aufholprozess dieser Länder messen dagegen neben den Faktoren Kapital und Arbeit auch dem technischen Fortschritt eine relativ große Bedeutung bei (Singh u. a. 1996, Pyo u. a. 2004). Auch die Wachstumszerlegung des amerikanischen Conference Board zeigt ein relativ hohes TFP-Wachstum für Südkorea und auch für Taiwan bis in die jüngste Zeit. In den Jahren seit 2001 betrug demnach das durchschnittliche jährliche TFP Wachstum in Südkorea, Hongkong und Taiwan rund 2–2,5 Prozent (Vgl. The Conference Board, Total Economy Database). Ein auch bei höherem Lebensstandard anhaltend hohes TFP Wachstum dürfte eher die Thesen der endogenen Wachstumstheorie stützen, welche permanente Innovationen und verbesserte Ausbildung der Arbeitskräfte (Humankapital) ins Zentrum der Wachstumserklärung gerückt hat.

Innerhalb der kleineren asiatischen Entwicklungsländer sind vor allem Vietnam und Indonesien zu nennen mit einem durchschnittlichen jährlichen BIP-Wachstum von rund 7 Prozent und rund 6 Prozent seit 2005. Es gibt weitere Beispiele für einen erfolgreichen Aufholprozess im zurückliegenden Jahrzehnt in Mittel-und Osteuropa (wie z. B. in den Baltischen Staaten und in der Türkei) und in Lateinamerika (wie in Argentinien und Brasilien) wobei dieser allerdings aufgrund der Rezession 2008/2009 teilweise jäh unterbrochen oder zumindest abgebremst wurde.

Und Afrika? Der afrikanische Kontinent galt lange Zeit aus ökonomischer Sicht als der »verlorene Kontinent«. Inzwischen gibt es auch dort positive Entwicklungen was oft übersehen wird. Im Folgenden wird daher das Wirtschaftswachstum in Afrika etwas näher untersucht.

5 Afrika: Aufholprozess hat begonnen

Bei der Einschätzung der gegenwärtigen Wirtschaftsperspektiven Afrikas teilen sich die Geister. Während die einen schon das Auftauchen neuer »Tigerstaaten« sehen, sind andere skeptischer und verweisen auf die vielen noch bestehenden Probleme wie politische Unsicherheit, Korruption und Armut. Die Schwierigkeit die Wirtschaftsperspektiven Afrikas einzuschätzen liegt auch daran, dass die Volkswirtschaften Afrikas sehr heterogen sind. Auf die drei wirtschaftsstärksten Volkswirtschaften Afrikas Südafrika, Ägypten und Nigeria entfallen rund 45 Prozent des afrikanischen BIP. Nimmt man noch die sieben folgenden wirtschaftsstärksten Volkswirtschaften dazu, nämlich Algerien, Marokko, Angola, Tunesien, Libyen, Sudan (vor der Teilung) und Äthiopien, dann erwirtschaften diese zehn Länder rund drei Viertel der Gesamtproduktion des Kontinents. Die

Hälfte dieser Länder liegt in Nordafrika, mit zusammen über einem Drittel des afrikanischen BIP, was die Bedeutung dieser Region für den gesamten Kontinent deutlich macht.

Auch wenn die Entwicklung dieser zehn Länder das durchschnittliche Wirtschaftswachstum Afrikas entscheidend bestimmen, ist es wichtig auch die übrigen 44 Länder mit ins Blickfeld zu nehmen, wenn es darum geht wirtschaftliche Aufholprozesse oder auch Fehlentwicklungen zu identifizieren. Diese Länder erwirtschaften zwar lediglich ein Viertel der Gesamtproduktion Afrikas. Dort leben aber über 500 Millionen Menschen und damit beinahe die Hälfte der afrikanischen Bevölkerung. Die wirtschaftliche und soziale Entwicklung dieser kleineren Volkswirtschaften ist daher ebenfalls sehr bedeutsam für den Wohlstand der Menschen in Afrika.

Im Zeitraum 2001 bis 2010 betrug das durchschnittliche jährliche Wachstum Afrikas 5,3 Prozent. Bei einem Bevölkerungswachstums von 2–2,5 Prozent stieg das reale BIP je Einwohner damit jährlich um rund 3 Prozent. In den achtziger Jahren hatte das durchschnittliche BIP-Wachstum in Afrika nur 2,8 Prozent betragen. Es lag damit nur knapp über dem Bevölkerungswachstum, so dass das reale Pro-Kopf-Einkommen nahezu stagnierte. In der ersten Hälfte der neunziger Jahre betrug das durchschnittliche Wachstum in Afrika sogar nur 1,3 Prozent, so dass das Pro-Kopf-Einkommen schrumpfte. Nach den aus ökonomischer Sicht »verlorenen« achtziger und frühen neunziger Jahren hat sich die wirtschaftliche Situation in den letzten fünfzehn Jahren in Afrika also deutlich verbessert.

Es gibt in Afrika zwar immer noch Länder, in denen politische Konflikte und/oder schlechte Wirtschaftspolitik zu Stagnation oder negativem Wachstum führen, doch gibt es auch Erfolge. Da über Probleme und Katastrophen in den Medien mehr berichtet wird als über die Erfolge, verzerren sie das Gesamtbild Afrikas in der Öffentlichkeit. Medienpolitisch gilt eben »only bad news are good news«.

Beim Blick auf das Wirtschaftswachstum in Afrika zeigt sich, dass die höhere Wachstumsdynamik inzwischen weit verbreitet ist (Vgl. Tabellen A3 and A4 im Anhang). Der Preisboom beim Rohöl und anderen Rohstoffen in den letzten Jahren erklärt nur einen Teil des höheren Wachstums. Davon profitierten vor allem die Öl exportierenden Länder *Nigeria, Angola, Libyen, Sudan und Kongo DR*, wobei im *Kongo* das Ende des Krieges im Jahr 2003 mit zu der Erholung beitrug. *Sambia* profitierte insbesondere vom Preisboom bei Kupfer.

Aber auch in Ländern, die nicht in erster Linie von Rohstoffexporten leben und die das teure Öl importieren mussten, beschleunigte sich das Wachstum. Manche Länder in Ostafrika und im südlichen Afrika profitierten dank ihrer geographischen Lage und ihrer Offenheit besonders stark vom starken Warenaustausch mit China und auch von chinesischen Investitionen. Die beiden Länder *Mauritius* und *Botsuana* erreichen schon seit längerem ein hohes und, von Ausnahmen abgesehen, stetiges Wachstum, dank ihrer politischen Stabilität und einer offenen und wirtschaftsfreundlichen Politik. Dabei steht das Wachstum in Mauritius allerdings auf einer breiteren Basis als in Botsuana, das früher von der Landwirtschaft inzwischen aber hauptsächlich vom Diamantenexport profitiert. Im Unterschied zu vielen anderen Rohstoffländern werden in Botsuana die Einnahmen aus dem Diamantenhandel gut verwaltet und kommen über Infrastrukturinvestitionen einschließlich Bildungsausgaben auch der gesamten Bevölkerung zugute. In *Uganda* beschleunigte sich das Wachstum seit der zweiten Hälfte der achtziger Jahre. In den meisten anderen Ländern setzte der Aufholprozess dagegen erst seit Mitte der neunziger Jahre oder erst nach der Jahrtausendwende ein wie beispielsweise in *Äthiopien*, in *Ruanda* (nach dem Völkermord 1994), in *Tansania* und in *Mozambique*. Ruanda wurde im Jahr 2010 von der Weltbank als weltweit bester Wirtschaftsreformer bezeichnet. In *Kenia* wurde die insgesamt gesehen positive Wirtschaftsentwicklung zuletzt nach den Präsidentschaftswahlen 2007 durch politische Konflikte unterbrochen. In *Südafrika* hat sich nach dem Ende der Apartheid und den damit verbundenen internen Konflikten und handelspolitischen Sanktionen in der ersten Hälfte der neunziger Jahre das Wachstum erhöht und erreichte in den Jahren 2005 bis 2007 über 5 Prozent. Aufgrund der relativ starken Integration mit den internationalen Finanzmärkten und den westlichen Volkswirtschaften war Südafrika allerdings besonders stark von der Finanz-und Wirtschaftskrise 2008/2009 in den Industrieländern betroffen. Im westlichen Afrika erreichte *Ghana* seit der zweiten Hälfte ein stetiges und sich zuletzt beschleunigtes Wachstum, dank einer soliden Wirtschaftspolitik und der Ausbeutung neuer Ölquellen.

In einigen Ländern blieb dagegen das Wachstum in den letzten 10 Jahren sehr schwach oder war sogar negativ. Ursachen waren politische Probleme mit teilweise blutigen Konflikten, die in Bürgerkriegen gipfelten. In *Liberia* brachte der Bürgerkrieg 1999 bis 2003 das Wirtschaftsgeschehen zum Erliegen. Seither erholt sich die Wirtschaft wieder. Die *Elfenbeinküste* wurde in den letzten zehn Jahren zweimal durch Bürgerkriege und bürgerkriegsähnliche Zustände erschüttert (2002 bis 2007 und 2011). In der *Demokratischen Republik Kongo* lähmte der Bürgerkrieg 1998 bis 2003 die Wirtschaft. Trotz andauernder Konflikte und Sicherheitsprobleme hat sich aber seitdem das Wachstum insbesondere aufgrund der Ölexporte deutlich erhöht. *Simbabwe* erlitt den stärksten wirtschaftlichen Niedergang, verursacht durch die katastrophale Politik von Präsident Mugabe. Zwischen 1999 und 2008 schrumpfte das reale BIP um nicht weniger als rund 60 Prozent. Da viele Menschen das Land verlassen haben ist in dieser Zeit die Bevölkerung kaum noch gestiegen, so dass das BIP je Einwohner ähnlich stark schrumpfte. Seit 2009 weist das Land erstmals wieder ein positives Wirtschaftswachstums auf.

Jüngste Beispiele für politische Konflikte in Afrika sind vor allem die Revolutionen im Jahr 2011 in Tunesien, Ägypten und Libyen. In Tunesien und in Ägypten führten die Unruhen und die schwierigere Sicherheitslage zu einem Einbruch des Tourismus und auch die Auslandsinvestitionen gingen stark zurück. In Libyen wurde während des monatelangen Bürgerkriegs praktisch kein Öl mehr gefördert. Das reale Bruttoinlandsprodukt ging dort im Jahr 2011 Schätzungen zufolge um rund 40 % zurück, in Tunesien um etwa 1 % während es in Ägypten noch um 1,5–2 % gestiegen ist (nach über 5 % im Jahr zuvor). Diese Revolutionen haben also beim Wachstum in diesen Ländern und der gesamten nordafrikanischen Region deutliche Spuren hinterlassen. Gleichzeitig eröffnet aber der Sturz der autokratischen Regime die Chancen, dass die Wachstumspotenziale der Länder in Zukunft besser genutzt und die erwirtschafteten Einkommen gleichmäßiger verteilt werden. Voraussetzung ist allerdings, dass die politischer Stabilität wieder hergestellt und erhalten bleibt, offene und transparente Institutionen geschaffen werden und es mit Hilfe einer wachstums- und beschäftigungsorientierten Wirtschaftspolitik gelingt, die hohe Jugendarbeitslosigkeit zu verringern, die zum Ausbruch dieser Revolutionen geführt hat. Auch in anderen Ländern Afrika's gibt es immer wieder politische Konflikte, doch sind dies Ausnahmen auf einem Kontinent, der ja aus 54 Ländern besteht.[4]

Trotz der Erfolge der letzten 15 Jahre hat der afrikanische Kontinent sein Wachstumspotenzial bei weitem nicht ausgeschöpft. In vielen Ländern gibt es zahlreiche Wachstumshemmnisse wie mangelhafte Infrastruktur (unzureichende, unzuverlässige und teure Energieversorgung und schlechte Transportbedingungen), Mangel an gut ausgebildeten Arbeitskräften, staatliche Bürokratie, Korruption und wenig entwickelte Finanzsektoren. Dies behindert die Produktion in allen Wirtschaftsbereichen. Die Landwirtschaft leidet überdies von teilweise sehr volatilen Wetterbedingungen, die wohl auch mit dem weltweiten Klimawandel zu tun haben. So kam es im Jahr 2011 in Ostafrika zu einer Hungersnot von der mehr als 13 Millionen Menschen betroffen waren. In der Sahelzone kommt es immer wieder zu Dürreperioden. Aufgrund der schlechten Infrastruktur, der kleinbäuerlichen Struktur und unzureichender Investitionen ist die Produktivität in der Landwirtschaft zumeist sehr gering. Hinzu kommt, dass die Importe von hoch subventionierten und hoch technisierten Agrarproduktionen der Industrie-

---

4 Somalia ist das Paradebeispiel eines sogenannten »failed state« mit einer Regierung, deren Einfluss kaum über die Hauptstadt Mogadischu hinausreicht. Auch gibt es auf dem afrikanischen Kontinent immer wieder Militärputsche wie zuletzt in Mali und Guinea-Bissau. Im Sudan kam es es nach der Sezession im Jahr 2011 zu militärischen Konflikten an der Grenze des jetzt unabhängigen Südsudan. Sudan und Südsudan haben bisher auch noch keine Einigung gefunden über die Verteilung der Einnahmen aus den Ölexporten; die Ölvorkommen liegen im Südsudan, aber die bisher einzige Pipeline führt durch Nordsudan und es muss eine Einigung erzielt werden über die Höhe Transitgebühren.

länder auf die afrikanischen Märkte drängen und den einheimischen Bauern das Leben noch schwerer machen als es ohnehin schon ist.

Angesichts der genannten Wachstumshemmnisse kann sich auch das verarbeitende Gewerbe in Afrika nur schwer entwickeln und trägt in den meisten Ländern nur 10 Prozent oder weniger zur gesamtwirtschaftlichen Produktion bei. In einigen Ländern wie Südafrika, Namibia Ägypten, Mauritius, Tunesien und Marokko ist der Anteil mit 15–20 Prozent allerdings höher. Vor 30 Jahren hatten Afrika und China ähnlich niedrige Anteile an den weltweiten Exporten des verarbeitenden Gewerbes, nämlich jeweils rund ein Prozent. Inzwischen ist der Anteil Chinas an den Weltindustrieexporten auf 15 Prozent gestiegen, während der Anteil Afrikas nach wie vor nur rund ein Prozent beträgt. China ist damit in Afrika neben den westlichen Industrieländern zu einem wichtigen Importeur von industriellen Erzeugnissen geworden. Chinas Lohnstückkosten im verarbeitenden Gewerbe betragen lediglich 25 bis 30 Prozent der Lohnstückkosten in Südafrika und in Mauritius (Ceglowsky/Golub 2011). Während die Verbraucher in Afrika von den billigen Importen aus China (und auch aus Indien) profitieren, haben es die afrikanischen Industrieunternehmen schwer, gegen die Konkurrenz zu bestehen. Auch die europäische Industrie spürt die asiatische Konkurrenz auf den afrikanischen Märkten und musste in den letzten Jahren Marktanteilsverluste in Afrika hinnehmen.

Trotz des höheren Wirtschaftswachstums in den letzten Jahren ist die Armut in Afrika nur relativ wenig zurückgegangen. Das von den Vereinten Nationen verabschiedeten Ziel, die Armut (gemessen am Anteil der Bevölkerung mit einem Tageseinkommen von weniger als 1 US Dollar) von 1990 bis 2015 zu halbieren wird in den meisten afrikanischen Länder nicht erreicht werden. Ein Grund ist das zu niedrige Wachstum in den letzten zwei Jahrzehnten.[5] Hinzu kam dass sich die Terms of Trade in manchen Ländern verschlechterten, d.h. die Importpreise (vor allem für Öl und Nahrungsmittel) stiegen schneller als die Exportpreise so dass die Realeinkommen langsamer zunahmen als die reale Produktion. Aber auch in den Ländern die Öl und andere Rohstoffe exportieren und die von hohen Exportpreisen profitiert haben ist die Armut nicht stark zurückgegangen weil die Armen nicht oder nur wenig vom Wachstum profitierten. Mancherorts heimsten autokratisch regierende Politeliten und eine kleine Unternehmerschicht die Wachstumsgewinne ein, während für die Masse der Bevölkerung relativ wenig übrig blieb. Dies zeigt sich auch daran, dass die positive Wirkung des Wachstums für die ärmeren Bevölkerungsgruppen (sogenannte elasticity of poverty to growth) in Afrika geringer ist als im Durchschnitt der Entwicklungsländer (Fosu 2009).

---

[5] Nach Ansicht der Weltbank ist ein jährliches Wachstum von rund 7 Prozent notwendig um die Armut signifikant zu senken.

Die geringen Fortschritte bei der Armutsbekämpfung in Afrika haben auch die Diskussion über die Wirksamkeit der Entwicklungshilfe belebt. Während die einen glauben, dass mit einer deutlichen Ausweitung der Entwicklungshilfe die Armut beendet werden könnte (Sachs 2005)[6] kritisieren andere diesen Ansatz und empfehlen eine Neuorientierung der Entwicklungspolitik hin zu einer Stärkung von Anreizmechanismen und Eigeninitiative (Easterly 2006).[7] Auch wird betont, dass die Entwicklungshilfe nur dann erfolgreich sein kann, wenn gleichzeitig die Regierungen in den Empfängerländern bereit sind effiziente ökonomische und politische Institutionen zu schaffen (Acemoglu und Robinson 2012).[8]

6 Ein Blick nach vorne

Wirtschaftsprognosen sind naturgemäß mit Unsicherheiten behaftet und diese sind umso größer, je länger der Zeithorizont ist. Die Wirtschaftsforscher verweisen deshalb auf die Bedingtheit ihrer Prognosen weil sie angesichts der zahlreichen Unwägbarkeiten bestimmte exogene Annahmen machen müssen auf denen sich ihre Prognose gründet (Oppenländer 1992). Eine Extrapolation der gegenwärtigen Wachstumstrends führt in die Irre weil technologische Neuerungen oder auch exogene Schocks wie die jüngste globale Finanz-und Wirtschaftskrise immer wieder neue Bedingungen schaffen.

---

6 »The greatest tragedy of our time is that one sixth of humanity is not even on the development ladder. A large number of the extreme poor are caught in a poverty trap, unable on their own to escape from extreme material deprivation. They are trapped by disease, physical isolation, climate stress, environmental degradation, and by extreme poverty itself. Even though life-saving solutions exist to increase their chances for survival – whether in the form of new farming techniques, or essential medicines, or bed nets that can limit the transmission of malaria – these families and their governments simply lack the financial means to make these crucial investments« (Jeffrey Sachs 2005 S. 18 f.)

7 »Aid won't make poverty history, which Western aid cannot possibly do. Only the self-reliant efforts of poor people and poor societies themselves can end poverty, borrowing ideas and institutions from the West when it suits to them to do so. But aid that concentrates on feasible tasks will alleviate the suffering of many desperate people in the meantime« (William Easterly 2006 S. 334).

8 Countries need inclusive economic and political institutions to break out of the cycle of poverty. Foreign aid can typically do little in this respect, and certainly not the way that it is currently organized. Recognizing the roots of world inequality and poverty is important precisely so that we do not pin our hopes on false promises. As the roots lie in institutions, foreign aid, within the framework of given institutions in recepient nations, will do little to spur sustained growth. ... since the development of inclusive economic and political instititions is key, using the existing flows of foreign aid at least in part to facilitate such development would be useful. ... conditionality is not the answer here, as it requires existing rulers to make concessions. Instead, perhaps structuring foreign aid so that its use and administration bring groups and leaders otherwise excluded from power into the decision-making process and empowering a broad segment of population might be a better prospect« (Daren Acemoglu/James A. Robinson a. a. O. S. 454 f.)

Dabei ist auch immer die Frage nach dem letztendlichen Ziel des Wirtschaftswachstums zu stellen.[9] Armutsbekämpfung und das Erreichen eines »angemessenen« Lebensstandards ist für den Einzelnen wie auch für die Gesellschaft wohl das wichtigste Ziel des Wirtschaftens. Aber was als »angemessen« angesehen wird ist subjektiv unterschiedlich und auch vom gesellschaftlichen Umfeld abhängig.

In seinen »Essays in Persuasion« wagte John Maynard Keynes Anfang der dreißiger Jahre des letzten Jahrhunderts während der Weltwirtschaftskrise einen sehr optimistischen Blick auf den wirtschaftlichen Fortschritt in den kommenden 100 Jahren. Demnach hätten wir schon 2030 ein Wohlstandsniveau erreicht, das man als »Paradies auf Erden« bezeichnen könnte: »All this means in the long run *that mankind is solving its economic problem.* I would predict that the standard of life in progressive countries one hundred years hence will be between four and eight times as high as it is to-day. There would be nothing surprising in this even in the light of our present knowledge. It would not be foolish to contemplate the possibility of a far greater progress still. ... Let us, for the sake of argument, suppose that a hundred years hence we are all of us, on the average, eight times better off in the economic sense than we are to-day. ... We shall do more things for ourselves than is usual with the rich to-day, only too glad to have small duties and routines. But beyond this, we shall endeavour to spread the bread thin on the butter – to make what work there is still to be done to be as widely shared as possible. Three-hour shifts or a fifteen-hour week may put off the problem for a great while. For three hours a day is quite enough to satisfy the old Adam in most of us« (Keynes, 1930).

Mit der Betonung von Freizeit als wichtiges Ziel des wirtschaftlichen Fortschritts und seinen ethischen Grundsätzen kann man Keynes durchaus als einen der Vorläufer der eingangs erwähnten Glücksforscher sehen. Heute ist das reale Pro-Kopf Einkommen in Großbritannien mehr als viermal höher als damals und in den USA und in Deutschland sogar fünfmal höher als 1930. Keynes lag also ganz gut mit seiner Langfristprognose eines 4–8 mal höheren Wohlstands bis 2030. Seine Vision einer wohlhabenden Gesellschaft mit im Durchschnitt nur wenigen Arbeitsstunden pro Tag ist dagegen weit von der Realität entfernt. Zwar gibt es insgesamt mehr Freizeit als zu Zeiten von Keynes, vor allem einen längeren Urlaub, aber die effektive Wochenarbeitszeit liegt in der EU und auch in Deutschland bei den Vollzeitbeschäftigten noch bei rund 40 Stunden. In Großbritannien beträgt sie sogar rund 42 Stunden und ist damit am höchsten in der EU und ähnlich hoch wie in Deutschland im Jahr 1930. Die Erwartung von Keynes,

---

[9] Eine ausführliche und kritische Diskussion dieser Frage und ihrer Behandlung durch Philosophen und Ökonomen findet sich in Tomas Sedlacek (2011).

dass sich die Menschen bei wachsendem Wohlstand mehr Zeit für die Freizeit verwenden als für die Arbeit ist also bisher nicht eingetreten. Auch gehört das Wirtschaftswachstum nach wie vor auch in den reichen Volkswirtschaften zu den wichtigsten wirtschaftspolitischen Zielen. Vermutlich hat Keynes den Wunsch der Menschen nach immer mehr materiellen Wohlstand, den »alten Adam« in uns unterschätzt. Es gibt ja auch Beispiele für ungebremste Gier von Menschen nach immer höherem Reichtum auf Kosten anderer wie z. B. die autokratischen Politeliten in manchen Entwicklungsländern, die sich auf Kosten ihrer armen Bevölkerungen bereichern. Hierzulande stoßen die exzessiven Gehälter und Abfindungen von manchen Managern auf wenig Verständnis. Offenbar fehlt es mancherorts an effizienten Steuerungs- und Kontrollinstanzen (governance, checks and balances). Aber auch das Streben der Durchschnittsbürger in den reichen Volkswirtschaften nach immer höherem Einkommen entspricht nicht den Erwartungen von Keynes. Die von ihm erwartete möglichst gleichmäßige Verteilung der Arbeit ist bisher ebenfalls nicht eingetreten. In vielen sogenannten Wohlstandsgesellschaften herrscht eine relative hohe Arbeitslosigkeit und viele Menschen sind gezwungen in prekären Arbeitsverhältnissen arbeiten.

Ein Grund, warum bei steigendem Wohlstand die Ungleichheit der Einkommen nicht abgenommen, sondern teilweise sogar zugenommen ist darin zu sehen, dass es beim Wirtschaftswachstum nicht nur Gewinner sondern auch Verlierer gibt. So schafft der technische Fortschritt neue Produkte und Produktionsverfahren und verdrängt die alten (Schumpeter's »schöpferische Zerstörung«) und mit der Globalisierung kommt es zu einem verschärften Wettbewerb für Unternehmen und Arbeitnehmer, dem manche nicht gewachsen sind.

Das Problem der Ungleichverteilung von Arbeit lässt sich deshalb nicht einfach durch eine Umverteilung der bestehenden Arbeitsmenge beseitigen. Weniger Wachstum erzeugt bei den heutigen Gegebenheiten tendenziell immer noch mehr Arbeitslosigkeit. Ein Bündel von Maßnahmen ist daher nötig um die Arbeitsuchenden in zufriedenstellende Beschäftigungsverhältnisse zu bringen. Vor allem muss durch bessere Bildung und Weiterbildung die Diskrepanz zwischen den angebotenen und den nachgefragten Qualifikationen verringert werden. Auch sollten die Wachstumsgewinner einen angemessenen Beitrag zur sozialen Absicherung der Wachstumsverlierer leisten wobei diese Umverteilung der Wachstumsgewinne allerdings nicht soweit gehen darf, daß dadurch die Leistungsanreize stark geschmälert werden. Wenn aber das Wachstum mit immer stärkerer Ungleichheit einhergeht weil es immer mehr Verlierer gibt, dann formiert sich Widerstand und der Druck auf die Politik wächst, sich gegen unliebsame Konkurrenz und technische Neuerungen abzuschotten, was dann das Wachstum bremst.

Neben der Notwendigkeit Wachstum und Verteilung besser in Einklang zu bringen gibt aber auch neue Herausforderungen, die Keynes damals noch nicht sehen konnte.

Mit den folgenden abschließenden Bemerkungen soll auf einige Faktoren verwiesen werden, welche das Wirtschaftswachstum in den kommenden Jahrzehnten beeinflussen werden.

Demographische Entwicklung, Klimaerwärmung und Ressourcenknappheit

Die Weltbevölkerung hat in den letzten fünfzig Jahren von rund 3 Milliarden auf rund 7 Milliarden zugenommen. Das Bevölkerungswachstum hat sich im Verlauf tendenziell abschwächt und wird in den kommenden Jahrzehnten weiter abnehmen, auf unter ein Prozent pro Jahr, nach 1,7 Prozent in den letzten fünfzig Jahren. Dennoch wächst die Weltbevölkerung Jahr für Jahr immer noch um rund 80 Millionen, was beinahe der Bevölkerung Deutschlands entspricht, und sie wird bis zum Jahr 2025 um eine weitere Milliarde Menschen auf rund 8 Milliarden und bis 2040 auf knapp 9 Milliarden angestiegen sein (mittleres Scenario der UN Projektion). Die meisten Menschen werden nach wie vor in Asien leben aber der asiatische Anteil an der Weltbevölkerung wird von derzeit rund 60 Prozent auf 57 Prozent im Jahr 2040 abnehmen. China's Bevölkerung wird dabei in den kommenden Jahren noch leicht von derzeit 1,35 Milliarden auf knapp 1,4 Milliarden ansteigen und dann ab 2025 tendenziell leicht abnehmen. Afrika ist der einzige Kontinent, dessen Anteil an der Weltbevölkerung weiter zunehmen wird, von zuletzt knapp 15 Prozent auf knapp 18 Prozent im Jahr 2025 und rund 21 Prozent im Jahr 2040. In Afrika werden dann 1,9 Milliarden Menschen leben, nach gegenwärtig knapp 1,1 Milliarden. Der Anteil von Europa wird dagegen weiter sinken, von zuletzt 10,7 % auf 9,3 Prozent im Jahr 2025 und 8,2 % im Jahr 2040. Auch der Anteil Nordamerikas wird weiter abnehmen, wenn auch nicht so stark, von derzeit 5 Prozent auf 4,8 Prozent im Jahr 2025 und 2040.

Auch wenn diese Bevölkerungsprojektionen mit Unsicherheiten behaftet sind weil Geburten- und Sterberaten und vor allem auch die Wanderungsbewegungen sich anders entwickeln können als unterstellt, geben sie doch wichtige Hinweise auf zukünftige Herausforderungen für die Volkswirtschaften. Diese stellen sich in den verschiedenen Regionen der Welt unterschiedlich dar. Allen gemeinsam ist allerdings, dass die weiter zunehmende Weltbevölkerung bei entsprechend wirtschaftsfreundlichen Rahmenbedingungen sich positiv auf das globale Wirtschaftswachstum auswirken kann. Dies wird dann der Fall sein, wenn in die Länder mit wachsender Bevölkerung ihre »demographische Dividende« nutzen, indem sie genügend produktive Arbeitsplätze für die zusätzlichen Erwerbspersonen schaffen. In den Ländern mit sinkender Zahl an Erwerbspersonen hängt das zukünftige Wirtschaftswachstum dagegen ausschließlich vom Produktivitätswachstum und damit vom technischen Fortschritt und von der Ausstattung mit Sachkapital ab. Bei entsprechend hohem Produktivitätswachstum könnte das Pro-Kopf-Einkommen weiter steigen selbst wenn das Bruttoinlandsprodukt kaum noch wächst oder sogar leicht sinkt.

Bei weiter steigendem Pro-Kopf-Einkommen in den entwickelten Ländern und einem anhaltenden Aufholprozess der weniger entwickelten Länder steigt aber auch das Risiko weiterer Umweltbelastung und Ressourcenknappheit. So ist schwer vorstellbar, wie in den nächsten 30 Jahren ein erheblicher Teil der dann 7,6 Milliarden Menschen in den heute weniger entwickelten Länder auch nur annähernd das Realeinkommen und den Lebensstil der 1,3 Milliarden Menschen in den heute entwickelten Länder erreichen können ohne dass es zu größeren Problemen bei Umwelt und Knappheit an Ressourcen (Rohstoffe, Wasser) kommt.

Aus optimistischer Sicht könnte man einwenden, dass Ressourcenknappheit und Umweltbelastung bei entsprechendem Preisdruck und wirtschaftspolitischen Rahmenbedingungen mit Hilfe von Investitionen, Explorationen, Innovationen und Verhaltensänderungen verringert werden können. Die Anpassungsfähigkeit von Unternehmen und Verbrauchern an neue Gegebenheiten darf in der Tat nicht unterschätzt werden. Dies war ja auch ein Grund warum die pessimistischen Prognosen des Club of Rome zu den Grenzen des Wachstums aus dem Jahr 1972 bisher nicht eingetreten sind. Der damalige Bericht sah in den begrenzten Rohstoffvorräten die entscheidende Wachstumsbremse. Die Prognose, dass bis 2022, also in nur zehn Jahren die Ölreserven aufgebraucht sein würden hat sich als unrealistisch erwiesen. Zwar sind die Preise für Öl und andere Rohstoffe seither kräftig gestiegen, und nach Ölpreisschüben gab es immer wieder konjunkturelle Einbrüche, doch wurde das globale Wirtschaftswachstum nicht nachhaltig beeinträchtigt. Der Grund war, dass das Angebot durch neue Ölfunde und Investitionen stieg während die Ölabhängigkeit der Wirtschaft verringert wurde. Der neue Bericht des Club of Rome »2052: A global Forecast for the Next Forty Years« sieht deshalb nicht mehr bei den endlichen Rohstoffvorräten die wichtigste Wachstumsbremse, sondern vielmehr bei der demographischen Entwicklung und der Umweltverschmutzung. Es wird prognostiziert, dass das Wachstum in den Industrieländern wegen abnehmender Bevölkerung und sich abschwächendem Produktivitätswachstum weiter abnimmt während der Aufholprozess in China und den anderen Schwellenländern weitergeht. Da aber der Ausstoß von Treibhausgas wesentlich höher sein wird als Wälder und Meere absorbieren können wird die Erdtemperatur sich so stark erhöhen, dass der Klimawandel in der zweiten Hälfte des Jahrhunderts katastrophale Ausmaße annehmen wird.[10]

---

[10] Nach dieser Prognose wird um 2050 das weltweite reale BIP um 2,2 Mal größer sein als heute. Dies entspricht einem jährlichen durchschnittlichen Wachstum von rund 2 Prozent. Die wichtigsten Gründe für das schwächere Wachstum sind der geringere Produktivitätszuwachs und das schwächere Bevölkerungswachstum. Die Weltbevölkerung wird demnach in 30 Jahren mit 8,1 Milliarden ihren Höhepunkt erreichen und dann abnehmen. Die Bevölkerungsprognose ist damit deutlich niedriger als die oben erwähnte Prognose der UN. Bei der Umwelt wird

Vielleicht ist ja die Wachstumsprognose des Club of Rome erneut zu pessimistisch weil Weltbevölkerung und Produktivität schneller wachsen als unterstellt. Würde dies aber bedeuten, dass dann die prognostizierte Erderwärmung und Klimaveränderung noch schneller kommen als befürchtet oder zumindest nicht weniger schlimm ausfällen? Oder ist dieser Bericht auch zu pessimistisch was Erderwärmung und Klimaveränderung betrifft?[11] Darüber wird von Wirtschafts-und Klimaprognostikern weiter diskutiert werden müssen, und die verantwortlichen Politiker müssen entsprechend handeln, und zwar auf globaler Ebene, denn diese Risiko betrifft die ganze Menschheit.

Tatsache ist jedenfalls, dass schon in den letzten Jahren der Aufholprozess der Entwicklungs- und Schwellenländer zu einer zusätzlichen Umweltbelastung geführt hat. Schon heute weist China bei den Emissionen von Kohlendioxyd den zweithöchsten Wert nach den USA auf, obwohl sein pro Kopf Einkommen weniger als ein Fünftel des US-Einkommens beträgt und seine Emissionen pro Kopf der Bevölkerung noch unter dem weltweiten Durchschnitt liegen. Und schon heute prognostizieren Weltklimamodelle aufgrund des durch Umweltverschmutzung hervorgerufenen Klimawandels wiederkehrende Dürreperioden mit Hungersnöten in Teilen der Welt, insbesondere in der Sahelregion Afrikas.

Neben den Auswirkungen der globalen Bevölkerungsentwicklung, welche alle Länder betreffen, sind demographischen Entwicklungen und ihre Auswirkungen auf die Volkswirtschaften in den einzelnen Länder und Regionen aber sehr unterschiedlich. In den meisten entwickelten Ländern, insbesondere in Europa und in Japan wird das Wirtschaftswachstum durch ein stagnierendes oder sinkendes Erwerbspersonenpotenzial begrenzt. In den entwickelten Ländern mit schrumpfender Erwerbsbevölkerung geht es darum den hohen Lebensstandard durch Innovationen, Investitionen in Bildung und Sachkapital, sowie bessere Bedingungen für ein langes und produktives Arbeitsleben zu sichern. Letzteres hilft auch, die zusätzliche Belastung der sozialen Sicherungssysteme aufgrund der Alterung der Bevölkerung in Grenzen zu halten.

Auch China verliert zunehmend seine »demographische Dividende«, da aufgrund der ein-Kind Politik der Anteil der Personen im erwerbsfähigen Alter an

prognostiziert, dass die Treibhausgasemissionen im Jahr 2030 ihren Höhepunkt erreichen, die Erdtemperatur sich in den nächsten 40 Jahren um mehr als 2 Grad erwärmt und bis 2080 sogar um 2,8 Grad. Der Temperaturanstieg wird sich dabei selbst verstärken weil durch das Auftauen des Permafrostes in der Tundra Methangas freigesetzt wird, das den Globus weiter aufheizt (Club of Rome 2012).

11 Eine der Unsicherheiten bei Klimaprognosen ist, ob und wie sich die Erderwärmung auf Veränderungen der Wolkenbildungen auswirkt. Manche sehen hier keinen oder nur einen geringen Zusammenhang. Andere meinen, dass die durch die Erderwärmung ausgelösten Veränderungen der Wolkenbildung die Erderwärmung wieder verringern weil mehr Wärme in das Weltall abgegeben wird, und wieder andere befürchten, dass die Erde durch die Veränderung der Wolkenbildung sogar weiter aufgeheizt wird weil mehr Sonnenwärme auf der Erde ankommt.

der Gesamtbevölkerung in wenigen Jahren seinen Höhepunkt überschreitet. Allerdings verfügt China über ein relativ großes Migrationspotenzial in den ländlichen Gebieten, das bei Bedarf für produktivere Arbeitsplätze in den Städten zur Verfügung steht.

Im Unterschied zu China hat Afrika seine »demographische Dividende« bisher nicht nutzen können weil viele der Jugendlichen keine oder nur wenig produktive und schlecht bezahlte Arbeit gefunden haben. Der Unmut dieser jungen Menschen war ja der Auslöser der jüngsten Revolutionen in Nordafrika. In den Ländern südlich der Sahara sind zwar weniger Jugendliche arbeitslos. Viele sind aber so arm, dass sie praktisch zum Überleben jede sich bietende Arbeit annehmen müssen, häufig als Selbständige im informellen Sektor. Derzeit leben über 70 Prozent der Jugendlichen in Afrika von weniger als zwei US Dollar pro Tag (African Development Bank u. a. 2012). In diesen Ländern geht es vor allem die Rahmenbedingungen für Wirtschaftswachstum weiter zu verbessern und dafür zu sorgen, dass das Wachstum nicht nur den Polit- und Wirtschaftseliten sondern der gesamten Bevölkerung zugute kommt. Dies erfordert vor allem eine Verbesserung der Investitionsbedingungen für den Privatsektor, so dass dort die Nachfrage nach besser bezahlten Arbeitskräften steigt und bessere Bildungssysteme so dass die Jugendlichen besser auf die Anforderungen am Arbeitsmarkt vorbereitet werden. Falls Afrika aber seine »demographische Dividende« verspielt und die erwerbsfähige Bevölkerung keine zufriedenstellenden Arbeitsplätze findet drohen auch in Zukunft immer wieder Unruhen und politische Konflikte. Der Anstieg der Bevölkerung wird dann nicht zum Wachstumsmotor sondern zur Wachstumsbremse.

Wie anpassungsfähig sind Politik und Wirtschaft an die neuen Herausforderungen?

Die oben genannten Herausforderungen sind seit längerem bekannt und teilweise wurden auch schon Maßnahmen beschlossen, die Volkswirtschaften entsprechend anzupassen. Als Antwort auf die demographischen Veränderungen haben viele Länder, einschließlich Deutschland, die Rentenversicherungen reformiert und dabei unter anderem das Renteneintrittsalter erhöht und Frühpensionierungen abgeschafft oder erschwert. Ob die bisherigen Maßnahmen ausreichen, hängt von den jeweiligen Gegebenheiten in den Ländern ab und es gibt auch immer wieder Versuche populistischer Politiker, diese notwendigen Reformen wieder rückgängig zu machen. Man kann die zukünftigen gesetzlichen Rentenansprüche abzüglich der festgesetzten Beitragssätze als »unsichtbare Staatsschuld« bezeichnen. Dort wo die Rentenversicherungen noch nicht voll an die zukünftigen demographischen Veränderungen angepasst wurden, ist diese »unsichtbare Staatsschuld« noch sehr hoch und belastet die zukünftigen Generationen. In Europa kommt erschwerend hinzu, dass die jüngste Finanz-und Wirtschaftskrise auch die sichtbare Staatsschuld stark erhöht hat. Mit Sparmaßnahmen und verfassungsmäßig verankerten Schuldenbremsen wird jetzt versucht, die öffentlichen Haushalte zu sanieren. Wenn dabei allerdings auch wachstumspolitisch wichtige Staatsausgaben wie Bildung und Infrastruktur in Mitleidenschaft gezogen werden, hätte diese Sparpolitik nicht nur negative Wirkungen auf die Konjunktur sondern auch auf das längerfristige Wachstum.

Beim Klimawandel gibt es inzwischen internationale Vereinbarungen die umweltschädlichen Emissionen zu verringern. Nach den früheren Vereinbarungen des Kyoto Protokolls wurde Ende 2009 mit den Kopenhagen Vereinbarungen ein neuer Anlauf zur Begrenzung der Erderwärmung unter Einbeziehung möglichst vieler Länder versucht. Ziel ist die Erderwärmung auf unter 2 Grad Celsius zu begrenzen und zu diesem Zweck wurden auch den ärmeren Ländern Hilfen von den reicheren Ländern zugesagt. Auch China und Indien sind inzwischen diesem Abkommen beigetreten. Während die einen kritisieren, dass die Vereinbarungen nicht ausreichen, vor allem auch weil sie nicht bindend sind, gibt es immer noch Widerstände sich ernsthaft mit dem Problem zu beschäftigen und von einigen wird die Gefahr des Klimawandels immer noch in Abrede gestellt. Unbestritten dürfte aber sein, dass eine erhebliche zusätzliche Erderwärmung Auswirkungen auf das Wirtschaftsgeschehen in vielen Ländern haben würde. Am stärksten betroffen wären viele der ärmeren Länder, insbesondere auch in Afrika, die am wenigsten zu den Emissionen von Treibhausgas beitragen.

Wichtig zur Erreichung eines umweltschonenderen globalen Wachstums wäre überall die externen (Umwelt-)Kosten von Produktion und Verbrauch bei der Preisbildung voll einzukalkulieren, so dass sich Produktionsverfahren und Konsumverhalten entsprechend verändern. Internationale Zertifikatslösungen mit eingebauten Verschärfungen dienen ebenfalls diesem Zweck (Vgl. dazu den Beitrag von Manfred Stadler in diesem Buch). Die Nachfrage nach umweltschädlichen Ressourcen (wie Öl) ist dann geringer als ohne diese Maßnahmen. Falls dies die Preise dieser Ressourcen senkt sinken die Investitionsanreize für die Produzenten, so dass auch das Angebot sinkt. Sollte sich aber die Preiselastizität des Angebots als starr erweisen oder die Ressourcen exportierenden Länder auf den sich ergebenden (oder erwarteten) Preisrückgang sogar mit einer Erhöhung des Angebots reagieren um ihr Einkommen aufrecht zu erhalten, dann würde der umweltschonende Effekt dieser auf der Nachfrageseite ansetzenden Politik zunichte gemacht. Es müssten dann zusätzliche Maßnahmen ergriffen werden wie höhere Besteuerung der Kapitalerträge der Produzenten oder die Schaffung eines Nachfragemonopols der Verbraucherländer, das dann Preis und Menge mit bestimmt (Sinn 2008). Auch wenn derartige Maßnahmen aus ökonomischer Sicht sinnvoll erscheinen, so sind sie doch politisch und auf globaler Ebene schwer durchsetzbar. Deshalb ist eine gewisse Skepsis angebracht was die Entkoppelung von Wachstum und Umweltbelastung betrifft auch wenn es in den vergangenen Jahren in manchen Ländern durchaus gewisse Fortschritte gegeben hat. Neben der Politik muss sich auch die Wirtschaft an die neuen Herausforderungen anpassen. Die Unternehmen sind dabei auch von den jeweils gesetzten wirtschaftspolitischen Rahmenbedingungen abhängig. Die Globalisierung hat den Wettbewerbsdruck auf die Unternehmen weiter erhöht, was dem Suchprozess nach innovativen Lösungen durchaus zugute kommt. Der starke Wettbewerb und die neuen Kommunikationsmittel Internet und Handy tragen dabei auch zur schnelleren Diffusion von technischen Neuerungen und Know How bei. Bei der Abwägung von Chancen und Risiken neuer Technologien, wie bei der Biotechnologie treten aber auch ethische Fragen auf, die von den Gesellschaften unterschiedlich beantwortet werden und damit auch deren Wirtschaftswachstum beeinflussen.

Ganz generell stellt sich die Frage, ob die Politik und Wirtschaft in der Lage sein werden, rechtzeitig die Weichenstellung zur Bewältigung der genannten globalen und nationalen Herausforderungen zu stellen. Zur Bewältigung der globalen Gefahren wäre im Grunde eine »Weltinnenpolitik« erforderlich. Der Weg dorthin ist aber noch weit und bei den zahlreichen Gipfeltreffen werden meist wegen unüberbrückbarer nationaler Interessen nur unverbindliche Absichtserklärungen abgegeben. In der Demokratie besteht das Risiko, dass angesichts kurzfristiger Wahlziele populistisches Taktieren im Vordergrund steht und längerfristig notwendige Reformen nicht oder zu spät angegangen werden. Und in autokratisch regierten Ländern ist die Politelite am Machterhalt orientiert und unterdrückt eine breite unabhängige Diskussion über die richtige Politik.

Der wirtschaftliche Aufstieg Chinas zeigt allerdings, dass auch ein autokratisch regiertes Land mit einer Mischung aus planwirtschaftlichen und marktwirtschaftlichen Elementen über längere Zeit wachstumspolitisch erfolgreich sein kann. Wird dies auch in Zukunft so sein? Die chinesische Strategie, mit Hilfe staatlich geförderter und gesteuerter Unternehmen sich weltweit zu positionieren und wichtige Rohstoffquellen zu sichern zeigt, dass die politische Führung sehr wohl langfristige Ziele verfolgt. Auch das Ziel des neuen Fünfjahresplans, das Wachstum etwas zu verlangsamen und auf eine breitere Basis zu stellen und mehr vom Export von Industriegütern und Investitionen weg in Richtung Verbrauch und Dienstleistungen zu verlagern und den Umweltschutz zu verstärken, zeigt die Absicht, das Wachstum stetiger und nachhaltiger zu machen. Ob dies allerdings gelingt, ist eine andere Frage. Skeptiker sehen China längerfristig in eine Sackgasse laufen. Sie sind der Auffassung, dass eine autokratische Regierungsform zwar in der ersten Phase des Aufholprozesses erfolgreich sein kann, aber nicht mehr wenn es darum geht, eine moderne Wohlstandsgesellschaft zu schaffen. Dazu sei auch eine Mitbeteiligung der Bevölkerung an den politischen Entscheidungen und Institutionen zwingend notwendig (inclusive institutions). Weil dann aber die autokratischen Politeliten ihre Privilegien verlieren, würden sie dies nicht oder zumindest nicht freiwillig, also ohne Revolution, zulassen (J. A. Robinson/ D. Acemoglu 2012).[12] Ob bei China die skeptischen oder die optimistischeren Beobachter Recht behalten ist schwer zu sagen aber eines ist sicher, die weitere Entwicklung Chinas wird nicht nur für dieses Land, sondern auch für die gesamte Weltwirtschaft von großer Bedeutung sein.

Literatur

African Development Bank, Development Centre of the OECD, United Nations Development Programme, United Nations Economic Commission for Africa, African Economic Outlook, 2012 (www.africaneconomicoutlook.org).

Acemoglu, Daren/Robinson, James A. (2012): Why Nations Fail, The Origins of Power, Prosperity and Poverty, Crown Publishers, New York 2012.

Bosworth, Barry/Collins, Susan M. (2007): Accounting for Growth: Comparing China and India, NBER Working Paper 12943, February 2007

Ceglowski, Janet/Golub, Stephen S. (2011): Does China still have a labour cost advantage?«, CESifo Working Paper No. 3579, September 2011.

Club of Rome (2012): 2052: A Global Forecast fort he Next Forty Years, by Jorgen Randers (www.clubofrome.org).

Fleche, Sara/Smith, Conal/Sorsa, Piritta (2011): Exploring Determinants of Subjective Wellbeing in OECD Countries, Evidence from the World Value Survey, OECD Economics Department Working Papers No. 921, December 2011.

Fosu, Augustin Kwasi (2009): Inequality and Impact of Growth on Poverty: Comparative Evidence for Sub-Saharan Africa, Journal of Development Studies, 45:5, 724–45.

Gemeinschaftsdiagnose der Forschungsinstitute, Frühjahr 2012 (www.cesifo.org).

Honkapohja, Seppo/Koskela,Erkki A./Leibfritz, Willi/Uusitalo, Roope (2009): Economic Prosperity Recaptured, The Finnish Path from Crisis to Rapid Growth, CESifo Book Series, The MIT Press, London 2009.

Keynes, John Maynard (1930): Essays in Persuasion, Economic Possibilities for our Grandchildren.

Krugman, Paul (1994): The Myth of Asia's Miracle, in: Foreign Affairs, November/December 1994.

Norberg, Johan (2010): GDP and its enemies, CES Policy Brief, September 2010.

---

[12] »In the case of China, the growth process based on catch-up, import of foreign technology, and export of low-end manufacturing products is likely to continue for a while. Nevertheless, Chinese growth is also likely coming to an end, particularly once China reaches the standard of living of a middle-income country. The most likely scenario may be for the Chinese Communist Party and the increasingly powerful Chinese economic elite to manage to maintain their very tight grip on power in the next several decades. In this case history and our theory suggest that growth with creative destruction and true innovation will not arrive, and the spectacular growth rates in China will slowly evaporate. But this outcome ... can be avoided if China transitions to inclusive political institutions before its growth under extractive institutions reaches its limit. Nevertheless ... there is little reason to expect that a transition in China toward more inclusive political institutions is likely or will take place automatically or painlessly« (Daren Acemoglu/James A. Robinson, a.a.O. S. 442)

Oppenländer, Karl Heinrich (1992): Die Konjunkturprognose: Wesen, Grundlagen, Zukunft, in: Horst Hanusch/Horst Claus Recktenwald (Hrsg.) Ökonomische Wissenschaft in der Zukunft, Düsseldorf, S. 295/302.

Oppenländer, Karl Heinrich (2012): Wirtschaftswachstum, technischer Fortschritt, Innovationen – eine endlose Geschichte, in: Harald Enke/Adolf Wagner (Hrsg.), Zur Zukunft des Wettbewerbs (In memoriam Karl Brandt und Alfred E. Ott), Marburg 2012, S. 141–155.

Pyo, Hak K./Rhee, Keun-Hee/Ha, Bong Chan (2004): Growth Accounting, Productivity Analysis, and Purchasing Power in Korea (1984–2000), Paper presented at Korea-Japan Workshop on the Industrial Productivity Database, Februar 2004, Fukuoka, Japan.

Robertson, Peter E. (1998): Growth Accounting, growth theory and the East Asian miracle, University of New South Wales. 22 June, 1998.

Sachs, Jeffrey (2006): The End of Poverty, Pinguin Books.

Sedlacek, Tomas (2012): Die Ökonomie von Gut und Böse, Carl Hanser Verlag.

Sinn, Hans-Werner (2008): Das grüne Paradoxon: Warum man das Angebot bei der Klimapolitik nicht vergessen darf, Ifo Working Paper No. 54, Januar 2008.

Singh, Nirvikar/Trieu, Hugo (1996): Total Factor Productivity Growth in Japan, South Korea, and Taiwan, University of California, Santa Cruz July 1996.

Stevenson, Betsey/Wolfers, Justin (2008): Economic Growth and Subjective Well-Being: Reassessing the Easterlin Paradox, Brookings Papers on Economic Activity, Spring 2008.

Stiglitz-Sen-Fitoussi Kommission, Report by the Commission on the Measurement of Economic Performance and Social Progress, www.stiglitz-sen-fitoussi.

The Conference Board, Total Economy Database, www.conference-board.org/data/economydatabase.

Uppenberg, Kristian, Economic growth in the US and the EU: A sectoral decomposition, in: Productivity and growth in Europe, EIB Papers Vol. 16 No1, European Investment Bank 20.

Anhang

Tab. A1: Beiträge der Produktionsfaktoren Arbeit, IT Kapital, Nicht-IT Kapital und Wachstum der totalen Faktorproduktivität (TFP) zum realen BIP Wachstum Jahresdurchschnitte in Prozent

	1996 bis 2005	2006 bis 2008	2009	2010	2011
	Welt				
BIP	3,5	4,3	−0,8		
Arbeitsmenge	0,6	0,7	−1,0		
Arbeitsqualität	0,3	0,2	0,2		
N-IT Kapital	1,1	1,6	1,5		
IT Kapital	0,6	0,7	0,6		
TFP	0,9	1,1	−2,1		
	USA				
BIP	3,3	1,4	−3,5	3,0	1,8
Arbeitsmenge	0,6	0,5	−3,3	0,2	0,7
Arbeitsqualität	0,3	0,1	0,1	0,2	0,2
N-IT Kapital	0,7	0,6	0,2	0,1	0,2
IT-Kapital	0,8	0,5	0,3	0,3	0,5
TFP	0,9	−0,4	−1,0	2,2	0,2
	Japan				
BIP	1,0	0,9	−5,7	4,3	−0,5
Arbeitsmenge	−0,5	−0,1	−2,5	−0,3	−0,4
Arbeitsqualität	0,4	0,1	0,1	0,1	0,1
N-IT Kapital	0,4	0,3	0,0	−0,2	−0,2
IT Kapital	0,3	0,1	0,2	0,3	0,3
TFP	0,4	0,5	−3,5	4,5	−0,3
	Eurozone				
BIP	2,1	2,2	−4,4	1,8	1,5
Arbeitsmenge	0,5	0,7	−2,2	0,1	0,3
Arbeitsqualität	0,3	0,1	0,2	0,2	0,2
N-IT Kapital	0,7	0,8	0,5	0,2	0,3
IT Kapital	0,4	0,4	0,3	0,3	0,4
TFP	0,3	0,1	−3,1	1,0	0,4
	China				
BIP	7,8	11,5	8,8	9,8	
Arbeitsmenge	0,5	0,2	0,1	0,1	

Arbeitsqualität	0,2	0,1	0,1	0,1	
N-IT Kapital	4,5	5,5	5,7	6,1	
IT Kapital	1,1	1,3	1,0	0,8	
TFP	1,6	4,4	1,9	2,7	
Indien					
BIP	6,3	8,2	7,7	8,2	7,2
Arbeitsmenge	1,0	1,1	0,8	1,0	1,1
Arbeitsqualität	0,2	0,1	0,2	0,2	0,2
N-IT Kapital	2,7	3,7	3,5	3,4	3,2
IT Kapital	0,5	0,9	0,9	0,9	1,1
TFP	1,9	2,3	2,3	2,7	1,7
Brasilien					
BIP	2,4	4,9	–0,2	7,2	3,4
Arbeitsmenge	0,8	0,9	0,3	1,4	0,8
Arbeitsqualität	0,1	0,2	0,2	0,2	0,1
N-IT Kapital	1,2	1,6	2,2	2,3	2,5
IT Kapital	0,7	2,5	2,8	1,3	0,0
TFP	–0,3	–0,3	–5,7	2,0	–0,1

Quelle: The Conference Board Total Economy Database, Januar 2012.

Tab. A2: Beiträge des Produktivitätswachstums und des Beschäftigungsanstiegs zum realen Wachstum der Wertschöpfung im Unternehmenssektor im Zeitraum 1995 bis 2008 Durchschnittliche jährliche Veränderungsraten in Prozent

	USA			Japan			EU–15			Deutschland		
	W	P	B	W	P	B	W	P	B	W	P	B
Unternehmens-sektor insgesamt	2,9	1,9	1,0	1,2	1,6	–0,3	2,2	1,0	1,2	1,7	1,2	0,5
Verarbeitendes Gewerbe	3,3	5,1	–1,8	1,7	3,7	–1,9	1,5	2,3	–0,8	1,8	2,6	–0,7
Versorgungs-Unternehmen	0,6	1,9	–1,3	2,4	2,9	–0,4	2,2	3,4	–1,1	2,2	4,4	–2,0
Bauwirtschaft	–0,1	–2,2	2,1	–2,1	–0,1	–2,0	0,8	–0,1	0,9	–3,0	–0,1	–2,9
Dienstleistungen (ohne Staat)	3,8	2,4	1,4	1,4	1,1	0,2	3,1	1,0	2,1	2,5	0,8	1,7

Anmerkung: W = Durchschnittliche jährliche Veränderung der realen Wertschöpfung in %.
P = Beitrag des Produktivitätswachstums je Beschäftigten in Prozentpunkten
B = Beitrag der Beschäftigungsveränderung in Prozentpunkten

Quelle: Uppenberg (2011).

Tab. A3: Wirtschaftswachstum in den 20 bevölkerungsreichsten Ländern Afrikas
Durchschnittliche jährliche Veränderung des realen BIP in Prozent

	Bev. Mio. 2010	1981 bis 1990	1991 bis 2000	2001 bis 2010
Nigeria	158,3	2,8	2,0	9,0
Äthiopien	85,0	1,9	3,0	8,4
Ägypten	84,5	5,5	4,2	4,9
Kongo DR	67,8	0,9	–5,4	5,0
Südafrika	50,5	1,5	1,8	3,5
Tanzania	45,0	3,3	4,2	7,0
Sudan	43,2	2,7	5,2	6,8
Kenya	40,9	4,3	1,8	4,2
Algerien	35,4	2,8	1,7	3,7
Uganda	33,8	3,6	7,3	7,4
Marokko	32,4	4,0	2,5	4,9
Ghana	24,3	2,3	4,3	5,8
Mozambique	23,4	2,1	4,6	8,0
Elfenbeink.	21,6	1,0	2,6	1,0
Madagaskar	20,1	0,6	1,8	2,8
Kamerun	20,0	3,6	1,2	3,3
Angola	19,0	2,5	3,7	11,4
Burkina Faso	16,3	3,4	5,6	5,8
Niger	15,9	0,1	2,6	5,0
Malawi	15,7	2,3	3,7	4,7
Nachrichtlich Afrika	1031,5	2,8	2,7	5,3

Quelle: Afrikanische Entwicklungsbank AFDB und eigene Berechnungen.

Tab. A4: Wirtschaftswachstum in ausgewählten kleineren Ländern Afrikas
Durchschnittliche jährliche Veränderung des realen BIP in Prozent

	Bev. Mio. 2010	1981 bis 1990	1991 bis 2000	2001 bis 2010
Sambia	13,3	1,0	0,8	5,5
Senegal	12,9	2,7	3,1	4,0
Simbabwe	12,6	4,5	−2,0	−3,0
Tunesien	10,4	3,6	4,8	4,5
Rwanda	10,3	2,4	2,5	8,8
Libyen	6,5	−1,3	−0,2	4,2
Liberia	4,1	−8,7	9,6	1,8
Botsuana	2,0	11,6	5,9	4,3
Mauritius	1,3	6,2	5,3	3,8
Nachrichtlich Afrika	1031,5	2,8	2,7	5,3

Quelle: Afrikanische Entwicklungsbank AFDB und eigene Berechnungen.

Wirtschaftswachstum in Zeiten des anthropogenen Klimawandels?

*Von Manfred Stadler**

1 Einleitung

In der warmen Epoche des Eozäns setzte vor 45 Millionen Jahren auf der Erde der letzte große Klimawandel ein. Die globalen Temperaturen sanken derart, dass eine allmähliche Vereisung einsetzte, zunächst auf der Antarktis, danach auch im Nordpolarmeer. Seit nunmehr 3,6 Millionen Jahren besitzt die Erde zwei polare Eiskappen und befindet sich damit definitionsgemäß in einem Eiszeitalter, dem Pleistozän. Typischerweise wechseln sich in Eiszeitaltern in etwa 100.000 Jahre andauernden Zyklen Kaltzeiten (»Eiszeiten«) und Warmzeiten (»Zwischeneiszeiten«) ab, in denen die durchschnittlichen globalen Temperaturen um mehr als 10 °C schwanken. Die letzte Kaltzeit, die Würm-Weichseleiszeit, setzte vor etwa 80.000 Jahren ein, erreichte vor 20.000 Jahren ihren Höhepunkt und endete vor 11.000 Jahren. In die nun beginnende Epoche des Holozäns fielen die Anfänge von Landwirtschaft, Bau und Sesshaftwerdung, womit der bis heute andauernde Zivilisations-, Innovations- und Entwicklungsprozess eingeläutet wurde.

Langfristige Klimaänderungen werden durch Zyklen in der Umlaufbahn der Erde um die Sonne, durch Kontinentaldrift und durch Änderung in der Zusammensetzung der Atmosphäre, etwa durch Vulkanismus, auf natürlichem Wege ausgelöst (vgl. die detaillierte Darstellung in Rahmstorf/Schellnhuber 2007). Seit die junge Erde über Vulkane eine Atmosphäre ausschwitzte, gibt es ein Erdklima. Ohne Atmosphäre hätte die Erde (im thermodynamischen Gleichgewicht) eine Temperatur von –18 °C, tatsächlich beträgt sie derzeit knapp 15 °C. Die Differenz von 33 °C ist dem Treibhauseffekt zuzuschreiben, der insbesondere auf Wasserdampf, Kohlendioxid, Methan und bodennahes Ozon zurückzuführen ist. Diese Gase halten einen Teil der Sonnenstrahlung zurück und verschieben damit das Strahlungsbilanzgleichgewicht. Einen neuen, anthropogenen Auslöser für den Klimawandel stellt seit Beginn des industriellen Zeitalters vor über 200 Jahren der zunehmende Einsatz fossiler Brennstoffe wie Kohle, später Erdöl und Erdgas in nahezu allen Bereichen der Produktion und des Konsums dar. Der Ausstoß von Treibhausgasen führte allein in den letzten hundert Jahren zu einem anthropo-

* Prof. Dr. Manfred Stadler, Tübingen, E-Mail: manfred.stadler@uni-tuebingen.de

genen Treibhauseffekt von 0,8 °C, also ca. 2 % des gesamten Treibhauseffektes. Physikalische Messungen im Laborexperiment sowie Satellitendaten lassen keinen Zweifel an der erwärmenden Wirkung des CO_2-Gehalts – und dieser ist zwischenzeitlich von 280 ppm (parts per million) auf 390 ppm gestiegen.[1] Sorgfältige Analysen von Eisbohrkernen und Sedimenten zeigen, dass es eine derart hohe CO_2-Konzentration seit mindestens 700.000 Jahren, wahrscheinlich sogar seit einigen Millionen Jahren nicht mehr gegeben hat. Nach dem vierten Sachstandsbericht des Intergovernmental Panel on Climate Change (IPCC 2007) würde ein weiterer Anstieg auf 450 ppm CO_2 oder 550 ppm CO_2e, der in einem *business as usual*-Szenario im Laufe des Jahrhunderts erreicht sein dürfte, eine Temperaturerhöhung (gegenüber dem vorindustriellen Niveau) um 1,5 bis 4,5 °C nach sich ziehen.[2] Selbstverständlich nimmt die Unsicherheit mit zunehmender Abweichung von den heutigen Bedingungen progressiv zu (vgl. Pindyck 2010), es wird aber davon ausgegangen, dass bei einem Anstieg um mehr als 6 °C aufgrund der nichtlinearen Dynamik des Klimageschehens keine brauchbare Prognose mehr abgegeben werden kann. Die Folgen einer derartigen Erderwärmung werden von Experten allerdings als die menschlichen Lebensgrundlagen gefährdend eingestuft.

Damit befinden wir uns heute in einer paradoxen Situation: Während die Erde eigentlich auf eine neue Kaltzeit mit einem Höhepunkt in 30 bis 50 Jahrtausenden zusteuert, steht zu befürchten, dass es zunächst zu einer anthropogenen Erderwärmung kommt, die in der Lage ist, den natürlichen Zyklus über mehrere hunderttausend Jahre hinweg zu verhindern. Dann könnte man in der Tat von einer neuen Epoche, dem »Anthropozän« sprechen (vgl. Crutzen/Steffen 2003). Die intensiv diskutierten Folgen einer derartigen Erwärmung reichen von Gletscherschmelze und Anstieg des Meeresspiegels über Wetterextreme und Dürren bis hin zu irreversiblen Änderungen in den Ökosystemen. Ein viel beachteter Versuch, die ökonomischen Folgen des Klimawandels zu bewerten, findet sich im Stern-Report (vgl. Stern 2007 und die sich anschließende Kontroverse in Nordhaus 2007, Weitzman 2007 und Stern 2008).

Aus wirtschaftswissenschaftlicher Sicht stellt sich vor allem die Frage, ob die Konzentration der Treibhausgase unter dem als kritisch eingestuften Grenzwert von 450 ppm CO_2 oder 550 ppm CO_2e gehalten werden kann. Dies würde dem 2005 beschlossenen 2-Grad-Ziel der EU insofern entsprechen, als dann

---

1 Berücksichtigt man auch die Treibhausgase Methan (CH_4), Distickstoffmonoxid (N_2O) und Halogenkohlenwasserstoffe wie FCKW, so beträgt die Konzentration der Treibhausgase in CO_2-Äquivalenten 430 ppm CO_2e (vgl. Stern 2007, 2008). Dabei gilt es zu berücksichtigen, dass beispielsweise der Wirkung des Methans diejenige von Kohlendioxid um ein Vielfaches übersteigt.

2 Der fünfte Sachstandsbericht, von dem eine weitere Präzisierung der Prognosen erwartet wird, soll 2014 vorgelegt werden.

die Wahrscheinlichkeit eines Temperaturanstiegs um über 2 °C (gegenüber dem vorindustriellen Niveau) genau bei 50 % läge. Die Hoffnung beruht dabei auf den ökologischen Kuznets-Kurven, die einen umgekehrt-U-förmigen Zusammenhang zwischen dem Wohlstand einer Volkswirtschaft und dem Grad der Umweltverschmutzung beschreiben. Derartige Kurven lassen sich retrospektiv etwa für Schwefeldioxid, Kohlenmonoxid, Stickstoffoxide oder Fluorchlorkohlenwasserstoffe empirisch nachweisen, bislang jedoch (noch) nicht für den Ausstoß der Treibhausgase, die angesichts des drohenden Klimawandels ebenfalls als umweltschädigend angesehen werden können (vgl. etwa Brock/Taylor 2010). Ganz im Gegenteil sind die weltweiten CO_2-Emissionen nach einer vorläufigen Schätzung der Internationalen Energieagentur im Jahr 2011 um 3,2 % auf das Rekordniveau von 31,6 Gigatonnen gestiegen. Während die Emissionen in den Schwellenländern stark stiegen, gingen sie in Amerika und der EU leicht zurück.

Um einen unkontrollierbaren Klimawandel zu vermeiden, muss der Ausstoß von Treibhausgasen zwingend begrenzt werden, wohl ohne dass internationale Institutionen mit umweltpolitischen Entscheidungsbefugnissen in absehbarer Zeit etabliert werden können. Auf der Konferenz der Vereinten Nationen über Umwelt und Entwicklung in Rio de Janeiro 1992 wurde das Leitbild der nachhaltigen Entwicklung (*sustainable development*) für die Wirtschaftspolitik akzeptiert (vgl. World Commission on Environment and Development 1987). Dieses Leitbild beschreibt eine Entwicklung, die nicht nur dem Wohlstand der heutigen, sondern auch der zukünftigen Generationen Rechnung trägt. Da aber die Umstellung auf alternative Energieträger mit hohen ökonomischen Kosten einhergeht, stellt sich unweigerlich die Frage nach den Einbußen des Wirtschaftswachstums. Spätestens seit dem Bericht an den Club of Rome (vgl. Meadows u. a. 1972 sowie erneut 1992) steht diese Frage ohnehin weit oben auf der Agenda wirtschaftswissenschaftlicher Anstrengungen.

Die traditionelle neoklassische Wachstumstheorie hat sich intensiv mit optimalen Wachstumspfaden bei erschöpfbaren und regenerativen Ressourcen sowie bei Umweltverschmutzung auseinandergesetzt (vgl. etwa van der Ploeg/Withagen 1991). Diese Modelle zeichnen sich typischerweise durch substitutionale Produktionsfunktionen aus, in denen alle reproduzierbaren Produktionsfaktoren gemeinsam sinkende Skalenerträge aufweisen. Die langfristige steady state-Wachstumsrate ist durch die Wachstumsraten der nicht endogen akkumulierbaren Produktionsfaktoren wie der Arbeitsbevölkerung oder des Technologieparameters exogen bestimmt. Umweltschäden können daher im langfristigen Gleichgewicht lediglich die Produktionsniveaus, nicht aber deren Wachstumsraten beeinflussen. Ökonomisch gehaltvollere Wirkungszusammenhänge ergeben sich zwar im Laufe des Anpassungsprozesses, der ein Menschenleben sicherlich überdauert. Diskussionen über die Nachhaltigkeit von Entwicklungsprozessen setzen allerdings sinnvollerweise die Option einer auch langfristig endogen bestimmten

Wachstumsrate voraus. Genau darin liegt der konstituierende Vorteil der seit Ende der achtziger Jahre etablierten »Neuen« Wachstumstheorie.

Der vorliegende Beitrag setzt sich daher zum Ziel, die Funktionsweise eines geeignet adaptierten Grundmodells der Neuen Wachstumstheorie zu illustrieren, das ungeachtet seines rudimentären Aufbaus in der Lage ist, einen umgekehrt-U-förmigen Zusammenhang zwischen dem Pro-Kopf-Einkommen einer Volkswirtschaft und dem CO_2-Ausstoß zu erklären. Bei aller gebotenen Zurückhaltung im Hinblick auf politische Empfehlungen auf der Basis (zu) einfacher wirtschaftstheoretischer Ansätze wird das Modell auch bezüglich der Effizienz alternativer umweltpolitischer Instrumente ausgewertet. Es zeigt sich, dass sowohl CO_2-Steuern als auch insbesondere handelbare Emissionsrechte direkten Auflagen überlegen sind. Eine weltweite Orientierung an einer marktkonformen Klimapolitik scheint deshalb ratsam.

2 Ein makroökonomisches Klimamodell

Die elementaren Bestandteile eines adäquaten makroökonomischen Klimamodells sind die Abbildung der Produktion (und ihrer Verwendung), des technologischen Fortschritts und des globalen Umweltsystems, hier in Form der Konzentration von Treibhausgasen in der Atmosphäre (so auch Oppenländer 2006). Im Folgenden wird ein einschlägiges Modell von Brock/Taylor (2005) in einer adaptierten Version herangezogen, um den Zusammenhang zwischen Klimawandel und optimalem Wirtschaftswachstum abzuleiten und gängige umweltpolitische Instrumente auf ihre Effizienz hin zu überprüfen.[3]

Die Produktionstechnologie aller kompetitiven Unternehmen i sei gegeben durch die linear-homogene Funktion $Y_i = F(K_i, T^B L_i)$ mit den Inputfaktoren Kapital K_i und Arbeit L_i sowie dem unternehmensexternen »braunen« Technologieparameter T^B, der sich gemäß $T^B = K/L$ durch die gesamtwirtschaftliche Kapitalintensität bestimmt (vgl. Romer 1986). Aus der Aggregation über die Unternehmen folgt bei konstanter Bevölkerung und mit dem Technologieparameter $A := F(1, 1)$ die Produktionsfunktion

$$Y = F(K, K) = F(1, 1)K = AK, \tag{1}$$

die dem Ausgangsmodell der endogenen Wachstumstheorie zugrundeliegt (vgl. Rebelo 1991). Die Verwendungsgleichung lautet

3 Ähnlich strukturierte ältere Modelle mit anders motivierten Zielsetzungen stammen von Gradus/Smulders (1993), Hung/Chang/Blackburn (1994), Smulders (1994, 1995), Smulders/Gradus (1996) und Bovenberg/Smulders (1995, 1996). Eine Erweiterung des hier präferierten Ansatzes um Humankapital findet sich in Hartman/Kwon (2005).

$$Y = C + I + Z, \tag{2}$$

wonach der Output entweder von den Haushalten in Höhe von C konsumiert, von den Unternehmen in Höhe von I in den Kapitalbestand investiert oder in Höhe von Z zur Vermeidung des CO_2-Ausstoßes ausgegeben werden. Die Ressourcen zur Vermeidung von CO_2-Ausstoß können in neuen Technologien der Kohlenstoffspeicherung (*carbon capture and storage, CCS*) oder in klimaneutralen Technologien der Energiegewinnung (Wind-, Wasser- und Solarkraftanlagen) Anwendung finden, sie können aber auch als Input in ein CO_2-Recycling dienen, aus dem Methanol oder andere Grundstoffe der Chemischen Industrie gewonnen werden.

Der Ausstoß von Treibhausgasen wird in der Literatur üblicherweise entweder als proportional zum Energieinput (vgl. Golosov et al. 2011) oder als proportional zum Output (vgl. Stokey 1998) unterstellt. Da im Rahmen des adaptierten AK-Modells der Einsatz natürlicher Energieressourcen nicht explizit modelliert wird, kommt hier die zweite Variante zur Anwendung, wobei der Proportionalitätsfaktor der Einfachheit halber auf 1 normiert wird. Die Vermeidungstechnologie sei (in formaler Analogie zur Produktionstechnologie) gegeben durch die linearhomogene Funktion $G_i(Z_i, T^G Y_i)$ mit den Inputfaktoren Vermeidungsinvestitionen Z_i und Produktionsmenge Y_i sowie dem unternehmensexternen »grünen« Technologieparameter T^G, der sich in enger Analogie zum oben eingeführten »braunen« Technologieparameter gemäß $T^G = Z/Y$ ebenfalls durch die gesamtwirtschaftliche Aktivität bestimmt. Aus der Aggregation über die Unternehmen folgt mit dem Effizienzparameter $\alpha := G(1, 1)$ und der Emissionsvermeidungsquote $z := Z/Y$ die gesamtwirtschaftliche Emissionsmenge

$$P = Y - G(Z, Z) = Y - G(1, 1)Z = (1 - \alpha z)Y. \tag{3}$$

Da durch Vermeidungsmaßnahmen nur die Emission von Treibhausgasen reduziert werden kann, nicht aber der bereits erreichte CO_2-Gehalt, und da es aus physikalischen Gründen prinzipiell möglich ist, allein durch effiziente Nutzung der Sonneneinstrahlung den produktionsbedingten Treibhausausstoß ganz zu vermeiden, liegt es nahe, $\alpha > 1$ und damit $z \in [0, 1/\alpha]$ zu unterstellen.

Mit (1) und (2) folgt die Kapitalakkumulation bei einem konstanten Abschreibungssatz $\delta > 0$ der Differenzialgleichung

$$\dot{K} = AK(1 - z) - \delta K - C. \tag{4}$$

Die Akkumulation von Kohlendioxid in der Atmosphäre wird mit (1) und (3) bei konstanter Absorptionsrate η durch die Gleichung[4]

[4] Das emittierte CO_2 gelangt zunächst in die Atmosphäre, wird dann aber teilweise von der Biosphäre und den Meeren sowie durch Verwitterung absorbiert. Klimatologen gehen davon aus, dass etwa 50 % des CO_2-Ausstoßes innerhalb von 30 Jahren und weitere 30 % innerhalb

$$\dot{X} = P - \eta X = (1 - \alpha z) A K - \eta X \tag{5}$$

beschrieben. Die Präferenzen der Haushalte seien in jedem Zeitpunkt durch die CES-Nutzenfunktion

$$U(C, E) = \frac{[C^{\xi} + E^{\xi}]^{(1-\theta)/\xi} - 1}{1 - \theta}$$

mit den Variablen Konsum C und Umweltqualität E gegeben (vgl. Sterner/Persson 2008 und Weitzman 2010). Bei kalibrierten Werten $1/(1 - \xi) = 1/2$ für die Substitutionselastizität zwischen Konsum und Umweltqualität und $1/\theta = 1/2$ für die intertemporale Substitutionselastizität vereinfacht sich die Nutzenfunktion zu

$$U(C, E) = 1 - (1/C) - (1/E).$$

Spezifiziert man den Zusammenhang zwischen dem atmosphärischen Kohlendioxidgehalt X und der Umweltqualität E gemäß $1/E = 1 + BX$, $B > 0$ (siehe die Herleitung der Gleichung (A.3) im Anhang), folgt weiter[5]

$$U(C, X) = -(1/C) - BX, \tag{6}$$

wobei B die relative Gewichtung des CO_2-Problems angibt.

3 Der optimale Wachstumspfad

Zur Ermittlung des optimalen Wachstumspfades wird dem üblichen Vorgehen folgend zunächst das Optimierungsproblem eines fiktiven Sozialplaners gelöst, um anschließend zu klären, ob und ggf. wie dieser Pfad in einem dezentral marktwirtschaftlichen System durch staatliche Regulierung implementiert werden kann. Ziel des Sozialplaners ist die Maximierung der intertemporalen Nutzenfunktion

$$\max_{C, z} \int_0^{\infty} e^{-\rho t} U(C, X)\, dt \tag{7}$$

mit konstanter Zeitpräferenzrate ρ unter Beachtung der Akkumulationsgleichungen (4) und (5), den zeitlichen Anfangsbedingungen $K(0) = K_0$ und $X(0) = X_0$ sowie den Transversalitätsbedingungen

weniger Jahrhunderte absorbiert werden, während die restlichen 20 % über mehrere Jahrtausende in der Atmosphäre verbleiben (vgl. IPCC 2007). In grober Vereinfachung lässt sich dieser Kohlenstoffzyklus durch eine sehr geringe, konstante Abbaurate $\eta > 0$ approximieren.

5 Durch diese Transformationen ergibt sich die Nutzenfunktion als Spezialfall der allgemeineren Funktion $U(C, X) = (C^{1-\theta} - 1)/(1 - \theta) - BX^{\beta}/\beta$ mit $\theta = 2$ und $\beta = 1$, wie sie üblicherweise in umweltökonomischen Modellen mit Umweltverschmutzung durch direkt wirkende Schadstoffe Verwendung findet (vgl. insbesondere Stokey 1998 und Brock/Taylor 2005).

$$\lim_{t \to \infty} [e^{-\rho t} \psi_1(t) K(t)] = 0 \tag{8}$$

und

$$\lim_{t \to \infty} [e^{-\rho t} \psi_2(t) X(t)] = 0. \tag{9}$$

Unter Verwendung der Spezifikation (6) lautet die (nicht diskontierte) Hamilton-Funktion des Optimierungsproblems[6]

$$H = -1/C - BX + \psi_1 [AK(1-z) - \delta K - C] - \psi_2 [AK(1-\alpha z) - \eta X],$$

wobei die Kozustandsvariablen $\psi_1 > 0$ und $\psi_2 < 0$ die Schattenpreise des Kapitalbestands K und des anthropogenen CO_2-Gehalts X angeben.

Die notwendigen Optimalitätsbedingungen

$$\psi_1 = C^{-2} \tag{10}$$

$$\dot{\psi}_1 = \psi_1 \rho - \psi_1 [A(1-z) - \delta] + \psi_2 A(1-\alpha z) \tag{11}$$

$$z = \begin{cases} 0 & \text{für } -\psi_2/\psi_1 < 1/\alpha \\ 1/\alpha & \text{für } -\psi_2/\psi_1 > 1/\alpha \end{cases} \tag{12}$$

$$\dot{\psi}_2 = (\rho + \eta)\psi_2 - B \tag{13}$$

legen zusammen mit den Akkumulationsgleichungen und den Startwerten K_0 und X_0 sowie den Transversalitätsbedingungen (8) und (9) die optimalen Entwicklungspfade $\{K^*, C^*, Y^*, P^*, X^*\}$ eindeutig fest.

Am Beginn des industriellen Entwicklungsprozesses der betrachteten (Welt-) Ökonomie, gekennzeichnet durch einen niedrigen Kapitalbestand $K(0) = K_0$ und eine vernachlässigbare anthropogene CO_2-Konzentration $X_0 = 0$, resultiert mit $-\psi_2/\psi_1 < 1/\alpha$ die Randlösung $z = 0$, d. h. es werden keinerlei Maßnahmen zur Vermeidung von CO_2-Ausstoß getroffen. In dieser ersten Phase lauten die Akkumulationsgleichungen (4) und (5) daher

$$\dot{K}/K = A - \delta - C/K$$

und

$$\dot{X}/X = AK/X - \eta,$$

d. h. die Kapitalakkumulation und die Akkumulation von Treibhausgasen schreiten stetig und monoton voran. Es lässt sich zeigen, dass diese Prozessdynamik in einem endlichen Zeitpunkt T in eine zweite Phase mit $-\psi_2/\psi_1 > 1/\alpha$ übergeht

6 Verzichtet wird auf die explizite Einführung eines kritischen oberen Grenzwertes $\tilde{X}$, oberhalb dessen ein irreversibler Zerstörungsprozess einsetzen würde, der dann trotz menschlichen Gegensteuerns nicht mehr aufzuhalten wäre. Dies ist gleichbedeutend mit der Annahme, dass diese Restriktion nicht bindet oder – drastischer ausgedrückt – dass der optimale Entwicklungspfad nicht in eine Klimakatastrophe mündet.

und in dieser verbleibt. Hier stellt sich die Randlösung $z = 1/\alpha$ einer vollständigen Vermeidung von CO_2-Ausstoß ein.[7] Der Endzeitpunkt T der ersten Phase markiert demnach gleichzeitig den Anfangszeitpunkt für die zweite Phase. An dieser Stelle erreichen sowohl die CO_2-Emission P als auch der CO_2-Gehalt X (und damit die ökologische Kuznets-Kurve) ihre Maxima. Bei Gültigkeit der »Kindergartenregel« $z = 1/\alpha$ folgt aus (10) und (11) die homogene Differenzialgleichung

$$-\dot{\psi}_1/\psi_1 = 2\dot{C}/C = A(1-1/\alpha) - \delta - \rho,$$

in der annahmegemäß $A(1-1/\alpha) - \delta - \rho > 0$ gelten soll und die die Lösung

$$\psi_1 = C^{-2} = \psi_1(T)\, e^{-[A(1-1/\alpha)-\delta-\rho]t} \tag{14}$$

besitzt. Daraus erhält man für die Kapitalakkumulation (4) die inhomogene Differenzialgleichung

$$\dot{K} = [A(1-1/\alpha) - \delta]K - \psi_1^{-1/2}$$

mit der Lösung

$$K = e^{[A(1-1/\alpha)-\delta](t-T)}\left[K(T) - \psi_1(T)^{-1/2}\int_T^t e^{-(1/2)[A(1-1/\alpha)-\delta+\rho]\tau}\,d\tau\right]. \tag{15}$$

Setzt man die Ausdrücke (14) und (15) für ψ_1 und K in die Transversalitätsbedingung (8) ein, zeigt sich, dass

$$\lim_{t\to\infty}\left[K(T) - \psi_1(T)^{-1/2}\int_T^t e^{-(1/2)[A(1-1/\alpha)-\delta+\rho]\tau}\,d\tau\right] = 0,$$

woraus nach Integration

$$\psi_1(T) = [(1/2)[A(1-1/\alpha) - \delta + \rho]]^{-2} K(T)^{-2} \tag{16}$$

und eingesetzt in (15) der monoton steigende Zeitpfad für die Kapitalakkumulation

$$K(t) = K(T)\, e^{(1/2)[A(1-1/\alpha)-\delta+\rho](t-T)} \tag{17}$$

für $t \geq T$ folgen. Es bleibt noch, den Kapitalbestand $K(T)$ im Umkehrzeitpunkt zu ermitteln.

Integration der Differenzialgleichung (5) für den CO_2-Gehalt während des Abbaus im Kohlenstoffzyklus führt zu

$$X = X(T)\, e^{-\eta(t-T)}. \tag{18}$$

---

7 Für diese Optimalitätsbedingung, die jeder weiteren »Verschmutzung« mit Treibhausgasen Einhalt gebietet, prägten Brock/Taylor (2005) den anschaulichen Begriff der »Kindergartenregel«.

Die Kozustandsvariable ψ_2 folgt der inhomogenen Differenzialgleichung (13), aus der man

$$\psi_2 = e^{(\rho+\eta)(t-T)} \cdot [\psi_2(T) - (B/(\rho + \eta))(1 - e^{-(\rho+\eta)(t-T)})] \qquad (19)$$

erhält. Setzt man die Ausdrücke (18) und (19) für X und ψ_2 in die Transversalitätsbedingung (9) ein, so folgt daraus eine konstante Kozustandsvariable

$$\psi_2 = -B/(\rho + \eta).$$

Mit $\psi_1(T) = -\alpha\psi_2 = \alpha B/(\rho + \eta)$ erhält man schließlich aus (16) den Kapitalbestand zum Umkehrzeitpunkt

$$K(T) = \frac{(\rho + \eta)^{1/2}}{(1/2)[A(1 - 1/\alpha) - \delta + \rho]\alpha^{1/2}B^{1/2}}, \qquad (20)$$

ab dem durch Umstellung auf klimaneutrale Produktionsweisen der CO_2-Gehalt in der Atmosphäre durch natürliche Absorption allmählich sinkt. Je höher dieser Kapitalbestand, desto länger dauert es bis zum Übergang von Phase 1 (keine Emissionsvermeidung) in Phase 2 (vollständige Emissionsvermeidung). Eine komparativ-statische Analyse ergibt, dass der kritische Kapitalbestand (und wegen $Y = AK$ auch das kritische Pro-Kopf-Einkommen) u.a. negativ vom Gewichtungsfaktor B in der Nutzenfunktion abhängt, dass also eine hohe Gewichtung des Treibhauseffektes einen frühen Umkehrpunkt impliziert.

Diese stilisiert nachgezeichnete Entwicklung der betrachteten Modellökonomie stimmt mit den vorliegenden Befunden zum Ausstoß spezieller Schadstoffe außerordentlich gut überein: In einer Vielzahl ökonometrischer Studien wird der theoretisch prognostizierte umgekehrt-U-förmige Zusammenhang zwischen dem Pro-Kopf-Einkommen und diverser Indikatoren für die Umweltverschmutzung festgestellt. Grossman/Krueger (1995) weisen derartige Zusammenhänge für Indikatoren zur Luftverschmutzung (Schwefeldioxid, Staubteilchen) sowie zur (Fluss-)Wasserqualität (Nitrate, Schwermetalle, Krankheitserreger) überzeugend nach. Die maximale Umweltverschmutzung wird bei den meisten Indikatoren bei weniger als \$ 8000 Jahreseinkommen (auf der Basis von 1985), d.h. bereits in relativ frühen Entwicklungsphasen ermittelt. Ähnliche Studien der World Bank (1992) und von Selden/Song (1994) bestätigen diesen Zusammenhang bzw. weisen ihn für weitere Schadstoffe wie Stickstoffoxide und Kohlenmonoxide nach (vgl. zusammenfassend Brock/Taylor 2010 und kritisch Harbaugh et al. 2002 und Stern 2004). Der CO_2-Ausstoß bildet bislang allerdings eine bedenkliche Ausnahme und steigt bis heute weltweit an. Es stellt sich daher die Frage, ob die abgeleitete Kuznets-Kurve auch für Treibhausgase Gültigkeit besitzt. Eine plausible Erklärung für einen späteren, noch nicht erreichten Umkehrpunkt ist u.E. ein entsprechend niedriger Gewichtungsfaktor B für das Klimaproblem. Im Gegensatz zu Umweltgiften oder das Ozon schädigenden Stoffen wird der

CO_2-Gehalt (immer noch) nicht als globale unmittelbare Gefahr wahrgenommen, zumal es auch regionale Gewinner eines Klimawandels geben dürfte. Eine geringere Gewichtung des Klimawandels impliziert im präsentierten Modell einen späteren Umkehrzeitpunkt bei einem höheren Pro-Kopf-Einkommen. Dass in den westlichen Industriestaaten der CO_2-Ausstoß bereits sinkt, darf vor diesem Hintergrund durchaus als Beleg dafür betrachtet werden, dass der Umkehrpunkt für die Konzentration der Treibhausgase »bald« erreicht sein wird.[8]

4 Zur Effizienz alternativer umweltpolitischer Instrumente

Die wohlfahrtsoptimale Lösung beschreibt einen Entwicklungspfad, in dem das Wirtschaftswachstum mit zunächst steigenden, dann aber fallenden Treibhausgasemissionen einhergeht. Technologiegetriebenes Wirtschaftswachstum ist in Zeiten des anthropogenen Klimawandels also nicht nur möglich, sondern bildet über den beschriebenen Wirkungsmechanismus sogar eine Voraussetzung dafür, dass die Emissionen langfristig sinken. Da der wohlfahrtsoptimale Wachstumspfad nur dann positiven Erklärungscharakter besitzt, wenn er durch staatliche Regulierung auch implementiert werden kann, bleibt noch zu zeigen, welche umweltpolitischen Instrumente dafür geeignet sind. Ohne korrektive Regulierung kann der optimale Entwicklungspfad nicht erreicht werden. Dies liegt maßgeblich an den negativen externen Effekten des Klimawandels: Der bevorstehende Klimawandel reduziert zwar den Nutzen der Haushalte, ist für jeden einzelnen jedoch gleichzeitig ein unbeeinflussbares Datum. Eine Reduzierung des CO_2-Ausstoßes ist für alle Unternehmen unweigerlich mit Kosten, gemessen in Form entgangenen Outputs, verbunden. Sie werden daher (mit $z = 0$) nicht in klimaneutrale Produktionstechnologien investieren und damit ein ungebremstes Wirtschaftswachstum induzieren, das zwangsläufig in eine Klimakatastrophe führt.

Mögliche Instrumente zur Steuerung des Entwicklungspfades sind (i) CO_2-Steuern, (ii) CO_2-Zertifikate und (iii) Auflagen für den CO_2-Ausstoß. Es lässt sich zeigen, dass zwar die ersten beiden marktkonformen Instrumente, nicht aber Produktionsauflagen geeignet sind, den optimalen Wachstumspfad zu implementieren (vgl. in einem ähnlichen Modellrahmen Stadler 2001).

Eine naheliegende Idee, Externalitäten mit Hilfe von Pigou-Steuern zu internalisieren, liegt den »Ökosteuern« zugrunde. Bei den hier unterstellten kompetitiven Marktstrukturen und vollständigen Informationen aller privaten und öffentlichen Akteure kann eine Umweltsteuer auf den CO_2-Ausstoß der Unternehmen in einer

[8] Ein hier ausgeklammertes zusätzliches Problem liegt im globalen Bevölkerungswachstum, das im Anpassungsprozess zu geringerem Wirtschaftswachstum (in Pro-Kopf-Größen) und damit zu einer Verzögerung der Umstellung auf klimaneutrale Produktion führen dürfte.

Weise implementiert werden, dass der effiziente Wachstumspfad des fiktiven Sozialplaners resultiert. Die Regulierungsinstanz muss lediglich eine Proportionalsteuer auf die Emissionen der Unternehmen erheben und seine Steuereinnahmen als Pauschaltransfers an die privaten Haushalte weitergeben.

Da die Voraussetzungen für eine effiziente Implementierung über Steuern realiter auch nicht approximativ erfüllt sind, präferieren Umweltökonomen die geregelte Ausgabe von und den Handel mit CO_2-Zertifikaten. Das 2005 eingerichtete EU-weite System des Handels mit CO_2-Emissionsrechten umfasst immerhin bereits mehr als die Hälfte der CO_2-Emissionen in der EU. Die grundlegende Idee besteht darin, Märkte für den CO_2-Handel zu etablieren, um auf diese Weise das Marktsystem zu vervollständigen. Mangels durchsetzbarer Eigentumsrechte werden solche Märkte ohne staatliche Mitwirkung nicht endogen entstehen, können aber über die Ausgabe handelbarer Rechte für Emissionsmengen leicht institutionalisiert werden. So kann die Regulierungsinstanz eine bestimmte Emissionsgesamtmenge festlegen, diese an die Unternehmen verteilen oder versteigern und ihnen Zertifikate für ihren CO_2-Ausstoß ausstellen. Diese Emissionsrechte berechtigen ihre Besitzer, bis zu der ausgewiesenen CO_2-Menge zu emittieren. Die Zertifikate können anschließend frei unter den Konkurrenten gehandelt werden, sodass sich prinzipiell einzelne Unternehmen auch höhere Ausstoßmengen erkaufen können. Die Emissionsrechte müssen mengenmäßig so vergeben bzw. bewertet werden, dass sich ein wohlfahrtsoptimaler Marktpreis einstellt. Die Menge der ausgegebenen Zertifikate muss daher zunächst erhöht, nach Erreichen der kritischen Einkommensschwelle aber wieder reduziert werden. Die »Abwertung« von Zertifikaten bietet dabei eine praktikable Möglichkeit, die erforderliche Reduktion des CO_2-Ausstoßes zu erreichen.

Auflagen in Form von gesetzgeberischen Ge- und Verboten, wie sie z. B. erfolgreich im Montrealer Protokoll von 1987 zur Verhinderung des weiteren Ozonabbaus beschlossen wurden, spielen in der derzeit praktizierten Klimapolitik nur eine untergeordnete Rolle. Im vorliegenden Modellrahmen lassen sich Auflagen an die Produktionstechnologie bzw. an die CO_2-Emissionen durch die Festlegung unternehmensspezifischer Umweltstandards erfassen. Es lässt sich jedoch zeigen, dass eine derartige Politik nicht in der Lage ist, einen effizienten Wachstumspfad zu generieren, da die Unternehmen jeweils die minimalen Vermeidungsaktivitäten als Randlösung wählen würden.

5 Fazit und Ausblick

Die empirische Evidenz der ökologischen Kuznets-Kurven, nach der die Umweltverschmutzung in Volkswirtschaften früher Entwicklungsstadien mit dem Wirtschaftswachstum zunächst zunimmt, ehe sie nach dem Erreichen einer kritischen

Kapital- und damit Einkommensschwelle wieder nachlässt, gibt auch hinsichtlich des anthropogenen Klimawandels Anlass zur Hoffnung. In der Tat lässt sich vor allem in hochentwickelten westlichen Volkswirtschaften eine allmähliche Reduktion des CO_2-Ausstoßes feststellen. Je höher das Einkommen der Bevölkerung, desto mehr Bedeutung wird der Umweltqualität und damit auch dem CO_2-Problem beigemessen. Insofern sollten die für Umweltverschmutzung gültigen Kuznets-Kurven auch für das Problem des Klimawandels Relevanz besitzen. Ein quantitativer Unterschied dürfte in der relativen Gewichtung der CO_2-Emission auszumachen sein. Akzeptiert man, dass der Klimawandel als weniger unmittelbar empfunden wird als die früher diskutierten Umweltschadstoffe, so lässt sich aus dem präsentierten Modell der Schluss ziehen, dass der Ausstoß von Treibhausgasen nach dem Erreichen eines Maximums ebenfalls global sinken wird. Dass dies (wenn auch mit niedriger Rate) in den westlichen Industrieländern bereits geschieht, darf als Frühindikator für einen auch globalen Rückgang gewertet werden.

Neben diesem theoretisch wie empirisch gestützten Hoffnungsschimmer bleibt Skepsis allerdings angebracht. Die Prozesse innerhalb und zwischen den einzelnen ökologischen Subsystemen sind derart komplex, dass zahlreiche Wirkungszusammenhänge noch nicht richtig verstanden werden. Beispielsweise können Klimaforscher trotz des Einsatzes modernster Computersimulationen bis heute nicht zuverlässig angeben, welche Klimaveränderungen in welchem Ausmaß auf menschliches Handeln zurückzuführen sind bzw. welche Entwicklungsprozesse durch aktives Gegensteuern wie stark abgeschwächt werden können. Vor diesem Hintergrund ist es vielleicht kein Zufall, dass ausgerechnet bei der Kohlendioxid-Emission, dessen Auswirkungen vor allem auf regionale Umweltbedingungen auch unter Experten noch umstritten sind, die ansonsten festzustellende Trendumkehr noch nicht eingesetzt hat. Das passive Abwarten auf wissenschaftlich »gesicherte« Erkenntnisse könnte sich jedoch als fatal erweisen. Auch bei der Bewältigung des Klimaproblems sollte das Vorsorgeprinzip walten, denn es ist Herausforderung und Chance zugleich. Zutreffend formuliert es Oppenländer (2000, S. 203) so: »Die Herausforderung besteht im Umschalten von der Reparatur zur Vorsorge, die Chance darin, ein wirklich fundamentales Problem im Rahmen unserer marktwirtschaftlichen Ordnung gelöst zu haben.« Auch ohne weltpolitische Instanz mit umweltpolitischen Befugnissen muss der in Rio, Kyoto und Cancún eingeschlagene Weg weiter beschritten und der CO_2-Ausstoß zunehmend begrenzt werden. Eine internationale Zertifikatsregelung mit eingebautem Abwertungsmechanismus stellt sowohl aus theoretischer wie auch aus praktischer Sicht ein empfehlenswertes Instrument zur Durchsetzung der angestrebten Klimaziele dar. In Kombination mit neuen »grünen« Technologien wie etwa dem CO_2-Recycling sollte es möglich sein, den weiteren CO_2-Anstieg weltweit zu stoppen, bevor sich irreversible Klimaprozesse einstellen, die geeignet sind, unsere menschliche Lebensgrundlage ernsthaft zu gefährden.

Anhang

Um die Folgen des Klimawandels zu modellieren, muss erstens der Einfluss der Treibhausgasemission auf den globalen Temperaturanstieg und zweitens der Einfluss des globalen Temperaturanstiegs auf die Umweltqualität spezifiziert werden. Die Reaktion der globalen Temperatur auf den CO_2-Gehalt in der Atmosphäre wird üblicherweise mit der konkaven Funktion

$$T(S) - T_0 = \lambda \ln(S/S_0)/\ln 2 \tag{A.1}$$

beschrieben. Dabei sind S_0 der CO_2-Gehalt und T_0 die globale Mitteltemperatur vor der Industrialisierung und λ steht für die Klimasensitivität, die den Temperaturanstieg bei einer Verdopplung des CO_2-Gehalts angibt. Der Schätzwert beläuft sich auf 3 ± 1 °C. Daher resultiert die Grenze von 450 ppm, die nach obiger Formel zu einem Temperaturanstieg von 2 °C führen würde.

Der Zusammenhang zwischen der globalen Mitteltemperatur und der Umweltqualität kann durch die monoton sinkende Funktion

$$E = \frac{1}{1 + \kappa(T(S) - T_0)^2}, \quad \kappa > 0 \tag{A.2}$$

angegeben werden (vgl. Weitzman 2010). Setzt man (A.1) in (A.2) ein, so erhält man für die Umweltqualität den Ausdruck

$$E = \frac{1}{1 + \kappa(\lambda \ln(S/S_0)/\ln 2)^2}.$$

Der Kehrwert dieser Funktion lässt sich cum grano salis mit $X := (S - S_0)$ durch die lineare Funktion

$$1/E = 1 + BX, \quad B > 0 \tag{A.3}$$

approximieren (vgl. die ähnlich motivierte Approximation in Golosov et al. 2011). Diese im Haupttext verwendete Funktion beschreibt den durch den Präferenzparameter $B = B(\kappa)$ bestimmten negativen Einfluss der anthropogenen CO_2-Konzentration X auf die Umweltqualität E.

Literatur

Bovenberg, A. L./Smulders, S. (1995): Environmental Quality and Pollution – Augmenting Technical Change in a Two-Sector Endogenous Growth Model. Journal of Public Economics 57, 369–391.

Bovenberg, A. L./Smulders, S. (1996): Transitional Impacts of Environmental Policy in an Endogenous Growth Model. International Economic Review 37, 861–893.

Brock, W. A./Taylor, M. S. (2005): Economic Growth and the Environment: A Review of Theory and Empirics. In: Aghion, P./Durlauf, S. (Hrsg.), Handbook of Economic Growth, Vol. 1B, Amsterdam, 1749–1821.

Brock, W. A./Taylor, M. S. (2010): The Green Solow Model. Journal of Economic Growth 15, 127–153.

Crutzen, P. J./Steffen, W. (2003): How Long Have We Been in the Anthropocene Era. Climatic Change 61, 251–257.

Golosov, M./Hassler, J./Krusell, P./Tsyvinski, A. (2011): Optimal Taxes on Fossil Fuel in General Equilibrium. NBER Working Paper Nr. 17348.

Gradus, R./Smulders, S. (1993): The Trade-off between Environmental Care and Long-term Growth - Pollution in three Prototype Growth Models. Journal of Economics 58, 25–51.

Grossman, G. M./Krueger, A. B. (1995): Economic Growth and the Environment. Quarterly Journal of Economics 110, 353–377.

Harbaugh, W./Levinson, A. M./Wilson, D. M. (2002): Reexamining the Empirical Evidence for an Environmental Kuznets Curve. Review of Economics and Statistics 84, 541–551.

Hartman, R./Kwon, O.-S. (2005): Sustainable Growth and the Environmental Kuznets Curve. Journal of Economic Dynamics and Control 29, 1701–1736.

Hung, V. T. Y./Chang, P./Blackburn, K. (1994): Endogenous Growth, Environment and R&D. In: C. Carraro (Hrsg.), Trade, Innovation, Environment, 241–258.

Intergovernmental Panel on Climate Change (2007): Climate Change 2007: The Physical Science Basis. Contribution of Working Group I to the Fourth Assessment Report of the Intergovernmental Panel on Climate Change.

Meadows, D. H./Meadows, D. L./Randers, J. (1992): Beyond the Limits. Post Mills.

Meadows, D. H./Meadows, D. L./Randers, J./Behrens W. W. (1972): The Limits to Growth. New York.

Nordhaus, W. D. (2007): A Review of the Stern Review on the Economics of Climate Change. Journal of Economic Literature 45, 686–702.

Oppenländer, K. H. (2000): Ökologie und Ökonomie. Umweltschutz als Herausforderung und Chance. In: K. H. Oppenländer (Hrsg.), Empirische Wirtschaftsforschung als Grundlage für unternehmerisches und wirtschaftspolitisches Handeln. Berlin, 203–209.

Oppenländer, K. H. (2006): Umwelt und Energie: Einführung in die Thematik. In: Franz, W./Ramser, H. J./Stadler, M. (2006), Umwelt und Energie. Tübingen, 1–14.

Pindyck, R. S. (2010): Modeling the Impact of Warming in Climate Change Economics. NBER Working Paper No. 15692.

Ploeg, F. van der/Withagen, C. (1991): Pollution Control and the Ramsey Problem. Environmental and Resource Economics 1, 215–230.

Rahmstorf, S./Schellnhuber, H. J. (2007): Der Klimawandel, 5.Aufl., München.

Rebelo, S. (1991): Long-Run Policy Analysis and Long-Run Growth. Journal of Political Economy 99, 500–521.

Romer, P. M. (1986): Increasing Returns and Long-Run Growth. Journal of Political Economy 94, 1002–1037.
Selden, T. M. / Song, D. (1994): Environmental Quality and Development: Is there a Kuznets Curve for Air Pollution Emissions? Journal of Environmental Economics and Management 27, 147–162.
Smulders, S. (1994): Growth, Market Structure and the Environment. Essays on the Theory of Endogenous Economic Growth. Hilvarenbeek.
Smulders, S. (1995): Entropy, Environment, and Endogenous Economic Growth. International Tax and Public Finance 2, 319–340.
Smulders, S. / Gradus, R. (1996): Pollution Abatement and Long-term Growth. European Journal of Political Economy 12, 505–532.
Stadler, M. (2001): Umweltpolitik und Wirtschaftswachstum. In: Franz, W. / Hesse, H. / Ramser, H. J. / Stadler, M. (Hrsg.), Wirtschaftspolitische Herausforderungen an der Jahrhundertwende. Tübingen, 433–449.
Stern, D. I. (2004): The Rise and Fall of the Environmental Kuznets Curve. World Development 32, 1419–1439.
Stern, N. (2007): The Economics of Climate Change: The Stern Review. Cambridge. Cambridge University Press.
Stern, N. (2008): The Economics of Climate Change. American Economic Review 98, P&P, 1–37.
Sterner, T. / Persson, U. M. (2008): An Even Sterner Review: Introducing Relative Prices into the Discounting Debate. Review of Environmental Economics and Policy 2, 61–76.
Stokey, N. L. (1998): Are there Limits to Growth? International Economic Review 39, 1–31.
Weitzman, M. L. (2007): A Review of the Stern Review on the Economics of Climate Change. Journal of Economic Literature 45, 703–724.
Weitzman, M. L. (2010): What is the »Damages Function« for Global Warming – And what Difference Might It Make. Climate Change Economics 1, 57–69.
World Bank (1992): World Development Report 1992: Development and the Environment.
World Commission on Environment and Development (1987): Our Common Future. Oxford.

III Zur Konjunkturforschung

Makroökonometrische Ansätze in der empirischen Makroökonomie: Eine Übersicht

*Von Jürgen Wolters**

1 Einleitung

Neben der Konjunkturforschung[1] ist die quantitative Wirtschaftspolitik eines der Hauptanliegen der empirischen Makroökonomie. Durch die Verleihung des Nobelpreises im Jahre 2011 an Thomas J. Sargent und Christopher A. Sims »für ihre empirische Untersuchung von Ursache und Wirkung in der Makroökonomie« wird die Bedeutung der empirischen Makroökonomie durch das Nobelpreiskommitee wieder einmal besonders betont.[2]

Im Folgenden sollen die unterschiedlichen ökonometrischen Ansätze, die eine bedeutende Rolle für die quantitative Wirtschaftspolitik von den Anfängen bis zum heutigen Zeitpunkt gespielt haben oder immer noch spielen, überblicksartig dargestellt und verglichen werden. Nachdem der Siegeszug der klassischen ökonometrischen simultanen Strukturmodelle in den 1970er Jahren zum Stillstand kam, entwickelten sich im Wesentlichen zwei große Richtungen. Die eine Entwicklungsrichtung wird durch die sehr stark in der ökonomischen Theorie verhafteten mikrofundierten Modelle geprägt. Bei diesen Modellen werden die Parameter teilweise nicht mehr geschätzt, sondern kalibriert. Dem stehen die stark datengetriebenen Modelle gegenüber, die insbesondere versuchen, die dynamische Struktur der Systeme möglichst angemessen zu modellieren, um eine realistische Basis für wirtschaftspolitische Empfehlungen zu haben. Daher werden in neuerer Zeit auch immer mehr die statistischen Eigenschaften der Daten, insbesondere ob sie stationär oder nichtstationär sind, berücksichtigt.

---

* Prof. Dr. Jürgen Wolters, Berlin, E-Mail: juergen.wolters@fu-berlin.de
FU Berlin und SIAW-HSG. Ich danke Ullrich Heilemann für hilfreiche Hinweise.

1 Mit Prognosen und Analysen von Konjunkturzyklen hat sich Karl Heinrich Oppenländer sehr intensiv beschäftigt, siehe zum Beispiel Oppenländer(1995).

2 Genau genommen handelt es sich um den von der Schwedischen Reichsbank gestifteten Preis im Gedenken an Alfred Nobel. Diese und alle folgenden Preisbegründungen sind Übersetzungen der Angaben auf The Official Web Site of the Nobel Prize (Nobelprize.com).

2 Die Anfänge

Mit dem Entstehen der Ökonometrie als eigenständigem Fachgebiet durch die Gründung der »Econometric Society« im Jahre 1930 wird ein wissenschaftliches Forschungsprogramm entwickelt, das ökonomische Theorie unter Anwendung statistischer Verfahren mit den beobachteten Daten verbinden soll, um daraus wirtschaftspolitische Empfehlungen abzuleiten.[3] Dieser Ansatz wurde insbesondere von Jan Tinbergen aufgenommen und später von Lawrence Klein fortgeführt.[4] Jan Tinbergen, der zusammen mit Ragnar Frisch im Jahre 1969 den ersten Nobelpreis für Wirtschaftswissenschaft »für die Entwicklung und Anwendung dynamischer Modelle zur Analyse ökonomischer Prozesse« erhielt, hat im Auftrag des Völkerbundes das erste ökonometrische Modell für die Vereinigten Staaten von Amerika entwickelt (Tinbergen 1939). Die Besprechung dieses Buches durch Keynes (1939), ebenfalls Gründungsmitglied der Econometric Society, war ausgesprochen negativ (siehe hierzu auch Kirchgässner 1983, S. 513). Aber trotzdem wurden weltweit ökonometrische Modelle entwickelt und benutzt. Neben der zunehmenden Verfügbarkeit makroökonomischer Daten[5] und der enormen Verbesserung der Computertechnologie (Heilemann 2011) sowie der Verfügbarkeit leistungsfähiger Computerprogramme war insbesondere die Vorherrschaft der Keynesschen Theorie beziehungsweise der neoklassischen Synthese, die beide beinhalten, dass Wirtschaftssysteme durch diskretionäre wirtschaftspolitische Eingriffe gesteuert werden können, einer der Gründe für die weltweite Anwendung großer ökonometrischer Modelle bis zu den siebziger Jahren des letzten Jahrhunderts. [6] Lawrence Klein, der Tinbergens Werk fortsetzte, erhielt im Jahre 1980 den Nobelpreis »für die Konstruktion ökonomischer Konjunkturmodelle und deren Verwendung bei Analysen der Wirtschaftspolitik«. In dem Projekt LINK hat er ökonometrische Modelle der wichtigsten Länder weltweit verknüpft, um die Auslandsabhängigkeit der einzelnen Volkswirtschaften zu erfassen und damit die konjunkturellen Entwicklungen besser prognostizieren zu können sowie die wirtschaftspolitische Beratung zu verbessern.[7]

---

3 Siehe Frisch (1933). Zur Gründung der Econometric Society siehe z. B. Christ (1983).

4 Siehe hierzu und für das Folgende z. B. Heilemann (2011), Hoover (1992), Kirchgässner (1983), Kirchgässner/Savioz (1997), Malinvaud (1981) sowie Wolters (2003).

5 Hier ist insbesondere Richard Stone zu nennen, der 1984 »für seine bahnbrechenden Leistungen in der Entwicklung von volkswirtschaftlichen Gesamtrechnungssystemen« mit dem Nobelpreis ausgezeichnet wurde.

6 Für eine Auflistung und kompakte Darstellung solcher weltweit verfügbaren Modelle einschließlich des ersten Modells von Tinbergen für die Niederlande siehe Uebe (1995) und Uebe (2001). Die wichtigsten der in Deutschland verwendeten Modelle sind in Heilemann und Wolters (1998) dargestellt.

7 Gegenwärtig ist das Projekt LINK am Research Centre der Universität Toronto und am Department of Economic and Social Affairs der Vereinten Nationen beheimatet. Das RWI-Modell,

Die frühen Jahre des Modellbaus sind dadurch gekennzeichnet, dass die Gleichgewichtsbeziehungen der Keynesschen Theorie mittels der verfügbaren Daten geschätzt werden. Der Schwerpunkt der ökonometrischen Arbeiten liegt auf der Entwicklung angemessener Schätz- und Testverfahren zur Überprüfung der aus der ökonomischen (Gleichgewichts-)Theorie abgeleiteten simultanen ökonomischen Modelle. Eine der entscheidenden Arbeiten stammt von Haavelmo (1944),[8] der die bei der Schätzung auftretenden Fehler nicht als Messfehler, wie bis dahin üblich, sondern als Fehler in den Gleichungen stochastisch formuliert. Koopmans, Rubin und Leipnik (1950)[9] entwickeln die Theorie zur Identifikation und Maximum Likelihood Schätzung von linearen simultanen Gleichungssystemen mit zeitlich unkorrelierten Residuen.

Im Laufe der Zeit nahm das Unbehagen vieler Ökonomen mit den großen ökonometrischen Modellen, die inzwischen weit über hundert Gleichungen enthielten, immer mehr zu.[10] Die riesigen Systeme waren »black boxes«, deren Reaktionen auf Politikmaßnahmen häufig ökonomisch nicht mehr nachvollziehbar waren. Aber auch ihre Prognoseleistungen wurden Anfang der 1970er Jahre beim Auftreten des ersten Ölpreisschocks und der beginnenden Stagflationsphase von einfachen univariaten zeitreihenanalytischen Ansätzen – zumindest was die Kurzfristprognosen betraf – übertroffen.[11] Die in der Praxis verwendeten Schätzverfahren sowie die als »ad hoc« bezeichnete theoretische Basis unterlagen starker Kritik, insbesondere die fehlende Mikrofundierung der Verhaltensgleichungen wurde angemahnt.

Ein weiterer wesentlicher Kritikpunkt betrifft die fehlende, oder mit sogenannten adaptiven Erwartungsmodellen nur exogen modellierte Erwartungsbildung in den großen makroökonometrischen Strukturmodellen. Dies ist besonders vor dem Hintergrund zu sehen, dass Lucas (1972)[12] die für mikroökonomische Analysen schon rund zehn Jahre früher von Muth (1961) eingeführten *Rationalen Erwartungen* auch auf makroökonomische Fragestellungen angewendet hat. Die Hypothese Rationaler Erwartungen geht davon aus, dass rational handelnde Wirtschaftssubjekte keine systematischen Fehler bei der Prognose ökonomischer Variablen und damit bei der Bildung ihrer Erwartungen machen. Die Erwar-

---

das z.B. in Heilemann/Wolters (1998) dargestellt ist, ist das für Deutschland verwendete Modell.

8 Trygve Haavelmo erhielt 1989 den Nobelpreis »für seine Formulierung der wahrscheinlichkeitstheoretischen Grundlagen der Ökonometrie und seine Untersuchung von simultanen ökonomischen Beziehungen.«

9 Tjalling C. Koopmans erhielt 1975 (gemeinsam mit Leonid V. Kantorovich) den Nobelpreis für »Beiträge zur optimalen Allokation der Ressourcen«.

10 Siehe z.B. Malinvaud (1981).

11 Siehe z.B. Cooper (1972) oder Nelson (1972).

12 Robert E. Lucas, Jr. erhielt 1995 den Nobelpreis »für die Entwicklung und Anwendung der Hypothese der rationalen Erwartungen und die Beeinflussung der makroökonomischen Analyse und unseres Verständnisses der Wirtschaftspolitik.«

tungsbildung ist damit endogen, sie hängt beispielweise von wirtschaftspolitischen Maßnahmen ab, und beeinflusst damit auch selbst die Wirkungen wirtschaftspolitischer Maßnahmen, ganz im Gegensatz zu den exogenen adaptiven Erwartungen. Lucas (1976) folgert hieraus, dass die bestehenden großen makroökonometrischen Modelle nicht strukturell interpretiert werden können, da die geschätzten Modellparameter nicht politikinvariant sind. Sie sind im Allgemeinen eine Kombination aus politikinvarianten Parametern, wie beispielsweise Parameter, welche die Präferenzen der Wirtschaftssubjekte oder die Produktionsstruktur erfassen, und aus Parametern, welche für die Restriktionen, denen die Wirtschaftssubjekte unterliegen, verantwortlich sind. Die letzteren sind beispielsweise Parameter in den Politikregeln. Eine Politikänderung ändert die Restriktionen und damit die geschätzten Parameter. Somit können mit den traditionellen Modellen die Auswirkungen unterschiedlicher Wirtschaftspolitiken nicht beurteilt werden.

Die auf der Grundlage von Gleichgewichtstheorien abgeleiteten traditionellen ökonometrischen Modelle werden mit Daten geschätzt, die keine Gleichgewichtssituationen beschreiben. Sie sind somit hinsichtlich der Erfassung von Anpassungsprozessen fehlspezifiziert. Die Kritik von Sims (1980) bezieht sich daher hauptsächlich auf die unzureichende dynamische Spezifikation und Erwartungsbildung, die a priori Restriktionen, um die Parameter der Strukturgleichungen identifizieren und damit auch schätzen zu können, sowie die willkürliche Festlegung der Endogenität und Exogenität der Variablen.

Als Reaktion auf diese Kritikpunkte entstanden alternative Ansätze, um die unterschiedlichen Schwachstellen zu beheben. Einige der wichtigsten Entwicklungen sollen im Folgenden dargestellt werden.

3 Alternative Modellansätze

Schon relativ früh, nämlich in den1950er und 1960er Jahren hat sich an der London School of Economics (LSE) eine eigenständige Richtung bei der ökonometrischen Analyse von Zeitreihendaten entwickelt.[13] Ein früher Vertreter dieser Richtung, die spezielle aus der Zeitreihenanalyse stammende Methoden bei ihren ökonometrischen Analysen berücksichtigt, ist Denis Sargan. Beim LSE Ansatz wird besonders Wert darauf gelegt, dass durch entsprechende Modellierung der Dynamik in den Verhaltensgleichungen die Residuen, d. h. die unvermeidbaren Fehler in den Verhaltensgleichungen keine Struktur mehr aufweisen, sondern nur noch rein zufällig schwanken. Sargan (1962) hat bei der dynamischen Spezifikation von zu schätzenden Gleichungen erstmalig mit Fehlerkorrektur Modellen, dem Standardinstrumentarium in der heutigen Zeitreihenökonometrie,

[13] Siehe z. B. Gilbert (1989), Hendry/Richard (1983).

gearbeitet. Fehlerkorrektur Modelle erfassen die langfristigen (ökonomischen) Gleichgewichte, die kurzfristige Dynamik und die Anpassungsprozesse, die durch Abweichungen vom Gleichgewicht hervorgerufen werden.

Hendry (1995) hat diesen Ansatz weiterentwickelt und popularisiert. Das Hauptanliegen besteht darin, den unbekannten Datengenerierenden Prozess zunächst durch ein sehr allgemeines Modell auf der Basis theoretischer Vorüberlegungen und Dateninformationen zu approximieren. Dann wird durch sukzessive Einführung von Restriktionen, die mit den Daten vereinbar sind, ein möglichst sparsam parametrisiertes Modell geschätzt. [14] Dieses neue Modell muss, entsprechend dem Konzept des *encompassing*, in der Lage sein, die Ergebnisse der zu dieser Fragestellung bereits existierenden Modelle zu erklären, aber diese dürfen das neue Modell nicht erklären.[15]

3.1 Theorie dominierte Modelle

In einer Reihe von Arbeiten reagierte Sargent (1973, 1976 und 1978), der ebenfalls ein Verfechter von rationalen Erwartungen in der Makroökonomie ist, insbesondere auf die Lucas Kritik. Er entwickelte strukturelle dynamische makroökonomische Modelle mit rationalen Erwartungen. Diese Modelle der *Neuen Klassischen Makroökonomie* (NKM) sind mikroökonomisch fundiert, d. h. die Verhaltensfunktionen des repräsentativen Wirtschaftssubjekts sind aus Optimierungsansätzen abgeleitet und die sogenannten *fundamentalen* Parameter erfassen die politikinvarianten Präferenzen der Wirtschaftssubjekte. Die Lösungen der Modelle führen für die beobachtbaren Variablen auf ein Mehrgleichungssystem mit nichtlinearen Restriktionen für die Parameter in den verschiedenen Gleichungen. Die rationalen Erwartungen der Wirtschaftssubjekte werden dann mittels der Modelllösungen in beobachtbare Variable transformiert. Im nächsten Schritt werden die fundamentalen Parameter auf der Grundlage von historischen Daten geschätzt. Zum Schätzalgorithmus siehe insbesondere Hansen/Sargent (1980). Die so konstruierten Modelle unterliegen nicht mehr der Lucas Kritik und können daher zur korrekten Beurteilung der Auswirkungen der Veränderung von Politikregeln herangezogen werden. Voraussetzung hierfür ist allerdings, dass ein überzeugendes theoretisches Modell mit ausformulierter Dynamik und Erwartungsbildung vorliegt. Der große Nachteil dieses Ansatzes ist drin zu sehen, dass sich die Lösung der Modelle und ihre Schätzung als technisch enorm schwierig herausstellte, so dass solche Modelle in der wirtschaftspolitischen Praxis keine Anwendung fanden.

---

14 Siehe hierzu z. B. Davidson/Hendry/Srba/Yeo (1978), die ebenfalls ein Fehlerkorrektur Modell zur Schätzung einer Konsumfunktion für England heranziehen.

15 Siehe für diese Eigenschaft bei einer Geldnachfragefunktion für die Bundesrepublik Deutschland Wolters/Teräsvirta/Lütkepohl (1998).

Trotzdem bilden die NKM Modelle die Grundlage für Weiterentwicklungen wie die sogenannten *Real Business Cycle* (RBC) Modelle und weiterführend die sogenannten *Dynamic Stochastic General Equilibrium* (DSGE) Modelle, die heutzutage ein wichtiges Analyseinstrument für Wirtschaftsforschungsinstitute, Ministerien und Zentralbanken sind.

Die Theorie der realen Konjunkturzyklen basiert auf neoklassischen Wachstumsmodellen[16] und unterstellt, dass Konjunkturzyklen rein angebotsorientiert sind und durch Produktivitätsschocks hervorgerufen werden.[17] Diese werden im Allgemeinen durch Autoregressive Prozesse der Ordnung eins modelliert. Kydland und Prescott (1982)[18] integrieren in das neoklassische Wachstumsmodell eine Technologie, die unterstellt, dass Investitionsgüter mehrere Perioden bis zur Fertigstellung benötigen und erst dann produktiv sind. Long und Plosser (1983) unterstellen stattdessen einen multisektoralen Produktionsprozess.[19]

Ein weiterer wesentlicher Unterschied zu den ökonometrischen Strukturmodellen besteht darin, dass die Parameter nicht mittels historischer Daten geschätzt werden, sondern dass »plausible« Werte für die ökonomisch relevanten Parameter vorgegeben werden, die RBC Modelle werden kalibriert. Dann werden mit diesen Modellen Zeitpfade für die relevanten Variablen generiert. Um die Relevanz eines RBC Modells zu überprüfen, werden die Varianzen und Autokorrelationsstrukturen der simulierten Modellvariablen mit denen der entsprechenden historischen Zeitreihen verglichen.[20]

Die Weiterentwicklung der RBC Modelle, die im Wesentlichen nur Aussagen über die Wachstumsrate des Bruttosozialproduktes machen, führte zu den DSGE Modellen. Diese dynamischen stochastischen allgemeinen Gleichgewichtsmodelle erklären neben dem Wachstum auch beispielsweise die Entwicklung der Inflation, der Reallöhne und der Zinsen unter Einbeziehung von geld- und fiskalpolitischen Regeln. Solche Modelle haben für die quantitative Wirtschaftspolitik eine enorme Bedeutung, denn sie werden nicht nur von der Europäischen Zentralbank[21] oder der Deutschen Bundesbank,[22] sondern auch von anderen wichtigen Zentralbanken, von Ministerien und Wirtschaftsforschungsinstituten sowohl für die Politikberatung als auch für Prognosen benutzt.[23]

---

16 Siehe Solow (1957).

17 Siehe hierzu z. B. Hansen (2005), Kirchgässner/Savioz (1997) oder Lucke (1998a).

18 Finn E. Kydland und Edward C. Prescott erhielten 2004 den Nobelpreis »für ihre Beiträge zur dynamischen Makroökonomie: Die Zeitkonsistenz der Wirtschaftspolitik und die treibenden Kräfte der Konjunkturzyklen.«

19 Für Erweiterungen von RBC Modellen siehe z. B. Lucke (1998a).

20 Siehe hierzu z. B. Morley (2010). Kritische Einwände gegen RBC Modelle findet man beispielsweise bei Lucke (1998b), Morley (2010) oder Summers (1986).

21 Siehe Smets/Wouters (2003).

22 Siehe Monatsbericht Juli 2008 der Deutschen Bundesbank.

23 Allerdings waren ihre Erfolge, die große Rezession von 2009 vorherzusagen auch nicht besser als die der traditionellen ökonometrischen Modelle beim Auftreten des ersten Ölpreisschocks

Wichtig ist dabei, dass die Parameter der Modelle nun auch geschätzt und nicht nur kalibriert werden. Für die Schätzung müssen die Modelle nach den endogenen Variablen aufgelöst werden. Dies ist im Allgemeinen nur nach einer Linearisierung an den Gleichgewichtswerten möglich.[24] Dies bedeutet, dass die geschätzten Parameter bei Vorliegen von trendbehafteten (nichtstationären) Zeitreihen nicht unbedingt die theoretisch erwünschten Abhängigkeiten zwischen den Niveaus der relevanten Variablen sondern zwischen den trendbereinigten Größen erfassen. Dies kann zu beträchtlichen Verzerrungen der geschätzten Parameter führen.[25]

Colander, Howitt, Kirman, Leijenhuvfud und Mehrling (2008) wie auch Summers (1986) halten den theoretischen Ansatz des repräsentativen Wirtschaftssubjekts zur Erklärung makroökonomischer Zusammenhänge für grundsätzlich nicht geeignet, da nicht nur das individuelle Verhalten eine Rolle spielt, sondern insbesondere die bei diesem Ansatz vernachlässigte Interaktion der einzelnen Wirtschaftssubjekte von großer Bedeutung ist.

3.2 Daten dominierte Modelle

Die Hauptkritik von Sims (1980) an den großen ökonometrischen Modellen bezieht sich auf die in seinen Augen willkürlichen a priori Restriktionen um identifizierte und damit überhaupt schätzbare Strukturgleichungen zu erhalten. Weiterhin bemängelt er die willkürliche Festlegung von endogenen und exogenen Variablen, die unzureichende dynamische Spezifikation und die häufig ungenügende Erwartungsbildung. Er wählt daher im Gegensatz zu den von Sargent (1976) entwickelten NKM Modellen und den darauf folgenden RBC sowie DSGE Modellen, bei denen die ökonomische Theorie die entscheidende Rolle spielt, einen rein statistischen Zugang, um den multivariaten datenerzeugenden Prozess zu erfassen. Die ökonomische Theorie spielt dabei nur insofern eine Rolle, um die relevanten Variablen für die zu untersuchende Fragestellung auszuwählen.

Bei der statistischen Modellierung gibt es zunächst keine a priori Restriktionen auf Parameter, alle Variablen werden als potentiell endogene Größen, die sich gegenseitig beeinflussen, angesehen. Es wird unterstellt, dass der datenerzeugende Prozess durch einen Vektor Autoregressiven Prozess der endlichen Ordnung p, einen $VAR(p)$, hinreichend gut approximiert werden kann. Jede endogene Variable des Systems wird durch p eigene verzögerte Werte, sowie durch die p verzögerten Werte aller übrigen Variablen und einen rein zufälligen Fehlerterm

---

und der Stagflationsphase.

24 Siehe hierzu z. B. Morley (2010).

25 Zur Problematik und den Auswirkungen von (falscher) Trendbereinigung in Regressionsgleichungen siehe z. B. Kirchgässner/Wolters (2006, Kapitel 5). Generelle Überlegungen zu Trends finden sich bei White/Granger (2011).

erklärt.[26] Dies stellt die sogenannte Prognose Form dar. Die Wirtschaftssubjekte bilden vorausschauende Erwartungen, indem sie die wirtschaftliche Entwicklung, d.h. die Entwicklung der anderen endogenen Variablen, berücksichtigen. Die zeitliche Unkorreliertheit dieser Prognose Fehler kann durch eine entsprechende Wahl der Anzahl der verzögerten Variablen p erreicht werden. Im Allgemeinen sind die Prognose Fehler der einzelnen Variablen kontemporär korreliert. Dadurch werden in dieser speziellen Reduzierten Form die simultanen Beziehungen zwischen den endogenen Variablen erfasst.[27] Da makroökonomische Zeitreihen häufig nur für eine relativ kurze Zeitspanne ohne Strukturbrüche verfügbar sind, ist die Anzahl der Variablen, die gemeinsam analysiert werden können, relativ gering, meistens kleiner als zehn.

In dieser völlig überparametrisierten Reduzierten Form können die geschätzten Parameter des $VAR(p)$ nicht ökonomisch interpretiert werden. Das Anliegen von Sims (1980, 1981, 1982) ist vielmehr, zu zeigen, wie Schocks, die auf das System treffen, die einzelnen endogenen Variablen im Zeitablauf beeinflussen. Diese Information erhält man durch die sogenannten Impuls Antwort Folgen. Diese erfassen, wie ein einmaliger Schock, der nur auf eine Gleichung wirkt, die entsprechende Variable, aber auch alle anderen Variablen im Zeitablauf beeinflusst. Das wesentliche Problem hierbei ist, die Schocks so zu modellieren, dass sie ökonomisch interpretierbar sind, d.h., dass sie beispielsweise einen Angebots- oder einen Nachfrageschock repräsentieren. Da die Prognose Fehler im Allgemeinen kontemporär korreliert sind, können sie dies nicht leisten. Die Wirkungsrichtung kann allein durch die Dateninformation nicht mehr erfasst werden. Es muss zusätzliche Information verwendet werden, um solche strukturellen Schocks, die dann kontemporär nicht korreliert sind, zu erhalten. Das bedeutet aber nichts anderes als a priori Restriktionen aufzuerlegen. Es tritt also für die ökonomische Interpretation das gleiche Problem auf wie bei der Identifikation der klassischen strukturellen ökonometrischen Modelle. Sims (1980) schlägt eine rekursive Struktur zur Identifikation vor: die erste Variable beeinflusst kontemporär alle übrigen Variablen wird aber selbst nicht von diesen beeinflusst, die zweite Variable weist zeitgleiche Wirkungen auf die verbleibenden Variablen auf ohne von diesen beeinflusst zu werden, und so weiter. Durch eine andere Anordnung der Variablen ergeben sich andere rekursive Systeme. Mittels

[26] Häufig enthält jede Gleichung noch ein Absolutglied, Saisondummies und einen linearen Zeittrend, um die Niveaus und die Saison der Variablen zu erfassen. Wählt man bei Vorliegen von fünf endogenen Quartalszeitreihen einen Wert von $p = 4$ um mögliche stochastische saisonale Effekte zu erfassen so müssen in diesem Modell ohne die Deterministik schon 100 Parameter geschätzt werden.

[27] Für eine methodische Darstellung von VAR Modellen siehe z. B. Kirchgässner/Wolters (2006, Kapitel 4).

der Zerlegung der Varianz der Prognose Fehler kann im Zeitverlauf die relative Stärke der Einflüsse aller Schocks auf diese Variable erfasst werden.

Wie Stock und Watson (2001) ausführen sind VAR Modelle der Ansatz, um folgende vier Anliegen der Makroökonomie nämlich, Datenbeschreibung, Prognosen, strukturelle und wirtschaftspolitische Analysen durchzuführen. Für die beiden letztgenannten Aufgaben ist allerdings ein überzeugendes Identifikationsschema erforderlich. Hierfür gibt es inzwischen eine ganze Reihe von weiteren Ansätzen wie z. B. die Identifikation von Nachfrage- und Angebotsschocks durch kurz- und langfristige Restriktionen (Blanchard und Quah, 1989) oder die von Uhlig (2005) entwickelte Identifikation durch Vorzeichenrestriktionen. Ein wesentlicher Unterschied zu den klassischen ökonometrischen Modellen besteht darin, dass die stochastischen Einflüsse nicht mehr als unerklärbare Störungen aufgefasst werden, die stochastischen Schocks sind jetzt die Träger der neu in das System kommenden Information.

3.3 Nichtstationäre Variable

Eine weitere wichtige Besonderheit von makroökonomischen Zeitreihen wurde durch die Arbeit von Nelson und Plosser (1982) ins Bewusstsein empirisch arbeitender Makroökonomen gebracht, nämlich die Modellierung ihrer langfristigen Entwicklung. Der gängige Ansatz unter Ökonomen bestand im Allgemeinen darin, diese durch deterministische lineare Funktionen der Zeit zu erfassen. Konjunkturelle Bewegungen wurden dann durch Abweichungen vom Trend gemessen, das heißt, sie kehren immer wieder zur langfristigen Entwicklung zurück. Schocks haben nur eine transitorische Wirkung, auch ohne aktive wirtschaftspolitische Maßnahmen kehrt das System immer wieder zum langfristigen Wachstumspfad zurück. Nelson und Plosser (1982) haben in einer empirischen Analyse gezeigt, dass zur adäquaten Erfassung der langfristigen Entwicklung makroökonomischer Variablen ein sogenannter stochastischer Trend wesentlich besser geeignet ist als ein deterministischer Trend.[28] Dies bedeutet, dass solche Zeitreihen einen Random Walk mit oder ohne Drift enthalten und somit Schocks eine permanente Wirkung haben. Das System kehrt nach Störung nicht wieder automatisch zum langfristigen Wachstumspfad zurück, vielmehr ändert sich auch das Niveau der langfristigen Entwicklung entsprechend. Eine klare Trennung zwischen langfristiger und konjunktureller Entwicklung ist nicht mehr möglich. Es zeigt sich also, dass dieses zunächst rein statistisch erscheinende Problem tiefgreifende ökonomische Implikationen nach sich zieht.

---

[28] Ein linearer deterministischer Trend weist in jeder Periode einen konstanten Zuwachs auf, während bei einem stochastischen Trend nur die Mittelwerte der Periodenzuwächse konstant sind.

Im Wesentlichen geht es um die Frage, ob trendstationäre oder differenzstationäre Modelle besser geeignet sind den datengenerierenden Prozess makroökonomischer Variablen zu approximieren.[29] Dies ist nicht nur eine Frage der Interpretation, sondern es beeinflusst auch wesentlich die ökonometrische Analyse. Granger und Newbold (1974) haben auf das Problem von Scheinregressionen bei Verwendung von Zeitreihen mit stochastischen Trends hingewiesen. Benutzt man die klassischen Teststatistiken wie t- und F-Tests werden fälschlicherweise Abhängigkeiten suggeriert, die tatsächlich nicht vorliegen. Dies veranlasste viele Empiriker dazu, nur noch mit trendbereinigten Daten zu arbeiten, was den großen Nachteil hat, dass dann Niveaubeziehungen der Variablen nicht mehr korrekt erfasst werden können. Dies sind aber genau die Zusammenhänge welche die ökonomische Theorie betrachtet und die empirisch überprüft werden sollen. Bei Regressionen mit Zeitreihendaten ist es wichtig, sogenannte *balanzierte* Gleichungen zu schätzen.[30] Es geht dabei darum, dass die stochastischen Eigenschaften der abhängigen Variable und der erklärenden Variablen übereinstimmen, um aussagefähige Schätzungen zu erhalten. Beispielsweise lässt sich eine integrierte abhängige Variable allein durch stationäre Variable nicht erklären und umgekehrt. Die Arbeiten von Granger (1981, 1986) sowie Engle und Granger (1987) haben einen Ansatz entwickelt, wie man testen kann, ob zwischen Variablen mit stochastischen Trends tatsächlich Beziehungen in Niveaus bestehen und wie diese dann korrekt geschätzt werden können.[31] Dieser sogenannte Kointegrationsansatz ist heutzutage das Standardinstrumentarium in der Zeitreihenökonometrie, um ökonomische Zusammenhänge mit integrierten Variablen korrekt zu erfassen.

Die Nichtbeachtung der stochastischen Eigenschaften der verwendeten Zeitreihen ist besonders gravierend, wenn die dynamischen Abhängigkeiten unzureichend erfasst sind. Das bedeutet andererseits, dass der VAR Ansatz, der das Ziel verfolgt, den datengenerierenden Prozess einschließlich der dynamischen Abhängigkeiten möglichst gut zu approximieren, geeignet ist, auch bei Vorliegen von integrierten Variablen korrekte Ergebnisse zu liefern. VAR Modelle sind daher der Ausgangspunkt um mit der von Johansen (1995) entwickelten Methodik im Rahmen der für die zu untersuchende Fragestellung als relevant angesehenen Va-

29 Zur Definition und den Eigenschaften von trend- und differenzstationären Modellen siehe z. B. Kirchgässner/Wolters (2006, Kapitel 5). Die bei der empirischen Analyse unterstellten differenzstationären Modelle haben die Eigenschaft, dass ihre Niveaus nichtstationäres Verhalten aufweisen während durch Differenzenbildung stationäre Variablen entstehen. Zeitreihen mit dieser Eigenschaft werden auch als Einheitswurzelprozesse oder als integiert der Ordnung eins, I(1), bezeichnet. Mit Einheitswurzeltests lässt sich feststellen, welches Trendverhalten die Daten aufweisen. Siehe z. B. Wolters/Hassler (2006).

30 Siehe hierzu insbesondere Granger (1997).

31 Im Jahre 2003 erhielt Clive W. J. Granger den Nobelpreis »für Methoden zur Analyse ökonomischer Zeitreihen mit gemeinsamen Trends (Kointegration)«. Gleichzeitig erhielt auch Robert F. Engle den Preis »für Methoden zur Analyse ökonomischer Zeitreihen mit zeitlich variabler Volatilität (ARCH- Modell)«.

riablen die Frage der Exogenität und Endogenität empirisch zu beantworten und ökonomisch relevante Gleichgewichtsbeziehungen zu schätzen. Die Erfassung der langfristigen Abhängigkeiten erfordert allerdings auch hier wieder identifizierende Restriktionen und damit zusätzliche (ökonomische) Informationen.[32]

Bei der Regressionsanalyse mit nichtstationären Variablen ist die Parameterschätzung nicht problematisch. Im Gegenteil, wenn Kointegrationsbeziehungen vorliegen, dann konvergieren Kleinst-Quadrate Schätzer wesentlich schneller gegen den wahren unbekannten Parameter als bei Verwendung von stationären Daten. Das große Problem stellt die Inferenzanalyse der geschätzten Parameter dar. Auch asymptotisch sind die üblichen Standardverteilungen (Normal, t und F Verteilung) nicht mehr korrekt. Die angemessenen Verteilungen hängen von der jeweils gewählten Deterministik und der Anzahl der in der Gleichung (im System) verwendeten integrierten Variablen ab. Sie müssen in Simulationsstudien ermittelt werden.[33] In jedem Fall sind die entsprechenden kritischen Werte betragsmäßig größer als bei den Standardverteilungen. Das bedeutet, dass das Verwerfen der Nullhypothese, es besteht kein Zusammenhang zwischen zwei makroökonomischen Variablen, stärkere empirische Evidenz erfordert. Hinzu kommt, dass für stationäre Variable, die aber eine hohe Persistenz aufweisen, wie z. B. Zinssätze, die Verteilung für integrierte Variable eine bessere Approximation liefert als die übliche Standardverteilung. Da die empirischen Untersuchungen auf Stichprobeninformationen basieren, sind Eigenschaften wie der Integrationsgrad einer Variablen und Kointegrationsbeziehungen zwischen Variablen keine invarianten Eigenschaften der Variablen sondern sie sind sowohl von der Datenfrequenz als auch von der Länge und dem Zeitraum, den die Stichprobe umfasst, abhängig.[34]

4 Abschließende Bemerkungen

Zusammenfassend lässt sich feststellen, dass vorwiegend zwei methodische Richtungen herangezogen werden, um quantitative Wirtschaftspolitik zu betreiben. Der eine Ansatz wird von wirtschaftstheoretischen Überlegungen bestimmt und benutzt RBC und DSGE Modelle während der andere Ansatz die Dateninformation in den Mittelpunkt stellt und im Rahmen von VAR Modellen argumentiert. Klar ist, dass weder der theoriedominierte Ansatz ohne Dateninformation, noch der datendominierte Ansatz ohne Rückgriff auf die Theorie zu brauchbaren Ergebnissen kommt.

32 Siehe hierzu auch Juselius (2006), Kirchgässner/Wolters (2006, Kapitel 6) oder Lütkepohl (1995).
33 Siehe hierzu MacKinnon/Haug/Michelis (1999).
34 Siehe auch Juselius (1999).

Welcher dieser beiden Ansätze ist nun für die praktische Anwendung besser geeignet? Eine wichtige Aufgabe der Wirtschaftspolitik liegt darin, für ganz spezifische Situationen spezielle wirtschaftspolitische Entscheidungen zu treffen. Dabei ist die aktuelle Lage der Wirtschaft durch das Zusammenwirken vieler Einflussfaktoren entstanden. Ob eine solche komplexe Situation durch theoretische Modelle, die auf einigen wenigen, allgemeinen ökonomischen Prinzipien basieren, immer adäquat erfasst werden kann mag bezweifelt werden. Andererseits kann ein datengetriebener Ansatz unter Berücksichtigung der statistischen Eigenschaften der für die Fragestellung relevanten Variablen den multivariaten datenerzeugenden Prozess adäquat approximieren, so dass eine zulässige empirische Basis gegeben ist, um die ökonomisch relevanten Hypothesen zu testen und entsprechende wirtschaftspolitische Empfehlungen abzugeben. Colander et al. (2008) empfehlen dieses von ihnen als *ingenieurmässig* charakterisierte Vorgehen. Man erhält dabei allerdings nur eine Momentaufnahme für die spezifische Situation, die nicht ohne weiteres verallgemeinert werden kann.

Das VAR Modell ist ein sehr genereller Ansatz um eine adäquate empirische Basis zu generieren. Wegen der ökonometrischen Probleme beim Vorliegen von nichtstationären Variablen, muss auf die Modellierung stabiler langfristiger Beziehungen besonderes Gewicht gelegt werden. Hoover, Johansen und Juselius (2008) empfehlen Kointegrationsanalysen anzuwenden.[35]Als Modellierungsstrategie ist ein sogenannter *specific-to-general* Ansatz geeignet. Man beginnt mit einer kleinen Anzahl von relevanten integrierten Variablen, wenn diese bereits kointegriert sind, also eine Gleichgewichtsbeziehung darstellen, dann ist dieser Teil abgeschlossen, denn die Hinzunahme weiterer (integrierter) Variable ändert die ursprüngliche langfristige Beziehung nicht. Liegt andererseits noch keine Kointegration vor, dann sollten weitere relevante integrierte Variable mit einbezogen werden, um gegebenenfalls eine Langfristbeziehung zu finden.[36] Weiterhin liefert dieser Ansatz auch eine Beschreibung wie und wie schnell sich welche Variable an die Gleichgewichte anpassen. Auf jeden Fall sollten, in welchem Modell auch immer, keine theoretischen Restriktionen, die nicht mit den Daten vereinbar sind, auferlegt werden. Andererseits ist die ökonomische Theorie die Basis um solche Langfristbeziehungen zu identifizieren.

---

[35] Siehe auch Johansen (2006), Juselius und Johansen (2006) oder Wolters (1998).

[36] Lütkepohl und Wolters (2002) benutzen einen solchen Ansatz im Rahmen eines monetären Systems für Deutschland.

Literatur

Blanchard, O./Quah, D. (1989): The dynamic effects of aggregate demand and supply disturbances. American Economic Review 79, 655–673.
Christ, C. F. (1983): The founding of the econometric society and econometrica. Econometrica 51, 3–6.
Colander, D./Howitt, P./Kirman, A./Leijonhuvfud, A./Mehrling, P. (2008): Beyond DSGE Models: Toward an empirically based macroeconomics. American Economic Review 98, 236–240.
Cooper, R. L. (1972): The predictive performance of quarterly econometric models of the United States. In: Hickman, B. G. (Hrsg.), Econometric Models of Cyclical Behavior. New York, 813–926.
Davidson, J. G. H./Hendry, D. F./Srba, F./Yeo, S. Y. (1978): Econometric modeling of the aggregate time series relationship between consumers' expenditure and income in the United Kingdom. Economic Journal 88, 661–692.
Deutsche Bundesbank Monatsbericht Juli 2008: Entwicklung und Anwendung von DSGE-Modellen für die deutsche Volkswirtschaft, 33–50.
Engle, R. F./Granger, C. W. J. (1987): Cointegration and error correction: Representation, estimation, and testing. Econometrica 55, 251–276.
Frisch, R. (1933): Editorial. Econometrica 1, 1–4.
Gilbert, Ch. L. (1989): LSE and the British approach to time series econometrics. In: De Marchi, N./Gilbert, Ch. L. (Hrsg.), History and Methodology of Econometrics. Oxford, 108–128.
Granger, C. W. J. (1981): Some properties of time series data and their use in econometric model specification. Journal of Econometrics 16, 121–130.
Granger, C. W. J. (1986): Developments in the study of cointegrated economic variables. Oxford Bulletin of Economics and Statistics 48, 213–228.
Granger, C. W. J. (1997): Modelling the long run in applied economics. Economic Journal 107, 169–177.
Granger, C. W. J./Newbold, P. (1974): Spurious regressions in econometrics. Journal of Econometrics 2, 111–120.
Haavelmo, T. (1944): The probability approach in econometrics. Econometrica 12 (supplement), 1–118.
Hansen, G. (2005): Macroeconomics between theory and data analysis. Applied Economics Quarterly 51, 111–120.
Hansen, L. P./Sargent, T. J. (1980): Formulating and estimating dynamic linear rational expectations models. Journal of Economic Dynamic and Control 2, 7–46.
Heilemann, U. (2011): Zur Industrialisierung der empirischen Wirtschaftsforschung: Das Beispiel der amerikanischen »model shops«. In: Diedrich, R./Heilemann, U. (Hrsg.), Ökonomisierung der Wissensgesellschaft. Berlin, 319–348.
Heilemann, U./Wolters, J. (1998): Gesamtwirtschaftliche Modelle in der Bundesrepublik Deutschland: Erfahrungen und Perspektiven. Berlin.
Hendry, D. F. (1995): Dynamic Econometrics. Oxford.
Hendry, D. F./Richard, J. F. (1983): The econometric analysis of economic time series. International Statistical Review 51, 111–163.
Hoover, K. D. (1992): The rational expectations revolution: An assessment. Cato Journal 12, 81–96.

Hoover, K. D./Johansen, S./Juselius, K. (2008): Allowing the data to speak freely: The macroeconomics of the cointegrated vector autoregression. American Economic Review 98, 251–255.

Johansen, S. (1995): Likelihood-Based Inference in Cointegrated Vector Autoregressive Models. Oxford.

Johansen, S. (2006): Confronting the economic model with the data. In: Colander, D. (Hrsg) Post Walrasian Macro: Beyond the DSGE Model. Cambridge, 287–300.

Juselius, K. (1999): Models and relations in economics and econometrics. Journal of Economic Methodology 6, 169–290.

Juselius, K. (2006): The Cointegrated VAR Model: Methodology and Applications. Oxford.

Juselius, K./Johansen, S. (2006): Extracting Information from the data: A European view on empirical macro. In: Colander, D. (Hrsg) Post Walrasian Macro: Beyond the DSGE Model. Cambridge, 301–334.

Keynes, J. M. (1939): Professor Tinbergen's method. Economic Journal 49, 558–568.

Kirchgässner, G. (1983): Ökonometrie: Datenanalyse oder Theorieüberprüfung? Jahrbücher für Nationalökonomie und Statistik 198, 511–538.

Kirchgässner, G./Savioz, M. (1997): Empirische Wirtschaftsforschung in den Wirtschaftswissenschaften: Ein Überblick. Homo oeconomicus XIV, 209–247.

Kirchgässner, G./Wolters, J. (2006): Einführung in die moderne Zeitreihenanalyse. München.

Koopmans, T. C./Rubin, H./Leipnik, R. B. (1950): Measuring the equation systems of dynamic economics. In: Koopmans, T. C. (Hrsg.), Statistical Inference in Dynamic Economic Models, Cowles Commission Monograph 10. New York, 393–409.

Kydland, F. E./Prescott, E. C. (1982): Time to build and aggregate fluctuations. Econometrica 50, 1345–1370.

Long, J. B./Plosser, C. I. (1983): Real business cycles. Journal of Political Economy 91, 39–69.

Lucas, R. E. Jr (1972): Expectations and the neutrality of money. Journal of Economic Theory, 103–124.

Lucas, R. E. Jr (1976): Econometric policy evaluation: A critique. Carnegie-Rochester Conference Series on Public Policy: The Phillips Curve and Labor Market, 19–30.

Lucke, B. (1998a): Theorie und Empirie realer Konjunkturzyklen. Heidelberg.

Lucke, B. (1998b): Wie fehlspezifiziert sind Real Business Cycle Modelle? Ifo Studien 44, 47–76.

Lütkepohl, H. (1995): Kointegration und gemeinsame Trends. In: Oppenländer, K. H., 144–176.

Lütkepohl, H./Wolters, J. (2003): Transmission of German monetary policy in the pre-Euro period. Macroeconomic Dynamics 7, 711–733.

MacKinnon, J. G./Haug, A. A./Michelis, L. (1999): Numerical distribution functions of likelihood ratio tests for cointegration. Journal of Applied Econometrics 14, 563–577.

Malinvaud, E. (1981): Econometrics faced with the needs of macroeconomics. Econometrica 49, 1363–1375.

Morley, J. (2010): The emperor has no clothes. Macroeconomic Advisors' Macro Focus 5, 1–14.

Muth, J. (1961): Rational expectations and the theory of price movements. Econometrica 29, 315–335.

Nelson, Ch. R. (1972): The predictive performance of the FRB-MIT-PENN model of the U.S. economy. American Economic Review 62, 902–917.

Nelson, Ch. R./Plosser, Ch. I. (1982): Trends and random walks in macroeconomic time series. Journal of Monetary Economics 10, 139–162.
Oppenländer, K. H. (1995): (Hrsg. unter Mitarb. von Köhler, A. G.), Konjunkturindikatoren: Fakten, Analysen, Verwendung. München.
Sargan, D. J. (1962): Wages and prices in the United Kingdom: A study in econometric methodology. In: Hart, P. E./Mills, G./Whitaker, J. K. (Hrsg.), Econometric Analysis for National Economic Planning. London, 25–54.
Sargent, T. J. (1973): Rational expectations, the real rate of interest, and the natural rate of employment. Brookings Papers on Economic Activity, 429–472.
Sargent, T. J. (1976): A classical macroeconometric model for the United States. Journal of Political Economy 84, 207–237.
Sargent, T. J. (1978): Rational expectations, econometric exogeneity, and consumption. Journal of Political Economy 86, 673–700.
Sims, C. A. (1980): Macroeconomics and reality. Econometrica 48, 1–48.
Sims, C. A. (1981): Comparing interwar and postwar business cycles: Monetarism reconsidered. American Economic Review 70, 250–257.
Sims, C. A. (1982): Policy analysis with econometric models. Brookings Papers on Economic Activity 1/1982, 107–164.
Smets, F./Wouters, R. (2003): An estimated Dynamic Stochastic General Equilibrium Model of the Euro area. Journal of the European Economic Association 1, 1123–1175.
Solow, R. M. (1957): Technical change and the aggregate production function. Review of Economics and Statistics 39, 312–320.
Stock, J. H./Watson, M. W. (2001): Vector autoregressions. Journal of Economic Perspectives 15, 101–115.
Summers, L. H. (1986): Some skeptical observations on real business cycle theory. Federal Reserve Bank of Minneapolis. Quarterly Review, Fall 1986, 23–27.
Tinbergen, J. (1939): Statistical Testing of Business Cycle Theories, Vol 1: A Method and its Application to Investment Activity, Vol 2: Business Cycles in the United States, 1919–1932. Genf: League of Nations.
Uebe, G. (1995): World of Economic Models. A Catalogue of Typical Specifications of Economic Models. Aldershot
Uebe, Götz (2001): Goetz Uebe's list of macroeconometric models. The survey of macroeconometric/economic models in chronological order, online verfügbar unter: http://www.Unibw-hamburg.de
Uhlig, H. (2005): What are the effects of monetary policy on output? Results from an agnostic identification procedure. Journal of Monetary Economics 52, 381–419.
White, H./Granger, C. W. J. (2011): Consideration of trends in time series. Journal of Time Series Econometrics 3. DOI: 10.2202/1941-1928.1092.
Wolters, J. (1998): Makroökonometrische Modelle und Kointegration. In: Heilemann, U./Wolters, J. (Hrsg.), Gesamtwirtschaftliche Modelle in der Bundesrepublik Deutschland: Erfahrungen und Perspektiven. Berlin, 181–191.
Wolters, J. (2003): Neuere Entwicklungen in der ökonometrischen Analyse aggregierter Zeitreihen. In: Franz, W./Ramser, H. J./Stadler, M. (Hrsg.), Empirische Wirtschaftsforschung. Methoden und Anwendungen. Tübingen, 51–76.
Wolters, J./Hassler, U. (2006): Unit root testing. Allgemeines Statistisches Archiv 90, 43–58. Wiederabgedruckt in: Hübler, O./Frohn, J. (Hrsg.), Modern Econometric Analysis. Berlin 2006, 41–56.
Wolters, J./Teräsvirta. T./Lütkepohl, H. (1998): Modelling the demand for M3 in the unified Germany. The Review of Economics and Statistics 80, 399–409.

Erwartungsbildung der Ratingagenturen in der Finanzkrise

*Von Gunther Tichy**

Neben Konjunktur und Wachstum stand die Beschäftigung mit Plänen und Erwartungen der Unternehmer stets im Zentrum des Interesses von Heinrich Oppenländer. Das von ihm geleitete ifo-Institut für Wirtschaftsforschung war Pionier in der Entwicklung und Auswertung von qualitativen Befragungen, zunächst als Statistikersatz; bald jedoch zeigte sich, dass »[i]n die Zukunft weisende Informationen, die die Pläne und Erwartungen der Unternehmen betreffen, nicht zuletzt aber auch die Beurteilung der augenblicklichen konjunkturellen Situation durch die Unternehmen, ... sich für die wirtschaftliche Praxis als überaus wertvoll erwiesen« haben (Oppenländer/Poser 1989, v). »The scientific approach ... is to observe behaviour ... in order to find, contained in those observations, the regularities, the common elements, and the seeming contradictions and the resolution of those contradictions which then become the foundations of a theory to explain behavior ... Not that our behavior is irrational; it simply turns out to be much more complex and subtle than those who merely assume rationality are wont to believe« (Scitovsky 1992, xiii). Die jüngste Finanzkrise, die über eine Vertrauenskrise inzwischen zur Schuldenkrise mutiert ist, kann ohne Analyse der Pläne und Erwartungen der Beteiligten weder verstanden noch überwunden werden. Bedauerlicherweise jedoch helfen in diesem Fall Umfragen wenig: Denn es geht um *sprunghafte* Änderungen der Erwartungen, die den Beteiligten offenbar gar *nicht bewusst* sind. Im Folgenden werden die Begründungen der Ratings der Agenturen gesammelt und auf sprunghafte Änderungen der Einschätzungen und Erwartungen untersucht. Abschnitt 2 diskutiert die möglichen Erklärungsansätze und die dahinter stehende Motivation. Abschnitt 3 fasst die Ergebnisse in der Hypothese zusammen, dass die vielfach überraschenden Elemente der Erwartungsbildung der Agenturen als Reaktion auf Vertrauensverlust, Komplexität und Unsicherheit zu erklären sind.

1 Sechs Phasen unterschiedlicher Einschätzung

Bekanntlich begann die Finanzkrise mit den Problemen von Bear Stearns im März 2008 und verschärfte sich dramatisch mit der Insolvenz von Lehman Brothers im September 2008. Für alle Beteiligten war das ein Schock, weil zwar Elemente

* Prof. Dr. Gunther Tichy, Wien, E-Mail: Gunther.Tichy@wifo.ac.at

der Instabilität des Finanzsystems zuvor erkannt worden waren (Tichy 2010a), nicht aber dessen Krisenpotential (Tichy 2010b). Die CDS-Spreads für amerikanische Investmentbanken hatten bereits in Laufe des Jahres 2007 angezogen, amerikanische wie europäische Geschäftsbanken und Versicherungen folgten ab Jahresbeginn 2008 (BIZ 2008, 137). Der Markt war also bereits verunsichert als die »Überraschung« der Lehman-Pleite den weltweiten Interbanken-Geldmarkt zusammenbrechen ließ. Wie Caballero and Kurlat (2009) zeigten, sind solche Überraschungen für den Beginn schwerer Finanzkrisen typisch. Doch war es wirklich eine Überraschung? Die OECD (2007, 7) hatte bereits im Juni 2007 die Risiken erkannt: »Imbalances may have developed in financial and housing markets too. As a general rule, spreads on risky bonds are close to historical lows and for a range of financial assets OECD analysis suggests that risks may be underpriced.« Und speziell für Griechenland: »With the output gap remaining positive and unit labour cost growing relatively strongly, inflationary pressures are likely to persist, eroding competitiveness.« (118). Und ein Jahr später fragte die OECD (2008) besorgt »After the storm?« und drängte Griechenland zu einer Reform von Pensions- und Gesundheitssystem wie öffentlicher Verwaltung. Die BIZ (2009, 84) wies im Juni auf das weit über den amerikanischen Hypothekenmarkt hinaus gehende weltweite Krisenpotential: »Die weltumspannende Finanzkrise hat zu einer Rezession bisher ungekannten Ausmaßes geführt, die von stark rückläufigen Handelsvolumina, erheblichen Beschäftigungskürzungen und einer massiven Eintrübung des Konsum- und Geschäftsklimas noch verschärft wird. Schwere und Dauer des Abschwungs sind noch nicht absehbar. ... Angesichts des Bestrebens von privaten Haushalten und Finanzunternehmen ihre Vermögenspositionen zu konsolidieren, könnte allerdings eine deutliche und nachhaltige Erholung in diesen [Industrie-] Ländern schwierig sein.« Die Ratingagenturen hingegen sahen selbst in Ländern, die schon vor der Finanzkrise unter Strukturproblemen litten, keinen Grund ihre damals durchwegs günstige Einschätzung zu ändern: Zwar zwang im März 2009 die Problematik, dass »projected fiscal cost to the Irish government of supporting the Irish financial sector has increased significantly« zwei Agenturen zu einer kleinen Herabstufung, doch Griechenland; Spanien und Portugal behielten ihre erstaunlich guten Ratings. Erst im Oktober reduzierte *eine* Agentur deren Ratings um einen Grad (Notch), die beiden anderen überhaupt erst im Frühjahr 2010. Damit begannen allerdings die dramatischen Downgradings, die in zwei Runden erfolgten: Frühjahr 2010 und Anfang 2011. Nochmals ein Jahr später entzog eine der Agenturen den USA und in der Folge auch neun Mitgliedern der europäischen Währungsunion und der European Financial Stability Facility (ESFS) die Höchstbewertung AAA.

Verzögerte, sprunghaft rundenartige Bewertungsänderungen waren schon in den späten neunziger Jahren und zu Beginn dieses Jahrhunderts zu beobachten, als die Länder der EU beitraten. Sie sind auch keineswegs auf die Ratingagenturen beschränkt: die Zinsaufschläge (spreads) lassen eine durchaus ähnliche Entwicklung des Finanzmarkts erkennen. Da derartige Sprünge in den Strukturdaten nicht zu finden sind, stellt sich die Frage nach den Ursachen dieser Diskrepanz. Im Folgenden wird versucht, sie an Hand der Begründungen der Ratings für Griechenland zu beantworten, dem Land bei dem die Sprünge am deutlichsten ausgeprägt waren.[1]

1.1 Die beiden Upgrading-Phasen und die Persistenz der Ratings

Griechenland trat 1981 der EU und 2001 der Währungsunion (EMU) bei. Die Ratings wurden in einer ersten Runde im 1. Halbjahr 1997 gemeinsam mit Portugal und Spanien um 2 bis 3 Notches hinaufgesetzt; im 2. Halbjahr 1999 folgte, gemeinsam mit Spanien, eine ähnlich starke zweite Runde. Ab Juni 2003 bewerteten alle drei Agenturen Griechenland mit 16 auf einer 20-stufigen Skala.[2] Die bessere Einschätzung der griechischen Bonität war offenbar dem EMU-Beitritt geschuldet, der das Wechselkursrisiko beseitigte;[3] die Strukturdaten hätten dazu wenig Anlass gegeben: Die Leistungsbilanz hatte bereits 2002 ein Defizit von 6½% des BIP, das Budget von 4¾%, und die Staatsschulden erreichten 103% des BIP. Bis 2008 verschlechterte sich das Leistungsbilanzdefizit auf 14¾%, das Budgetdefizit auf 9¾%, die Staatsschuld auf 113% des BIP, die Industrieproduktion schrumpfte um 3½% und die Lohnstückkosten stiegen um 6¼% pro Jahr. Dennoch hielten Agenturen die an ihren günstigen Ratings bis Herbst 2009 fest, und senkten sie auch dann zunächst bloß wenig. Da andere Beobachter, wie etwa die OECD, schon viel früher auf die sich verschärfenden Probleme hingewiesen hatten,[4] stellt sich die Frage wie die Agenturen ihre lang verzögerte Bewertung begründeten.

Im Dezember 2004 motivierten Fitch wie Moody's die Beibehaltung ihrer günstigen Bewertung mit dem hohen Wachstum und der Mitgliedschaft in der Eurozone; allerdings: »Despite a real GDP growth rate that has been above 3% per year for almost a decade, Greece's rating is constrained by the high level of debt and uncertainties regarding long-term growth ... Greece is the most indebted country in the Eurozone, with a debt-to-GDP ratio of 112% predicted for 2004, up from 109.9% in 2003 following Eurostat's reevaluation of public finance data. Such a one time increase in the debt ratios *did not affect* the rating of Greece. ... Nevertheless, if the debt ratios were to be on increasing

1 Die Ausführungen dieses Abschnitts folgen z.T. der Darstellung in Tichy 2011a.

2 Alle drei großen Agenturen verwenden eine 20-stufige Skala, differieren allerdings in den Buchstabenbezeichnungen, die von AAA (S&P und Fitch) bzw. Aaa (Moody's) bis D reichen.

3 Dementsprechend erfolgten die Upgradings von Irland, Portugal und Spanien schon früher; nach Afonso et al. (2011) führte auch die EU-Mitgliedschaft zu besseren Ratings.

4 Für die entsprechenden Zitate siehe Tichy 2011a, 238ff.

trend over the long term, Greece's ratings could be put under pressure.« (meine Hervorhebung G. T.) Die Strukturprobleme wurden nicht einmal erwähnt, das Schuldenniveau zwar angesprochen aber ignoriert. Die OECD (2005, 44) betonte in Herbst 2005, dass »public finances are far worse than previously thought ... [and] underline the need for a substantial retrenchment and close monitoring.« Nichtsdestotrotz wiederholte Moody's seine Argumente in den Updates seines Berichts vom Feber 2006 und März 2007. Im Mai 2008 glaubte Moody's zu erkennen, dass »Greece's fiscal consolidation in recent years has been impressive, with the deficit shrinking from over 7 % of GDP in 2004 to around 3 % of GDP in 2007 ... Moody's key long-term concern relates to the potentially negative impact of large nominal wage increases in excess of productivity gains on competitiveness and growth.« Das Defizit 2007 stellte sich als mehr als doppelt so hoch heraus, aber das relative gute Rating blieb. Daran änderte sich auch nichts, als im Dezember 2008 das Volk zu revoltieren begann. Moody's widmete dem Aufstand sogar einen Spezialbericht »Greece: Political Unrest and Credit Crisis Erode the Government's Fiscal Space«: »The Greek governments is constrained by a large public debt, as well as by the combined effects on its balance sheet of a sharp economic slowdown, support to the banking sector, and a rise in its relative cost of funding -- all of which make it more difficult for the government to respond to popular demand in the context of the riots that began in Athens on 6 December 2008 ... The current deadlock between the government and the demonstrators is exposing a vulnerability ... namely, the inability to build up a social and political consensus needed for reform. ... Moody's also notes that Greece's margin for fiscal flexibility will erode if the current widening of its borrowing costs relative to other European countries were to be sustained. ... Moody's believes that the combination of a (i) political situation that does not bode well for economic reform, and (ii) an economic situation that restricts the margin for manoeuvre of the government even further will likely reverse Greece's recently favourable trajectory of public debt metrics. However, Moody's does not base its ratings on debt levels per se and will monitor both the political and economic situations closely to assess whether the erosion of fiscal space for the Greek government is temporary or more permanent in nature. ... Moody's currently rates Greece at A1 with positive outlook.« Selbst die Märkte hatten zu diesem Zeitpunkt bereits reagiert: Die Zinsdifferenz zu Deutschland, die bis 2007 bei etwa ²/₁₀ Prozentpunkten gelegen war, hatte bereits ¾ Prozentpunkte erreicht.

Insgesamt zeigte Moody's somit während der Periode kontinuierlich zunehmender Wettbewerbs- und Staatsfinanzierung, sowie zuletzt sogar politischer Probleme, keine Bereitschaft das griechische Rating der Realität anzupassen. Man betonte das überdurchschnittliche Wachstum und eine gewisse Konvergenz, sah die Probleme zwar, unterschätzte aber ihre Sprengkraft.[5] Gleiches gilt für die anderen drei Problemstaaten und für die Agenturen Fitch und Standard & Poors, die sich insofern gleich verhielten, als auch sie ihre Ratings nicht änderten; vor allem S&P dokumentierten ihre Begründungen jedoch, wenn überhaupt, dann sehr schlecht, so dass sie in die Analyse der Begründungen bloß beschränkt einbezogen werden konnten.

1.2 Zwei mäßige Downgrading-Runden

Im Winter 2009 setzte die erste, schwache Downgrading-Runde ein. Sie betraf alle vier Krisenländer, am stärksten Irland und Portugal. Das griechische Rating senkte S&P im Jänner 2009 um eine Stufe. Zitiert nach Bloomberg war »weakening finances amid the global economic turbulence« die Begründung; somit Budgetprobleme und der Einfluss der globalen Finanzkrise. Moody's hingegen verbesserte wenige Tage darauf sein Rating von 16 »stable« auf 16 »positive«, da »Greece is so far less affected than many of its rating peers«. Fitch setzte den »Outlook« im Mai auf negativ. Damit endete diese erste schwache Runde der Herabstufungen auch schon.

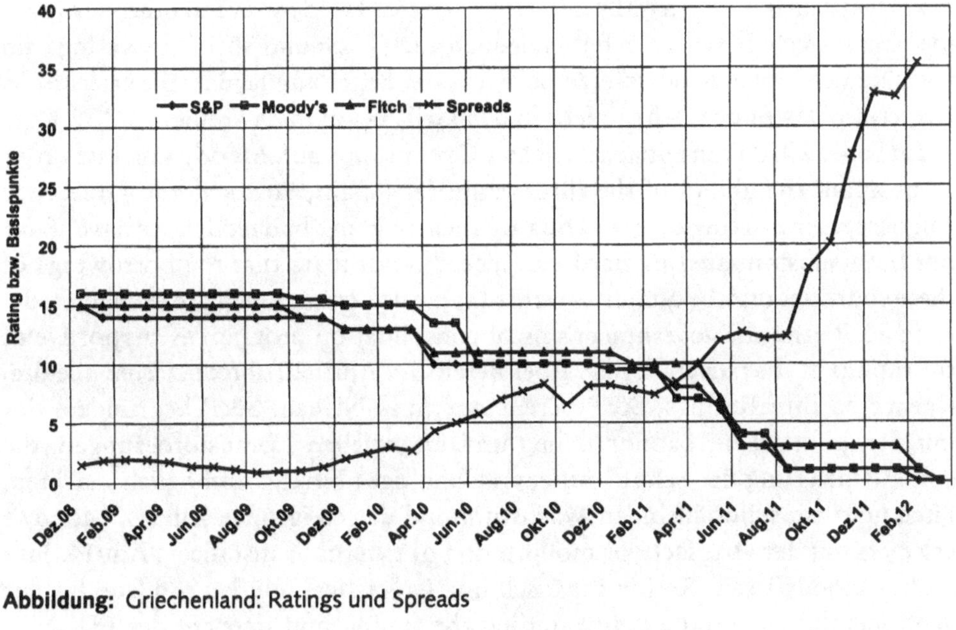

Abbildung: Griechenland: Ratings und Spreads

5 Das entspricht genau dem Verhalten der Zentralbanken und in geringerem Maße von IMF und BIZ in der Beurteilung der Finanzkrise (Tichy 2010b).

Die zweite, noch immer mäßige Runde der Downgradings im Herbst 2009 war auf Griechenland beschränkt. Fitch reduzierte sein Rating im Oktober um einen Notch, »after the country more than doubled the forecast for its fiscal deficit this year«. Moody's setzte seine Bewertung auf »review for possible downgrade«: »The sharp deterioration of public finances relative to the previously reported estimates ... raises serious questions about the sustainability of Greek public finances and the problem will be compounded by a less favourable global economic environment going forward ... The magnitude of the revision perpetuates Moody's longstanding concerns about the transparency and reliability of official statistics. ... The likelihood that Greece can ›grow‹ out of its government indebtedness post-crisis as it did pre-crisis is minimal. ... The robust economic expansion of the past two decades was also supported by strong credit and wage growth, neither of which was sustainable.« Dennoch setzte Moody's das Rating erst knapp vor Weihnachten herab, und auch da bloß um einen Notch, wenn auch mit negativem Outlook. Drei Wochen vorher hatte die Agentur in einem Bericht »Investor Fears of Liquidity Crisis in Greece are Overdone« erstaunlicherweise betont, dass »its concerns are related to the erosion of the economy's potential over the long term, not to short-term liquidity risks. ... Indeed, the risk that the Greek government cannot roll over its existing debt or finance its deficit over the next few years is not materially different from that faced by several other euro area member states.« Inzwischen hatten jedoch auch Fitch und S&P ihre Ratings um jeweils einen Notch herabgesetzt, beide mit der Begründung, dass die griechische Regierung das Budgetdefizit nicht in den Griff bekommen könne.

Im Feber 2010 kam zunächst leichter Optimismus auf. Moody's meinte »concerns about the ability of the three countries [Spain, Portugal and Greece] to roll over their existing debt and finance their ongoing budget deficits have so far not been substantiated by hard evidence... [and] fears that the borrowings of these countries may be quantity- rather than price-constrained are exaggerated«; auch S&P sah »the government's fiscal consolidation program as supportive of the ratings at the current level«. Aber bereits im April 2010 reduzierten alle drei Agenturen ihre Ratings, S&P bereits auf Junk-Niveau. S&P begründete das mit den politischen, ökonomischen und finanziellen Herausforderungen, die eine Reduzierung der Schuld auf ein nachhaltiges Niveau unmöglich machten, Fitch mit dem schwächelnden Wachstum und den steigenden Zinsen, Moody's erstmals mit der »the factious mobilisation of external assistance«. Am 14. Juni senkte Moody's sein Rating drastisch um 4 Notches, und begründete das mit »considerable uncertainty surrounding the timing and impact« des EU-IMF-Programms vom 10. Mai.

In dieser zweiten Downgrading-Runde verschoben sich somit die Begründungen. Das Argument des raschen Wachstums verschwand, es reiche nicht aus »to grow out of debt« und das Budgetdefizit steige zunehmend. Eine ruhige Phase bis Feber

2011 folgte, in der die Ratings auf 10 (Moody's, S&P) bzw. 11 (Fitch) gehalten wurden, obwohl die Spreads auf 8 % stiegen, der Konflikt in der EZB über die Marktstützung durch Anleihekäufe Anfang Mai eskalierte, und das EU-IMF-Stützungsprogramm vom 10. Mai vielfach als unzureichend empfunden wurde.

1.3 Die Eskalation

Die dritte Downgrading-Runde, die sich im Wesentlichen auf das Frühjahr 2011 konzentrierte, betraf wieder alle vier Krisenländer. In Griechenland begann sie bereits Mitte Jänner, als S&P und Moody's ihr Rating auf »credit watch with negative implications« setzten, teils wegen des quantitativ wie zeitlich unzureichenden EU-IMF-Stützungsprogramms, vor allem aber, weil sie durch einen »preferred creditor status« für die Hilfskredite Verluste der privaten Gläubiger befürchteten. Fitch reduzierte sein Rating aus genau diesem Grund um einen Notch. Preferred creditor status und möglicher Schuldenschnitt blieben auch die Begründungen für die darauf folgenden schlagartigen Downgradings: Moody's Anfang März um 3 Notches, S&P Ende des Monats um zwei, Fitch im Mai (um 3), Moody's (3), S&P (4) und Fitch (3) im Juni sowie Fitch und Moody's (jeweils um 3) im Juli 2011.

Damit war die dritte, massive Runde der Downgradings, die weniger mit Budgetdefiziten und Schuldenniveau als mit der Insuffizienz der Stützung und der Gefahr von Schuldenschnitten argumentierte, auf dem sehr tiefem Rating-Niveau von 1–3 für Griechenland auf der 20-teiligen Skala zum Stillstand gekommen. Im weiteren Verlauf des Jahres 2011 wurde Griechenland nicht weiter herabgestuft.

Mitte Jänner 2011 setzte jedoch eine vierte Runde mit einem Rundumschlag von S&P gegen die Währungsunion ein: S&P reduzierte das Rating für Spanien und Italien um jeweils 2 Notches mit negativem Outlook. »The downgrade [von Spanien] reflects our opinion of the impact of deepening political, financial, and monetary problems within the European Economic and monetary Union (eurozone), with which Spain is closely integrated.« Auch für Italien glaubt S&P, dass »the external financial risks are exacerbated by deepening political, financial, and monetary problems within the eurozone.« Mit derselben Begründung wurden am selben Tag die Ratings von Frankreich und Österreich um einen Notch herabgesetzt;[6] »The outcomes of the summit on Dec. 9, 2011, and subsequent statements of policy makers lead us to believe that the agreement reached has not produced a breakthrough of sufficient size and scope to fully address the

6 Zugleich auch Zypern, Italien, Portugal, und Spanien um zwei Notches), sowie Malta, Slowakei, Slowenien um einen Notch aber mit anderer Begründung (http://www.standardandpoors.com/ratings/articles/en/us/?articleType=HTML&assetID=1245329040931).

eurozone's financial problems. ... we believe that a reform process based on a pillar of fiscal austerity alone risks to be self-defeating ...«; genau das hatten die Agenturen aber zuvor nachdrücklich gefordert. Bei Österreich ist besonders auffallend, dass eine 1:3-Wahrscheinlichkeit einer weiteren Reduzierung angekündigt wurde, wenn das Wachstum geringer als erwartet ausfalle oder die Regierung die Banken rekapitalisieren müsste; zwölf Tage darauf wurde jedoch das A-Rating der österreichischen Großbanken trotz deren Ostengagements bestätigt, wenn auch auf negativ gestellt. Zuvor stufte S&P nach den beiden AAA-gerateten EU-Mitgliedern auch den EFSF um einen Notch herab: »On Jan. 13, 2012, we lowered to ›AA+‹ the log-term sovereign credit ratings of two of the European Financial Stability Facility's (EFSF's) previously ›AAA‹ rated guarantor member states France and Austria. The EFSF's obligations are no longer fully supported either by guarantees from EFSF members rates ›AAA‹ by S&P or by ›AAA‹ rated securities.« Die Probleme der Eurozone sind somit in das Zentrum der Begründungen gerückt, und zwar weniger Budgetdefizite und Schulden als solche sondern vielmehr die Austeritätspolitik, also genau die Maßnahmen die Agenturen in den vorhergehenden Runden gefordert hatten.

2 Der merkwürdige Wechsel der Begründungen

Die Analyse zeigt somit eine Upgrading- und vier Downgrading-Runden, die in den vier Krisenländern weitgehend synchron verliefen, mit verschieden langen Ruheperioden dazwischen. Die Upgrading-Runde wurde mit dem raschen Wachstum und dem Beitritt zur Währungsunion sowie mit dem Wegfall des Wechselkursrisikos begründet; die aus der Heterogenität der Ländergruppe resultierenden Risiken wurden übersehen. Während der fast zehnjährigen Ruhephase unveränderter Ratings hielten die Agenturen an der Wachstumshypothese fest obwohl sich die Fundamentals rasch verschlechterten und die Verschuldung stieg; auch die Märkte hielten in dieser Periode die Zinsaufschläge konstant. In der ersten ganz schwachen Downgrading-Runde änderte sich an der Einschätzung kaum Grundsätzliches, selbst wenn »weakening finances amid the global economic turbulence« registriert wurden. Die zweite Downgrading-Runde machte die steigenden Budgetdefizite zum zentralen Indikator und betonte, das Wachstum reiche nicht aus »to grow out of debt«; steigende Löhne und abnehmende Konkurrenzfähigkeit wurden zwar erwähnt aber nicht weiter problematisiert. Die dritte, massive Runde der Downgradings hingegen argumentierte weniger mit Budgetdefiziten und Schuldenniveaus als mit der Insuffizienz der Stützung durch EU und IMF und der Gefahr von Schuldenschnitten, wogegen die vierte mit unzureichendem Stützungspotential und den Folgen der Austeritätspolitik begründet wurde, die die Agenturen in den vorhergehenden Runden gefordert hatten.

Die Begründungen der Agenturen entsprechen in mehrfacher Hinsicht nicht den Erwartungen an eine für die Anleger hilfreiche Bewertung. An erster Stelle ist wohl die enge Sicht der Konzentration auf wenige Indikatoren zu nennen, die, zweitens, die späte Reaktion der Agenturen auf Fehlentwicklungen bedingte; drittens der eher unvermittelte Übergang von eher kalmierenden zu aggressiven Bewertungen, sowie viertens die merkwürdige Reaktion auf Überraschungen.

2.1 Beschränkung auf wenige Indikatoren

Verglichen mit Analysen der OECD oder der Wirtschaftsforschungsinstitute stützen sich die Begründungen der Agenturen auf eine sehr enge Auswahl von Indikatoren: Budgetsalden und Schuldenquoten sowie politische Maßnahmen wie Beitritt zur Währungsunion, Stützungsmaßnahmen oder potentieller Schuldenschnitt. Selbst die (internen) Bewertungskataloge der Agenturen sehen ein sehr viel breiteres Analyseinstrumentarium vor: Das Methodologiehandbuch von S&P (2011) etwa nennt gut fünf Dutzend Teilindikatoren in fünf »key areas« (political, economic, external, fiscal, monetary), darunter auch zahlreiche Strukturindikatoren. Jeder Indikator wird auf einer Sechspunkte-Skala bewertet und zu zwei »profiles«, einem »political-and-economic« und einem »flexibility-and-performance profile« zusammengewichtet, aus deren (mechanischem) Zusammenspiel das »indicative rating level« (angeblich) abgeleitet wird (S&P 2011, 8). Tatsächlich kommt in den Begründungen – und wie die Ergebnisse zeigen offenbar auch in der Analyse – bloß ein Bruchteil dieser Indikatoren vor; Strukturindikatoren wie Leistungsbilanz, Produktivität, oder Lohnstückkosten fehlen fast vollständig, obwohl sie die kommenden Probleme schon sehr früh ankündigt hatten.

Eine Erklärung dieser Verengung der Analyse dürfte darin zu suchen sein, dass die Agenturen die Komplexität auf eine monokausale, leicht verständliche Erklärung reduzieren. Sie stehen insofern vor einer schwierigen Aufgabe, als sie einerseits im Interesse der Anleger besonders kritisch sein sollten, die Erstellung eines worst-case scenario andererseits wegen seiner Tendenz zur Selbsterfüllung sogar für die Anleger problematisch wäre. Überdies beruht ihre Legitimation nicht bloß auf der zwangsläufig beschränkten Richtigkeit ihrer Evaluierungen, sondern auch darauf, dass sie ihre Ratings mit Argumenten begründen, die die Marktteilnehmer für plausibel halten und die leicht kommunizierbar sind. Die Gedankenkette: Staatsausgaben → Budgetdefizit → Verschuldung → Überschuldung → Insolvenz ist für Finanzspezialisten offenbar plausibler als: mangelnde Wettbewerbsfähigkeit → Leistungsbilanzdefizit → Auslandsverschuldung → Überschuldung → Insolvenz. Nicht bloß aus Marketing- und Publizitätsüberlegungen sondern auch zur Reduktion der Komplexität ihrer Analyse konstruieren die Agenturen aus den jeweils neuen Fakten eine neue, möglichst einprägsame

›story‹. Allerdings deutet die beschränkte Treffsicherheit und die verspätete Reaktion der Agenturen darauf hin, dass sie diese story nicht bloß verkaufen sondern dass sie auch selbst daran glauben.

2.2 Verspätete Reaktion in Runden

Das zweite bemerkenswerte Phänomen ist die relativ späte Reaktion der Agenturen und die Konzentration dieser Reaktionen in einer Abfolge von mehreren aufeinander folgenden Bewertungsrunden, die nach Ruheperioden jeweils sprunghaft einsetzen und über Agenturen, Märkte und auch Länder weitgehend synchron verlaufen. Die Zeitschrift Economist unterschied in ihrer Ausgabe vom 15. 1. 2012 eine Periode, in der die Ratings der Euroländer deutlich in Richtung Höchstbewertung konvergierten, gefolgt von einer markanten Divergenzperiode. Für die Zukunft erwartet der Economist eine neue Konvergenz, allerdings nicht mehr nach oben sondern zur Mitte: »But the euro zone is now moving towards common rules on fiscal policy as a way of preventing future crises and, in time, quite possibly toward some kind of debt mutualisation. In this set-up, states' debt profiles, budgetary stance and credit ratings ought to resemble each other more, not less. So if the euro zone stays together, the logical outcome might be a convergence play of a very different sort. Unlike last time, this is not the sort of convergence where everyone rises towards the level of the most creditworthy member. This convergence will be towards the average, not the top, as the gold-plated states accept greater responsibility for their fellow-members and as ratings take mutualisation into account.«

Zahl der S&P-Ratings

S&P	1995	2000	2005	2010	1/2012	2012 →	
		Convergence		Divergence		Convergence towards average	
							*
AAA	5	5	8	6	4	4	*
AA	7	6	4	3	4	4	*
A	1	4	5	7	4	4	*
BBB	1	1			2	2	*
BB						2	*
B							*
CCC							*
CC					1	1	*

* 13. 1. 2012

In dieser Arbeit wurden, etwas feiner, sechs aufeinander folgenden Bewertungsrunden mit z. T. langen Zwischenperioden unterschieden, zwischen denen die Begründungen wechselten. Im Allgemeinen hinkten die Ratings, wie im Übrigen auch die Spreads, den Problemen nach; je kritischer die Situation eingeschätzt wurde, desto rascher reagierten die Agenturen und tendierten zu überschießender Bewertung, vor allem wenn sie die Gefahr von Ausfällen befürchteten. Wenn sie ihr jeweils vertretenes Rating und dessen Begründung aufgaben, konzentrieren sie sich auf die jeweils neuen, durch die alte Begründung nicht mehr erklärbaren Fakten und überbetonen diese in Analyse wie Kommunikation.

Die verspätete Bewertung und die Anpassung in Schüben dürfte neben den üblichen Schwierigkeiten der Prognose im Allgemeinen mit der spezifischen Komplexität der Analyse von Fehlentwicklungen in einem Finanzsystem zu erklären sein, das seinen Charakter durch Deregulierung, Globalisierung und Finanzinnovationen völlig geändert hatte. »When that happens, risk calculations and trading techniques based on these [traditional-equilibrium] models are liable to break down.« (Soros 2008, 73 f.) Das generiert Unsicherheit, wodurch Herdenverhalten (Url 2011, 821) und Hinausschieben von Entscheidungen zu rationalen Strategien werden: Andere könnten besser informiert sein, und es ist zu hoffen, dass sich der Informationsstand im Zeitablauf verbessert.

2.3 Von kalmierend reaktiven zu aggressiven Bewertungen

Politik und Medien liegen falsch, wenn sie die Ratingagenturen für die Krise der europäischen Peripherie verantwortlich machen.[7] Die Ausführungen in Abschnitt 1 zeigen, jedenfalls für die Upgrading- und die beiden ersten Downgrading-Runden, das genaue Gegenteil: Weigerung der Agenturen das Ausmaß der Risiken zur Kenntnis zu nehmen. Für die dritte Runde ist die Evidenz weniger klar; in der vierten hingegen schalteten die Agenturen auf aggressiv, um die Gefahr eines Schuldenschnitts und von Verlusten für die privaten Gläubiger abzuwenden.

Bis in das Jahr 2010 hinein ignorierten die Agenturen nicht bloß die zunehmenden Struktur- sondern auch die politischen Probleme, und reduzierten die Bewertungen bloß sehr allmählich. Die Ratings hinkten den Marktbewertungen (Spreads) eher nach, wobei ökonometrische Analysen zeigen, dass die Agenturen auf Änderungen der Spreads stärker reagierten als die Spreads auf Downgradings; je rascher sich die Zinssätze änderten, desto öfter wurden die Ratings angepasst (Url 2011, 820). Wiederum ist neben den üblichen Schwierigkeiten der Prognose im Allgemeinen auf die spezifische Komplexität der Analyse von Fehl-

7 »Über ihre Ratings verschärfen sie die Stimmungslage gegen die Reformländer. Sie unterminieren den unwiderlegbaren Erfolg der Reformschritte. Die bisherigen Reformerfolge, die die Zielsetzungen des IWF und der EU übertrafen, interessieren nicht.« (F. Hellmeyer, Chefanalyst der Bremer Landesbank).

entwicklungen in einem Finanzsystem zu verweisen, das seinen Charakter durch Deregulierung, Globalisierung und Finanzinnovationen völlig geändert hatte. Überdies erleichtert der ›headline‹-Charakter der oben erwähnten ›story‹-artigen Deutungen zwar ihre Diffusion, wirkt aber auch selbstbestätigend. Demgemäß halten Urheber wie Nachbeter an einer solchen Deutung so lange fest, bis die Kontraevidenz überstark geworden ist und sie zwingt, auf einen neuen Indikator und eine neue einfache Erklärung umzuschalten; ähnlich wie bei Spekulation resultiert daraus überschießendes Verhalten. Als die Gefahr eines Schuldenschnitts offensichtlich wurde, mussten die Agenturen auf eine neue story umschalten, und im Interesse ihrer Kunden versuchen, diesen Schritt abzuwenden; sie hätten sonst jede Glaubwürdigkeit verloren.

2.4 Unterschiedliche Reaktion auf Überraschungen

Überraschungen sind, wie Caballero and Kurlat (2009) gezeigt haben für schwere Finanzkrisen konstitutiv, und sie haben auch in dieser Krise zur Zunahme der Risikoaversion erheblich beigetragen (Haugh et al. 2009; Schuhknecht et al. 2010). Von den in der Krisenperiode erkennbaren Überraschungen waren Bear Stearns und Lehman zwar Auslöser der weltweiten Vertrauenskrise, für die Ratings der Agenturen blieben sie jedoch relativ lange irrelevant. Gleichermaßen nahmen die Agenturen die politischen Unruhen in Griechenland zwar wahr, ignorierten aber deren zu erwartende Folgen. Die Überraschung der griechischen Statistik-Fälschungen hingegen kann zur Erklärung einer, allerdings eher bescheidenen Erwartungsänderung beitragen. Deutlich reagierten die Agenturen auf die politischen »Überraschungen« der zögernden und unzureichenden Hilfsmaßnahmen von EU und IMF sowie der Ankündigung eines Schuldenschnitts. Bei Beidem »überrascht« allerdings, dass die Agenturen davon überrascht wurden. Zwar mag die non-bailout-Klausel nicht optimal formuliert sein, doch an drei Fakten hätten die Agenturen nicht zweifeln dürfen: Erstens an der beschränkten Bereitschaft vieler Mitglieder der Währungsunion in einer Periode angespannter Finanzlage erhebliche Verpflichtungen für die Stützung anderer Mitglieder aufzuwenden, die überdies – ihrer Meinung nach – unverantwortlich über ihre Verhältnisse gelebt hatten. Dazu kam zweitens die tief verankerte, wenn auch kontrafaktische Meinung, die EU sei keine Transferunion. Drittens ignorierten die Agenturen die Ideologie und Politik Deutschlands, die von der Gründung der EZB über das Bestehen auf der non-bailout-Klausel bis zur Schuldenbremse auf Inflationskontrolle und Budgetdisziplin bestanden; auch von dieser Seite war somit wenig Bereitschaft zu rascher und *bedingungsloser* Hilfe zu erwarten.

In der populären wie vielfach auch in der wissenschaftliche Literatur (etwa Arghyrou/Kontonikas 2011) wird die zunächst schwache und danach überschießende Reaktion der Agenturen wie des Marktes (Spreads) damit begründet, dass die Anleger auf ein bailout vertrauten. Dementsprechend verschwanden die Spreads der Krisenländer nach dem Beitritt zur Währungsunion allmählich und begannen erst etliche Monate nach Lehman langsam zu steigen; die Agenturen reagierten ähnlich zögerlich. Ab Spätherbst 2010, als eine solche Lösung zunehmend unsicher wurde, stiegen die Spreads dramatisch und die exzessiven Herabstufungen häuften sich. Allerdings kann diese Hypothese die unterschiedliche Bewertung der vier Staaten an der Peripherie des Euro-Raumes durch die Ratingagenturen in der Periode zwischen deren Eintritt in die Währungsunion und Anfang 2009 kaum erklären: Es ist schwer vorstellbar, dass die Investoren glaubten, die EU-Mitglieder wären zu einem Bail-out von Spanien (das mit 20 = AAA bewertet wurde) eher bereit gewesen als von Griechenland (Rating bloß 15–16); überdies sollte ihnen bewusst (gewesen) sein, dass ein Bail-out wenig hilft, wenn ein Land unter erheblichen Strukturproblemen leidet, wie das in den Fehlinvestitionen, der mangelnden Reallohnflexibilität und in der mangelnden Wettbewerbsfähigkeit der Länder an der südlichen Peripherie des Euro-Raumes deutlich zum Ausdruck kamen.[8] Plausibler scheint daher die Hypothese, dass die späte Reaktion von Märkten wie Ratingagenturen mit einem relativ kurzen Planungszeitraum der Marktteilnehmer zu erklären ist, und den Ratingagenturen die üblichen Prognosefehler unterliefen: Prozyklik, Wendepunktfehler, Unterschätzung der Amplitude von Ausschlägen und Vernachlässigung politischer Elemente; nicht zuletzt scheiterten sie an der Unmöglichkeit, Überraschungen (Schocks) vorherzusehen (Tichy 2011a) und richtig einzuschätzen. Neben den Prognosefehlern von Politik, Märkten und Agenturen erkannte wohl keiner der Akteure die Konstruktionsmängel der Währungsunion und noch weniger die Handlungsbeschränkungen, denen Teilnehmer einer Währungsunion unterliegen (Tichy 2011b).

3 Einschätzungen unter Komplexität und Unsicherheit

Die Abschätzung von sovereign risks ist außerordentlich schwierig; mehr noch als bei anderen Prognosen beeinflussen Erwartungen und politische Entscheidungen das Ergebnis, und das Zusammenspiel der Teilnehmer auf den globalen Finanzmärkten ist durch die Finanzinnovationen noch komplexer geworden. Die abrupten Änderungen der Ratings und ihrer Begründungen ergeben sich daher als Folge der undurchschaubaren Komplexität des Systems und der daraus resultierenden Unsicherheit (von Teilnehmern und Analysten). Die Agenturen (wie 'die Märkte') versuchten die Komplexität auf wenige, einfach handhabbare

[8] Jedenfalls enthielten Transaktionen, die auf der Hypothese eines Non-Bail-out basierten, ein markantes Spekulationsmotiv (nämlich Spekulation auf ein »vertragswidriges« Bail-out).

Indikatoren und eine zentrale, zumeist monokausale, leicht kommunizierbare Erklärung zu reduzieren; der ›headline‹-Charakter dieser Deutungen erleichtert ihre Diffusion und wirkt selbstbestätigend. Demgemäß halten Urheber und Nachbeter an einer solchen Deutung solange fest, bis die Kontraevidenz überstark geworden ist und sie zwingt, auf einen neuen Indikator und eine neue einfache Erklärung umzuschalten; ähnlich wie bei Spekulation resultieren daraus überschießende Ergebnisse. Entgegen der vielfach vertretenen Meinung kalmierten die Ratings der Agenturen die Fehlentwicklungen der Krisenländer an der südlichen Peripherie lange Zeit; erst als die Hilfe von EU und IMF zögernd und in unzureichendem Ausmaß anlief, und vor allem als ein Schuldenschnitt diskutiert wurde, schalteten die Agenturen auf aggressiv um und verschärften die Krise durch ihre überschießende Bewertung; erst in dieser Phase versuchten sie Politik und Marktentwicklung aktiv in ihrem Sinn zu beeinflussen.

Die abrupten Wechsel der Einschätzungen der Agenturen waren in der gegenwärtigen Finanz- und Schuldenkrise besonders ausgeprägt, weil zu den üblichen Problemen der Komplexität und Unsicherheit Defizite der theoretischen Erklärung von Finanzinnovationen wie der Folgen der Währungsunion hinzukommen. Finanzinnovationen wurden von der Theorie im Allgemeinen positiv eingeschätzt, weil sie die Möglichkeit bieten, die Risiken dorthin zu allozieren, wo sie am besten getragen werden können; die Möglichkeit, die Risiken komplexer Derivate kalkulatorisch in den Griff zu bekommen wurde aber erheblich überschätzt, und es blieb lange unbemerkt, dass die Risiken ganz woanders hingewandert waren, als die Theorie angenommen hatte. Gleichermaßen haben zwar die Optimal-Currency-Ansätze die Voraussetzungen einer funktionierenden Währungsunion herausgearbeitet; die politische Praxis hat sich aber über die Voraussetzungen hinweggesetzt, und auch akademische Arbeiten waren sich der daraus resultierenden Folgen nicht wirklich bewusst. In der Praxis schien die Währungsunion lange zu funktionieren, doch allmählich kumulierten sich die Probleme der Heterogenität (Wettbewerbsfähigkeit, unterschiedliche Realzinssätze) und der Verschuldung in einer Währung, die die Staaten nicht selbst kontrollieren können (Kopf 2011). Die Agenturen gerieten sowohl beim Upgrading in den späten neunziger Jahren wie beim verspäteten Downgrading in diese Falle.

Literatur

BIZ (2008): (Bank für Internationalen Zahlungsausgleich), 78. Jahresbericht.

BIZ (2009): (Bank für Internationalen Zahlungsausgleich), 79. Jahresbericht.

Caballero, R. J./Kurlat, P. (2009): The »surprising« origin and nature of financial crises: a macroeconomic policy proposal, Jackson Hole Symposium, http://www.kc.frb.org/home/subwebnav.cfm?level=3&theID=11441&SubWeb=10660.

Haugh, D. et al. (2009): What Drives Sovereign Risk Premiums?: An Analysis of Recent Evidence from the Euro Area, OECD Economics Department Working Papers 718, http://dx.doi.org/10.1787/222675756166 (17.3.2012).

Kopf, C. (2011): Restoring financial stability in the Euro Area, CEPS Policy Brief 237, http://ssrn.com/abstract=1797509.

OECD (2005): Economic Surveys: Greece, Paris: OECD.

OECD (2007): Economic Outlook 2007(1), Paris: OECD.

OECD (2008): Economic Outlook 2008(1, Paris: OECD.

Oppenländer, H./Poser, G. (1989): Vorwort, in: Oppenländer, H./Poser, G. (Hrsg.), Handbuch der Ifo-Umfragen, Berlin: Duncker.

Scitovsky, T. (1992): The joyless economy, Revised Edition,Oxford: Oxford UP.

Soros, G. (2008): The new paradigm for financial markets. The credit crisis and what it means, New York: PublicAffairs™.

Schuknecht, L. et al. (2010): Government bond risk premiums in the EU revisited. The impact of the financial Crisis, ECB Working Paper Series 1152.

S&P (2011): Sovereign government rating. Methodology and assumptions, S&P June 30, 2011

Tichy, G. (2010a): War die Finanzkrise vorhersehbar? Perspektiven der Wirtschaftspolitik 11(4), 356–82

Tichy, G. (2010b): Why did policy ignore the harbingers of the crisis? Empirica 38(1), 107–30

Tichy, G. (2011a): Did rating agencies boost the financial crisis? Intereconomics 46(5), 232–45.

Tichy, G. (2011b): Die Schuldenkrise. Ursachen und Folgen, Monatsberichte des Österreichischen Instituts für Wirtschaftsforschung 84(12), 797–810.

Url, Th. (2011): Ratingagenturen: Verursacher, Verstärker oder im Sog der Staatsschuldenkrise, Monatsberichte des Österreichischen Instituts für Wirtschaftsforschung 84(12), 811–25.

Die »Große Dichotomie« ist größer geworden – Zur Konjunkturprognose heute

*Von Ullrich Heilemann**

Karl-Heinz Oppenländer, zwar gelegentlich als »Wachstums-Oppenländer« apostrophiert, war auch Konjunkturforscher. Überraschend ist das bei einem Angehörigen und langjährigem Präsidenten des ifo-Instituts nicht; allenfalls, dass er auch als Präsident sich nicht auf die Verkündigung und Erläuterung der Konjunkturbefunde und -prognosen, wie dies das Amt mit sich bringt, beschränken wollte. In erster Linie ging es Oppenländer um methodische und empirische Fragen. Gelenkt von den wirtschaftspolitischen Fragen des Tages bestimmen sie nun einmal die Konjunkturarbeit stärker als die Arbeit an Konjunkturtheorien; zumal diese sich wie die Theorie allgemein, wenig um die Empirie und deren Befunde schert. Für die Konjunkturtheorie brachte dies Tichy mit dem Begriff der »Großen Dichotomie«, d.h. der großen Spannung zwischen Konjunkturtheorie und empirischer Konjunkturerklärung und -prognose auf den Punkt (Tichy 1994, S. 63), worauf Oppenländer mehrfach rekurrierte. Den Nachweis, dass sich vermeintlich theorielose Instrumente wie Indikatoren durchaus auch theoretisch fundieren lassen, überließ der durchaus kämpferische Präsident Oppenländer – seine Autobiographie (Oppenländer 2011) liefert dazu zahlreiche Beispiele – Anderen (z.B. Klein (1992); von der weiten Landnahme der Indikatoren-Methode unten mehr. Wichtig war ihm jedoch die Feststellung, dass »die Konjunkturtheorie [...] nur wenig zur Erklärung des Konjunkturphänomens der Nachkriegszeit beigetragen« hat (Oppenländer 1992, S. 298). Ohne auf das Verhältnis von Makro- und Konjunkturtheorie einzugehen: auch zwanzig Jahre später dürfte Oppenländers Aussage für viele nichts an Gültigkeit eingebüßt haben.

Im Folgenden daher einige Befunde und Anmerkungen zum aktuellen Stand der Konjunkturprognose in Deutschland. An früheren Inventuren des Themas fehlt es nicht, worauf hier aber nicht eingegangen wird; der Rahmen zwingt zur Beschränkung, wobei Akzentuierungen und Zuspitzungen unvermeidlich sind.

* Prof. Dr. Ullrich Heilemann, Leipzig, Institut für Empirische Wirtschaftsforschung, Universität Leipzig, E-Mail: heilemann@wifa.uni-leipzig.de. – Für kritische Hinweise und Anmerkungen bin ich Roland Döhrn, Willi Leibfritz, Udo Ludwig, Heinz-Josef Münch und Bernd Schips dankbar.

1 Konjunkturanalyse und -prognose im Wandel der Wertschätzung

Die letzten Jahrzehnte waren keine hohe Zeit der Konjunkturtheorie. Sieht man von der »Real business cycles«-Theorie ab, so handelte es sich bei den neuen Konjunkturtheorien überwiegend um Makrotheorien und bereits die Präfixe »new« der neuen Theorien signalisierten, dass es um Aktualisierungen und Ausdifferenzierungen bestehender neoklassischer oder keynesianischer Ansätze ging. Sie brachten zwar etliches Neues, aber ungeachtet ihres meist sehr selbstbewussten Auftretens wenig, was der praktischen Konjunkturdiagnose und -prognose geholfen hätte.[1] Die Hypothese der Rationalen Erwartungen, die Kritik von Lucas und Sims an makroökonometrischen Simulationen und Modellen, das Auftreten der VAR-Modelle identifizierten zwar Schwachstellen der Makroökonomie und -ökonometrie. Aber im Zuge ihrer empirischen Überprüfung wurde bald die beschränkte Gültigkeit und Relevanz dieser Kritik deutlich (Johnston 1992, Tichy 1997, Fair 2000). Mit der weltweiten Finanz- und Wirtschaftskrise 2007 ff. machte daher im Fach nicht von ungefähr das Wort von den »verlorenen Jahrzehnten«, dem »Rückfall ins Mittelalter« (Krugman 2009) die Runde und wurde für eine Rückbesinnung auf die »1978 macroeconomics« plädiert (Gordon 2009).

Trotz der bescheidenen Bilanz auch der neuen Theorien für die Konjunkturanalyse und -prognose, für die großen deutschen wirtschaftswissenschaftlichen Forschungsinstitute bedeutete das mit diesen Entwicklungen verbundene Vordringen der Angebotspolitik bzw. der Wachstumsorientierung eine Verdrängung des Konjunkturproblems und ein Wechselbad an Wertschätzung. In erster Linie als »Konjunkturforschungsinstitute« vor der Weltwirtschaftskrise oder als Reflex darauf entstanden, verdanken sie ihre Wahrnehmung und hohe Wertschätzung durch Öffentlichkeit und Politik vor allem ihren Konjunkturanalysen und -prognosen. Mit der Relativierung des Konjunkturproblems und dem Hervortreten »struktureller« Probleme in der zweiten Hälfte der 1970er Jahre verlor das Konjunkturthema, fast im Gleichschritt mit der antizyklischen Finanzpolitik und der Konjunkturpolitik überhaupt, im Fach und leider damit auch für die Institute an Reiz und Bedeutung, zumal neue Themen auf den Plan traten (Oppenländer 2011, S. 47 ff.). In den 1980er kamen dann auch – nicht zuletzt unter dem Eindruck monetärer und realer Gleichgewichtstheorien (Tichy 1997) – die Konjunkturforschung und -prognose von akademischer Seite besonders unter Beschuss und hatten Mühe, sich als staatlich alimentierte Aufgabe bei der Politik, im Fach, bei gerufenen und nicht-gerufenen Evaluatoren zu rechtfertigen. Immerhin war ja die

[1] Zu einer aktuellen Übersicht über neuere makroökonometrische Ansätze in der empirischen Makroökonomie vgl. z.B. Tichy 1997 sowie die Beiträge von Wolters (S. 151–165) und, zu einer kritischen Sicht, von Schips (S. 15–25) in diesem Band.

Konjunkturprognose z. B. in den angelsächsischen Ländern überwiegend Aufgabe des Privaten Sektors, freilich ohne dass den Prognosen eine höhere Treffsicherheit als hierzulande bescheinigt werden kann (Heilemann/Stekler 2012). Im letzten Jahrzehnt hat sich dies geändert. Nachdem in den Gutachten des Sachverständigenrats zur Begutachtung der gesamtwirtschaftlichen Entwicklung (SVR), in den Konjunkturberichten der großem Forschungsinstitute, vor allem aber in der »Gemeinschaftsdiagnose«, auf die Vorwürfe des Theoriedefizits u. a. mit zahlreichen »Kästen« zu inhaltlichen und methodischen Fragen, Simulationsrechnungen, Fußnoten und langen Literaturlisten reagiert wurde, dürfte die Konjunkturanalyse und -prognose im Fach wieder mehr Anerkennung finden. Ironischerweise dies nicht zuletzt deshalb, weil auch die statistisch-ökonometrische Analyse, die »(Minnesota-)Agnostiker« mit »Schätzungen ohne Theorie« (Johnston 1992), das Konjunkturthema für sich entdeckt hatte. Auch in den Instituten fand die Konjunkturanalyse wieder mehr Interesse, auch bei Instituten und Personen, die die Beschäftigung mit dem Thema lange von sich gewiesen hatten. Eine definitive Wende brachte natürlich die Krise 2007 ff.; gleichfalls nicht ohne Ironie: kurze Zeit nach dem die Beherrschung der Konjunkturprobleme – zum vierten oder fünften Mal in den letzten 100 Jahren – für gelöst erklärt worden war (Lucas 2003) und quasi zeitgleich zum Einsetzen der Krise in Deutschland empfahl der Wissenschaftliche Beirat beim Bundeswirtschaftsministerium im Januar 2008 eine Abschaffung des »Stabilitätsgesetzes« (Wissenschaftlicher Beirat 2008).

Freilich spielte bei der Renaissance der Konjunkturforschung in den Instituten noch mehr mit, zumal ja die seit den neunziger Jahren berufenen neuen Leitungen bis dahin die Vorbehalte des Fachs mindestens geteilt hatten. Aber Profilierung und Prestige der großen Forschungsinstitute in einem enger und umkämpfter gewordenen »Forschungsmarkt« oder auch das Bedürfnis, einen gefragten Service publique zu leisten, werden nun einmal maßgeblich von ihren Konjunkturprognosen getragen. Nicht zu vergessen schließlich auch das Geld. Immerhin bringt allein die Teilnahme am Projekt »Gemeinschaftsdiagnose«, den beteiligten, je nach Lesart, vier bis acht Instituten 2009/10 jährlich zusammen ca. 1,2 Mio. Euro ein, etwa 15 vH der jährlich für wissenschaftliche Gutachten vorgesehenen Haushaltsmittel des Bundesministeriums für Wirtschaft.

Dessen ungeachtet: um die Treffsicherheit der Konjunkturprognosen steht es nach wie vor nicht zum Besten, wie die dramatischen Fehlprognosen 2009 f. demonstrierten. Auch dies hat mehrere Ursachen, wie vor allem in der angelsächsischen Literatur zur weltweiten Finanz- und Wirtschaftskrise erörtert, bedauerlicherweise bislang allerdings sehr abstrakt. Eine Ursache, sicher nicht die wichtigste, liegt darin, dass ein großer Teil der neueren »Konjunkturforschung« die Aufgabe der Konjunkturprognose nicht oder kaum noch im Blick hat, so dass ihre Analysen und Vorschläge zur Verbesserung der Treffsichert selten hilfreich sind.

2 Zum Stand der Konjunkturprognose in Deutschland

Das Angebot – national und international – an Konjunkturprognosen für Deutschland hat sich in den letzten Jahrzehnten beträchtlich erhöht, hauptsächlich das des privaten Sektors. Deutliche Verbesserungen waren in den letzten Jahren vor allem beim Informationsgehalt der Prognosen bzw. der entsprechenden »Konjunkturberichte« zu registrieren; namentlich seitens der staatlich alimentierten Prognoseinstitutionen wie den großen wirtschaftswissenschaftlichen Forschungsinstituten und der Gemeinschaftsdiagnose (GD), vermutlich auch als Reaktion auf die erwähnte Kritik. Die Ergebnisse werden ausführlicher begründet, die (expliziten) Annahmen offengelegt, die Punktprognosen häufig durch die Angabe quantifizierter Unsicherheitsbereiche oder durch Diskussion alternativer Entwicklungen komplettiert. Die GD zum Beispiel enthält neuerdings auch Prognosen sowohl zur sektoralen wie auch zur mittelfristigen Entwicklung. Insofern wurden die Konjunkturprognosen zweifellos erheblich verbessert, auch wenn das noch nicht das Ende vom Lied ist.

Anders sieht es leider bei der Genauigkeit, der Treffsicherheit der Prognosen aus. Die Treffsicherheit der Prognosen der GD, des SVR, der OECD und des Jahreswirtschaftsberichts der Bundesregierung für Deutschland im Herbst für das kommende Jahr verbesserten sich seit fast 45 Jahren kaum (Heilemann/Stekler 2012), auch wenn das Desaster der Prognosen für 2009/10 ausgeklammert wird. Für die Prognosen im Frühjahr bzw. im Herbst für das laufende Jahr sieht es, bei Berücksichtigung des Prognosehorizonts, im Grunde nicht besser aus (vgl. Tabelle im Anhang).

Zwar sind bei den Wachstumsprognosen gelegentlich leichte Verbesserungen zu verzeichnen, werden allerdings die Fehler um die Niveaus der Wachstumsraten oder die Varianz korrigiert, zeigt sich eine ärgerliche Konstanz, auch wenn die (BSP) BIP-Fehler in etwa der Bandbreite der Revisionen der amtlichen Statistik entsprechen. Noch ungünstiger fällt die Bilanz im Krisenfall aus: Rezessionen werden meist erst gesehen, wenn sie bereits eingetreten sind. Besser sieht es glücklicherweise bei den Inflationsprognosen aus.

Ohne auf weitere Ergebnisse wie Verzerrung (Bias), relative Prognosegüte, d. h. einen Vergleich der Treffsicherheit der Prognosen mit einer (naiven) no-change-Prognose ($p_t = p_{t-1}$) (U)) einzugehen, die Befunde zur Treffsicherheit der deutschen Forschungsinstitute sind nicht neu (Antholz 2005) und sowohl was Niveau als auch Tendenzen angeht, unterscheiden sie sich kaum von denen für die anderen großen OECD-Länder (z. B. Heilemann/Stekler 2012, Stekler 2011). Keine große Rolle spielt übrigens, ob die Prognosen von kommerziell oder nicht-kommerziell orientierten Institutionen erstellt werden (Osterloh 2008) oder ob das Prognoseangebot pluralistisch, wie z. B. in Deutschland, oder zentralistisch organisiert ist, wie z. B. in Frankreich.

Ein enttäuschender Befund angesichts der Bemühungen der Konjunktur- bzw. der Makrotheorie, der Verbesserung der empirischen Basis hinsichtlich Breite und Aktualität seitens der Amtlichen Statistik[2] und der Entwicklung zahlloser zusätzlicher Indikatoren in den letzten 20 Jahren, von den methodischen und rechentechnischen Fortschritten nicht zu reden. Die in diesem Zusammenhang – z. B. auch von Oppenländer (1992) – von Prognostikern gern ins Feld geführte »Selbsterfüllung/-zerstörung« ihrer Prognosen erklärt diese Fälle allenfalls zu einem sehr kleinen Teil. Geld- und Fiskalpolitik in Deutschland reagierten z. B. in Krisenfällen stets nur partiell, d. h. in kleinen Schritten und verzögert auf die Prognosen und nie so stark, als dass die Interventionen sie hätten aufheben können; zumal dies häufig, wie z. B. bei massiven außenwirtschaftlich verursachten Einbrüchen wie in 2009, auch gar nicht möglich gewesen wäre. Die Verhinderung der für 1988 prognostizierten weltweiten Wirtschaftskrise als Folge des Börsenkrachs 1987 mit Hilfe weltweit massiver fiskalischer und zinspolitischer Maßnahmen blieb eine Ausnahme.

Wie die einzelnen Institutionen auf diese Befunde – sie stammen fast ausschließlich von Dritten – reagiert haben, ist Außenstehenden nur in Umrissen bekannt. Folgt man den Angaben der an der GD beteiligten großen Forschungsinstitute, so wurde der Rahmen der »Iterativen VGR-Prognose« oder des Real GDP-Modells beibehalten, wird aber fallweise um die Ergebnisse von makroökonometrischen Strukturmodellen, VAR-Modellen, ökonometrischen Einzelgleichungen und Indikatoren ergänzt (Nierhaus/Sturm 2003, Ludwig 2002). In den Konjunkturberichten einzelner Institute, wie auch in der GD, finden sich seit einiger Zeit Überprüfungen der Treffsicherheit der Prognosen. Sie beschränken sich aber auf die Feststellung der Fehler einzelner Nachfrageaggregate und machen – methodisch bedingt (Iterative VGR-Prognose) – kaum Aussagen zu den eigentlichen Ursachen der Fehlschätzungen und geben damit wenig Hinweise auf mögliche Ansatzpunkte für Verbesserungen.[3] Liegen die Ursachen z. B. in den Annahmen bezüglich außenwirtschaftlicher Entwicklungen, des monetären Rahmens (Zinssätze, Wechselkurse) oder – wie Oppenländer (1992) vermutet – des wirtschaftspolitischen Handelns? Oder sind sie in fehlerhaften Erklärungen oder Prognosen der einzelnen Aggregate der Verwendungs-, Verteilungs- und Entstehungsseite zu suchen? Werden die Dynamik oder die konjunkturelle oder sonstige Zyklizität – davon ist nur selten die Rede – zutreffend erfasst? Noch beschränkter sind meist die Erträge der zahllosen Analysen der Treffsicherheit der BIP- oder der Inflationsprognosen durch Dritte. Ehe darauf näher eingegangen wird, ist jedoch ein Blick auf Begriff und Gegenstand der Konjunkturprognose erforderlich.

---

2 Allerdings sind auch spürbare Rückschritte zu beklagen, so z. B. integrationsbedingt in der der Außenhandelsstatistik, durch die Anhebung der Abschneidegrenzen bei der statistischen Erfassung auf Betriebe mit 50 und mehr Beschäftigten und bei der Einzelhandelsstatistik durch das Vordringen des Internethandels.

3 Detaillierte Fehleranalysen wie die von Barabas (2009) oder Döhrn (2006) sind rar.

3 Die Konjunkturprognose

Anders als der Name erwarten lässt, handelt es sich bei der Konjunkturprognose nicht um eine Prognose der zyklischen Entwicklung einer Volkswirtschaft, d. h. der einzelnen Phasen und ihrer Abfolge. Auch wenn die musterhafte Abfolge von Phasen deren Fortschreibung nahelegt, zumindest in den letzten Jahrzehnten spielen sie vor allem bei der Interpretation von Indikatorergebnissen und bei der deskriptiven Analyse des Zyklus' eine – bescheidene – Rolle (s. u.); in den Prognosen ist ihr Beitrag gering.[4] Fest steht, dass sich seit den 1960er Jahren auch in Deutschland eine umfassendere, ausschließlich an der Fristigkeit orientierte Sicht durchgesetzt hat: Unter Konjunkturprognose wird eine Prognose der »kurzfristigen« Entwicklung, d. h. der Entwicklung in den nächsten ein bis zu etwa zwei Jahren verstanden. Außer den genannten spielten dabei auch technische Gründe eine Rolle, denn in welchem Maße die prognostizierte Entwicklung »Konjunktur-« oder sonstigen Faktoren bestimmt ist, lässt sich zumindest aktuell nur schwer exakt bestimmen. Auch das Zurücktreten des Konjunktur- hinter den Wachstumsschwankungen bis Anfang der 1970er Jahre – »Wachstumszyklen die neue Form der Konjunkturschwankungen« (Ott (Hrsg.) 1973) – dürfte von Bedeutung gewesen sein. Schließlich dürfte, ähnlich wie im makroökonometrischen Modellbau, die Reduktion der traditionellen Konjunkturtheorien auf eine makroökonomische Erklärung der Schwankungen einzelner Verwendungsaggregate via Multiplikator-Akzelerator-Zusammenhang eine Rolle gespielt haben.

In den Konjunkturanalysen und -prognosen hinterließen diese Veränderungen allerdings wenig Spuren, wie ein Blick in die Konjunkturberichte der großen Forschungsinstitute oder der GD zeigt. Pointiert ausgedrückt: Perioden zunehmender Veränderungsraten des realen BIP werden als »Aufschwung«, Perioden abnehmender Raten als »Abschwung« klassifiziert. Die Konjunkturuhr des Ifo-Instituts, in der die Beurteilungen der Geschäftslage und der Geschäftserwartungen von Unternehmen jeweils einer von vier Phasen zugeordnet werden (Abberger/Nierhaus 2010) oder das Vier-Phasen-Schema des RWI (Heilemann/Schuhr 2008) finden vor allem bei der Diagnose Verwendung.

Wichtig für ein angemessenes Verständnis der Konjunkturprognose ist, sich über ihre Struktur im Klaren zu sein: Bei Konjunkturprognosen, wie sie in den entwickelten Industrieländern seit den 1950er Jahren üblich sind, handelt es sich um mittels konjunktiver Verknüpfung von Teilprognosen zusammengesetzte, mehrstufige Prognosen der kurzfristigen gesamtwirtschaftlichen Entwicklung. Die Prognosen z. B. des realen BIP sind das Ergebnis der Summe der Aggregate

---

4 Vgl. dazu z.B. bereits Bassie 1958. Die Einschätzung ist allerdingsvor dem Hintergrund der unmittelbaren Nachkriegsentwicklung zu sehen und in den letzten beiden Jahrzehnten finden Zyklenmuster wieder mehr Aufmerksamkeit (s. u.), ihre prognostische Nutzung ist aber nach wie vor bescheiden.

der Verwendungsseite, in der kurzen Frist der Entstehungsseite. Prognosetechnisch oder methodisch muss dies nicht gelten, anstelle des bottom up- kann auch ein top down-Ansatz oder eine Mischung von beiden verwendet werden. Anders als der Sprachgebrauch suggeriert, ist der Inhalt von Konjunkturprognosen im Einzelnen wenig bestimmt und ändert sich je nach Datenangebot, Problemlagen national und im Zeitablauf. Seit Mitte der 1960er Jahre bildet die VGR, wie z. B. in der GD wiedergegeben, den Standard.

Gelegentlich wurden noch darüber hinaus gehende Anforderungen an die Konjunkturprognosen gestellt. So forderte beispielsweise Seidler (1975) – seinerzeit Leiter der Konjunkturabteilung des DIW –, dass sie auch Aussagen über die erreichte Konjunkturphase und einen Vergleich mit der zuletzt abgegebenen Konjunkturprognose enthalten muss und dass erklärt wird, warum sich die aktuelle gegenüber der letzten Prognose geändert hat. Welche Rolle spielten z. B. Annahmen, Hypothesen, Daten und sonstige Faktoren? Ferner sollte sie Angaben zur Auslastung der Produktionsfaktoren und Angaben über die Abweichung der aktuellen Entwicklung vom Trend enthalten. Generellen Eingang in die Konjunkturberichte hat davon vor allem die Forderung nach Aussagen zum Auslastungsgrad gefunden; die Erklärung der Abweichungen der neuen von der vorangegangenen Prognose hält sich jedoch noch immer in engen Grenzen.

Dass die Konjunkturprognose keine »Konjunktur«-Prognose ist, kümmert die Prognosekonsumenten vermutlich wenig, und für die Arbeit der Produzenten spielen konjunkturzyklische Elemente offenbar ja keine große Rolle. Beider Interesse gilt in erster Linie der detaillierten Entwicklung von Wachstum, Inflation und Beschäftigung. Hinzu kommt, dass sowohl »Ereignisse«, wie z. B. die deutsche Einigung oder die beiden Ölkrisen sowie spezifische Veränderungen der gesamtwirtschaftlichen Problemlagen, wie z. B. das Auftreten der Arbeitsmarktprobleme seit Mitte und der Defizitprobleme der öffentlichen Haushalte seit Ende der 1970er Jahre, konjunkturzyklische Entwicklungen überlagerten, auch wenn sie das Muster und Determinanten des deutschen Konjunkturzyklus offenbar nicht grundsätzlich veränderten.

4 Fehleranalysen

Das Interesse an Analysen der Qualität von Wirtschafts- bzw. Konjunkturprognosen ist in den letzten beiden Jahrzehnten drastisch gestiegen, wie ein Blick auf die Literatur zeigt.[5] Leider beschränken sich die entsprechenden Arbeiten

[5] Die Zahl der in der Kategorie E370 des »Journal of Economic Literature« veröffentlichten Aufsätze ist von 2 im Jahre 1990 auf 110 im Jahre 2011 gestiegen. Zwei große internationale Zeitschriften widmen sich ausschließlich Prognoseproblemen.

allerdings fast ausschließlich mit der Treffsicherheit, weitere wichtige Determinanten wie Informationsgehalt, Bedingtheit und theoretische Fundierung; ihre Geltungs-, Anwendungs- und Reflexivitätsprobleme (Heilemann 2012, Wild 1974, S. 134 ff.) finden wenig Beachtung, obwohl auch in dieser Hinsicht das Angebot stark variiert. Aber sowohl aus der Konsumenten- als auch aus der Produzentenperspektive, aus handlungs- wie aus kognitiver Sicht macht es für die Beurteilung der Treffsicherheit einen Unterschied, ob die Fehler in den getroffenen Annahmen, den verwendeten Hypothesen oder in den sonstigen Informationen liegen.

Materiell beziehen sich die Analysen fast ausschließlich auf die Prognosen von BSP/BIP und Inflation. Bei der Untersuchung neuer Verfahren – heute in der Regel Zeitreihen- oder Indikatorverfahren – wird als Referenz meist sogar nur auf eine der beiden Variablen abgestellt. Die Analyse der gemeinsamen Treffsicherheit beschränkt sich bislang noch auf Wachstums- und Inflationsraten (z. B. Sinclair/Stekler/Kitzinger 2010).

Wie viele reduktionistische Konzepte im makroökonomischen Bereich, von der (erweiterten) Phillips-Kurve, über Okun's law, die NAIRU bis zum Produktionspotential, haben ihre Beschränkungen zwar den Vorteil der einfachen Berechnung und großen Anschaulichkeit. Im Vergleich mit dem Informationsgehalt der Standard-Konjunkturprognosen fehlen den Daten-basierten isolierten BIP-Prognosen jedoch nicht nur theoretische Begründungen und »Annahmen«, sondern in der Regel auch aggregative Details. Werden die BIP-Prognosen dagegen aus Zeitreihen-basierten Mehrgleichungssystemen abgeleitet, erweist sich deren Treffsicherheit jener der Prognosen mit Hilfe struktureller Modelle oder des iterativen VGR-Modells aus vielerlei Gründen als unterlegen (Döhrn/Kitlinski/Münch 2011). Immerhin liefern sie aber wichtige, im Ergebnis leider oft wenig schmeichelhafte Maßstäbe zur Beurteilung ökonomisch basierter Erklärungen. Dass im Bereich hochfrequenzieller Daten – etwa im monetären Bereich – Zeitreihen-Ansätze angesichts fehlender Alternativen gegenwärtig nicht zu schlagen sind, ändert an ihrer skeptischen Einschätzung für die Zwecke der Konjunkturprognose nichts.

Es liegt nahe, sich in diesem Zusammenhang an die Erwartungen von Koopmans folgenreicher »measurement without theory«-Attacke auf den NBER-Ansatz[6] und die künftige Rolle von »Theorie« und »Ökonometrie« in der Wirtschaftsprognose zu erinnern (Koopmans 1947, Klein 1992). Das Vordringen der datenbasierten und der Indikator- und Umfrage-basierten Verfahren lassen, mit nur wenigen Einschränkungen, viele der damaligen Erwartungen als unerfüllt ansehen. Dass

6 Vereinfacht ausgedrückt, handelt es sich um einen induktionistisch geprägten Ansatz, bei dem mit Hilfe einer Vielzahl von Indikatoren Konjunkturphasen und -zyklen bestimmt und anhand von Referenzzyklen beurteilt werden (Klein 1992).

der Geist Koopmans an einer Überarbeitung seines Aufsatzes »Schätzung ohne Theorie« arbeitet (Johnston 1992), ist zu wünschen. Gegenwärtig ist jedenfalls eine weitverbreite Abkehr von der analytisch fundierten und eine Rückkehr zur simplen symptomatischen Betrachtungsweise zu registrieren, ohne dass die dahinterstehenden funktionalen Beziehungen deutlich gemacht werden.[7]

Zunehmend relativiert wird freilich auch das Verständnis der Konjunkturprognose als konjunktive Verknüpfung von Einzelprognosen, wobei nicht nur an die BIP-Prognosen der Zeitreihenansätze zu denken ist. Auch bei der iterativen VGR-Prognose ist der Verknüpfungsprozess von subjektiven oder gar persönlichen Elementen geprägt, wie sich das für »Kollektivprognosen« wie die der GD zeigen lässt: Die »Federführenden« der beteiligten Institute haben beträchtlichen Einfluss auf das Gesamtergebnis und damit auch auf die Treffsicherheit der Prognosen (Fritsche/Heilemann 2011). Bei makroökonometrischen Modellprognosen ist das mit Blick z. B. auf die Rolle von Add-Faktoren oder Anpassungen des Gleichungssystems freilich im Prinzip nicht anders, sofern diese Veränderungen nicht begründet werden; immerhin lassen sich ihre Konsequenzen quantifizieren.

Dem Prognosekonsument liefert die Feststellung der Fehler der BIP- oder der Inflationsprognosen zwar Hinweise auf Ungenauigkeiten oder Fehler der Prognosen, aber dem Prognoseproduzent hilft sie wenig, wenn sie nicht über die Rolle der Annahmen, Hypothesen oder sonstigen Einflüsse Auskunft gibt. Das gilt auch für die von Prognostikern wie z. B. der GD seit einigen Jahren durchgeführten Treffsicherheitsanalysen.[8] Sie sagen wenig über die Rolle der Annahmen für das Prognoseergebnis und die Aussagen zur Treffsicherheit der einzelnen Verwendungsaggregate und ignorieren den funktionalen, z. T. auch den definitorischen Zusammenhang der einzelnen Variablen. Dass der Methodenpluralismus der iterativen VGR-Methode – nach wie vor das am weitesten verwendete Verfahren der Konjunkturprognose – es schwer macht, die Quellen von Prognosefehlern zu identifizieren, steht außer Frage. Er sollte allerdings auch nicht überbewertet werden, wenn die relative Prognosequalität überzeugt: »It is more important to prevent business cycles than to explain them«. Immerhin könnten die von der GD verwendeten makroökonometrischen Modellen dazu herangezogen werden oder es könnten Hinweise auf den beschränkten Informationsgehalt der Fehleranalysen gegeben werden.[9] Die Ergebnisse sind freilich ernüchternd: Regelmäßige Über-

7 Vgl. dazu z. B. Klein 1995. – Die Einbettung der Symptomatik der Barometersysteme in ein funktionales System (Wagemann 1928, S. 22 ff.) ist übrigens eine der großen Leistungen der deutschen Konjunkturforschung im 20. Jahrhundert. Sie ging damit deutlich über den damaligen NBER-Ansatz hinausging und bereitete mit den Boden für die spätere makroökonomische Erklärung.

8 Vgl. z. B. Projektgruppe Arbeitsgemeinschaft 2012, S. 28 f.

9 Vgl. dazu z. B. Döhrn 2006, Barabas 2009 und vor allem die mustergültigen Analysen des ESRC Macroeconometric Modelling Büro (z. B. Wallis (ed.) et al. 1986).

prüfungen der einzelnen ökonometrischem Modellprognosen für den Zeitraum 1982 bis 1999 ergeben, dass der MAE des realen BSP bei »richtigen« Annahmen statt bei 1,1 immer noch 0,8 betragen hätte; vor allem wohl wegen der Fehleinschätzung des Welthandels (Heilemann 2012). Die Modellrechnungen machen ferner deutlich, dass wenn von den Fehlern der »Annahmen« abgesehen wird, die mit Abstand wichtigste Fehlerquelle z. B. der BIP-Prognosen die Unschärfen der Einzelgleichungen im Modellkontext sind, wobei die Prognose insgesamt noch von einem nicht unbeträchtlichem aggregativen und intertemporalem Fehlerausgleich profitiert. Ähnlich gering wie der Beitrag der »statischen« Verknüpfung« der Einzelgleichungen für die nachfrageseitigen BSP-Fehler scheint der Beitrag der dynamischen Verknüpfung, also die intertemporalen Fehlerfortpflanzung, zu sein. Endgültige Aufschlüsse über die Rolle der einzelnen Variablen sind wegen der Interdepenenz der Einzelergebnisse allerdings nur mit sehr aufwändigen Modellrechnungen zu erreichen.

Soll von Prognosefehlern gelernt werden, gibt es also keine Alternative zu einer detaillierten, am besten fallbezogenen Fehleranalyse, wobei freilich nicht nur die Rolle der »Hypothesen«, sondern auch die der Methode und der Daten und ihrer Nutzung nachzugehen ist. In allen Feldern gibt es, nicht nur bei den Daten (Clements 2012), gute Gründe sich zu beschränken – z. B. knappe Ressourcen der Prognostiker – und schlechte – wie z. B. die irrational oder auch rational begründete Ignorierung aktueller Informationen (z. B. Osterloh 2008) oder den Unwillen »Rezessionen« zu prognostizieren, wie er nicht nur in den Prognosen für Deutschland erkennbar ist. Dass solche Analysen nur von den Prognostikern zu leisten sind, sollte klar sein.

5 Perspektiven

Die Konjunkturprognose hierzulande hat in den beiden letzten Jahrzehnten beträchtliche Fortschritte gemacht. Ihre theoretische und methodische Basis ist zwar nach wie vor eklektisch, aber der Informationsgehalt ist gestiegen. Die Produktionsseite wird stärker beleuchtet, die wichtigsten Annahmen werden genannt und quantifiziert und die empirische Basis, das Angebot an Daten der Amtlichen und der Nicht-Amtlichen Statistik, Indikatoren oder Modellergebnisse haben eindrucksvoll zugenommen und wurde vielfach aktueller, wenn auch nicht immer zuverlässiger. Ein beachtlicher Fortschritt ist auch, dass zunehmend die Unsicherheitsbereiche der Prognosen beziffert werden, was aber in der Öffentlichkeit und bei der Politik noch wenig Beachtung findet. Was die Rolle der Konjunkturtheorie angeht, so gilt noch immer Tichy's Wort von der »Großen Dichotomie«, die mit dem Vordringen von Zeitreihen-basierten Verfahren und trotz »neuer« Konjunktur- oder makroökonomischer Theorien zu- und nicht abgenommen hat. Die Treffsicherheit lässt aus handlungsorientierter wie aus kognitiver Perspektive zu wünschen übrig. Die Fehler der Wachstumsprognosen haben sich in den letzten 45 Jahren nicht verringert und sind für eine effiziente und effektive Fiskalpolitik aber auch Geldpolitik zu hoch, erst recht im Krisenfall, wie sich 2007ff. deutlich zeigte. Immerhin, bei der Inflationsprognose sieht es besser aus, und der Spielraum für weitere Verbesserungen scheint nur noch bei den außenwirtschaftlich bestimmten Preisen zu liegen. Unter den großen OECD-Ländern steht Deutschland sowohl was das Niveau als auch die Tendenzen bei der Treffsicherheit angeht allerdings keineswegs allein. Die seit vielen Jahren zunehmenden Untersuchungen der Treffsicherheit gesamtwirtschaftlicher Prognosen haben an diesem Bild leider wenig geändert.

Über die weitere Entwicklung der Konjunkturprognose lässt sich nur spekulieren. Der Informationsgehalt wird auch weiterhin steigen – insbesondere die Politik will immer mehr wissen; mit Blick auf die jüngste Krise steht die stärkere Verbindung von realem und Finanzsektor an erster Stelle. Bei der Treffsicherheit liegt die Hoffnung weiterhin auf besseren – neuen? – Theorien, Daten und Methoden und ihrer effizienten Nutzung.

Ob die Finanzkrise 2007ff. zu einer »Flurbereinigung« und, wie häufig gefordert, zu einem »Neuanfang« führt, bleibt abzuwarten. An »new ...« und »post ... economics« hat es in den letzten Jahrzehnten nicht gefehlt, wohl aber an allgemein akzeptierten Antworten wie sie Keynesianismus, Makroökonomie, VGR, Ökonometrie und makroökonometrische Modelle auf die Weltwirtschaftskrise der dreißiger Jahre lange Zeit boten. Vergleichbar neue Antworten sind gegenwärtig nicht in Sicht, allenfalls »Renaissancen«. Kennzeichnend für die gegenwärtigen Versuche zur Erhöhung der Treffsicherheit ist, dass sie ganz überwiegend statistisch basiert sind und z. B. auf eine aktuellere (z. B. monatliche VGR-Daten) und breitere Datenbasis (z. B. Einbindung weiterer, neuer Indikatoren) abzielen. Der methodische Eklektizismus oder, freundlicher ausgedrückt, Pluralismus bei der Konjunkturprognose wird vermutlich weiter zunehmen. Insgesamt deutet dies eher auf inkrementale, denn auf schubartige Verbesserungen hin; zumal der Spielraum bei Berücksichtigung der erreichten Erklärungsgüte einzelner Hypothesen nicht mehr als allzu hoch anzusehen ist. Aber natürlich kann es, wie in den 1990er und 2000er Jahren, auch schlechter werden.

Ein zu pessimistisches Bild? Nach seinem gescheiterten Flugversuch sagte der Bischof zum Schneider von Ulm: »Der Mensch ist kein Vogel, der Mensch kann nicht fliegen!« Einhundert Jahre behielt der Bischof Recht.

Literatur

Abberger, K./Nierhaus, W. (2010): Die ifo Konjunkturuhr: Zirkuläre Korrelation mit dem Bruttoinlandsprodukt, ifo Schnelldienst, 63, pp. 32–43.

Antholz, B. (2005): Zur Treffsicherheit von Wachstumsprognosen. Münsteraner Dissertation. Münster.

Barabas, G. (2011): Immer wieder aus Prognosefehlern lernen. In: Wagner, A. (Hrsg.), Empirische Wirtschaftsforschung heute. 2. Aufl., Marburg, S. 183–193.

Clements, M. P. (2012): Do professional forecasters pay attention to data releases? International Journal of Forecasters 28, S. 297–308.

Döhrn, R. (2006): Improving business cycle forecasts' accuracy – what can we learn from past errors? (RWI Discussion Papers, 51.) Essen (RWI).

Döhrn, R./Kitlinski, T./Münch, H. J. (2011): Zur Prognosegenauigkleit des RWI-Konjunkturmodells im Vergleich zu Zeitreihenmodellen. In: Wagner, A. (Hrsg.), Empirische Wirtschaftsforschung heute. 2. Aufl., Marburg, S. 171–181.

Fair, Ray C. (2000): Structural macroeconometric modeling and the ›modern‹ view of macroeconomics. (Cowles Foundation and International Center for finance), New Haven, CT (Yale University), mimeo.

Fritsche, U./Heilemann, U. (2010): Too many cooks? The German Joint Diagnosis and its production. (Universität Hamburg Department of Economics and Politics Discussion Papers Macroeconomics and Finance Series 1/2010.). Hamburg.

Gordon, Robert F. (2009): Is modern macro or 1978-era macro more relevant to the understanding of the current economic crisis? Northwestern University, September 12, 2009.

Heilemann, U. (2012): Anwendungs-, Geltungs- und Reflexivitätsprobleme von Prognosen – Empirische Befunde und Probleme. In: Müller, C./Trosky, F./Weber, M. (Hrsg.), Ökonomik als allgemeine Theorie menschlichen Verhaltens – Grundlagen und Anwendungen. Stuttgart, S. 40–58.

Heilemann, U./Schuhr, R. (2008): Zur Evolution des deutschen Konjunkturzyklus 1958 bis 2004 – Ergebnisse einer dynamischen Diskriminanzanalyse. Jahrbücher für Nationalökonomie und Statistik, 228, S. 84–109.

Heilemann, U./Stekler, H. (2012): Has the accuracy of macroeconomic forecasts for Germany improved? German Economic Review, erscheint demnächst.

Johnston, J. (1992): Econometrics: retrospect and prospect. The Economic Journal,101, S. 51-56. (Wiederabgedruckt in Hanusch, H./Recktenwald, H. C. (Hrsg.), Ökonomische Wissenschaft in der Zukunft – Ansichten führender Ökonomen. Düsseldorf, S. 204–213.

Klein, P. A. (1992): Die Konjunkturindikatoren des NBER – Measurement without Theory. In: Oppenländer, K. H. (Hrsg.), Konjunkturindikatoren – Fakten, Analysen, Verwendung. München, S. 32–44.

Koopmans, T. C. (1947): Measurement without theory. Review of Economic Statistitics, August, S. 161–172.

Krugman, P. (2009): A dark age of macroeconomics (wonkish). New York Times, 27. Januar 2009.

Lucas, R. E. (2003): Macroeconomic priorities. Presidential address to the American Economic Association. American Economic Review, 93, S. 1–14.

Ludwig, U. (2002): Gemeinschaftsidagnose. Artikel in: Brümmerhof, D./Lützel, H. (Hrsg.), Lexikon der Volkswirtschaftlichen Gesamtrechnungen. München, S. 151–153.

Nierhaus, W./Sturm, J.-E. (2003): Methoden der Konjunkturprognose. Ifo-Schnelldienst, 56, Nr. 4, S. 7–23.

Oppenländer, K. H. (1992): Die Konjunkturprognose: Wesen, Grundlagen, Zukunft. In: Hanusch, H./Recktenwald, H. C. (Hrsg.), Ökonomische Wissenschaft in der Zukunft – Ansichten führender Ökonomen. Düsseldorf, S. 295–302.

Oppenländer, K. H. (1995): Zum Konjunkturphänomen. In: ders. (Hrsg.), Konjunkturindikatoren. 2. Aufl., München, S. 3–22.

Oppenländer, K. H. (2011): Erinnerungen eines Wirtschaftsforschers. Norderstedt (Books on Demand GmbH).

Osterloh, S. (2008): Accuracy and properties of German business cycle forecasts. Applied Economics Quarterly, vol. 54, S. 27–57.

Ott, A. E. (Hrsg.) (1973): Wachstumszyklen: über die neue Form der Konjunkturschwankungen. (Schriften des Vereins für Socialpolitik NF, 71.) Berlin.

Projektgruppe Gemeinschaftsdiagnose (2012): Deutsche Konjunktur im Aufwind – Europäische Schuldenkrise schwelt weiter. Gemeinschaftsdiagnose Frühjahr 2012. München.

Schips, B. (2012): Gedanken zur aktuellen Rolle der empirischen Forschung in den Wirtschaftswissenschaften. In diesem Band, S. 15–25.

Seidler, H. (1975): Das für die Konjunkturdiagnose von den Instituten angewandte Verfahren. In: Fürst, G. (Hrsg.), Konjunktur-Indikatoren. (Sonderheft zum AStA, 7.) Göttingen, S. 101–1 14.

Sinclair, T. M./Stekler, H. O./Kitzinger, L. (2010): Directional forecasts of GDP and inflation: a joint evaluation with an application to Federal Reserve predictions. Applied Economics 42, S. 2289–2297.

Stekler, H. O. (2011): Was wissen wir über die makroökonomischen Vorhersagen für die G7? In: Wagner, A. (Hrsg.), Empirische Wirtschaftsforschung heute. 2. Aufl., Marburg, S. 207–211.

Tichy, G. (1994): Konjunktur. Stilisierte Fakten, Theorie, Prognose. Berlin u. a.

Tichy, G. (1997): Wie real sind die Realen Konjunkturschwankungen? In: Helmstädter, E./Poser, G./Ramser, H. J. (Hrsg.), Beiträge zur angewandten Wirtschaftsforschung – Festschrift für Karl Heinrich Oppenländer. Berlin, S. 11–27

Wagemann, E. (1928): Konjunkturlehre. Berlin.

Wallis, K. F., (ed.) with Andrews, M. J./Fisher, P. G./Longbottom, J. A./Whitley, J. D. (1986), Models of the UK Economy. A Third Review by the ESRC Macroeconomic Modelling Bureau. Oxford.

Wild, J. (1974): Grundlagen der Unternehmensplanung. (rororo-Studium, 26.) Reinbek bei Hamburg.

Wissenschaftlicher Beirat beim Bundesministerium für Wirtschaft und Technologie (2008), Zur Begrenzung der Staatsverschuldung nach Art. 115 GG und zur Aufgabe des Stabilitäts- und Wachstumsgesetzes (Gutachten 1/08), Berlin.

Wolters, J. (2012): Makroökonometrische Ansätze in der empirischen Makroökonomie: Eine Übersicht. In diesem Band, S. 151–165.

Anhang

Tabelle: Zur Prognosegüte ausgewählter Wachstums- und Inflationsprognosen, 1967 bis 2010

	Reales BIP										BIP Preis-Deflator									
	GD			SVR		OECD			JWB		GD			SVR		OECD			JWB	
	H_{t-1}	F_t	H_t	H_{t-1}	H_t	H_{t-1}	F_t	H_t	H_{t-1}	H_t	H_{t-1}	F_t	H_t	H_{t-1}	H_t	H_{t-1}[1]	F_t	H_t	H_{t-1}	H_t
	1967 – 2010																			
MAE	1.5	0.9	0.3	1.3	0.3	1.3	0.7	0.3	1.2	0.2	0.7	0.2	0.3	0.7	0.2	0.6	0.7	0.6	0.7	0.2
BIAS	0.3	0.1	0.1	0.3	0.1	0.3	0.0	0.0	0.2	0.1	0	0.1	0.1	–0.1	0.1	–0.0	–0.2	–0.3	–0.1	0.0
U	0.7	0.4	0.1	0.6	0.2	0.6	0.3	0.2	0.5	0.1	0.3	0.1	0.2	0.3	0.1	0.3	0.4	0.4	0.3	0.1
RMSE/σ	0.9	0.5	0.2	0.8	0.3	0.7	0.4	0.2	0.7	0.1	0.4	0.2	0.2	0.4	0.1	0.4	0.6	0.7	0.4	0.1
	1970 – 1979																			
MAE	1.9	1.1	0.5	1.5	0.2	1.4	0.9	0.4	1.3	0.0	1.2	0.4	0.4	1.3	0.2	0.8	0.7	0.4	1.2	0.3
BIAS	0.7	0.7	0.1	0.7	–0.1	0.6	0.3	0.1	0.6	0.0	–0.7	–0.2	0.1	–0.8	0.1	–0.4	–0.2	–0.3	–0.9	–0.2
U	0.6	0.4	0.1	0.6	0.1	0.6	0.2	0.1	0.5	0.0	0.3	0.1	0.1	0.3	0.1	0.2	0.1	0.1	0.3	0.1
RMSE/σ	0.9	0.6	0.2	0.8	0.1	0.8	0.4	0.2	0.7	0.0	0.8	0.3	0.3	0.8	0.1	0.5	0.4	0.3	0.8	0.2
	1980 – 1989																			
MAE	1.1	0.9	0.2	0.9	0.1	1	0.8	0.3	1	0.2	0.4	0.3	0.1	0.5	0.2	0.8	0.5	0.3	0.5	0.2
BIAS	–0.1	–0.1	0.0	0.1	–0.1	0.2	–0.1	–0.2	0.1	–0.1	0.1	0.1	0.1	–0.2	–0.1	–0.2	–0.3	–0.2	–0.2	–0.1
U	0.5	0.4	0.1	0.5	0.1	0.5	0.4	0.2	0.5	0.1	0.1	0.4	0.1	0.2	0.1	0.3	0.2	0.1	0.2	0.1
RMSE/σ	0.8	0.6	0.2	0.7	0.1	0.8	0.7	0.2	0.8	0.2	0.3	0.3	0.1	0.5	0.2	0.7	0.4	0.3	0.5	0.2
	1990 – 1999																			
MAE	1	0.5	0.4	0.9	0.6	0.9	0.4	0.5	0.8	0.5	0.5	0.2	0.1	0.5	0.1	0.4	0.5	0.4	0.5	0.0
BIAS	0.5	0.1	0.3	0.3	0.5	0.4	0.2	0.4	0.4	0.3	0.1	0.2	0.0	0.3	0.1	0.3	0.3	0.4	0.1	0.0
U	0.5	0.2	0.2	0.5	0.3	0.5	0.2	0.3	0.4	0.3	0.2	0.1	0.1	0.3	0.1	0.2	0.2	0.2	0.2	0.0
RMSE/σ	0.7	0.3	0.2	0.7	0.4	0.7	0.3	0.4	0.6	0.4	0.4	0.2	0.2	0.5	0.2	0.3	0.4	0.3	0.4	0.0
	2000 – 2010																			
MAE	1.7	0.7	0.1	1.5	0.1	1.2	0.6	0.1	1.1	0.0	0.5	0.3	0.5	0.5	0.4	0.5	0.4	0.3	0.6	0.2
BIAS	0.7	–0.1	0.1	0.7	0.1	0.6	0.0	0.0	0.3	0.0	0.2	0.1	0.3	0.3	0.2	0.2	0.2	0.2	0.4	0.1
U	1.1	0.4	0.1	1	0.1	0.7	0.3	0.1	0.6	0.0	0.6	0.4	0.6	0.6	0.4	0.7	0.4	0.3	0.7	0.3
RMSE/	1.1	0.4	0.1	1	0.1	0.7	0.3	0.1	0.6	0.0	0.9	0.6	0.9	0.9	0.6	1	0.7	0.5	1.1	0.5

Eigene Berechnungen nach Angaben der Institutionen und des Statistischen Bundesamtes. Es bedeuten: MAE: Mittlerer absoluter Fehler; Bias: Verzerrung; U: Theilscher Ungleichheitskoeffizient; RMSE/σ: Wurzel aus mittlerem quadratischem Fehler/Varianz. Zur Berechnung vgl. Heilemann, Stekler 2012. Ferner bezeichnen: H_{t-1}: Prognose im Herbst für das kommende Jahr; F_t: Prognose im Frühjahr für das jeweilige Jahr; $H_{t:}$: Prognose im Herbst für das jeweilige Jahr. – 1) Für 1971 wurde keine Prognose veröffentlicht. – 2) Für 1967 and 1972 wurden in der Herbst-, für 1972 in der Frühjahrsprognose keine Angaben gemacht.

Lagerhaltung in der empirischen Wirtschaftsforschung

*Von Gerd Ronning**

1 Einleitung

Es ist unbestritten, dass die Lagerhaltung der Unternehmen eine wichtige Komponente bei der Beschreibung von Konjunkturphänomenen ist. Andererseits ist für Deutschland die statistische Information über Ausmaß und Veränderung der Lagerhaltung relativ bescheiden. Nachdem im Jahre 1997 die amtliche Erhebung der Lagerbestände von der Investitionserhebung auf die deutlich weniger umfangreiche Kostenstrukturerhebung überging, wurde die Situation eher noch verschlechtert. Neben der Erhebung des Statistischen Bundesamts lässt sich Information über das Ausmaß und die Veränderung der Lagerhaltung auch aus dem Konjunkturtest des ifo-Instituts gewinnen; allerdings ist meines Wissens bisher nie versucht worden, die beiden Informationsquellen miteinander zu verbinden. In diesem Beitrag, den ich Karl-Heinrich Oppenländer, dem langjährigen Präsidenten des ifo-Instituts und Förderer der empirischen Wirtschaftsforschung anlässlich seines 80. Geburtstags widme, möchte ich dazu einige Gedanken ausführen.

2 Empirische Information über Lagerhaltung

2.1 Amtliche Statistik in Deutschland und in den Vereinigten Staaten

Wie bereits oben erwähnt, ließen sich bis 1997 Informationen über Lagerhaltung im Verarbeitenden Gewerbe aus der Investitionserhebung des Statistischen Bundesamtes entnehmen, die annähernd 70.000 Unternehmen mit mehr als 20 Beschäftigten umfaßte. Die Befragung erfolgte dezentral durch die Statistischen Landesämter. Sie lieferte regionale Ergebnisse über die Struktur, den Umfang und die Entwicklung der Investitionstätigkeit nach Wirtschaftszweigen. Für Strukturuntersuchungen in Politik, Verwaltung und Wissenschaft lieferten die Investitionserhebungen wichtige Basisinformationen. Ihre Ergebnisse flossen

---

* Prof. Dr. Gerd Ronning, Tübingen, E-Mail: gerd.ronning@uni-tuebingen.de
Der Aufsatz basiert – teilweise – auf zwei Vorträgen, die ich in den Jahren 2001 und 2002 am HWWA, Hamburg, gehalten habe. Ich danke Niels Schulze für seine Hilfe bei der Analyse der ifo-Konjunkturtest-Daten.

direkt in die Berechnung der Investitionen nach Wirtschaftszweigen (Investorenrechnung) und indirekt in die Kapitalstock- und Abschreibungsberechnung der Volkswirtschaftlichen Gesamtrechnung ein.

Die Einstellung dieses Teils der Investitionserhebung erfolgte, weil entsprechende Daten auch in der Kostenstrukturerhebung bereitgestellt werden, die vor allem Daten für die Volkswirtschaftliche Gesamtrechnung zur Verfügung stellt. Diese Erhebung im Verarbeitenden Gewerbe umfasst ein Stichprobe von annähernd 18.000 Unternehmen mit mehr als 20 Beschäftigten. Die Befragung erfolgt zentral durch das Statistische Bundesamt. Man beachte, dass die Datenbasis deutlich weniger umfangreich ist als im Fall der Investitionserhebung .

In beiden Erhebungen werden Informationen sowohl für das Lager auf der Inputseite als auch auf der Outputseite erhoben. Die einzelnen Lagerkategorien lauten wie folgt:

- »Bestände an Roh-, Hilfs- und Betriebsstoffen, fremdbezogene Vorprodukte« (im Folgenden »Rohstoffe«)
- »Bestände an unfertigen und fertigen Erzeugnissen aus eigener Produktion« (im Folgenden »Fertigprodukte«) sowie
- »Bestände an Handelsware« (im Folgenden »Handelsware«).

Offensichtlich betrifft die erste Kategorie die Inputseite, während die beiden anderen Kategorien das »Output-Lager« beschreiben. Es ist erstaunlich, dass diese Unterscheidung in der gesamten Lagerhaltungs-Literatur nur vereinzelt gemacht wird, obwohl sie, wie noch zu zeigen sein wird, wesentlich ist.

Um den Umfang des Lagers aussagekräftig zu beschreiben, verwendet man üblicherweise den (wertmäßigen) Lagerbestand im Verhältnis zum Umsatz und erhält die sogenannte »Inventory Sales Ratio« (ISR) = Lagerbestand/Umsatz. Dabei ist zu beachten, dass der Umsatz im allgemeinen auf Basis der Verkaufspreise bestimmt wird, während bei der Bewertung der Lagerbestände unterschiedliche Preisstufen, aber auch bilanztechnische Erwägungen eine Rolle spielen können. Die Lagerhaltungs-Daten der amtlichen Statistik werden auf Basis der Anschaffungspreise für die Inputseite und auf Basis der Herstellungskosten auf der Outputseite bewertet, zumindest ist dies die Vorgabe in den zugrundeliegenden und an die Unternehmen versandten Fragebogen der Kostenstrukturerhebung.[1]

[1] Man vergleiche dazu den Fragebogen der Kostenstrukturerhebung für das Jahr 2009 bei Unternehmen des Verarbeitenden Gewerbes sowie des Bergbaus und der Gewinnung von Steinen und Erden, insbesondere Teile C, D und E sowie die dazugehörigen Informationen zur Kostenstrukturerhebung, insbesondere Anmerkung 10.

Tab. 1: ISR-Werte für Deutschland

	Arithm. Mittel	Standard-Abweichung	Variations-Koeffizient	Minimum	Maximum
Rohstoffe (AB)	0,61	0,2080	0,341	0,19	0,88
Rohstoffe (EB)	0,55	0,1813	0,330	0,18	0,79
Fertigwaren (AB)	1,16	0,9613	0,829	0,09	4,92
Fertigwaren (EB)	1,13	1,0502	0,929	0,08	5,24
Handelsware (AB)	0,14	0,1026	0,733	0,01	0,37
Handelsware (EB)	0,12	0,0936	0,780	0,01	0,34
Hinweis: AB = Anfangsbestand, EB = Endbestand.					

Tabelle 1 vermittelt einen Eindruck von der volumenmäßigen Bedeutung der drei Lagerkategorien im Jahr 2009, für die jeweils der ISR-Wert (auf Basis des Monatsumsatzes) angegeben ist.[2] Dabei wird neben dem Durchschnittswert über alle Branchen auch die Variation zwischen den Branchen in Form der Standardabweichung sowie des jeweiligen maximalen und minimalen Wertes angegeben. Außerdem werden die Ergebnisse jeweils für den Jahresanfangs- und Jahresendbestand berichtet. Aus der Spalte Durchschnittswert ergibt sich, dass das Fertigwarenlager mit einem ISR-Wert von 1,16 bzw. 1,13 eine deutlich größere Bedeutung als das Rohstofflager (ISR-Wert 0,61 bzw. 0,55) hat und noch deutlicher bei der Handelsware, die nur einen ISR-Wert von 0,14 bzw. 0,12 aufweist. Das Fertigwarenlager entspricht im Schnitt also einem »guten« Monatsumsatz.

Wenig überraschend ist allerdings, dass zwischen den einzelnen Branchen eine große Heterogenität herrscht, die beim Fertigwarenlager am größten ist, wie sich aus einem Vergleich der Werte für die jeweiligen Variationskoeffizienten ergibt. Der Wert für die Handelsware liegt ebenfalls hoch, während die Heterogenität bezüglich der ISR-Werte beim Rohstofflager deutlich geringer ist. Die besonders große Variation wird auch aus Betrachtung der Extremwerte deutlich: Bei den Fertigprodukten schwankt der ISR-Wert zwischen 0,08 (Kokerei/Mineralölverarbeitung). und 5,24 (sonstiger Fahrzeugbau), bei den Rohstoffen zwischen 0,18

2 Ich danke dem Statistischen Bundesamt und insbesondere Herrn Gerald Goebel für die zur Verfügung gestellten Daten zur Lagerhaltung für das Jahr 2009. Die Daten umfassen Angaben für die Wirtschaftszweige B (Bergbau und Gewinnung von Steinen/Erden) sowie das Verarbeitende Gewerbe mit den Wirtschaftszweigen 10 bis 33, insgesamt also 25 Werte, aus denen die statistischen Maße bestimmt wurden. Der monatliche Umsatz wurde aus dem Jahresumsatz durch Multiplikation mit 1/12 gebildet.

(Tabakverarbeitung) und 0,88 (Maschinenbau bzw. Reparatur und Installation von Maschinen) und bei der Handelsware zwischen 0,01 (Kokerei/Mineralölverarbeitung). und 0,37 (Herstellung von Bekleidung).

Die Tatsache, dass Lagerbestände Kapital binden und deshalb Geld kosten, ist wohlbekannt. Logistische Techniken bemühen sich deshalb, diese Kosten niedrig zu halten. Das Schlagwort »just in time« bedeutet, dass die Anlieferung von Vorprodukten/Rohstoffen zeitlich so geplant wird, dass möglichst ohne Lagerung eine Verarbeitung erfolgt. Der geringe ISR-Wert für das Rohstofflager zeigt, dass diese Strategie greift. Oftmals wird diese »perfekte« Anlieferung jedoch dadurch erzwungen, dass der Lieferant seinerseits ein Lager in greifbarer Nähe oder sogar auf dem Gelände des Produzenten unterhält; damit wird das Lager-/Liefer-Risiko auf den Vorlieferanten überwälzt und tendenziell eine Erhöhung der Output-Lager-Seite bewirkt.[3]

Wenden wir uns nun der Situation in den Vereinigten Staaten zu: Dort erhebt das Census Bureau monatlich sehr detaillierte Daten zur Lagerhaltung, die weltweit im Internet abrufbar sind.[4] Wie für Deutschland konzentrieren wir uns auf das Verarbeitende Gewerbe (Total Manufacturing) und lassen die Situation im Groß- und Einzelhandel (Wholesale Trade, Retail Trade) unberücksichtigt. Aus dem neuesten Bericht, der die Zahlen für März 2012 enthält, ergeben sich die ISR-Werte, wie sie Tabelle 2 zeigt.[5]

Tab. 2: ISR-Werte für die USA – März 2012

Art des Lagers	Wert des Lagers (Mrd US $)	ISR
Rohstoffe (Materials and Supplies)	203,342	0,41
Fertigwaren (Work in Progress)	193,410	0,39
Handelsware (Finished Goods)	219,771	0,45
Hinweis: Umsatz (Shipments) im März 2012: 490,637 Mrd US $		

Dabei fällt auf, dass die Größenordnung der drei Lagerkategorien für die Vereinigten Staaten annähernd gleich groß ist, während in Deutschland die Kategorie Fertigwaren deutlich die beiden anderen Kategorien bezüglich Größe des

3 Siehe dazu beispielsweise Gerd Ronning und Hans-Joachim Rosner: »Lagerhaltung und logistische Strategien – GIS als Analysewerkzeug im gewerblichen Straßengüterverkehr«. In: Bernhard Zagel (Herausgeber): GIS in Verkehr und Transport. Herbert Wichmann Verlag: Heidelberg, 2000, 167–175.

4 Siehe http://www.census.gov/mtis/.

5 Die Daten stammen aus den Tabellen 5 und 6 , jeweils nicht saisonal bereinigt, von US Census Bureau: Full Report on Manufacturers' Shipments, Inventories and Orders March 2012. http://www.census.gov/manufacturing/m3/prel/pdf/s-i-o.pdf.

Lagers dominiert. Inwieweit dies an einer unterschiedlichen Abgrenzung der drei Lagerkategorien liegt, ist unklar. Weiter ist anzumerken, dass der ISR-Wert für das Lager insgesamt, der sich durch Addition der drei Teilwerte ergibt, bei 0,41 + 0,39 + 0,45 = 1,25 liegt,[6] während der Wert für Deutschland deutlich höher ist: Auf Basis der Jahresanfangswerte ergibt sich aus Tabelle 1 ein ISR-Wert von 0,61 + 1,16 + 0,14 = 1,91. Ob dies wirklich die Aussage erlaubt, dass in den USA die Unternehmen ein deutlich kleineres Lager unterhalten, muß offen bleiben.

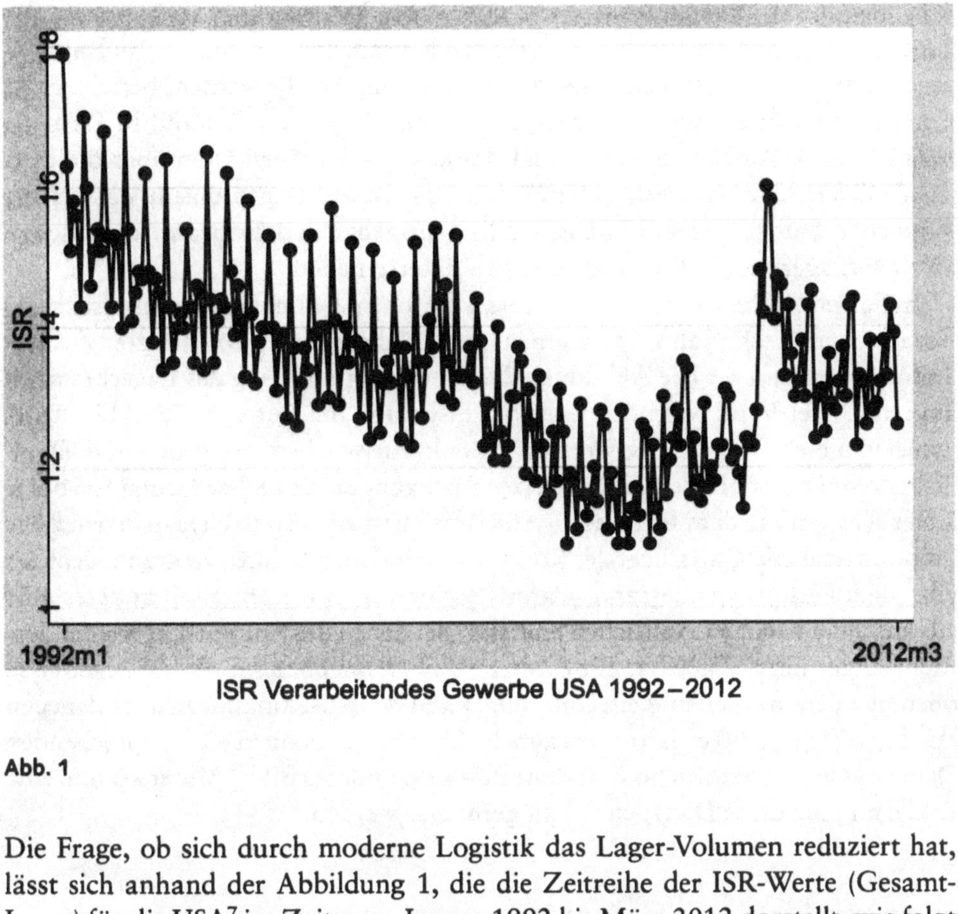

Abb. 1

Die Frage, ob sich durch moderne Logistik das Lager-Volumen reduziert hat, lässt sich anhand der Abbildung 1, die die Zeitreihe der ISR-Werte (Gesamt-Lager) für die USA[7] im Zeitraum Januar 1992 bis März 2012 darstellt, wie folgt beantworten: Bis zur Jahrtausend-Wende ist eine deutlich sinkende Tendenz zu

---

6 In Tabelle 7 der genannten Quelle wird ein (höherer) ISR-Wert von 1,33 berichtet, der aus den vorliegenden Angaben im Bericht nicht nachvollziehbar ist.

7 Die Daten stammen aus US Census Bureau: Manufacturing & Trade Inventories & Sales, Latest Monthly Reports, March 2012, Time Series – Adjusted and Not Adjusted (1992 – present): Inventories/Sales Ratios. Es wurden nicht saison-bereinigte Daten verwendet. http://www.census.gov/mtis/www/data/text/mtis-ratios.txt .

beobachten, die sich aber im vergangenen Jahrzehnt deutlich umkehrte, so dass von einem durchgehenden sinkenden Trend nicht gesprochen werden kann! Außerdem zeigt die Zeitreihe, die auf den nicht saison-bereinigten Daten basiert, eine starke Variation von Monat zu Monat!

2.2 Der ifo-Konjunkturtest als Datenquelle

Neben diesen Datenquellen der Amtlichen Statistik lassen sich auch aus den Angaben des ifo-Konjunkturtests Schlüsse über Umfang und Veränderung der Lagerhaltung in der deutschen Verarbeitenden Industrie gewinnen. Im Rahmen sogenannter »Sonderfragen«, die viermal im Jahr gestellt werden, berichten die Unternehmen über ihren Lagerbestand, wobei sie diesen Bestand in Relation zum (Wochen-)Umsatz angeben und damit direkte Information über die ISR-Größe liefern. Wohlgemerkt: Hierbei wird das Bewertungsproblem, das bei der Amtlichen Statistik stets besteht, explizit ausgeblendet! Dabei wird zwischen »Rohstofflager« und »Fertigwarenlager« unterschieden.

Im Folgenden verwende ich Ergebnisse, die ich im Rahmen einer Untersuchung vor annähernd zehn Jahren gewonnen hatte. Dabei wurden Mikrodaten des ifo-Instituts verwendet.[8] Die Abbildung 2 zeigt die Entwicklung des Lagerbestands im Bereich der Verarbeitenden Industrie insgesamt im Zeitraum 1983 bis 2000, wobei in diesem Fall die ISR-Werte in Produktions**wochen** angegeben sind. Deutlich erkennbar ist ein bemerkenswerter Rückgang in den 80'er Jahren für beide Lager-Kategorien, dem sich eine Nivellierung auf niedrigerem Niveau in den 90'er Jahren anschließt. Dabei liegt der Rohstoffbestand im gesamten Zeitraum deutlich über dem Fertigwarenbestand. Daraus ergibt sich ein dramatisch anderes Bild als aus den Daten der Amtlichen Statistik, bei denen das Output-Lager über dem Input-Lager liegt. Dabei ist ein Caveat insofern angebracht, als die Ergebnisse oben aus dem aktuellen Zeitraum, die Daten des ifo-Konjunkturtests dagegen aus den 80'er und 90'er Jahren stammen. Allerdings zeichnen die entsprechenden Daten aus einem vergleichbaren Zeitraum kein anderes Bild.[9] Bisher konnte eine Erklärung für diese Divergenz nicht gefunden werden.

---

8 Die Mikrodaten aus dem Konjunkturtest wurden mir freundlicherweise vom ifo-Institut zur Verfügung gestellt. Mein Dank geht an Frau Richter für die Produktion des Datensatzes und an Niels Schulze für die Erstellung der Graphiken. Zu beachten ist, dass Wirtschaftszweige mit leicht identifizierbaren Unternehmen (Beispiel: Automobilindustrie) in dem mir übersandten Datensatz nicht enthalten sind. Eine Liste der berücksichtigten Wirtschaftszweige findet sich im Anhang.

9 Siehe Gerd Ronning: Lagerhaltung und Konjunktur – eine empirische Analyse. Manuskript, Universität Tübingen, Februar 2003.

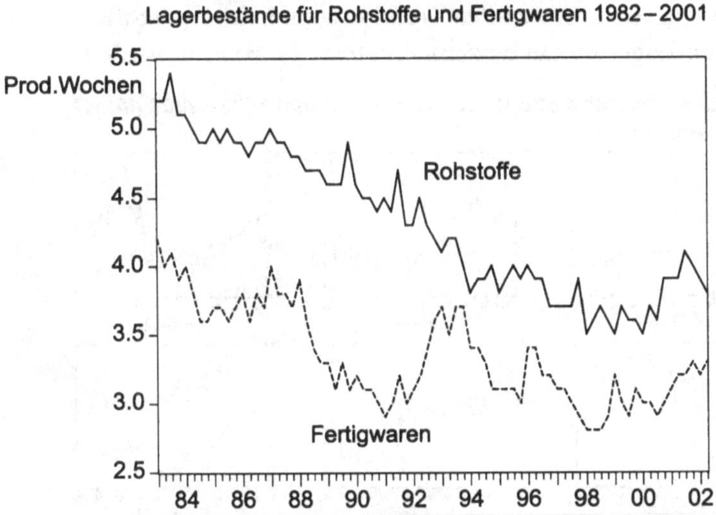

Abb. 2: Lagerbestände für Rohstoffe und Fertigwaren 1982–2001

Allerdings zeigt die Abbildung 3, die zwischen Investitionsgüter- und Konsumgüter-Bereich unterscheidet, dass vor allem im Bereich der Investitionsgüterfertigung das Rohstofflager nachhaltig reduziert wurde.

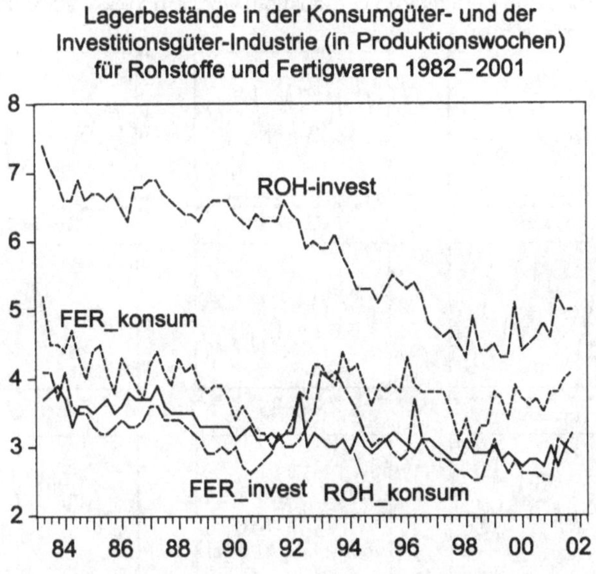

Abb. 3: Lagerbestände im Konsumgüter- und im Investitionsgüterbereich

Abschließend sei noch auf Abbildung 4 verwiesen, aus der sich wiederum die starke Heterogenität des Lagerverhaltens in den einzelnen Branchen ergibt. Insbesondere kann von einem sinkenden Trend sowohl beim Rohstofflager als auch beim Fertigwaren-Lager nur in einzelnen Fällen gesprochen werden.

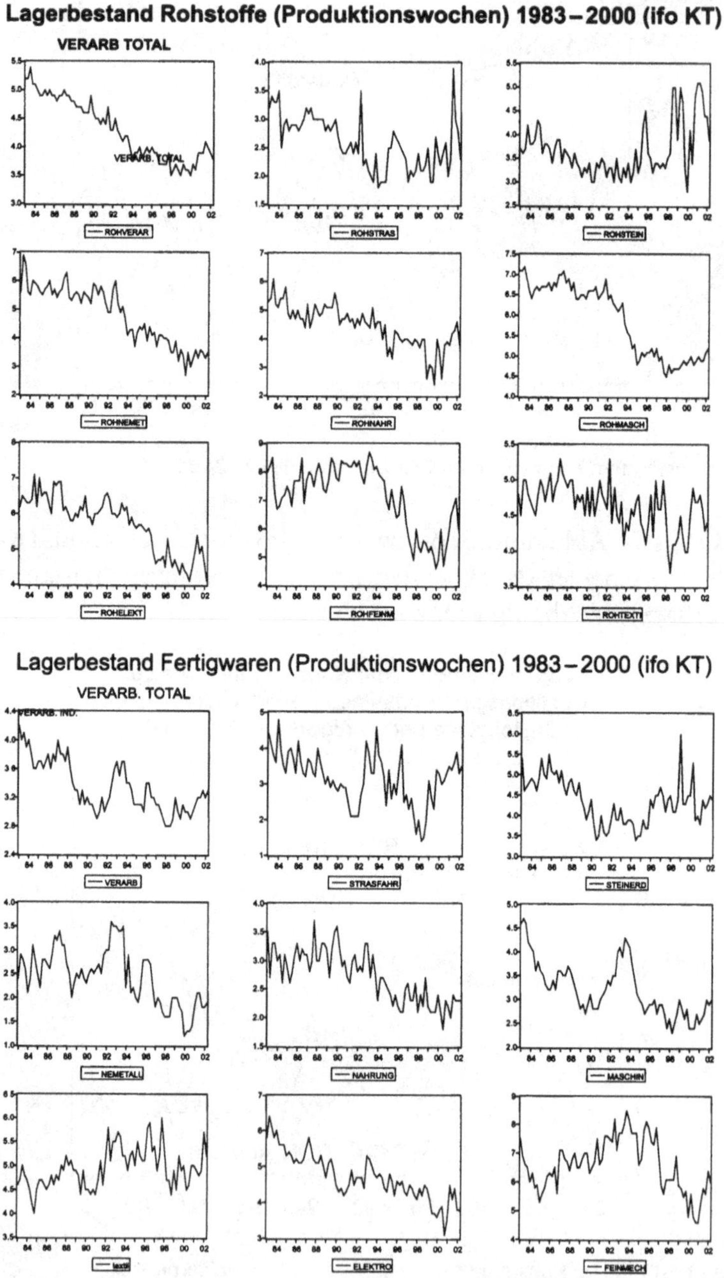

Abb. 4: Lagerbestand in einzelnen Wirtschaftszweigen[10]

---

10 Die neun Graphiken zeigen folgende Bereiche (von links oben jeweils zeilenweise bis rechts un-

Die vor allem graphisch orientierte Beschreibung der Lagerentwicklung in der deutschen Verarbeitenden Industrie zeigt, dass es keine einheitliche Tendenz über alle Wirtschaftszweige hinweg gibt. Umso schwieriger gestaltet sich die Frage nach konjunkturbedingten Lagerzyklen. Einen Anhalt dafür, dass solche Lagerzyklen existieren, lassen sich vor allem aus der im Rahmen des ifo-Konjunkturtests abgefragten Bewertung des Lagerbestandes gewinnen Die Abbildung 5, die aus dem Mikrodaten des ifo-Konjunkturtests gewonnen wurde, beschreibt das Ergebnis der Befragung. Bei der Beurteilung des **Fertigwarenlagers**[11] sind folgende Antworten möglich:

- »zu klein«
- »ausreichend«
- »zu groß«
- »Lagerhaltung nicht üblich«

Die Abbildung 5 zeigt für jeden Zeitpunkt im Zeitraum 1992 bis 2001 die Prozentanteile für die genannten Antwortkategorien Auffallend sind die folgenden Punkte: (a) Der Anteil der Unternehmen, der »Lagerhaltung nicht üblich« antwortet, sinkt, was überraschend ist. Denn es steht im Widerspruch zur immer wieder geäußerten These, dass das Lagervolumen abgebaut wird. Möglicherweise ist dies durch die während des Beobachtungszeitraums ständig abnehmende Zahl[12] von Antwort-Unternehmen – mindestens teilweise – verursacht. Allerdings ist diese Selektionsverzerrung nicht sehr wahrscheinlich. (b) Die drei übrigen Antwortkategorien weisen Zyklen mit einer durchschnittlichen Länge von 10 bis 12 Quartalen auf. Dabei schwingen die beiden Antwortkategorien »ausreichend« und »zu klein« im Gleichtakt, während die Antwortkategorie »zu groß« dazu entgegengesetzt schwingt. (c) Der Anteil der Unternehmen, die den Bestand ihres Fertigwaren-Lagers als »ausreichend« bezeichnen, wächst im Beobachtungszeitraum.

---

ten): Verarbeitendes Gewerbe insgesamt, Straßenfahrzeugbau, Steine und Erden, NE-Metalle, Nahrungsmittel, Maschinenbau, Textilien, Eletrotechnik, Feinmechanik.

11 Professor Bernd Schips, mit dem ich über diesen Punkt bei einem Besuch in Zürich diskutierte, meinte dazu, dass konjunkturelle Schwankungen allein in den Fertigwarenlägern zu beobachten seien. Aus diesem Grund würde – bei der KOF ebenso wie beim ifo-Institut – auch nur für diese Lagerkategorie die Bewertung des Lagerbestandes (siehe Abbildung 5) abgefragt.

12 Die Zahl der Untersuchungseinheiten in den betrachteten Wirtschaftszweigen sinkt von 3591 Unternehmen im Februar 1992 auf 2342 Unternehmen im Jahr 2001.

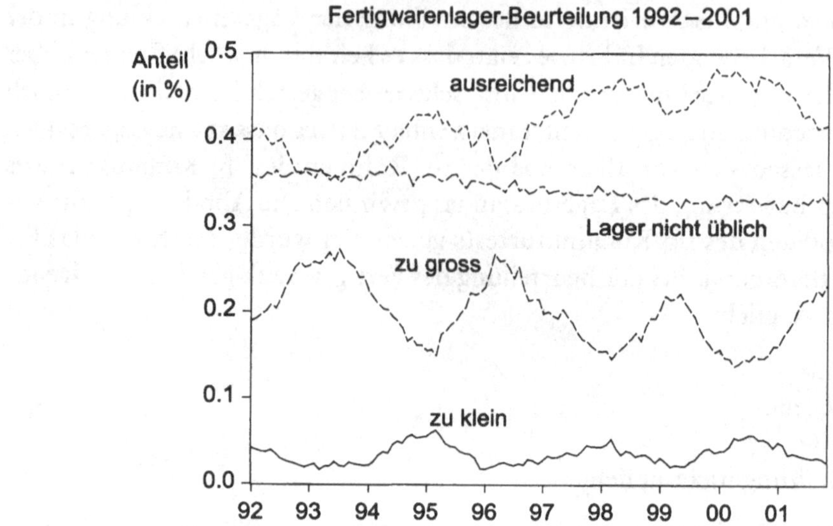

Abb. 5: Beurteilung des Fertigwarenlagers

3 Gesamtwirtschaftliche Aspekte der Lagerhaltung

3.1 Allgemeine Bemerkungen

Die Lagerhaltung ist eine wichtige konjunkturelle Komponente. Aus Sicht der Unternehmen ist die Lagerhaltung neben der Produktion und dem Preis eine dritte strategische Variable. Siehe dazu beispielsweise die Arbeiten von Arminger und Ronning (1991, 1992), die das strategische Verhalten von Unternehmen mit Mikrodaten aus dem ifo-Konjunkturtest überprüfen.[13] In einer modernen hoch entwickelten und kommunikativ vernetzten Wirtschaft sinkt allerdings ihre strategische Bedeutung, zumal sie Kapital bindet und damit Kosten verursacht. Die Lieferung »just in time« erhöht gleichzeitig andere volkswirtschaftliche Kosten, beispielsweise steigt tendenziell das Transportaufkommen, d. h. die Lagerhaltung »wird auf die Straße verlegt«. Dies gilt u. a. auch bei Konzentration der Lagerbestände in einem Zentrallager. Insgesamt ergeben sich also starke verkehrspolitische Effekte aus dieser strukturellen Veränderung, deren volkswirtschaftliche Bewertung meines Wissens bisher nicht unternommen wurde.

Zur gesamtwirtschaftlichen Analyse der Lagerhaltung, die vor allem konjunkturelle Aspekte der Lagerhaltung im Zusammenspiel mit anderen gesamtwirtschaftlichen Größen betrachtet, liegt eine umfangreiche Literatur vor. Stellvertretend seien hier Eichenbaum (1989), Granger und Lee (1989), Ramey

13 Siehe auch Köhler (1996).

(1989), Blinder und Maccini (1991), Sensier (1997) sowie der Handbuchartikel von Ramey und West (1999) genannt. In diesen Arbeiten wird die Annahme bestimmter Unternehmensstrategien, insbesondere der Glättung der Produktion durch Lagerveränderungen (»production smoothing«) überprüft. Ein Großteil der Arbeiten geht dabei auch auf die speziellen Probleme ökonometrischer Modelle bei der Verwendung nichtstationärer Zeitreihen ein; dafür werden Methoden der Kointegrationsanalyse eingesetzt. Siehe insbesondere die Arbeiten von Granger und Lee (1989) und Cuthbertson und Gasparro (1993).

Bisherige Untersuchungen gehen kaum auf die unterschiedlichen Lagerbestandskategorien (Rohstoffe, Halbfertigwaren, Fertigprodukte) ein. Wenn man diese Klassifikation berücksichtigt, dann wird auch die Frage wichtig, ob die Läger als Input, d.h. als Produktionsfaktoren und damit zur Glättung der Faktornachfrage, oder als Output, also zur Abpufferung der (End-)Nachfrage, gehalten werden. Es ist zu vermuten, dass geringe Lagerbestände (sowohl auf der Faktornachfrageseite als auch bezüglich des Angebots von Fertigprodukten) vor allem in hochkompetitiven Märkten zu finden sind. Dabei ist die Tendenz zur Ausgliederung bestimmter Fertigungsstufen (Outsourcing) zu beobachten, so dass es zu einer geringeren Fertigungstiefe kommt. Die Sicherung der Faktornachfrage nach Rohstoffen und vor allem nach Halbfertigfabrikaten wird damit auf einen Lieferanten überwälzt. Bis zu einem gewissen Grade ist es also eine Ermessensfrage, ob man die durch juristische Separierung verschiedener Unternehmensteile in mehreren Fertigungsstufen aufgeteilte Produktion als Gesamtheit oder als Abfolge der Produktion in einzelnen Unternehmen ansieht. Gleichwohl wäre es wichtig zu wissen, ob und ggfs. inwieweit dieser Trend in verschiedenen Wirtschaftszweigen einheitlich oder unterschiedlich ist.

3.2 Lagerhaltung und Konjunkturtheorie

In einer kürzlich erschienenen Arbeit, die die mangelhafte statistische Information über die Lagerhaltung in Deutschland beleuchtet, hat Grömling (2002) darauf hingewiesen, dass die Funktion der Lagerhaltung in den Wirtschaftswissenschaften nicht einheitlich gesehen wird: Nach der zuerst von Metzler (1941) vertretenen These wirkt die Lagerhaltung glättend, also antizyklisch. Dies ist auch die in den oben erwähnten makroökonometrischen Studien die vorherrschende These.[14] Dem steht eine These gegenüber, die aus der empirischen Beobachtung positiver Korrelation der Lagerveränderungen mit den Veränderungen beim Brut-

14 Im Finanzmarktbericht der Frankfurter Allgemeinen Zeitung vom 16. Oktober 2002 heißt es im Zusammenhang mit einer Meldung, dass die Lagerbestände in den USA im August 2002 unerwartet gesunken seien: »Die Entwicklung der Lagerbestände der Unternehmen gilt als wichtiges Indiz für die weitere wirtschaftliche Entwicklung. Eine zunehmende Räumung der Lager signalisiert Volkswirten zufolge eine bald wieder steigende Produktion und wird damit

toinlandsprodukt hervorging. Danach wirkt die Lagerhaltung prozyklisch und verstärkt damit die Konjunkturschwankungen. Wesentliches Element in dieser These ist die Vorstellung, dass die Unternehmen eine bestimmte Lager/Umsatz-Relation (ISR) einhalten wollen und deshalb den Lagerbestand zurückfahren, wenn die Nachfrage zurückgeht. Ein Blick auf die Entwicklung der ISR-Werte in verschiedenen deutschen Branchen lässt keine Evidenz zugunsten einer der beiden Thesen erkennen. Zu unterschiedlich ist die Entwicklung in den einzelnen Wirtschaftszweigen, die zudem – wie geschildert – von technologischen Entwicklungen (»just in time«) überlagert ist.

4 Abschließende Bemerkungen

Es ist das Ziel der vorliegenden Arbeit, einen Überblick über empirische Information zur Lagerhaltung zu liefern und einen Bezug zu wirtschaftswissenschaftlichen Hypothesen herzustellen. Die von vielen Seiten beklagte mangelnde empirische Basis bezüglich der Lagerhaltung in Deutschland wird auch aus meiner Darstellung deutlich. Gleichwohl bieten ifo-Konjunkturtest einerseits und Kostenstrukturerhebung (als Ersatz für die im Erhebungsumfang reduzierte Investitionserhebung) des Statistischen Bundesamtes durchaus die Möglichkeit, die Entwicklung der Lagerbestände nicht nur als »Restgröße« aus der Volkswirtschaftlichen Gesamtrechnung, sondern auch direkt zu quantifizieren. Ich plane, dies systematischer als in der vorliegenden Untersuchung weiter zu verfolgen. Insbesondere wäre es wünschenswert, eine anspruchsvollere ökonometrische Methodik einzusetzen.

---

als Vorzeichen eines Wirtschaftsaufschwungs interpretiert. Ein weiterer Lageraufbau weist dagegen auf eine verhaltene Entwicklung hin.«

Anhang

Liste der berücksichtigten Wirtschaftszweige (ifo-Mikrodaten)

2220000	15..	Mineralölverarbeitung
2250000	11..	Gewinnung u. Verarbeitung von Steinen u. Erden
2280000	14..	NE-Metalle
2302000	27..	Stahlverformung
2310000	24..	Stahl- und Leichtmetallbau
2320000	21..	Maschinenbau
2330000	22..	Straßenfahrzeugbau
2340000	23..	Schiffbau
2360000	25..	Elektrotechnik
2370000	26..	Feinmechanik, Optik, Herstellung von Uhren
2380000	28..	Herst. v. Eisen-, Blech- und Metallwaren
2393100	41..	Herst. v. Spielwaren
2505000	29..	Büro- und Informationstechnik
2510000	31..	Feinkeramik
2520000	32..	Herst. u. Verarbeitung von Glas
2530000	18..	Holzbearbeitung
2540000	39..	Holzverarbeitung
2550000	19..	Zellstoff-, Papier- und Pappeerzeugung
2560000	38..	Papier- und Pappeverarbeitung
2570000	4200	Druckerei und Vervielfältigung (Gesamtmeldungen)
	42..	Druckerzeugnisse
2580000	40..	Herstellung von Kunststoffwaren
2590000	17..	Gummiverarbeitung
2610000	33..	Ledererzeugung
2621100	34..	Lederverarbeitung (ohne Herstellung von Schuhen)
2625100	35..	Herstellung von Schuhen
2630000	36..	Textilgewerbe
2640000	37..	Bekleidungsgewerbe
2680000	46..	Nahrungs- und Genussmittelgewerbe

Literatur

Arminger, G./Ronning, G. (1991): Ein Strukturmodell für Preis-, Produktions- und Lagerhaltungsentscheidungen von Firmen. Ifo-Studien 25 (1991), 229–254.

Arminger, G./Ronning, G. (1992): A Structural Model for Price, Production and Inventory Decisions. In: Oppenländer, K. H./Poser, G. (Hrsg.), Business Cycle Analysis by Means of Economic Surveys. Part I. Avebury: Aldershot, 1992, 227–252.

Blinder, A. S./Maccini, L. J. (1991): Taking stock: a critical assessment of recent research on inventories. Journal of Economic Perspectives 5 , 73–96.

Cuthbertson, K./Gasparro, D. (1993): The determinants of manufacturing inventories in the uk. Economic Journal 103, 1479–1492.

Eichenbaum, M. S. (1989): Some empirical evidence on the production level and production cost smoothing models of inventory investment. American Economic Review 79, 853–864.

Granger, C. W./Lee, T. H. (1989): Investigation of production, sales and inventory relationships using multicointegration and error correction models. Journal of Applied Econometrics 4 , S145–S159.

Grömling, M. (2002): Vorratsänderungen – Spielwiese für Statistik und Prognose? Wirtschaft und Statistik 2002/12, 1128–1134.

Köhler, A. (1996): Price Rigidity In New Keynesian Models: First Results from an Empirical Analysis. In: Oppenländer, K. H./Poser, G. (Hrsg.), Business Cycle Surveys: Forecasting Issues and Methodological Aspects. Avebury: Aldershot, 119–142.

Metzler, L. (1941): The Nature and Stability of Inventory Cycles. Review of Economics and Statistics 23, 113–129.

Ramey, V. A. (1989): Inventories as factors of production and economic fluctuations. American Economic Review 79, 338–354.

Ramey, V. A./West, K. D. (1999): Inventories. In: Taylor, J. B./Woodford, M. (Hrsg.), Handbook of Macroeconomics. Band 1. Elsevier, Amsterdam, 863–923.

Ronning, G./Rosner, H.-J. (2000): Lagerhaltung und logistische Strategien – GIS als Analysewerkzeug im gewerblichen Straßengüterverkehr. In: Bernhard Zagel (Hrsg.), GIS in Verkehr und Transport. Herbert Wichmann Verlag: Heidelberg, 2000, 167–175.

Sensier, M. (1997): Inventories and Asymmetric Business Cycle Fluctuations in the UK: A Structural Approach. Manuskript, Oxford University, August 22, 1997.

40 Jahre ifo Geschäftsklima in der gewerblichen Wirtschaft: Ein zuverlässiger Indikator für die Konjunkturentwicklung in Deutschland

Von Klaus Abberger und Wolfgang Nierhaus***

1 Einleitung

Das ifo Institut führt seit seiner Gründung im Jahre 1949 Urteils- und Tendenzbefragungen bei den deutschen Unternehmen durch. Mit diesem »Herzstück des ifo Instituts«[1] wurde ein gänzlich neues Feld der statistischen und ökonomischen Forschung beschritten:[2] »One of the most remarkable postwar developments in the statistical field has been the attempt to collect data on entrepreneurial anticipations.«

Zwei Fragen aus dem ifo Konjunkturtest haben sich für die Analyse und Prognose als besonders wichtig erwiesen: zum einen die Beurteilung der aktuellen Geschäftslage durch die befragten Unternehmen, zum andern die Einschätzung der Geschäftsaussichten für die nächsten sechs Monate. Bereits in den sechziger Jahren wurde aus diesen beiden Fragen das Geschäftsklima konzipiert.[3] Ausgangspunkt für den Ansatz, die Befragungsergebnisse über die Geschäftsbeurteilung und die Geschäftserwartungen zu einem gemeinsamen Indikator zusammenzufassen, war der Wunsch, sichtbar machen zu können, aus welcher konjunkturellen Situation heraus eine bestimmte Antizipation abgegeben wird. So bedeutet die Antizipation »etwa gleich bleiben« in einer Boomphase naturgemäß etwas anderes als die gleichen Meldungen in einer Rezession, nämlich Fortdauer des Booms oder aber Fortdauer der Rezession.[4]

* Dr. Klaus Abberger, Zürich, E-Mail: abberger@kof.ethz.ch

** Dr. Wolfgang Nierhaus, München, E-Mail: nierhaus@ifo.de

1 Vgl. G. Nerb (2004): Bedeutung von repräsentativen Unternehmensbefragungen für die empirische Konjunkturforschung, in: G. Goldrian (Hrsg.), Handbuch der umfragebasierten Konjunkturforschung, ifo Beiträge zur Wirtschaftsforschung, Bd. 15, S. 2.

2 O. Anderson jun./R. K. Bauer/H. Führer/J. P. Petersen/M. Wolfsteiner (1958): Short-Term Entrepreneurial Reaction Patterns, Weltwirtschaftliches Archiv, Bd. 81, S. 243–264.

3 Vgl. W. Strigel (1965): Die Konjunkturumfragen des Ifo-Instituts für Wirtschaftsforschung, Allgemeines Statistisches Archiv, Band 49, S. 140.

4 Vgl. G. Goldrian/H. Strigel (1989): Nationale Gesamtindikatoren auf der Basis von Konjunkturumfragen, in: K. H. Oppenländer/G. Poser, Handbuch der ifo Umfragen, Duncker&Humblodt, Berlin, München, S. 360.

Konkret wird das Geschäftsklima nach der Formel $[(GL+200)(GE+200)]^{1/2}-200$ berechnet, wobei GL den Saldo aus den positiven und negativen Meldungen zur aktuellen Geschäftslage bezeichnet und GE den Saldo aus den positiven und negativen Meldungen zu den Geschäftsaussichten in den nächsten sechs Monaten. Zur Vermeidung von negativen Werten in der Wurzel werden die Variablen GL und GE jeweils um die Konstante 200 erhöht. Durch die geometrische Mittelung werden die Schwankungen des ifo Geschäftsklimas bei Extremwerten im Vergleich zu einer arithmetischen Mittelung leicht gedämpft.

Seit dem Jahr 1971 wird das Geschäftsklima regelmäßig in ifo Periodika veröffentlicht; die Ergebnisse waren allerdings zunächst auf das verarbeitende Gewerbe beschränkt. Im Jahr 1972 wurden dann die Klima-Daten für die im damaligen Konjunkturtest insgesamt erfassten Bereiche Industrie, Bauhauptgewerbe, Groß- und Einzelhandel erstmals zu einem Gesamtindikator zusammengefasst.[5] Das ifo Geschäftsklima für die gewerbliche Wirtschaft (vgl. Abb.1) ist heute der bekannteste Konjunkturindikator für die deutsche Wirtschaft und wichtige Eingangsreihe für jedwede Kurzfristprognose.[6]

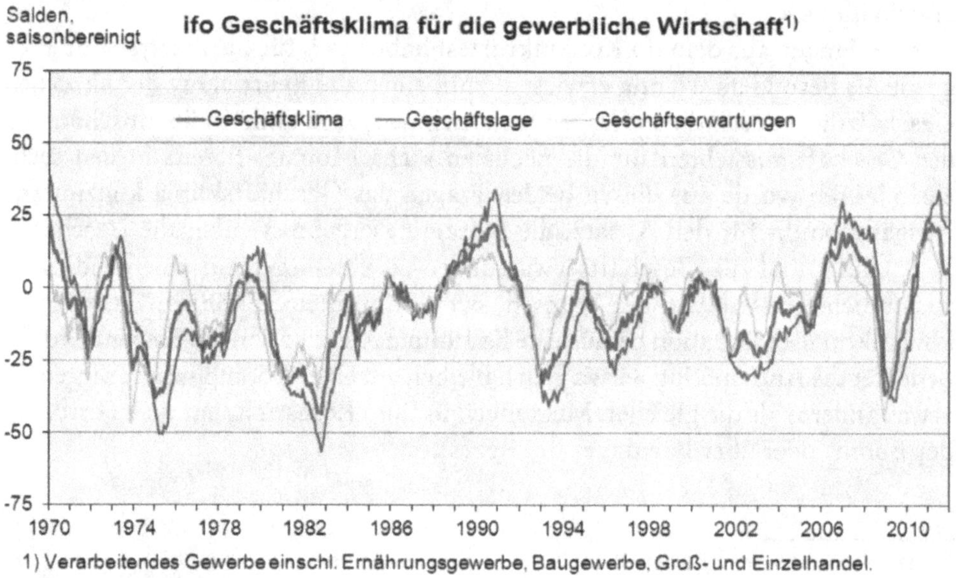

Abb. 1

[5] Vgl. H. Strigel (1972): Konjunkturindikatoren aus qualitativen Daten, ifo Studien, S. 203.

[6] Vgl. K. H. Oppenländer (1992): Die Konjunkturprognose: Wesen, Grundlagen, Zukunft, in: H. Hanusch/H. C. Recktenwald (Hrsg.), Ökonomische Wissenschaft in der Zukunft. Ansichten führender Ökonomen, Düsseldorf, S. 295–302.

Gute Konjunkturindikatoren beschreiben das zyklische Wirtschaftsgeschehen in marktwirtschaftlichen Systemen zeitnah und zutreffend. Konjunkturzyklen sind Schwankungen des Auslastungsgrades des gesamtwirtschaftlichen Produktionspotentials (Wachstumszyklus). Interpretiert man den Trend des realen Bruttoinlandsprodukts (BIP) als eine nichtstrukturelle Schätzung des Produktionspotentials, so lässt sich konkret der Konjunkturzyklus anhand der Abweichung des BIP von seinem Trend darstellen. Wendepunkte sind in diesem Kontext durch die jeweiligen lokalen Maxima bzw. Minima der Trendabweichung des BIP definiert.

Nach ihrem zeitlichen Konnex zum Konjunkturzyklus lassen sich Indikatoren in vorlaufende (leading), gleichlaufende (coincident) und nachlaufende (lagging) Indikatoren unterscheiden. Von besonderer Wichtigkeit für die Konjunkturanalyse sind naturgemäß die vorlaufenden Indikatoren (sog. Frühindikatoren). Gute Frühindikatoren zeichnen sich dadurch aus, dass ihre Wendepunkte möglichst frühzeitig und deutlich (d.h. ohne Fehlalarme) die Wendepunkte in der Wirtschaftsentwicklung signalisieren. Darüber hinaus sollte der Vorlauf stabil sein, so dass relativ sicher abgeschätzt werden kann, wie frühzeitig das Signal des Indikators erfolgt. Schließlich sollten die Ergebnisse zeitnah vorliegen und nach der Veröffentlichung keinen größeren Revisionen unterliegen.[7] Der Vorteil von konjunkturellen Gesamtindikatoren gegenüber Einzelindikatoren, die für sich betrachtet widersprüchliche Tendenzen zeigen können, besteht darin, dass sie aufgrund der Informationsverdichtung normalerweise deutlichere und auch stabilere Konjunktursignale liefern.[8]

Im Folgenden soll auf die Eigenschaften des ifo Geschäftsklimas für die gewerbliche Wirtschaft als konjunktureller Frühindikator eingegangen werden.[9] Neben einer Untersuchung im Zeitbereich – konkret für die Jahre 1970 bis 2011 – erfolgt eine Datenanalyse im Frequenzbereich.[10] Ferner wird auf die speziellen Vorlaufeigenschaften des ifo Geschäftsklimas an konjunkturellen Wendepunkten eingegangen. Die Datierung erfolgt mit Hilfe des *Bry-Boschan*-Algorithmus, der ein quantitatives und damit objektives Verfahren für die Vorlaufeigenschaften von Konjunkturindikatoren an Wendepunkten liefert.[11] Abschließend wird das

---

7 Vgl. K. Abberger/K. Wohlrabe (2006): Einige Prognoseeigenschaften des ifo Geschäftsklimas – Ein Überblick über die neuere wissenschaftliche Literatur, ifo Schnelldienst, 59. Jg., 22/2006, S. 19.

8 Vgl. H. Bahr (1999): Konjunkturelle Gesamtindikatoren, Europäische Hochschulschriften, Frankfurt, S. 1.

9 Ein prominenter koinzidenter Indikator ist die Kapazitätsauslastung im verarbeitenden Gewerbe, Vgl. K. Abberger/W. Nierhaus (2008): Die ifo Kapazitätsauslastung – ein gleichlaufendender Indikator der deutschen Industriekonjunktur, ifo Schnelldienst, 61. Jg. 16/2008, S. 15–23.

10 Vgl. K. Abberger/W. Nierhaus (2007): Das ifo Geschäftsklima: Ein zuverlässiger Frühindikator, in: ifo Schnelldienst, 60 Jg., 5/2007, S. 25–30.

11 Vgl. K. Abberger/W. Nierhaus (2007): Das ifo Geschäftsklima und Wendepunkte der deutschen Konjunktur, ifo Schnelldienst, 60 Jg., 3/2007, S. 26–31.

ifo Geschäftsklima mit einem *Markov-Switching*-Ansatz modelliert. Durch MS-Modelle können Bewegungen von Konjunkturindikatoren in Echtzeit-Wahrscheinlichkeiten für konjunkturelle Regimes (wie Auf- und Abschwung) umgesetzt werden. Die Regime-Wahrscheinlichkeiten – und hier insbesondere die Wahrscheinlichkeiten von Wendepunkten – sind für die aktuelle Konjunkturanalyse mit von entscheidender Bedeutung.[12]

2 Referenzreihe zur Analyse des ifo Geschäftsklimas

Zur Bewertung der Eigenschaften des ifo Geschäftsklimas als konjunktureller Frühindikator muss eine Referenzreihe aus der amtlichen Statistik ausgewählt werden. Als gesamtwirtschaftliche Vergleichsreihe wird das vierteljährliche reale Bruttoinlandsprodukt (BIP) herangezogen. Das Bruttoinlandsprodukt ist das umfassendste aggregierte Maß für die wirtschaftliche Leistung einer Volkswirtschaft. Da amtliche BIP-Werte vor dem Jahr 1991 nur für Westdeutschland vorhanden sind, wurden die fehlenden gesamtdeutschen Werte durch die Verkettung west- bzw. gesamtdeutscher Zeitreihenwerte generiert. Zur Extraktion der zyklischen Komponente des realen BIP ist der *Baxter-King*-Filter eingesetzt worden. Der Baxter-King-Filter ist ein symmetrischer Filter, der aus einer Zeitreihe nicht nur die niederfrequente Trendkomponente entfernt, sondern auch die hochfrequente irreguläre Komponente.[13] Um auch an den Rändern einen symmetrischen Filter zu haben, wurden am Anfang und Ende der BIP-Zeitreihe zusätzliche Reihenwerte generiert. Die »backcasts« und »forecasts« wurden mit Hilfe von autoregressiven Modellen (AR) erzeugt, die Lag-Länge wurde automatisch über das Akaike-Informationskriterium (AIC) gewählt. Für die erforderliche Eliminierung der Saisonkomponente wurde das *Census-X12-ARIMA* Verfahren ausgewählt. Als Zyklus wurde die Summe aller Komponenten der Zeitreihe mit Schwingungen zwischen 6 und 32 Quartalen (= 1,5 bis 8 Jahre) angesetzt, die Länge des Baxter-King-Filters beträgt zwölf Quartale (= drei Jahre). Diese Einstellungen entsprechen den in der Literatur üblichen Empfehlungen für einen in der Praxis nahezu optimalen Filter. Die Zeitreihe des ifo Geschäftsklimas wurde mit dem ifo Standardverfahren *ASA II* saisonbereinigt, um die volle Kompatibilität mit den veröffentlichten Testergebnissen zu gewährleisten. Von einer zusätzlichen Trendbereinigung des (in Vierteljahreswerte transformierten) Geschäftsklimas wurde abgesehen, weil diese Zeitreihe von der Konzeption her stationär ist.

12 Vgl. K. Abberger/W. Nierhaus (2010): Markov Switching and the Ifo Business Climate: the Ifo Business Cycle Traffic Lights, Journal of Business Cycle Measurement and Analysis, 7(2), S. 1–13.

13 Vgl. M. Baxter/R. G. King (1999): Measuring Business Cycles: Approximate Band-Pass Filters for Economic Time Series, Review of Economics and Statistics 81, S. 575–593.

3 Eigenschaften des ifo Geschäftsklimas im Zeit- und Frequenzbereich

Abbildung 2 zeigt bereits rein optisch, dass der Verlauf der beiden Zeitreihen im Zeitraum 1970 bis 2011 recht ähnlich ist; es manifestiert sich ein relativ enger Zusammenhang.

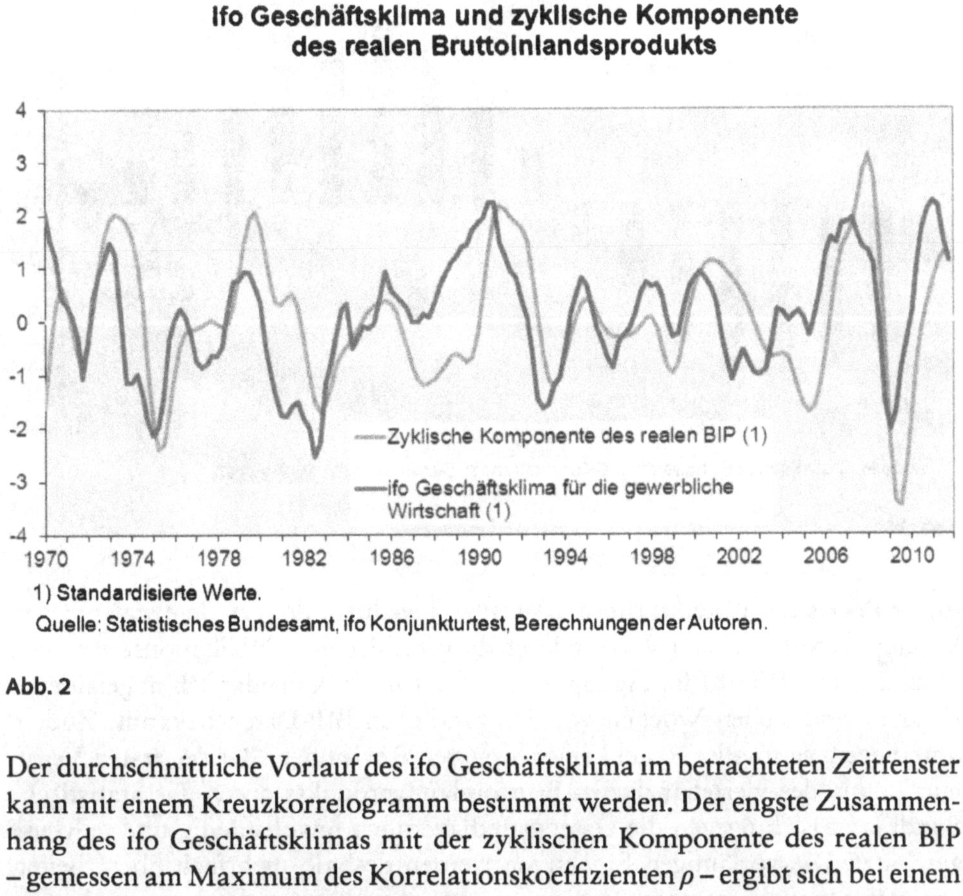

Abb. 2

Der durchschnittliche Vorlauf des ifo Geschäftsklima im betrachteten Zeitfenster kann mit einem Kreuzkorrelogramm bestimmt werden. Der engste Zusammenhang des ifo Geschäftsklimas mit der zyklischen Komponente des realen BIP – gemessen am Maximum des Korrelationskoeffizienten ρ – ergibt sich bei einem Vorlauf von zwei Quartalen (vgl. Abb. 3). Anzumerken ist bei diesen Berechnungen, dass der verwendete Kreuzkorrelationsschätzer asymptotisch unverzerrt und konsistent ist. Für gegen unendlich gehende Stichprobenumfänge besitzt der Schätzer daher die üblicherweise geforderten Eigenschaften. Bekannt ist, dass die Varianz des Schätzers von den Autokorrelationsfunktionen der beiden Eingangszeitreihen abhängt und recht groß sein kann.[14] Sollen die Kreuzkorrelationen auf Signifikanz getestet werden, empfiehlt es sich daher die Eingangszeitreihen

[14] Vgl. C. Chatfield (2004): The Analysis of Time Series, Chapman&Hall/CRC, S. 158.

geeignet zu filtern. Dieses Verfahren wird als »prewhitening« bezeichnet. Da hier jedoch die Schätzung der Kreuzkorrelationen im Vordergrund steht, wurde auf diese Filterung verzichtet.

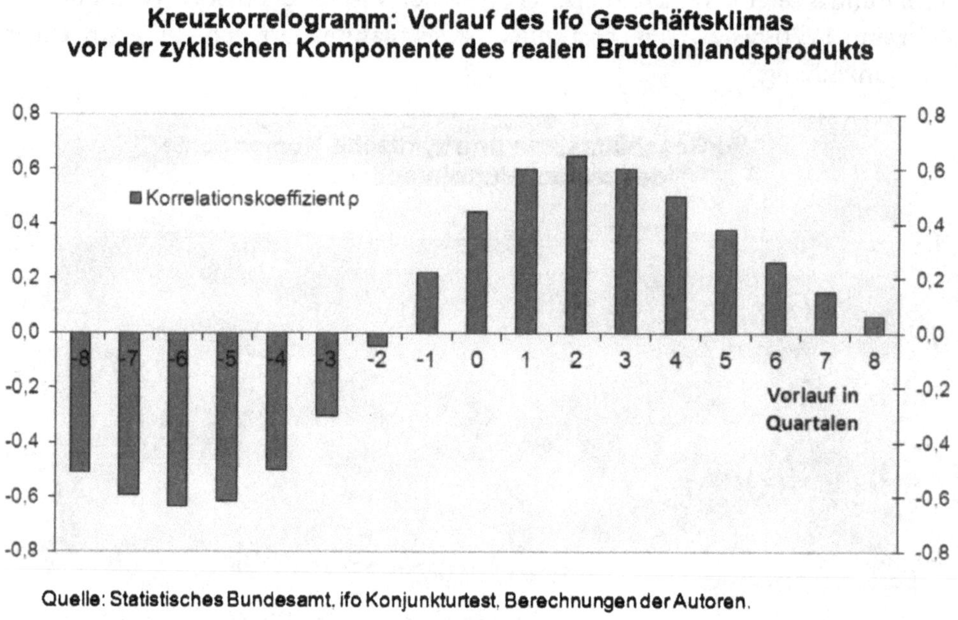

Abb. 3

In der Praxis der Konjunkturanalyse ist zu beachten, dass zu dem statistischen Vorlauf noch ein weiterer Vorlauf durch die verschiedenen Publikationszeitpunkte hinzukommt: Die ifo Befragungsergebnisse für ein kalendarisch abgelaufenes Quartal sind sieben Wochen vor den amtlichen BIP-Daten bekannt. Zudem unterliegen sie in aller Regel keinen weiteren Revisionen. Bei der ersten Veröffentlichung des vierteljährlichen Bruttoinlandsprodukts durch das Statistische Bundesamt ist hingegen die Datengrundlage noch unvollständig und teilweise geschätzt. Die vorläufigen Ergebnisse werden deshalb mehrfach überarbeitet, um später verfügbare oder revidierte statistische Ausgangsdaten einzuarbeiten. Endgültige Ergebnisse für das reale BIP liegen erst nach vier Jahren vor.

Differenzierter als im Zeitbereich lässt sich der Zusammenhang zwischen dem ifo Geschäftsklima und der zyklischen Komponente des realen BIP durch eine *Spektralanalyse* im Frequenzbereich untersuchen. Die Spektralanalyse ist ein Hilfsmittel, mit dem stationäre Zeitreihen in Schwingungskomponenten unterschiedlicher Frequenzen zerlegt werden können. Die Spektraldichte gibt den Beitrag einer bestimmten Frequenz zur Gesamtvarianz der Zeitreihe an. Sie erlaubt somit eine Abschätzung der relativen Wichtigkeit eines Frequenzbereichs in Bezug auf die Gesamtvarianz. Mit Hilfe der bivariaten Spektralanalyse wird entsprechend die Kovarianz zweier Zeitreihen in Frequenzanteile zerlegt. Allerdings kann das resultierende Kreuzspektrum nicht in gleicher Weise wie die Spektraldichte als Zerlegung im Frequenzbereich interpretiert werden. Um den Zusammenhang zwischen zwei Zeitreihen im Frequenzbereich zu beschreiben, müssen verschiedene Funktionen, die aus dem Kreuzspektrum abgeleitet sind, betrachtet werden.

Zwei solche abgeleitete Funktionen sind die Kohärenz und das Phasenspektrum.[15] Die Kohärenz kann – analog zum quadrierten Korrelationskoeffizienten – als quadratische Korrelation zwischen den beiden Zeitreihen in verschiedenen Frequenzbereichen interpretiert werden. Sie gibt allerdings keine Auskunft über die relative Lage der beiden Zeitreihen zueinander. Genau dies leistet das Phasenspektrum. Mit dem Phasenspektrum wird gemessen, ob die Schwingungskomponenten beider Zeitreihen zeitlich verschoben sind, d. h. ob gegebenenfalls ein Vor- bzw. Nachlauf besteht. Negative Werte des Phasenspektrums implizieren im allgemeinen einen Vorlauf, positive Werte einen Nachlauf.

Die beiden oberen Graphiken in Abbildung 4 enthalten die (logarithmierten und transformierten) Spektraldichteschätzungen für die Einzelzeitreihen ifo Geschäftsklima bzw. zyklische Komponente des realen BIP. In beiden Reihen ist deutlich erkennbar, dass die längerfristigen (Konjunktur-)Komponenten mit Schwingungen zwischen 6 und 32 Quartalen erwartungsgemäß den Hauptanteil zur Varianz beisteuern. Kürzerfristige Komponenten in einem Frequenzbereich, dem umgerechnet Schwingungen von unter 1 ½ Jahren entsprechen, spielen für die Gesamtvarianz in beiden Reihen jeweils nur eine untergeordnete Rolle. Dies gilt vor allem für die zyklische Komponente des realen BIP, deren hochfrequente Bewegungsanteile vom *Baxter-King*-Filter nahezu vollständig extrahiert werden.

Die Graphik unten links in Abbildung 4 zeigt die geschätzte Kohärenz. Sie ist ein Maß für den linearen Zusammenhang zwischen den zwei Zeitreihen innerhalb eines bestimmet Frequenzbereichs. Sie hat die gleichen Eigenschaften wie das Quadrat des Korrelationskoeffizienten. Die Kohärenz kann Werte zwischen Null und Eins annehmen, wobei letzter Wert bei einem exakt linearen Zusammenhang erreicht wird. Sie ist darüber hinaus invariant bezüglich linearer Transformationen. Im konjunkturellen Schwingungsbereich offenbart die hier vorgenommene Schätzung einen signifikanten Zusammenhang zwischen dem ifo Geschäftsklima und der zyklischen Komponente des realen BIP. Die kritischen Werte eines approximativen F-Tests auf Kohärenz zum Signifikanzniveau 0,01 (= schwarze Linie) bzw. 0,05 (= graue Linie) werden in diesem Schwingungsintervall deutlich überschritten; d. h. die Nullhypothese auf Nichtkohärenz wird abgelehnt.

---

[15] Siehe etwa R. H. Shumway/D. S. Stoffer (2000): Time Series Analysis and Its Applications, Springer Verlag, Kapitel 3.

Spektralanalyse der Zeitreihen

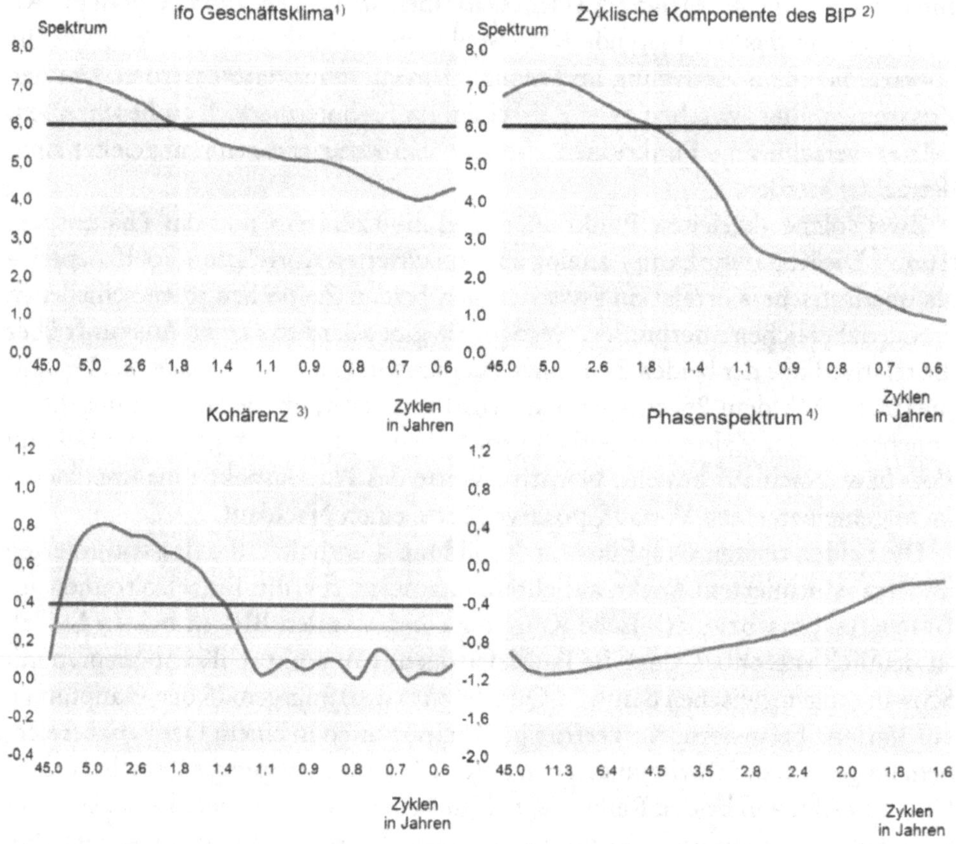

1) Logarithmierte und transformierte Spektaldichteschätzung für das ifo Geschäftsklima für die gewerbliche Wirtschaft. Werte unterhalb der schwarzen Linie entsprechen einer geschätzten Spektaldichte von < 0,1.- 2) Logarithmierte und transformierte zyklische Komponente des realen BIP; berechnet mit dem Baxter-King-Filter. Werte unterhalb der schwarzen Linie entsprechen einer Spektaldichte von < 0,1.- 3) Quadratische Korrelation zwischen den beiden Zeitreihen in verschiedenen Frequenzbereichen. Die schwarze (graue) Linie markiert den kritischen Wert eines approximativen F-Tests auf Kohärenz zum Signifikanzniveau 0,01 (Signifikanzniveau 0,05).- 4) Das Phasenspektrum gibt die Phasenverschiebung der Schwingungskomponenten der beiden Zeitreihen an. Negative (positive) Werte implizieren einen Vorlauf (Nachlauf).

Quelle: Statistisches Bundesamt, ifo Konjunkturtest, Berechnungen der Autoren.

Abb.4

Die durchschnittliche Kohärenz zwischen den beiden Zeitreihen beträgt 0,66, wenn über alle Werte gemittelt wird, die bei einer Irrtumswahrscheinlichkeit 5 % signifikant positiv sind. Bei der strengeren Irrtumswahrscheinlichkeit von 1 % beläuft sich die durchschnittliche Kohärenz auf 0,70.

Das Phasendiagramm unten rechts in Abbildung 4 enthält eine Schätzung des Phasenspektrums. Mit diesem Instrument kann gemessen werden, ob die zyklischen Komponenten der beiden Zeitreihen zeitlich verschoben sind. Die deutlich negativen Werte im konjunkturrelevanten Schwingungsbereich deuten auf einen merklichen Vorlauf des ifo Geschäftsklimas in Bezug auf die zyklische Komponente des realen BIP hin. Allerdings können die Werte des Phasenspektrums nicht unmittelbar in den Zeitbereich, d.h. in einen Vorlauf in Quartalen, übertragen werden. Für einen linearen Filter, der nur aus der zeitlichen Verschiebung von zwei Zeitreihen besteht, lässt sich jedoch eine einfache Funktion angeben, die das Phasenspektrum in einen zeitlichen Vorlauf transformiert.[16]

Abbildung 5 zeigt den in Quartalen gemessen Vorlauf, der einer bestimmten Schwingungskomponente des ifo Geschäftsklimas im Vergleich zur BIP-Referenzreihe zugeordnet werden kann. Das betrachtete Schwingungsfenster wird hier durch alle Zyklen markiert, für die der approximative F-Test auf Kohärenz (zum Signifikanzniveau 0,05) signifikante Werte liefert. Im konjunkturrelevanten Schwingungsbereich beträgt der maximale Vorlauf reichlich ein Quartal, er wird bei 8-Jahresschwingungen erreicht. Schließlich lässt sich aus den Ordinatenwerten der Abbildung 5 der Vorlauf des ifo Geschäftsklimas im Durchschnitt der betrachteten Zyklen ermitteln; er beträgt 0,5 Quartale. Zieht man zur Auswahl des Schwingungsfensters das strengere Signifikanzniveau 0,01 heran, so sinkt der Vorlauf des Geschäftsklimas unwesentlich auf 0,47 Quartale.

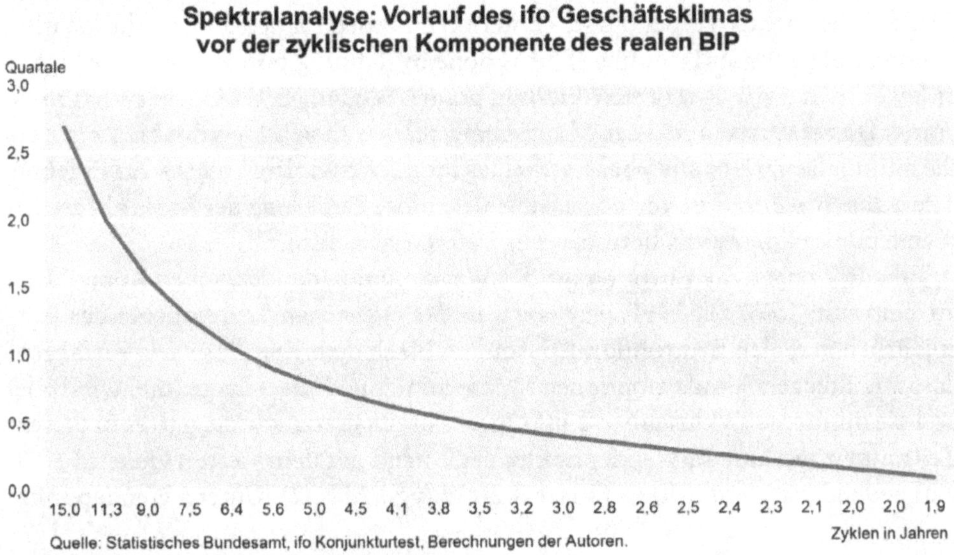

Abb. 5

[16] Für zwei Zeitreihen $x(t)$ und $y(t)$ mit $y(t) = a \cdot x(t - D)$, wobei a einen konstanten Faktor und D die zeitliche Verschiebung bezeichnet, gilt: $\varphi(v) = -2 \cdot \pi \cdot v \cdot D$. Hierbei steht v für die Frequenz und $\varphi(v)$ für das Phasenspektrum zur Frequenz v.

4 ifo Geschäftsklima und konjunkturelle Wendepunkte

In diesem Abschnitt soll auf die speziellen Vorlaufeigenschaften des ifo Geschäftsklimas an konjunkturellen Wendepunkten der zyklischen Komponente des realen Bruttoinlandsprodukts eingegangen werden. In Deutschland gibt es allerdings, anders als etwa in den USA, keine offizielle Zyklusdatierung. Dort ist das beim *National Bureau of Economic Research (NBER)* angesiedelte Business Cycle Dating Commitee mit der Datierung des US-Konjunkturzyklus betraut. Für Deutschland veröffentlichte die *Deutsche Bundesbank* als bisher einzige amtliche Institution bis zum Jahr 1997 in ihrem Beiheft »saisonbereinigte Wirtschaftszahlen« eine Chronologie der Wendepunkte, gemessen an den lokalen Minima bzw. Maxima der trendbereinigten Industrieproduktion.[17]

Die Datierung der konjunkturellen Wendepunkte erfolgt hier mit dem von Bry und Boschan am *NBER* entwickelten Algorithmus.[18] Das Verfahren bestimmt konjunkturelle Wendepunkte nach einem sequentiellen Entscheidungsprozess und liefert intersubjektiv vergleichbare und damit nachprüfbare Ergebnisse. Pagan und Sossounov skizzieren die Methode folgendermaßen:[19] »It is important to recognize that the BB (Bry-Boschan, die Verfasser) program is basically a pattern recognition program and it seeks to isolate the pattern using a sequence of rules. Broadly these are two types. First, a criterion is needed for deciding on the location of potential peaks and troughs. This is done by defining points which are higher or lower than a window of surrounding points. Second, durations between these points are measured and a set of censoring rules is then adopted which restricts the minimal length of any phase as well as those of complete cycles.« Im Ergebnis liefert das *Bry-Boschan*-Verfahren eine lückenlose Datierung der konjunkturellen Wendepunkte im jeweils betrachteten Referenzzeitraum.[20]

Tabelle 1 zeigen die Chronologie der Wendepunkte der deutschen Konjunktur im Zeitraum 1970 bis 2011, gemessen an der zyklischen Komponente des vierteljährlichen realen Bruttoinlandsprodukts. Nach dem *Bry-Boschan*-Verfahren, dass mit üblichen Standardoptionen für die minimale Phasenlänge (drei Quartale) und die minimale Zyklusdauer (fünf Quartale) eingesetzt wurde, gab es in diesem Zeitraum insgesamt 18 Wendepunkte, beginnend mit dem vierten Quartal 1970 und endend mit dem dritten Quartal 2009 (vgl. Abb. 2). Untere Wendepunkte

---

[17] Vgl. W. Naggl (1999): Konjunktur, Europäischer Verlag der Wissenschaften, Frankfurt, S. 64f.

[18] Vgl. G. Bry/C. Boschan (1971): Cyclical Analysis of Time Series: Selected Procedures and Computer Programs, NBER Technical Paper, Nr. 20, Cambridge (Mass.).

[19] A. Pagan/K. A. Sossounov (2000): A Simple Framework for Analyzing Bull and Bear Markets, Journal of Applied Econometrics, 18(1), S. 23-46.

[20] Die Datierung der Wendepunkte nach Bry-Boschan wurde mit dem Softwaretool BUSY (http://eemc.jrc.ec.europa.eu/Software-BUSY.htm) durchgeführt. Vgl. G. Fiorentini/C. Planas (2003): Busy Program, Joint Research Center of Europaen Commission, Ispra.

finden sich in den Jahren 1971, 1975, 1982, 1987, 1993, 1996, 1999, 2005 und 2009, obere Wendepunkte in den Jahren 1970, 1973, 1979, 1985, 1991, 1995, 1998, 2000 und 2008. Im betrachteten Zeitraum lassen sich insgesamt acht vollständige Wachstumszyklen ausmachen. Die durchschnittliche Dauer eines Zyklus, gemessen an der Zeitspanne zwischen zwei aufeinander folgenden oberen Wendepunkten, beläuft sich auf 17,75 Quartale; gemessen an zwei konsekutiven unteren Wendepunkten, auf 18 Quartale. Eine Aufschwungsphase (Zeitspanne vom unteren Wendepunkt zum darauf folgenden oberen) beträgt im Durchschnitt 10 Quartale, eine Abschwungsphase (Spanne vom oberen Wendepunkt zum darauf folgenden unteren) 8,33 Quartale.

Tab. 1

Datierte Wendepunkte des deutschen Konjunkturzyklus[a)]

Untere Wendepunkte[b)]	ifo Geschäftsklima[c) d)]	Obere Wendepunkte[b)]	ifo Geschäftsklima[c) d)]
–		4. Quartal 1970	–
4. Quartal 1971	0	2. Quartal 1973	–1
2. Quartal 1975	–1	4. Quartal 1979	–2
4. Quartal 1982	–1	4. Quartal 1985	0
3. Quartal 1987	–2	1. Quartal 1991	–1
3. Quartal 1993	–2	1. Quartal 1995	–1
3. Quartal 1996	–1	1. Quartal 1998	–1
1. Quartal 1999	0	4. Quartal 2000	–2
2. Quartal 2005	0	1. Quartal 2008	–3
3. Quartal 2009	–2		

a) Zyklische Komponente des realen saisonbereinigten BIP, berechnet mit dem Baxter-King-Filter.

b) Wendepunkte der zyklischen Komponente des realen BIP. Die Datierung der Wendepunkte erfolgt nach dem Bry-Boschan-Verfahren.

c) ifo Geschäftsklima für die gewerbliche Wirtschaft.

d) – (+): Vorlauf (Nachlauf) in Quartalen.

Quelle: Statistisches Bundesamt, Berechnungen der Autoren.

Wird der *Bry-Boschan*-Datierungsalgorithmus mit den gleichen Standardoptionen auf die Zeitreihe des ifo Geschäftklimas für die gewerbliche Wirtschaft angewendet, so zeigt sich, dass die Wendepunkte des Geschäftsklimas im Zeitraum 1970 bis 2011 einen durchschnittlichen Vorlauf von 1,18 Quartalen gegenüber den Wendepunkten der zyklischen Komponente des realen BIP haben. An oberen konjunkturellen Wendepunkten beträgt der Vorlauf 1,38 Quartale, an unteren ein Quartal. Der Median aller Beobachtungen liegt bei einem Quartal. Der maximale

Vorlauf des ifo Geschäftsklimas (drei Quartale) ergab sich für den oberen Wendepunkt des Jahres 2008; keinen Vorlauf zeigt das Geschäftsklima am unteren Wendepunkt des Jahres 1971, und am oberen Wendepunkt des Jahres 1985 und an den unteren Wendepunkten der Jahre 1999 und 2005. In den Jahren 1976/77 zeigen sich beim Geschäftsklima zwei zusätzliche Wendepunkte, die in der Entwicklung der zyklischen Komponente des BIP in dieser starken Akzentuierung nicht enthalten sind (vgl. Abb. 6). Eine gegenläufige Entwicklung der beiden Reihen zeigt sich auch in den Jahren 2003/04. Maßgeblich dafür war, dass sich die Erwartungskomponente des Geschäftsklimas – bei nur wenig veränderter Geschäftslage – vorübergehend stark verbessert, dann aber wieder verschlechtert hatte.[21] Auch für die Bewegung des Geschäftsklimas in den Jahren 1976/77 war die Entwicklung der Geschäftsaussichten ausschlaggebend. Zieht man über den gesamten betrachtete Zeitraum Bilanz, so hat das ifo Geschäftsklima für die gewerbliche Wirtschaft nahezu alle Wendepunkte der deutschen Konjunktur wenigstens koinzident oder aber – und das in der weit überwiegenden Zahl der Fälle – mit Vorlauf zu signalisiert.

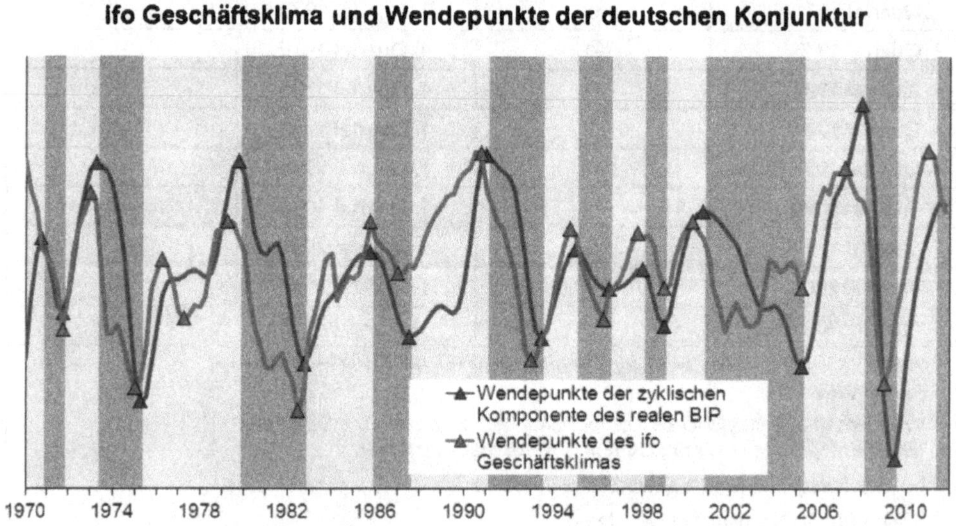

Abb. 6

21 Es lässt sich zeigen, dass die damalige Verbesserung des ifo Geschäftsklimas materiell auf einen temporären zyklischen Anstieg der Gewinn- und Vermögenseinkommen zurückgeht. Vgl. K. Abberger/W. Nierhaus (2011): ifo Geschäftsklima, Produktion und Ertragslage in der gewerblichen Wirtschaft, ifo Schnelldienst, 64. Jg. 3/2011, S. 21–24.

Der berechnete durchschnittliche Vorlauf des ifo Geschäftsklimas in den Wendepunkten kann ergänzend auf seine statistische Signifikanz hin überprüft werden. Da die Anzahl der Konjunkturzyklen in den betrachteten Zeitreihen nicht sehr groß ist, sind allerdings die üblichen parametrischen Testverfahren, wie etwa der t-Test, ungeeignet. Diese Tests setzen entweder starke Annahmen an die Verteilung der Daten voraus oder lassen sich nur für große Stichproben durch asymptotische Eigenschaften rechtfertigen. Die Signifikanz des Vorlaufs lässt sich aber alternativ über nichtparametrische Testverfahren bestimmen, die für die vorliegende, relativ kleine Zahl von Wendepunkten geeigneter sind. Aus dieser Klasse von Verfahren wird hier der *Banerji*-Test eingesetzt, der nicht die Vorgabe oder Herleitung einer analytischen Verteilungsfunktion für die Teststatistik unter der Nullhypothese erfordert.[22]

Wird mit diesem Verfahren die Nullhypothese, dass das ifo Geschäftsklima einen Vorlauf von Null Quartalen besitzt (also gleichlaufend ist) gegen die einseitige Alternativhypothese, dass der Vorlauf größer als Null Quartale ist (das Geschäftsklima also ein vorlaufender Indikator ist) getestet, resultiert ein p-Wert kleiner als 0,001. Damit kann die Nullhypothese zugunsten der Alternativhypothese zu den üblichen Signifikanzniveaus (0,1; 0,05; 0,01) verworfen werden. Das ifo Geschäftsklima für die gewerbliche Wirtschaft kann demnach als ein vorlaufender Indikator an konjunkturellen Wendepunkten klassifiziert werden. Die über diese Aussage hinaus gehende Nullhypothese, dass der Vorlauf des Geschäftsklimas ein Quartal beträgt versus der Alternativhypothese, dass der Vorlauf größer als ein Quartal ist, kann zum Signifikanzniveau 0,01 nicht abgelehnt werden.

5 Markov-Switching und ifo Geschäftsklima

Für die Konjunkturanalyse ist die frühzeitige Erkennung von Wendepunkten besonders wichtig. Stets muss beurteilt werden, ob die Bewegung eines Indikators einen Wechsel des konjunkturellen Regimes und damit einen Wendepunkt signalisiert oder ob sie mit einem Verbleib im bisherigen Regime im Einklang steht. Für diese nichttriviale Entscheidung können die Schätzergebnisse von *Markov-Switching*-Modellen (MS-Modelle) wichtige Informationen liefern. Bei dieser Modellklasse hängen die Parameter von stochastischen Regimevariablen ab. Ein lineares Modell wird bei diesem Ansatz dadurch flexibler, dass die Parameter unterschiedliche Werte annehmen können, je nachdem, in welchem Regime

[22] Vgl. A. Banerji (2000): The Lead Profile and Other Non-Parametric Tools to Evaluate Survey Series as Leading Indicators, in: K. H. Oppenländer/G. Poser/B. Schips: Use of Survey Data for Industry, Research and Economic Policy, Ashgate, Aldershot, S. 27–41.

sich die Zeitreihe befindet. Dadurch kann bei der Modellierung berücksichtigt werden, dass die Dynamik über die Zeit variiert.

Es lässt sich zeigen, dass das monatlich veröffentlichte ifo Geschäftsklima in der gewerblichen Wirtschaft mit einem *Markov-Switching*-Ansatz modelliert werden kann. Durch das MS-Modell wird die Bewegung des Geschäftsklimas in Echtzeit-Wahrscheinlichkeiten umgesetzt, die signalisieren, welches Regime der Konjunkturzyklus aktuell durchläuft.[23] Für die konjunkturelle Klassifikation der geschätzten Wahrscheinlichkeiten sind allerdings noch Regeln aufzustellen. Denn zunächst ist unklar, ab welcher Wahrscheinlichkeit von Aufschwung bzw. Abschwung gesprochen werden sollte. Die einfachste – symmetrische – Klassifikationsregel besteht darin, dann von Aufschwung (Abschwung) zu sprechen, wenn die entsprechenden Regime-Wahrscheinlichkeiten größer (kleiner) als 50 % sind. Auf der Basis der geschätzten Wahrscheinlichkeiten an den historischen Wendepunkten des realen BIP lässt sich jedoch auch eine andere, empirisch motivierte Datierungsregel zu finden: Aufschwungsphasen liegen dann vor, wenn die entsprechenden Regime-Wahrscheinlichkeiten größer als zwei Drittel sind. Denn dieser Wert ist deckungsgleich mit der Wahrscheinlichkeit für Aufschwung im langjährigen Durchschnitt aller unteren Wendepunkte des realen BIP. Umgekehrt liegt eine Abschwungsphase vor, wenn die Regime-Wahrscheinlichkeit hierfür größer als zwei Drittel ist. Dieser Wert entspricht der mittleren Wahrscheinlichkeit für die Phase Abschwung an den oberen Wendepunkten des realen BIP. Bei Wahrscheinlichkeiten zwischen einem Drittel und zwei Dritteln kann von einer Phase hoher Unsicherheit ausgegangen werden und es erfolgt keine eindeutige konjunkturelle Klassifizierung.

Die nach dieser Regel zugeordneten monatlichen Regime-Wahrscheinlichkeiten für den Zeitraum 1991 bis 2011 präsentiert Abbildung 7 (ifo Konjunkturampel).[24] Die geschätzten Wahrscheinlichkeiten signalisieren Aufschwung, sofern sie die 2/3-Marke überschreiten, Abschwung, sofern sie unter der 1/3-Marke liegen und. Indifferenz für Werte im Intervall dazwischen. Bei 124 von insgesamt 252 Beobachtungen signalisiert das MS-Modell im Zeitraum 1991 bis 2011 Aufschwung, in 83 Fällen Abschwung und nur in 45 Fällen Indifferenz. Die Trennschärfe hinsichtlich der beiden Konjunkturphasen ist damit beachtlich hoch. Aufgrund des monatlichen Schätzansatzes identifiziert das MS-Modell allerdings nicht nur den vergleichsweise niederfrequenten BIP-Wachstumszyklus, sondern indiziert auch höherfrequente Schwingungen bis hin zu kurzfristigen

23 Eine wichtige Voraussetzung für die Modellierung des Geschäftsklimas durch ein MS-Modell ist, dass dieser Indikator klare, zyklisch signifikante Konjunktursignale liefert, d. h. einen glatten Verlauf hat. Vgl. K. Abberger/W. Nierhaus (2009): Months for Cyclical Dominance und ifo Geschäftsklima, ifo Schnelldienst, 62. Jg., 7/2009, S. 11–19.

24 Für die Schätzung der Regime-Wahrscheinlichkeiten des ifo Geschäftsklimas und für den Banerji-Test auf Vorlauf an konjunkturellen Wendepunkten wurden die Softwaretools Grocer (http://dubois.ensae.net/grocer.html) und Scilab (http://scilab.org) benutzt.

konjunkturellen Sonderentwicklungen. Ein Beispiel hierfür ist die vergleichsweise volatile Entwicklung der Regime-Wahrscheinlichkeiten in den Jahren 2001 bis 2005. Sie ist zum einen die Folge der in diesen Jahren aufgetretenen Schocks und Unsicherheiten, die von den befragten Unternehmen nicht systematisch antizipiert werden konnten. So fallen in diesen Zeitraum der unvorhersehbare Terror-Anschlag vom 11. September 2001 in den USA und die Eskalation des Irak-Konflikts in eine offene militärische Auseinandersetzung im Jahr 2003. Zum anderen ist sie Folge sektoraler Sonderkonjunkturen.

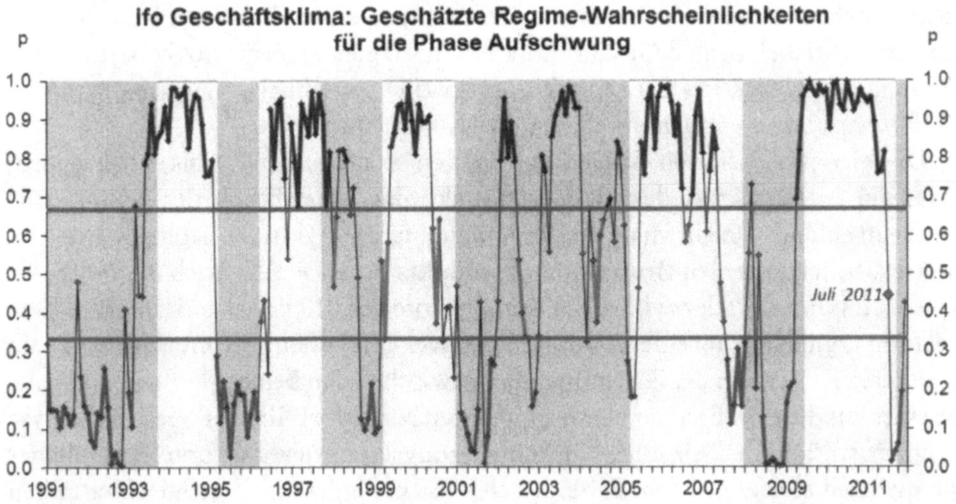

Graue Flächen: Datierte Aufschwungsphasen des realen BIP. Datierung ab Q3/2011 geschätzt.

Quelle: ifo Konjunkturtest, Berechnungen der Autoren.

Abb. 7

Besonders interessant sind die Ergebnisse des MS-Modells für das Jahr 2011. In den Monaten März bis Mai trübte sich das ifo Geschäftsklima ein, zuvor hatte es sich neun Mal in Folge verbessert. Zwar sank parallel dazu auch die Regime-Wahrscheinlichkeit für Aufschwung, die Klima-Verschlechterung im Frühjahr war aber noch nicht groß genug, um bereits einen Regimewechsel zu indizieren. Im Juli 2011 fiel die Regime-Wahrscheinlichkeit für Aufschwung im Zuge der Verschärfung der Schuldenkrisen in Europa und den USA erstmals unter die Zwei-Drittel-Marke. Im August verschlechterte sich das ifo Geschäftsklima erneut sehr deutlich. Die Regime-Wahrscheinlich für Aufschwung sank auf 2 %; zugleich stieg die Regime-Wahrscheinlichkeit für Abschwung auf 98 %. In den letzten beiden Monaten des Jahres 2011 hellte sich das Geschäftsklima in der gewerblichen Wirtschaft zwar wieder etwas auf, die Besserung war aber nicht groß genug, um einen Regimewechsel hin zu Aufschwung zu signalisieren.

6 Fazit

Am 19. Mai 1950 wurde der Konjunkturtest vom ifo Institut unter dem Titel »Der Konjunkturtest – Ein neuartiges Verfahren zur Durchleuchtung der Märkte« erstmals der Öffentlichkeit vorgestellt. Fünf Jahre nach seiner Einführung konnte das Institut bereits konstatieren, dass der Konjunkturtest ein Instrument sei, »das von der Wirtschaftspraxis und Wirtschaftsforschung in gleicher Weise mit Nutzen eingesetzt werden kann und sich im Streit der Meinungen durchgesetzt hat«.[25] Im Jahr 1972 wurden die Klimawerte für die im damaligen Konjunkturtest insgesamt erfassten Bereiche Industrie, Bauhauptgewerbe, Groß- und Einzelhandel zu dem heute bekannten Gesamtindikator aggregiert. Gegenwärtig beruhen die Ergebnisse für das ifo Geschäftsklima für die gewerbliche Wirtschaft auf ca. 7000 Antworten von Unternehmen dieses Berichtskreises.

Die hier präsentierten Ergebnisse für den Zeitraum 1970 bis 2011 zeigen, dass die Aussagekraft des ifo Geschäftsklimas hinsichtlich der Konjunktur in Deutschland – zieht man als Referenzreihe die zyklische Komponente des vierteljährlichen realen Bruttoinlandsprodukts heran – sehr hoch ist.[26] Das ifo Geschäftsklima eilt der zyklischen Komponente des BIP voraus, die höchste Korrelation ergibt sich bei einem Vorlauf von zwei Quartalen. Differenzierter als im Zeitbereich lässt sich der Zusammenhang zwischen den beiden Reihen durch eine Spektralanalyse im Frequenzbereich untersuchen. Mit Hilfe der Spektralanalyse können stationäre Zeitreihen in Schwingungskomponenten unterschiedlicher Frequenzen zerlegt werden. Es zeigt sich, dass in beiden untersuchten Zeitreihen die längerfristigen (Konjunktur-)Komponenten mit Schwingungen zwischen 6 und 32 Quartalen den Hauptanteil zur Varianz beitragen. Zudem besteht in diesem wichtigen Schwingungsbereich ein signifikanter Zusammenhang zwischen den beiden Reihen. Das Phasenspektrum zeigt, dass das ifo Geschäftsklima im konjunkturrelevanten Schwingungsbereich einen merklichen Vorlauf gegenüber der zyklischen Komponente des BIP hat. Der Vorlauf in diesem Schwingungsfester beträgt knapp ein Quartal.

Ferner schneidet das ifo Geschäftsklima hinsichtlich der Vorlaufeigenschaften speziell an konjunkturellen Wendepunkten sehr gut ab. Im Untersuchungszeitraum konnte das ifo Geschäftsklima die überwiegende Zahl der nach dem *Bry-Boschan*-Verfahren datierten Wendepunkte der zyklischen Komponente des BIP frühzeitig signalisieren. Mit dem nichtparametrischen Banerji-Test konnte

25 W. Marquardt (1955): Fünf Jahre Konjunkturtest, Ifo Schnelldienst, 7. Jg, 8/1955, S. 4.

26 Darüber hinaus besteht eine hohe zirkulare Korrelation zwischen den beiden Klima-Komponenten Geschäftslage bzw. Geschäftserwartungen und der zyklischen Komponente des realen BIP sowie deren Veränderung. Vgl. K. Abberger/W. Nierhaus (2011): Die ifo Konjunkturuhr: Zirkulare Korrelation mit dem realen Bruttoinlandsprodukt, AStA, Wirtschafts- und Sozialstatistisches Archiv, 2011 (5), S. 179–201.

darüber hinaus gezeigt werden, dass der Vorlauf des ifo Geschäftsklimas an konjunkturellen Wendepunkten statistisch signifikant ist. Schließlich kann das ifo Geschäftsklima mit einem *Markov-Switching*-Ansatz modelliert werden. Durch das MS-Modell wird die Bewegung des ifo Geschäftsklimas in Echtzeit-Wahrscheinlichkeiten für die beiden konjunkturellen Regime Aufschwung bzw. Abschwung umgesetzt – aktuelle Zusatzinformationen, die für jede Konjunkturanalyse und -prognose von entscheidender Bedeutung sind.

Literatur

Abberger, K./Nierhaus, W. (2011): Die ifo Konjunkturuhr: Zirkulare Korrelation mit dem realen Bruttoinlandsprodukt, AstA, Wirtschafts- und Sozialstatistisches Archiv, 2011 (5), S. 179–201.

Abberger, K./Nierhaus, W. (2011): ifo Geschäftsklima, Produktion und Ertragslage in der gewerblichen Wirtschaft, ifo Schnelldienst, 64. Jg. 3/2011, S. 21–24.

Abberger, K./Nierhaus, W. (2010): Markov Switching and the Ifo Business Climate: the Ifo Business Cycle Traffic Lights, Journal of Business Cycle Measurement and Analysis, 7(2), S. 1–13.

Abberger, K./Nierhaus, W. (2009): Months for Cyclical Dominance und ifo Geschäftsklima, ifo Schnelldienst, 62. Jg., 7/2009, S. 11–19.

Abberger, K./Nierhaus, W. (2008): Die ifo Kapazitätsauslastung – ein gleichlaufendender Indikator der deutschen Industriekonjunktur, ifo Schnelldienst, 61. Jg. 16/2008, S. 15–23.

Abberger, K./Nierhaus, W. (2007): Das ifo Geschäftsklima: Ein zuverlässiger Frühindikator, in: ifo Schnelldienst, 60 Jg., 5/2007, S. 25–30.

Abberger, K./Nierhaus, W. (2007): Das ifo Geschäftsklima und Wendepunkte der deutschen Konjunktur, ifo Schnelldienst, 60 Jg., 3/2007, S. 26–31.

Abberger, K./Wohlrabe, K. (2006): Einige Prognoseeigenschaften des ifo Geschäftsklimas – Ein Überblick über die neuere wissenschaftliche Literatur, ifo Schnelldienst, 59. Jg,, 22/2006, S. 19.

Anderson, O. jun./Bauer, R. K./Führer, H./Petersen, J. P./Wolfsteiner, M. (1958): Short-Term Entrepreneurial Reaction Patterns, Weltwirtschaftliches Archiv, Bd. 81, S. 243–264.

Bahr, H. (1999): Konjunkturelle Gesamtindikatoren, Europäische Hochschulschriften, Frankfurt, S. 1.

Banerji, A. (2000): The Lead Profile and Other Non-Parametric Tools to Evaluate Survey Series as Leading Indicators, in: Oppenländer, K. H./Poser, G./Schips, B.: Use of Survey Data for Industry, Research and Economic Policy, Ashgate, Aldershot, S. 27–41.

Baxter, M./King, R. G. (1999): Measuring Business Cycles: Approximate Band-Pass Filters for Economic Time Series, Review of Economics and Statistics 81, S. 575–593.

Bry, G./Boschan, C. (1971): Cyclical Analysis of Time Series: Selected Procedures and Computer Programs, NBER Technical Paper, Nr. 20, Cambridge (Mass.).

Chatfield, C. (2004): The Analysis of Time Series, Chapman&Hall/CRC, S. 158.

Fiorentini, G./Planas, C. (2003): Busy Program, Joint Research Center of Europaen Commission, Ispra.

Goldrian, G./Strigel, H. (1989): Nationale Gesamtindikatoren auf der Basis von Konjunkturumfragen, in: Oppenländer, K. H./Poser, G., Handbuch der ifo Umfragen, Duncker&Humblodt, Berlin, München, S. 360.

Marquardt, W. (1955): Fünf Jahre Konjunkturtest, Ifo Schnelldienst, 7. Jg, 8/1955, S. 4.

Naggl, W. (1999): Konjunktur, Europäischer Verlag der Wissenschaften, Frankfurt, S. 64f.

Nerb, G. (2004): Bedeutung von repräsentativen Unternehmensbefragungen für die empirische Konjunkturforschung, in: Goldrian, G. (Hrsg.), Handbuch der umfragebasierten Konjunkturforschung, ifo Beiträge zur Wirtschaftsforschung, Bd. 15, S. 2.

Oppenländer, K. H. (1992): Die Konjunkturprognose: Wesen, Grundlagen, Zukunft, in: Hanusch, H./Recktenwald, H. C. (Hrsg.), Ökonomische Wissenschaft in der Zukunft. Ansichten führender Ökonomen, Düsseldorf, S. 295–302.

Pagan, A./Sossounov, K. A. (2000): A Simple Framework for Analyzing Bull and Bear Markets, Journal of Applied Econometrics, 18(1), S. 23–46.

Shumway, R. H./Stoffer, D. S. (2000): Time Series Analysis and Its Applications, Springer Verlag, Kapitel 3.

Strigel, W. (1972): Konjunkturindikatoren aus qualitativen Daten, ifo Studien, S. 203.

Strigel, W. (1965): Die Konjunkturumfragen des Ifo-Instituts für Wirtschaftsforschung, Allgemeines Statistisches Archiv, Band 49, S. 140.

IV Zur Bevölkerungsökonomik und zum Arbeitsmarkt

Deutschland und die Bevölkerungsfrage Grenzen der Anpassung an den demografischen Wandel?

*Von Josef Schmid**

Die Abhandlung will einen aktuellen, politisch bedeutsamen Sachverhalt klären, ihn in den Zusammenhang von heuristischen Konzeptionen stellen und dabei die Grenze zwischen Wissenschaft und Politik mehrmals nach beiden Seiten überschreiten. Die deutsche Bevölkerungsfrage, gemeinhin unter »demografischen Wandel« gefasst, weist Besonderheiten auf, die sie unter ähnlich gelagerten Fällen in Europa hervorheben und internationale Aufmerksamkeit erregen. Der deutschen Wirtschaft werden konjunkturelle Stimulanzfunktionen zugedacht, zumal sie nicht nur die effizienteste, sondern auch die größte Wirtschaft am Kontinent ist. Die 82 Millionen Einwohner stehen in Beziehung zu einer technisch-industriellen Ordnung. Die Indikatoren für Binnen- und Außenwirtschaft nehmen hohe und höchste Plätze im Wirtschaftsvergleich ein. Er konstatiert allerdings ein »demografisches Problem« für Deutschland: der wirtschaftspolitische Musterschüler hat seit einer Generation Nachwuchsmangel und gab sich bislang nicht den Anschein, darunter zu leiden.

Doch jüngste »Demografie-Berichte« auf Bundes- und Regierungsebene haben mit ihren augenfälligsten Ergebnissen nun auch die Politik erreicht und mobilisiert.[1] Bevölkerungsentwicklung, die in Presseorganen mit Demografie schon synonym verwendet wird, zeigt Auswirkungen in den industriegesellschaftlichen Kernbereichen und beunruhigt plötzlich, nachdem man sie in Statistischen Ämtern, Wissenschaft und Verwaltung gut aufgehoben wähnte. Der demografische Status quo Deutschlands soll sozialgeschichtlich hergeleitet, die in ihm steckenden Zukunftserwartungen (»Bevölkerungsvorausberechnungen«) präsentiert und zu Optionen politischer Anpassung (»Kompensation«) und Intervention in Beziehung gebracht werden.

* Prof. Dr. Dr. Josef Schmid, Bamberg, E-Mail: josef.schmid@uni-bamberg.de

1 Statistisches Bundesamt (2009): Bevölkerung Deutschlands bis 2060 – 12. koordinierte Bevölkerungsvorausberechnung. Wiesbaden; Bundesministerium des Innern (2011): Demografiebericht. Bericht der Bundesregierung zur demographischen Lage und künftigen Entwicklung des Landes. Berlin; Bundesministerium des Innern (2012): Jedes Alter zählt. Die Demografiestrategie der Bundesregierung. Berlin.

1 Demografie und Ökonomie

Bevölkerungsentwicklung und wirtschaftliche Dynamik sind eng verflochten. Die Bevölkerung ist der Ausgangspunkt wirtschaftlicher Tätigkeit und zugleich ihr Ziel. Wirtschaftsgeist und Wirtschaftsordnung sind die Mittel, mit denen Bevölkerungen einem besseren Leben zustreben möchten. Bevölkerung und Wirtschaft sind nur als akademische Betrachtungsgegenstände auseinander zu halten, nicht in der Wirklichkeit. Die Ansicht, dass Bevölkerung und Wirtschaft verschiedenen Sphären angehören, rührt daher, dass beiden recht unterschiedliche Wandlungsfähigkeit und Reaktionszeiten zugeordnet werden. Bevölkerung entsteht in Jahrzehnten und Generationen. Bis sich aus einer westfälischen Landbevölkerung und aus zugewanderten Polen des ehemaligen Westpreußen die geeignete Bevölkerung für die gigantische Industrielandschaft »Ruhr« herausbildet, – bis aus bäuerlichen Großfamilien mit ansehnlicher Kinderschar städtische Kleinfamilien werden mit durchschnittlich nur noch zwei Kindern, die Gymnasium und Hochschule besuchen, – brauchte es zwei bis drei Generationen. Im Vergleich dazu scheint eine Wirtschaftsordnung schnell installiert: günstige Umstände und fest Entschlossene wie Ludwig Erhard schaffen hier in wenigen Jahren Neues, gewiss auf der Basis von Kulturwerten, wie sie sich in der Reformation herausgebildet haben, so ein Persönlichkeits- und Eigentumsbegriff.

Auch die Zeitspanne zwischen eingeleiteter Maßnahme und erhoffter Wirkung ist in Bevölkerungspolitik, nun »Demografiestrategie« genannt, und Wirtschaftspolitik grundverschieden. Erst nach fünf Jahren lässt sich feststellen, ob hinter Bevölkerungsveränderungen tatsächlich ein gesellschaftlicher und folglich ein »demografischer Wandel« steckt oder nur eine statistische Schwankung. Ob eine Politik der Geburtenförderung auch greift, ist erst in fünf bis zehn Jahren zu sehen; ihre erwünschte Wirkung käme erst nach 20 Jahren zum Tragen. Dagegen wird die Wirkung wirtschaftspolitischer Maßnahmen, besonders in Finanz- und Geldpolitik, schon nach Monaten, wenn nicht Wochen erwartet.

Trotz diesen Gegenstandsdifferenzen müssen sich Bevölkerung und Wirtschaft um Anpassung und um ein Zusammenspiel bemühen.[2] Das geht nicht reibungslos vor sich: Landflucht in Industrievorstädte, Absatzkrisen und Arbeitslosigkeit, von Kindern überquellende Hinterhöfe von Zinskasernen boten genug Material für »Verelendungstheorien«. Doch die Verheißungen eines wirtschaftlichen und wissenschaftlichen 19. Jahrhunderts erfuhren in Weltkriegen nur Unterbrechungen, aber keine dauernde Abkehr von ihnen. Wenn auch die nationalen Wirtschafts-

[2] Gerhard Mackenroth (1953): Bevölkerungslehre. Berlin/Göttingen/Heidelberg, Kapitel V. Bevölkerung und Wirtschaft. Bernhard Felderer/Sauga, Michael (1988): Bevölkerung und Wirtschaftsentwicklung. Frankfurt. Julian Simon (1998): Economics of Population: Key Modern Writings. New Jersey.

rechnungen nicht immer ein positives Bild gezeigt haben, die Messwerte auf Seiten der Bevölkerung sprachen für sich. Die Lebenserwartung, die Jahrhunderte lang keine Verlängerung erkennen ließ, begann in allen Sozialschichten zu steigen. In der Zwischenkriegszeit gelang der Durchbruch bei Bekämpfung der Kindersterblichkeit, gleichzeitig wuchsen bürgerlicher Lebensstil, Angestelltenkultur und Freizeit. Es waren Alternativen, Optionen, die nicht mehr auf reine Existenzsicherung in Familie und Nachwuchs setzen.

Jeder ökonomische Schritt vorwärts findet sich wieder in Verhaltensweisen, besonders in demografischen Verhaltensweisen: Eheschließungen, Nachwuchsverhalten, Kompromisse zwischen Erwerbstätigkeit und Elternschaft, Beschäftigung, Wohnortswechsel, Renteneintrittsalter. Das sind alles Lebenseinschnitte, die sich ökonomischen Zuständen verdanken.

Wie Bevölkerung und Wirtschaft eine Symbiose bilden, so befruchten sich auch die zuständigen Wissenschaften: die Demografie und Nationalökonomie. Demografie ist der Name der Disziplin, doch die Presse verwendet Demografie mittlerweile im Sinne einer bestimmten Tendenz, der eine Bevölkerung unterliegt. Sie kann – vorübergehend oder nachhaltig – wachsen oder »explodieren«, sich in einem stationären Stillstand befinden oder abnehmen, schrumpfen und altern. Demografie liefert und schildert gleichzeitig das Röntgenbild der lebendigen Einheit Bevölkerung, die in Deutschland aus 82 Millionen Einwohnern besteht, die zu sozialen und ökonomischen Kategorien in Beziehung treten – in eine existenzielle Beziehung. Es genügt auf das jeweilige »Bevölkerungskapitel« in allen großen Werken der Wirtschaftstheorie und -politik von Malthus bis Keynes hinzuweisen. Fast alle Nobelpreisträger der Sozialwissenschaften, angeführt von *Jan Tinbergen, Simon Kuznets, Stephen Enke, Wassily Leontieff* betrachteten die Bevölkerungsbewegung als inkorporierten Teil ihres Forschungsgegenstandes.

Auf *Bevölkerungsstruktur und ihre Funktionen* muss hingewiesen werden. Bevölkerung ist strukturiert nach Alter und Geschlecht; Bevölkerungen sind alt oder jung – alt gelten sie, wenn Jugendjahrgänge und Altenjahrgänge sich quantitativ die Wage halten oder schon ihr Gewicht zu den Altenjahrgängen hin verschieben. Bevölkerung ist eine (re-)produzierende Einheit, die sich auf ihrem Tragkörper ernährt und erhält. In Bevölkerung leben drei Generationen zusammen und ein System sozialer Sicherung baut darauf auf:

- die Aktiven im erwerbsfähigen Alter von 15 bis 65 Jahre
- diejenigen, die ihr aktives Alter, ihre Erwerbstätigkeit hinter sich haben: die »Alten«, »Älteren«, Altenjahrgänge. Sie sind von den jeweils Aktiven abhängig, und schließlich
- die Jugend in Erziehung und Ausbildung; sie sind die »Abhängigen«, die das Erwerbsleben noch vor sich haben; die Jugendkohorten werden mit der Stärke der Jahrgänge ihrer Eltern verglichen. Haben sie durchschnittlich zwei Kinder

oder mehr in die Welt gesetzt, dann sind es geburtenstarke Kohorten, bleiben sie darunter, werden sie als geburtenschwache durch die Alterspyramide nach oben wandern.

Bevölkerung ist auch eine kulturelle Einheit, die sich horizontal und vertikal organisieren muss. *Horizontal* organisiert sie sich in einer Rollen- und Arbeitsteilung, in einer Gemeinschaft der Verständigung über Sprache, Werte und Interessen. Mit der *vertikalen* Organisation verknüpft sich ein Gemeinwesen mit Vergangenheit und Zukunft, bereitet die Generationsablöse vor und ermöglicht dem Gemeinwesen Dauer und Fortleben. Mit der vertikalen Funktion leben Bevölkerungen auf einer Zeitschiene. Auf ihr reichen sich Vorfahren, Lebende und Künftige zumindest fiktiv wie zu einem Generationenvertrag die Hand.

2 Historisch-soziologische Übergänge

Bevölkerung ist gebunden an die Gesellschaftsentwicklung, sie sorgt für Energie und Bewegung. Auf Seiten der Bevölkerung werden Anpassungsvorgänge erzwungen, demografische »Übergänge« genannt. Ein erster großer demografischer Übergang begleitete die große industrielle Umstrukturierung agrarischer Gesellschaften in industrielle. Mit Technologisierung und Verwissenschaftlichung der Produktion musste die hohe Kinderzahl in den bäuerlichen Anwesen einer niedrigeren Zahl, dafür aber mit höherwertigen Bildungsabschlüssen weichen. Kinderquantität wurde in Kinderqualität umgewandelt. Das markiert einen Weg vom vorindustriellen, *verschwenderischen Reproduktionsmodus* mit hoher Sterblichkeit in allen Altersklassen, besonders Kindersterblichkeit zu einem *Leben sparenden Modus:* wenn viel weniger im Erwachsenen- und Kindesalter, also »vorzeitig« gestorben wird, dann konnten auch die Geburtenzahlen sinken, besonders die »Vorsorgegeburten«. Die Wahrscheinlichkeit, seine Kinder nicht mehr durch frühzeitigen Tod zu verlieren, war stetig gewachsen und verbreitete dementsprechend den Geburtenkontrollgedanken.

Der moderne Wohlfahrtsstaat hat die Familie mit Kindern in ihrer Funktion als Existenz- und Alterssicherung überflüssig gemacht, hat Familie ihrer materiellen Funktionen entkleidet und ihr nur – wenn auch nicht unwichtig – die Aufgabe der Befriedigung emotionaler und seelischer Bedürfnisse belassen, wie Stolz auf Elternschaft, Ich-Erweiterung, pädagogischer Eros.[3]

---

[3] Lois W. Hoffman/Hoffman, Martin L. (1973): The Value of children to Parents, in: Fawcett, J. T (Ed.): Psychological Perspectives on Population. New York, 19–76. Zum Funktionsverlust der Familie: Peter Laslett (1991): Verlorene Lebenswelten – Geschichte der vorindustriellen Gesellschaft, Frankfurt/M.; Edward Shorter (1977): Die Geburt der modernen Familie, Reinbek bei Hamburg.

Auch hier spielen Demografie und ökonomischer Wandel zusammen: Lohnarbeit außer Haus lockert persönliche Bindungen. Der Bedeutungsverlust von Blutsverwandtschaft im sozialen Rechtsstaat macht den modernen Individualismus und damit den Einzelnen verfügbar für eine Moderne, die statt Ausdauer, Verlässlichkeit und Treue nun Flexibilität, Milieuwechsel und Wandel der Identitäten fordert. Diese fließend gewordene Moderne[4] zwingt den Einzelnen, den klassischen, an Raum und Zeit gebundenen Arbeitsbegriff aufzugeben und ihn durch Tätigkeiten, Terminsachen in strategischen Bündnissen von unbestimmter Dauer zu ersetzen.

2.1 Erster demografischer Übergang – Umbau und Umerziehung

Demografischer Wandel sind die auf Bevölkerungsseite laufenden Anpassungsvorgänge, die von sozialökonomischen Umwälzungen veranlasst bzw. erzwungen werden. Zu ihren markantesten Erscheinungen zählen (a) Rückgang der Sterblichkeit und Anstieg der Lebenserwartung, (b) Verkleinerung der Familien bei Urbanisierung der Lebens- und Arbeitstile: Bürokratie, Trennung von Arbeit und Freizeit, »Angestelltenkultur« und spürbar steigende Kinderkosten. Familie bleibt als durchschnittliche Zwei-Kinder-Familie bis in die 1960er Jahre Konsumeinheit; (c) die Kollektivierung des Familienverhältnisses im fiktiven Generationenvertrag. Sie beinhaltet einen solidarischen Transfer von den aktiven Jahrgängen zu den abhängigen und schützt obendrein vor den einstigen Folgen von Familien- und Kinderlosigkeit.

Die genannten Vorgänge fasst man unter dem Namen *Erster demografischer Übergang*[5] zusammen und meint den Umbruch von der Agrar- zur Industriegesellschaft, wie er sich in bevölkerungsstatistischen Messziffern eindringlich darstellen lässt: von hoher Sterblichkeit (besonders Kindersterblichkeit) zu niedriger (von 25 auf Tsd. auf 10), von niedriger Lebenserwartung (um 35 Jahre) zur vergleichsweise hohen (65 Jahre); von 5- bis 10-Kinder-Familien vor 1900 zur durchschnittlichen Zwei-Kinder-Familie um 1925. Sie wird sich bis zum Ende des Babybooms nach dem Zweiten Weltkrieg, also bis 1964, als Norm in den Lebensplänen halten.[6]

Der erste demografische Übergang war noch mit einem deutlichen Wachstumsschub der Gesamtbevölkerung verbunden. Die wirksame Bekämpfung und Absenkung der hohen vorindustriellen Sterblichkeit erbrachte immer mehr Überlebende, nicht zuletzt in Kinder- und Wochenbetten, und folglich ansehnliche

---

4 Zygmunt Bauman (2003): Flüchtige Moderne, Edition Suhrkamp, Frankfurt am Main.

5 Frank W. Notestein (1945): Population – The Long View, in: Schultz, T. W.: Food in the World. Chicago: University of Chicago Press, 36–57.

6 Simon Kuznets (1967): Population and Economic Growth, in: Population Problems. Proceedings of the American Philosophical Society 3, S. 170–93.
Siehe zur Bevölkerungsweise: Gerhard Mackenroth (1953): Bevölkerungslehre. Berlin, S. 109 ff.

Geborenenüberschüsse. Da die Geburtenkontrollpraktiken in größerem Maßstab erst später einsetzten, öffnete sich aufgrund gesunkener Sterblichkeit und noch hoch bleibender Geburtenzahlen eine Wachstumsschere. Wenn sie lange, etwa eine Generation offen blieb, konnte das beinahe zu einer Verdoppelung des Bevölkerungsvolumens führen. Das vorindustrielle Deutschland mit circa 35 Millionen Einwohnern hat sich bis zum 1871 gegründeten Reich auf über 60 Millionen entwickelt.[7]

Den ersten demografischen Übergang glaubt man in Deutschland mit der Weltwirtschaftskrise 1929 beendet. Daraufhin begann der Aufstieg der Klein- oder Kernfamilie als bestimmende Lebensform und sie hatte sich bis in die Zeit nach dem Zweiten Weltkrieg unangefochten vor anderen Lebensformen erhalten.

Der Nachkriegsbabyboom wird in den USA außerdem als »Golden Age of Marriage« verklärt, in Deutschland blickt man auf »die total verheiratete Gesellschaft« mit »Babyboom« von 1950 bis 1965 und »Wirtschaftswunder« zurück.

2.2 Zweiter demografischer Übergang – zwischen Individualismus und Globalismus

Mit dem Jahre 1965 begann europaweit die Kinderzahl in den Familien zu sinken und gleichzeitig wurden große Veränderungen in den Heirats- und Partnerschaftsverhältnissen hervorgerufen. Die stabile urbane Kleinfamilie schien einer Erosion zu unterliegen, denn »freie«, »eheähnliche Verbindungen«, »Alleinleben«, »Leben ohne Trauschein« kündeten von einem neuen Individualismus und einer neuen Flexibilität angesichts neuer »postindustrieller« Verhältnisse. Mit ihnen schien eine *defizitäre Demografie* offenkundig in Zusammenhang zu stehen.[8] Diese demografische Bewegung wurde wiederum von mächtigen ökonomischen und sozialen Umbrüchen angestoßen, diesmal im Informations- und Kommunikationsbereich und in der »postindustriellen« Veränderung der Arbeitswelt: Verwissenschaftlichung der Produktion, neuartige Steuerungsprozesse und Dienstleistungen, die das Humankapital qualitativ neu strukturieren. Die Fachwelt nennt nun diese Bewegung, die von Jugendschwund und Alterung gekennzeichnet ist, den *Zweiten demografischen Übergang.*[9] Während der erste

---

7 Josef Schmid (1984): The Background of Recent Fertility Trends in the Member States of the Council of Europe. Population Studien No. 15, Strasbourg; Josef Schmid (1984): Bevölkerung und soziale Entwicklung. Der demographische Übergang als soziologische und politische Konzeption, in: Schriftenreihe des Bundesinstituts für Bevölkerungsforschung, Nr. 13.

8 Josef Schmid (1982): The Family Today: Sociological Highlights on an Embattled Institution, in: European Demographic Information Bulletin, Vol. XIII, No. 2, Den Haag, S. 49–104.

9 Dirk J. van de Kaa (1987): Europe's Second Demographic Transition, in: Population Bulletin, 42, 1. Siehe auch: Dirk J. van de Kaa (2007): A precursor of the concept of second Demographic Transition, in: Festschrift für Prof. Dr.Josef Schmid, Zeitschrift für Bevölkerungswissenschaft 3–4/2007, S. 371–380.

demografische Übergang noch mit Bevölkerungswachstum verbunden war, wird der zweite den Übergang zur Bevölkerungsschrumpfung führen.

Von der Höhe des Geburtenberges 1964 mit 1,05 Millionen Neugeborenen trat ein *rapider Geburtenrückgang* ein, der in nur sieben Jahren, bis 1972, die Geburtenzahl auf 701.200 drückte. Dieser Vorgang kam unerwartet und war unvergleichlich in der neueren Geschichte. Man kannte sehr wohl den Geburtenrückgang im Umbruch von der bäuerlichen Kultur zur Industrienation, der mit 2,2 Kindern je Frau den Generationenersatz für das halbe 20. Jahrhundert noch knapp erbrachte. Das geschichtlich Erstmalige ab 1964 war, dass die Geburtenzahl in so kurzer Zeit unter die Zahl der Sterbefälle absank, um auf diesem Tiefstand jahrzehntelang bis heute zu verbleiben. Der Generationenersatz, der 2,1 Kinder je Frau erfordert, wird mit durchschnittlich 1,4 Kindern ab 1972/73 um ein Drittel jährlich unterschritten. Seit dem Jahr 2000 erreichen die ersten geburtenschwachen Jahrgänge des Zweiten demografischen Übergangs das Heiratsalter und in deutlich reduzierter Anzahl die Elternschaft.

Wenn nun die ersten geburtenschwachen Jahrgänge in die Elternschaft nachrücken und ebenfalls bei diesen niedrigen Nachwuchszahlen bleiben – und es deutet sich nichts anderes an – dann schrumpft die Gesamtbevölkerung im Generationentakt um das jeweils fehlende Drittel zur vorherigen Elterngeneration.

Der zusätzliche Faktor, auf dem der zweite demografische Übergang ruht, ist die weiterhin sinkende Sterblichkeit in den höheren Altersklassen, und das heißt *steigende Lebenserwartung* für beide Geschlechter. Sie liegt für Männer bei 76 Jahren, für Frauen bei 82; überraschend ist das Anwachsen der Jahrgänge von 80 bis über 100. Beide Phänomene, Geborenendefizit und wachsende Altenjahrgänge, führen zum Vorgang der *»demografischen Alterung«:* man misst es am Voranschreiten des »Medianalters«. Es liegt dort, wo sich eine Bevölkerung – darunter- und darüberliegend – in zwei gleich große Gruppen teilt: In Deutschland liegt es beim Lebensjahr von 41 und soll in den nächsten Jahrzehnten auf 50 klettern.[10]

3 Rückblick von der Zukunft auf die Gegenwart – »Vorausberechnungen«

Statistiker und Demografen gehen von den Bewegungen der Gegenwart aus, um danach gewisse Zukunftsbilder zu erstellen, von denen aus eine neue Sicht auf die Gegenwart zu gewinnen ist. Extrapolationen sind nur kurzfristig von Wert, als »*Projektion*« leisten sie schon mehr. Sie nimmt ihren Ausgang vom Status quo,

10 Ralf Mai (2003): Die Alten der Zukunft: Eine bevölkerungsstatistische Analyse, Schriftenreihe des Bundesinstituts für Bevölkerungsforschung, Band 32.

sie verlängert die Bewegungsparameter zu Nachwuchsverhalten, Langlebigkeit und Zu- und Abwanderung in die Zukunft, um die Bevölkerungsdynamik der Gegenwart in ihrer Auswirkung anschaulich zu machen. Die vom Statistischen Bundesamt angewandte Methode ist diejenige der »*Bevölkerungsvorausberechnung*«: sie nimmt als Ausgangspunkt die Bevölkerungssituation eines Jahres (hier 2008) und macht zum künftigen Verlauf der genannten Bevölkerungsfaktoren plausible *Annahmen* und präsentiert die auf den jeweiligen Varianten beruhenden Ergebnisse. Sie finden sich dann in einer *Koordinierten Bevölkerungsvorausberechnung*, die der Öffentlichkeit vorgestellt wird.[11] Die wahrscheinlichste, eine so genannte »Basisvariante«, unterstellt bis 2060 (1) eine konstante Geburtenhäufigkeit von 1,4 Kindern je Frau, (2) einen Anstieg der Lebenserwartung um 7 Jahre für Mädchen und 8 Jahre für Jungen, weil diese in Sachen Langlebigkeit noch einen Rückstand gegenüber dem weiblichen Geschlecht aufzuholen haben, (3) sodann folgen noch 2 Varianten zum Zuwanderungsüberschuss: eine »obere Basisvariante« von jährlich 200 000, eine »untere« von 100 000 Zuzüglern. Wanderungen sind von wirtschaftlichen und weltpolitischen Bedingungen abhängig; da wäre die Arbeit mit nur einer Variante unzulänglich.

Unter diesen Annahmen wird Deutschlands Wohnbevölkerung mit einem niederen Zuwanderungssaldo von 100 000 bis zum Jahr 2060 von derzeit 82,0 Millionen auf circa 64,7 Millionen zurückgehen, bei einem jährlichem Zuwanderungsgewinn von 200 000 Personen dagegen auf 70,1 Millionen. Eine negative Geburtenbilanz und geringe Zuwanderung schon über eine Generation lang (seit 1973) entwickeln eine Sogwirkung nach unten, die letztlich schon ab circa 2010 begonnen hat.

Das Entscheidende ist aber nicht der Rückgang der Bevölkerungszahl an sich, sondern die gleichzeitig voranschreitende *demografischen Alterung*, die sich an einer Gewichtsverlagerung zu den höheren Altersklassen ablesen lässt. Die Zahl der über 65-Jährigen wird von derzeit etwa 16,8 Millionen auf ca. 23,7 Millionen steigen und danach – mit dem Abtritt der ins Alter gekommenen Babyboomers – wieder leicht sinken (2060: 22,0 Millionen).

Die Jugend unter 20 sinkt bis 2060 von derzeit (2008) 15,6 Millionen auf 10,1 Millionen ab. Die über 65-jährigen von derzeit 16,7 Millionen werden bis 2060 auf circa 22,0 Millionen ansteigen und somit ein Drittel der Gesamtbevölkerung stellen. Die Zahl der über 80-Jährigen wird sich jedoch von 4,3 im Jahr 2010 auf circa 9,0 Millionen bis zum Jahr 2060 verdoppeln.

Die prozentuellen Verhältnisse der Altersgruppen zueinander zeigen noch deutlicher und realistischer das Innenleben einer stark alternden Bevölkerung: 2010 waren 18,4 % der Bevölkerung jünger als 20 Jahre, 20,6 % älter als 65

---

11 Statistisches Bundesamt (2009): Bevölkerung Deutschlands bis 2060 – 12. koordinierte Bevölkerungsvorausberechnung. Wiesbaden.

Jahre und 60 % waren im Erwerbsalter (20 bis 65 Jahre). Im Jahre 2060 wird bereits jeder Dritte (34 %) 65 und älter sein. Gleichzeitig werden doppelt so viele 70-Jährige leben wie Kinder geboren werden.

Die Zahl der unter 20-jährigen wird von derzeit 15,1 auf 10,1 Millionen zurückgehen. Ihr Anteil wird dann um die 16 % der Bevölkerung ausmachen (2010: 18,4 %). Über 14 % der Bevölkerung werden dann mindestens 80 Jahre alt sein (2010: 5,3 %).

4 Soziale Folgen von Alterung und Schrumpfung

Die Bevölkerung Deutschlands steht im Zeichen fortwährenden Geburtenrückgangs und steigender Lebenserwartung. Erfreuliches und Unbehagliches wohnen hier dicht nebeneinander. Vorausberechnungen bis um das Jahr 2060 ergeben einen gewissen Jugendschwund und einen starken Anstieg der Zahl der Menschen über 65 bis zu einem Drittel der Gesamtbevölkerung. Zu beachten ist auch, dass die Jahrgänge im Erwerbsalter von 15 bis 65 sich bis dahin um ein Drittel verringern werden – bei starkem Einbrechen der 20- bis 40jährigen, deren Leistungspotential von tragender Rolle ist. Ebenso ist erwiesen, dass diese Art von *demografischem Altern* auch durch generöse Einwanderung im Trend nicht zu verändern ist und eher Probleme andernorts schafft.

Generationenvertrag, Beschäftigung und Zuwanderung sind die sozialen und politischen Brennpunkte, die von einer solchen demografischen Situation herausgefordert werden.[12]

Was wir heute *Generationenvertrag* nennen, ist nun ein ausgereifter Typus von Generationsbeziehungen, die sich in vorindustrieller Zeit in den traditionellen Familien quasi genealogisch ergeben haben. Diese nun auf staatlich-gesellschaftliche Ebene und auf Lebensalter bezogen zu kollektivieren, ist ein Vorhaben des modernen Sozialstaats.

Ein optimistischer erfolgreicher Industriestaat, der sich fest auf Fortschrittsglauben, auf Technik und Wirtschaftswachstum gegründet glaubt, konnte sich auf so etwas einlassen.

Geburtenrückgänge zeigen sich bildlich am Einbrechen des Jugendsockels der bekannten Bevölkerungspyramide; anschwellende Altenjahrgänge verschaffen ihr einen breiten Kopf. Ein Zusammentreffen beider Bewegungen lässt Bevölkerungen vergleichsweise rasch altern. Die ägyptisch anmutende Pyramide wird zum Pilz oder – wie Sozialpolitiker schon sagen – zum Koloss auf tönernen Füßen. Der

[12] Josef Schmid (2002): Bevölkerungsrückgang und demographische Alterung – Ein Problemaufriss mit Folgenabschätzung, in: Politische Studien, Sonderheft 2, 19–43; Josef Schmid et al. (2000): Sozialprognose – Die Belastung der nachwachsenden Generation. München.

Alterungsprozess speist sich in Deutschland aus einem konstanten Geburtendefizit seit 1973 und den steigenden Überlebenschancen in allen Altenjahrgängen. Die Zahl der über 60-Jährigen wächst ständig und das verschiebt das demografische Gewicht und sicher auch das politische in ihre Richtung. Die Gruppe der 80- bis über 100-Jährigen (»Hochbetagte«) wächst am schnellsten. Von sozialpolitischer Bedeutung ist, dass auf 100 Menschen im aktiven Lebensalter bereits 35 Menschen im Rentenalter kommen und sich dieser »Altenquotient« bis zum Jahre 2060 auf 77 mehr als verdoppeln wird.

Doch Menschen im erwerbsfähigen Alter gründen auch Familien und sorgen für den Nachwuchs. Auf sie kommen zweierlei Belastungsquotienten zu: der Jugendquotient der abhängigen Kinder und Jugendlichen und der Altenquotient des Rentenalters. Im Jahre 1990 kamen auf 100 Erwerbsfähige zwischen 25 und 65 Jahren schon 80 »Abhängige«, jung und alt. Im Jahre 2040 wird sich der Kinder- und Jugendanteil verringert und der Anteil der Älteren verdoppelt haben, so dass bis 2060 auf 100 Erwerbsfähige dann über 104 Abhängige kommen (davon Jungendquotient: 27/Altenquotient: 77).[13]

Dieses Missverhältnis von Jung zu Alt, das in der Entwicklung angelegt ist, hebelt das noch von *Bismarck* stammende System sozialer Sicherung aus, wo wesentlich mehr Jüngere für relativ wenig Ältere, viele Gesunde für wenige Kranke sorgen. Die Gewichtsverlagerung zu den Altenjahrgängen hin bringt auch das *Umlageverfahren* im Generationenvertrag unter Druck. Die demografische Entwicklung erhöht die Last für Menschen im aktiven Alter: auf 100 von ihnen (20–65) kommen aktuell 66 der abhängigen Jahrgänge. In 40 Jahren wird das Verhältnis 1 zu 1 sein. Die Rentenbezieher sind die wachsende Größe in der Rentenformel, die Zahl der in Arbeit befindlichen Beitragsleister geht zurück: (a) aus Gründen des Jugendschwundes und der Alterung des Erwerbspersonenpotenzials, (b) aus Gründen der Arbeitslosigkeit bzw. von Konjunkturschwankungen und (c) aus Gründen von Fehlqualifikation von Arbeitskraft. Mit einer solchen Entwicklung kann man die volkswirtschaftliche Leistung nur mit vermehrter Anstrengung halten; dabei müsste sie steigen, schon wegen der sozialen Kosten der Alterung und der Investitionen in schrumpfende Humanressourcen, die umso pfleglicher behandelt werden müssen, will man im internationalen Wettbewerb bestehen.

Es bedarf keiner großen Erörterung, dass das Geborenendefizit auf die demografische Größe der *Personen im Erwerbsalter* der 20- bis 65-jährigen durchschlägt. Nur noch geburtenschwache Jahrgänge wachsen ins Erwerbsalter hinein und unterziehen die Gruppe der Erwerbsfähigen selbst einem Alterungsprozess.

---

[13] Statistisches Bundesamt (2009): Bevölkerung Deutschlands bis 2060 – 12. koordinierte Bevölkerungsvorausberechnung. Wiesbaden, S. 42.

Der Arbeitsverwaltung sind die Menschen im aktiven Alter oder allgemeiner: diejenigen, die *dem Arbeitsmarkt zur Verfügung* stehen, unterstellt. Sie umfassen die Erwerbstätigen in offiziellen Arbeitsverhältnissen, die registrierten Arbeitslosen als Arbeitswillige und Arbeitssuchende und diejenigen, die nur fallweise und unter günstigen Umständen auf den Arbeitsmarkt drängen: die Stille Reserve. Das Erwerbspotential besteht also aus Gruppen mit leicht differierender Arbeitsmotivation. Es steht bei 42 Millionen Menschen.

Die Alterung des Erwerbspotentials wird die Schaffung altersadäquater Arbeitsplätze erzwingen, lebenslanges Lernen und zuletzt Verlängerung der Lebensarbeitszeit, wozu erste Schritte getan wurden. Diese Vorhaben werden auf die äußerste Probe gestellt, wenn sich die Schere zwischen Alterssicherungsfällen und aktiven Erwerbspersonen am weitesten öffnen wird und um das Jahr 2030 sich die höchste Rentnerzahl und die niedrigste Zahl an Erwerbspersonen gegenüberstehen werden.

5 »Demografiestrategie«

Mit der Vorstellung der »Demografiestrategie« der Bundesregierung durch den Bundesinnenminister ist dieser Terminus nun an die Stelle von »Bevölkerungspolitik« getreten.[14] Sie wird weiterhin bestimmt als Gesamtheit staatlicher Maßnahmen, die geeignet sind, eine demografische Entwicklung zu beeinflussen, die nach allgemeiner Einschätzung das Erreichen staatlicher und gesellschaftlicher Ziele beeinträchtigt bzw. gefährdet.

Seit der Staatenbildung der ersten Hochkulturen gibt es Bevölkerungspolitik, die auf Ansiedlung, Immigrationswerbung und Familiengesetze zielt. Ein prominenter Fall in der europäischen Neuzeit ist die »Populationistik« der absoluten Fürstenstaaten zum Zwecke rascherer Wirtschafts- und Landesentwicklung. Seitdem stehen alle europäischen politischen Regimes und Staatsformen in irgendeiner Beziehung zur Bevölkerungsfrage, auf die sie zeitgemäße Antworten finden müssen.[15] Darunter finden sich geglückte und bewundernswerte Maßnahmen zu Wanderung und Integration, zu Familienleben und Arbeitsformen, aber auch Experimente zur Menschennatur. Sie wurzelten in der Fortschrittshybris des 19. Jahrhunderts, haben in Europa und den USA zu eugenischen Überlegungen

14 Bundesministerium des Innern (2012): Jedes Alter zählt. Die Demografiestrategie der Bundesregierung. Berlin.

15 Eli F. Heckscher (1932): Der Merkantilismus. 2 Bände, Jena; Josef Schmid et al. (1976): Einführung in die Bevölkerungssoziologie. Reinbek.

und sogar Gesetzten und im deutschen Fall zu einem rassenpolitischen Exzess geführt.[16]

Bevölkerungspolitiken sind Teil des wirtschafts- und sozialpolitischen Denkens einer Epoche. Die malthusianische Frage nach dem Verhältnis von Bevölkerungswachstum und der Umweltkapazität, es zu tragen, stellt sich für jede Generation neu. So ist ihr demografisch-strategisches Denken in die Wiege zu legen.

Im Verhältnis von Wirtschaft, Gesellschaft und Bevölkerung ist eine neue Seite aufgeschlagen: die Perspektiven der derzeitigen Jugendjahrgänge sehen anders aus als diejenigen ihrer Vorgänger. Die gleichzeitig lebenden Generationen erfahren quantitative Verschiebungen in ihrem Verhältnis zueinander. Die Stunde der Formulierung einer kohärenten Politik ist gekommen, wenn Probleme einsichtig gemacht und geordnet werden können.

5.1 Anpassung und Kompensation

Alterung und Schrumpfung, wie die Folgen des zweiten demografischen Übergangs schlicht genannt werden, haben in ihrer Anfangsphase zu Überlegungen geführt, mit welchen konventionellen Maßnahmen diesen demografischen Trends begegnet werden könnte. Schwindende Quantität müsse mit entsprechend gehobener Qualität kompensiert werden: (-) mehr Produktivität in der Wirtschaft durch höhere technologische Standards, (-) entsprechende Humankapitalbildung und Höherqualifizierung der Jugend in den Ausbildungsgängen, (-) Vermehrung von sozialbeitragspflichtigen Arbeitsplätzen und Beschäftigung allgemein, vor allem mehr weibliche Erwerbsarbeit, (-) Verlängerung der Lebensarbeitszeit und (-) auf Arbeitsmarktlücken zielende, womöglich qualifizierte Einwanderung.

Die kompensatorischen Maßnahmen oder ergänzenden Anpassungen sollen in erster Linie die Leistungsfähigkeit einer postindustriellen Gesellschaft erhalten.

Eine sinkende Zahl von Erwerbspersonen mit *steigender Produktivität* auszugleichen, um einen gleichbleibenden Wirtschaftserfolg zu erzielen, ist ein bekannter Vorschlag. Das deutsche Erwerbspersonenpotential sinkt von nun an jährlich und über vier Jahrzehnte lang um 1,2 %. Ihr Absinken um insgesamt 30 % bis zur Mitte des Jahrhunderts kann nur kompensiert werden, wenn bei Vollbeschäftigung der Produktivitätsfortschritt je Erwerbstätigen ihre Schrumpfungsrate qualitativ kompensiert oder überragt.

Geburtendefizite schlagen auf das Erwerbspersonenpotential durch, wenn nur noch geburtenschwache Jahrgänge ins Erwerbsalter nachrücken, während die

---

16 Patrick Henssler/Josef Schmid (2007): Bevölkerungswissenschaft im Werden. Die geistigen Grundlagen der deutschen Bevölkerungssoziologie. Wiesbaden; Rainer Mackensen et al. (Hrsg.) (2009): Ursprünge, Arten und Folgen des Konstrukts »Bevölkerung« vor, im und nach dem »Dritten Reich«. Wiesbaden.

Leistungsanforderungen in vollem Umfange erhalten bleiben bzw. ansteigen. Der Rückgang der aktiven Jahrgänge, d.h. die Verschlankung der Alterspyramide von ihrem unteren Jugendteil her ist für eine globalisierte und digitale Welt, die immer mehr auf Wissenschaft und Innovation beruht, ein Alarmzeichen.

Verlängerung der Lebensarbeitszeit ist ein lang diskutiertes Thema. Im Bestreben, das Erwerbspotential auszuschöpfen, wird auch an die Erhöhung der weiblichen Arbeitstätigkeit gedacht. Sie wäre in Deutschland niedriger als im übrigen Westen, in Westdeutschland niedriger als in den Neuen Ländern. Tatsächlich könnte mehr weibliche Erwerbsbeteiligung das Sinken des Potentials insgesamt bremsen. Das gilt unter der Annahme, dass die Erwerbsquote der 25- bis 54-jährigen westdeutschen Frauen bis 2030 auf männliches Erwerbsbeteiligungsniveau steigt, was bei den ostdeutschen Frauen schon der Fall ist.

Nachdem die »Frauenreserve« als ausgeschöpft gelten kann, würde sich der degressive Trend in der Erwerbsbevölkerung fortsetzen. Er würde sich umso schneller fortsetzen, wenn die weibliche Erwerbsbeteiligung mit weiteren Geburtenrückgängen erkauft würde.

5.2 Demografische Implosion und Intervention

Doch es steht in Frage, ob staatliche Anpassungen nachhaltig und ausreichend sein können, wenn Alterung bereits stark fortgeschritten und die jährlichen Geburtenzahlen deutlich unterhalb des Ersatzniveaus liegen. Postindustrielle Gesellschaften haben bezüglich des Weges ihrer Bevölkerung nur die Wahl zwischen einem vorausberechenbaren Sturzflug, den es zu verhindern gilt, und einem beherrschbaren Gleitflug, der anzustreben ist. Die Möglichkeit einer endogenen absoluten Bevölkerungsvermehrung existiert nicht mehr, denn dazu müssten drei Frauengenerationen vollen Generationsersatz von 2,1 Kindern gebären, nur um die seit 1973 entstandene Geburtenlücke zu füllen.

In Deutschland muss erst bewusst werden, dass bloße Anpassung der Solidargemeinschaft an die demografische Entwicklung und die Mobilisierung kompensatorischer Anstrengungen nur ein Zwischenstadium sein können, in dem es an Durchsetzungsvermögen für einen größeren und umfassenderen Eingriff noch fehlt.

Die reine Anpassungspraxis endet spätestens dann, wenn die ersten geburtenschwachen Jahrgänge – ohne Anzeichen eines veränderten generativen Verhaltens – ihrerseits ins Familiengründungsalter eintreten, was circa um das Jahr 2000 geschehen ist. Dieser Vorgang, der als *demografische Implosion* bezeichnet wird, wird noch deutlicher, wenn man die weibliche Population in den Blick nimmt. Ein Defizit an Mädchengeburten führt zu einer immer geringeren Zahl potenzieller Mütter in der nächsten Generation, wenn eine durchschnittliche Kinderzahl von 1,3 zur unumstößlichen Norm werden sollte.

So sehr in Frankreich die Vorstellung demografischer Implosion alle denkbaren familienpolitischer Maßnahmen in Bewegung setzt, so wenig ist sie in Deutschland Gegenstand der Erörterung, geschweige denn der Politik.[17]

6 Abschließende Bedenken und Vorschläge

Der Autor hätte einige gravierende Maßnahmen der offiziellen Demografiestrategie noch hinzugefügt. Der Familienbegriff schleppt noch zu viel aus der Zeit der Konsumgesellschaft mit sich. Hinsichtlich Kaufkraft soll Familie nicht abgeschlagen dastehen. Daneben geht ihre Rolle als erster Ort kultureller Investition in das Staatsvolk fast unter. Ob der Generationenvertrag nicht ebenso sehr auf der heranwachsenden Generation beruht wie auf der aktiven, wäre eine lohnende Streitfrage. Für die Realisierung von Kinderwünschen bleibt der Frau nur ein kurzes Zeitfenster. Es muss gelingen, das hohe durchschnittlich Erstgebäralter gegen 30 um fünf bis zehn Jahre vorzuverlegen und damit die Chancen für eine Zweitgeburt zu erhöhen. Der Postindustrialismus arbeitet an seinem Untergang, wenn er das gebärfähige Alter von Frauen zwischen 20 und 35 mit Schulzwängen und Qualifizierung für sich besetzt. Liberale Gesellschaften tragen auch einen Widerspruch in sich: sobald ein Mensch geboren ist, ist er unverzichtbarer Teil einer Solidargemeinschaft und aller Pflege und Fürsorge empfohlen. Die Hervorbringung des Nachwuchses ist aber reine Privatangelegenheit, die man in der Lebensplanung vorsieht oder unterlässt.[18] Altersbezüge an Kinderzahl zu koppeln, wäre eine Lösung im Sinne des Generationenvertrages und ideologiefrei zu gestalten.

Demografisches Altern ist offensichtlich ein zivilisatorischer Erwerb und mit demografischen Mitteln selbst nicht aufzuhalten. Entscheidend ist, mit wie viel Jugend auf der anderen Waagschale Ausgleich geschaffen werden kann. Die europäischen Nachbarn Frankreich und die Skandinavier haben dieses Problem schon im 19. Jahrhundert erkannt und im 20. Jahrhundert umfangreich familien- und sozialpolitisch reagiert. Im Zuge demografischer Implosion wird Deutschland die Unzulänglichkeit bloßer Anpassungsstrategie erfahren und zur Intervention in den Bevölkerungsvorgang, wie Geburtenförderung nach gelungenen europäischen Vorbildern, übergehen müssen.

---

17 Alfred Sauvy (1969): General Theory of Population. London.

18 Gunnar Myrdal/Alva Myrdal (1934): Die Krise in der Bevölkerungsfrage (Schwedisch: Kris i befolkningsfrågan). Stockholm: Bonnier; Alva Myrdal (1931): Nation and Family, New York.

Literatur

Bauman, Zygmunt (2003): Flüchtige Moderne, Edition Suhrkamp, Frankfurt am Main.

Bundesministerium des Innern (BMI) (2011): Demografiebericht. Bericht der Bundesregierung zur demographischen Lage und künftigen Entwicklung des Landes. Berlin.

Bundesministerium des Innern (BMI) (2012): Jedes Alter zählt. Die Demografiestrategie der Bundesregierung. Berlin.

Easterlin, Richard A. (1975): An Economic Framework for Fertility Analysis, in: Studies on Family Planning, 6(3), 54–63.

Felderer, Bernhard/Sauga, Michael (1988): Bevölkerung und Wirtschaftsentwicklung. Frankfurt.

Heckscher, Eli F. (1932): Der Merkantilismus. 2 Bände, Jena (aus dem Schwedischen übersetzt von Gerhard Mackenroth).

Henssler, Patrick/Schmid, Josef (2007): Bevölkerungswissenschaft im Werden. Die geistigen Grundlagen der deutschen Bevölkerungssoziologie. Wiesbaden: VS Verlag für Sozialwissenschaften.

Hoffman, Lois W./Hoffman, Martin L. (1973): The Value of children to Parents, in: Fawcett, J.T (Ed.): Psychological Perspectives on Population. New York, 19–76.

Kaa, Dirk J. van de (1987): Europe's Second Demographic Transition, in: Population Bulletin, 42, 1.

Kaa, Dirk J. van de (2007): A precursor of the concept of second Demographic Transition, in: Festschrift für Prof. Dr. Josef Schmid. Zeitschrift für Bevölkerungswissenschaft, Heft 3–4/2007, S. 371–380.

Kuznets, Simon (1967): Population and Economic Growth, in: Population Problems. Proceedings of the American Philosophical Society 3, S. 170–93.

Laslett, Peter (1991): Verlorene Lebenswelten – Geschichte der vorindustriellen Gesellschaft, Frankfurt am Main.

Mackenroth, Gerhard (1953): Bevölkerungslehre. Berlin/Göttingen/Heidelberg.

Mackensen, Rainer/Reulecke, Jürgen/Ehmer, Josef (Hrsg.) (2009): Ursprünge, Arten und Folgen des Konstrukts »Bevölkerung« vor, im und nach dem »Dritten Reich«. Zur Geschichte der deutschen Bevölkerungswissenschaft. Wiesbaden: VS Verlag.

Mai, Ralf (2003): Die Alten der Zukunft: Eine bevölkerungsstatistische Analyse, Schriftenreihe des Bundesinstituts für Bevölkerungsforschung, Band 32, Opladen: Leske + Budrich.

Malthus, Thomas R. (1977): Das Bevölkerungsgesetz. (Herausgegeben und übersetzt von Christian M. Barth). München: dtv.

Mombert, Paul (1907): Studien zur Bevölkerungsbewegung in Deutschland in den letzten Jahrzehnten, mit besonderer Berücksichtigung der ehelichen Fruchtbarkeit. Braunsche Hofbuchdruckerei und Verlag.

Myrdal, Alva (1931): Nation and Family. The Swedish experiment in democratic family and population policy, New York: Harper & Brothers.

Myrdal, Gunnar/Myrdal, Alva (1934): Die Krise in der Bevölkerungsfrage (Schwedisch: Kris i befolkningsfrågan). Stockholm: Bonnier.

Notestein, Frank W. (1945): Population – The Long View, in: Schultz, T. W.: Food in the World. Chicago: University of Chicago Press, 36–57.

Sauvy, Alfred (1969): General Theory of Population. London.

Schmid, Josef (unter Mitarbeit von Bettina Schattat und Helmut Bauer) (1976): Einführung in die Bevölkerungssoziologie. Reinbek: Rowohlt Verlag.

Schmid, Josef (1982): The Family Today: Sociological Highlights on an Embattled Institution, in: European Demographic Information Bulletin, Vol. XIII, No. 2, Den Haag, S. 49–104.
Schmid, Josef (1984): The Background of Recent Fertility Trends in the Member States of the Council of Europe. Population Studien No. 15, Strasbourg: Council of Europe.
Schmid, Josef (1984): Bevölkerung und soziale Entwicklung. Der demographische Übergang als soziologische und politische Konzeption, in: Schriftenreihe des Bundesinstituts für Bevölkerungsforschung, 13. Boppard am Rhein.
Schmid, Josef (2002): Bevölkerungsrückgang und demographische Alterung – Ein Problemaufriss mit Folgenabschätzung, in: Politische Studien, Sonderheft 2, 19–43.
Schmid, Josef/Heigl, Andreas/Mai, Ralf (2000): Sozialprognose – Die Belastung der nachwachsenden Generation. München: Olzog Verlag.
Schmid, Susanne (2008): Bevölkerungsentwicklung/-politik, in: Woyke, W. (Hrsg.): Handwörterbuch Internationale Politik. Opladen, 39–51.
Shorter, Edward (1977): Die Geburt der modernen Familie, Reinbek: Rowohlt Verlag.
Simon, Julian (1998): Economics of Population: Key Modern Writings. New Jersey.
Statistisches Bundesamt (StBA) (2009): Bevölkerung Deutschlands bis 2060 – 12. koordinierte Bevölkerungsvorausberechnung. Wiesbaden: Statistisches Bundesamt.
Wander, Hilde (1979): Ökonomische Theorien des generativen Verhaltens, in: Bundesministerium für Jugend, Familie und Gesundheit (BMJFG): Ursachen des Geburtenrückgangs – Aussagen, Theorien und Forschungsansätze zum generativen Verhalten. Schriftenreihe des BMJFG, Stuttgart, 63, 61–76.

Evolutionary Aspects of Population Economics

*By Adolf Wagner**

1 Preliminary remarks

(1) Evolution is an ongoing structural change with a hardly or even non-predictable direction for an economy and for its macroeconomic models. (2) Demographic development is often seen as a main driving force in an evolutionary economy.[1] So demographic variables are necessary for reasonable macroeconomic models.[2] (3) Here we come in contact with the scientific work of K. H. Oppenländer in macroeconomics and in population economics. At least three of his books I would like to mention here.[3] The present paper is a survey of some important aspects.

2 The nation, the economy and wealth

In former times economic textbooks always began with population since economics aims at the welfare of the population. The relevant population was in general the nation of the constitution. But in an open economy there came up additional sophisticated reasonings about the politically relevant population. In Germany for example the foreign workers have been just a legalized means for national growth policy.[4] As Paul Krugman wrote in 1991: »Now any model with mobile factors raises a basic question for policy analysis: on whose behalf should policy be made? Should Germany's social welfare function include gastarbeiter who

* Prof. Dr. Dr. h. c. Adolf Wagner, Leipzig, E-Mail: prof@adolfwagner.eu
For critical support I am indebted to Prof. Dr. Fritz Helmedag, Chemnitz, and Dipl.-Ing. Stefan Wagner, Munich.

1 See Adolf Wagner (2012): Evolutorische Makroökonomik, Marburg, chapter 5.

2 See Gustav Feichtinger (1977): »Bevölkerung«, in: Handwörterbuch der Wirtschaftswissenschaften (HdWW), 1. Bd., Stuttgart u. a. O., ps. 610–631.

3 (a) Karl Heinrich Oppenländer (1963): Die moderne Wachstumstheorie. Eine kritische Untersuchung der Bausteine der Gleichgewichtskonzeption und der Wirklichkeitsnähe, München-Berlin; (b) Karl Heinrich Oppenländer (1988): Wachstumstheorie und Wachstumspolitik. Die Strukturdynamik als wesentlicher Erklärungsfaktor des wirtschaftlichen Wachstums und als Ansatzpunkt für eine innovationsbezogene Wachstumspolitik, München; (c) Karl Heinrich Oppenländer, Adolf Wagner (eds., 1985): Ökonomische Verhaltensweisen und Wirtschaftspolitik bei schrumpfender Bevölkerung, München.

4 Adolf Wagner (1975): Wirtschaftswachstum ohne Gastarbeiter? Überlegungen zu einer konfliktfreien Verbindung bevölkerungs- und wirtschaftspolitischer Ziele, in: F.-X. Kaufmann (ed.): Bevölkerungsbewegung zwischen Quantität und Qualität, Stuttgart, ps. 148–161, p. 154.

happen to work there, but whose roots are in Turkey; should Turkey's include people who have moved to Germany?«[5] A similar statement on the ‚national' or social welfare function stems from Jagdish N. Bhagwati in 1992.[6] Insofar we have to look back to John Maynard Keynes who was urging in 1925 on government and parliament population in general would be as well a relevant topic as the financial circumstances of the state.[7]

The well-known economics textbook of Mankiw/Taylor tells us: »an economy is just a group of people interacting with one another as they go about their lives.«[8] So the population with all its numerous members, abilities and wishes should be a central issue if not a crucial point of economics. We always have to analyse the interactions of population changes and economic changes.

So we have to look on a more detailed enumeration of men and their economically relevant roles:

(1) Men as a potential demander for consumption goods.
(2) Men as a potential user of public utilities (as for example kindergardens, schools, cure centers, military or civic service, clinics).
(3) Men with specific skills as labour force.
(4) Men as holder of knowledge for all economic and social purposes. Especially we must pay attention to the so called »tacit knowledge« (i.e. know-how which cannot be articulated by those who possess it).
(5) Men are possibly inventors of new products and of more rational production processes (in technical and/or mere organizational respects).
(6) Men are possibly entrepreneurs by risk-bearing through innovations (i.e. the application of inventions for new products and/or more rational processes).
(7) Men are holder of all elements of cultural life.
(8) Men are – last but not least – potential parents and thereby the fundaments of »Human wealth (as working capital and vital capital)«[9] or the ultimate resource of a society.

---

5 Paul Krugman (1991): Geography and Trade, Leuven u.a.O., p. 88.

6 Jagdish N. Bhagwati (1992): Ökonomie jenseits des Horizonts, in: H. Hanusch/H. C. Recktenwald (eds.): Ökonomische Wissenschaft in der Zukunft, Düsseldorf, ps. 28–37, p. 35.

7 See John Maynard Keynes (1925, 1956): Bin ich ein Liberaler?, in: J. M. Keynes: Politik und Wirtschaft. Männer und Probleme. Ausgewählte Abhandlungen von John Maynard Keynes (übertragen durch Eduard Rosenbaum), Tübingen u.a.O., p. 251.

8 N. Gregory Mankiw/Mark P. Taylor (2011): Economics, Cengage Learning EMEA, USA, UK and further countries, p. 3.

9 See Hans-Günter Krüsselberg (2007): Humanvermögen. Ein Blick auf die Quelle des gesellschaftlichen Wohlstandes, Oldenburger Universitätsreden, Nr. 174, Oldenburg. First definition by Krüsselberg already given in 1977. Pay attention to the conformity with Theodore W. Schultz (with human wealth comprising all attributes of men as to physical, biological, psychical and cultural aspects as well as the social and economic values men are confessing to).

The human roles (1) to (8) are above all noteworthy in order to eventually understand the Simon hypothesis of population as being the ultimate resource of a society.

Following Lionel Robbins[10] the population is likely to be a mixture of different maximizers and sufficizers: »our economic subjects can be pure egoists, pure altruists, pure ascetics, pure sensualists or – what is more like – mixed bundles of all these impulses«. Close to Evolutionary Economics Paul Krugman is asking:[11] »Why, in particular, must economic reasoning be based on the assumption of self-interested, rational behavior? Why can't we build models based on more realistic psychological premises, or on a more historically based understanding of institutions? Or why can't we take into account the fact that tastes and motives are themselves socially determined, and build a field of ›socioeconomics‹?«

And the inhomogenous mixture of men and women in the population is permanently changing with behaviour and demographic plus and minus. As there exists no cardinal measurement of individual advantages, we have not even ideas of hermeneutic aggregation procedures, when we think of the macroeconomic welfare functions mentioned of Bhagwati and Krugman (see above). Furthermore one has to think of rivalry and non-rivalry in the society (see for example the Bentham-welfare-function, the Rawls-welfare-function or the Nash-welfare-function).[12]

In the end we come to a courageous but disappointing conclusion of Joan Robinson: »Economics is the scientific study of wealth, and yet we cannot measure wealth.«[13] There is no such thing as an empirically seizeable social welfare function for economic policy – neither in standard economics nor in Evolutionary economics. Macroeconomic modesty is the result. Regardless of this practical policy, especially taxation, has to go on. Representative microfoundation of standard economics could be no way out of the welfare and measurement dilemmata. But to ignore population completely would be a step from bad to worse.

---

10 Lionel Robbins (1932, 1952): An Essay on the Nature and Significance of Economic Science, 2. ed., London, p. 16.

11 Paul Krugman (1995): Development, Geography, and Economic Theory, Cambridge Mass. u.a.O., p. 77.

12 Adolf Wagner (2009): Volkswirtschaft für jedermann. Die marktwirtschaftliche Demokratie in Finanzkrisen und Globalisierung, 3. ed., München, p. 301–310.

13 Joan Robinson (1965): The Accumulation of Capital, 2. Aufl., London/Melbourne/Toronto/New York, p. 24.

3 Population growth and economic growth

From Thomas Robert Malthus (1766–1834)[14] we know pessimistic hypotheses on population growth and economic growth: the means of subsistence grow only arithmetically, whereas population is increasing geometrically. So there is permanently a tendency against of »limits to growth« if not against of starvation. In contrast to Malthus theory holds optimistic hypotheses too.

Outstanding optimistic global hypotheses formulated Julian L. Simon (1932–1998): »Population growth has long-term benefits, though added people are a burden in the short run.«[15] »Adding more people causes problems, but people are also the means to solve these problems.«[16] And »humans on average build a bit more than they destroy«[17] seems to be an essential of evolutionary or growth economics: »If humankind did not have a propensity to create more than it uses, the species would have perished a long time ago.«[18] Here population growth is the driving force of progress and economic growth. Julian Simon simply postulated this influence of Population onto real welfare (in total numbers: X = gross domestic product, P = population):

$$\partial X / \partial P > 0 \tag{3.1}$$

More people generate higher total wealth.

4 Children and the net reproduction rate

Concerning children as well as immigrants Gunnar Eliasson told us: »A growing economy requires a steady showering with optimistic entrants, a few of which turn out ex post to be superior performers.«[19] And we know already from William Petty: »And it is more likely that one ingenious curious man may rather be found among 4 million than among 400 persons.«[20] Above all the Keyfitz-Law (»there is no compensation of a shrinking population by permanent immigration«) makes clear, that each vivid population must strive against a more than just reproductive birth level, but a net reproduction rate (NRR) of more than 1 (or 1000):

14 See J. M. Pullen (2008): Malthus, Thomas Robert (1766–1834), in: S. N. Durlauf/L. E. Blume (eds.): The New Palgrave. Dictionary of Economics, 2. ed., New York, ps. 250-258.
15 Julian L. Simon (1996): The Ultimate Resource 2, Princeton N. J., p. 578.
16 Julian L. Simon (1996): The Ultimate Resource 2, Princeton N. J., p. 589.
17 Julian L. Simon (1996): The Ultimate Resource 2, Princeton N. J., p. 582.
18 Julian L. Simon (1996): The Ultimate Resource 2, Princeton N. J., p. 582.
19 Gunnar Eliasson (1991): Deregulation, innovative entry and structural diversity as a source of stable and rapid growth, in: Journal of Evolutionary Economics, Vol. 1, ps. 49–63., p. 49.
20 William Petty in Julian L. Simon (1996): The Ultimate Resource 2, Princeton N. J., p. 309.

$$NRR \approx f^T = (1 + n)^T \approx e^{rT} \quad (4.1)$$

(NRR = net reproduction rate, f = growth factor, n and r = growth rates, T = generation period). The demographic data for Germany in 1977 were T = 27,2 years, f = 0,983, n = −0,017 % and NRR = 0,625.[21]

Looking at low fertility rates in societies, especially net reproduction rates below unity, Joan Robinson wrote in 1965:[22] »When a decline in the size of families is due to some deepseated psychological malaise or is the result in a loss of vitality, it is a symptom of a sad state of affairs.« The »sad state of affairs« demonstrated the possibly poor demographic conditions for economic growth and development. More formally Joan Robinson meant: The shadow price for children is too high in several societies with low fertility rates. Potential parents look at the conditions of life without children first and at hypothetical conditions of life with children second. The pleasure having children obviously is no compensation for the associated private costs.

Furthermore the decision in favour or against children is no simple microeconomic one-period decision problem[23] but a multi-period decision problem reaching about 20 years into the future. Only optimistic potential parents will have children despite of uncertainty about future times of life. In this respect the rationality of a high shadow price for children coincides with the »sad state of affairs« meant by Joan Robinson. And – taken with a grain of salt – there are sad states of affairs in the sense of the late Julian Simon too. The discussion extends here on factual migration in Germany and Western Europe, on the national relevance of demography in general, specially on the Keyfitz-Law of 1971, and on serious obstacles against ongoing large scale immigration.[24]

5 Migration and demographic compensation

A prominent idea is: Population shrinking in developed European countries can be compensated by immigration from the rest of the world with partly exploding demographic growth. Against this stand theoretical and political obstacles.

---

21 See Adolf Wagner (2009): Makroökonomik. Volkswirtschaftliche Strukturen II, 3. Aufl., Marburg, p. 424.

22 See Joan Robinson (1965): The Accumulation of Capital, 2. Ed., London – New York, p. 344/345.

23 See for example the textbook explanation in Adolf Wagner (2009): Makroökonomik. Volkswirtschaftliche Strukturen II, 3. Ed., Marburg, ps. 426–433.

24 For details see Adolf Wagner (2003): Selbststeuerung der demographischen Entwicklung? Zu den bevölkerungspolitischen Aufgaben der Bundesregierung, in: A. Wagner: Strukturwandel, Arbeitslosigkeit und Verteilung, Tübingen-Basel, ps. 49–62, as well as Herwig Birg (2001): Die demographische Zeitenwende. Der Bevölkerungsrückgang in Deutschland und Europa, München.

Nathan Keyfitz showed already in 1971 that permanent compensation by immigrants is mathematically impossible.[25] The net reproduction rate (*NRR*) (see 4) inevitably has to be brought upwards. Politically one has to take into consideration the capacity of integrating foreigners into the domestic population. Some illustration follows from the United Nations studies, quoted by Herwig Birg:[26] In Germany until the year 2050 there would be a net-immigration of 188 million people necessary. This increase from abroad by more than 230 % within two generations would lead to heavy tensions if not social conflicts. Nevertheless immigration has to go on year by year following the possibilities of the labour market to soften the shrinking process implicit in the national reproduction figures. As first step Germany needs the political confession as an immigration country and a workable immigration policy.[27]

6 Progress and demography

In Germany we had the Paderborn-conference in 1984, organized by Gunter Steinmann.[28] There the so-called »new population economists« (Ester Boserup, Friedrich A. Hayek, Simon Kuznets, Julian Simon and Gunter Steinmann) got much attention.[29] They all had in common to say, that progress was induced by population growth. The »new population economists« in consensus outlined a positive perspective for developing and overpopulised countries. Nothing was said at that time about the population shrinking and progress in developed countries the possible effect vice versa.

---

25 See Nathan Keyfitz (1971): Migration as a Means of Population Control, in: Population Studies, vol. 25, ps. 63–72.

26 Herwig Birg (2003): Die demographische Zeitenwende. Der Bevölkerungsrückgang in Deutschland und in Europa, 3. ed., München, p. 177.

27 See Adolf Wagner (2003): Selbststeuerung der demographischen Entwicklung? Zu den bevölkerungspolitischen Aufgaben der Bundesregierung, in: U. Heilemann/K.-D. Henke (eds.): Was ist zu tun? Wirtschaftspolitische Agenda für die Legislaturperiode 2002 bis 2006, Berlin, ps. 65–75, and A. Wagner (2003): Strukturwandel, Arbeitslosigkeit und Verteilung, Tübingen/Basel, ps. 49–62.

28 See Gunter Steinmann (ed., 1984): Economic Consequences of Population Change in Industrialized Countries, Berlin/Heidelberg.

29 See Gunter Steinmann (1986): Bevölkerungsentwicklung und technischer Fortschritt, in: B. Felderer (ed.): Beiträge zur Bevölkerungsökonomie, Berlin, ps. 85–115, p. 86.

7 Demographic unemployment

When demographic variables are part of macroeconomic models of an economy,[30] it is self-evident, that demographic variables may in principle affect unemployment and the rate of unemployment (AQ). Consequently the definition of demographic unemployment is always model-bound. A simple example is known as background of the Guenther-Paradox from 1931:[31]

$$AQ_T = 1 - c_0 u^{-1} (1 - c)^{-1} - u^{-1} (1 - c)^{-1} (I^a + c_0 (P_1 + P_4)_T) (P_2 + P_3)_T^{-1} \quad (7.1)$$

(with AQ = unemployment rate, I^a = autonomous investment, $P_1 + P_4$ = young and old consumers, $P_2 + P_3$ = working population, T = 20-years-period, parameters)

Comparative-static analysis shows, that in (7.1) AQ rises by an increase of $(P_2 + P_3)$ and/or a decrease of $(P_1 + P_4)$. The Guenther-Paradox is that a decrease of young workers (P_1) nevertheless increases unemployment, because of the demand deficit of this group. In more complex, perhaps non-linear models demographic unemployment can be shown by simulation studies. Basic is a mere descriptive-statistic look at demographic and/or economic unemployment.

Both kinds of demographic unemployment analysis are familiar to K. H. Oppenländer: (1) An explicative-econometric approach stems from the former Ifo-IP-Model in 1985,[32] (2) the merely descriptive-statistic approach can be read in the Oppenländer-memoirs.[33] Following my paper from 1994[34] Oppenländer states: From 1960 to 1994 there was an increase of the unemployment rate (AQ) in West-Germany by 7,9 percent-points, resulting of an increase by 14,1 percent-points demographic component and a decrease by 6,2 percent-points economic component.

---

30 This is a matter of empirical research. See Adolf Wagner (2010): Orthodoxe und heterodoxe Bevölkerungsökonomik, in: U. Heilemann (ed.): Demografischer Wandel in Deutschland. Befunde und Reaktionen, Berlin, ps. 39-54, here ps. 44–47.

31 See Adolf Wagner (2010): Orthodoxe und heterodoxe Bevölkerungsökonomik, in: U. Heilemann (ed.): Demografischer Wandel in Deutschland. Befunde und Reaktionen, Berlin, ps. 39–54, p. 51.

32 See Heinz Mürdter (1985): Das Integrierte Prognosemodell des Ifo-Instituts (IP-Modell), in: K. H. Oppenländer/A. Wagner (eds.): Ökonomische Verhaltensweisen und Wirtschaftspolitik bei schrumpfender Bevölkerung, München, ps. 193–213.

33 Karl Heinrich Oppenländer (2011): Erinnerungen eines Wirtschaftsforschers. Privates und Berufliches, Norderstedt, p. 152.

34 Adolf Wagner (1994): Demographisch bedingte Arbeitslosigkeit in Deutschland, ifo Schnelldienst 47, ps. 19–22.

8 Consumption and demography

Wealth and in a more narrow sense consumption for the whole population of a country are the self-evident ends of economics. Insofar consumption is logically linked with demography. In central planned economies (for instance the former soviet system or economic war time planning systems) consumption is strongly bound to demographic figures. Sometimes even a standardisation of the population in male adult consumers took place.[35] In market economies with individually free decisions consumption depends primarily on some economic indicators. Classical economics saw savings, the non-consumed part of incomes, determined by the rate of interest. The interest rate was seen as a market price that balances investment (as the demand for capital goods) and savings (as the supply of capital).

John Maynard Keynes (1883–1946) brought in a completely different perspective: consumption is determined by income and a parametric marginal propensity to consume. Since the writings of S. B. Linder we came to a distinction between men restricted by money on the one hand and men restricted primarily by time on the other hand.[36] From a macroeconomic perspective this means a twofold explication of consumption: on the one hand there exists the well-known income-dependency, and on the other hand we see a demographic dependency too (by the part of the population with time-restrictions or simply the »hurried leisure class« following Linder). So my own modelling with a partly demographic determination of the consumption level was the result:[37]

$$C_t = h_t Y_t + (p_1/z_1) f q_t P_t \tag{8.1}$$

(with C = comsumption, Y = income, P = population, and some fix and variable parameters). One can distinguish three epochs:

A with $h = 1$, $q = 0$; B with $0 < h < 1$, $0 < q < 1$; C with $h = 0$, $q = 1$

A: all the people are income restricted, C: all are time restricted, B: people are partly income and partly time restricted. In highly developed market-democratic

---

35 See Adolf Wagner (1984): Bevölkerungsbedingte Arbeitslosigkeit und Wachstumszyklen. Ein Problem der empirischen Ökonomik, in: G. Bombach/B. Gahlen/A. E. Ott (eds.): Perspektiven der Konjunkturforschung, Tübingen, ps. 171–187, p. 179.

36 See S. B. Linder (1970): The Hurried Leisure Class, New York u. a. O.

37 See Adolf Wagner (1985): Zeit- und bevölkerungsökonomische Kapazitätsgrenzen des Konsums, in: K. H. Oppenländer/A. Wagner (eds.): Ökonomische Verhaltensweisen und Wirtschaftspolitik bei schrumpfender Bevölkerung, München, ps. 129–143, and further Adolf Wagner (1984): Bevölkerungsbedingte Arbeitslosigkeit und Wachstumszyklen. Ein Problem der empirischen Ökonomik, in: G. Bombach/B. Gahlen/A. E. Ott (eds.): Perspektiven der Konjunkturforschung, Tübingen, ps. 171–187, as well as Adolf Wgner (2009): Makroökonomik. Volkswirtschaftliche Strukturen II, 3. ed., Marburg, ps. 440–442.

systems (for example the »Soziale Marktwirtschaft«) there would be step by step a transition from *A* to *C*. But the regimes *A*, *B* and *C* are in practice only with great difficulties to discriminate. They are used here for theoretical illustration. Heuristic aggregation leads to a set of approximative incomes-consumption-functions like these:

$$C_t = dP_t/(1 + mY^{-1}{}_t) \qquad (8.2)$$

(variables see above, *d* and *m* being parameters)

With respect to the epoch C and its dominant consume-time restrictions some economists think of »consumption deepening« (with ever more expensive and kostly consumption goods), so that the time or population limit is more or less postponed.

In times of »globalisation« comsumer demand is no longer exactly bound to the national or domestic population (see 9). Demand equipped with purchasing power can come from everywhere in the world. But in a certain sense income from a multinational level is relevant.

9 Investment and demography

Private investment depends as a rule from future sales and is stimulated in so far from population growth.[38] But where does the possibly demographic induced investment take place? Empirically relevant is the open or globalised economy. So investment is attracted by the demographically growing markets with purchasing power. Partly the population shrinking in Germany and other parts of Europa will be a damping element for investment.

10 Distribution and demography

There are two perspectives. From a microeconomic perspective couples without children are financial better off because the costs of children are private and the yields of children in later times are social. Parents of children on average represent not two full time persons on the labour market as childless do. This leaves aside whether the pleasure having children causes a partial non-monetary compensation for the associated privat costs of children. So the childless have

[38] See Kurt W. Rothschild (1988): Einige Bemerkungen zum Thema Bevölkerung. Wirtschaftswachstum und Arbeitsmarkt, in: L. Reyher/J. Kühl (eds.): Resonanzen. Arbeitsmarkt und Beruf – Forschung und Politik. Festschrift für Dieter Mertens, Nürnberg, ps. 359–372.

systematic distributive advantages concerning income and fortune building.[39] The second perspective is a macroeconomic one. It has to do with the eventually changing relation of old-age pensioners (R) to the working population (A).[40] In a regularely growing population the quotient (R/A) goes down, in shrinking populations the quotient (R/A) typically is increasing. (R/A) being an indicator for the rent burden of the working population it shows – other circumstances constant – moments of demographic redistribution between the cohorts.

11 Learning, forgetting and demography

There is no ever higher and higher accumulating knowledge in history. As time goes by one has to register severe reductions of knowledge by forgetting. In a commemorative volume for Alfred E. Ott in 1989 Tycho Seitz put it this way: »A certainly fundamental cause for the permanently change in the economy derives from the demographic processes of aging, restructuring and renewing of the population. Even with a stationary population with constant proportions and dimensions there are little by little continuously changing individuals acting as decision makers, practitoners or gaining know-how. At the same time persons are losing empirical findings, know-how and abilities in general. The result is a permanent change of the ideas of life and of interactions of things and fellow-beings. So the individual and the collective outlook on life underlies a steady change.«[41] With growing or shrinking populations this holds much more. The Seitz-picture combined with the enumeration of human roles in societies given before opens an useful approach for a demographic driven development. As Helmut Arndt wrote in 1994:[42] »A market economy, which is developing itself as well as its environment, always depends on human creativity. And creativity is embedded in history and in cultural life.«

---

39 See Oswald von Nell-Breuning (1966/67): Umverteilung – intertemporär oder interpersonal?, in: Jahrbuch des Instituts für christliche Sozialwissenschaften der Westfälischen Wilhelms-Universität Münster, 7. u. 8. Bd. (Festschrift zum 60. Geburtstag von Joseph Höffner), ps. 161–173, p. 168.

40 For the main idea see Adolf Wagner (2009): Mikroökonomik. Volkswirtschaftliche Strukturen I, 5. Aufl., Marburg, p. 354.

41 See Tycho Seitz (1989): Innovation, Marktdynamik und Preisbildung, in: T. Seitz (ed.): Wirtschaftliche Dynamik und technischer Wandel, Stuttgart/New York, ps. 35–52, p. 35.

42 Helmut Arndt (1994): Lehrbuch der Wirtschaftsentwicklung. Die Evolutorische Wirtschaftstheorie in ihrer Bedeutung für die Wirtschafts- und Finanzpolitik, 2. ed., Berlin, p. 280.

Literature

Arndt, Helmut (1994): Lehrbuch der Wirtschaftsentwicklung. Die Evolutorische Wirtschaftstheorie in ihrer Bedeutung für die Wirtschafts- und Finanzpolitik, 2. ed., Berlin.

Bhagwati, Jagdish N. (1992): Ökonomie jenseits des Horizonts, in: Hanusch, H./Recktenwald, H. C. (eds.): Ökonomische Wissenschaft in der Zukunft, Düsseldorf, ps. 28–37.

Birg, Herwig (2003): Die demographische Zeitenwende. Der Bevölkerungsrückgang in Deutschland und Europa, 3. Aufl., München.

Eliasson, Gunnar (1991): Deregulation, innovative entry and structural diversity as a source of stable and rapid growth, in: Journal of Evolutionary Economics, Vol. 1, ps. 49–63.

Feichtinger, Gustav (1977): Artikel »Bevölkerung«, in: Handwörterbuch der Wirtschaftswissenschaften (HdWW), 1. Bd., Stuttgart u. a. O., ps. 610–631.

Keyfitz, Nathan (1971): Migration as a Means of Population Control, in: Population Studies, Vol. 25, ps. 63–72.

Keynes, John Maynard (1925, 1956): Bin ich ein Liberaler?, in: J. M. Keynes: Politik und Wirtschaft. Männer und Probleme. Ausgewählte Abhandlungen von John Maynard Keynes (übertragen durch Eduard Rosenbaum), Tübingen u. a. O.

Krüsselberg, Hans-Günter (2007): Humanvermögen. Ein Blick auf die Quelle des gesellschaftlichen Wohlstandes, Oldenburger Universitätsreden, Nr. 174, Oldenburg.

Krugman, Paul (1991): Geography and Trade, Leuven u. a. O.

Krugman, Paul (1995): Development, Geography, and Economic theory, Cambridge Mass. u. a. O.

Linder, S. B. (1970): The Hurried Leisure Class, New York u. a. O.

Mankiw, N. Gregory/Taylor, Mark P. (2011): Economics, Cengage Learning EMEA, USA, UK and further countries.

Mürdter, Heinz (1985): Das Integrierte Prognosemodell des Ifo-Instituts (IP-Modell), in: Oppenländer, K. H./Wagner, A. (eds.): Ökonomische Verhaltensweisen und Wirtschaftspolitik bei schrumpfender Bevölkerung, München, ps. 193–219.

Nell-Breuning, Oswald von (1966/67): Umverteilung – intertemporär oder interpersonal?, in: Jahrbuch des Instituts für christliche Sozialwissenschaft der Westfälischen Wilhelms-Universität Münster, 7. u. 8. Bd. (Festschrift zum 60. Geburtstag von Joseph Höffner), ps. 161–173.

Oppenländer, Karl Heinrich (1963): Die moderne Wachstumstheorie. Eine kritische Untersuchung der Bausteine der Gleichgewichtskonzeption und der Wirklichkeitsnähe, Berlin/München.

Oppenländer, Karl Heinrich (1988): Wachstumstheorie und Wachstumspolitik. Die Strukturdynamik als wesentlicher Erklärungsfaktor des wirtschaftlichen Wachstums und als Ansatzpunkt für eine innovationsbezogene Wachstumspolitik, München.

Oppenländer, Karl Heinrich/Wagner, Adolf (eds., 1985): Ökonomische Verhaltensweisen und Wirtschaftspolitik bei schrumpfender Bevölkerung, München.

Oppenländer, Karl Heinrich (2011): Erinnerungen eines Wirtschaftsforschers. Privates und Berufliches, Norderstedt.

Pullen, J. M. (2008): Malthus, Thomas Robert (1766–1834), in: Durlauf, S. N./Blume, L. E. (eds.): The New Palgrave. Dictionary of Economics, 2. ed., New York, p. 250–258.

Robbins, Lionel (1932, 1952): An Essay on the Nature and Significance of Economic Science, 2. ed., London.

Robinson, Joan (1965): The Accumulation of Capital, 2. ed., London/New York u. a. O.

Rothschild, Kurt W. (1988): Einige Bemerkungen zum Thema Bevölkerung. Wirtschaftswachstum und Arbeitsmarkt, in: Reyher, L./Kühl, J. (eds.): Resonanzen. Arbeitsmarkt und Beruf – Forschung und Politik. Festschrift für Dieter Mertens, Nürnberg, ps. 359–372.

Seitz, Tycho (1989): Innovation, Marktdynamik und Preisbildung, in: Seitz, T. (ed.): Wirtschaftliche Dynamik und technischer Wandel, Stuttgart/New York, ps. 35–52.

Simon, Julian L. (1996): The Ultimate Resource 2, Princeton N. J..

Steinmann, Gunter (ed., 1984): Economic Consequences of Population Change in Industrialized Countries, Berlin/Heidelberg.

Steinmann, Gunter (1986): Bevölkerungsentwicklung und technischer Fortschritt, in: Felderer, B. (ed.): Beiträge zur Bevölkerungsökonomie, Berlin, ps. 85–115.

Wagner, Adolf (1975): Wirtschaftswachstum ohne Gastarbeiter? Überlegungen zu einer konfliktfreien Verbindung bevölkerungs- und wirtschaftspolitischer Ziele, in: Kaufmann, F.-X. (ed.): Bevölkerungsbewegung zwischen Quantität und Qualität, Stuttgart, S. 148–161.

Wagner, Adolf (1984): Bevölkerungsbedingte Arbeitslosigkeit und Wachstumszyklen. Ein Problem der empirischen Ökonomik, in: Bombach, G./Gahlen, B./Ott, A. E. (eds.): Perspektiven der Konjunkturforschung, Tübingen, ps. 171–187.

Wagner, Adolf (1985): Zeit- und bevölkerungsökonomische Kapazitätsgrenzen des Konsums, in: Oppenländer, K. H./Wagner, A. (eds.): Ökonomische Verhaltensweisen und Wirtschaftspolitik bei schrumpfender Bevölkerung, München, ps. 129–143.

Wagner, Adolf (1994): Demographisch bedingte Arbeitslosigkeit in Deutschland, ifo Schnelldienst 47, ps. 19–22.

Wagner, Adolf (2003): Selbststeuerung der demographischen Entwicklung? Zu den bevölkerungspolitischen Aufgaben der Bundesregierung, in: Heilemann, U./Henke, K.-D. (eds.): Was ist zu tun? Wirtschaftspolitische Agenda für die Legislaturperiode 2002 bis 2006, Berlin, ps. 65–75, und Wagner, A. (2003): Strukturwandel, Arbeitslosigkeit und Verteilung, Tübingen/Basel, ps. 49–62.

Wagner, Adolf (2009): Makroökonomik. Volkswirtschaftliche Strukturen II, 3. Aufl., Marburg.

Wagner, Adolf (2009): Volkswirtschaft für jedermann. Die marktwirtschaftliche Demokratie in Finanzkrisen und Globalisierung, 3. ed., München.

Wagner, Adolf (2010): Orthodoxe und heterodoxe Bevölkerungsökonomik, in: Heilemann, U. (ed.): Demografischer Wandel in Deutschland. Befunde und Reaktionen, Berlin, ps. 39–54.

Wagner, Adolf (2012): Evolutorische Makroökonomik. Innovative Modifikationen zur Standardökonomik, Marburg.

Der innovatorische Nutzen von starren Arbeitsmärkten

Von Alfred Kleinknecht, C. W. M. Naastepad,** Servaas Storm*** und Robert Vergeer*****

1 Einleitung

Mit dem wachsenden Einfluss der Angebotstheorie seit den siebziger Jahren wurde auch die Sichtweise dominant, dass Arbeitslosigkeit vor allem die Folge von starren Arbeitsmärkten ist. Rigiditäten im Arbeitsmarkt bestehen aus den ›usual suspects‹, wie etwa: hohe Mindestlöhne, großzügige Sozialleistungen, starke Gewerkschaften, die Macht von »Insidern« oder ein starker Kündigungsschutz. Der Abbau von Starrheiten schwächt die Verhandlungsposition der Arbeit und kann Löhne (nach unten) flexibel machen – und damit verbindet sich die Hoffnung auf neue Jobs.

Hiergegen argumentieren wir in diesem Kapitel: (1) Länder mit mehr flexiblen Arbeitsmärkten haben in der Tat ein arbeitsintensiveres (weil niedrigproduktives) Wirtschaftswachstum; es ist allerdings zweifelhaft, ob dies auch in niedrigeren Arbeitslosenquoten zum Ausdruck kommt. (2) Es gibt keinen statistisch bedeutsamen Unterschied im Wachstum des Sozialprodukts zwischen den »starren« Ländern des alten Europas und den »flexiblen« angelsächsischen Ländern. (3) Arbeitsmarktrigiditäten können nützlich sein für das Funktionieren des »routinemäßigen« (»Schumpeter II«) Innovationsmodells.

Argumente über die günstigen Effekte von »strukturelle Reformen« für die Beseitigung von Arbeitsmarktrigiditäten wurden immer unter der Annahme gemacht, dass dies keinen Einfluss auf die Innovation habe. Wir argumentieren, dass dies nicht zutifft.

Der nächste Abschnitt dokumentiert einige makroökonomische Kernvariablen über die Periode 1960–2011 für eine Gruppe von typisch »rheinischen« Ländern des alten Europas (mit rigiden Arbeitsmärkten) im Vergleich zu einer Gruppe typisch angelsächsischer Länder mit liberalisierten Arbeitsmärkten. Danach fassen wir theoretische Argumente zusammen, warum Flexibilität die Innovation negativ beeinflusst, und lassen empirische Befunde Revue passieren.

* Prof. Dr. Alfred Kleinknecht, Delft, E-Mail: a.h.kleinknecht@tudelft.nl
** Dr. C. W. M. Naastepad, Delft, E-Mail: c.w.m.naastepad@tudelft.nl
*** Dr. Servaas Storm, Delft, E-Mail: s.t.h.storm@tudelft.nl
**** Dr. Robert Vergeer, Hoofddorp, E-Mail: robert.vergeer@tno.nl

2 Varieties of Capitalism: Vergleich von zwei Gruppen von Ländern

Die *Varieties-of-Capitalism*-Literatur unterscheidet zwei Typen von Arbeitsmarkt-Systemen: (1) *Liberalized Market Economies* (*LME*) versus (2) *Coordinated Market Economies* (*CME*). Die LME Länder zeichnen sich aus durch einen lockeren Kündigungsschutz, bescheidene Sozialleistungen, schwache Gewerkschaften und dezentralisierte Tarifverhandlungen, die Ungleichheit in der Einkommensverteilung begünstigen. Gegenüber dem bescheidenen Schutz der Arbeit steht ein starker Schutz der Investoren. Typische LME-Länder sind die USA, Kanada, Großbritannien, Irland, Australien und Neuseeland. Für CME-Länder gilt das Gegenteil: starker Kündigungsschutz, großzügige Sozialleistungen, starke Gewerkschaften, sowie eine Tendenz zu mehr zentralisierten Tarifverhandlungen (mit einer Tendenz nach mehr Einkommens-Nivellierung). Gegenüber dem relativ starken Schutz für Arbeit steht ein schwächerer Schutz für Investoren. Typische CME-Systeme findet man in Kontinentaleuropa und Japan (siehe Hall & Soskice 2001).

In den folgenden Abbildungen werden vier wirtschaftliche Kernvariablen für die Gruppe des »rheinischen« Europas verglichen mit fünf angelsächsischen Ländern. Für eine bessere Vergleichbarkeit von Entwicklungen sind alle Daten auf 1960=100 gesetzt.

Die Abbildungen zeigen die folgenden interessanten Muster:

- Die Reallöhne im »Alten Europa« steigen erheblich schneller als in der Gruppe angelsächsischer Länder (Abb. 1). Dies ist keine Überraschung, da die starren Arbeitsmärkte den Faktor Arbeit viel besser schützen und ihm damit auch mehr Verhandlungsmacht lassen.
- Wie erwartet steigt durch die gemäßigten Lohnsteigungen der Arbeitseinsatz (in Arbeitsstunden) in den angelsächsischen Ländern stärker als in Europa (Abb. 2).
- Abb. 3 zeigt ein vielleicht etwas überraschendes Bild: das Wachstum des Bruttoinlandsprodukts unterscheidet sich nur wenig zwischen beiden Länder-Gruppen.
- Abb. 4 zeigt die logische Konsequenz aus den Abb. 2 und 3. Wenn sich das Wachstum des Bruttoinlandsprodukts (BIP) kaum unterscheidet und wenn zugleich der Arbeitseinsatz in den angelsächsischen Ländern erheblich schneller steigt, dann kann dies nur bedeuten: ein langsameres Wachstum der Wertschöpfung (BIP) pro Arbeitsstunde. Also ein geringeres Wachstum der Arbeitsproduktivität in den angelsächsischen Ländern. Positiv formuliert: liberalisierte Arbeitsmärkte schaffen mehr Arbeit. Negativ formuliert: die Angelsachsen müssen für das selbe Wirtschaftswachstum mehr Stunden arbeiten.

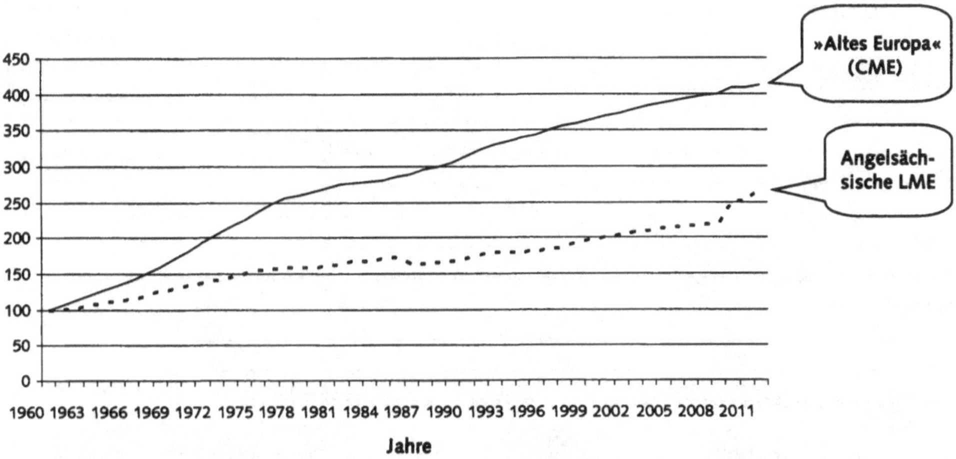

Quelle: Database des *Groningen Growth and Development Centre* (www.ggdc.net) & AMECO Database.
Angelsächsische Länder: Australien, Kanada, Neu-Seeland, Großbritannien und USA.
Kontinentaleuropäische Länder: Österreich, Belgien, Dänemark, Finnland, Frankreich, Deutschland, Italien, Niederlande, Portugal, Spanien, und Schweden.
Definition: Reallöhne = *Labour Productivity per hour* (GGDC; EKS) * *Wage Share at factor costs* (Eurostat)

Abb. 1: Entwicklung der Reallöhne, 1960 = 100

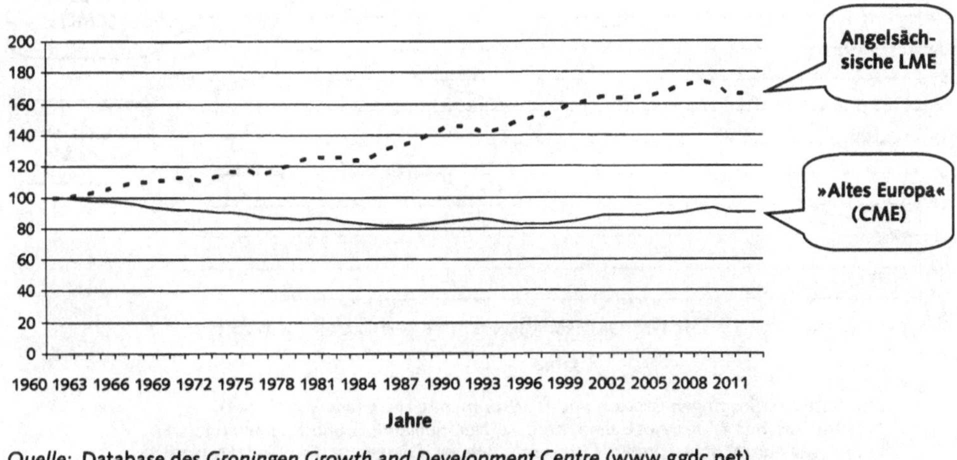

Quelle: Database des *Groningen Growth and Development Centre* (www.ggdc.net).
Angelsächsische Länder: Australien, Kanada, Neu-Seeland, Großbritannien und USA.
Kontinentaleuropäische Länder: Österreich, Belgien, Dänemark, Finnland, Frankreich, Deutschland, Italien, Niederlande, Portugal, Spanien, und Schweden.

Abb. 2: Entwicklung der Arbeitsstunden, 1960 = 100

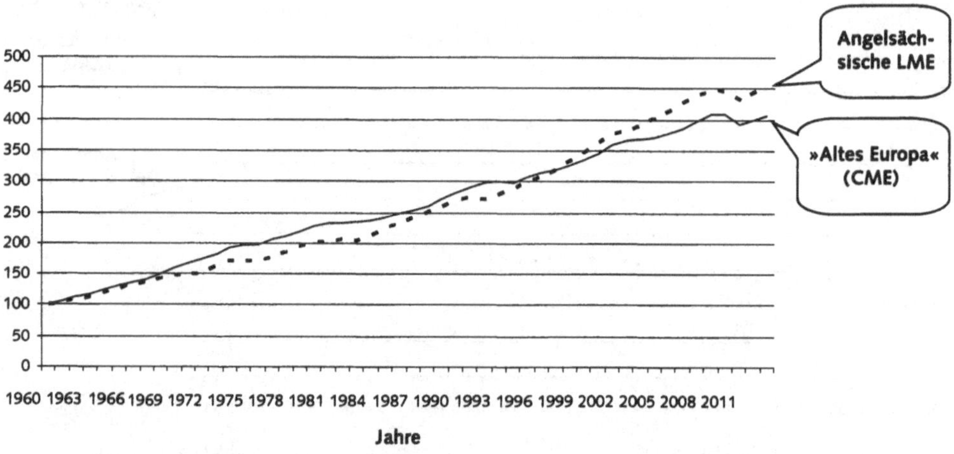

Quelle: Database des *Groningen Growth and Development Centre* (www.ggdc.net). Angelsächsische Länder: Australien, Kanada, Neu-Seeland, Großbritannien und USA. Kontinentaleuropäische Länder: Österreich, Belgien, Dänemark, Finnland, Frankreich, Deutschland, Italien, Niederlande, Portugal, Spanien, und Schweden.

Abb. 3: Entwicklung Bruttoinlandsprodukt, 1960 = 100

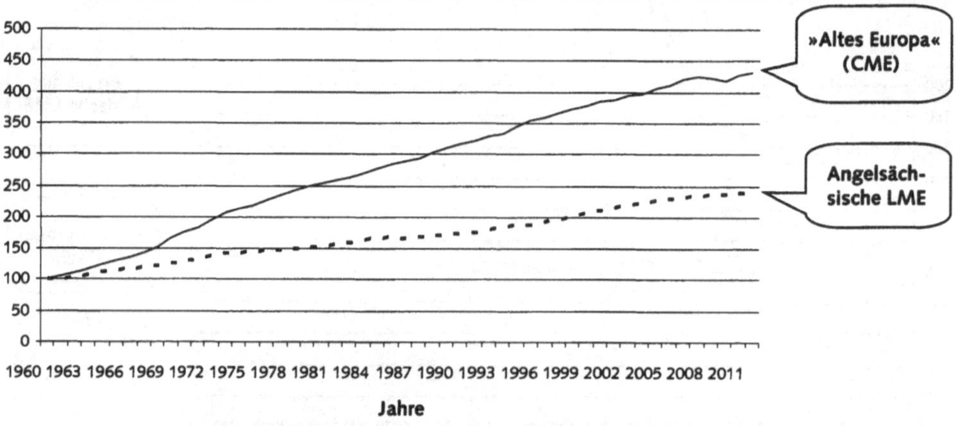

Quelle: Database des *Groningen Growth and Development Centre* (www.ggdc.net). Angelsächsische Länder: Australien, Kanada, Neu-Seeland, Großbritannien und USA. Kontinentaleuropäische Länder: Österreich, Belgien, Dänemark, Finnland, Frankreich, Deutschland, Italien, Niederlande, Portugal, Spanien, und Schweden.

Abb. 4: Entwicklung der Arbeitsproduktivität (BIP pro Stunde), 1960 = 100

3 Ist die Arbeitslosigkeit in den flexiblen Ländern niedriger?

Das relativ arbeitsintensive Wirtschaftswachstum als Folge eines geringeren Wachstums der Arbeitsproduktivität in den angelsächsischen Ländern weckt die Hoffnung, dass dann die Arbeitslosigkeit niedriger ausfallen könnte. Dies ist ja auch die Hoffnung, die man mit einer Deregulierung der Arbeitsmärkte in Europa verbindet. Haben angelsächsische Länder in der Tat niedrigere Arbeitslosenquoten? Diverse Studien ziehen dies in Zweifel und behaupten, dass Schätzungen der *Labour-Market-Rigidities*-Anhänger nicht robust sind: verändert man etwa den Beobachtungszeitraum oder die Anzahl der beobachteten Länder, dann ändern sich die Ergebnisse (Baker et al. 2005, Baccaro & Rei 2007, Howell *et al.* 2007). Vergeer & Kleinknecht (2012a) haben die einflussreiche Modellschätzung von Nickell et al. (2005) einer Serie von Robustheitstests unterworfen. Nickell et al. behaupten und zeigen, dass Deregulierung von Arbeitsmärkten systematisch mit niedrigeren Arbeitslosenquoten zusammenhängt. Daraus kann man schlussfolgern, dass die Gewerkschaften mit ihrer Opposition gegen die Deregulierung des Arbeitsmarktes eigentlich asozial sind: Sie verteidigen die Privilegien der ›Insider‹ mit gesicherten Stellen und errichten damit Barrieren gegen den Eintritt der ›Outsider‹. Vergeer & Kleinknecht (2012a) zeigen, dass (mit exakt denselben Daten) auch ganz andere Ergebnisse erzielt werden können, wenn man nur drei kleine Details im Modell von Nickell et al. verändert (wofür es plausible Argumente gibt). Mit anderen Worten, das vielzitierte Modell von Nickell et al. (2005) ist *nicht* robust. Es gibt also gute Gründe für Zweifel an dem Postulat der Angebotstheoretiker, dass Unterschiede in der Höhe der Arbeitslosigkeit systematisch mit dem Ausmaß der Arbeitsmarkt-Regulierung zusammen hängen.

Tabelle 1 enthält Angaben zur Arbeitslosigkeit in einigen LME- und CME-Ländern. Diese Zahlen illustrieren, dass es langfristig (1970–2010) keinesfalls eindeutig ist, dass das eine Regime für die Arbeitslosen besser ist als das andere.

Tab. 1: Durchschnittliche Arbeitslosigkeit 1970–2010 (in Prozent der Berufsbevölkerung)

›Flexible‹ Angelsächsische LME		›Rigides Altes Europa‹ (CME)	
Kanada	7.7	Frankreich	7.5
Großbritannien	7.2	Italien	7.0
Australien	6.3	Deutschland	6.2
USA	6.3	Niederlande	6.1
		Schweden	4.7
Durchschnitt:	6.9	**Durchschnitt:**	6.3

Quelle: http://www.bls.gov/fls/flscomparelf/unemployment.htm
Alle Zahlen sind gemäß US Konvention definiert und damit vergleichbar.

Wie kann man dann erklären, dass die angelsächsischen Länder trotz ihres arbeitsintensiven Wirtschaftswachstums (siehe Abb. 2) keine niedrigeren Arbeitslosenzahlen haben? Mögliche Erklärungen liegen in einer Vergrößerung des Arbeitsangebots durch eine großzügige Einwanderungspolitik und in längeren Arbeitszeiten (siehe Tabelle 2). Für die Arbeitgeber ist es vorteilhafter, wenn sie ihr Personal länger durcharbeiten lassen, anstatt neue Mitarbeiter einzustellen. Die flexiblen Arbeitsmarktinstitutionen in den angelsächsischen Ländern geben den Arbeitgebern mehr Macht um längeres Durcharbeiten durchzusetzen.

Tab. 2: Arbeitsstunden pro Jahr, 1990–2010

›Flexible‹ Angelsächsische LME		›Rigides Altes Europa‹ (LME)	
Australien	1767	Italien	1840
Kanada	1761	Schweden	1613
USA	1720	Frankreich	1509
Großbritannien	1707	Deutschland	1478
		Niederlande	1432
Durchschnitt:	**1739**	**Durchschnitt:**	**1574**
		(Durchschnitt *ohne* Italien)	1508

Quelle: The Conference Board: Total economy database, January 2012: http://www.conference-board.org/data/economydatabase/.

Während es zweifelhaft ist, ob ihre Arbeitslosenzahlen wirklich niedriger sind, haben die angelsächsischen Länder zweifellos eine stärkere Tendenz zu mehr Ungleichheit in der Einkommensverteilung. So ist der Anteil am Volkseinkommen der 10 % bestverdienenden Amerikaner von 33 % in 1976 auf 50 % in 2007 gestiegen. In der gleichen Periode stieg der Anteil der 1 % reichsten Amerikaner von 8,9 % auf 23,5 % am Volkseinkommen (Atkinson et al. 2011). In Europa hat die Ungleichheit erheblich weniger zugenommen. Der wirkliche Unterschied zwischen LMEs und CMEs liegt also nicht in den Arbeitslosenzahlen, sondern in den Einkommensunterschieden.

4 Warum realisieren die LMEs weniger Wachstum der Arbeitsproduktivität?

Hier fassen wir Argumente für und gegen die Hypothese zusammen, dass flexible Arbeitsmärkte Innovation und Produktivität negativ beeinflussen. Zuerst definieren wir, was man unter »Flexibilität« versteht. Die Literatur unterscheidet drei Sorten von Flexibilität (siehe z. B. Beatson 1995):

(1) ›Numerische‹ (oder externe) Flexibilität, die es Betrieben erlaubt, ihren Arbeitseinsatz anzupassen durch flexible Anheuerung und Entlassung;
(2) ›Lohnflexibilität‹: das Maß, in dem sich Löhne in Zeiten von Wirtschaftskrisen (nach unten) anpassen;
(3) ›Funktionelle‹ (oder interne) Flexibilität, die Betrieben die flexible Reallokation von Arbeit auf internen Arbeitsmärkten durch Schulung und Personalpolitik erlaubt.

Die Betonung der beiden ersten Formen von Flexibilität ist charakteristisch für die angelsächsischen LMEs, während die rheinischen CMEs mehr auf funktionelle Flexibilität vertrauen (siehe Hall & Soskice 2001).

Studien auf Betriebsniveau zeigen, dass hohe Niveaus von *funktioneller* Flexibilität auf internen Arbeitsmärkten günstige Effekte haben für Innovation und Arbeitsproduktivität (Appelbaum, Bailey, Berg & Kalleberg 2000; Bassanini & Ernst 2002; Michie & Sheehan 2001, 2003; Kleinknecht et al. 2006, Zhou et al. 2011). Die Anhänger der Arbeitsmarktderegulierung sind jedoch vor allem an lohnkostensparender *numerischer* Flexibilität und an (nach unten) flexiblen Löhnen interessiert.

Im Prinzip gehen »strukturelle Reformen« in Richtung von (nach unten) flexiblen Löhnen und Lockerung des Kündigungsschutzes in dieselbe Richtung: Einsparen an Löhnen. Wenn sich Arbeitsmärkte im Gleichgewicht befinden, würde man erwarten, dass Arbeitnehmer, die eine flexible Stelle akzeptieren, als Entschädigung für das höhere Arbeitsmarktrisiko einen normalen Lohn *plus* Risikoprämie erhalten. Empirische Forschung nach Löhnen auf Personenniveau zeigt jedoch eher das Gegenteil (Sànchez & Toharia 2000; Booth et al. 2002; McGinnity & Mertens 2004; Addison & Surfield 2005; Picchio 2006). Dies wird unterstützt durch Modellschätzungen auf Betriebsniveau (Kleinknecht et al. 2006). Mit anderen Worten, flexible Arbeitnehmer verdienen durchschnittlich *weniger* als fest angestellte Arbeitnehmer (nach Kontrolle für Alter, Branche, Geschlecht, Ausbildungsniveau etc.). Eine mögliche Erklärung liegt im Überangebot von Arbeit in bestimmten Arbeitsmarktsegmenten (vor allem bei niedrig Qualifizierten). Für unsere Argumentation ist es des Weiteren unerheblich, ob ein geringeres Wachstum der Löhne erzielt wird durch institutionelle Reformen im System der Tarifverhandlungen, durch Lockerung des Kündigungsschutzes oder durch andere Reformen (etwa Senkung von Mindestlöhnen oder Sozialleistungen).

Wir diskutieren nun drei Kanäle, wodurch die Deregulierung von Arbeitsmärkten auf Innovation und Arbeitsproduktivität einwirkt:

(1) die Innovationsaktivität;
(2) Schulung;
(3) Vertrauen und Loyalität.

Die Arbeit von Hall und Soskice (2001) suggeriert, dass die drei Kanäle komplementär sind.

(1) Effekte auf die Innovation

Drei Argumente weisen auf einen kausalen Einfluss von Löhnen auf die Arbeitsproduktivität. Zum ersten kann man argumentieren, dass eine Preiserhöhung für Arbeit (relativ zum Preis von Kapital) die Adaption von arbeitssparenden Innovationen fördert, siehe etwa Sylos Labini (1984, 1993, und 1999).[1] Zum zweiten kann man argumentieren, dass dank ihrer Monopolgewinne aus der Innovation die Innovatoren besser als die technologischen Nachzügler leben können mit Lohnerhöhungen (oder mit höheren Kosten durch striktere Regulierung). In diesem Sinne können Rigiditäten im Arbeitsmarkt Schumpeters Prozess der »schöpferischen Zerstörung« fördern, worin die Innovatoren die Nachzügler wegkonkurrieren (Kleinknecht 1998). Oder umgekehrt: dezentrale Lohnverhandlungen und (nach unten) flexible Löhne erhöhen die Wahrscheinlichkeit, dass die weniger talentierten Unternehmer überleben. Ihr Überleben ist möglicherweise günstig für die Beschäftigung (jedenfalls kurzfristig); langfristig führt es jedoch zu einem Verlust an innovativer Dynamik.

Zum dritten kann man mit Jahrgangsmodellen des Kapitalstocks leicht demonstrieren, dass eine aggressivere Lohnpolitik der Gewerkschaften ein schnelleres Ausrangieren von älteren (arbeitsintensiveren) Jahrgängen von Maschinen zugunsten von neuen Jahrgängen mit höherer Produktivität zur Folge hat. Lohnzurückhaltung erlaubt es Betrieben, alte Jahrgänge länger profitabel zu benützen. So resultiert Lohnzurückhaltung in einem relativ älteren Kapitalstock – was nach Naastepad & Kleinknecht (2004) eine der Ursachen der niederländischen Produktivitätskrise in der langen Periode von Lohnopfern nach 1982 war.

Gegen diese Argumente gibt es in der Literatur drei Gegenargumente. Zum ersten können starre Arbeitsmärkte einen negativen Einfluss auf Innovation und Produktivität haben, da sie die Verschiebung von Arbeit aus alten, untergehenden Sektoren in neue, dynamische Sektoren behindern (Nickell & Layard 1999). Zum zweiten kann das schwierige und teuere Entlassen von überflüssigem Personal arbeitssparende Innovationen in Betrieben behindern (Bassanini & Ernst 2002; Scarpetta & Tressel 2004). Zum dritten können mächtige (weil gut geschützte) Arbeitnehmer und ihre Gewerkschaften sich mit ihren Lohnforderungen (Teile

[1] Man muss realisieren, dass sich die *dynamische* Substitution von Kapital und Arbeit in diesem Kontext unterscheidet von der *statischen* Substitution (mit konstanter Technologie) in der neoklassischen Theorie als Reaktion auf eine Variation der relativen Faktorpreise. Die dynamische Substitution beruht auf technologischem Wandel der in neuen Kapitalgütern inkorporiert ist (Sylos Labini, 1993).

der) Monopol-Gewinne aus der Innovation aneignen. Damit verschwinden die Anreize, um innovative Risiken zu akzeptieren (Malcomson 1997).

Das letzte Argument ist zweifellos relevant in den angelsächsischen *de*zentralen Systemen der Tarifverhandlungen. Es ist weniger relevant in den rigiden rheinischen Systemen, wo viel mehr zentral verhandelt wird. Das Argument, dass teure Entlassungen arbeitssparende Innovationen frustrieren, kann aus drei Gründen weniger relevant sein: (1) Betriebe, die nicht leicht entlassen können, haben Motive um in funktionelle Flexibilität durch Schulung zu investieren, wodurch Menschen leichter von alten in neue Tätigkeitsbereiche umgesetzt werden können. Mit anderen Worten: der Mangel an *numerischer* Flexibilität fördert die *funktionelle* Flexibilität.[2]

Zweitens, in vielen Ländern muss redundantes Personal kein Problem für arbeitssparende Innovationen sein, da viel Personal freiwillig weggeht.[3] Drittens kann man argumentieren, dass Kündigungsschutz die Produktivität auch erhöhen kann. Arbeitnehmer mit einer sicheren Stelle sind eher bereit mit dem Management zusammen zu arbeiten bei der Einführung von arbeitssparenden Technologien. Für die erfolgreiche Einführung von Automatisierungstechnologie ist oft die persönliche Erfahrung der Mitarbeiter nötig, die im Moment noch die Arbeit verrichten (Lorenz 1999). Überhaupt gilt, dass Mitarbeiter die man leicht entlassen kann, ein Motiv haben, Informationen zu verbergen, wie ihre Arbeit effizienter getan werden kann.

(2) Effekte für Schulung

Ein lockerer Kündigungsschutz führt zu einer kürzeren Dauer von Dienstverhältnissen wodurch die Wahrscheinlichkeit abnimmt, dass Investitionen des Betriebs in Ausbildung und Schulung zurückverdient werden können. Außerdem sind auch die Arbeitnehmer dann mehr an allgemeiner Schulung interessiert, die die Beschäftigungschancen auf dem externen Arbeitsmarkt verbessert. Sie sind weniger interessiert an betriebsspezifischer Schulung, wenn keine Perspektive besteht, dass man länger bleibt (Belot et al. 2002).

Ähnliches kann man ableiten aus der Hypothese, dass durch die Flexibilisierung von Arbeit die ›Kompression‹ der Lohnstruktur (innerhalb und zwischen Betrieben) vermindert wird – und diese Kompression ist ein Grund, um Schulung

2 Siehe auch Acemoglou & Pischke (1999) die argumentieren, dass die ›wage compression‹ in den rigiden deutschen Arbeitsmärkten Training für höher und niedriger Ausgebildete fördert, während die liberalisierten Arbeitsmärkte in den USA vor allem Training für höher Ausgebildete begünstigen.

3 Kleinknecht et al. (2006) zeigen, dass durchschnittlich 9–12 % des Personals in den Niederlanden jedes Jahr ihren Betrieb freiwillig verlässt, wobei der exakte Prozentsatz abhängig ist vom Konjunkturzyklus. Nickell & Layard kommen auf 10 % (1999, 363).

anzubieten (Acemoglu & Pischke 1999; Agell 1999). Empirische Nachweise einer Korrelation zwischen Zeitverträgen und geringerer Wahrscheinlichkeit der Schulung auf der Arbeitsstelle liefern für Großbritannien Arulampalam & Booth (1998) und Booth et al. (2002).

(3) Vertrauen und Innovation

Arbeiten von Huselid (1995), Buchele & Christiansen (1999), Lorenz (1999), Michie & Sheehan (2001, 2003) und Naastepad & Storm (2006, 2009) zeigen positive Produktivitätseffekte einer vertrauensvollen (›high road‹) Personalpolitik. Längerfristige Arbeitsbeziehungen und einen guten Kündigungsschutz kann man interpretieren als eine Investition in Vertrauen (siehe auch Svensson 2011), Loyalität und Motivation. Diese Faktoren haben in mehrerer Hinsicht günstige Effekte auf Innovation und Produktivität:

(1) Sie reduzieren Kosten für Aufsicht und Kontrolle. So haben Naastepad & Storm gezeigt, dass Betriebe in angelsächsischen Ländern viel aufwendigere Management-Bürokratien unterhalten, um ihr Personal zu bewachen (2005, 170–191).
(2) Sie reduzieren positive externe Effekte. Wenig loyale Mitarbeiter mit geringer Bindung an den Betrieb können Betriebsgeheimnisse und technologische Kenntnisse leichter an Konkurrenten weiter geben, und diese externen Effekte machen Investitionen in Kenntnisse weniger attraktiv.
(3) Sie begünstigen die langfristige Akkumulation von Kenntnissen – vor allem von personengebundener Erfahrungskenntnis (»tacit knowledge«). Dies ist vor allem wichtig in einem »Routinemodell der Innovation« (»Schumpeter II Modell«). Die Eigenschaften des »Routinemodells« im Vergleich zum »Unternehmermodell« (»Schumpeter I Modell«) sind abgebildet in Tabelle 3, die inspiriert ist durch die Arbeit von Breschi et al. (2000).
(4) Bei gutem Kündigungsschutz und Vertrauen bekommen die Chefs mehr kritisches Feedback von unten. Mächtige Manager haben zuweilen die Neigung, sich mit Konformisten zu umgeben. Sie entwickeln dadurch auf Dauer ein verzeichnetes Bild der Realität. Wird konformistisches Verhalten noch verstärkt durch die Drohung mit leichter Entlassung, dann kann das problematisches Management verstärken (›Sonnenkönige‹).

Tab. 3: Stilisierter Vergleich der zwei Innovationsmodelle von Schumpeter (1912, 1943)

Schumpeter I Modell: **›Garage Business Innovation‹**	**Schumpeter II Modell:** **›Routinemodell der Innovation‹**
Starter in high tech; Nischen-Spieler	Etablierte Betriebe mit professionellen R&D Laboratorien
KMU und junge Betriebe	Monopolistische Konkurrenz, Oligopole
Hohe Zu- und Austrittsraten	Stabile Hierarchie von (dominanten) Innovatoren
Eigenschaften der Kenntnisbasis ...	
Allgemeine und spontan mobilisierbare Kenntnisse → *niedrige* Barrieren für Marktzutritt	Abhängigkeit von historisch akkumulierter, oft betriebsspezifischer und personengebundener Erfahrungskenntnis (»tacit knowledge«) → *hohe* Barrieren für Marktzutritt
... und dazu passende Arbeitsmarktinstitutionen:	
Anwerbung via externer Arbeitsmärkte	Interne Arbeitsmärkte wegen Abhängigkeit von akkumulierter (betriebsspezifischer / personengebundener) Erfahrungskenntnis → gut geschützte ›Insiders‹

Aus Tabelle 3 wird deutlich, dass Schumpeters Routinemodell besser funktioniert mit langfristigen und vertrauensvollen Arbeitsbeziehungen. Das Routinemodell gibt Anreize für die Re-Allokation von Arbeit in internen Arbeitsmärkten durch *funktionelle* Flexibilität anstelle von *numerischer* Flexibilität durch Transaktionen auf externen Arbeitsmärkten. Vor allem die historisch kumulative Natur der Kenntnisse schafft starke Pfadabhängigkeiten in der betrieblichen Kenntnisbasis, und dies macht »Insider«-Arbeitsbeziehungen attraktiv für die Arbeitgeber.

5 Empirische Beobachtungen

Die meisten empirischen Studien der Beziehung zwischen flexibler Arbeit und dem Wachstum der Arbeitsproduktivität sind Länder- oder Sektorstudien (Buchele & Christiansen 1999. 1999b; Nickell & Layard 1999; Bassanini & Ernst 2002; Scarpetta & Tressel 2004; Auer et al. 2005; Naastepad & Storm 2005). Meistens sucht man nach einer Beziehung zwischen Maßstäben der Arbeitsmarktrigidität (wie etwa dem *EPL: Employment Protection Legislation* Index der OECD) einerseits und andererseits dem Produktivitätswachstum. Die meisten Studien finden einen *positiven* Einfluss von Maßstäben der Arbeitsmarktrigidität auf das Wachstum der Arbeitsproduktivität (für das Wachstum der totalen Faktorproduktivität sind die Ergebnisse nicht eindeutig, siehe Vergeer 2010). Die Studie von Bassanini et al. (2009) hingegen suggeriert, dass der Netto-Effekt der Arbeitsmarktregulierung auf das Arbeitsproduktivitätswachstum *negativ* ist. Eine frühere Version der Studie von Bassanini et al. (2009) war Grundlage des

OECD Employment Outlook (2007). In letzterem steht, dass der Netto-Effekt der Arbeitsmarktregulierung auf das Produktivitätswachstum signifikant negativ (aber klein) ist.

Zwei andere OECD-Forscher, Scarpetta & Tressel (2004) finden einen großen negativen Einfluss von Arbeitsmarktrigiditäten auf das Produktivitätswachstum in einem Teil der OECD-Länder (d.h. in Ländern mit Tarifverhandlungen auf Industrieniveau, jedoch ohne nationale Koordination); für alle OECD-Länder zusammen finden sie jedoch keinen Einfluss. Diese Schlussfolgerung ist jedoch nicht sehr verlässlich, da der empirische Forschungsansatz wichtige Mängel hat.[4] Scarpetta & Tressel (2004) finden einen kleinen (aber statistisch signifikanten) negativen Effekt des Kündigungsschutzes auf das Wachstum der Arbeitsproduktivität, vor allem in Ländern mit unkoordinierten Tarifverhandlungen. Dahingegen finden Auer et al. (2005) eine positive (obwohl abnehmende) Beziehung zwischen stabilen Stellen (gemessen an der Länge des Dienstverbands) und der Arbeitsproduktivität. Vergeer & Kleinknecht (2012b) verwenden in einer Panelanalyse von 20 OECD Ländern von 1960–2004 nicht den EPL-Maßstab (für den Kündigungsschutz), sondern zwei andere Maßstäbe: Prozentuale Lohnerhöhungen und den Anteil der Kapitaleinkommen im Volkseinkommen. Nach Korrektur einer Reihe von anderen einflussreichen Faktoren (wie etwa: Anteil der Dienstleister in der gesamten Wirtschaft; Verdoorn-Effekt; Aufholeffekte von niedriger entwickelten Ländern, etc.) finden sie:

---

4 Die grundlegende (aber nicht getestete) Idee von Bassanini *et al.* (2009) ist, dass Kündigungsschutz (gemessen mit dem ›*Employment Protection Legislation*‹ Index) Industrien mit hohen Entlassungsraten stärker beeinflusst als Industrien mit niedrigen Entlassungsraten. Sie verwenden Daten von 17 Industrien aus 18 OECD Ländern (1982–2003) und klassifizieren Industrien in »bindende« und »nicht bindende« Industrien, wobei die letztere als Kontrollgruppe dient. Zum ersten ist die Klassifikation dieser beiden Gruppen nicht eindeutig. Es unterstellt immerhin, dass es (ohne Kündigungsschutz) so etwas wie eine »natürliche« Entlassungsrate gibt. Zum zweiten ist es unrealistisch zu unterstellen, dass die Klassifikation in »bindende« und »nicht bindende« Industrien (i) für alle Jahre zwischen 1982 und 2003 gilt; und (ii), dass es keine Variation zwischen Ländern gibt; von allen Ländern wird angenommen, dass sie den USA ähnlich sind. Die USA dienen als »Benchmark«, womit länderspezifische institutionelle Faktoren die die »natürlichen« Entlassungsraten beeinflussen negiert werden. Ein drittes Problem ist, dass die länderspezifischen »*Employment Protection Legislation*« (*EPL*) Indizes sich im Laufe der Zeit wenig ändern. Dies bedeutet, dass ein Großteil der Variation in den EPL aus Unterschieden *zwischen* Ländern kommt. Die EPL Variation *innerhalb* von Ländern kann also nicht viel von den länderspezifischen Produktivitätsdifferenzen in den verschiedenen Industrien erklären. Zum Schluss liegt der Nachdruck der Analyse auf Unterschieden in Produktivitätswachstumsraten zwischen »bindenden« und »nicht bindenden« Industrien. Um dann den Einfluss der EPL auf das aggregierte Arbeitsproduktivitätswachstum zu bestimmen werden potenzielle allgemeine Gleichgewichtseffekte der EPL »wegunterstellt« (wie etwa: der Einfluss der EPL auf (a) das Produktivitätswachstum in »nicht-bindenden« Industrien; (b) das relative Gewicht (in Wertschöpfung) von »bindenden« und »nicht-bindenden« Industrien und (c) Anreize für Investitionen in physisches und menschliches Kapital). Alles in allem ist das Resultat, dass der Kündigungsschutz das Wachstum der Arbeitsproduktivität behindert nicht sehr überzeugend.

- 1 % zusätzliche Lohnerhöhung (bzw. Lohnsenkung) führt zu 0,35–0,45 % zusätzlichem (bzw. geringerem) Wachstum der Arbeitsproduktivität.
- 1 % Steigung des Anteils der Kapitaleinkommen am Volkseinkommen bedeutet ca. 0,2 % geringeres Wachstum der Arbeitsproduktivität. Da ab Mitte der siebziger Jahre der Anteil des Kapitaleinkommens im Volkseinkommen ca. 7 % gestiegen ist, erklärt dies eine Reduktion des jährlichen Wachstums der Arbeitsproduktivität um ca. 1,4 %.

Ein andere Ansatz stammt von Acharya et al. (2010), die Patente und Patentzitate (als Maßstab für die Qualität von Patenten) gebrauchen. Sie argumentieren, dass guter Kündigungsschutz die Sicherheit gibt, dass misslungene Projekte nicht mit Entlassung bestraft werden. Dadurch getrauen sich Angestellte, bei der Suche nach innovativen Lösungen mehr riskante (aber potentiell sehr lohnende) Projekte in Angriff zu nehmen. Aus der Analyse von Zeitreihenvariationen (Folge von Veränderungen im Arbeitsrecht) ziehen sie die Schlussfolgerung, dass

›*... innovation and growth are fostered by stringent laws governing dismissal of employees, especially in the more innovation-intensive sectors. Firm-level tests within the United States that exploit a discontinuity generated by the passage of the federal Worker Adjustment and Retraining Notification Act confirm the cross-country evidence.*‹ *(2010: 1).*

Auch Pieroni and Pompei (2008) verwenden Patentdaten. Sie finden im interregionalen Vergleich innerhalb von Italien, dass viele Zu- und Abgänge von Arbeitskräften in Betrieben (als Maßstab für numerische Flexibilität) einen negativen Effekt hat auf Patentaktivitäten.

Es gibt auch Studien auf Unternehmensebene. Zum Beispiel finden Michie & Sheehan (2001, 2003) eine positive Korrelation zwischen ›high road‹ Personalpolitik und Innovation in britischen Betrieben. Kleinknecht et al. (2006) finden negative Effekte von externer Flexibilität (z. B. Zeitverträge) und positive Effekte von funktioneller Flexibilität (Mobilität auf internen Arbeitsmärkten) auf das Wachstum der Arbeitsproduktivität in niederländischen Industriebetrieben. Arvanitis (2005) findet in einer Stichprobe von schweizerischen Betrieben ebenfalls eine positive Beziehung zwischen funktioneller Flexibilität und Arbeitsproduktivität. Zugleich findet er jedoch einen insignifikanten Einfluss von externer Flexibilität.

Autor et al. (2007) finden einen *positiven* Effekt von Kündigungsschutz auf Investitionen in Kapitalgüter, Qualifikation und Arbeitsproduktivität, sowie einen *negativen* Effekt auf die totale Faktorproduktivität.

Lucidi & Kleinknecht (2010) finden für 3.000 italienische Industriebetriebe, dass ein hoher Anteil von flexiblen Arbeitskräften (in 2001), viel Zu- und Abgänge von Arbeitskräften (in 2001) sowie relativ niedrige Kosten von Arbeit (relativ zu Kapitalkosten, 1998–2000) jeweils die Wachstumsraten der Arbeitsproduktivität

2001–03 negativ beeinflussen. Boeri & Garibaldi (2007) finden einen negativen Effekt des Anteils von Zeitverträgen auf das Wachstum der Arbeitsproduktivität in italienischen Industriebetrieben im Zeitraum von 1995–2000.

Viele der obengenannten Argumente unterstellen (implizit), dass ein geringer Kündigungsschutz zu großen Zu- und Abgängen von Arbeitskräften führt. Hiergegen könnte man einwenden, dass eine gesetzlich geregelte Lockerung des Kündigungsschutzes die Betriebe nicht hindern muss, ihr Personal länger zu beschäftigen. Dagegen ließe sich allerdings einwenden: allein schon die gesetzliche *Option* einer leichten Entlassung macht Menschen mobiler. Geht es z. B. mit einem Betrieb nicht so gut, dann kann es wichtig sein, so früh wie möglich auf Jobsuche zu gehen. Sobald nämlich tatsächlich Massenentlassungen stattfinden, nimmt im regionalen Arbeitsmarkt die Konkurrenz um offene Stellen drastisch zu. So kann es geschehen, dass vorausschauende Menschen weggehen, obwohl ihr Betrieb sie gar nicht entlassen wollte.

6 Abschließende Diskussion

Das Obenstehende erlaubt eine Reihe von Schlußfolgerungen über die Effekte von ›strukturellen Reformen‹, die Rigiditäten im Arbeitsmarkt beseitigen:

Erstens, langfristig unterscheidet sich das Wirtschaftswachstum in ›liberalisierten‹ Marktwirtschaften (LME) nur geringfügig vom Wachstum der ›koordinierten‹ Marktwirtschaften (CME). Zuweilen wurde behauptet, dass die Deregulierung von Faktormärkten (und insbesondere von Arbeitsmärkten) das relativ hohe Wirtschaftswachstum in den USA in den neunziger Jahren (bis 2007) erklären würde. Vergleicht man jedoch eine *Gruppe* von LME (Australien, Kanada, Neu-Seeland, Großbritannien und USA), mit einer Gruppe von CME (Österreich, Belgien, Dänemark, Finnland, Frankreich, Deutschland, Italien, Niederlande, Portugal, Spanien, und Schweden), dann sind kaum nennenswerte Unterschiede zu erkennen (Abb. 3). Inzwischen wissen wir, dass das hohe Wachstum in den USA vor 2007 viel zu tun hatte mit einem eindrucksvollen Schuldenaufbau (Maki & Palumbo 2001; Palley 2009; Irvin 2011). Der Schuldenaufbau hing zusammen mit Seifenblasen auf dem Häusermarkt, wodurch Amerikaner ihr Haus als Geldautomat gebrauchen konnten. Man könnte dies auch »Hypotheken-Keynesianismus« nennen. Es sieht so aus, als ob man in den USA inzwischen mit Schuldenabbau begonnen hat. Dies bedeutet Aussicht auf niedrigere Wachstumsraten.

Zweitens haben die angelsächsischen LME ein relativ bescheidenes Reallohn-Wachstum im Vergleich zum alten Europa. Offensichtlich bieten die liberalisierten Arbeitsmärkte (mit schwachen Gewerkschaften) einen schwachen Schutz für

Arbeit. Dies führt zu einer stark wachsenden Ungleichheit von Einkommen, verglichen mit dem alten Europa.

Drittens, wie man aus der traditionellen mikroökonomischen Theorie erwarten konnte, führt ein schwaches Lohnwachstum zu einem arbeitsintensiven Wirtschaftswachstum, und dies auf Kosten eines geringeren Wachstums der Wertschöpfung pro Arbeitsstunde. Die Ironie der Geschichte will, dass uns dies an das faktor-intensive Wachstum in Osteuropa vor 1989 erinnert. Mit Sicht auf die relative Überalterung der Bevölkerung und eine relativ schrumpfende aktive Berufsbevölkerung kann man die Frage stellen, ob Arbeitsbeschaffungsmaßnahmen osteuropäischen Stils in Westeuropa gewünscht sind.

Viertens, obwohl die Arbeitslosenzahlen in den USA (jedenfalls in der Periode des Hypotheken-Keynesianismus vor 2007) relativ gut aussahen, ist es langfristig sehr die Frage, ob die Zahlen für die LME auch wirklich besser aussehen als in den CME (Tabelle 1). Mehrere Autoren kommen zu der Schlussfolgerung, dass es zweifelhaft ist, ob Deregulierung von Arbeitsmärkten einher geht mit niedrigeren Arbeitslosenquoten (und das trotz des relativ arbeitsintensiven Wachstums; siehe Baker, Glyn, Howell & Schmitt 2005; Baccaro & Rei 2007; Howell *et al.* 2007). Selbst bei der viel zitierten (und politisch sehr einflussreichen) Studie von Nickell et al. (2005) kann man zeigen, dass sie auf nicht-robusten Schätzungen beruht (Vergeer & Kleinknecht 2012a).

Die Fairness gebietet es, hier hinzuzufügen, dass viele Forscher in der »*Arbeitslosigkeit-durch-starre-Arbeitsmärkte*«-Literatur ihr Bestes getan haben um zu betonen, dass ihre Arbeit allerlei Probleme und Beschränkungen kennt. Vielfach wurde auf Unzulänglichkeiten der verfügbaren Daten und Grenzen der ökonometrischen Methoden hingewiesen. Dies hat jedoch relativ resolute Politikempfehlungen durch politiknahe Funktionäre nicht verhindert.

Fünftens haben wir in diesem Kapitel Argumente vorgetragen, warum deregulierte Arbeitsmärkte schädlich sind für Innovationen und Lernprozesse. Diese Argumente sind vor allem relevant für ein ›routinemäßiges‹ Innovationsmodell (Schumpeter, 1943). Dieses Modell beruht auf einer relativ pfadabhängigen Akkumulation von (oft betriebsspezifischer) und schlecht dokumentierter (personengebundener) Erfahrungskenntnis. Hier bieten starre Arbeitsmärkte Vorteile. Dies kann eine Erklärung sein, warum große Teile der amerikanischen Industrie so schlecht mit deutschen und japanischen Anbietern konkurrieren. Die USA sind relativ stark in der Informationstechnologie. Hier gilt das ›unternehmerische‹ (›Garage-business‹) Modell der Innovation (Schumpeter, 1912). Dieses ›Silicon Valley‹-Modell gebraucht spontan mobilisierbare, allgemeine Kenntnisse und hat damit viel weniger Probleme mit flüchtigen und flexiblen Arbeitsverhältnissen. Allerdings ist nicht auszuschließen, dass die erfolgreichen ›Silicon Valley‹-Betriebe im Laufe ihrer Entwicklung auch Züge des routinemäßigen Schumpeter II Modells (Schumpeter 1943) entwickeln.

Zum Schluss noch ein Wort zu einer Hypothese, die mit unseren obenstehenden Argumenten konkurriert: kann das langsamere Wachstum der Arbeitsproduktivität nicht einfach aus dem Umstand erklärt werden, dass die Deregulierung von Arbeitsmärkten einen kräftigen Zustrom in den Arbeitsmarkt von niedrig qualifizierten Arbeitskräften ermöglicht? Die OECD (2003) artikuliert diese *growth-in-low-productive-jobs*-Hypothese wie folgt: Es kann durchaus einen (leichten) ›Trade-off‹ geben zwischen einem extra Wachstum der Beschäftigung und dem Wachstum der Produktivität. Dies kommt durch neue Jobs im Niedriglohn-Segment des Arbeitsmarktes:

›For example, decentralization of wage bargaining and trimming back of high minimum wages may tend to lower wages, at least in the lower ranges of the earnings distribution. Similarly, relaxing employment protection legislation (...) may encourage expansion of low-productivity/low-pay jobs in services.‹ (OECD, 2004; Box 1.4, S. 42.).

Diese niedrigproduktiven Jobs, wird dann behauptet, werden in *flexiblen* Ländern geschaffen. In rigiden Ländern verbannen ja die hohen Mindestlöhne und Sozialleistungen die Niedrigproduktiven vom Arbeitsmarkt. Aus dieser Sicht ist dann das geringere Wachstum der Arbeitsproduktivität durch Deregulierung lediglich ein Nebenprodukt von Extrajobs im Segment der Niedriglöhne.

Zwei Gegenargumente. Erstens, unter der *ceteris paribus* Annahme kann man argumentieren, dass die Mobilisierung von zusätzlichen Arbeitskräften in den flexiblen Ländern zu extra Wirtschaftswachstum führen müsste, im Vergleich zu den rigiden Ländern, wo diese Leute nicht arbeiten. Hierfür gibt es jedoch kaum Beweise (siehe Abb. 3). Zweitens, die ›*low-productive-jobs*‹ Hypothese wurde im obengenannten Modell von Vergeer & Kleinknecht (2012b) getestet. In der Analyse von Faktoren, die das Wachstum der Arbeitsproduktivität in 20 OECD Ländern (1960–2004) erklären, ist neben einer Reihe anderer Variablen auch das Wachstum des Arbeitseinsatzes als erklärende Variable aufgenommen. Mit anderen Worten, es wurde getestet, ob extra Jobwachstum (durch Zulassung von niedrigproduktiven Arbeitskräften im Arbeitsmarkt) das Wachstum der Arbeitsproduktivität negativ beeinflusst. Wie erwartet hatte der Koeffizient der Wachstumsrate des Arbeitseinsatzes ein negatives Vorzeichen. Der Effekt ist allerdings weit entfernt von jeglicher statistischen Signifikanz. Dies stützt die Vermutung, dass das schwache Wachstum der Arbeitsproduktivität in deregulierten Arbeitsmärkten kaum durch die *low-productive-jobs*-Hypothese der OECD zu erklären ist. Die Erklärung muss vor allem in Faktoren gesucht werden, die das geringere Wachstum der Arbeitsproduktivität in *bestehenden* Arbeitsplätzen erklären.

Relevante Erklärungen für das letztere sind die geringere Substitution von Kapital für Arbeit, Jahrgangs-Effekte, die an Überalterung des Kapitalstocks leiden, oder weniger ›schöpferische Zerstörung‹ im Sinne von Schumpeter, da

Deregulierung von Arbeitsmärkten die Überlebenschancen von schwachen Unternehmern erhöht. Außerdem sorgt die Flexibilisierung für kürzere, flüchtigere Arbeitsbeziehungen wodurch betriebliche Investitionen in Fortbildung weniger lohnen und die Basis für Vertrauen und Loyalität erodiert. Dies zwingt Betriebe zu investieren in aufwändigere Management-Bürokratien. Ein großes Problem ist dabei, dass das ›routinemäßige‹ Innovationsmodell nicht mehr gut funktioniert. Für die pfadabhängige Akkumulation von betriebsspezifischer und oft personengebundener Erfahrungskenntnis hat dieses Modell personelle Kontinuität nötig.

Unsere Argumentation hat zum Schluss auch noch Implikationen für die Krise in der Eurozone. Der *Mainstream* argumentiert, dass die mediterranen Länder den Kündigungsschutz lockern und den Sozialstaat ausdünnen müssen, mit dem Ziel, dass Löhne und Preisniveaus nach unten flexibel werden. Nur so könnten diese Länder auf die Dauer wieder konkurrieren. Sollte dies realisiert werden, dann erwarten wir das Folgende: sicher mehr Arbeitseinsatz, aber auch weniger Innovation und Produktivität. Die Mainstreamstrategie schafft vor allem niedrigproduktive, prekäre Arbeitsverhältnisse. Es ist fraglich, ob dies die Wettbewerbsfähigkeit der Mittelmeerländer verbessert.

7 Zusammenfassung

Deregulierung von Arbeitsmärkten hat signifikant niedrigere Wachstumsraten der Arbeitsproduktivität zur Folge und ist schädlich für Innovation und Lernprozesse. Niedriges Produktivitätswachstum kann nicht durch niedrigproduktive Arbeitskräfte erklärt werden, die dank der Deregulierung in den Arbeitsmarkt einströmen, wie etwa von OECD-Forschern suggeriert wurde. Dieser Beitrag diskutiert theoretische Argumente, warum starre Arbeitsmärkte Arbeitsproduktivität und Innovation günstig beeinflussen. Es ist zu fürchten, dass die »Strukturreformen«, die im Zuge der europäischen Finanzkrise den mediterranen Ländern auferlegt werden (wie etwa die Lockerung des Kündigungsschutzes), der technologischen Wettbewerbsfähigkeit dieser Länder schaden werden.

Literatur

Acemoglou, D./Pischke, J.-S. (1999): Beyond Becker: Training in Imperfect Labour Markets, Economic Journal, Vol. 109: 112–142.

Acharya, Viral V./Ramin P. Baghai/Krishnamurthy V. Subramanian (2010): Labor laws and innovation, NBER Working Paper 16484. Cambridge, MA: National Bureau of Economic Research.

Addison, J. T./Surfield, C. J. (2005): Atypical Work and Compensation, IZA Discussion Paper no. 147.

Agell, J. (1999): On the benefits from rigid labour markets: Norms, market failures, and social insurance, Economic Journal, Vol. 109: 143–164.

Appelbaum, E./Bailey, T./Berg, P./Kalleberg, A. L. (2000): Manufacturing advantage. Why high-performance work systems pay off. Ithaca, NY: Cornell University Press.

Arvanitis, S. (2005): Modes of labor flexibility at firm level: are there any implications for performance and innovation? Evidence for the Swiss economy, Industrial and Corporate Change, Vol. 14: 993–1016.

Atkinson, A./Piketty, T./Saez, E. (2011): Top incomes in the long run of history, Journal of Economic Literature, Vol. 49: 3–71.

Auer, P./Berg, J./Coulibaly, I. (2005): Is a stable workforce good for productivity? International Labour Review, Vol. 144 (3): 319–343.

Autor, D. H./Kerr W.R./Kugler, A. D. (2007): Does Employment Protection Reduce Productivity? Evidence from US States Economic Journal, Vol. 117: 189–217.

Baccaro, L./Rei, D. (2007): Institutional determinants of unemployment in OECD countries: Does the deregulatory view hold water? International Organization, Vol. 61: 527–569.

Baker, D./Glyn, A./Howell, D./Schmitt, J. (2005): Labor market institutions and unemployment: a critical assessment of the cross-country evidence, in: David Howell, ed., Questioning liberalization: unemployment, labor markets and the welfare state, Oxford University Press, p. 72–118.

Bassanini, A./Ernst, E. (2002): Labor market regulation, industrial relations and technological regimes: a tale of comparative advantage, Industrial and Corporate Change, Vol. 11(3), p. 391–426.

Bassanini, A./Nunziata, L./Venn, D. (2009): Job protection and productivity, Economic Policy, Vol. 24, Issue 58, p. 349–402.

Beatson, M. (1995): Labour market flexibility, Research Series No. 48. University of Sheffield, (Employment Department).

Belot, M./Boone, J./Van Ours, J. (2002): Welfare effects of employment protection, CEPR Discussion Paper, no. 3396.

Boeri, T./Garibaldi, P. (2007): Two tier reforms of employment protection: a honeymoon effect?, Economic Journal, Vol. 117, 357–85

Booth, A. L./Francesconi, M./Frank, J. (2002): Temporary jobs: Stepping stones or dead ends, Economic Journal, Vol. 112, 189–213.

Breschi, S./Malerba, F./Orsenigo, L. (2000): Technological regimes and Schumpeterian patterns of innovation, in: Economic Journal, Vol. 110, 288–410.

Buchele, R./Christiansen, J. (1999): Labor relations and productivity growth in advanced capitalist economies, Review of Radical Political Economics, Vol. 31, 87–110.

Hall, P. A./Soskice, D. (2001): Varieties of Capitalism, Oxford University Press.

Howell, D. R./Baker, D./Glyn, A./Schmitt, J. (2007): Are protective labor market institutions really at the root of unemployment?, Capitalism and Society, Vol. 2, 1–71.

Huselid, M. (1995): The impact of human resource management practices on turnover, productivity and corporate financial performance, Academy of Management Journal, Vol. 38, 635–670.

Irvin, G. (2011): Inequality and recession in Britain and the US, Development and Change, Vol. 42, 154–182.

Kleinknecht, A. (1998): Is labour market flexibility harmful to innovation?, Cambridge Journal of Economics, Vol. 22, 387–396.

Kleinknecht, A./Oostendorp, R. M./Pradhan, M. P./Naastepad, C. W. M. (2006): Flexible labour, firm performance and the Dutch job creation miracle, International Review of Applied Economics, Vol. 20, 171–187.

Lucidi, F./Kleinknecht, A. (2010): Little innovation, many jobs: An econometric analysis of the Italian labour productivity crisis, Cambridge Journal of Economics, Vol. 34, 525–546.

Lorenz, E. H. (1999): Trust, contract and economic cooperation, Cambridge Journal of Economics, Vol. 23, 301–316.

Maki, D. M./Palumbo, M. G. (2001): Disentangling the wealth effect: a cohort analysis of household saving in the 1990s, Washington, DC: Federal Reserve.

Malcomson, J. M. (1997): Contracts, hold-up, and labor markets, Journal of Economic Literature, Vol. 35, 1916–1957.

McGinnity, F./Mertens, A. (2004): Wages and wage growth of fixed-term workers in East and West Germany, Applied Economics Quarterly, Vol. 50, 139–63.

Michie, J./Sheehan, M. (2001): Labour market flexibility, human resource management and corporate performance, British Journal of Management, Vol. 12, 287–306.

Michie, J./Sheehan, M. (2003): Labour market deregulation, ›flexibility‹ and innovation, Cambridge Journal of Economics, Vol. 27, 123–143.

Naastepad, C. W. M./A. Kleinknecht (2004): The Dutch productivity slowdown: The culprit at last? Structural Change and Economic Dynamics, Vol. 15 (2004), pp. 137–163.

Naastepad, C. W. M./Servaas Storm (2006): The innovating firm in a societal context: Labour-management relations and labour productivity, in: Verburg, R. M./Ortt, J. R./Dicke, W. M. eds., Managing technology and innovation. London: Routledge.

Nickell, S./R. Layard (1999): Labour market institutions and economic performance, in: Ashenfelter, O./Card, D. (editors): Handbook of labour economics (ch. 46), Elsevier Science.

Nickell, S./Nunziata, L./Ochel, W. (2005): Unemployment in the OECD since the 1960s. What do we know?, Economic Journal, Vol. 115 (January), 1–27.

OECD (2003): More jobs but less productive? The impact of labour market policies on productivity. Chapter 2, in OECD Employment Outlook 2003, Paris: OECD.

Palley, T. (2009): America's exhausted paradigm: macroeconomic causes of the financial crisis and the great recession, New American Contract Policy Paper. Washington, DC: New America Foundation.

Picchio, M. (2006): Wage Differentials between Temporary and Permanent Workers in Italy, Quaderni del Dipartimento di Economia dell'Universita` Politecnica delle Marche, no. 257.

Pieroni, L./Pompei, F. (2008): Evaluating innovation and labour market relationships: the case of Italy, Cambridge Journal of Economics, Vol. 32(2), 325–47

Sànchez, R./Toharia, L. (2000): 'Temporary workers and productivity', Applied Economics, Vol. 32, 583–591.

Scarpetta, S./Tressel, T. (2004): Boosting productivity via innovation and adoption of new technologies: any role for labor market institutions?, Policy Research Working Paper Series 3273, Washington DC.: World Bank.

Schumpeter, J. A. (1912): Theorie der wirtschaftlichen Entwicklung, Leipzig: Duncker & Humblot.
Schumpeter, J. A. (1943): Capitalism, Socialism and Democracy, London: George Allen & Unwin.
Storm, S./Naastepad, C. W. M. (2009): Labor market regulation and productivity growth: evidence for twenty OECD countries (1984–2004), Industrial Relations, Vol. 48, 629–654.
Storm, S./Naastepad, C. W. M. (2012): Macroeconomics beyond the NAIRU, Cambridge, MA: Harvard University Press.
Svensson, S. (2011): Flexible working conditions and decreasing levels of trust, Employee Relations, Vol. 34 (2), 126–137.
Sylos Labini, P. (1984): The Forces of Economic Growth and Decline, Cambridge, MA: MIT Press
Sylos Labini, P. (1993): Progresso Tecnico e Sviluppo Ciclico, Bari: Laterza
Sylos Labini, P. (1999): The employment issue: investment, flexibility and the competition of developing countries, BNL Quarterly Review, Vol. 210, 257–80
Vergeer, R. (2010): Labour market flexibility, productivity and employment, PhD thesis, TU Delft.
Vergeer, R./Kleinknecht, A. (2011): The impact of labor market deregulation on productivity: A panel data analysis of 19 OECD countries (1960–2004), Journal of Post-Keynesian Economics, Vol. 33 (No. 2), p. 369–404.
Vergeer, R./A. Kleinknecht (2012a): Do flexible labor markets indeed reduce unemployment? In: Review of Social Economy, advances access: DOI:10.1080/00346764.2012.681113 (2 May 2012).
Vergeer, R./A. Kleinknecht (2012b): Does labor market deregulation reduce labor productivity growth? A panel data analysis of 20 OECD countries (1960–2004); unpublished manuscript, TU Delft, March 2012.
Zhou, H./Dekker, R./Kleinknecht, A. (2011): Flexible labor and innovation performance: evidence from longitudinal firm-level data, Industrial and Corporate Change Vol.20 (3), p. 941–968.

V Zur Förderung von Regionen

Vom ökonomischen Desaster zum subventionierten Cluster? Alternative wirtschaftliche Aufbaustrategien »Build-Strategien« in den neuen Ländern und ihr ökonomischer Wert durch Risikodiversifikation

Von Ulrich Blum und Werner Gleißner***

1 Ausgangslage am Vorabend der Wende

Am Vorabend der Wende stand Ostdeutschland vor dem wirtschaftlichen Zusammenbruch und zwar gleichermaßen in Bezug auf die gewerbliche Produktion und die Einbindung in die internationale Wirtschaft; besonders betraf dies die internationale Zahlungsfähigkeit. Diese Entwicklung wurde bereits Anfang der 80er Jahre deutlich, nämlich eine strukturelle Exportschwäche, die es nicht mehr ermöglichte, die erforderlichen Valuta auf den internationalen Märkten zu verdienen, um notwendige Beschaffungen zu realisieren, und die damit den Niedergang des Kapitalstocks beschleunigte. Deutlich hob dieses der bekannte Schürer-Bericht hervor und zeigte auf, dass ohne ein erhebliches Reduzieren des Lebensstandards oder eine Vervielfachung der Exporte ein Überleben des Systems nicht möglich war.

Es waren also grundlegende Entscheidungen zur Transformation zu treffen, die gleichermaßen die Infrastruktur, den Wohnungsbestand und auch die künftige Wirtschaft betrafen. Wesentliche Vorgaben erfolgten in der am 1. Juli 1990 vollzogenen Währungs-, Wirtschafts- und Sozialunion, die nicht nur eine moderne Geldverfassung einführte sondern auch das System der sozialen Marktwirtschaft auf die neuen Länder, damit freie Preisbildung und Freizügigkeit von Arbeit, Kapital und Gütern, übertrug. Abgeschlossen wurde der formelle Übergang schließlich im Einigungsvertrag, der im dritten Quartal 1990 wirksam wurde. Damit wurde den neuen Ländern die Aufgabe erspart, ein eigenes Ordnungssystem zu entwickeln, zugleich erzeugte aber die Übernahme bundesdeutscher Institutionen durchaus Reibungsverluste, weil sie an vielen Stellen für

* Prof. Dr. Dr. Ulrich Blum, Halle, E-Mail: ulrich.blum@wiwi.uni-halle.de
** Dr. Werner Gleißner, Leinfelden-Echterdingen, E-Mail: w.gleissner@futurevalue.de

eine Wirtschaft im Aufbau ungeeignet waren. Oftmals wurde das Niveau des zu Leistenden erheblich unterschätzt, weshalb eine Reihe von Aufgaben mit zu kurzer Perspektive erledigt wurden. Hierzu zählt insbesondere die Privatisierung der Wirtschaft durch die Treuhandanstalt.

2 Die Treuhandanstalt

Sie hatte die Aufgabe, als Inhaberin aller Anteile der Kapitalgesellschaften, die aus früheren volkseigenen Betrieben entstanden waren, durch Umstrukturierung und Verkauf die Wettbewerbsfähigkeit herzustellen und dabei möglichst viele Arbeitsplätze zu erhalten. Bei der Frage nach der richtigen Dosierung von Sanierung und Verkauf – und auch nach der Lösung des Problems, welche Betriebsgrößen und Verflechtungen auf Dauer lebensfähig sind – gewann das Motto »Schnell privatisieren, entschlossen sanieren, behutsam stilllegen« (Breuel 2005) die Oberhand. Der Bestand von rund 8500 Betrieben wurde entflochten, daraus entstanden rund 15000 Wirtschaftseinheiten, die neue Eigentümer finden mussten. Für rund 70 % des Bestands gelang eine Weiterführung, die allerdings in erhebliche Maße durch auswärtige Investoren gewährleistet wurde, so dass neben einer kleinteiligen mittelständischen Wirtschaft aus Ortsansässigen der Rest im Wesentlichen zu verlängerten Werkbänken internationaler oder westdeutscher Stammhäuser wurde. Nur rund ein Fünftel der weitergeführten Betriebe ging an ihre Alteigentümer zurück. Eine wichtige Rolle spielten *Management Buy Outs* und *Management Buy Ins* (MBO, MBI), oft von Ex-Treuhandmitarbeitern durchgeführt, die im Rahmen ihrer Tätigkeit ein Gespür für ertragsfähige Betriebseinheiten entwickelt hatten. Zwei Dinge erschwerten die Privatisierung, über die schiere Größe der Aufgabe hinaus: Zum einen führte die Währungsumstellung im Verhältnis 1 : 3 (im Durchschnitt rund 1 : 1,7) zu einer Aufwertung. Darüber hinaus vereinbarten die Tarifparteien auch angesichts positiver Entwicklungsperspektiven, zu denken ist beispielsweise an den noch seitens der Sowjetunion im 2 + 4-Vertrag fixierten Auftrag an die gewerbliche Wirtschaft der ehemaligen DDR, Lohnerhöhungen, die schließlich die Unternehmen unter Druck setzten, zumal diese Aufträge durch den Zerfall der Sowjetunion nie eingelöst wurden. Schließlich führte die Tarifangleichung im Bereich der nicht handelbaren Güter zur sogenannten »holländischen Krankheit«: Übersteigt nämlich bei lokalen Gütern die Nachfrage das Angebot, dann entstehen Preisblasen mit Lohnsteigerungen, die auf andere Sektoren ausstrahlen. Sektoren, die international handelbare Güter herstellen, geraten damit unter erhöhten Kostendruck und scheiden gegebenenfalls aus dem Markt aus (Blum 2009).

3 Phasen der wirtschaftlichen Entwicklung

Die Entwicklung Mitteldeutschlands, des Ostdeutschlands nach dem 2. Weltkrieg, lässt sich grob in sechs Phasen untergliedern, drei davon vor der Wende und drei nach der Wende.[1]

3.1 Die Aufbaujahre

Am Ende des 2. Weltkriegs befand sich in den neuen Ländern zunächst eine bessere Kapitalausstattung, als sie der Westen besaß, weil hier die moderneren Technologien verfügbar waren und auch die Schäden am industriellen Kapitalstock durch Bombardements der Alliierten weniger hoch ausgefallen waren. Allerdings setzten die Demontagepolitik der Sowjetunion und das Leben der Besatzungstruppen aus den Ressourcen des Landes die Region ebenso wie die Abgrenzungspolitik unter erheblichen Druck. Trotzdem gelang es, eine Wachstumsentwicklung auszulösen, die einem kleinen Wirtschaftswunder entsprach, die allerdings stets unter dem Druck der Abwanderung erheblicher Teile der Qualifizierten nach Westdeutschland stand. Diese erste Phase endete mit dem Bau der Mauer im Jahr 1961. Zu diesem Zeitpunkt lag die Wirtschaft der DDR um ungefähr ein Drittel unter dem Niveau der Bundesrepublik.

3.2 Die Stabilisierungsjahre

Von 1961 bis etwa 1971, also bis zur Amtsübernahme von Erich Honecker, entwickelte sich die DDR zu einem in die Weltwirtschaft eingebundenen Industrieland, das durch eine Reihe von Experimentierklauseln eine größere sektorale Vielfalt aufbauen konnte, als sie ursprünglich im RGW vorgesehen war. Insbesondere erfolgte eine Spezialisierung auf alte komparative Vorteile, beispielsweise Mikrotechnologie und daraus abgeleitet Mikroelektronik oder auch Pharmazie. Die mittelständischen Unternehmen entwickelten sich, trotz Einbindung in die Planungsstruktur, vergleichsweise positiv, weil sie im Rahmen des innerdeutschen Handels, der von der DDR stark begünstigt wurde, um Devisen zu erwirtschaften, westdeutsche Versandhäuser belieferten und damit

[1] Zur Phaseneinteilung der DDR-Wirtschaftsgeschichte, vgl., Ulrich Blum/Leonard Dudley (2000): Blood, Sweat, Tears: Rise and Decline of the East German Economy, 1949–1988, Zeitschrift für Nationalökonomie und Statistik – Journal of Economics and Statistics. 220/4: 438–452. Für die Phaseneinteilung nach der Wiedervereinigung, siehe Ulrich Blum/Udo Ludwig. (Hrsg., 2011): Wirtschaftlicher Stand und Perspektiven für Ostdeutschland: Studie im Auftrag des Bundesministeriums des Inneren, Halle. Die Abschätzung der wirtschaftlichen Entwicklung der DDR folgt der Arbeit von Ulrich Blum (2013), East Germany's Economic Development Revisited, Journal of Post-Communist Economies, erscheint demnächst.

einen leistungsfähigen Absatzkanal besaßen. Gleichermaßen galten ostdeutsche Maschinen- und Anlagenhersteller als weltweit leistungsfähig.

3.3 Der Ökonomische Niedergang

Mit der Enteignung des gewerblichen Mittelstands und einer weiteren Konzentration als Reaktion auf die Anpassungsprozesse der Weltwirtschaft infolge der Ölpreiskrise verlor die DDR zunehmend an internationaler Wettbewerbsfähigkeit. Das erreichte Anfang der 80er Jahre einen ersten Höhepunkt, als eine faktische Zahlungsunfähigkeit nur durch den sogenannten »Strauß-Kredit« überwunden werden konnte. Er führte zu einer gewissen Stabilisierung, konnte aber die grundlegenden Strukturprobleme der DDR nicht lösen, so dass im Jahr 1989 im bereits erwähnten Schürer-Papier festgestellt wurde, dass die DDR entweder den Lebensstandard um rund 30 % absenken, die Exporte vervielfachen oder das System aufgeben müsse.

Die nachfolgende Abbildung dokumentiert die Entwicklung der wirtschaftlichen Leistung Deutschlands über 110 Jahre (Blum 2013).

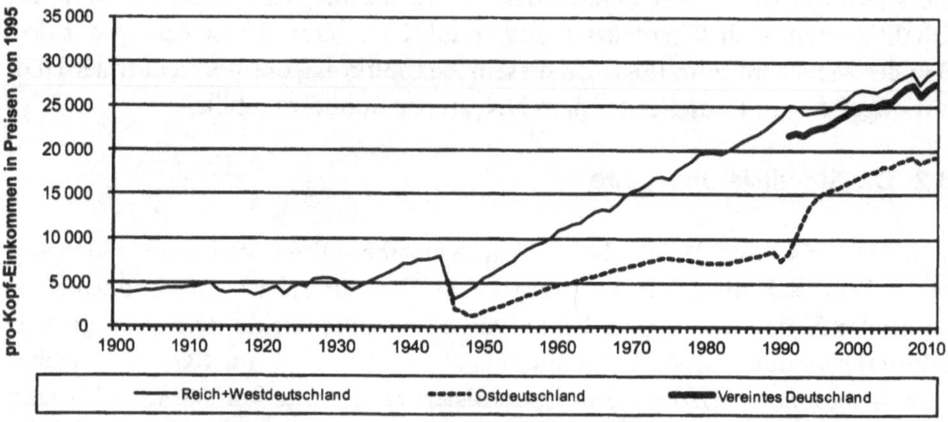

* Euro zu Kaufkraftparitäten

Abb. 1: Entwicklung des Pro-Kopf BIP in Deutschland, 1900-2010*

3.4 Der Systemschock

Mit der Einführung der Marktwirtschaft ergab sich ein Systemschock, der besonders die Industrie betraf, waren doch unter den neuen Bedingungen die meisten Industrieanlagen und Produkte nicht wettbewerbsfähig. Selbst dort, wo die Produktqualität den Standards entsprach, war das Angebot durch die erhöhten Kosten in den alten Bestandsmärkten Mittel- und Osteuropas oder auch Südamerikas nicht mehr tragfähig. Die Art der Privatisierung zerstörte zudem die Systemfähigkeit der Wirtschaft, weil die internen Lieferverflechtungen und Kooperationsstrukturen zunächst durchtrennt wurden. Die ausgegliederte Industrieforschung begann sich aufzulösen und wurde nur in Sachsen und Thüringen von den Landesregierungen reorganisiert. Somit brach der Anteil der Industrie an der Wirtschaftsleistung auf weniger als ein Viertel des Ausgangsniveaus ein, die Bauwirtschaft expandierte hingegen und fing einen erheblichen Teil der Anpassungslasten auf, weil im Rahmen der Infrastruktur- und Wohnungsbausanierungen erhebliche Kraftanstrengungen erforderlich waren, die Rahmenbedingungen für eine moderne Gesellschaft zu schaffen. Gleichzeitig expandierte der Dienstleistungssektor, der vorher stark unterentwickelt war, so dass sich das niedrige Ausgangsniveau von rund einem Drittel der Wirtschaftsleistung der Bundesrepublik innerhalb von wenigen Jahren, seit etwa 1997, auf rund 65 % des Westniveaus entwickelte.

3.5 Der sektorale Übergang

Ab 1997 waren die wesentliche Aufgaben in der Wohnungsbausanierung und im Infrastrukturbau im Sinne eines Nachholprozesses erfüllt, so dass es zu einer Anpassungskrise der Bauwirtschaft kam, die allerdings durch eine Industrie, die zweistellige Wachstumsraten aufzuweisen hatte, kompensiert werden konnte. Das Pro-Kopf-Einkommen stagnierte trotz dieser drastischen Umschichtungen und lag etwa bis zum Jahr 2002 bei 70 % des westdeutschen Referenzwertes.

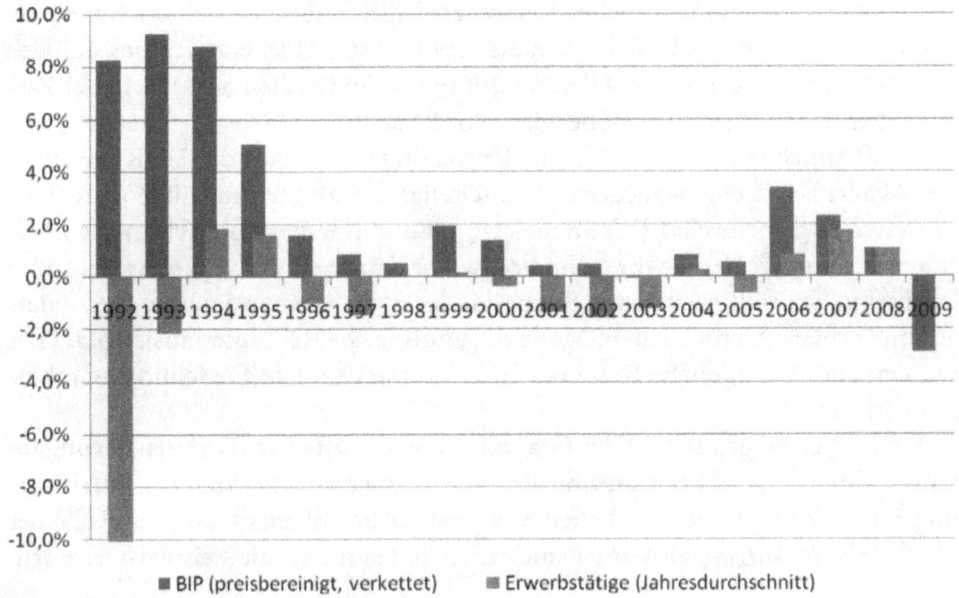

Quelle: Blum, Ludwig, (2011, S.24)

Abb. 2: Veränderungsraten von Bruttoinlandsprodukt (BIP) und Erwerbstätigen in Ostdeutschland im Zeitverlauf (in %)

3.6 Die Phase des Wachstums ohne Konvergenz

Seit dem Jahr 2006 gleichen sich die Wachstumsstrukturen in West- und Ostdeutschland weitgehend an, wobei die Konvergenzlücke zwischen Ost und West kaum geringer wird. Es entstehen vor allem in den südlichen neuen Bundesländern neue Wachstumszentren, die, anderes als die ersten Großinvestitionen, die besonders Lieferantenstrukturen im Umfeld aufbauten und festigten, nunmehr stabile Wachstumskerne darstellen.

4 Das Innovationssystem und Technologiepfade

Langanhaltende Entwicklungen von Regionen basieren häufig auf Technologiepfaden, also »langen Wellen«, die Regionen ausschöpfen können und die sie auch in Bezug auf ihre technologische Identität prägen. Gerade nach großen wirtschaftsstrukturellen Brüchen spielen sie eine bedeutende Rolle, um den Aufholprozess gegenüber Vergleichsregionen zu ermöglichen. Denn es zeigt sich, dass die Strategie des Kopierenes nur einen begrenzten Erfolg bietet. Es ist zwingend, auf Dauer neue, bisher wenig wettbewerbsintensive Märkte zu erobern,[2] und dies gelingt meist besonders erfolgreich auf der Basis grundlegender und neuer Technologien. Gerade der Aufstieg der süddeutschen Bundesländer nach dem 2. Weltkrieg ist hier ein lehrreiches Referenzbeispiel, haben sie sich doch von den klassischen Strukturen der Schwerindustrie zugunsten einer entwicklungsfähigen Leichtindustrie abgekoppelt. Gleiches gilt für die Südstaaten der USA in der Zeit nach dem 1. Weltkrieg gegenüber den Nordstaaten.

Im öffentlichen Bereich wurde die Universitätslandschaft der DDR mit ihren vier Akademien in eine gegliederte Hochschullandschaft mit rund 60 Hochschulen und etwa 80 gemeinschaftlich finanzierte außeruniversitäre Einrichtungen überführt. Die hohe Präferenz für technologisch orientierte Forschungseinrichtungen leuchtet in den südlichen neuen Bundesländern, vor allem in Sachsen, besonders auf und erklärt in erheblichem Maße die erfolgreiche Reindustrialisierung. Hier wurden auch ertragreiche Reste der Industrieforschung in Forschungs-GmbHs reorganisiert.

Tatsächlich zeigen sich in der Graphik über die Ost-West-Differenzierung hinaus regionale Spezialisierungsmuster – ein deutlicher Trend zu mehr Forschung und Entwicklung in den südlichen Regionen Deutschlands – und die Rolle der »*industrial heritage*«, also einer industriellen Tradition, die beispielsweise frü-

2 Dies wird auch als sogenannte »blue ocean strategy« bezeichnet; vgl. Kim/Mauborgne, R. (2005). The Blue Ocean Strategy, Harvard Business School Press, Cambridge (Mass).

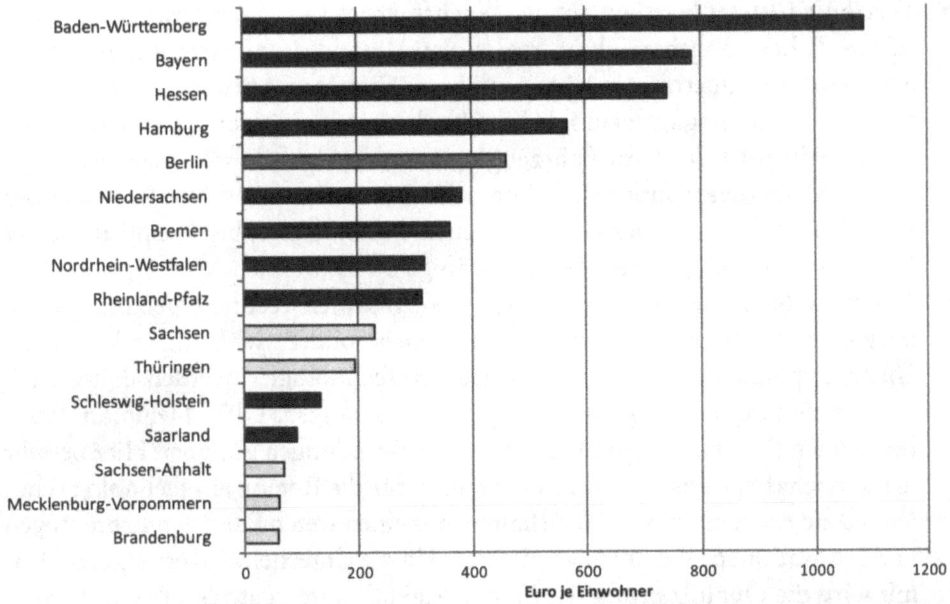

Quelle: Wissenschaftsstatistik im Stifterverband für die Deutsche Wissenschaft, Dezember 2008, Arbeitskreis Volkswirtschaftliche Gesamtrechnungen der Länder, März 2009

Abb. 3: Interne FuE-Aufwendungen im Wirtschaftssektor im Jahr 2006 je Einwohner

her großindustrielle (Montan-) Regionen heute benachteiligt. Darüber hinaus scheint die Bedeutung der Agglomerationen deutlich auf, wie dies statistisch in den Stadtstaaten belegt ist.

5 Clusterdynamik, Konvergenzziele und eine Reorientierung der Förderpolitik

5.1 Clusterdynamik

Die Wissenschaft unterscheidet zwischen drei Arten von Clustern: den vertikalen, den horizontalen und den lateralen Clustern. Darüber hinaus existieren Non-Cluster-Aktivitäten.[3]

[3] Blum (2008) erwähnt neben den non-clustern nur zwei Clusterstrukturen erwähnt. Die dritte der lateralen Cluster entwickelt sich zunehmend als Sonderform, die aber im Hinblick auf die Unterstützung eines gemeinsamen Technologiegehalts der Produkte erhebliche Ähnlichkeiten mit horizontalen Clustern besitzt; vgl. Ulrich Blum (2008): Institutions and Clusters, in: Johansson, B./Karlsson, C. (Eds) Handbook of Clusters, Edward Elgar, Cheltenham/Northampton, S. 361–373.

- ***Vertikale Cluster*** beruhen auf den Nachfrageeffekten eines Systemkopfs, der seinen Zulieferungsbereich im regionalen Umfeld organisiert und damit als eine erste Aufbaustrategie leistungsfähige Wirtschaftsstrukturen in einer zu entwickelnden Region ermöglicht. Für die neuen Länder typisch sind hier die Großinvestitionen im Fahrzeugbau, in der Großchemie, teilweise auch in der Mikroelektronik. Sie schufen in der ersten und zweiten Phase der wirtschaftlichen Entwicklung der neuen Länder, also bis knapp nach der Jahrtausendwende, extrem leistungsfähige Strukturen.
- ***Horizontale Cluster*** beruhen auf einer gemeinsamen Technologiebasis, die unterschiedliche technische Verwendungen, insbesondere auch zu produzierende Güter, ermöglicht. Die zugrundeliegenden Technologien werden daher auch als verwendungsoffen (*general purpose technologies*, GPT, Helpman 1998) bezeichnet. Sie sind für eine Vielzahl von Anwendungen geeignet. Hier besteht die wirtschaftspolitische Herausforderung, für die Region ein technologisches Milieu aufzubauen und stabil zu halten, das einen steten Fluss von Erfindungen und Innovationen, aber auch von Personal in die Unternehmen ermöglicht. Damit wird die Qualifizierung des Humankapitals zum zentralen Erfolgsfaktor.
- ***Laterale Cluster*** gewinnen zunehmend in Regionen an Bedeutung, in denen die Entwicklung eine Wirtschaftsstruktur erzeugt hat, deren Leistungsfähigkeit für die Zukunft von bisher nicht vorhandenen Kompetenzen abhängt. Auch diese Technologien sind verwendungsoffen, aber nicht zwingend Teil des ursprünglichen innovationsökonomischen Unterbaus im vorhandenen Unternehmensbesatz. Laterale Clusterstrukturen stellen damit eine Ergänzung dar, die das bisherige System anreichern und befruchten, langfristig möglicherweise sogar zum Unterbau werden können. Ein typisches Beispiel in den neuen Ländern stellt das inzwischen seitens der Bundesregierung geförderte Spitzencluster BioEconomy dar, das die Verwendung von Holzfasern (und im weitesten Sinne Biofasern) für energetische und stoffliche Zwecke erlaubt.[4]
- ***Non-Cluster-Aktivitäten*** sind vor allem dort bedeutsam, wo ein zwar geringes spezifisches Humankapital aber günstige Ressourcen verfügbar sind. Im ostdeutschen Kontext besonders bedeutsam sind große Laminatboden- oder Zellstoffwerke.

5.2 Konvergenzdynamik

Mit dem Verharren seit nunmehr über zehn Jahren auf dem 70 %igen Niveau der wirtschaftlichen Entwicklung der alten Länder stellt sich die Frage, ob auf der Basis eines neuen Technologiepfades, flankiert durch die Clusterstrukturen

4 http://www.cbp.fraunhofer.de/de/presse_und_medien/presseinformationen/bioeconomy-gewinnt-spitzencluster.html

besonders in den südlichen neuen Ländern ein weiterer Aufholprozess möglich ist. Hierzu sind zwei Fragen zu beantworten, nämlich: Unter welchen Bedingungen können Cluster eine entsprechende Leistungsfähigkeit entwickeln – und welche Angebotsstrukturen sind insgesamt erforderlich?

Das Einkommens- und Produktivitätsniveau des Westens werden in der Regel als Referenzgröße für den wirtschaftlichen Aufholprozess bezeichnet, wenngleich dies in keinem direkten Zusammenhang zur grundgesetzlichen Forderung nach dem Herstellen gleichwertiger Lebensverhältnisse (Artikel 71 Grundgesetz) steht. Vielmehr ist eine Differenzierung durchaus angemessen, wenn anderweitige Vorteile, beispielsweise aufgrund eines vorteilhaften Naturraums, dem geringeren Einkommen »gegenzurechnen« ist. Ergänzend zählt zur grundlegenden Problematik der neuen Länder, dass ihre Siedlungs- und wirtschaftliche Agglomerationsstruktur mit der des Westens nicht zu vergleichen ist. Nimmt man die Großagglomerationen des Westens aus der wirtschaftlichen Einkommensbewertung heraus, so sinkt das Pro-Kopf-Einkommen je nach Abgrenzung auf rund 90 %. Auf diesem Niveau dürfte sich ein erfolgreicher Aufholprozess der neuen Länder stabilisieren, solange es Berlin nicht gelingt, an ein Einkommensniveau, wie es für Frankfurt oder München typisch ist, anzuknüpfen. Insbesondere sind es die gemeinhin als besonders erfolgreich geltenden ostdeutschen Städte, die im Vergleich zu entsprechenden westdeutschen Metropolen ungünstig abschneiden, während die Entwicklung des ländlichen Raumes vergleichsweise weit gekommen ist.[5] Gerade also dort, wo der höchste Grad an wirtschaftlicher Entwicklung, vor allem Clusterdynamik zu verorten ist, bestehen die größten Lücken.

5.3 Die Headquarterlücke des Ostens

Mit dem Begriff der Headquarterlücke verbindet sich seit einigen Jahren genau die Frage, ob das Fehlen an hochwertigen Unternehmensfunktionen mit den ursächlichen Problemen der mangelnden Konvergenz und besonders mit der anhaltenden Stagnation der Kaufkraft in den großen urbanen Zentren verbunden ist. Zunächst wäre zu prüfen, was unter diesem genau zu verstehen ist: Führungszentralen von Unternehmen sind bei größeren unternehmerischen Einheiten beispielsweise in Form von Verwaltung sichtbar, aber auch in einer Vielzahl anderer Wertschöpfungsaktivitäten, beispielsweise in der Forschung und Entwicklung, in der mit dem Unternehmenssitz verbundenen Kommunikation mit dem In- und Ausland, damit also auch mit dem Messe- und Tagungswesen, um nur einige wichtige zu nennen. Im einfachsten Fall legt man die Unternehmensstatistik zugrunde

---

[5] Vgl. hierzu insbesondere Ulrich Blum/Udo Ludwig. (Hrsg., 2011): Wirtschaftlicher Stand und Perspektiven für Ostdeutschland: Studie im Auftrag des Bundesministeriums des Inneren, Halle..

und fragt nach der durchschnittlichen Größe der Unternehmen, gemessen am Umsatz, in den einzelnen Regionen, die zur Substanz der 500 größten deutschen Unternehmen zählen (Tabelle 1).

Tab. 1: Durchschnittlicher Umsatz der 500 größten Unternehmen in Deutschland nach Regionen – in Mio. Euro pro Unternehmen, 2010 –

	2007	2008
Sitz in Ostdeutschland	3 071	2 975
Sitz in Berlin	6 113	7 759
Sitz in Westdeutschland	5 858	6 105

Quelle: Blum, Ludwig (2011)

Sieht man sich einzelne Unternehmen genau an, so stellt man schnell fest, dass ihre Führungsaktivitäten zwischen 20 und 40 % der gesamten Wertschöpfung ausmachen. Eine genaue Zurechnung ist schwierig, weil diese unter anderem von der Größe des Unternehmens, dem Wirtschaftssektor und schließlich auch von der Stellung im Innovationszyklus abhängt. Solche Unternehmen, die stetig mit Neuerungen auf den Markt treten, betreiben einen erhöhten Forschungs- und Entwicklungsaufwand und sind damit als Headquarter sichtbarer als andere, die nur in der Auftragsfertigung tätig sind.

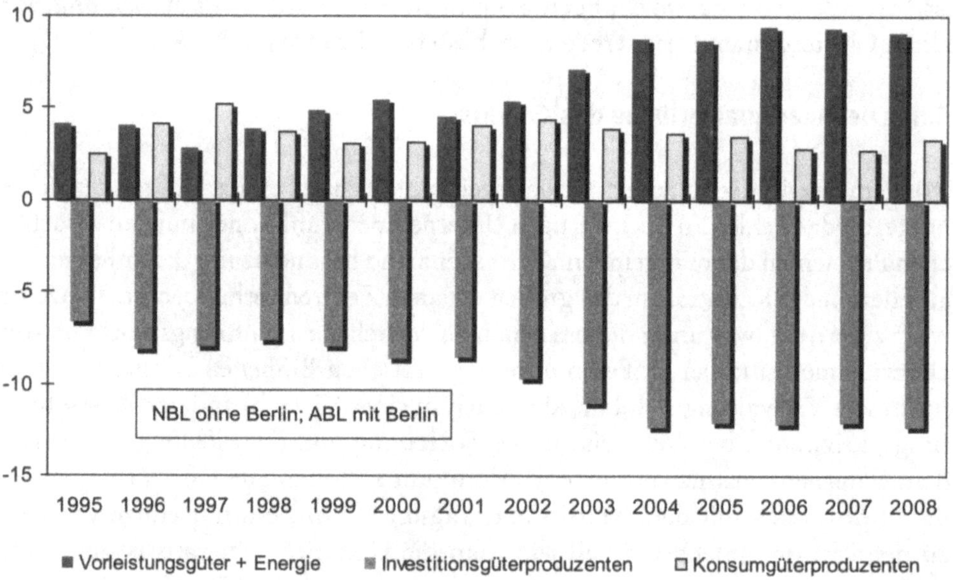

Quellen: Statistisches Bundesamt; Blum, Ludwig (2011)

Abb. 4: Unterschiede der Umsatzstruktur zwischen ost- und westdeutschen Industriebetrieben – Differenz der Anteile in Prozentpunkten –

Daran schließt sich die Frage nach der Messbarkeit an. Man könnte in einer einfachen und rudimentären Verfahrensweise neben der Arbeitsteilung nach Branchen die funktionale Arbeitsteilung im Unternehmen als Charakteristikum wählen: In welchen Funktionen arbeiten die Mitarbeiter und wie sind diese den Führungsfunktionen zuzuordnen? Unter derart komplexen Bedingungen bietet es sich an, eine ökonometrische Schätzung wie sie bei Blum (2007) durchzuführen. Als Ergebnis stellte sich heraus, dass die neuen Bundesländer den Abstand von rund 30 % an Einkommen auf fehlende Führungsfunktionen und Zentralität zurückführen.

6 *Build*-Strategie statt Clustersubvention

6.1 Unternehmensstrategien

Unternehmensstrategien sollen helfen, alle Ressourcen und Aktivitäten des Unternehmens auf eine nachhaltige Erfolgssicherung auszurichten und eine Leitlinie für das Tagesgeschäft vorzugeben.

Die grundsätzlichen Inhalte einer Unternehmensstrategie sind bekannt: Die Strategie muss Aussagen zu den grundsätzlichen Fähigkeiten (Kernkompetenzen) des Unternehmens, den aussichtsreichen Geschäftsfeldern, den für den Kunden erkennbaren Wettbewerbsvorteilen, der grundsätzlichen Gestaltung der Wertschöpfungskette (Arbeitsprozesse) sowie Aussagen über die strategische Stoßrichtung (Wachstum, Rentabilitätssteigerung, Risikoreduzierung) treffen. Um die richtigen Antworten und Inhalte für eine Strategie zu finden, können Orientierungsfragen zur Strategieentwicklung helfen. Hamel (1996) schlägt folgende Ansatzpunkte für revolutionäre Veränderungen von Unternehmensstrategien, also für die Neudefinition von Geschäftslogiken, vor, die interessante Anregungen für die Strategieentwicklung liefern, nämlich

1. die massive Verbesserung des Preis-Leistungs-Verhältnisses des Produkts,
2. das separate Betrachten der gewünschten »Funktion« und des bisher dafür genutzten »Mediums«,
3. das Schaffen von Vergnügen an der Nutzung eines Produkts,
4. das Erweitern des Einsatzspektrums eines Produktes durch eine größere Universalität,
5. die kundenspezifische Individualisierung von Produkten,
6. die Erweiterung der zeitlichen und örtlichen Verfügbarkeit von Produkten,
7. die Konzentration in der Branche zur Nutzung von Größendegressions- und Verbundvorteilen,
8. das Eliminieren ganzer Abschnitte der Wertschöpfungskette und
9. das Verschmelzen der eigenen Branche mit »Nachbar-Branchen«, die ähnliche Fähigkeiten erfordern.

Offensichtlich steht (9) in starkem Bezug zu einer »*Build*-Strategie«, das Vertiefen der Wertschöpfungskette unter (8) hingegen im Widerspruch zu ihr. Allerdings löst sich dieser unter den Bedingungen eines effizienten Managements intellektueller Eigentumsrechte auf, wenn diese nicht durch Schutzrechte abzusichern sind, weshalb eine verstärkte vertikale Integration naheliegt. Zugleich kann die Vertiefung der Wertschöpfung durch Kauf von Lieferanten auch eine effiziente Strategie darstellen, durch Sichern strategischer Inputs und eine Lenkung auf das eigene Unternehmen die Wettbewerbsposition im Sinne von (1) und (7) zu nutzen. Die empirische Forschung belegt zudem, dass innovative Unternehmen insbesondere dann eine höhere Wertschöpfung und Rendite erreichen, wenn sie durch ihre Größe leichter neue Märkte erschließen können (»PIMS-Studie«, siehe Buzzell und Gale 1989).

6.2 Theorie des ökonomischen Unternehmenswerts

Bei einer wertorientierten Unternehmensführung besteht die zentrale Aufgabe darin, eine risikogerechte Bewertung von Unternehmen, Beteiligungen, aber auch potentiellen Akquisitionszielen (M&A), Sachinvestitionen oder alternativen strategischen Handlungsoptionen unter dem Blickwinkel des internen Steuerungsgedankens vorzunehmen. Diese Verfahren sind von grundlegender Bedeutung, um den (Mehr-)Wert »neuer« Unternehmenseinheiten (z. B. aus einer *Build*-Strategie) belegen zu können.

Der traditionellen Bewertungstheorie für vollkommene Märkte fehlt heute meist eine klare risikoadäquate Fundierung ihrer (risikoerfassenden) Kapitalkostensätze; es gilt das »Wertadditivitäts-Theorem«, demzufolge durch die Fusion einzelner Unternehmen zu größeren Einheiten kein Mehrwert zu erwarten ist. Notwendig sind bei der Beurteilung von Strategien, speziell bei »*Build*-Strategien« zum Aufbau größerer international wettbewerbsfähiger Unternehmenseinheiten, eine risikogerechte Bewertung und eine risikogerechte Performanceanalyse. Eigentlich müssten die risikoabhängigen Kapitalkostensätze (WACC) vom tatsächlichen zukünftigen Risikoumfang eines Unternehmens, also der Risiken seiner Cashflows, unter Beachtung der Risikodiversifikationseffekte zwischen den übernommenen Beteiligungen, abhängen. Genau diese Informationen sollte das unternehmensinterne Risikomanagement bereitstellen. Der häufig im internen wertorientierten Management anzutreffende »Umweg« bei der Bestimmung der Kapitalkostensätze, auf historische Kapitalmarktdaten zurückzugreifen, ist hierbei kritisch zu sehen. Das Capital Asset Pricing Model (CAPM) unterstellt vollkommene Kapitalmärkte ohne Konkurskosten bzw. ohne Finanzierungsrestriktionen und mit nur perfekt diversifizierten Investoren (zur Kritik vgl. z. B. Gleißner 2005; Haugen 2002). Das bedeutet auch, dass alle Kapitalmarktakteure die Risikosituation des Unternehmens genausogut einschätzen können wie die

Unternehmensführung selbst und dass die historischen Kursschwankungen die zukünftigen Risiken zeigen. Es ist unter der Maßgabe eines wert- und risikoorientierten Steuerungsgedankens sinnvoll anzunehmen, dass das Unternehmen selbst seine Risikosituation besser bewerten kann als der Kapitalmarkt. Es besteht also eine »Informationsasymmetrie« durch »Insider-Informationen« (ein Prinzipal-Agent-Problem). Dieses ergibt sich natürlich besonders ausgeprägt für die möglichen Veränderungen der Risikosituation durch geplante Maßnahmen (z. B. Fusionen einzelner kleiner Unternehmen), die oft nicht öffentlich kommuniziert werden.

Bei der in der Praxis weitverbreiteten Ableitung von Kapitalkosten für die Strategiebewertung (basierend auf CAPM) ist Vorsicht geboten, weil die Annahmen selten, vor allem nicht im mittelständischen Umfeld, zutreffen. Alternative Methoden erfassen das Risiko aus Zahlungsreihen und berücksichtigen gegebenenfalls auch die Bewertungsrelevanz nicht diversifizierter unternehmensspezifischer Risiken (Gleißner 2005 und 2011b). Sie sind auch anwendbar, wenn historische Renditen (Kapitalmarktdaten) fehlen. Schließlich können »simulationsbasierte Bewertungen« erfolgen, die unternehmensinterne Risikoinformationen nutzen und aggregieren, um Wahrscheinlichkeitsverteilungen für Cashflows zeigen, um so die Stabilität des Unternehmens abzuleiten.

6.3 Bewertung von Build-Strategien – die Methodik

Die heute als allgemein akzeptierter Standard geltende Unternehmens- und Strategiebewertung basiert auf der Discounted-Cashflow-Methode (DCF-Methode) oder dem Ertragswertverfahren: Entweder wird im Rahmen der Risikozuschlagsmethode ein Risikozuschlag zum risikolosen Zinssatz addiert, um so einen Diskontierungszinssatz (näherungsweise Kapitalkostensatz) für die Diskontierung der zukünftig erwarteten Zahlungen zu erhalten. Dieses Verfahren führt jedoch bei einheitlichem Risikozuschlag für positive und negative Zahlungen zu Bewertungsfehlern (Spremann 2004, S. 253 ff.). Empfehlenswert ist deshalb die Anwendung der Sicherheitsäquivalentmethode, die korrekte Bewertungen liefert. Der Risikoumfang einer Zahlung wird mit einem Abschlag im Zähler erfasst. Risikopräferenz und Zeitpräferenz (risikoloser Zinssatz im Nenner) werden klar unterschieden (Ballwieser 1981). Dies führt zu planungs- und risikogerechten Risikomaßen bezogen auf Erträge bzw. Cashflows, die nicht aus historischen Aktienrenditen abgeleitet werden. Geeignete Risikomaße können beispielsweise die Standardabweichung, der Value-at-Risk oder der relative (Deviation-) Value-at-Risk sein. Prinzipiell ist nicht nur die Standardabweichung, wie im üblichen Beta-Faktor erfasst, von Bedeutung; auch diese höheren Momente sind potenziell bewertungsrelevant.

Bei gegebenem Risikomaß der Erträge oder Cashflows lassen sich Bewertungsgleichungen ableiten, die auch in unvollkommenen Märkten die risikogerechte Bewertung von Strategien, beispielsweise von Unternehmensübernahmen, ermöglichen (Gleißner 2011). Wichtig ist, ob es sich dabei um ein lageabhängiges Risikomaß (wie den Value-at-Risk oder den Conditional Value-at-Risk, für nichthandelbare) oder ein lageunabhängiges Risikomaß (wie die Standardabweichung oder den Deviation Value-at-Risk, für handelbare Güter) handelt.

In der Regel werden Diversifikationsmöglichkeiten vorhanden sein, so dass lediglich der nicht-diversifizierbare Anteil des Risikos (die systematischen Risiken) der Zahlung für die Bewertung relevant ist (Gleißner/Wolfrum 2008). Dieser Aspekt der partiellen Risikodiversifikation ist deshalb für *Build*-Strategien und den Mittelstand besonders relevant, weil Diversifikationsmöglichkeiten im Unternehmen mit der Größe und der Globalisierung i.d.R. zunehmen. Heute noch sind zudem viele mittelständische Unternehmer sehr gering diversifiziert, weil der größte Teil ihres Vermögens im eigenen Unternehmen gebunden ist, was höhere Kapitalkosten (Renditeanforderungen) impliziert (siehe Kerins/Smith/Smith 2004 und Müller 2004). Dabei können durch eine *Build*-Strategie auch Diversifikationspotenziale auf Ebene der Eigentümer (Investoren) erschlossen und Kapitalkostensätze gesenkt werden, was steigende Unternehmenswerte und – wegen geringerer Renditeforderungen – höhere Investitionen und mehr Wachstum impliziert.

Konkretisieren lassen sich diese Überlegungen der Bewertung einer *Build*-Strategie mit Hilfe der unsicheren Zahlungen des (potentiell) neu aufgebauten Unternehmens. Zu deren Bestimmung mittels Monte-Carlo-Simulation werden die Wirkungen der wichtigsten Einzelrisiken des Unternehmens oder eines Projekts (unter Beachtung von Korrelationen) den entsprechenden Posten der Plan-GuV und Plan-Bilanz zugeordnet, wie dies in Abbildung 5 gezeigt ist. Solche Risikowirkungen (z.B. Umsatzschwankungen) werden durch Wahrscheinlichkeitsverteilungen beschrieben (z.B. einer Binominalverteilung, welche Schadenshöhe und Eintrittswahrscheinlichkeit abbildet, oder einer Normalverteilung).

In unabhängigen Simulationsläufen (S_1 ... S_n) werden viele Tausend mögliche Zukunftsszenarien durchgespielt und dabei jeweils eine Ausprägung der GuV und/oder der Bilanz berechnet. Damit erzeugt jeder Simulationslauf einen Wert für die betrachtete Zielgröße (z.B. Gewinn oder Cashflow). Die Gesamtheit aller Simulationsläufe liefert eine »repräsentative Stichprobe« risikobedingt möglicher Zukunftsszenarien des Unternehmens. Aus den ermittelten Realisationen der Zielgrößen ergeben sich aggregierte Häufigkeitsverteilungen und damit die Transparenz über das Gesamtrisiko der Zahlungen, ausgedrückt durch ein geeignetes Risikomaß (siehe Gleißner 2011b). Unmittelbar ableitbar ist so der »Eigenkapitalbedarf« (eine Variante des Value-at-Risik), also des Umfangs von Verlusten, die mit einer vom Ziel-Rating abhängigen Wahrscheinlichkeit nicht

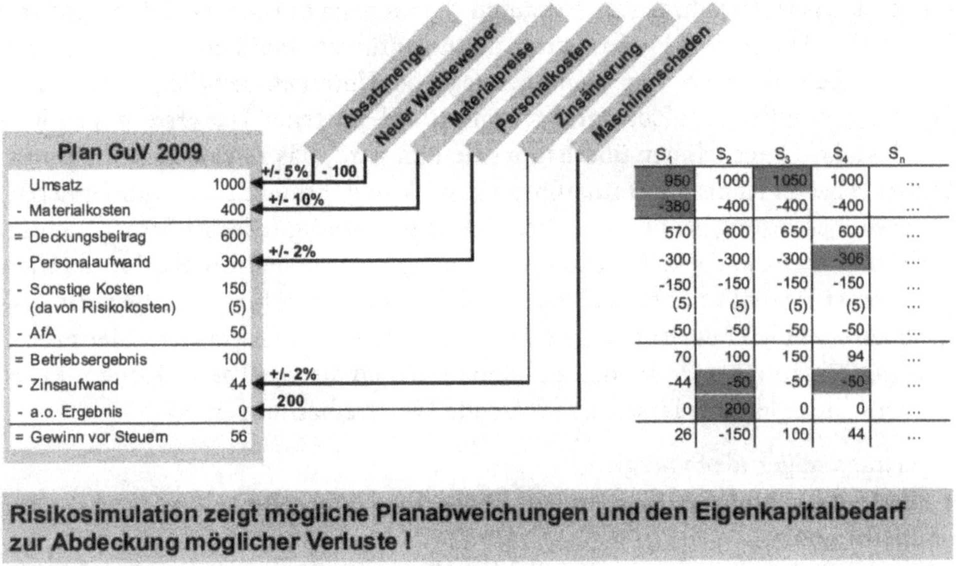

Abb. 5: Abbildung von Einzelrisiken im Jahresabschluss mittels Monte-Carlo-Simulation

überschritten werden. So kann unmittelbar der Vorteil einer *Build*-Strategie über die Reduzierung des Eigenkapitalbedarfs durch interne Risikodiversifikation quantifiziert werden.

Schwerwiegende Bewertungsfehler können auftreten, wenn die Insolvenzwahrscheinlichkeit eines Unternehmens bei der Bewertung komplett vernachlässigt wird, weil dies zu einer Fehleinschätzung der Fremdkapitalkosten und vor allem der Erwartungswerte der zukünftigen Cashflows und Erträge (speziell bei der Terminal Value-Bewertung) führt. Die im Rating ausgedrückte Insolvenzwahrscheinlichkeit wirkt sich im wesentlichen in der Terminal Value-Phase wie eine »negative Wachstumsrate« aus (Gleißner 2010). Bei einer groben Abschätzung des Werts ist es akzeptabel, den Diskontierungszinssatz um die prognostizierte Insolvenzwahrscheinlichkeit zu erhöhen. Risikodiversifikation bei *Build*-Strategien hat so ein potentiell interessantes Wertsteigerungspotential über die Reduzierung der Insolvenzwahrscheinlichkeit.

6.4 Folgen für Build-Strategien

Für die *Build*-Strategie eröffnet der hier gezeigte methodische Rahmen, den ökonomischen Mehrwert auszuweisen. Im Einzelfall bedeutet dies insbesondere, Eigentümern zu verdeutlichen, dass mittels internem, aber vor allem auch externem Wachstums die Möglichkeit besteht, den (diskontierten) Zukunftswert des Unternehmens über den Gegenwartswert zu treiben. Dann aber ist es nicht lohnend, das Unternehmen zu verkaufen. Tatsächlich müssen zwei Bedingungen erfüllt sein: Die soziale Präferenzrate des Eigentümers muss unter dem internen Zins aus Zukunftswert ohne *Build*-Strategie des Unternehmens liegen und dieser Wert wieder unter dem Zukunftswert mit *Build*-Strategie. Das erste gewährleistet, dass das Unternehmen überhaupt gehalten wird, das zweite, dass die *Build*-Strategie besser ist als die Status-Quo-Entwicklung. Es ließe sich argumentieren, die erste Bedingung sei nicht für den Erfolg notwendig. Dies ist formal richtig, verdrängt aber die Tatsache, dass dem Untergang geweihte Unternehmen selten eine derart revolutionären Aufbau planen, zumal sie dafür – aus Bewertungsgründen – wenig Unterstützung seitens des Kapitalmarkts erfahren. Meist muss man gut sein, um besser werden zu können. Durch die intelligente Konstruktion »neuer« Unternehmen lassen sich folgende Werttreiber nutzen:

- ertragssteigernde Synergien,
- bessere Risikodiversifikation (auf Ebene von Unternehmen und der Eigentümern) und
- niedriger Insolvenzwahrscheinlichkeit (besseres Rating) bzw. niedriger Eigenkapitalbedarf.

7 Unternehmens- und wirtschaftspolitische Folgerungen

Offensichtlich weist das Fehlen von Führungszentralen auf ein komplexes Bündel von Post-Transformationsproblemen hin. Da dieses Defizit eher als Symptom denn als Ursache für wirtschaftliche Konvergenzdefizite anzusehen ist, muss eine wirtschaftspolitische Strategie die nachhaltigen transformationsbedingten Besonderheiten der Wirtschaft in den neuen Ländern im Allgemeinen aufgreifen. Die gemeinsame historische industrielle Entwicklung des mitteldeutschen Wirtschaftsraums legt es dabei nahe, vor allem diesen intensiv zu betrachten.

In einer bezüglich der Standortwahl »flachen Welt« (Friedman 2005) kommt der Verschränkung von regionalen Milieufaktoren im Wettbewerb der Wirtschaftsräume und der unternehmensstrategischen Positionierung im Wettbewerbsumfeld eine hohe Bedeutung zu. Diese Konkurrenz erschöpft auch die klassischen Möglichkeiten der regionalen Ausgleichspolitik. Der Versuch, Ballung zu erzeugen, um Potenziale über positive Externalitäten zu erzeugen, scheitert dann, wenn diese nicht die endogenen, vor allem für horizontale Cluster spezifischen Wachstumskräfte freisetzen. Zudem ist Ballung allenfalls in historischer Retrospektive eine notwendige, aber keine hinreichende Bedingung für wirtschaftlichen Erfolg (Lösch 1962), weil die modernen Kommunikationstechniken neue Möglichkeiten, Fühlungsvorteile zu realisieren, öffnen, wie die moderne Informationsökonomik belegt (Blum/Dudley/Leibbrand/Weiske 2005). »Nähe« muss also nicht nur geographisch sondern auch sektoral begriffen werden, wie dies in den frühen Konzeptionen der Polarisationstheorie geschah (Perroux 1964).

Ziel einer Unternehmenspolitik, begleitet durch entsprechende wirtschaftspolitische und vor allem forschungspolitische Hilfen, muss es sein die strategische Positionierung »neuer«, im Sinne interner und externer Wachstumspotentiale aussichtsreicher Unternehmenseinheiten zu verbessern. Vorhandenes »Headquarter-Potenzial« kann durch eine »M&A-*Build*-Strategie« auf- bzw. ausgebaut werden. Kooperationen oder Lieferverflechtungen sind also dort zusammenzuführen, wo ein Mehrwert gegenüber Einzelunternehmen, belegt durch ein Rating, gegeben ist. Offensichtlich sind Unternehmen aus interner Sicht dann optimal aufgestellt, wenn die Externalitäten zusätzlicher Größe kompensiert werden durch vermehrte Kontrollkosten, und extern, wenn die Synergien höher bewertet werden als die Diversifikationseffekte. Ertragssteigernde Synergien, bessere Risikodiversifikation (auf Ebene von Unternehmen und der Eigentümern) und niedriger Insolvenzwahrscheinlichkeit (besseres Rating) sind die Werttreiber der *Build*-Strategien. Die Risikodiversifikation in größeren Unternehmenseinheiten senkt den Bedarf an teurem und knappen Eigenkapital (Risikodeckungspotential), und die Reduzierung der Kapitalkosten (Renditeanforderungen der Eigentümer) führt zu mehr wertsteigernden Investitionen und potentiell mehr Wachstum.

Für die Eigentümerstabilität dieses »*Build*-Kerns« bedeutet dies vor allem, dass der Zukunftswert des Unternehmens aus Sicht der Inhaber über dem liegt, was gegenwärtig am Markt als Kaufpreis geboten wird. Gerade die jüngste Zeit zeigte, wie schnell technologische Perlen, die eigentlich als »*Build*-Kern« positioniert sind, von auswärtigen Unternehmen übernommen werden, um angemessene Portfolioergänzungen zu leisten.

8 Zusammenfassung

Nach dem wirtschaftlichen Zusammenbruch der DDR, dessen »Zwangsläufigkeit« im legendären Schürer-Papier vom Sommer 1989 dokumentiert ist (Schürer et al., 1989), wurden die neuen Länder neu aufgebaut. Viele Subventionen dienten nicht nur der Verbesserung der Infrastruktur oder der Siedlungsstruktur, sie hatten auch das Ziel der Reindustrialisierung. Neben komplementären Forschungseinrichtungen und einer wirtschaftsnahen Infrastruktur wurden vor allem Investitionen und Innovationsaktivitäten auf der Ebene der einzelnen Betriebe gefördert. Dabei spielte eine Schwerpunktsetzung oft eine wichtige Rolle, um selbsttragende Milieus zu schaffen. Allerdings ebbte der Erfolg dieser Politik, gemessen in der Konvergenz zum westdeutschen Einkommen, bereits nach wenigen Jahren ab. Der Beitrag geht der Frage nach, ob statt »*more of the same*« heute eine Wachstumsstrategie ihr Augenmerkt verstärkt auf das Größenwachstum und die Internationalisierungsfähigkeit lenken muss. Dabei wird insbesondere die Bedeutung der Unterstützung von »Build-Strategien« zur Schließung der Defizite bei der Anzahl der in den neuen Ländern ansässiger Konzernzentralen diskutiert (»Headquarter-Lücke«). Hier wird gezeigt, wie mit Bewertungsverfahren, die die Unvollkommenheit der Finanzmärkte berücksichtigen, auch der betriebswirtschaftliche Mehrwert des Zusammenschlusses kleiner, innovativer Unternehmen zu größeren, international wettbewerbsfähigen Einheiten belegt werden kann (z. B. durch den Wertbeitrag einer Risikodiversifikation und damit besseres Rating). Ertragssteigernde Synergien, bessere Risikodiversifikation (auf Ebene von Unternehmen und der Eigentümer) und niedriger Insolvenzwahrscheinlichkeit (besseres Rating) sind die Werttreiber der Build-Strategien. Gerade durch die Risikodiversifikation sinkt der Bedarf an teurem und knappen Eigenkapital und die Reduzierung der Kapitalkosten (Renditeanforderungen der Eigentümer) führt zu mehr wertsteigernden Investitionen und potenziell mehr Wachstum.

Literatur

Ballwieser, W. (1981): Die Wahl des Kalkulationszinsfußes bei der Unternehmensbewertung unter Berücksichtigung von Risiko und Geldentwertung, in: BFuP, 33. Jg., 1981, S. 97–114.

Ballwieser, W. (2004): Unternehmensbewertung: Prozeß, Methoden und Probleme, Stuttgart.

Blum, U. (2007): Der Einfluß von Führungsfunktionen auf das Regionaleinkommen: Eine ökonometrische Analyse deutscher Regionen, Wirtschaft im Wandel, Vol. 13, Nr. 6 (187–194).

Blum, U. (2008): Institutions and Clusters, in: Johansson, B./Karlsson, C. (Eds) Handbook of Clusters, Edward Elgar, Cheltenham/Northampton, S. 361–373.

Blum; U. (2009): Are there Free Lunches in East Germany? in: Empirische Makroökonomik für Deutschland: Analysen, Prognosen, Politikberatung, Festschrift zum 65. Geburtstag von Udo Ludwig (herausgegeben von Blum, U./Dietrich, D./Lindner, A. ed), Institut für Wirtschaftsforschung Nr. 28, Nomos Verlag, Baden-Baden (61–83).

Blum, U. (2013): East Germany's Economic Development Revisited, Journal of Post-Communist Economies, erscheint demnächst.

Blum, U./Dudley, L. (2000): Blood, Sweat, Tears: Rise and Decline of the East German Economy, 1949–1988, Zeitschrift für Nationalökonomie und Statistik – Journal of Economics and Statistics. 220/4: 438–452.

Blum, U./Dudley, L./Leibbrand, F./Weiske, A. (2005): Angewandte Institutionenökonomik, Theorien, Modelle, Evidenz, Gabler, Wiesbaden.

Blum, U./Gleißner, W./Leibbrand, F. (2005): Stochastische Unternehmensmodelle als Kern innovativer Rating-Systeme, IWH-Discussionpaper, 11/2005

Blum, U./Ludwig, U. (Hrsg. 2011): Wirtschaftlicher Stand und Perspektiven für Ostdeutschland: Studie im Auftrag des Bundesministeriums des Inneren, Halle.

Buzell, R./Gale, B. (1989): Das PIMS-Programm, Wiesbaden

Breuel, B. (2005): Die Treuhandanstalt – Zielvorgaben, Rahmenbedingungen und Ergebnisse, in: Birgit Breuel und Michael C. Burda (Hrsg.): Ohne historisches Vorbild. Die Treuhandanstalt 1990 bis 1994. Eine kritische Würdigung, Berlin.
Friedman, T. (2005): The World is Flat, Farrar, Straus and Giroux, New York.
Gleißner, W. (2005): Kapitalkosten – der Schwachpunkt bei der Unternehmensbewertung, in: Finanz Betrieb, 4/2005, S. 217–229
Gleißner, W. (2010): Unternehmenswert, Rating und Risiko, in: WPg 2010/Heft 14, S. 735–743.
Gleißner, W. (2011): Risikoanalyse und Replikation für Unternehmensbewertung und wertorientierte Unternehmenssteuerung, in: WiSt, 7/11, S. 345–352.
Gleißner, W. (2011b): Grundlagen des Risikomanagements in Unternehmen, 2. Aufl., München.
Gleißner, W./Wolfrum, M. (2008): Eigenkapitalkosten und die Bewertung nicht börsennotierter Unternehmen: Relevanz von Diversifikationsgrad und Risikomaß, in: FINANZ BETRIEB, 9/2008, S. 602–614.
Hamel, G. (1996): Strategy as Revolution, Harvard Business Review, July-August, S. 69–82.
Haugen, R. A. (2004): The New Finance, Englewood Cliffs.
Helpman, E. (1998): General Purpose Technologies and Economic Growth, MIT-Press, Cambridge, Mass.
Kerins, F./Smith, J. K./Smith, R. (2004): Opportunity Cost of Capital for Venture Capital Investors and Entrepreneurs, in: Journal of Quantitative Analysis, 3972004, S. 385–405
Kim, W. C./Mauborgne, R. (2005): The Blue Ocean Strategy, Harvard Business School Press, Cambridge (Mass).
Knabe, M. (2012): Die Berücksichtigung der Insolvenzrisiken in der Unternehmensbewertung.
Lösch, A. (1962): Die räumliche Ordnung der Wirtschaft, Gustav Fischer Verlag, Stuttgart.
Müller, E. (2004): Underdiversifikation in Private Companies, in: ZEW Discussion Paper, Nr. 04–29.
Perroux, F. (1964): L'économie du XXème siècle, Presses Univ. de France, Paris, 2. Edit.
Schürer, G./Beil, G./Schalck, A./Höfner, E./Donda, A. (1989): Analyse der ökonomischen Lage der DDR mit Schlußfolgerungen. Berlin: German Democratic Republic, mimeo.
Spremann, K. (2004): Valuation, München/Wien.

Empirische Entwicklungsländerforschung im ifo Institut Die »Gründerjahre« der Afrika-Studienstelle

*Von Thomas Oursin**

1 Das Ende der Kolonialzeit in Afrika

Zu Beginn der sechziger Jahre des 20.Jahrhunderts gewannen Entwicklungsländer und Entwicklungspolitik, insbesondere die Umwälzungen in Tropisch-Afrika, mit großer Schnelligkeit die Aufmerksamkeit der interessierten deutschen Öffentlichkeit. Viele Faktoren wirkten hierbei zusammen:

- Tropisch Afrika, bis dato noch das nahezu ausschließliche Betätigungsfeld europäischer Kolonialmächte, trat nahezu plötzlich und weitgehend unvorbereitet mit vielen souveränen Staaten auf die internationale Bühne;
- 15 Jahre nach dem Ende des 2. Weltkrieges hatte die Bundesrepublik Deutschland die meisten Beschränkungen der Nachkriegszeit hinter sich lassen können. Sie war ein wichtiger internationaler Handelspartner geworden und sie spielte als Mitglied der Weltbank, des Internationalem Währungsfonds, zahlreicher anderer internationaler Organisationen und vor allem als Gründungsmitglied der jungen Europäischen Wirtschaftsgemeinschaft wieder eine internationale Rolle. In vielen dieser Organisationen standen die Probleme der Entwicklungsländer im Mittelpunkt und Entwicklungshilfe und Entwicklungspolitik wurden damit auch zu Themen deutscher Diskussion.

Die Schnelligkeit der Dekolonialisierung Afrikas kam für die meisten Beobachter überraschend. Noch im Jahre 1956 hatte die Französische Regierung mit der Verabschiedung der berühmten »Loi Cadre« versucht, die französischen Kolonien durch die Gewährung begrenzter Autonomierechte für unabsehbare Zeit fest an das französische Mutterland zu binden. Doch schon zwei Jahre später kündigte Sekou Touré aus Conakry diesen Pakt und errang für Guinea, gegen großen Widerstand aus Paris, die Souveränität. Und es dauerte dann nur noch weitere zwei Jahre, bis Frankreich praktisch alle seine afrikanischen Gebiete in die Unabhängigkeit entlassen musste.

* Dr. Thomas Oursin, Tutzing, E-Mail: thomas.oursin@t-online.de

Ähnlich verlief die Entwicklung auch in den von Großbritannien abhängigen Gebieten in Afrika. 1956 war der Sudan unabhängig geworden, 1957 wurde die »Goldküste« unter Kwame Nkrumah als Ghana souveränes Mitglied der Vereinten Nationen und es dauerte dann nur noch wenige Jahre, bis auch nahezu alle britischen Kolonien und Territorien in Afrika die Unabhängigkeit erreichten.

Gegen Ende des Jahres 1960 zählte man in Tropisch-Afrika 18 junge Nationen und diese Zahl erhöhte sich noch vor Ende der Dekade auf 30. Nur Portugal konnte sich noch für einige Zeit diesem Trend widersetzen und die portugiesischen Kolonien, allen voran Angola und Mocambique, mussten noch bis zur Mitte der Mitte der siebziger Jahre auf ihre Selbständigkeit warten. Namibia, ehemals »Deutsch-Südwest«, beschloss im Jahre 1990 diese Entwicklung.

In Deutschland sahen sich Politik, Wirtschaft und öffentliche Verwaltung durch diese Entwicklung in kurzer Zeit vor große Herausforderungen gestellt: die Bundesrepublik war plötzlich gefordert, sich an der wirtschaftlichen Entwicklung dieser jungen Staaten mit Kapitalhilfe und mit Technischer Hilfe zu beteiligen. Es mussten Kenntnisse, Instrumente und Institutionen entwickelt werden, um diesen Aufgaben gerecht zu werden und es wurden Fachleute gebraucht, die diese Aufgaben ins Werk setzen konnten. So entstanden innerhalb kurzer Zeit unter anderem das Bundesministerium für Wirtschaftliche Zusammenarbeit (BMZ), die Deutsche Entwicklungsgesellschaft (DEG), und die Gesellschaft für Technische Zusammenarbeit (GTZ); zudem wurden der Kreditanstalt für Wiederaufbau (KfW) Aufgaben der Kapitalhilfe übertragen. Das Wort Entwicklungshilfe war plötzlich in aller Munde und die Theorie der wirtschaftlichen Entwicklung gewann als akademisches Forschungs- und Lehrfach zunehmend an Bedeutung.

Wesentliche Anstöße und Anforderungen kamen zudem aus Brüssel, wo 1957 die Kommission der Europäischen Wirtschaftsgemeinschaft (EWG) ihre Zelte aufgeschlagen hatte. Unter dem Druck Frankreichs hatten die sechs Gründungsmitglieder der EWG in den Römischen Verträgen eingewilligt, sich an den Verpflichtungen der Mutterländer gegenüber ihren zu dieser Zeit noch abhängigen Gebieten in Afrika zu beteiligen. Zu diesem Zweck wurde ein »Europäischer Entwicklungsfonds« (EEF) errichtet, an dem sich alle Mitgliedsländer der EWG beteiligten, um den begünstigten Gebieten finanzielle und technische Unterstützung zu gewähren. Die Bundesrepublik, ohne koloniale Verantwortung eher an einer weltweiten Ausrichtung ihrer Entwicklungspolitik interessiert, hatte diesen Wünschen lange Zeit zurückhaltend gegenüber gestanden, konnte sich aber schließlich den französischen Forderungen nicht widersetzen. Zur Umsetzung dieser europäischen Entwicklungspolitik wurde in Brüssel eine entsprechende Verwaltung (später Generaldirektion VIII) aufgebaut und in den begünstigten Territorien (ab 1960 souveränen Staaten) wurden ständige Vertretungen, sogenannte Delegationen, errichtet. Für diese Aufgaben wurde geschultes Personal mit internationaler Erfahrung und mit Kenntnissen der afrikanischen Länder gebraucht, auch aus Deutschland, wollte man die junge europäische Entwicklungspolitik nicht allein den ehemaligen französischen und belgischen Kolonialbeamten überlassen. Doch in Deutschland gab es seit langer Zeit keine Kolonialerfahrung mehr und es fehlten häufig Fachleute, sowohl Ingenieure und Landwirte wie auch Wirtschaftswissenschaftler.

Und noch etwas anderes wurde sehr bald deutlich: die jungen afrikanischen Staaten waren in der Regel schlecht auf ihre Unabhängigkeit vorbereitet worden und es fehlte nicht nur an Kapital sondern ebenso sehr an Wissen und personellen Fähigkeiten. Neben die Notwendigkeit zur Kapitalhilfe trat schnell die Aufgabe, technische Hilfe zu leisten.

2 Eine neue Aufgabe für das ifo Institut

Das ifo Institut für Wirtschaftsforschung hatte sich zu Beginn der sechziger Jahre des vergangenen Jahrhunderts einen geachteten Platz in der deutschen empirischen Wirtschaftsforschung erarbeitet. Das Institut war, wie man heute sagen würde, breit aufgestellt: etwa 160 Personen arbeiteten zu dieser Zeit in einer weit aufgefächerten Zahl von Abteilungen und Referaten im Münchner Herzogpark, darunter etwa 70 wissenschaftliche Mitarbeiter. In der allgemeinen Öffentlichkeit besonders bekannt waren (und sind auch heute noch) die regelmäßigen Umfragen zu verschiedenen Aspekten der wirtschaftlichen Entwicklung, durch die das Institut direkte Kontakte zu einer großen Zahl von Unternehmen in einer Vielzahl von Wirtschaftszweigen aufgebaut hatte (und noch heute unterhält). Die Leitung der mit diesen Umfragen betrauten Abteilung lag in den Händen von Dr. Wilhelm Marquardt. Leiter des Instituts war Professor Dr. Hans Langelütke.

Dr. Marquardt war Mitarbeiter des Instituts »der ersten Stunde«; er war von Hause aus Wirtschaftsgeograph, und von ihm gingen die entscheidenden Initiativen aus, empirische Entwicklungsländerforschung in das Arbeitsprogramm des Instituts aufzunehmen. Er erkannte frühzeitig das große wissenschaftliche und praktische Potential dieses Arbeitsbereiches und es gelang ihm in relativ kurzer Zeit, die Leitung des Instituts sowie seine übergeordneten Organe von der Bedeutung dieser Aufgaben zu überzeugen. Professor Langelütke und leitende Mitarbeiter des Instituts reisten 1960 zu einem vorbereitenden Informationsbesuch nach Kenia, zu dieser Zeit noch unter britischer Oberhoheit, und knüpften erste Kontakte mit der britischen Verwaltung und mit Vertretern des University College. Sie stießen auf Interesse an den empirischen Forschungsarbeiten des ifo Instituts und man begrüßte die Idee einer Mitarbeit des Instituts an der Erforschung der wirtschaftswissenschaftlichen Probleme der jungen Staaten Ostafrikas. Im Frühjahr 1961 wurde daraufhin die »Studienstelle für Entwicklungsländer« als neue Abteilung des Instituts gegründet und Wilhelm Marquardt wurde ihr erster Leiter. Die ersten wissenschaftlichen Mitarbeiter kamen aus anderen Abteilungen des Instituts.

Wie es zu der Ausrichtung auf Tropisch-Afrika kam, häufig auch als Afrika südlich der Sahara definiert, ist nicht mehr mit Sicherheit festzustellen; aber diese Ausrichtung war unter vielen Gesichtspunkten naheliegend. Zu allererst galt es, durch eine regionale Konzentrierung die Anlaufschwierigkeiten zu begrenzen, die mit dieser neuen Forschungsaufgabe verbunden waren. Zudem hatte die Bundesrepublik als Mitglied der EWG diesen Gebieten gegenüber eine besondere Verantwortung übernommen und die Erinnerung an die deutschen Kolonien in Afrika war noch vielerorts lebendig. Schließlich entsprach die Konzentrierung auf Tropisch-Afrika einer verbreiteten politischen Maxime dieser Jahre: Europa habe eine besondere Verantwortung für das Schicksal und die Förderung der »gleichsam vor der Haustüre liegenden« jungen afrikanischen Nationen und es liege im ureigenen Interesse Europas, dem Vordringen sowjetischer Interessen in Afrika zu begegnen. Der »Kalte Krieg« spielte zu dieser Zeit eine erhebliche Rolle in der politischen Diskussion und Willensbildung. So wurde im Institut beschlossen, die Arbeit der neuen Abteilung auf Tropisch-Afrika zu beschränken, eine entsprechende Verabredung wurde auch innerhalb der Arbeitsgemeinschaft deutscher wirtschaftswissenschaftlicher Forschungsinstitute getroffen und die neue Abteilung erhielt den Namen »Afrika-Studienstelle«.

3 Aufbau – Arbeitsprogramm

Es war ein Anfang aus dem Nichts. Ein Arbeitsprogramm und Forschungsaufgaben mussten definiert, eine Bibliothek und Dokumentation aufgebaut, die erforderlichen Kontakte hergestellt und Mitarbeiter gewonnen werden. Im Vordergrund stand die Aufgabe, durch empirische Erhebungen Unterlagen für Analysen und Entscheidungen nationaler und internationaler Entscheidungsträger bereitzustellen. Die Studienstelle knüpfte damit an die Tradition des Instituts an, das in Ergänzung seiner wissenschaftlichen Grundsatzarbeit seit langer Zeit eine umfangreiche Gutachtertätigkeit für Regierungen, Verbände und für einzelne Unternehmen aufgebaut hatte. Marquardt betonte von Anfang an die Bedeutung der Wirtschaftsforschung für die noch junge Entwicklungspolitik. »Der Wirtschaftsforscher ist in erster Linie dazu aufgerufen, die Basis für wirtschaftspolitische Entscheidungen der Regierungen zu schaffen und dem privaten Unternehmer die für seinen Entschluss notwendigen Daten an die Hand zu geben. ... Die Studienstelle hat u. a. die Aufgabe, durch Untersuchungen über Struktur und Entwicklungsmöglichkeiten einzelner Entwicklungsländer an der Schaffung der Grundlagen mitzuarbeiten, auf denen die Entwicklungspolitik ... sich wirkungsvoll entfalten kann.«[1]

1 Wilhelm Marquardt, Wirtschafts- und sozialwissenschaftliche Feldforschung in Entwicklungsländern, IFO-STUDIEN, Heft 2, Berlin/München 1972, S. 542.

Sehr schnell wurde indes deutlich, dass mit den begrenzten finanziellen, aber auch personellen Möglichkeiten des Instituts die hochgesteckten Ziele und Ansprüche der Afrika-Studienstelle in vertretbarer Zeit nicht zu erreichen waren und dass zusätzliche Mittel und Mitarbeiter zur Durchführung eines breiten Forschungsprogramms notwendig waren. Zwei Jahre zuvor war in Köln die »Fritz Thyssen Stiftung« mit einem Stiftungskapital von 100 Millionen DM ins Leben gerufenen worden und es gelang bald, die Thyssen Stiftung für eine großzügige Unterstützung der Afrika-Forschung des ifo Instituts zu gewinnen. Damit konnte nun ein umfangreiches Forschungsprogramm ins Werk gesetzt werden.

3.1 Das Forschungsprogramm Ostafrika

In den Mittelpunkt dieses Forschungsprogramms wurden die drei ostafrikanischen Länder Kenia, Uganda und Tansania gestellt und es wurde in Zusammenarbeit mit der Thyssen Stiftung für diese Länder ein multidisziplinäres Arbeitsprogramm entwickelt, das weit über die Wirtschafts- und Sozialwissenschaften im engeren Sinne hinausging. Unterstützt von namhaften Vertretern der beteiligten Disziplinen, unter vielen anderen insbesondere von Professor Wilbrandt, seinerzeit Direktor des Instituts für Ausländische Landwirtschaft in Göttingen und von Dr. Ruthenberg, später Professor in Stuttgart Hohenheim, konnte die Afrika-Studienstelle in kurzer Zeit ein breit angelegtes Arbeitsprogramm konzipieren, das in über 70 einzelnen Untersuchungen, insbesondere auf den Gebieten der tropischen Landwirtschaft, der Ernährungswissenschaft, der Ethnologie, der Wirtschaftsgeographie, der Volks- und Betriebswirtschaft, der Politologie, der Rechtswissenschaft und der Geschichtswissenschaft die Situation und das Entwicklungspotential der ostafrikanischen Länder analysierte. Die einzelnen Forschungsprojekte wurden überwiegend von unabhängigen jungen Wissenschaftlern in Angriff genommen, denen aus den von der Fritz Thyssen Stiftung bereitgestellten Mitteln Forschungsstipendien zur Verfügung gestellt wurde. Jedes Projekt schloss einen langfristigen, in der Regel einjährigen Aufenthalt in dem betreffenden Land ein. Die Koordinierung und administrative Abwicklung des Programms oblag der Afrika-Studienstelle. Innerhalb von 10 Jahren wurden Forschungsstipendien mit einem Volumen von fast 2,5 Millionen DM an etwa 100 junge Wissenschaftler vergeben.[2] Die Ergebnisse dieser, und zahlreicher weiterer Arbeiten, wurden ab 1964 in der Schriftenreihe »Afrika-Studien«, sowie in verschiedenen anderen Serien des ifo Instituts veröffentlicht. 10 Jahre später, gegen Ende 1974, zählten die »Afrika-Studien« bereits über 80 Titel.

2 Wilhelm Marquardt, a.a.O., S. 558.

Gleichzeitig wandte sich die wachsende Zahl der ständigen Mitarbeiter der Studienstelle selbstgewählten Forschungsaufgaben zu; erste Reisen und langfristige Studienaufenthalte in mehreren Länder Tropisch-Afrikas wurden durchgeführt.

3.2 Auftragsarbeiten, Beratung und technische Hilfe

Von Anbeginn hatten Leiter und Mitarbeiter der Afrika-Studienstelle das neue Arbeitsgebiet des Instituts bei Regierungsstellen in Bonn sowie bei zahlreichen nationalen und internationalen Organisationen und Verbänden mit dem Ziel vorgestellt, bei der Vergabe von Forschungs- und Beratungsaufgaben berücksichtigt zu werden. Fast überall waren die Reaktionen positiv und ermutigend, wobei die solide Reputation des ifo Instituts sicherlich eine entscheidende Rolle spielte. Besonderes Interesse hatte die Studienstelle an der EWG in Brüssel, wo die Generaldirektion VIII mit der Förderung der gerade erst unabhängig gewordenen französischen und belgischen Territorien in Afrika und Madagaskar beauftragt war. Sie verwaltete den Europäischen Entwicklungsfonds (EEF) und bereitete zu dieser Zeit gerade den Abschluss eines Vertragswerkes mit 18 dieser jungen Staaten vor, das unter dem Namen »Yaoundé Konvention« (später Lomé Konvention) eine wichtige Rolle in der europäisch-afrikanischen Zusammenarbeit spielen sollte. Hier konnte die Studienstelle mit Aufträgen dringend benötigtes Geld verdienen, und aus Brüssel kam schon 1962, wenig mehr als ein Jahr nach der Gründung der neuen Abteilung, auch die erste konkrete Anfrage.

Der Europäische Entwicklungsfonds war von der Regierung Togos um die Finanzierung von Investitionen zum Ausbau des Straßen- und Eisenbahnsektors gebeten worden und hatte beschlossen, zur Prüfung dieses Antrages eine umfassende Studie des Verkehrssektors und seiner voraussichtlichen Entwicklung durchführen zu lassen. Man kannte in Brüssel natürlich die begrenzten Erfahrungen der jungen Afrika-Studienstelle, aber man war daran interessiert, auch in Deutschland die erforderlichen Kompetenzen aufzubauen und war bereit, den jungen Leuten aus München eine Chance zu bieten. Brüssel schlug deshalb vor, zur Durchführung der Verkehrsstudie Togo eine Arbeitsgemeinschaft aus ifo und der französischen »Société d'Etudes pour le Developpement Economique et Social« (kurz SEDES) zu bilden. Dieser Plan wurde akzeptiert und zu Beginn des Jahres 1963 reisten zwei Mitarbeiter der Afrika-Studienstelle zusammen mit ihren Kollegen aus Paris für mehrmonatige empirische Erhebungen nach Togo. Sie organisierten Straßenverkehrszählungen, erstellten Projektionen zukünftiger Verkehrsströme und berechneten die zu erwartende gesamtwirtschaftliche Rentabilität einzelner Projekte im Straßen- und Eisenbahnsektor. Ein Jahr später konnten die beiden Institute ihre gemeinsamen Arbeitsergebnisse und die daraus hervorgehenden Investitionsvorschläge unter dem Titel »Etudes des Transport au Togo« in Brüssel vorstellen. Ein erfolgreicher Anfang war gemacht.

Aus der Zusammenarbeit zwischen ifo und SEDES in Togo entstand im Laufe der Jahre eine bewährte Beziehung, die zu wiederholten Aufträgen aus Brüssel führte. Beide Institute entsandten kurze Zeit später Mitarbeiter nach Togo zur Mitwirkung an der Ausarbeitung eines Entwicklungsplanes und im Jahre 1966 beauftragte Brüssel ifo und SEDES, verstärkt durch Kollegen aus Belgien, mit der Durchführung einer umfangreichen Untersuchung der Industrialisierungsmöglichkeiten der jungen »Zentralafrikanischen Wirtschaftsunion«, zu der sich die fünf Länder Kamerun, Gabun, Kongo (B), Tschad und Zentralafrikanische Republik zusammengeschlossen hatten. Mitarbeiter der Studienstelle hielten sich für viele Monate zur empirischen Erhebung der erforderlichen Daten sowie zu Gesprächen mit den Regierungen der beteiligten Staaten in Zentralafrika auf; die Kompetenz der Studienstelle zur Erbringung von Beratungsleistungen war etabliert

Aber auch die Bundesregierung in Bonn wandte sich zunehmend an die Afrika-Studienstelle. So reisten z. B. im Auftrag des noch jungen Bundesministeriums für Wirtschaftliche Zusammenarbeit (BMZ) Mitarbeiter des Instituts in die Republik Niger, um die gesamtwirtschaftliche Rentabilität des Einsatzes von Kunstdünger zur Ertragssteigerung beim Erdnussanbau zu untersuchen oder in den Senegal, um ein von der KfW finanziertes Straßenbauprojekt zu evaluieren. Zur Vorbereitung von Hilfsprogrammen des BMZ für einzelne afrikanische Staaten lieferte die Studienstelle detaillierte Einzelstudien als Entscheidungsgrundlagen. Die Liste dieser Arbeiten ließe sich noch wesentlich verlängern.

Auch zur Durchführung von Projekten der Technischen Hilfe wurden Mitarbeiter der Afrika-Studienstelle herangezogen. Den Anfang machte in den Jahren 1964 bis 1966 der Aufbau einer Industriestatistik in Uganda. Um vergleichbare Daten über die industrielle Produktion in allen Ländern der Welt zu ermitteln hatten die Vereinten Nationen ihre Mitgliedsstaaten aufgerufen, für das Jahr 1963 einen Industriezensus durchzuführen. Uganda hatte noch keine Industriestatistik und bat deshalb die Bundesregierung um technische Hilfe. Der Antrag landete schließlich im ifo Institut in München, wo u. a. durch die regelmäßigen Ermittlungen der industriellen Investitionstätigkeit Erfahrungen mit direkten statistischen Erhebungen bestanden. Die Afrika-Studienstelle erklärte sich bereit, für zwei Jahre einen »Experten« in das Statistische Amt in Uganda zu entsenden und am Ende standen nicht nur Berichte über die industrielle Produktion in Uganda für die Jahre 1963 und 1964, sondern auch der administrative Unterbau, damit diese Erhebungen zukünftig auch ohne auswärtige Hilfe durchgeführt werden konnten.

Der »Government Statistician« in Uganda war mit dieser Arbeit offensichtlich zufrieden und bat kurze Zeit später die Bundesregierung bzw. das ifo Institut noch einmal um Unterstützung zur Durchführung eines Handelszensus (Census of Distribution). Zur Durchführung dieser Aufgabe entsandte das Institut einen langjährigen Mitarbeiter der Abteilung Absatzwirtschaft für insgesamt etwa 18 Monate nach Entebbe, der Hauptstadt des Landes. Uganda entwickelte sich im Laufe der Jahre zu einem Schwerpunkt der Tätigkeit der Afrika-Studienstelle. Zahlreiche Untersuchungen im Rahmen des Forschungsprogramms Ostafrika konzentrierten sich auf dieses Land und mehrere Mitarbeiter des Instituts waren später für längere Zeit als »beratende Experten« im Planungsministerium tätig.

Damals war die »Bundesstelle für Außenhandelsinformation« (BfA) in Köln die wichtigste bundeseigene Informationsquelle für die am Außenhandel interessierten deutschen Unternehmen. Sie entsandte ständige Berichterstatter in ausgewählte Partnerländer und sie veröffentlichte in verschiedenen Publikationsreihen regelmäßig Daten und Berichte über wichtige Auslandsmärkte in aller Welt. Einige Mitarbeiter des ifo Instituts waren für längere Zeit für die BfA im Einsatz und die Afrika-Studienstelle übernahm die Aufgabe, für einzelne Länder Tropisch-Afrikas Monographien über das Potential dieser Länder für den deutschen Außenhandel zu verfassen. Seit 1963 wurden auf dieser Basis rund dreißig Länderstrukturberichte veröffentlicht, meist unter dem Titel »Die Republik ... als Wirtschaftspartner.« Diese Monographien waren häufig das Ergebnis speziell zu diesem Zweck unternommener Erkundungsreisen und trugen dadurch dazu bei, die Landeskenntnisse der Mitarbeiter der Afrika-Studienstelle zu verbreitern und zu vertiefen.

4 Ergebnisse

Anfang der siebziger Jahre des vergangenen Jahrhunderts, gut zehn Jahre nach ihrer Gründung, war die Afrika-Studienstelle zu einer festen Größe unter den auf Afrika spezialisierten Forschungseinrichtungen geworden. Das Ostafrika-Forschungsprogramm war im Wesentlichen abgeschlossen; nahezu 100 Untersuchungen waren zu dieser Zeit fertiggestellt und die Schriftenreihe »Afrika-Studien« umfasste mehr als 75 veröffentlichte Titel. Neben zahlreichen agrarökomischen Arbeiten, Untersuchungen über die Möglichkeiten der industriellen Entwicklung, über das Banken- und Steuerwesen sowie über Bodenrechtsprobleme, lagen Arbeiten über den Tourismus, das Handwerk, das Genossenschaftswesen und viele andere Themen vor und Michael Bohnet, Leiter der Studienstelle als Nachfolger von Wilhelm Marquardt, konnte 1973 eine eindrucksvolle erste Bilanz dieser Jahre ziehen.[3]

[3] Michael Bohnet, Entwicklungsforschung und Entwicklungspolitik, Eine Bilanz des Afrika-Forschungsprogramms des ifo Instituts Forschungsberichte der Afrika-Studienstelle, Band 41 und 42, München 1973.

Neben dem wissenschaftlichen Ertrag, der in diesen Veröffentlichungen niedergelegt war, neben den zahlreichen Kontakten und Kooperationen mit gleichartigen Forschungseinrichtungen in Afrika, Europa und den USA, und neben der Teilnahme an zahlreichen Diskussionen über Grundsatzfragen der Entwicklungstheorie und der Entwicklungspolitik, bestand eine wichtige, und von Anbeginn angestrebte Nebenwirkung all dieser Arbeiten in der Qualifizierung von Mitarbeitern für Aufgaben in Forschung und Lehre sowie für Tätigkeiten in den nationalen und internationalen Institutionen der Entwicklungspolitik. Bohnet konnte bereits zu Beginn der siebziger Jahre rund 80 vormalige Mitarbeiter des Instituts bzw. Stipendiaten der Thyssenstiftung in internationalen Organisationen (Weltbank, FAO, EWG, OECD), in verschiedenen Dienststellen der Bundesregierung (BMZ, KfW, DEG) sowie als Dozenten und Professoren in deutschen und internationalen Universitäten ausmachen.[4]

* * *

Mit dem erfolgreichen Abschluss des Ostafrika-Programms traten Mitte der siebziger Jahre neue Aufgaben und neue Fragestellungen in den Vordergrund. Das Arbeitsgebiet der Studienstelle wurde auf den Mhagreb und arabische Länder, später auf Asien und schließlich auf alle Entwicklungs- und Schwellenländer ausgedehnt. Aus der Afrika-Studienstelle wurde die Abteilung Entwicklungsländer, neue thematische Schwerpunkte wurden gesetzt und neue Persönlichkeiten übernahmen die Verantwortung. In seinen Erinnerungen hat K. H. Oppenländer dieser Neu-Orientierung und seiner Beteiligung daran entsprechenden Raum gegeben.[5]

Diese Entwicklung ist nicht mehr Gegenstand der hier vorgelegten kurzen Darstellung, die sich auf die Arbeit der Afrika-Studienstelle als wissenschaftliche Forschungseinrichtung und Beratungsinstitution während ihrer Gründungs- und Aufbauphase beschränkt. Im Zentrum dieser Zeit stand das Afrika-Studienprogramm, das mit den Worten von Professor Siegfried Schönherr, Leiter der Abteilung Entwicklungsländer seit dem Jahre 1983, als eine »... Glanzzeit für wissenschaftlichen Output bezeichnet werden ...« kann.[6]

---

4 Bohnet, Band 41, a. a. O., S. 25.

5 Oppenländer, Karl Heinz, Erinnerungen eines Wirtschaftsforschers. Privates und Berufliches, Norderstedt 2011, S. 241 ff.

6 Schönherr, Siegfried, Entwicklungs- und Transformationsforschung, in: IFO-STUDIEN, Heft 1-2/1999, S. 232.

Literatur

Die Arbeiten der Afrika-Studienstelle des ifo Instituts für Wirtschaftsforschung in den sechziger und siebziger Jahren des 20. Jahrhunderts sind gut dokumentiert. Der Verfasser hat sich für die vorliegende Darstellung auf folgende Veröffentlichungen gestützt:

Bohnet, Michael (1973): Entwicklungsforschung und Entwicklungspolitik, Eine Bilanz des Afrika-Forschungsprogramms des ifo Instituts Forschungsberichte der Afrika-Studienstelle, Band 41 und 42, München.

Marquardt, Wilhelm (1972): Wirtschafts- und Sozialwissenschaftliche Feldforschung in Entwicklungsländern, in: IFO-Studien, Heft 2/1972 S. 541 ff., München.

Marquardt, Wilhelm (Hrsg.) (1979): Dreissig Jahre Wirtschaftsforschung im Ifo Institut, München.

Oppenländer, Karl Heinrich/Schönherr, Siegfried (1990): Strukturprobleme und Reformen in Afrika, Wilhelm Marquardt zum 75. Geburtstag, Afrika Studien Nr. 119, München.

Schönherr, Siegfried (1999): Entwicklungs- und Transformationsforschung, in: ifo Studien, Heft 1–2/1999, S. 227 ff.

siehe auch:

Bohnet, Michael (2011): 40 Jahre Brücken zwischen Entwicklungsforschung und Entwicklungspolitik, Bonn.

VI Zu Institutionellem

Renditen und andere Ungereimtheiten

*Von Klaus Jaeger**

1 Einleitende Fragestellungen und thematische Abgrenzungen

Die Rendite einer Anlage ist wohl diejenige Kennziffer einer Kapitalanlage, die die Anlageentscheidung eines Anlegers primär beeinflusst; Risiken/Chancen und die Fungibilität der Anlage dagegen treten dabei häufig etwas in den Hintergrund. Umso erstaunlicher ist es, dass die wenigsten Anleger über die Methode der jeweiligen Renditeermittlung genau Bescheid wissen oder gar deren Implikationen verstehen resp. hinterfragen. Das kritiklose Vertrauen in das derzeit gängigste Verfahren, die interne Zinsfußmethode mit dem internen Zinsfuß als Rendite – auch internal rate of return (IRR) genannt –, scheint demnach grenzenlos und unerschütterlich zu sein zu sein. Verstärkt wird dieses Vertrauen auch noch dadurch, dass selbst offizielle Regierungsstellen wie das Bundesministerium der Finanzen – von Fachzeitschriften und Tageszeitungen ganz abgesehen – den IRR als generelle Renditekennziffer verwenden resp. propagieren. Ganz ähnlich verhält es sich mit dem Effektivzinssatz, der qua Gesetz bei jedem offiziellen Darlehen/Kredit als Information für den Kreditnehmer ausgewiesen werden muss. Doch welchen Orientierungswert für eine Anlageentscheidung hat die IRR-Rendite? Führt die zwingend vorgeschriebene Berechnungsmethode des Effektivzinssatzes für Darlehen/Kredite zu einer sinnvollen Kennziffer der prozentualen Kostenbelastung des Kreditnehmers? Sind also ganz generell die publizierten Renditen und Effektivzinssätze tatsächlich komprimierte Orientierungsgrößen, die den Wirtschaftssubjekten als verlässliche Entscheidungshilfen für eine ertrags- resp. kostenorientierte Kapitalallokation dienen können?

Um diese Fragen zu beantworten, ist vorab darauf hinzuweisen, dass es sich hier und im Folgenden ausschließlich um methodische Überlegungen handelt mit der Konsequenz, dass alle zukünftigen/erwarteten Zahlungsströme als sicher angenommen, d.h. dass Unsicherheiten über die Prognosewerte in Form von Risiken/Chancen ebenso ausgeblendet werden wie steuerliche Aspekte oder sonstige Kosten bei der Zeichnung und/oder während der Laufzeit von Kapitalanlagen. Die beiden letztgenannten Punkte können problemlos in die Analyse und die darauf aufbauende Argumentation integriert werden, aus Vereinfa-

* Prof. Dr. Klaus Jaeger, Berlin, E-Mail: Klaus.Jaeger@fu-berlin.de

chungsgründen wird davon aber abgesehen. Wegen der primären Konzentration auf Kapitalanlagen wird von (fast) beliebiger Teilbarkeit des für die Anlage notwendigen Kapitaleinsatzes ausgegangen. Dass zunächst nur Kapitalanlagen und deren Renditen ausführlicher analysiert werden, liegt in der Tatsache begründet, dass Darlehen/Kredite bei entsprechender Sichtweise auch nur Kapitalanlagen darstellen, so dass alle Erkenntnisse bezüglich Letzteren sehr einfach auf Erstere übertragen werden können.

Im nächsten Schritt sollte man sich zunächst über zwei in dem hier zu behandelnden Zusammenhang wesentliche Unterschiede bei Kapitalanlagen verständigen, dann über eine Renditedefinition einschließlich der daraus folgenden inhaltlichen Interpretation von Renditen und methodischen Implikationen für deren Berechnung sowie schließlich über Sinn und Zweck von Renditekennziffern resp. Effektivzinssätzen. Auf diesen wenigen Bausteinen basieren die anschließenden ausführlich dargestellten Schlussfolgerungen. Kritik daran ist folglich ausschließlich auf diese drei grundlegenden Abklärungen zurückzuführen.

2 Grundlegende Definitionen und methodische Überlegungen

a. Eine Kapitalanlage, bei der der Zeichner dieser Anlage zunächst über eine oder mehrere Perioden (Jahre) Einzahlungen, auch Investitionen genannt, tätigt und dann ausschließlich am Ende seines Engagements eine einzige Rück- oder Auszahlung in Form eines sog. Endwertes erhält, ist thesaurierend (beispielsweise klassische Kapitallebensversicherung oder Null-Coupon Anleihe); erfolgen dagegen während der Laufzeit zusätzlich eine oder mehrere Auszahlungen, ist dies eine ausschüttende (nicht thesaurierende) Anlage (beispielsweise normale Staatsanleihen oder geschlossene Fonds).

b. Die Rendite einer Kapitalanlage ist allgemein eine auf Basis aller (zeitverteilten) Zahlungsströme einer Kapitalanlage ermittelte komprimierte Kennziffer, die die Rentabilität oder Profitabilität der für diese Kapitalanlage notwendigen Einzahlungen (Investitionen) ausdrücken soll. Diese Rendite gibt etwas konkreter die durchschnittliche jährliche (allgemein, die periodische) prozentuale Verzinsung der – nicht selten zeitverteilten – Einzahlungen für diese Kapitalanlage bis zu deren Laufzeitende bzw. Verkaufszeitpunkt in Prozent p. a. (pro Periode) an. Dies bedeutet dreierlei:

(i) Für die Berechnung einer Rendite muss ein Endwert für jede Anlage bestimmt werden. Dieser Endwert entspricht bei thesaurierenden Anlagen der einmaligen Auszahlung am Laufzeitende bzw. dem heute festliegenden Preis zum Verkaufszeitpunkt. Bei ausschüttenden Anlagen muss dieser Endwert dagegen auf Basis der periodischen Auszahlungen ermittelt werden. Dies kann einmal in Form einer einfachen Summierung der periodischen Auszahlungen geschehen; da aber – allein schon wegen der positiven Zeitpräferenzrate bei den Wirtschaftssubjekten – ein heute verfügbarer Euro nicht ohne weiteres in jedem Fall gleichzusetzen ist mit einem Euro, der erst in späteren Jahren verfügbar ist, bietet sich für die Endwertermittlung zum anderen auch eine gewichtete Summe der periodisch anfallenden Auszahlungen an, wobei die Gewichtung im einfachsten Fall mit einem *exogen* auf realistischem Niveau festgelegten – »sicheren« – Wiederanlagezinssatz (WAZ > 0) erfolgt und die Wiederanlage (mit Zins und Zinseszins) jeweils bis zum Laufzeitende resp. Verkaufszeitpunkt durchgeführt wird; eine exogen festgelegte WAZ-Struktur, die sich an der unterschiedlichen Anlagedauer der einzelnen Auszahlungen bis zum Anlagenende orientiert, wäre selbstverständlich gleichfalls ohne weitergehende Konsequenzen für die folgenden Analyseergebnisse möglich, wird daher aber hier auch aus Vereinfachungsgründen nicht weiter vertiefend thematisiert. Ganz generell lässt sich somit feststellen, dass der Endwert von thesaurierenden und ausschüttenden Anlagen stets der Summe der mit einem exogen bestimmten WAZ ≥ 0 auf das Laufzeitende der Anlage mit Zins und Zinseszinsen verzinsten periodischen Auszahlungen entspricht, wobei jedoch ein WAZ > 0 wegen der positiven Zeitpräferenzrate generell wohl überzeugender ist. Zu beachten ist dabei selbstverständlich, dass die nach den ersten Einzahlungen (Investitionen) ggf. innerhalb einer Periode auftretenden Ein- und Auszahlungen erstens zu saldieren und zweitens im Falle eines negativen Periodensaldos mit vorausgehenden positiven und verzinsten Salden im Sinne eines im Zeitablauf erfolgenden Kontoausgleichsgebotes zu verrechnen sind; verbleibt dann immer noch ein periodischer Negativsaldo ist dieser bei Finanzierung durch Fremdkapital mit einem exogen festgelegten Sollzinssatz – analog zum WAZ bei den (Netto-)Auszahlungen – zu verzinsen und mit zukünftigen positiven Salden zu verrechnen oder – alternativ – wie sonstige Einzahlungen, d. h. als Investitionen zu behandeln. Da diese Verallgemeinerungen resp. Verfeinerungen auch keinen qualitativen Einfluss auf die folgenden zentralen Aussagen und Schlussfolgerungen haben, werden sie nicht weiter erwähnt.

(ii) Die Rendite der Kapitalanlage entspricht somit demjenigen durchschnittlichen Zinssatz p. a. (pro Periode), der die Summe der mit diesem Zinssatz mit Zins und Zinseszinsen auf das Laufzeitende verzinsten – ggf. zeitverteilten – Einzahlungen (Investitionen) exakt mit dem auf Basis der ggf. mit dem WAZ gewichteten (Netto-)Auszahlungen ermittelten Endwert in Übereinstimmung bringt. In diesem Sinn spiegelt die Rendite die (durchschnittliche) periodische Profitabilität oder Rentabilität der für die Kapitalanlage notwendigen Einzahlungen (Investitionen) wider. Diese derart ermittelten Renditen sind bei thesaurierenden Anlagen selbstverständlich unabhängig, bei ausschüttenden Anlagen dagegen u. a. abhängig von dem unterstellten WAZ. In beiden Fällen handelt es sich aber um tatsächlich realisierbare und damit realistische Renditen. Eine ausführliche Darstellung und Diskussion dieser Berechnungsmethode (MEWM-Rendite) findet sich in Jaeger (2006). Dort wird u. a. explizit darauf verwiesen, dass dieses Verfahren allein durch die Berücksichtigung auch zeitverteilter – neben einmaligen – Einzahlungen (Investitionen) nichts anderes ist als eine logische Weiterentwicklung der Methode der vollständigen Finanzplanung (VoFi-Methode) wie sie unter anderen von Grob (1989, 2001) propagiert wird.

(iii) Ohne Unsicherheiten, d. h. bei eintretenden Prognosewerten, muss die vorausschauend (ex ante) berechnete Rendite mit der rückblickend (ex post) auf Basis der tatsächlich eingetretenen (verfügbaren) Zahlungsströme der Anlage ermittelten Rendite übereinstimmen.

Eine Implikation der Ausführungen unter b. besteht darin, dass mit der in der beschriebenen Weise berechneten Rendite in einer idealtypischen Welt ohne Unsicherheiten der für Käufer und Verkäufer reelle oder gerechte Preis resp. Wert der entsprechenden Anlage zu jedem Zeitpunkt während der Laufzeit bestimmt werden kann. Dies ist ein ganz wesentliches Kriterium für eine überzeugende Methode der Renditebestimmung, denn erst durch die eindeutige funktionale Abhängigkeit der Anlagenpreise zu jedem Zeitpunkt von den jeweiligen Anlagenrenditen sind sinnvolle kardinale Rentabilitätsvergleiche auf Basis dieser Renditen – auch und besonders zwischen Anlagen mit zeitverteilten Einzahlungen – unmittelbar möglich. Bei ausschüttenden Anlagen ist dieses Erfordernis aber weder von der IRR-Rendite noch von der auf Basis der »Gegenwartswertmethode« (Ranosch 2010) berechneten Rendite in jedem Fall erfüllt (Jaeger 2011).

c. Sinn und Zweck jeglicher Renditeermittlung ist es, Vergleiche zwischen den Renditen, d. h. der Profitabilität verschiedener Kapitalanlagen mit gleicher oder qua Annahme angeglichener Laufzeit vorzunehmen. Dazu muss die jeweilige Bezugsbasis für die Renditen zwar nicht identisch, wohl aber vergleichbar sein. Ohne solche Vergleichsmöglichkeiten von Renditen, sind diese sinn- und zwecklos. 5 % Rendite bei einer Kapitalanlage kann viel oder wenig bedeuten, entscheidend sind die Renditen der Vergleichsobjekte; letztere können auch darin bestehen, nicht zu investieren (»status quo ante«). Das Erfordernis der Vergleichbarkeit stellt sich analog auch in anderen Bereichen: Sind 30 km/h schnell oder langsam? Nur bei Kenntnis und Vergleich mit anderen Geschwindigkeiten lässt sich darüber ein Urteil fällen!

Renditevergleiche werden in der Regel auf der Grundlage von kardinal ermittelten absoluten Renditedifferenzen getroffen (Anlage A hat eine Rendite von 5 % und Anlage B eine solche von 3 %, also 2 Prozentpunkte kardinale Renditedifferenz). Werden sie aufgrund prozentualer Renditeunterschiede (Anlage A hat eine um 20 % höhere Rendite als Anlage B) vorgenommen, ist die Kenntnis der (korrekten) absoluten Renditedifferenzen selbstverständliche Voraussetzung (20 % wovon?). Solche Vergleiche werden bewusst oder unbewusst von jedem potenziellen Anleger vorgenommen. Rein qualitative oder ordinale Angaben von Renditeunterschieden (Anlage A weist eine höhere Rendite als Anlage B auf) sind für den Anleger bei seinen Anlageentscheidungen letztlich von geringem oder überhaupt keinem Nutzen. Das Erfordernis der Vergleichbarkeit gilt selbstverständlich analog für die Effektivzinssätze.

3 Der interne Zinsfuß als problematische Renditekennziffer

Der IRR ist allgemein derjenige Zinssatz, der bei einem zeitlich strukturierten Zahlungsstrom den Gegenwartswert der Einzahlungen dem Gegenwartswert der Auszahlungen angleicht («Barwertmethode«); das gleiche Ergebnis erhält man selbstverständlich bei einer Angleichung der jeweiligen Endwerte von Ein- und Auszahlungen. Die Problematik des IRR als Renditekennziffer lässt sich am besten anhand zweier einfacher Beispiele demonstrieren (Laux 2009, Jaeger 2010):

Eine thesaurierende Anlage A weise den folgenden jährlichen Zahlungsstrom auf:

Tab. 1: Anlage A

Zeitpunkt	0	1	2	3	4	5
Einzahlung	–100					
Rückzahlung						125

Die IRR-Methode wie auch jede andere vernünftige Methode der Renditeermittlung wird der Anlage A eine Rendite von 4,5639 % p. a. bescheinigen. Dies ist leicht zu belegen. Werden die Einzahlungen von 100 periodisch mit 4,5639 % p. a. (einschließlich Zinseszinsen) bis zum Zeitpunkt 5 verzinst, erhält man exakt den Wert von 125 am Laufzeitende. Die Einzahlung hat sich also über die Laufzeit hinweg mit 4,5639 % p. a. »rentiert«. Eine mögliche Wiederanlage von Rückzahlungen durch den Anleger steht hier nicht zur Diskussion, da nur eine einzige Rückzahlung am Laufzeitende anfällt. Der Anleger hat nach 5 Jahren (Perioden) einen Ertrag von 25 realisiert und rückblickend kann er feststellen, dass das von ihm eingezahlte Kapital in der Tat mit 4,5639 % p. a. (einschließlich Zinseszinsen) auf 125 angewachsen ist. Die IRR-Rendite ist also bei thesaurierenden Anlagen eine aussagekräftige und vergleichbare Kennziffer für deren Rentabilität.

Betrachten wir nun eine Anlage B mit dem folgenden Zahlungsstrom:

Tab. 2: Anlage B

Zeitpunkt	0	1	2	3	4	5
Einzahlung	–100					
Rückzahlung		5	5	5	5	105

Der Anleger horte jetzt aber die Rückzahlungen »unter dem Kopfkissen« (keine Wiederanlage der Rückflüsse, d.h. WAZ=0). Am Laufzeitende hat der Anleger rückblickend wiederum einen Ertrag von 25 und somit eine Rendite von 4,5639 % p.a. erzielt. Die IRR-Rendite der Anlage B beträgt jedoch – wie leicht nachzuprüfen ist – unwidersprochen 5 % p.a.! Wie ist dieser Unterschied bei identischen, tatsächlich realisierten Erträgen am Laufzeitende von Anlage A und B zu erklären? Werden die periodischen Rückflüsse von 5 bei Anlage B mit dem IRR-Zinssatz von 5 % mit Zins und Zinseszins jeweils auf das Laufzeitende verzinst und summiert, ergibt sich ein (rechnerischer) Endwert von 127,6282, also ein (rechnerischer) Ertrag von 27,6282, der – bezogen auf die Einzahlung von 100 – genau eine Rendite von 5 % p.a. ergibt. Faktisch hat der Anleger rückblickend aber nicht 27,6282, sondern nur 25 an Ertrag tatsächlich realisiert. Daraus folgt zwingend:

(i) Rein rechnerisch, d.h. fiktiv wird bei der Berechnung der IRR-Rendite stets eine Wiederanlage der periodischen Rückzahlungen zum IRR-Zinssatz (WAZ=IRR) bis zum Laufzeitende unterstellt, und zwar unabhängig davon, wie die Rückzahlungen tatsächlich verwendet werden; dies wird auch als extreme Wiederanlageprämisse bezeichnet. Jede berechnete und ausgewiesene IRR-Rendite beinhaltet somit – methodisch bedingt und mehr oder weniger verdeckt – einen eigenen *endogenen* Wiederanlagezinssatz WAZ = IRR; eine inhaltlich überzeugende Begründung für dieses Vorgehen liefern die IRR-Verfechter nicht.

(ii) Dieses methodische Vorgehen impliziert, dass bei der fast regelmäßig vorzufindenden Konstellation (exogener) WAZ < IRR die IRR-Rendite bei ausschüttenden Kapitalanlagen fiktiv überhöht ausgewiesen wird und folglich für den Anleger faktisch nicht realisierbar ist. In diesem Sinn ist der IRR als Renditekennziffer eine Lüge, da sie dem Anleger eine Rentabilität und damit Erträge vorgaukelt, die unrealistisch hoch – weil tatsächlich nicht erzielbar – sind. Andererseits, in dem sehr selten auftretenden umgekehrten Fall (exogener) WAZ > IRR würde die IRR-Rendite einen zu niedrigen Wert für die Rentabilität einer Anlage ausweisen und in diesem Sinn dem Anleger auch wiederum ein falsches Signal über die wahre Rentabilität der Kapitalanlage vermitteln.

(iii) Der Vergleich von unterschiedlichen IRR-Renditen zweier ausschüttender Anlagen C und D ist für den Anleger wenig sinnvoll, da die Rückflüsse der beiden Anlagen ohne inhaltliche Begründung mit unterschiedlichen Zinssätzen (den jeweiligen IRR-Renditen) rechnerisch wieder angelegt werden. Der IRR-

Unterschied ist damit rein fiktiv und sagt folglich nichts über die wahre relative Profitabilität der beiden Anlagen aus. Vertauscht man nämlich rein rechnerisch die IRR-Wiederanlagezinssätze, die ja zunächst ohne weitere Begründung den Anlagen C und D zugeordnet waren, kann sich auch eine Umkehr der ursprünglichen Reihung der IRR-Renditen der Anlagen C und D ergeben! Abgesehen davon sind IRR-Renditedifferenzen von ausschüttenden Anlagen zwar rein rechnerisch, aber für den Anleger – da in der Regel nur fiktiv – inhaltlich nicht aussagekräftig kardinal vergleichbar.

(iv) Die unter den Punkten (i)–(iii) formulierte Kritik an der IRR-Rendite trifft selbstverständlich uneingeschränkt auch auf die von der Finanzagentur des Bundes propagierte und im Internet zu findende »Barwertmethode« für die Renditeermittlung zu, da diese formal, d. h. rein rechentechnisch nichts anderes ist als die Umkehrung der dargestellten IRR-Berechnung (»Endwert« gegen »Barwert«). Dies lässt sich leicht anhand der Anlagen A und B nachprüfen: Eine Diskontierung des Endwertes der Anlage A (125) mit dem Zinssatz 4,5639 % auf den Zeitpunkt 0 erbringt den Wert 100 (entspricht der Einzahlung). Eine auf den Zeitpunkt 0 vorgenommene Diskontierung und Summierung der zeitverteilten Rückzahlungen der Anlage B mit dem IRR-Wert von 5 % (»Barwertmethode«) erbringt ebenfalls den Wert der Einzahlung in Höhe von 100. Faktisch hat der Anleger, der die Rückzahlungen der Anlage B hortet, aber am Ende von deren Laufzeit auch nur eine Summe von 125 wie bei Anlage A zur Verfügung und somit ebenfalls nur eine Rendite von 4,5639 % mit Anlage B realisiert. Würde der Horter nun die 125 Endwert mit dem IRR-Zinssatz von 5 % auf den Zeitpunkt $t = 0$ diskontieren, hätte er nur einen Barwert von 97,94 gegenüber der Einzahlung von 100 rechnerisch zur Verfügung. Die Barwertmethode impliziert also mit anderen Worten, dass die zum Zeitpunkt $t = 0$ ermittelten verschiedenen Barwerte der einzelnen Rückzahlungen durch rechnerische Verzinsung (einschließlich Zinseszinsen) mit der IRR-Rendite (einheitlicher Zinssatz der Diskontfaktoren) wieder exakt die zeitlich verteilten Rückzahlungen ergibt. Dies ist nicht überraschend und der klassische Fall einer extremen Wiederanlageprämisse, jetzt aber geschickt in der Diskontierung verbrämt und auf die verscheidenen Barwerte bezogen. Nicht umsonst ist ja die mit der Barwertmethode berechnete IRR-Rendite völlig identisch mit derjenigen, die sich – wie oben in den Beispielen ausgeführt – bei Angleichung der Endwerte von Ein- und Auszahlungen mittels der IRR-Rendite ergibt.

(v) Bei einer Renditeermittlung gemäß den obigen Ausführungen unter b. mit einem realistischen WAZ (≥ 0) oder einer entsprechenden WAZ-Struktur ergeben sich stets, also auch bei ausschüttenden Anlagen, realisierbare und vergleichbare Renditen, die den Anleger auch in der Retrospektive bei eingetretenen Prognosewerten aufgrund der faktisch erwirtschafteten Erträge – im Gegensatz zur IRR-Rendite – nicht enttäuschen.

4 Von der IRR-Rendite zum Effektivzinssatz

In der Preisangabenverordnung (PAngV) vom 18. Oktober 2002 wird geregelt, in welcher Weise Kreditgeber (KG) den sogenannten Effektivzinssatz für Kreditnehmer (KN) zu berechnen haben. Das dort im Anhang zu § 6 zwingend vorgeschriebene Verfahren entspricht der vorstehend kurz skizzierten Barwertmethode und damit im Ergebnis exakt dem IRR. Dieser IRR des Zahlungsstroms eines Kredites ist somit gemäß PAngV der Effektivzinssatz. Was impliziert das?

Aus der Sicht eines KG ist ein gewährter Kredit oder ein vergebenes Darlehen nichts anderes als eine Kapitalanlage. Er zahlt wie bei dieser einen bestimmten Betrag ein – in diesem Fall in Form eines Kredites oder Darlehens an den KN – und erhält von ihm Rückflüsse in Form des Kapitaldienstes (Zinsen, Tilgung und sonstige Kosten). In welcher Weise der KG diese Rückflüsse aus dem vergebenen Kredit verwendet und wie er die Profitabilität oder die Rendite der Kreditvergabe berechnet, ist zunächst ausschließlich seine Sache. Rechnet er sich eine IRR-Rendite aus, ohne die Rückflüsse faktisch zum IRR wieder anzulegen, dann macht er sich – wie oben gezeigt – etwas vor. Rechnet der KG dagegen mit einem realistischen WAZ, dann kann die sich ergebende Rendite zwar eine sinnvolle Orientierung für den KG darstellen. Diese Berechnungen und deren Ergebnisse haben aber absolut nichts damit zu tun, was der KN in Form einer komprimierten Kennziffer – genannt Effektivzinssatz – an Kosten durch den Kapitaldienst zu tragen hat. Für den KN ist ein aufgenommenes Darlehen nichts anderes als eine »umgekehrte Kapitalanlage«. Er erhält zunächst einen Betrag (vom KG) und zahlt dann – meist zeitverteilt – bestimmte Beträge, den Kapitaldienst, an den KG zurück. Somit sind seine in einer komprimierten (prozentualen) Kennziffer ausgedrückten Darlehenskosten effektiv nichts anderes, als die »negative« Rendite dieses Zahlungsstroms aus seiner Sicht. Dieser effektive Zinssatz entspricht aber nicht per se dem IRR, sondern ist gemäß den obigen Ausführungen unter Verwendung von WAZ ≥ 0 auf den Kapitaldienst des aufgenommenen Darlehens für den KN zu ermitteln. Der exogene WAZ ist somit in diesem Fall für den KN ein realistischer Ausdruck seiner Opportunitätskosten in Form entgangener Zinserträge auf den Kapitaldienst resp. den dadurch entgangenen Konsummöglichkeiten. Eine mögliche faktische Wiederanlage des periodischen Kapitaldienstes zum WAZ = IRR bei Verzicht auf die Darlehensaufnahme wäre ein absoluter Sonderfall. In aller Regel ist eine realistische Konstellation durch WAZ<IRR gegeben mit der Konsequenz, dass der tatsächliche Effektivzinssatz für den KN unter dem ausgewiesenen IRR-Zinssatz liegt. Unabhängig davon, dass diese Überlegungen durch Einbeziehung anderer Aspekte noch erweitert resp. modifiziert werden können (Jaeger 2008), bleibt als Ergebnis festzuhalten:

(i) Bei Darlehen/Krediten, die vom KN zeitverteilte Zahlungen (Kapitaldienst) an den KG implizieren, ist der von der PAngV vorgeschriebene IRR, der als Effektivzinssatz die (prozentuale) Kostenbelastung des KN komprimiert widerspiegeln soll, aus Sicht des KN in aller Regel fiktiv und zu hoch, da bei einem WAZ < IRR der Absolutwert der »negativen« Darlehensrendite – ein möglicher sinnvoller komprimierter Ausdruck für die Kostenbelastung des KN – kleiner ist als der IRR. Im umgekehrten Fall WAZ > IRR wäre der durch die PAngV vorgeschriebene komprimierte Kostenausweis des Darlehens in Form des Effektivzinssatzes aus Sicht des KN zu niedrig. In beiden Situationen erhält der KN durch den IRR keine vernünftige Information über seine wirkliche Kostenbelastung.

(ii) Würden KG und KN gemäß der oben unter Punkt b. vorgeschlagenen Berechnungsmethode den gleichen exogenen realistischen WAZ für die periodischen Kapitaldienstzahlungen verwenden, dann (und nur dann) entspräche die Rendite des Darlehens aus der Sicht des KG dem Effektivzinssatz des Darlehens und damit der (prozentualen) Kostenbelastung aus der Sicht des KN. Bei Verwendung des IRR und WAZ≠IRR werden beide Marktteilnehmer durch die IRR-Kennziffer in die Irre geführt.

(iii) Ein Kostenvergleich von Darlehen/Krediten auf Basis der IRR-Effektivzinssätze ist wegen des fiktiven Charakters dieser Kennziffern ähnlich problematisch wie Rentabilitätsvergleiche von Kapitalanlagen mittels IRR-Renditen.

5 Die WAZ-Problematik

Gegen die oben unter Punkt b. vorgestellte neue Berechnungsmethode für Renditen und Effektivzinssätze könnte eingewendet werden, dass durch die exogene Vorgabe eines WAZ (oder einer WAZ-Struktur) die Berechnungsergebnisse einer gewissen Beliebigkeit um nicht zu sagen Manipulationsmöglichkeit unterliegen, da Renditen und Effektivzinssätze ceteris paribus bei jeder einzelnen (ausschüttenden) Kapitalanlage resp. jedem Kredit mit periodischen Kapitaldienstzahlungen positiv mit dem exogen unterstellten WAZ korrelieren. Gegen diesen kritischen Einwand sprechen die folgenden Argumente:

(i) Renditen und Effektivzinssätze sollen den Nachfragern von Kapitalanlagen resp. Darlehen/Krediten und nicht den Anbietern an den Kapitalmärkten als Orientierungshilfen für ihre Entscheidungen dienen. Folglich liegt es im Interesse der Nachfrager, diesen WAZ explizit ausgewiesen zu bekommen und ggf. auch ihren individuellen Einschätzungen gemäß beeinflussen zu können. Beim IRR gibt es auch einen WAZ, der jedoch – da endogen bestimmt – mit dem IRR (= WAZ) variiert und vom Nachfrager daher nicht nur unbeeinflussbar, sondern auch in aller Regel gar nicht bekannt ist, da er die Methodik der Berechnung nicht durchschaut.

(ii) Der Nachfrager kann den Anbieter veranlassen (ggf. gesetzlich erzwungen), sein Angebot jeweils mit unterschiedlichen und vom Nachfrager festgelegten WAZ-Annahmen durchzurechnen. Durch solche Sensitivitätsanalysen werden dem Nachfrager als zusätzliche Entscheidungshilfen die Auswirkungen von unterschiedlich hohen WAZ-Werten auf die entsprechenden Kennziffern des Angebotes offengelegt. Jeder Nachfrager kann bei verschiedenen Anbietern seinen spezifischen WAZ-Vorstellungen gemäß Berechnungen von Renditen resp. Effektivzinssätzen verlangen und dann seine Auswahl treffen.

(iii) Bei der gegenwärtig gängigen Methode hat jede einzige Kapitalanlage resp. jeder Kredit eine ganz bestimmte »intrinsische« Rendite bzw. einen entsprechenden Effektivzinssatz in Form des IRR. Der Ausweis dieser Kennziffern müsste aber korrekt lauten: »IRR-Rendite bzw. IRR-Effektivzinssatz mit einer fiktiven Wiederanlage der zeitlich verteilten Rückflüsse bzw. Kapitaldienstzahlungen zum IRR-Zinssatz.« Eine ganz ähnliche Konditionierung könnte auch bei dem hier vorgeschlagenen Verfahren erfolgen: »Rendite oder Effektivzinssatz bei einer faktischen Wiederanlage der zeitlich verteilten Rückflüsse bzw. Kapitaldienstzahlungen (als Ausdruck der Opportunitätskosten) zum WAZ = x %.« Die Vergleichbarkeit von Renditen und Kosten zwischen den verschiedenen Angeboten wäre damit bei identischem WAZ (identischer WAZ-Struktur) zweifelsfrei gegeben. Außerdem bestünde der Vorteil darin, dass Nachfrager den WAZ ihren Präferenzen oder Erwartungen entsprechend anpassen und Neuberechnungen durch die Anbieter verlangen könnten.

(iv) Um der Beliebigkeit oder Manipulation im Ausweis von Renditen und Effektivzinssätzen von Seiten der Anbieter zum Schaden der Nachfrager enge Grenzen zu setzen oder diese völlig auszuschließen, könnte der Gesetzgeber – ggf. jeweils angepasst an die Kapitalmarktsituation und die Laufzeiten von Kapitalanlagen sowie Krediten – bestimmte WAZ-Niveaus oder -Strukturen für die Berechnungen als Orientierung für die Nachfrager vorschreiben. Abweichungen davon wären auf expliziten Wunsch der Nachfrager selbstverständlich möglich.

Im Gegensatz zu den Unzulänglichkeiten bei Verwendung von IRR-Kennziffern erscheint die mögliche Kritik an der hier vorgeschlagenen Berechnungsmethode von Kennziffern mit einem exogenen WAZ (oder einer entsprechenden WAZ-Struktur) im Lichte der vorstehenden Argumente in der Tat wenig überzeugend.

Abschließend verbleibt aber noch eine (ketzerische) Frage: Ist der explizite und isolierte Ausweis von Effektivzinssätzen – nach welcher Methode auch immer berechnet – als Kennziffer für die prozentuale Kostenbelastungen des KN durch Kredit- oder Darlehensaufnahme überhaupt sinnvoll und notwendig oder könnte man darauf komplett verzichten? Eine Antwort darauf wird im folgenden Abschnitt gesucht.

6 Die gehebelte Rendite oder die problematische Funktion isoliert ausgewiesener Effektivzinssätze

Darlehen/Kredite werden in aller Regel von Wirtschaftssubjekten nicht um ihrer selbst willen aufgenommen, sondern ausschließlich deswegen, um Ausgaben/Anschaffungen (für Immobilien, PKW, Möbel, und/oder Urlaub etc.) sofort oder kurzfristig tätigen zu können, die andernfalls erst nach einem längeren Sparprozess oder durch Auflösung von vorhandenem Kapital/Vermögen hätten realisiert werden können. Dies bedeutet aber in beiden Fällen nichts anderes, als dass der KN die (Netto-)Kosten der Darlehens-/Kreditaufnahme und kurzfristigen Anschaffung/Anlegen der Kreditsumme per saldo geringer einschätzt, als die Netto-Erträge aus dem andernfalls notwendigen Sparprozess resp. die Netto-Vorteile aus der notwendigen Auflösung oder Umschichtung von vorhandenem Vermögen. Ein klassischer Fall für eine solche mittels Schulden finanzierte Anlage oder Anschaffung liegt dann vor, wenn der »Habenzinssatz größer Sollzinssatz« ist oder in dem hier behandelten Zusammenhang, wenn die Rendite einer Kapitalanlage ohne Schuldenfinanzierung größer ist als der Effektivzinssatz des Kredites, wobei es zunächst gar keine Rolle spielt, nach welcher Methode die beiden Kennziffern berechnet werden, entscheidend ist hier momentan nur, dass die Berechnungen methodisch identisch sind. Die Motivation, sich durch die Schuldenaufnahme einen Vorteil zu verschaffen oder – etwas fachspezifischer ausgedrückt – durch ein »leverage« oder einen »Hebel« die Rendite letztlich in die Höhe zu treiben, ist somit nicht nur bei den häufig gescholtenen Spekulanten oder Bankern, sondern gleichermaßen bei jedem einzelnen Wirtschaftssubjekt, welches Ausgaben (teilweise) durch die Aufnahme von Schulden finanziert, zu finden.

Die Frage ist nun, welche Rolle der Effektivzinssatz – wie auch immer methodisch berechnet – für den KN in diesem Zusammenhang spielt. Ist der Ausweis dieses komprimierten Kostenindikators überhaupt notwendig oder sinnvoll? Einige wenige einfache Beispiele sollen diese Frage klären, wobei die grundsätzliche Problematik der IRR-Vergleichbarkeit und der oben ausführlich erörterten Konsequenzen der extremen Wiederanlageprämisse bei der IRR-Berechnung im Folgenden unberücksichtigt bleiben kann, da diese Kritik in den nachfolgenden Überlegungen und Folgerungen hinsichtlich der Relevanz einer isolierten Betrachtungsweise von Effektivzinssätzen absolut ohne Bedeutung ist. Allein aus Vereinfachungsgründen werden IRR-Effektivzinssätze und IRR-Renditen in den gewählten Beispielen verwendet.

Die obige Anlage B weist bei kompletter Eigenfinanzierung – wie gezeigt – eine IRR-Rendite auf das eingesetzte Eigenkapital von 5 % auf. Dem Anleger werden nun bei 80 %iger Fremdfinanzierung der Anlage B die beiden folgenden Kredite alternativ angeboten:

Tab. 3: Kredit K1 aus der Sicht des KN

Zeitpunkt	0	1	2	3	4	5
Auszahlung	80					
Kapitaldienst		–3	–3	–3	–3	–83

Tab. 4: Kredit K2 aus der Sicht des KN

Zeitpunkt	0	1	2	3	4	5
Auszahlung	80					
Kapitaldienst						–96,17

Die IRR-Effektivzinssätze von K1 und K2 sind mit 3,75 % identisch. Unter Kostengesichtspunkten und bei ausschließlicher Betrachtung der beiden Kreditangebote ohne Beachtung des intendierten Verwendungszweckes müsste der KN somit zwischen diesen beiden Angeboten indifferent sein. Faktisch will er aber – wie praktisch jeder KN – mit dem Kredit eine ganz spezielle Ausgabe, hier den Kauf der Kapitalanlage B, finanzieren. Bei 20 %iger Eigen- und 80 %iger Fremkapitalfinanzierung mit K1 stellt sich der Zahlungsstrom der Anlage B unter Beachtung der periodisch verteilten Kreditkosten, die mit den Rückflüssen aus Anlage B saldiert werden, wie folgt dar:

Tab. 5: Aus der Sicht des Anlegers: Anlage B mit Kredit K1 finanziert

Zeitpunkt	0	1	2	3	4	5
Einzahlung	–20					
Rückzahlung		2	2	2	2	22

Die IRR-Eigenkapitalrendite – und nur die Rendite auf das Eigenkapital interessiert den KN – der »gehebelten« Anlage B/K1 beträgt 10 %, das Doppelte der ausschlich mit Eigenkapital finanzierten Anlage B!

Wird dagegen Anlage B mit K2 wiederum im Verhältnis 80 % zu 20 % finanziert, ergibt sich der folgende (saldierte) Zahlungsstrom der Anlage B:

Tab. 6: Aus der Sicht des Anlegers: Anlage B mit Kredit K2 finanziert

Zeitpunkt	0	1	2	3	4	5
Einzahlung	–20					
Rückzahlung		5	5	5	5	8,83

Die IRR-Eigenkapitalrendite der nun mit K2 »gehebelten« Anlage B/K2 beträgt 12,3654 %, ist also noch höher als bei B/K1. Trotz identischer IRR-Effektivzinssätze von K1 und K2 ist aus der Sicht des KN der Kredit K2 in Kombination mit der Anlage B (B/K2) gemessen an der jeweiligen IRR-Eigenkapitalrendite vorteilhafter als K1 in Verbindung mit B (B/K1)!

Würde der endfällige Betrag bei K2 auf 98,315 angehoben, läge der IRR-Effektivzinssatz dieses Kredites bei 4,2091 % (3,75 % bei K1) und die beiden fremdfinanzierten Anlagen B/K1 und B/K2 hätten dann identische IRR-Renditen von 10 %. Anders ausgedrückt: Der nur am IRR-Effektivzinssatz gemessen nun teurere Kredit K2 wäre als Finanzierung der Anlage B unter dem Gesichtspunkt der Eigenkapitalrendite gleichwertig zum Kredit K1 anzusehen, der einen niedrigeren Effektivzinssatz aufweist.

Die Vermutung, das Ergebnis der vorstehenden Berechnungsbeispiele sei den extrem unterschiedlichen Strukturen der Zahlungsströme von K1 und K2 geschuldet, sind falsch. Angenommen, es lägen die folgenden Kreditangebote zur Finanzierung der Anlage B vor:

Tab. 7: Kredit K3 aus der Sicht des KN

Zeitpunkt	0	1	2	3	4	5
Auszahlung	80					
Kapitaldienst		–2	–3	–3	–4	–84

und

Tab. 8: Kredit K4 aus der Sicht des KN

Zeitpunkt	0	1	2	3	4	5
Auszahlung	80					
Kapitaldienst		–4	–3	–3	–2	–83,744

Der IRR-Effektivzinssatz von K3 und K4 beträgt einheitlich 3,9514 %. Wie leicht nachprüfbar ist, würde eine (80/20) %ige K3-Fremd-/Eigenkapitalfinanzierung der Anlage B eine IRR-Rendite von 9,4541 %, eine analoge Finanzierung mit K4 aber nur eine IRR-Rendite von 9,1078 % implizieren. Bei gleichem IRR-Effektivzinssatz wäre K3 gegenüber K4 gemessen an der Eigenkapitalrendite bei der Finanzierung der Anlage B eindeutig vorteilhafter für den KN.

Selbstverständlich können analoge Beispielrechnungen auch mit Effektivzinssätzen und Eigenkapitalrenditen, die – wie oben unter b. ausgeführt – auf der exogenen Vorgabe eines WAZ (oder einer WAZ-Struktur) basieren, durchgeführt werden. Zu beachten ist dabei selbstverständlich, dass dann die ermittelten Effektivzinssätze wie auch die MEWM-Eigenkapitalrenditen von dem unterstellten exogenen WAZ resp. der verwendeten exogenen WAZ-Struktur abhängen. Festzuhalten bleibt aber auch hier als Ergebnis, dass bei gegebenem WAZ (oder WAZ-Struktur) identische Effektivzinssätze verschiedener Kredite zu unterschiedlichen MEWM-Eigenkapitalrenditen bei einer (teilweisen) Fremdfinanzierung einer vorgegebenen Anlage führen können. Die bisher gewählte »methodische Identität« der Berechnungen ist dabei nicht von Bedeutung: Gleiche IRR-Effektivzinssätze verschiedener Kredite können unterschiedliche MEWM-Eigenkapitalrenditen bei ein und derselben Anlage implizieren wie umgekehrt identische Effektivzinssätze auf Basis exogener WAZ-Vorgaben zweier Kredite zu verschiedenen IRR-Renditen einer spezifischen Anlage führen können.

Im Ergebnis wird die isolierte Betrachtung von Effektivzinssätzen als sinnvolle Indikatoren der Kostenunterschiede von Krediten für den KN und damit als eine Entscheidungshilfe für deren Auswahl mehr als problematisch. Entscheidend für ihn ist dagegen nur die Kenntnis des kompletten Zahlungsstroms des Kredites sowie dessen ertragsorientierte Auswertung in Verbindung mit der Verwendung dieser Fremdmittel in Form sinnvoll berechneter Eigenkapitalrenditen, nicht aber die – losgelöst vom Verwendungszweck – aus den für den KN resultierenden Kredit-Zahlungsreihen kalkulierten verdichteten Kostenkennziffern, genannt Effektivzinssätze. Dies gilt unabhängig von deren Berechnungsmethode.

Sollte somit die Ansicht generell geteilt werden, dass die durch Kredit-/Darlehensaufnahme verfügbaren finanziellen Mittel stets – ggf. auch zeitlich verteilt – für Güter, Dienstleistungen und/oder Kapitalanlagen verausgabt werden, dann ist die isolierte Bekanntgabe von Effektivzinssätzen für den KN als komprimierte Kennziffern für Kostenvergleiche dieser Fremdmittel und darauf aufbauend als Auswahlkriterium völlig irrelevant, teilweise sogar – wie oben beispielhaft gezeigt – irreführend. Für ihn entscheidend sind allein die in Kombination mit der Kredit-/Darlehensverwendung erzielbaren Eigenkapitalrenditen bei den (teilweise) fremdfinanzierten Kapitalanlagen/Anschaffungen. Die Effektivzinssätze für sich genommen sind dabei wenig hilfreich; sie sind aber auch gar nicht notwendig, da in einer vernünftigen, d. h. mit exogener Vorgabe eines WAZ (oder einer WAZ-Struktur) durchgeführten Renditeberechnung die faktische Kostenbelastung durch die Fremdfinanzierung leicht sinnvoll zu integrieren ist und ein entsprechender (kardinaler) Vergleich der Eigenkapitalrenditen dem KN dann die für ihn günstigste Variante anzeigt. Zwei im Grunde wenig strittige Voraussetzungen liegen dieser Aussage zugrunde: (i) Kredite/Darlehen werden nicht um ihrer selbst willen aufgenommen, sondern nur zur Finanzierung geplanter Ausgaben und (ii) wie jeder Anleger orientiert sich auch der KN an der erzielbaren Eigenkapitalrendite zur Beurteilung seines finanziellen Engagements.

Gegen diese Sichtweise könnte schließlich noch vorgebracht werden, dass ein KN die (periodischen) Erträge von Güter- oder Dienstleistungskäufen (Beispiel: Urlaubsreise) häufig gar nicht exakt angeben kann. Dem ist entgegenzuhalten:

Es kommt nicht auf die exakte Bestimmung dieser Erträge an, sondern allein darauf, dass der KN aus seiner individuellen Sicht welche Erträge auch immer festlegt und dann auf Basis dieser »Rückflüsse« die Eigenkapitalrenditen einer Fremdfinanzierung mit unterschiedlichen Kreditangeboten wie oben dargestellt selbst durchrechnet oder vom Kreditanbieter berechnen lässt, bevor er seine Kreditauswahl trifft.

Beachte: Die vorstehenden Ausführungen behalten selbstverständlich auch dann ihre Gültigkeit, wenn ein KN eine (teilweise) Fremdfinanzierung einer Anlage (beispielsweise Anlage B) – wider alle Vernunft – tatsächlich mit einem Kredit plant, der zu einer negativen Eigenkapitalrendite führen würde. Der Kredit, der in Kombination mit dem (teilweise) fremdfinanzierten Anlagekauf die absolut niedrigste Eigenkapitalrendite der Anlage aufweist, wäre dann der relativ vorteilhafteste. Dies kann wiederum leicht anhand von Beispielen gezeigt werden: Wird der Kredit K3 aus Tabelle 7 nur insofern geändert, dass der Kapitaldienst in t = 5 auf –100 (Kredit K5) und der Kredit K4 aus Tabelle 8 nur insofern modifiziert, dass der Kapitaldienst in t = 5 auf –99,49 (Kredit K6) gesetzt wird, dann sind die IRR-Effektivzinssätze der beiden Kredite K5 und K6 mit 7,3634 % identisch – und höher als die IRR-Eigenkapitalrendite von 5 % der Anlage B, wenn sie ausschließlich mit Eigenkapital finanziert wird! Werden die beiden Kredite nun (rechnerisch) alternativ – wie oben – zur 80 %igen Fremdfinanzierung der Anlage B eingesetzt, dann ist die IRR-Eigenkapitalrendite von B/K5 = –11,9153 % und diejenige von B/K6 = –9,7397 %. Der Hebel wirkt also nicht nur in positiver, sondern – nicht überraschend – bei entsprechender Konstellation auch in negativer Richtung. Unabhängig davon, K6 wäre gegebenenfalls gegenüber K5 trotz identischer IRR-Effektivzinssätze die (relativ) günstigere Finanzierungsalternative der Anlage B, da dann zumindest der an der IRR-Eigenkapitalrendite gemessene Verlust minimiert würde.

7 Schlussbetrachtung

Als Renditekennziffer bei (ausschüttenden) Kapitalanlagen wie als Kostenindikator in Form eines Effektivzinssatzes bei Kredit- oder Darlehensaufnahmen mit periodischen Kapitaldienstzahlungen – wie lt. PAngV vorgeschrieben – weist der IRR wegen der methodisch implizierten extremen Wiederanlageprämisse in den meisten Fällen einen unrealistisch überhöhten Wert aus. Damit werden bei den Anlegern zu hohe, weil nicht realisierbare Renditeerwartungen geschürt und potenzielle Kreditnehmer werden durch angeblich zu hohe Kostenbelastungen abgeschreckt. In Ausnahmefällen kann auch die umgekehrte Situation eintreten: Die IRR-Rendite und der auf dem IRR basierende Effektivzinssatz sind im Vergleich zur faktisch realisierbaren Rendite resp. tatsächlichen periodischen (prozentualen) Kostenbelastung eines Darlehens/Kredites zu niedrig. Beides führt bei einer Orientierung am IRR, sei es als Rendite oder als Effektivzinssatz, zu Fehlallokationen auf dem Kapitalmarkt. Hinzu kommt das Problem, dass auf Basis des IRR kaum sinnvolle Rentabilitäts- oder Kostenvergleiche von den jeweils betroffenen Wirtschaftssubjekten durchgeführt werden können, da es sich beim IRR, abgesehen von ganz selten auftretenden Zins-Konstellationen (stets tatsächlicher WAZ = IRR), um eine fiktive Kennziffer handelt. Einzelwirtschaftliche Entscheidungen, die gesamtwirtschaftlich zu gravierenden Fehlallokationen führen können, sind die zwangsläufige Folge der gegenwärtig praktizierten Verwendung dieser Rentabilitäts- resp. Kostenkennziffern. Das hier vorgestellte alternative Berechnungsverfahren vermeidet diese Fehlerquellen. Es führt zu kardinal vergleichbaren und realistisch kalkulierten Renditen resp. Effektivzinssätzen, die für den Anleger bzw. Kreditnehmer als komprimierte Kennziffern sinnvolle Hilfen bei seinen Entscheidungen über Kapitalallokationen bieten können. In diesem Sinne ist dieses Verfahren tatsächlich nicht nur Kunden orientiert, sondern führt auch gesamtwirtschaftlich gesehen zu einer effizienteren Kapitalallokation! Davon aber einmal abgesehen, eine genauere Analyse von Sinn und Zweck der Kredit-/Darlehensaufnahme zeigt, dass der Effektivzinssatz für sich genommen – gleichgültig nach welcher Methode berechnet – überhaupt kein sinnvoller, teilweise sogar ein irreführender Indikator für Kostenvergleiche von Krediten/Darlehen darstellt. Daher sollte (könnte) er als Kennziffer auch ersatzlos gestrichen werden. Allein die erzielbare Eigenkapitalrendite – richtig und vollständig berechnet – ist bei ausschließlich eigen-, aber eben auch und gerade bei simultaner Beachtung der stets intendierten Verwendung der aufgenommenen Fremdmittel zur (teilweisen) Finanzierung von Kapitalanlagen, allgemein von Anschaffungen/Ausgaben, die entscheidende und auch allein ausreichende Kennziffer, profitable von weniger profitablen finanziellen Engagements zu unterscheiden.

Literatur

Grob, H. L. (1989): Investitionsrechnung mit vollständigen Finanzplänen, Verlag Vahlen, München.

Grob, H. L. (2001): Einführung in die Investitionsrechnung, 4. Aufl.,Verlag Vahlen, München.

Jaeger, K. (2006): Was taugt der interne Zinsfuß als Renditekennziffer? I und II. Eine verhaltenstheoretisch fundierte Methode der Renditeermittlung von Kapitalanlagen, Versicherungswirtschaft, 61. Jahrg. Heft 21 und 22, S. 1747 ff und 1850 ff.

Jaeger, K. (2008): Der Effektivzinssatz – ein sinnvoller neuer Maßstab für Preisvergleiche, Betriebswirtschaftliche Blätter, 57. Jahrgang Heft 2, S. 97 ff.

Jaeger, K. (2010): Die IRR-Rendite unterstellt doch eine Wiederanlageprämisse, Versicherungswirtschaft, 65. Jahrgang Heft 2, S. 143.

Jaeger, K. (2011): Vergleichbarkeit von Renditen bei verschiedenen Berechnungsmethoden (I) und Preis- oder Wertentwicklung von Anlagen im Zeitverlauf (II), Betriebswirtschaftliche Blätter, 60. Jahrgang Heft 3 und 4, S. 165 ff. und S. 215 ff.

Laux, H. (2009): In Wahrheit gibt es keine Wiederanlageprämisse, Versicherungswirtschaft, 64. Jahrgang Heft 24, S. 1893 ff.

Preisangabenverordnung (2002): Bekanntmachung der Neufassung der Preisangabenverordnung vom 18. Oktober 2002, Bundesministerium für Wirtschaft und Technologie, Verkündung 25. 10. 2002 B.

Ranosch, E. J. (2010): Kritische Analyse ausgewählter Dynamischer Renditemethoden und mögliche Auswirkungen auf die Effektivzinsangaben nach PAngV (ISMA-Methode) und Methoden der Unternehmensbewertung mit Hilfe der Discounted Cashflow-Ansätze und Ertragswert nach IDW S 1, www.renditemethoden.de.

Renditeberechnung der Finanzagentur des Bundes (im Internet): Bundesrepublik Deutschland Finanzagentur GmbH, Informationsmaterial, Handmappe, Kapitel M2, Renditeberechnung.

Staatliche Daseinsvorsorge, Stiftungen und Marktwirtschaft

*Von Wulf D. v. Lucius**

Niemand kann allein für sich alle Erfordernisse für sein Leben, aber auch weitergehende Bedürfnisse abdecken. Ein Einzelner kann weder ein Straßennetz für seine Reisewünsche, ein Opernhaus für seine Musikleidenschaft oder ein Krankenhaus für seine Behandlung errichten und unterhalten. All das sind Bereiche, in denen es eines kollektiven Handelns bedarf, bei dem viele zur Finanzierung beitragen. Zentral ist dabei die Frage, wie die Investitionsentscheidung und die Finanzierung zustande kommen sollen. In Deutschland geschieht dies vorrangig durch staatliche Mittel, die ihrerseits durch Steuern und andere Abgaben finanziert sind, um so der Verpflichtung des Staates zur Daseinsvorsorge, einem von Staatsrechtslehrer Ernst Forsthoff Ende der 30er Jahre geschaffenen Begriff, gerecht zu werden. Dabei ist aber stets das Subsidiaritätsprinzip zu beachten, dass zur Aufgabenerfüllung jeweils den kleineren Einheiten der Vorzug zu geben ist. Von daher erklärt sich das Gewicht der anderen Modelle: durch private Kollektivmodelle wie etwa Genossenschaften oder gemeinnützige Vereine oder aber rein marktwirtschaftlich über Erlöse aus Entgelten für die betreffenden Dienstleistungen wie Infrastruktur, Kultur oder Gesundheit.

Für all diese Bereiche gibt es die unterschiedlichsten Lösungen, unterschiedlich über die Jahrhunderte, unterschiedlich gewichtet zwischen den Nationen (von der Dominanz der marktwirtschaftlichen Lösungen wie etwa in den USA bis hin zu purem Staatssozialismus) und oft auch verschiedene Lösungen nebeneinander. So werden in Deutschland rd. 50 % aller Krankenhausbetten von frei-gemeinnützigen Trägern unterhalten.[1] Diese Träger sind gemeinnützig, aber zugleich bedeutende wirtschaftliche Unternehmungen. Eine der Lösungen für Gemeinschaftsaufgaben sind Stiftungen oder stiftungsähnliche juristische Personen wie Stiftungs-GmbHs oder Stiftungs-Vereine. In Deutschland existieren derzeit ca. 25.000 Stiftungen, jedes Jahr werden 1.000 neu errichtet. Das gesamte Leistungsvolumen liegt bei ca. 8 Mrd. EUR.

---

* Prof. Dr. Wulf D. von Lucius, Stuttgart, E-Mail: lucius@luciusverlag.com
Für Karl Heinrich Oppenländer zum 80. Geburtstag als Ausdruck langjährigen gemeinsamen Wirkens in der Wüstenrot-Stiftung.

1 S. Strachwitz (2), S. 109.

1 Der Stifterwille

Die Stiftungen stehen gewissermaßen zwischen der rein staatlichen und der rein marktwirtschaftlichen Erfüllung von Bedarfsbereichen, die eigentlich (zumindest teilweise) ins Gebiet der staatlichen Daseinsvorsorge fallen. Stiftungshandeln ist im Grundsatz ebenso staatsfern wie marktfern, wenn man einmal von den wenigen staatsnahen und staatlich finanzierten Stiftungen absieht. Auf die staatlichen Leistungen haben alle Bürger gleichermaßen Anspruch, bei der marktwirtschaftlichen Lösung erhalten nur zahlungsfähige Bürger die betreffende Leistung; bei den Stiftungen aber sind in der Regel durch den Stiftungszweck bereits die begrenzten Kreise der potenziellen Empfänger definiert: eine Stiftung für ein Tierheim kommt nur den Tieren zugute, eine Stiftung zur Hilfe für Schlaganfallpatienten nur diesen oder eine Stiftung zur Förderung der Blasmusik nur solchen Personen, die derartige Instrumente spielen wollen, nicht aber Kindern, die Geige oder Klavier spielen.

Während der Staat und der Markt ohne Ansehung der Person leisten, ergibt sich aus der Zielsetzung von Stiftungen eine konkrete, oft sehr enge Definition der Begünstigten wie der geförderten Bereiche.

An dieser Möglichkeit der Stifter, über ihre eigene Lebenszeit hinaus zu handeln, bzw. Dritten verbindlich ein Handeln in dem festgelegten Sinn aufzutragen, entzündet sich in jüngerer Zeit immer wieder Kritik.[2] Diese findet ihren Hebel in der Steuerbegünstigung der Stiftungen – es wird argumentiert, dass diese ja Einnahmenausfälle der öffentlichen Hand bewirke, der Stifter also seinen durch keinen öffentlichen Einfluss (außer den Regelungen der AO und der ertragssteuerlichen Voraussetzungen) steuerbaren Willen zumindest z. T. durch die öffentliche Hand finanziert bekomme. Mit dieser Argumentation wird angestrebt, Stiftungen nicht nur der formalen Kontrolle durch die Stiftungsaufsicht und den rechtlichen Bindungen gemäß BGB §§ 80–88 sowie denen der Abgabenordnung (AO) zu unterwerfen, sondern einer viel weitergehenden inhaltlichen Kontrolle und Mitsteuerung durch stiftungsfremde Kollektive, Räte etc.[3] Dies liefe auf eine Entindividualisierung bzw. Kollektivierung der Stiftungen hinaus. So bedenkenswert das Argument sein mag, faktisch würden entsprechende gesetzliche Lenkungsmaßnahmen mit hoher Sicherheit verheerend wirken: wer würde wesentliche Teile seines Vermögens in eine Stiftung einbringen wollen, ohne zu wissen, ob aus seinem Tierheim eine Stiftung für Leseförderung oder Prothesenversorgung in Afrika würde und umgekehrt. Hier liegt ja das Grundproblem der Rangfolge

[2] Eine übersichtliche Zusammenstellung dieser Kritiken bietet Robert Jacobi, Die Goodwill-Gesellschaft. Hamburg 2009. Interessant ist dabei der Hinweis, dass schon Turgot um 1770 die (damals überwiegend kirchlichen) Stiftungen zerstören wollte, was in der Französischen Revolution dann verwirklicht wurde.

[3] Berit Sandberg spricht (a. a. O. S. 84) vom »Gegenwind demokratietheoretischer Kritik«.

von Gemeinschaftsaufgaben: ist Bedürftigenfürsorge wichtiger als medizinische Forschung oder Kultur? Demokratisch gewichtet werden diese unterschiedlichen Aufgabenbereiche in allen Bereichen der staatlichen Daseinsvorsorge. Die Stiftungen sind gerade in vielen Fällen diejenigen, die in Lücken agieren, die das staatliche Handeln bzw. die demokratisch gestaltete Prioritätensetzung offen lässt. Soll diese Möglichkeit durch Kollektivierung weitgehend aufgehoben und die Stiftungen praktisch zu ergänzenden Finanzquellen staatlichen Handelns entwertet werden? Zudem bietet die selbstgesteuerte Politik von Stiftungen eine Möglichkeit zu langfristig angelegtem Planen und Handeln, wie es der von Wahlen geprägten Politik oft nicht möglich ist. Die Unabhängigkeit der Stiftungen sowohl vom Wählerwillen wie von Marktmechanismen ist einer ihrer entscheidenden Vorteile.

Zu der Problematik eines nachträglichen, d.h. nach der Genehmigung der Stiftungssatzung erfolgenden Eingriffs in den Stifterwillen verweist Schmidt-Jortzig sehr nachdrücklich auf das grundgesetzlich geschützte Recht der Stiftungserrichtung als Teil der Freiheitsrechte. Nur unter strengen Maßstäben der Verhältnismäßigkeit sei ein Eingriff aus gemeinschaftsbezogenen Argumenten denkbar.[4] Aber damit steht man natürlich ganz schnell im Treibsand widersprechender Erwägungen. Schmidt-Jortzig fordert daher (m.E. sehr zu Recht) »die Rückführung der Stiftungsaufsicht auf eine reine Rechtmäßigkeitskontrolle«. Dennoch muss jede Stiftung die Spannung zwischen den im Stiftungsakt festgelegten Zielen und der langfristigen gesellschaftlichen Entwicklung bewältigen: Die Stiftung mit ihren festgelegten Zielen muss laufend ihr Umfeld und dessen Veränderungen wahrnehmen: trotz aller Treue zur Stiftervorgabe muss sie Anpassungsleistungen erbringen. Die Verankerung in der Vergangenheit (Stiftungsakt) bedarf zugleich des fortentwickelnden Zukunftsvektors. Das muss die Stiftung aus sich selbst, durch ihre Organe leisten, sonst entsteht schnell der Anspruch auf inhaltliche Kontrolle von außen.

Dazu stellt Strachwitz fest:

»In jeder Generation ist die Auseinandersetzung zwischen Stifteridee und Wirklichkeit neu auszutragen und kreativ umzusetzen.«[5]

Solche Flexibilität schreiben manche Stifter schon in der Satzung fest, so etwa A. Carnegie oder J. D. Rockefeller, die den Trustees ausdrücklich auftrugen, den Stiftungszweck von Zeit zu Zeit zu überprüfen und ggf. zu ändern. Dabei wäre dann gewiss der mutmaßliche Wille des Stifters in Rechnung zu stellen. Jedenfalls soll die Stiftungsarbeit »Signale der Gesamtgesellschaft« beachten. K. Prewitt[6] stellt dazu fest: »Die Stiftungsmission ist kein endgültig festgelegter

---

4 S. Schmidt-Jortzig, S. 64.
5 S. Strachwitz/Mercker, S. 133.
6 S. K. Prewitt, S. 329.

und nicht mehr veränderbarer Bezugspunkt.« Entscheidend bleibt, dass diese Anpassungsleistungen autonom von den Stiftungsorganen bewältigt werden und keinesfalls durch staatlichen Einfluss oder den selbsternannter gesellschaftlicher Gruppierungen.

Die Forderung nach inhaltlicher Steuerung des Stiftungshandelns, um die »egoistische« Macht und Einseitigkeit der Stifter zu brechen, wäre zudem in doppelter Hinsicht schädlich: zum einen, weil, wie gesagt, dadurch Stiftungserrichtungen und Zustiftungen in hohem Maß beeinträchtigt würden, und zum anderen, weil aus der demokratisierten Steuerung von Stiftungen weitgehend eine Perpetuierung und Ausweitung schon vorhandener staatlicher Aktivitäten und Leistungen zu gewärtigen wäre und andererseits das kreative Engagement der Stifter verloren ginge. Gerade in der teilweisen Abweichung von in demokratischen Prozessen festgelegten Aufgabenprioritäten liegt der besondere Wert und die spezifische Rolle der Stiftungsarbeit in der Gesellschaft. Und das umso mehr, je stärker sich die Gesellschaft ausdifferenziert und individualisiert. Solchen Entwicklungen kann die Arbeit vielfältig aufgestellter Stiftungen sicher eher gerecht werden als staatliche Großstrukturen.[7]

Ein Kernmotiv freiheitlicher Gesellschaften, nämlich das der Subsidiarität, wird durch den Kontrollwunsch beiseite geschoben und Vielfalt – bis hin zum zugestandenermaßen manchmal exzentrischen Stifterwillen – nivelliert. In der aufkeimenden Kritik an der Selbständigkeit des Stiftungshandelns zeigt sich eine beunruhigende politische Tendenz, das Staatshandeln auszudehnen, statt es einzudämmen. Indem der Staat oder sonstige Kollektive sich der Stiftungen durch inhaltliche Kontrolle bemächtigte, fiele das entscheidende Motiv des Erwiderns und Zurückgebens im Sinne des französischen Ethnologen und Soziologen Marcel Mauss in sich zusammen – aus der »Gabe« (dem don) würde eine staatlich vereinnahmte Sonderleistung wohlhabender Bürger. Es geht hier um zentrale gesellschaftspolitische und sozialethische Fragen und um die Begrenzung staatlichen, bzw. staatlich beeinflussten Handelns auf die Bereiche, in denen das unverzichtbar ist.

Weil aber das Misstrauen gegenüber der Eigengesetzlichkeit der Stiftungsarbeit und der weitgehend internen Kontrolle derselben existiert, sind gute Organisation und klare Regeln der Corporate Governance besonders wichtig: nur dadurch kann der Kritik an den Stiftungen, die beanspruchen, gemeinnützig zu sein, tatsächlich aber sich selbst gehören, begegnet werden. Das gilt gleichermaßen für Stiftungen i. e. S. wie für solche, die in Vereinsform oder als gGmbH geführt werden. Dazu Näheres im Abschnitt 3.

---

7 S. a. Strachwitz (2), S. 110.

Zur Vielfalt möglicher Stiftungsaktivitäten führen Strachwitz/Ebermann/Neuke folgende strukturelle Stichworte auf:[8]

Substitution (für ursprünglich staatliche Zuständigkeiten)
Komplementarität (besonders dort, wo staatliches Handeln angesichts der Heterogenität der Gesellschaft an Grenzen stößt)
Pluralismus (durch die Vielfalt der Stiftungen)
Umverteilung (von Reich zu Arm. Allerdings haben viele Stiftungen eher kulturelle Zielsetzungen der Oberschicht)
Bewahrung von Traditionen und Kultur (kann allerdings auch als Ausdruck der Prioritäten der alten Elite gedeutet werden)
Innovation (Stiftungsarbeit als Impulsgeber)
Nachhaltigkeit (ist schon durch den »Ewigkeitsanspruch« vorgegeben)
Effizienz (wird oft gegenüber dem Staatshandeln als Vorteil genannt)
Effektivität (wegen der Nähe zu den geförderten Subjekten – im Gegensatz also zum bürokratischen Staatshandeln)
Überwindung struktureller Grenzen (z.B. zwischen gesellschaftlichen Gruppen, Konfessionen)
Betreuung von nicht mehrheitsfähigen Ansätzen (also Pluralität, Interessen von Minderheiten)

Welche dieser Ansätze und ggf. in welcher Gewichtung eine Stiftung in ihre praktische Arbeit einbindet, beruht einerseits auf dem Statut und zum anderen den vorstehend dargestellten späteren Anpassungen und Fortentwicklungen.

2 Finanzierungsaspekte

Das Rechtsinstitut der Stiftung, in welcher Form auch etabliert, hat als zentralen Wesenskern, dass die Stiftung lang andauernd eine definierte Aufgabe wahrnehmen soll. Die lange Dauer wird üblicherweise durch ein Stiftungskapital gesichert, aus dessen Erträgnissen die Leistungen finanziert werden. Dass auch bei einer solchen auf sehr lange Dauer angelegten Finanzierung sehr große, ja existenzgefährdende Probleme auftreten können, zeigt sich gerade derzeit z.B. an den auf Stiftungskapital fundierten amerikanischen Eliteuniversitäten, die in den letzten Jahren z.T. erhebliche Kapitalverluste und insbesondere Ertragsverluste hinnehmen mussten. Soweit diese nur bilanziell durch Kursrückgänge verursacht

8 A.a.O., S. 43ff.

sind, muss das keine Existenzgefährdung bedeuten, wenn die Dividenden bzw. Zinsen in unveränderter Höhe fließen. Für Zinseinkünfte von Stiftungen ist das schon jetzt nicht mehr gegeben, und dies wird sich aller Voraussicht nach noch verschlechtern. Hinzu kommt bei festverzinslicher Anlage der Inflationsverlust, der über Jahrzehnte eine völlige Kapitalaushöhlung bedeuten kann und – ganz aktuell – auch die Frage der Insolvenz der Schuldner und neuestens auch solcher, die bis dahin als »mündelsicher« galten.

Ein Engagement in Aktien wird in der Regel vermieden oder klein gehalten (das klassische Prinzip der »unsicheren« Papiere), obwohl es Stiftungen mit hohem Aktienanteil gibt. So hält die Nobelstiftung in Schweden 50 % ihres Vermögens in Aktien, was in einer Zeit, in der die Dividendenrendite über der Anleihenrendite liegt, plötzlich sehr positiv wirkt.

Noch ausgeprägter vom wirtschaftlichen Geschehen abhängig sind diejenigen Stiftungen, deren Vermögen gänzlich oder weitestgehend aus Anteilen an einem einzigen Unternehmen besteht, wie etwa bei der Robert Bosch Stiftung oder der Wüstenrot Stiftung: werden diese Firmen notleidend und können keine Gewinne ausschütten, kommt die Stiftungsarbeit zum Stillstand, weil den Stiftungen ja nach Abgabenordnung die »zeitnahe Mittelverwendung« auferlegt ist, also eine Ansammlung von Reserven für mehrere Zukunftsperioden, in denen das Unternehmen keine Gewinne abführen kann, unzulässig ist. Hier können Konstruktionen mit einer Zwischenholding z. T. Abhilfe schaffen.

Ähnliches gilt schließlich auch für Stiftungen, die auf Grund-, Immobilien- oder sonstigem Sachvermögen beruhen: bei verfallenden Holzpreisen kann auch eine Waldstiftung u. U. nicht einmal die eigenen Kosten decken, geschweige denn gemeinnützig tätig sein.

Schließlich diejenigen Stiftungen, die auf laufenden Finanzierungszusagen, sei es der öffentlichen Hand oder von Privaten beruhen: auch hier können die Zuwendungen reduziert werden (und dies geschieht derzeit bereits vielerseits) bzw. völlig wegfallen.

So bleibt als Fazit, dass es keine Finanzierungsform für Stiftungen gibt, die eine »Ewigkeitsgarantie« bedeuten könnte, egal ob Kapitalstiftung und in welcher Form dieses Kapitel gebunden ist, oder Stiftung aufgrund laufender Stiftungszusagen. Auch die verschiedenen Rechtsformen (Stiftung, gemeinnütziger Verein, unselbständige Stiftung) können daran nichts ändern.

Eine Sonderform von Stiftungen könnte hier Vorzüge aufweisen: abweichend vom Ziel der ›ewigen‹ Dauer einer Stiftung ist in neuerer Zeit ein entgegengerichtetes Modell getreten, das der »Verbrauchsstiftung«, die nicht nur aus Erträgen unter Wahrung des Kapitalstockes tätig ist, sondern die aus einer satzungsmäßigen Vorgabe heraus das Vermögen in einem bestimmten Zeitraum aufbrauchen soll. So hatte die Aaron/Diamond Stiftung die Aufgabe, ihr Vermögen binnen 10 Jahren völlig zu verbrauchen, was sie punktgenau erfüllte. Ein weiteres Beispiel war jüngst eine amerikanische Stiftung, deren Aufgabe der Aufbau einer Kunstsammlung innerhalb von 10 Jahren war. Dies wurde auch erfüllt – allerdings gab es manche Kritik bei der qualitativen Beurteilung der Aufgabenerfüllung: unter Ausgabenzwang kommt es im Zweifelsfall eben auch zu weniger abgewogenen Entscheidungen. Das ist übrigens auch ein durchaus berechtigter Einwand zur »zeitnahen Mittelverwendung« – statt für eine überzeugende Mittelverwendung zuzuwarten, muss eben »irgend etwas« gemacht werden. Das muss nicht immer das unter Gemeinwohlaspekten bzw. im Hinblick auf den Stiftungszweck Optimale sein.

Rechtlich sollten Verbrauchsstiftungen wohl möglich sein,[9] allerdings ist ein festgelegter angemessener Zeitraum für die Stiftungstätigkeit zu fordern, um die Erfordernis von § 80 Abs. 2 BGB zu erfüllen, dass eine »dauernde und nachhaltige Erfüllung des Stiftungszwecks« gesichert erscheint.[10] Insoweit eine begründete Befristung der Stiftungstätigkeit gegeben ist, wäre die übliche Erfordernis der Kapitalerhaltung sinnwidrig, denn nach Entfall des Zwecks bliebe das Kapital übrig und würde anderen gemeinnützigen Institutionen zufallen, damit aber veränderten Zwecken.

Aus dem Aspekt von Transparenz und Wirtschaftlichkeit könnten Verbrauchsstiftungen ohne die Pflicht zur Erhaltung des Stiftungskapitals deutliche Vorzüge aufweisen.

3 Rechnungslegung und Rechenschaftsberichte von Stiftungen

»Schon seit Jahrzehnten wird im Kontext der Erforschung der Organisationen der Zivilgesellschaft, im Wesentlichen also der Vereine und Stiftungen, um die Frage gerungen, ob diese gegenüber der allgemeinen Öffentlichkeit auskunfts- und rechenschaftspflichtig sein sollen. Bis heute ist es zu einer gesetzlichen Regelung nicht gekommen. Von Kapitalgesellschaften werden zumindest Jahresberichte inzwischen vom elektronischen Bundesanzeiger konsequent eingefordert, in anderen Ländern, etwa den USA, besteht für gemeinwohlorientierte Organisationen seit Jahrzehnten eine Offenlegungspflicht.«[11]

Dieses Zitat aus einem Beitrag des Stiftungsexperten Rupert Graf Strachwitz umschreibt knapp und klar eine verbreitete Kritik an den Stiftungen – nämlich die oft mangelnde Transparenz ihres Handelns, konkret ihrer Mittelverwendung. Solche Transparenzforderungen tauchen auch in vielen anderen Bereichen

9 S. Reuter, S. 69.
10 S. K. Prewitt, S. 332 f.
11 S. Strachwitz (1), S. 1.

(Politik, Wirtschaft, Medizin) auf und sind in einer Mediengesellschaft wohl verständlich, zumal mittlerweile das Internet besonders gute und kostengünstige Möglichkeiten für Informationen bietet und damit ein wesentliches Element moderner Zivilgesellschaften geworden ist. Während große Stiftungen ausführliche Rechenschaftsberichte veröffentlichen, die jedermann zugänglich sind, ist das bei anderen, insbesondere kleineren Stiftungen wenig oder gar nicht der Fall: außer der Stiftungsaufsicht (der ja nicht einmal alle Rechtsformen unterstehen), dem Finanzamt und den Stiftungsorganen gehen niemandem Informationen inhaltlicher oder finanzieller Art zu. Das ist angesichts des Steuerprivilegs sicher ein Missstand, dem abgeholfen werden muss: gesellschaftlich verantwortliches Handeln verlangt natürlich Transparenz und Überprüfbarkeit des Finanzgebarens.

Dabei wird man zu unterscheiden haben zwischen einer Rechnungslegung zur Einnahmen- und Verwaltungskostenseite und zur Zuwendungs- bzw. Projektseite. Während es für erstere keine plausiblen Argumente für mangelnde Transparenz gibt, wird man durchaus diskutieren können, inwieweit die Mittelverwendung über gebündelte Zahlenangaben für bestimmte Verwendungsbereiche hinaus hinuntergebrochen werden müsste auf einzelne Vorgänge und Empfänger. Besonders delikat – und möglicherweise sogar datenschutzrechtlich unzulässig – wäre die Offenlegung bis auf einzelne Empfänger im wohltätigen Bereich. Ebenso problematisch sind tragfähige Informationen zur Erhaltung des Stiftungsvermögens, weil das ja nicht zeitpunktbezogen, sondern in langfristiger Perspektive gesehen werden muss.[12]

Die unbedingt gebotene Transparenz durch Rechenschaftsberichte der Stiftungen darf aber insbesondere nicht zu einer Kontrolle der »Sinnhaftigkeit« führen – diese ist im Stiftungsakt definitiv fixiert und durch die staatliche Genehmigung der Stiftungserrichtung anerkannt. Die effiziente Zielerreichung ist durch die Organe der Stiftung zu gewährleisten – für eine von außen kommende, als »bürgerschaftliches Engagement« camouflierte Kontrolle und daraus folgenden Einwirkungswünschen darf es keinen Raum geben.

Es ist also wichtig, diese beiden Bereiche – formale transparente Rechnungslegung bzw. Transparenz in der Mittelzuweisung auf der Empfängerstufe – auseinanderzuhalten. Das gilt, wie gesagt, in ganz besonderem Maße für wohltätige Stiftungen.

Bei den größeren Stiftungen ist jedenfalls ein Wille zu Transparenz festzustellen, nicht zuletzt auch im Sinne von Public Relations und nach der Devise »tue Gutes und rede darüber«: Öffentliche Wahrnehmung der Stiftungsaktivitäten kann zu einer deutlich verbesserten Stiftungsarbeit, z. B. durch fokussiertere und qualifiziertere Förderanträge, führen. Solche Offenheit der Berichterstattung hilft auch,

---

12 S. Schindler, S. 281.

Verdächtigungen auf Unredlichkeit oder Verschwendung zu verhindern, und mag in manchen Fällen auch ein wirksames Mittel zu strafferer Kostenkontrolle sein. Diese ist in Stiftungen, in denen Einzelstifter ohnehin die Organe der Stiftung dominieren, zumindest durch Nominierungsrechte, kein größeres Problem, wohl aber bei Stiftungen, die auf (kleineren) Beiträgen vieler tausend Bürger fußen.

Strachwitz formuliert die Problematik sehr zutreffend wie folgt:

»Durchaus komplizierte Einzelfragen müssen geklärt werden, damit öffentlich zugängliche Berichte glaubwürdig sind, das Geschehen und die Finanzströme tatsächlich abbilden, andererseits aber die Organisation vor unzumutbaren oder unberechtigten Einblicken in ihr Innenleben schützen und auch die Privatsphäre von spendenden Bürgerinnen und Bürgern hinreichend abschirmen.«[13]

Es geht also wesentlich um die Frage des Umfangs der geforderten Berichterstattung. Unstreitig dürfte sein, dass die Satzung, die tätigen Personen in den Organen der Stiftung und ein Tätigkeitsbericht samt summarischer Rechnungslegung offen zugänglich sein sollen (analog der Veröffentlichungspflicht kleiner und mittlerer GmbHs in digital zugreifbaren Bundesregister). Hier sind entweder freiwillige Richtlinien (und nur hilfsweise verbindliche Rechtsvorschriften) zu Detailliertheit der Berichterstattung zu entwickeln. Erhöhte Transparenz benötigen dabei gewiss die auf laufende Spenden angewiesenen Stiftungen, um so die Spendenbereitschaft der Bürger zu erhalten oder sogar zu steigern. Das ist anders bei den im Stiftungsakt mit Arbeitskapital ausgestatteten Stiftungen, z. B. den Unternehmensstiftungen, die diesbezüglich nicht um Wohlwollen bemüht sein müssen, wohl aber um Interesse und Anerkennung ihrer Arbeit: gute Stiftungsarbeit beruht, wie schon gesagt, auf der Auslese qualifizierter Empfänger. Diese müssen durch das Ansehen der Stiftung, das wiederum aus guter Rechenschaftslegung und Berichterstattung herrührt, gewonnen werden.

4 Die gegenwärtige Rolle von Stiftungen in Deutschland

Wenn man die Tätigkeit von Stiftungen als eine dem bürgerschaftlichen Tun nahestehende gesellschaftliche Funktion einordnet, muss man andererseits nüchtern sehen, in welchen finanziellen Größenordnungen die Tätigkeit der Stiftungen sich im Verhältnis zu den staatlichen Aktivitäten in Kultur, Sozialem, Sport, Umwelt u. s. w. verhält. Die 15 größten Stiftungen in Deutschland können Mittel von zusammen knapp 800 Mio. Euro pro Jahr aufwenden, alle etwa 25.000 in Deutschland tätigen Stiftungen erreichten im Jahr 2006 ein Ausgabenvolumen

13 S. Strachwitz (1), S. 2.

von geschätzten 8 Mrd. EUR.[14] Dazu stellen Strachwitz/Ebermann/Neuke sehr zutreffend fest:

»Angesichts dieser Zahlen wird darauf hingewiesen, dass der gesellschaftliche Beitrag von Stiftungen weniger im quantitativen, gemeinwohlfinanzierenden Bereich zu suchen ist, als in qualitativen, inhaltlichen Komponenten. Der Anteil von Stiftungsgeldern am Finanzvolumen des Dritten Sektors wird auf nur 0,3 % geschätzt, ihr Beitrag zur »Gesamtfinanzierung des Gemeinwohls« im nicht mehr messbaren Bereich.«[15]

Diese realistische Einschätzung der Proportionen von staatlichem Finanzvolumen gegenüber dem von Stiftungen erweist zweierlei: zu einem sollte es die Begehrlichkeit sozialisierend argumentierender Stiftungskritiker deutlich dämpfen: die Volumina, deren man sich bemächtigen könnte, sind in Relation klein, das Volumen an Mitteln, das »eigensinnig« festgelegten Stiftungszwecken zufließt, sehr, sehr klein. Die größeren Stiftungen, also jene, die überhaupt hauptamtliches Personal beschäftigen, arbeiten in der Regel transparent und in Aufgabenbereichen, deren gesellschaftlicher Nutzen unstreitig ist.

Gerade dieser Blick auf die finanziellen Größenordnungen unterstreicht auf der anderen Seite die Chance, dass Stiftungen auf sehr speziellen Gebieten Nutzen stiften können, der in staatlichen Aktivitäten vernachlässigt oder ganz übersehen wird. Eine Kompensation der aus Sparzwängen der öffentlichen Hand entstehenden Lücken in der Daseinsvorsorge ist aber eine unrealistische Erwartung, so wie das bei Fördervereinen für Museen, Theater etc. ja auch regelmäßig der Fall ist, deren Beiträge in der Regel weit unter 1 % des Haushalts der betreffenden Institutionen liegen.

Stiftungen sind keine Alternative zum staatlichen Handeln, sondern ein verhältnismäßig kleiner ergänzender Bereich – und das wird auch (trotz der z. Zt. mehr als 1.000 jährlich neu errichteten in Deutschland) lange Zeit so bleiben. Stiftungshandeln und Staatsaktivitäten können nicht substitutiv, sondern nur komplementär gesehen werden. Der Gedanke, durch Stiftungen in eine staatsfernere, entscheidend bürgerschaftlich geprägte Gesellschaft gelangen zu können, bleibt, was das Finanzielle angeht, unrealistisch. Für das Selbstverständnis einer Gesellschaft als Bürgergesellschaft, als Leitbild für Selbstverantwortung, aber sind Stiftungen von hohem gesellschaftlichen Wert.

---

[14] S. Anheier, S. 61 ff. Interessant ist die dort dargelegte Relation von (bilanziertem) Stiftungsvermögen zu den Ausgaben – es streut von 1 : 1,1 bis 1 : 400. Die Aussagekraft dieser Relation ist aber beschränkt, weil eben auf die bilanzierten Wertansätze Bezug genommen wird (andere Informationen sind nicht verfügbar).

[15] S. Strachwitz/Ebermann/Neuke, S. 21 f.

Literatur

Adloff, Frank (2010): Philanthropisches Handeln. Frankfurt a. M.

Anheier, Helmut K. (2003): Das Stiftungswesen in Deutschland: Eine Bestandsaufnahme in Zahlen, in: Handbuch der Stiftungen. 2. A., Wiesbaden.

Forsthoff, Ernst (1938): Die Verwaltung als Leistungsträger. Stuttgart.

Jacobi, Robert (2009): Die Goodwill-Gesellschaft. Das Milliardenspiel der Stifter, Spender und Mäzene. Hamburg.

Handbuch Stiftungen (hrsg. von der Bertelsmann Stiftung). 2. A. Wiesbaden 2003.

Prewitt, Kenneth (2003): Auftrag und Zielsetzung einer Stiftung: Stifterwille, Stifterpraxis und gesellschaftlicher Wandel, in: Handbuch Stiftungen. 2. A., Wiesbaden, S. 315–349.

Reuter, Dieter (2010): Die Verbrauchsstiftung, in: npor Zeitschrift für das Recht der Non Profit Organisationen 3/2010, S. 69–73.

Schindler, Alois (2003): Transparenz und Rechnungslegung von Stiftungen, in: Handbuch Stiftungen. 2. A., Wiesbaden, S. 273–291.

Sandberg, Berit (2011): Stiftungen im Visier der Nationalen Engagementsstrategie, in: Zeitschrift für Stiftungs- und Vereinswesen. S. 81–87.

Schmidt-Jortzig, Edzard (2005): Stifterfreiheit – Bedingungen eines Grundrechts auf Stiftungen, in: Strachwitz/Mercker (Hrsg.), Stiftungen in Theorie, Recht und Praxis – Handbuch für ein modernes Stiftungswesen. Berlin.

Strachwitz, Rupert Graf (1) (2011): Eine Initiative für mehr Transparenz, in: npor Zeitschrift für das Recht der Non Profit Organisationen 1/2011, S. 1–4.

ders. (2) (2011): Geht alle Staatsgewalt vom Volke aus? In: npor Zeitschrift für das Recht der Non Profit Organisationen 4/2011, S. 109–112.

Strachwitz, Rupert Graf/Ebermann, Thomas/Neuke, Henrik (2009): Stiftungen und bürgerschaftliches Engagement (Maecenata Institut, Opusculum Nr. 36). Berlin .

Strachwitz, Rupert Graf/Mercker, Florian (Hrsg.) (2005): Stiftungen in Theorie, Recht und Praxis – Handbuch für ein modernes Stiftungswesen. Berlin.

Weitz, Barbara (2007 ff.): Rechtshandbuch für Stiftungen (Loseblattwerk). Hamburg.

Gesamt- und einzelwirtschaftliche Entwicklungen in den Wettbewerbsstrukturen der Distribution von Konsumgütern – ein Überblick

*Von Uwe Chr. Täger**

1 Vorbemerkung zum Beitrag

Seit Gründung des ifo Instituts für Wirtschaftsforschung zum Jahresbeginn 1949 spielen gesamt- und einzelwirtschaftliche Fragestellungen in der Branchenforschung des Instituts, so auch des Sektors Handel, eine herausragende Rolle. Dieses frühe Orchideen-Forschungsfeld der empirischen Wirtschafts- und Branchenforschung fand seine Rechtfertigung zunächst darin, dass in der unmittelbaren Nachkriegszeit Handelsunternehmen als reichhaltige Informationsquelle wirtschaftlicher Entwicklungen für den Aufbau und die methodische Entwicklung des ifo-Konjunktur- und Investitionstests mit am Anfang standen.[1] Durch Forschungsinitiativen der frühen Mitarbeiter des Bereichs Handel in der Konjunkturabteilung (so Erich Batzer, Helmut Laumer) ergaben sich viele Felder, den Handel als zentralen Sektor zwischen Produktion, Außenhandel und privatem Verbrauch in seinen gesamtwirtschaftlichen Leistungen und seinem strukturellen Wandel zu betrachten. Eine ähnliche (Anfangs-)Entwicklung kann desgleichen bei anderen Instituten der Wirtschaftsforschung in der Nachkriegszeit beobachtet werden (so beim DIW-Berlin und beim IfW-Kiel),[2] als der Versorgung der Bevölkerung eine hohe wirtschaftspolitische Aufmerksamkeit zuerkannt wurde. In den späteren Prozessen der Transformation von der Plan- zur Marktwirtschaft in mittel- und osteuropäischen Reformländern ab 1990 ging vom Handelssektor oftmals eine Vorreiter- und Multiplikatorrolle für die Implementierung von Wettbewerbsstrukturen in den relevanten Volkswirtschaften aus, stimuliert durch

* Dr. Uwe Chr. Täger, München, E-Mail: taeger_muenchen@t-online.de

1 Vgl. Täger, Uwe Chr. (1999): Handels- und Wettbewerbsforschung, in: Fünfzig Jahre ifo Institut, ifo Studien, 1-2/1999, S. 180f.

2 Vgl. u.a. Tiburtius, Joachim (1948): Blick in die Wirtschaft, Wirtschaftslenkung, Marktwirtschaft und Einzelwirtschaften, in: Vierteljahreshefte der Wirtschaftsforschung, Deutsches Institut für Wirtschaftsforschung, Jahrgang 1948, Erstes Heft, S. 67–73; Professor Joachim Tiburtius (1889–1967) war 1948 Leiter der damaligen Abteilung Handel und Verbrauch im DIW, ab 1951 Berliner Senator für Volksbildung.

erhebliche Standortinvestitionen europäischer Handelsunternehmen.[3] Im ifo Institut wurde bis zu Beginn des Jahres 2000 die empirische Handelsforschung in einer eigenständigen Abteilung gepflegt und danach im Zuge einer Neuorganisation des Instituts wie die übrigen Sektoren der gewerblichen Wirtschaft in einem Schwerpunkt Branchenforschung zusammengefasst.

Eingebettet in die zentralen Felder der Wirtschaftsforschung im ifo Institut hat sich die im Laufe von rund fünf Jahrzehnten herausgebildete empirische Handelsforschung des Instituts in ihren Studien vornehmlich den gesamtwirtschaftlichen Informations- und Erkenntnisinteressen verpflichtet gefühlt (insbesondere das sog. »Dreigestirn« der ifo-Handelsforschung: Batzer/Greipl/Laumer).[4] Daher standen weniger Unternehmen des Groß- und Einzelhandels oder der Handelsvermittlung als betriebliche Organisations- und Entscheidungseinheiten im Mittelpunkt, sondern mehr distributionswirtschaftliche und wettbewerbliche Prozesse des Marktübergangs in einer Volkswirtschaft von der Produktion über die verschiedenen Handelsstufen bis hin zum privaten Verbrauch. Aus dieser mehr funktionalen als institutionellen Betrachtungsweise heraus und im Spannungsgefüge der gesamt- und weltwirtschaftlichen Entwicklungen wurden wettbewerbspolitische Fragen der Konsumgüterdistribution und des Produktionsverbindungshandels im Auftrag für politische Entscheidungsträger untersucht (vgl. Studien für Bundes- und Landesministerien, die EG, die OECD, die Monopolkommission). Um den (Informations-)Anforderungen der Fachöffentlichkeit zu entsprechen, wurden die Fragen auch unter rechtsökonomischen Aspekten erörtert, um auf diese Weise die Amtspraxis der Kartellämter oder die Rechtsprechung der Kartellsenate der Gerichte mit den Entwicklungen in der Konsumgüterdistribution zu konfrontieren und Schwachstellen in der deutschen und europäischen Wettbewerbspolitik im Hinblick auf das Leitbild eines leistungsadäquaten und funktionsfähigen Wettbewerbs aufzudecken.[5]

Vor diesem forschungshistorischen und methodischen Hintergrund sollen im Folgenden aktuelle Entwicklungen und wettbewerbspolitische Fragestellungen der Konsumgüterdistribution in einem Überblick erörtert werden.

---

3 Vgl. Oppenländer, K. H. (1992): Einleitung zum Kolloquium über ausgewählte Fragen der empirischen Handelsforschung, in: Entwicklung der empirischen Handelsforschung in der Bundesrepublik Deutschland, Rückblick und Ausblick, Berlin/München, S. 2.

4 Vgl. hierzu Batzer, Erich (1992): 1957–1992 Absatz- und Handelsforschung im ifo Institut – Rückblick und Ausblick, in: Greipl, Erich/Laumer, Helmut/Täger, Uwe Chr.: Entwicklung der empirischen Handelsforschung in der Bundesrepublik Deutschland, Rückblick und Ausblick, Berlin/München, S. 172–184.

5 Vgl. z.B. Täger, Uwe Chr. u.a. (1994): Entwicklungsstand und -perspektiven des Handels mit Konsumgütern, Darstellung und Analyse der handels- und wettbewerbspolitischen Entwicklungen in der Bundesrepublik Deutschland, Berlin/München, S. 176ff.

2 Wachsende Internationalisierung der Distribution von Konsumgütern

In den letzten drei Jahrzehnten haben Groß- und Spitzenunternehmen des Konsumgüterhandels Geschäftsmodelle der Distribution entwickelt, die nicht nur im Sitzland des Unternehmens, sondern auch in anderen Ländern erfolgreich umgesetzt wurden. Aufbauend auf einem Standardmodell der Distribution im »Heimathafen« des Unternehmens und ergänzt durch informationstechnisches und marketingmäßiges Know-how des Erfolgs haben expansive Handelsunternehmen in einem stetigen Wachstumsprozess ihre Aktivitäten auf angrenzende und später auf entfernter gelegene Länder erfolgreich ausgeweitet. Als Beispiele seien die grenzüberschreitende Multiplikation der Betriebs- bzw. Vertriebstypen der Metro-Gruppe (C&C-Großhandelsmärkte, real-Verbrauchermärkte und Media- und Saturn-Fachmärkte) oder die länderübergreifenden Strategien der Markterschließung der deutschen Discount-Gruppen Aldi, Lidl oder Penny genannt. Desgleichen haben aus Frankreich die Carrefour- und Auchan-Gruppe ihre Konzeption der großflächigen Hypermarchés sowie aus Großbritannien die Tesco-Gruppe ihre Handelsaktivitäten auf andere Länder insbesondere in Mittel- und Osteuropa übertragen.

Auch wenn die ersten Prozesse dieser Transnationalisierung von distributionswirtschaftlichen Aktivitäten primär auf der Größe der Unternehmen beruhten, wurden die Geschäfts- und hier die Absatzaktivitäten der ausländischen Tochtergesellschaften stark den länderspezifischen Gegebenheiten angepasst, soweit sich dies mit dem Standardmodell der Geschäftstätigkeit vereinbaren ließ. Neben der Rekrutierung von inländischem Management-Personal waren landesspezifische Einschnitte in den Warenangeboten notwendig, um die Akzeptanz der Verbraucher für die Geschäfte eines ausländischen Handelsunternehmens und die notwendigen Skalenerträge zu erreichen. Vornehmlich die hohe Preisaggressivität deutscher Handelsunternehmen bestimmte ihre Präsenz auf ausländischen Märkten. Die Freiheitsgrade in der Preisgestaltung können als Ergebnis der hohen Wettbewerbsintensität und der damit verbundenen Kostenrationalisierung gesehen werden, die auf Handelsunternehmen im deutschen Binnenhandel seit Jahren wirkten und deren Geschäftsmodelle in ihren Grundstrukturen entscheidend geprägt haben.

Ein maßgeblicher Schub der Internationalisierung in der Konsumgüterdistribution resultierte aus der wachsenden Präsenz von Anbietern kostengünstiger Konsumgüter aus südostasiatischen Ländern auf den Weltmärkten. Waren es zu Beginn in den 1960er und 1970er Jahren standardisierte und preisniedrige Güter des täglichen Lebens, so erweiterten die Anbieter ihre Lieferpalette um technologieintensive Güter der Konsum- und Unterhaltungselektronik. Um Risiken und

Hemmnisse einer derartigen weltweiten Beschaffungsstrategie zu bewältigen, wurden von europäischen Großunternehmen des Konsumgüterhandels schon frühzeitig international orientierte Systeme des Einkaufs unter Einbeziehung von unternehmenseigenen Stützpunkten in den Produktionsländern und von unternehmensfremden (Handels-)Agenten entwickelt. Es entstanden grenzüberschreitende, sehr arbeitsteilige Liefer- und Logistikketten, die firmenspezifisch, aber auch z. T. kooperativ strukturiert sind und mit ihrer zunehmenden Bedeutung zu den Wettbewerbsstärken der multilateral agierenden Handelsunternehmen wesentlich beigetragen haben.

In diesem Prozess der Internationalisierung sprengen viele grenzüberschreitende Handelsunternehmen mit ihren weltweit organisierten Absatz- und Beschaffungsaktivitäten die landesspezifischen Betriebsregime und -identitäten, insbesondere in ihren vielfältigen Organisations- und Entscheidungssystemen und mit ihren weltweiten Informations- und Kommunikationsnetzen. Haben marktführende Großunternehmen des inländischen Konsumgüterhandels in den ersten Wachstumsphasen ihre wettbewerblichen Stärken fast ausschließlich auf dem deutschen Binnenhandelsmarkt entwickelt, so werden ihre Wettbewerbsaktivitäten in einem steigenden Maß von der Dynamik der Auslandsmärkte und Weltmärkte für Konsumgüter stimuliert. Die Konfrontation mit unterschiedlichen Beschaffungs- und Absatzgegebenheiten in den Produktions- und Absatzländern führt dazu, dass sich diese Unternehmen eine hohe Wettbewerbsflexibilität zwischen nationalen und weltwirtschaftlichen Entwicklungen erarbeiten müssen.

Vor diesem Hintergrund der zunehmenden Internationalisierung und der hohen Intensität des Distributionswettbewerbs in Deutschland wird der deutsche Binnenmarkt von vielen ausländischen Lieferanten von Konsumgütern als ein außerordentlich wichtiger »Testmarkt« für ihre Produkte und Wettbewerbsaktivitäten angesehen. Viele Hersteller von bekannten Markenartikeln suchen ganz bewusst die Herausforderung auf den deutschen Konsumgütermärkten, um im intensiven Wettbewerb mit in- und ausländischer Konkurrenz die Marktposition der eigenen Produkte zu analysieren bzw. zu testen. Sind ihre Aktivitäten in der deutschen Distribution von Erfolg gekennzeichnet, so ist ihr Markteintritt in die übrigen europäischen Konsumgütermärkte mit erheblichen Absatzchancen verbunden.

3 Verminderung der handelsaffinen Konsumausgaben

Zweifelsohne haben der Wohlstand der Bevölkerung in den westeuropäischen Ländern und Veränderungen im Konsum- und Einkaufsverhalten der Verbraucher die Strukturen der Handelsunternehmen mit Konsumgütern erheblich verändert. So hat sich der Anteil der Konsumausgaben der privaten Haushalte am Einzelhandelsumsatz in den letzten drei Jahrzehnten deutlich gemindert. Lag zu Beginn der 1990er Jahre in Deutschland der Anteil der Konsumausgaben am Einzelhandelsumsatz bei 40 %, so fiel der entsprechende Anteil bis 2010 auf knapp 30 %. Die Minderung von 1991 bis 2010 kann hauptsächlich auf den Rückgang der Anteile der handelsaffinen Konsumausgaben für Nahrungsmitteln, Getränken und Tabakwaren von 17,7 auf 14,2 % sowie von Bekleidung und Schuhen von 7,9 auf 5,1 % zurückgeführt werden, dagegen stiegen die Anteile für Wohnung, Energie etc. von 19,2 auf 24,6 % sowie für Gesundheit, Bildung und Daseinsvorsorge von 15,0 auf 18,9 % (vgl. Abb. 1).

Aufgrund landesspezifischer Faktoren liegen in Italien und Spanien die Anteile der Konsumausgaben am Einzelhandelsumsatz mit einem Wert in der Größenordnung von knapp 40 % höher, in mittel- und osteuropäischen Staaten betragen die entsprechenden Anteile zum Teil weit über 50 %.[6] In diesen unterschiedlichen Anteilen zeigt sich deutlich die landesspezifische Einbettung der Distribution von Konsumgütern in die kulturellen und sozialen Strukturen einer Volkswirtschaft.

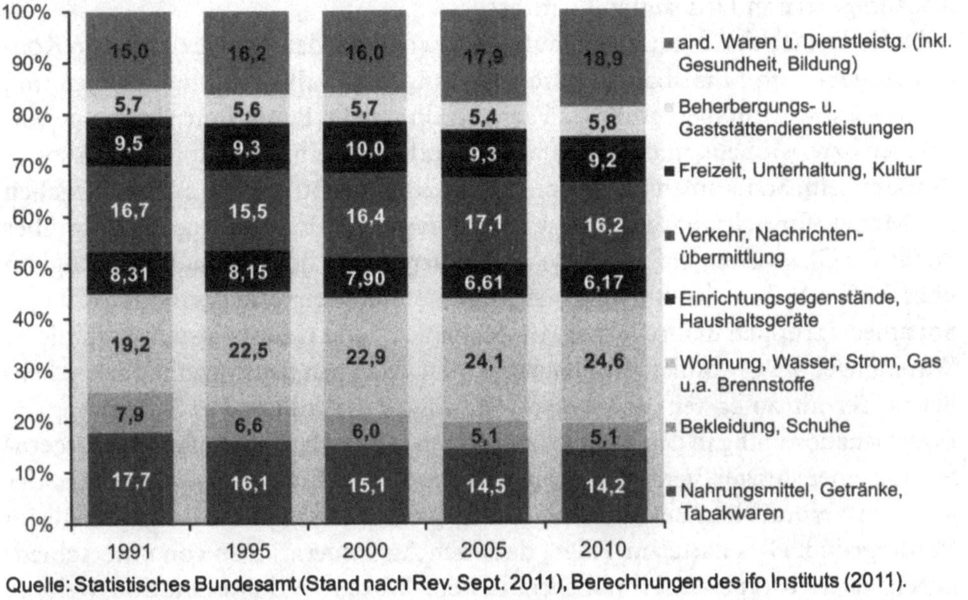

Quelle: Statistisches Bundesamt (Stand nach Rev. Sept. 2011), Berechnungen des ifo Instituts (2011).

Abb. 1: Nominale Konsumausgabenstruktur der privaten Haushalte im Inland

6 Vgl. hierzu die Daten im Metro Handelslexikon 2010/2011, S. 047–057.

Neben den quantitativen Änderungen in den Konsumausgaben der privaten Haushalte sind in den letzten Jahrzehnten erhebliche qualitative Änderungen im Konsum- und Einkaufsverhalten vieler Verbraucher zu beobachten, die eine Neubewertung und Modifizierung bisheriger Aussagen über den Distributionswettbewerb von Konsumgütern erfordern. Die Änderungen im Konsum- und Einkaufsstättenverhalten vieler Verbrauchergruppen resultieren zum einen z. B. aus der wachsenden Mobilität vieler Verbraucher, der steigenden Erwerbstätigkeit von Frauen und der Verbreitung von modernen Kommunikationstechnologien in vielen Haushalten, zum anderen aus innovativen Angebots- und Informationsstrategien von wettbewerbsaktiven Handelsunternehmen sowie ihrer hohen und konkurrenzorientierten Handlungsflexibilität. Die wechselseitigen Wirkungen zwischen Nachfrage- und Angebotsseite haben zu einer enormen Vielfalt und Differenzierung sowohl in den Waren- und Präsentationsangeboten als auch zu großer Dynamik von Betriebs- und Geschäftstypen im Sortiments- und Facheinzelhandel in Deutschland geführt. Verbunden mit der hohen Kaufkraft der Bevölkerung in Deutschland hat die Vielfalt des Einzelhandels zu der erwähnten weltweiten Anerkennung der Wettbewerbsstärke der Handelsunternehmen mit Konsumgütern in Deutschland geführt.

Die in Deutschland stark rückläufige Entwicklung der Anteile der realen Konsumausgaben im Einzelhandel hatte Wirkungen vor allem auf den kleinen und mittleren sowie inhabergeführten Facheinzelhandel z. B. mit Einrichtungsgegenständen bzw. Möbeln, mit Haushaltswaren oder Schreib- und Papierwaren sowie Büroartikeln. So nahmen im Zeitraum von 2000 bis 2010 die Konsumausgaben für Möbel, Einrichtungsgegenstände und Teppiche/Bodenbeläge real um über 20 %, für Glaswaren, Tafelgeschirr und andere Güter der Haushaltsführung um über 25 % ab. Mit der forcierten Aufnahme von preisniedrigen Gütern dieser Sortimentsgruppen in ihre bisher von Nahrungs- und Genussmitteln dominierte Warenangebote gewannen großflächigen Betriebstypen des Einzelhandels erheblich an Terrain zu Lasten des kleinbetrieblichen Fachhandels. Die Aufhebung der Branchenzuordnung in den Warensortimenten wurde darüber hinaus hervorgerufen von einer stetigen Veränderung der Konsum- und Einkaufsgewohnheiten der jüngeren Verbraucher. Bei dieser Nachfragegruppe steht das Einkaufserlebnis im Vordergrund. Dies hatte zur Folge, dass sich Agglomerationen von unterschiedlichen Vertriebstypen mit ihren spezifischen »Waren- und Präsentationswelten« in den Einkaufszentren herausbildeten. Lagen die Standorte derartiger Einkaufszentren zunächst in den peripheren Stadtzonen, so verlagern sich diese Einkaufszentren wieder in das Stadtinnere und können damit belebende Wirkungen für den innerstädtischen Einzelhandel ausstrahlen. Mit dieser Rückverlagerung dürfte sich die Intensität des Wettbewerbs zwischen den verschiedenen Vertriebs- bzw. Geschäftstypen des Einzelhandels verändert haben.

4 Konzentrations- und kooperationsrelevante Entwicklungen in der Distribution

In der Distribution von Konsumgütern nehmen Großunternehmen mit ihren nationalen Filialsystemen und zentralen Entscheidungs- und Organisationssystemen sowie umsatzstarke Kooperationssysteme des Fachgroß- und -einzelhandels einen maßgeblichen Einfluss auf die Wettbewerbsprozesse. Ergebnisse der Analyse von konzentrativen und kooperativen Entwicklungen zeigen spezifische Wettbewerbsstrukturen, die das Marktresultat des hohen internen und externen Wachstums größerer und z. T. marktbeherrschender Unternehmen widerspiegeln, von denen spürbare Beschränkungen auf den Leistungsaustausch in der Distribution ausgehen können.[7] Während bei konzentrativer Häufung von Groß- bzw. Spitzenunternehmen am Gesamtumsatz eines Produktmarkts »wettbewerblich unkontrollierte Machtpositionen« zum Nachteil der Marktgegenseite und letztendlich zu Lasten der Endverbraucher entstehen können, sind freiwillige Formen der überbetrieblichen bzw. kooperativen Zusammenarbeit zwischen Handelsunternehmen darauf hin primär ausgerichtet, größenbezogene Nachteile der kleinen und mittleren Mitgliedsunternehmen auf den Beschaffungsmärkten soweit wie möglich auszugleichen.

Andererseits können die an einem solchen Zusammenschluss beteiligten Handelsunternehmen möglichen Beschränkungen in ihren Handlungen von Seiten der Kooperationszentrale unterliegen, so z. B. in der Festsetzung ihrer Preise, in der Zusammenstellung ihrer Warensortimente oder in der Bereitstellung von Markt- und Unternehmensinformationen für die Kooperationszentrale. Zwar sind derartige Formen der Zusammenarbeit struktur- und wettbewerbspolitisch zu bejahen, da sie größenspezifische Nachteile von kleinen und mittleren Unternehmen des Fach- und Sortimentseinzelhandels in der Beschaffung und im Absatz mindern. Die Gratwanderung einer Zusammenarbeit mit teils beschränkenden und teils fördernden Wirkungen auf kleinere Unternehmen muss aber unter den Erfordernissen der Sicherung der genuinen Handlungsfreiheiten der Mitgliedsunternehmen und somit des funktionsfähigen Wettbewerbs beurteilt werden. Dazu bedarf es einer Berücksichtigung der spezifischen Wettbewerbssituation der Angebots- und Nachfrageseite des relevanten Produktmarktes.

7 Vgl. hierzu Ahlert, Dieter u. a. (2012): Vielfalt durch Gestaltungsfreiheit im Wettbewerb – Ein ökonomisches Manifest zur Deregulierung der Konsumgüterdistribution –, München, S. 27 ff.

4.1 Konzentrative Entwicklungen

In der Distribution von Nahrungs- und Genussmitteln agieren insbesondere Großunternehmen mit einem hohen Potential an Markt- und Gestaltungsmacht auf den Beschaffungs- und Absatzmärkten. Der (Umsatz-)Anteil der 10 größten Unternehmen und Gruppen im sog. Lebensmittel-Sortiments-Einzelhandel lag 2010 nach Berechnungen von Marktforschungsinstituten bei rund 85 % des relevanten Gesamtmarktes bzw. -umsatzes der Branche. Diese hohe Konzentrationsrate kann zwar als Plattform und Gefahr für horizontale Abstimmungen des »engen Oligopols« von marktführenden Unternehmen zur Abstimmung von gemeinsamen Aktivitäten angesehen werden, aber durch die hohe horizontale Konkurrenz zwischen den verschiedenen Geschäfts- und Vertriebstypen der Großunternehmen und Kooperationsgruppen ist ein hohes Wettbewerbsniveau und insbesondere im Preiswettbewerb erzeugt und gesichert worden. Die großflächigen Angebots- und Vertriebstypen (wie Fach- und Verbrauchermärkte) der Großunternehmen, die in den letzten Jahren ihre Marktanteile zu Lasten der kleinen und mittleren Unternehmen des Facheinzelhandels kontinuierlich erhöhen konnten, können als wichtige Marktteilnehmer angesehen werden, die den Wettbewerb auf wichtigen (Kern-)Produktmärkten mit einem reichhaltigen Arsenal von sehr unterschiedlichen Angebotsaktivitäten in Bewegung halten und immer wieder anstoßen (vgl. Abb. 2).

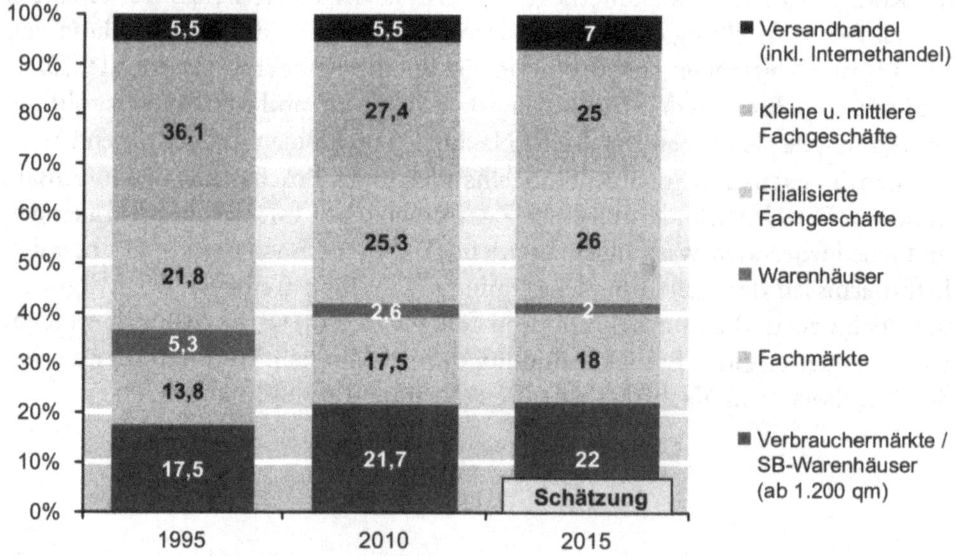

Quelle: Interne Berechnungen und Schätzungen des ifo Instituts (2011) anhand von Unterlagen des Statistischen Bundesamts, Handelskooperationen und -unternehmen.

Abb. 2: Marktanteile der Geschäftstypen des Einzelhandels

Insbesondere die im Lebensmittel-Einzelhandel agierenden nationalen, regionalen und lokalen Unternehmens- und Betriebseinheiten haben eine hohe wettbewerbliche Aktions- und Reaktionsfähigkeit und -bereitschaft im Distributionswettbewerb entwickelt, die auch kleinere Vorsprünge eines Mitwettbewerbers z. B. in der Sortimentsgestaltung oder in der Gestaltung des Outlet innerhalb eines kurzen Zeitraumes wieder zunichte machen. Infolge der stark gestiegenen Preissensibilität der meisten Verbraucher gegenüber der Marktgegenseite, d. h. gegenüber den verschiedenen Geschäftstypen besteht eine hohe Flexibilität der Verbraucher in ihren Wahl- und Präferenzentscheidungen über ihre Einkaufsstätten und Produkte. Mit der Erweiterung der Ladenöffnungszeiten haben sich die Kontroll- und Wahlmöglichkeiten der Verbraucher – vor allem in den Ballungsräumen und Einkaufszentren – über die Waren- und Preisangebote der marktführenden Anbieter von Nahrungs- und Genussmitteln und den sonstigen Ge- und Verbrauchsgütern noch einmal erheblich erhöht.

In den vertikalen Wettbewerbsbeziehungen hin zu den Lieferanten ergeben sich allerdings zahlreiche Möglichkeiten der Großunternehmen des Handels, ihre Nachfragemacht gegenüber den in- und ausländischen Lieferanten massiv einzusetzen. Dabei beschränken sich ihre weltweiten, nationalen und regionalen Beschaffungsaktivitäten nicht mehr hauptsächlich auf Nahrungs- und Genussmittel, sondern auch auf Ge- und Verbrauchsartikel aus dem Non-Food-Bereich. Der letztere Sortimentsanteil hat in den großflächigen Geschäftstypen der Großunternehmen an Bedeutung gewonnen, da Verbraucher in diesen Geschäftstypen ein über alle Branchen des Einzelhandels umfassendes und attraktives Warenangebot erwarten.

Während sich die zum Teil recht komplexen und langwierigen Jahresgespräche der Beschaffung schwerpunktmäßig auf die Konditionen von einzelnen Produkten mit den zahlreichen Nebenaspekten (wie Werbekostenzuschüsse, Aktionsrabatte, Zahlungsziele, Listungsentgelte, Zuschüsse für Regalplatzierungen) konzentrieren, zeigt sich das Phänomen der Nachfragemacht eines marktbeherrschenden Handelsunternehmens u. a. erst häufig in den späteren Nachverhandlungen, wenn z. B. der Abverkauf eines Produkts nicht den beim Vertragsabschluss zugrunde gelegten Ziel- oder Planvorstellungen entsprochen hat. Um den damit verbundenen Umsatz- und Ertragsverlust des Handelsunternehmens in etwa zu kompensieren, wird und muss der Lieferant des jeweiligen Produkts in der Regel im Nachhinein ihn belastenden Änderungen in dem bisherigen oder künftigen Konditionsgefüge zustimmen, um der Gefahr der Auslistung des jeweiligen Produkts zu entgehen. Darüber hinaus zeigen sich Tendenzen des Machtmissbrauchs von nachfragestarken Großunternehmen des Handels in der Nichtbeachtung von vereinbarten Zahlungsterminen, so dass der Lagerbestand von den Lieferanten in Form von langfristigen Krediten finanziert wird.

Zwischen Großunternehmen der Markenartikelindustrie und des Konsumgüterhandels dürften sich in den letzten Jahren sehr unterschiedliche Arrangements des Interessenausgleichs entwickelt haben, um einen wechselseitigen Ausgleich von Kosten und Erträgen in den langfristigen Lieferbeziehungen anzustreben und umzusetzen. Während Großunternehmen der Markenartikelindustrie leistungsfähige Absatzmittler für den Abverkauf ihrer Produkte benötigen und langfristig an sich binden wollen, sind die Handelsunternehmen auf Produkte angewiesen, die einen hohen Bekanntheitsgrad besitzen und wesentlich zur Attraktivität ihrer Geschäfte und Waren- und Preisangebote bei den Verbrauchern beitragen. Vor dem Hintergrund der »manchmal störenden« hohen horizontalen Wettbewerbsintensität und der wechselseitigen Abhängigkeit werden langfristig koordinierende Aktivitäten zwischen den Marktparteien vereinbart und toleriert, die als Zielsetzung einen höheren gemeinsamen Nutzen verfolgen. Ein Indikator für derartige Vereinbarungen kann darin gesehen werden, dass Klagen über missbräuchliche Nachfragemacht von Seiten der Lieferanten nicht mehr so häufig in der (Fach- und Branchen-)Öffentlichkeit artikuliert werden wie in den Vorjahren. Es sind vielfältige Formen einer engen vertikalen Zusammenarbeit von den Marktbeteiligten »entdeckt« worden, die einen langfristigen Interessenausgleich zwischen marktstarken Anbietern und Nachfragern zum Inhalt haben.

Insgesamt hat sich die Intensität der Zusammenarbeit zwischen den Großunternehmen der Konsumgüterindustrie und des Konsumgüterhandels erheblich erhöht unter Berücksichtigung des wechselseitigen und wachsenden Informationsaustausches, der Verflechtungen in den Logistikketten, der Konzeption und Produktion von Handelsmarken durch Markenhersteller. Wenn auch die Mitbewerber das Ergebnis der Liefer- und Leistungsbeziehungen konkurrierender Unternehmen anhand von detaillierten Markt- und Preisbeobachtungen kritisch kontrollieren, so bieten enge und langfristige bilaterale Liefer- und Leistungsverflechtungen immer wieder einen »Nährboden« für koordinierende Vereinbarungen und Abstimmungen, die zu einer (zeitweiligen) Beschränkung des Wettbewerbs und zum Nachteil der Endnachfrage führen können.

4.2 Kooperative Entwicklungen

Häufiger als in den übrigen europäischen Staaten ist die Distribution von Konsumgütern in Deutschland durch verschiedene Formen von Kooperationen des Fachgroß- und Einzelhandels gekennzeichnet. Im Laufe der letzten drei Jahrzehnte haben sich viele Handelskooperationen von genossenschaftlichen Entscheidungssystemen entfernt und sich in ihren Beziehungs- und Lieferstrukturen zu den Mitgliedsunternehmen den zentralisierenden und straffen Organisationsformen der Großunternehmen des Konsumgüterhandels angenähert. Die Initiativen für derartige Strukturreformen kamen überwiegend von den Leitungen der Kooperаtionszentralen, die vielfach mit dem «Ballast« von traditionell freiwilligen Formen der Zusammenarbeit nicht mehr den Förderauftrag für die Mitgliedsunternehmen erfüllen konnten und wollten. In diesem Prozess der Neuorientierung sind viele Kooperationen des Facheinzelhandels aus dem Wettbewerb ausgeschieden oder wurden von anderen Kooperationen übernommen, da sie nur unzureichend und oft zu spät ihre Unternehmens- und Entscheidungsstrukturen im Hinblick auf den verschärften Wettbewerb reformierten.

Neben den kartellrechtlichen Fragestellungen der konzentrativen Bündelung der individuellen Nachfrage der Mitgliedsunternehmen durch die Kooperationszentrale, der Kernfunktion derartiger Handelskooperationen, stehen im Mittelpunkt wettbewerbspolitische Fragestellungen der vertraglichen Bindung der Mitglieder an Vorgaben der Zentrale und ihrer Gremien, z. B. zur gemeinsamen und abgestimmten Sortiments- oder zur Laden- oder Preisgestaltung für bestimmte Produkte. Einerseits sind derartige Verpflichtungen von Mitgliedern aufgrund der Notwendigkeit eines einheitlichen Marktauftritts für den gesamten Verbund durchaus förderlich, um gemeinsam mit bekannten Markenlieferanten dessen Produkte besonders zu präsentieren und damit günstige Bezugskonditionen für die Gruppe zu erreichen, andererseits können derartige Verpflichtungen die individuellen Wettbewerbsentscheidungen einzelner Mitgliedsunternehmen erheblich beeinträchtigen und beschränken.

Grundsätzlich muss den Handelskooperationen der wirtschaftspolitische Anspruch zuerkannt werden, dass diese Gruppen ihre Handlungsstrukturen sowie ihre Leistungs- und Lieferprozesse unter der Maxime einer effizienten Förderung ihrer kleineren Mitgliedsunternehmen gemäß den derzeitigen und künftigen Wettbewerbserfordernissen weiterentwickeln können. Dabei werden gemeinsame Aktivitäten vermehrt in Betracht zu ziehen sein, die über die gemeinsame Beschaffung hinausgehen und die Wettbewerbsfähigkeit des Mitgliedsunternehmens im lokalen und regionalen Marktfeld stärken. Aus gesamtwirtschaftlichen Überlegungen sind dabei folgende Aspekte zu berücksichtigen:

- Freiwillige Verpflichtungen zur Übernahme von ausgewählten Aktivitäten in Form von wettbewerblichen Selbstbeschränkungen (wie Bezugsverpflichtungen) sollten die genuine Wettbewerbsfreiheit des einzelnen Mitgliedsunternehmens nicht aufheben. Diese Forderung erstreckt sich vor allem auf die Handlungsautonomie der flexiblen und unabhängigen Preisgestaltung des Mitgliedsunternehmens, einem existentiellen Grundwert unternehmerischer und händlerischer Freiheit.
- Aus der Loyalität einer Mitgliedschaft in einer Handelskooperation resultieren Pflichten (wie Teilnahme an einer Zentralverrechnung und am Delkredere) und Rechte des Mitglieds (wie Anspruch auf Förderleistungen in der Beschaffung und im Absatz), die in einem wechselseitigen leistungsadäquaten Verhältnis ste-

hen müssen. Der Großteil der Mitglieder einer Handelskooperation sieht dieses Verhältnis stets mit einer kritischen Distanz im Vergleich zu kooperationsfremden Angeboten des Bezugs oder der Nutzung von fremden Dienstleistungen. Daraus gewinnt die Haltung vieler Mitgliedsunternehmen an Bedeutung, sich nicht zu intensiv in die Verpflichtungen und »wettbewerblichen Zwänge« des Kooperationssystems einbinden zu lassen und ein möglichst großes Maß an individueller Handlungsfreiheit zu wahren.

- Eine zu intensive Einbindung kann aus Sicht der Kooperationszentrale zur Folge haben, dass einzelne Mitglieder sich in ihren Wettbewerbsaktivitäten zu eng an die Direktiven und Vorschläge der Zentrale anlehnen und der Gefahr erliegen, in ihren lokalen Absatz- und Sortimentsaktivitäten zu erlahmen. Viele Kooperationen haben daher die Teilnahme der Mitgliedsunternehmen in den Gremien und insbesondere in den ERFA-Gruppen zur Pflicht gemacht, um auf diese Weise die Wettbewerbssensibilität der Mitgliedsunternehmen zu fördern.

In früheren Erhebungen des ifo Instituts sahen über 80 % der Mitglieder von Handelskooperationen die Bindungen zu ihrer Kooperation als entscheidende Bedeutung für ihre wirtschaftliche Existenz.[8] Ihre dennoch oft zu beobachtende überaus kritische Haltung zu Einzelentscheidungen der Zentrale und zu Ergebnissen von Abstimmungsprozessen in den Gremien hinsichtlich der Gestaltung der Mitgliedsbeziehungen sind ein wichtiges Kontrollinstrument dafür, dass die Mitgliedsunternehmen der Handelskooperationen ihre notwendigen Handlungsfreiheiten im verschärften Distributionswettbewerb wahren können und wollen.

5 Steigende Einschaltung des Großhandels in den Import von Konsumgütern

Mit dem Vordringen kostengünstiger Produzentenländer von preisniedrigen Konsumgütern (wie VR China, Indien, Vietnam) haben sich die bisherigen Strukturen des grenzüberschreitenden Großhandels mit Konsumgütern erheblich verändert. Zwar haben sich die Importvolumina vieler deutscher Groß- und Außenhandelsfirmen der Konsumgüterbranchen in den letzten drei Jahrzehnten deutlich erhöht, aber neben diesen Traditionsfirmen haben sich auf den Weltmärkten von Konsumgütern neue und sehr wettbewerbsaktive Handelsfirmen etabliert, die sich mit spezifischem Fach-Know-how über Produkte, Länderusancen, Produktions-

[8] Vgl. Lachner, Josef/Täger, Uwe Chr. (1997): Entwicklungen in den Handelskooperationen unter handels- und wettbewerbspolitischen Aspekten, München, S. 126ff.

stätten, Logistik, Qualitätskontrolle eine anerkannte Position als Lieferanten für kostengünstige Non-Food-Güter erkämpft haben. In die von ihnen organisierten arbeitsteiligen Produktions- und Distributionsprozesse werden zahlreiche Subunternehmen eingebunden, um ein Höchstmaß an Kostenrationalisierung und Sicherung der Lieferfähigkeit sowie Vermeidung von Liefer- und Transportstörungen zu erreichen. Trotz eigener Importkapazitäten sowie Einkaufsagenten und Einkaufsgesellschaften in den jeweiligen Lieferantenländern nehmen europäische Groß- und Spitzenunternehmen des Konsumgüterhandels die Waren- und Funktionsangebote der weltweit agierenden (Fach-)Großhandelsunternehmen in Anspruch, da ihnen vielfach der Zugang und das »Markturteil« über Produktionsfirmen in den Lieferländern fehlen. Mit Zunahme des Welthandelsvolumens von Konsumgütern kann eine Renaissance des Groß- und Außenhandels in Form von weltweit agierenden Fach- und Importgroßhandelsunternehmen beobachtet werden.

Eine steigende Anzahl von umsatzstarken Produktions- und Handelsunternehmen aus den südostasiatischen Lieferländern tätigt vermehrt Investitions- und Absatzaktivitäten in europäischen Absatzländern, um sich eine Markt- und Wettbewerbsnähe zu wichtigen Abnehmern aufzubauen und mehr als bisher an der distributiven Wertschöpfung der eigenen Produkte in den Zielländern zu partizipieren. Diese verstärkte Hinwendung zu den Absatzmärkten in Europa zeigt sich in der hohen Beteiligung z. B. von indischen und chinesischen Produktions- und Handelsunternehmen an Konsumgütermessen in der Europäischen Union. Mit der Gründung von Vertriebsgesellschaften zur eigenständigen Vermarktung ihrer Produkte in Deutschland, Großbritannien und Frankreich versuchen ausländische Handelsfirmen, sich aus der Abhängigkeit und der damit verbundenen Nachfragestärke inländischer Handelsunternehmen zu lösen und ein eigenständiges Wettbewerbsprofil auf diesen Märkten gegenüber dem Facheinzel- und -großhandel aufzubauen.

6 Interventionen im vertikalen System der distributiven Wertschöpfung

Infolge der hohen Intensität des Preiswettbewerbs im Sortiments- und Facheinzelhandel mit Nahrungs- und Genussmitteln (im Warenschwerpunkt), aber auch in den preisniedrigen Produktsegmenten für den Haushaltsbedarf und bei bekannten Markenprodukten des Alltags werden immer wieder Stimmen laut, mit dem Vordringen neuer Marketingtechniken die Preisbindung von Markenartikeln in einem stufenübergreifenden Abstimmungsprozess durch die Erlaubnis einer generellen Preisbindung oder mit einer fallweisen Freistellung von einem Verbot zuzulassen bzw. zu tolerieren, um damit einer oft beklagten »Verramschung« von Marken- und Qualitätsprodukten zu Niedrigpreisen im Handel Einhalt zu gebieten.[9] Der verschärfte Preiswettbewerb würde eine notwendige Marken-, Image- und Preispflege eines bekannten Markenartikels erheblich erschweren und die von dem Hersteller gesicherte Qualität eines Produkts in der Einschätzung von Konsumenten beeinträchtigen oder sogar herabsetzen. Nur mit einer wechselseitigen Koordination der Wettbewerbsinstrumente der Marktteilnehmer und Festlegung des Preises in der Wertschöpfungskette könnten die gesamtwirtschaftlich relevanten Effizienzverluste eines ruinösen Preiswettbewerbs im Einzelhandel vermindert werden. Derartige Argumentationen für die Einführung einer Preisbindung beruhen desgleichen auf Entwicklungen in der herstellergesteuerten Preisgestaltung technisch komplexer und hochwertiger Konsumgüter, die zum Teil von gewerblichen Schutzrechten (wie Geschmacks- oder Gebrauchsmuster für das Produktdesign, Patent für technische Neuheit) gekennzeichnet sind und bei denen im Rahmen der Lizenzierung von Schutzrechten vertraglich festgelegte Preisvorstellungen des Schutzrechtsinhabers berücksichtigt werden können.

Die aus einer Preisbindung möglichen effizienzfördernden Effekte einerseits und die möglichen den Wettbewerb beschränkenden Effekte andererseits sind vor dem Hintergrund der vertikalen und horizontalen Wettbewerbsstrukturen der Produktion und Distribution des jeweiligen Produkts oder der Produktgruppe zu beurteilen.[10] Auch wenn die koordinierende bzw. abgestimmte Marken- und Preispflege eines Produkts im vertikalen Wettbewerb zwischen Herstellung und Handel effizienzerhöhende Effekte aufweist, werden diese Effekte vermutlich von den Wettbewerb beschränkenden Effekten einer vornehmlich herstellergesteuerten Preisbindung im horizontalen Wettbewerb des Einzelhandels zunichte gemacht. Aufgrund der starren Preise zwischen den verschiedenen Angebotstypen und Geschäftsformaten des Einzelhandels würde die derzeitige Wettbewerbsintensität erheblich reduziert werden, und es würden vermutlich viele Unternehmen darüber hinaus gehindert, neue Absatzaktivitäten gemäß der lokalen Marktsituation zu entwickeln, die sich in der Regel in einer Preisvariation von Markenprodukten widerspiegeln.

Bei einer starren Preisbindung könnte die stark gestiegene Preissensibilität der meisten Verbraucher nicht mehr als richtungweisender Anreiz für Handelsunternehmen zur Entwicklung von alternativen Wettbewerbskonzepten wirken. Die relativ geringen Preisunterschiede in den unteren Preissegmenten z. B. im Bereich der Nahrungs- und Genussmittel im Einzelhandel würden eine Preisbindung

9 Vgl. z. B. Ahlert, Dieter u. a. (2012) in ihrem Manifest zur Deregulierung der Konsumgüterdistribution, S. 295 ff.

10 Vgl. hierzu Schwalbe, Ulrich (2011): Preisgestaltung in vertikalen Strukturen – Preisbindung und Preisempfehlung aus ökonomischer Sicht, in: Wirtschaft und Wettbewerb, Heft 12/2011, S. 1197–1216.

ins Leere laufen lassen. Eine merkliche Erhöhung der Beratungsqualität und des After-sale-Service durch die Preisbindung würde sich hauptsächlich auf technologieintensive und hochwertige Marken- bzw. Luxusprodukte erstrecken. Diese Markenprodukte werden schon jetzt häufig im Rahmen von selektiven und exklusiven Händler-Vertrags-Systemen vermarktet, die in der Regel von z. T. recht restriktiven herstellergesteuerten Regeln und Vorgaben gekennzeichnet sind.

Die wettbewerbsrechtliche Ungleichbehandlung von Unternehmen und Gruppen der Produktion und des Handels im System der distributiven Wertschöpfung resultiert aus unterschiedlichen Organisations- und Entscheidungssystemen und den daraus resultierenden Möglichkeiten der Gestaltung und Beeinflussung von zentralen und dezentralen Preisaktivitäten. Die Dynamik des Distributionswettbewerbs und die damit verbundene Vielfalt und Attraktivität im Waren- und Leistungsangebot des Einzelhandels basieren hauptsächlich auf den unternehmensindividuellen und dezentralen Wettbewerbsentscheidungen der zahlreichen Unternehmen im distributiven Wertschöpfungssystem. Staatliche Eingriffe oder »leitbildkonforme Interventionen«[11] in die Marktbeziehungen bzw. -aktivitäten der an der Distribution beteiligten Unternehmen sollten primär nicht deren Preisaktivitäten tangieren, da dieses Instrument ihr wichtigstes Aktivitätselexier im Wettbewerb und im Leistungsvergleich ist. Desgleichen kann eine stufenübergreifende Preisbindung bzw. -gestaltung eines Markenherstellers nicht mit dem »sanften« Argument der Preis- und Markenpflege untermauert und gestützt werden, da das Schutzbedürfnis eines Markenprodukts oder eines Markenherstellers der genuinen Gestaltungsfreiheit eines Unternehmens im Preiswettbewerb wohl aus Gründen der gesamtwirtschaftlichen Wohlfahrt und eines funktionsfähigen Wettbewerbs (im engeren Sinn) unterzuordnen ist. Auch dürften derzeitige Niedrigpreisangebote von bekannten Markenartikeln nicht zu einer geringeren Qualitäts- und Nutzungseinschränkung der Verbraucher führen. Das Image eines Markenprodukts oder eines Markenherstellers dürfte in einem überwiegenden und wachsenden Maß von den zahlreichen Werbe- und Kommunikationsaktivitäten des Herstellers in den verschiedenen Medien und den Wirkungen dieser Aktivitäten in der Öffentlichkeit erzeugt werden.

7 Zusammenfassende Beurteilung

Im Urteil der Beteiligten an der internationalen Distribution von Konsumgütern zeichnet sich der deutsche Binnenhandel durch eine hohe Wettbewerbseffizienz aus, die außergewöhnlich große Ansprüche an die Leistungsfähigkeit der Unternehmen stellt. Konstituierende Grundlage für dieses wettbewerbliche »Trai-

[11] Vgl. Ahlert, Dieter u. a. (2012), S. 306 ff.

ningsfeld« kleinerer und größerer Handelsunternehmen bildet die hohe Wettbewerbsflexibilität der Marktteilnehmer der an der Distribution beteiligten Unternehmen sowohl in ihren Kostenstrukturen als auch in ihren Preisaktivitäten. Direkte staatliche Interventionen in diese genuine unternehmerische Aktivitätsbereiche würden vermutlich zu einer merkbaren Reduzierung der derzeitigen Wettbewerbsintensität im Konsumgüterhandel führen und zu einer Minderung der gesamtwirtschaftlichen und sozialen Wohlfahrt vieler Konsumenten. Es würde einen Anachronismus in der Wettbewerbs- und Binnenhandelspolitik bedeuten, auf solche Formen von staatlichen Interventionen zurückzugreifen, die auf gesamt- und einzelwirtschaftliche Rahmenbedingungen einer vorwiegend nationalen und vergangenen Distributions- und Versorgungsstruktur einer Volkswirtschaft ausgerichtet waren. Infolge der hohen Wettbewerbsdynamik würde ein modernes und an Marktleistungen orientiertes Distributionssystem von Konsumgütern staatliche Interventionen, die »die Axt« an die autonome Preisgestaltung von Handelsunternehmen legen würden, weitgehend negieren und innovative Ausweichstrategien – mit Zustimmung und Sympathie der Verbraucher – entwickeln (müssen).

Literatur

Ahlert, Dieter/Kenning, Peter/Olbrich, Rainer/Grewe, Gundula/Schröder, Hendrik (2012): Vielfalt durch Gestaltungsfreiheit im Wettbewerb – Ein ökonomisches Manifest zur Deregulierung der Konsumgüterdistribution, München.

Batzer, Erich (1992), 1957–1992 Absatz- und Handelsforschung im ifo Institut – Rückblick und Ausblick –, in: Greipl u. a. (1992), Entwicklungen der empirischen Handelsforschung in der Bundesrepublik Deutschland, Rückblick und Ausblick, S. 171–184.

Greipl, Erich/Laumer, Helmut/Täger, Uwe Chr. (Hrsg.) (1992): Entwicklung der empirischen Handelsforschung in der Bundesrepublik Deutschland, Rückblick und Ausblick, Schriftenreihe des Ifo-Instituts für Wirtschaftsforschung, Nr. 133, Berlin/München.

Lachner, Josef/Täger, Uwe Christian (1998): Entwicklungen in den Handelskooperationen unter handels- und wettbewerbspolitischen Aspekten, ifo Studien zu Handels- und Dienstleistungsfragen, Nr. 52, ifo Institut für Wirtschaftsforschung, München.

Metro AG (2010): Metro-Handelslexikon 2010/2011, Daten, Fakten und Adressen zum Handel in Deutschland, Europa und der Welt, Düsseldorf.

Oppenländer, Karl Heinrich (1992): Einleitung zum Kolloquium über ausgewählte Fragen der empirischen Handelsforschung, in: Entwicklung der empirischen Handelsforschung in der Bundesrepublik Deutschland, Rück- und Ausblick, München.

Schwalbe, Ulrich (2011): Preisgestaltung in vertikalen Strukturen – Preisbindung und Preisempfehlung aus ökonomischer Sicht, in: Wirtschaft und Wettbewerb, Heft 12/2011, S. 1197–1216.

Täger, Uwe Christian/Ahrens, Christine/Lachner, Josef/Nassua, Thomas (1994): Entwicklungsstand und -perspektiven des Handels mit Konsumgütern, Darstellung und Analyse der handels- und wettbewerbspolitischen Entwicklungen in der Bundesrepublik Deutschland, Berlin/München.

Täger, Uwe Christian (1999): Handels- und Wettbewerbsforschung, in: Fünfzig Jahre ifo Institut, ifo Studien, Heft 1-2/1999, S. 179–187.

Tiburtius, Joachim (1948): Blick in die Wirtschaft, Wirtschaftslenkung, Marktwirtschaft und Einzelwirtschaften, in: Vierteljahreshefte der Wirtschaftsforschung, Deutsches Institut für Wirtschaftsforschung, Jahrgang 1948, Erstes Heft, S. 67–73.

Auswirkungen des Gesellschaftsrechts auf Unternehmensgründungen, dargestellt an Hand der GmbH, der englischen Limited und der UG (haftungsbeschränkt)

*Von Frank Oppenländer**

Über das »Fachliche« bei seinem Studium berichtet K. H. Oppenländer in seinen Erinnerungen,[1] bei den zu den Pflichtfächern gehörenden »Schmalspurfächern« habe ihn das Zivilrecht und das Handelsrecht weniger »gefangen« als das öffentliche Recht. Was also soll ein Jurist, der sich seit Jahrzehnten mit dem Handels- und Gesellschafsrecht befasst, zu Ehren dieses Autors beitragen können? Erst als ich an anderer Stelle unter dem Kapitel »Erfolg im Beruf« im Zusammenhang mit dem vom Jubilar herausgegebenen Buch Patentwesen las, die Zusammenarbeit mit den Juristen habe im Vordergrund gestanden, fasste ich wieder Mut, einen Beitrag für diese Festschrift zu verfassen. Mit der Fragestellung, ob es einen Zusammenhang zwischen Gesellschaftsrecht und Unternehmensgründung gibt und dies anhand der GmbH, der englischen Limited und der Unternehmergesellschaft (haftungsbeschränkt)[2] zu exemplifizieren, möchte ich dem Geburtstagskind gratulieren.

1 Grundlagen

1.1 Der Begriff Gesellschaftsrecht

Einigkeit besteht unter den Juristen »es gibt keine Kodifikation des Gesellschaftsrechts«.[3] Es handelt sich vielmehr um die Zusammenfassung des Rechts »der privatrechtlichen Zweckverbände und der kooperativen Vertragsverhältnisse«.[4] Mit dieser Definition ist für die hier untersuchte Fragestellung nichts gewonnen. Auszugehen ist vielmehr von einem funktionalen Verständnis des Gesellschaftsrechts als dem »Bereich des Rechtslebens, der durch spezifische gesellschafts-

---

* Dr. Frank Oppenländer, Stuttgart, E-Mail: oppenlaender@ohh-notare.de

1 K. H. Oppenländer, Erinnerungen eines Wirtschaftsforschers, 2011, S. 17.

2 eingeführt mit dem am 01.11.2008 in Kraft getretenen Gesetz zur Modernisierung des GmbH-Rechts und zur Bekämpfung von Missbräuchen (MoMiG).

3 F. Kübler, in: FS K. Schmidt, 2009, S. 1041, 1043; K. Schmidt, Gesellschaftsrecht, 4. Aufl., 2002, S. 5.

4 K. Schmidt, Gesellschaftsrecht, 4. Aufl., 2002, S. 4.

rechtliche Kategorien beherrscht wird«.[5] Das sind vor allem die verschiedenen Rechtsformen, die für die unternehmerische Tätigkeit zur Verfügung stehen, insbesondere die Gesellschaft bürgerlichen Rechts, die OHG, die KG, die GmbH & Co. KG und die Kapitalgesellschaften, insbesondere die GmbH und die AG oder auch aufgrund europäischer Normsetzung die Societas Europaea. In engem Funktionszusammenhang mit diesem gesellschaftsrechtlichen Organisationsrecht stehen das Umwandlungsrecht und das Kapitalmarktrecht, das sich mit dem Anlegerschutz befasst, das Mitbestimmungsrecht, die Rechnungslegungsvorschriften und das Steuerrecht.[6] Hier soll der Frage nachgegangen werden, ob es einen Zusammenhang zwischen gesellschaftsrechtlichem Organisationsrecht und Unternehmensgründungen gibt, Das führt zu der Frage, was unter Unternehmen in diesem Zusammenhang zu verstehen ist.

1.2 Unternehmen und Unternehmensträger

Das Unternehmen ist ein Institut des Wirtschaftsrechts.[7] Als Institution des Wirtschaftsrechts dient das Unternehmen der wirtschaftlichen Versorgung mit Gütern und Leistungen. Diese Aufgabe erfüllt es in der Selbstbestimmungsordnung autonom. Privates Eigentum, die Vertragsfreiheit, freier Wettbewerb und die Gesetze des Marktes sorgen dafür, dass »richtige« Ergebnisse erzielt werden.[8] Allerdings ist das Unternehmen nach geltendem Recht weder Rechtsobjekt noch Rechtssubjekt.[9] Die vielseitigen Versuche der Rechtswissenschaft, das Unternehmen als Rechtsobjekt oder als Rechtssubjekt zu erfassen, müssen vielmehr als gescheitert angesehen werden.[10] Gewiss kann weder die gegenständliche Seite des Unternehmens, sein Anlage- und Umlaufvermögen noch die »Unternehmenseinheit als Rechtsprinzip« und die damit verbundene Verselbständigung gegenüber dem Unternehmer vernachlässigt werden.[11] Für die Rechtsordnung nach geltendem Recht ist jedoch nicht das Unternehmen sondern der Unternehmensträger der zentrale Rechtsbegriff. Dieser ist die Willenseinheit, die durch ihre ständige Aktivität das Unternehmen ermöglicht und erhält, dem Unternehmensträger sind

---

[5] K. Schmidt, Gesellschaftsrecht, 4. Aufl., 2002, S. 5.

[6] vgl. dazu F. Kübler, in: FS K. Schmidt, 2009, S. 1044 ff; K. Schmidt, Gesellschaftsrecht, 4. Aufl., 2002, S. 8 ff.

[7] Ballerstedt JZ 51, S. 486, 488; Rittner, Unternehmen und freier Beruf als Rechtsbegriffe, 1962, S. 17; K. Schmidt, Gesellschaftsrecht, 4. Aufl., 2002, S. 69, 70.

[8] Köhler JZ 1953, S. 713, 714; Rittner, Unternehmen und freier Beruf als Rechtsbegriffe, 1962, S. 17; Schmidt-Rimpler, Wirtschaftsrecht, in: Handwörterbuch der Sozialwissenschaft, 1965, S. 686, 702.

[9] Rittner, Öffentlich-rechtliche Elemente in der Unternehmensverfassung, in: Planung V, 1971, S. 59, 70, 71; K. Schmidt, Gesellschaftsrecht, 4. Aufl., 2002, S. 78.

[10] Vgl. dazu den Überblick bei K. Schmidt, Gesellschaftsrecht, 4. Aufl., 2002, S. 78/79.

[11] Rittner, Öffentlich-rechtliche Elemente der Unternehmensverfassung, in: Planung V, 1971, S. 59, 70, 71; K. Schmidt, Gesellschaftsrecht, 4. Aufl., 2002, S. 78,79.

alle Rechte und Pflichten, das Risiko und auch der Gewinn zugeordnet.[12] Nicht das Unternehmen, sondern der dem Unternehmen notwendigerweise zugeordnete Unternehmensträger ist die entscheidende Einheit.[13] Das geltende Recht stellt nun verschiedene Institute für die rechtliche Verfassung der Unternehmensträger zur Verfügung. Maßgebliche Willenseinheiten sind, vom Fall des Einzelunternehmers abgesehen, die Handelsgesellschaften und Stiftungen. Bei allen Gesellschaften besteht ein differenziertes System der Willensbildung, die unternehmerischen Funktionen werden verschiedenen Organen zugewiesen. Bei diesem Recht handelt es sich um das gesellschaftsrechtliche Organisationsrecht, so dass sich die Fragestellung des Zusammenhangs zwischen Gesellschaftsrecht und Unternehmensgründungen rechtlich darauf verdichtet, ob das gesellschaftsrechtliche Organisationsrecht die Gründung von Unternehmensträgern beeinflusst.

2 Die Erfolgsgeschichte der GmbH, der englischen Limited und der Unternehmergesellschaft (haftungsbeschränkt)

2.1 Entstehung und Verbreitung der GmbH

Die Entstehung der GmbH geht auf Forderungen der Wirtschaft zurück.[14] Durch die Aktienrechtsreform 1884 erfolgte eine erhebliche Verschärfung des Aktienrechts mit der Folge, dass infolge Verteuerung und Verkomplizierung der Gründung und Verwaltung einer AG diese Rechtsform für kleinere Unternehmen unattraktiv wurde.[15] Um die Hemmung unternehmerischer Initiative wegen des Risikos der persönlichen Haftung zu verhindern, sollte auch für kleinere Unternehmen eine Gesellschaftsform mit dem Ausschluss der persönlichen Haftung wie bei der AG ermöglicht werden.[16] Überdies sollte die Wettbewerbsfähigkeit deutscher gegenüber englischen Unternehmen verbessert werden.[17] Bismarck begründete deshalb die Einbringung des Entwurfs eines GmbH-Gesetzes im Jahr 1891 mit folgenden Worten: »Die unangemessene Vermehrung der Limited Companies und deren Ausdehnung auf Geschäfte vom kleinsten Umfang dürfte als ein Beweis für die Nothwendigkeit und Zweckmäßigkeit solcher Gesellschafts-

12 Vgl. dazu vor allem Rittner, Wirtschaftsrecht, 2. Aufl., 1987, § 7 B; K. Schmidt, Gesellschaftsrecht, 4. Aufl., 2002, S. 80, 81.

13 Ballerstedt ZHR 134 (1970), 251, 260; E. Rehbinder, Konzernaußenrecht und Allgemeines Privatrecht, 1969, S. 58 f.; Rittner, Unternehmerspenden an politische Parteien, FS Knur, 1972, S. 205, 217; Ulmer, Der Unternehmensbegriff im Vertrag der europäischen Gemeinschaft für Kohle und Stahl, 1960, S. 45.

14 Meyer, Haftungsbeschränkungen im Recht der Handelsgesellschaften, D. II. 6., S. 312.

15 MünchHdb.GesR III/Grziwotz § 1 Rn 7 ff.

16 Meyer, Haftungsbeschränkung im Recht der Handelsgesellschaften, D. II. 1. a), S. 291.

17 Schubert, in: FS 100 Jahre GmbH-Gesetz, 1992, S. 5.

formen unabweisbar sein.«[18] Diese Aussage von Bismarck bezog sich auf die große Zahl von Limited-Gründungen bei Aufnahme unternehmerischer Aktivitäten in England.[19] Tatsächlich erfreute sich die GmbH schon unmittelbar nach dem am 10.05.1892 in Kraft getretenen »Gesetz betreffend die Gesellschaften mit beschränkter Haftung« in den beteiligten Wirtschaftskreisen großer Beliebtheit. Ende 2001 belief sich die Zahl der in der Bundesrepublik existierenden GmbHs auf ca. 850.000,[20] in den Jahren 1970 bis 1999 hat sich die Zahl der GmbHs in Deutschland verzehnfacht, in den Jahren 1980 bis 1999 mehr als verdreifacht. 2002 bestanden ca. 899.000, 2003 ca. 954.000, 2004 ca. 973.000 und 2005 ca. 996.000 GmbHs in Deutschland.[21] Ende 2008 belief sich die Zahl der GmbHs in Deutschland auf ca. 987.000.[22] Im Jahr 2010 nahm der Bestand an GmbHs um weitere ca. 21.000 zu.[23] Aktuell dürfte die Zahl der GmbHs in Deutschland deutlich über 1 Mio. betragen.[24] Ganz überwiegend wird die Rechtsform der GmbH von kleineren und mittleren Unternehmen gewählt. Nach der Umsatzsteuerstatistik 1999 beliefen sich die Umsätze von 20,2 % der GmbHs unter 250.000,00 DM, 32,9 % erzielten einen Umsatz zwischen 250.000,00 DM und 1 Mio. DM und 40,2 % von 1 Mio. bis 10 Mio. DM. 6,7 % der GmbHs setzten über 10 Mio. DM um. Gleichwohl entfiel auf Unternehmen in der Rechtsform der GmbH ein Umsatz von nahezu 4.000 Mrd. DM, was ca. einem Drittel aller Lieferungen und Leistungen entsprach. So ist die GmbH heute mit deutlichem Abstand die umsatzstärkste Rechtsform.[25] Die Umsatzsteuerstatistik 1999 weist weiter aus, dass die GmbH vor allem in folgenden Wirtschaftszweigen vertreten ist: Handel und Reparatur von Kraftfahrzeugen und Gebrauchsgütern (27,2 % aller steuerpflichtigen oder 33,4 % der steuerpflichtigen Umsätze), im Grundstücks- und Wohnungswesen und bei Dienstleistungen für Unternehmen (23,8 % aller steuerpflichtigen oder 13,3 % der steuerpflichtigen Umsätze), im verarbeitenden Gewerbe (17,4 % aller steuerpflichtigen oder 35,1 % der steuerpflichtigen Umsätze) sowie im Baugewerbe (16,7 % aller steuerpflichtigen oder 6,6 % der steuerpflichtigen Umsätze). Blickt man auf die Branchenzugehörigkeit, ist die GmbH vor allem in der Rundfunk-, Fernseh- und Nachrichtentechnik (71 %), der Herstellung von Büromaschinen und Datenverarbeitungsgeräten

18 Entwurf eines Gesetzes, betreffend die Gesellschaften mit beschränkter Haftung, 1891, S. 123, zitiert nach Zimmer, in: FS K. Schmidt, 2009, S. 1789, 1793, 1794.
19 Zimmer, in: FS Schmidt, 2009, S. 1789, 1794.
20 Hansen GmbHR, 2002, S. 148 ff.
21 Niemeier ZIP 2006, S. 2237, 2238.
22 Kornblum GmbHR, 2009, S. 32.
23 Kornblum GmbHR, 2011, S. 692, 698.
24 Vgl. Stellungnahme des BDI zum RegE MoMiG vom 07.09.2007, S. 1.
25 Hansen GmbHR 2002, S. 148, 152

(68 %), der Datenverarbeitung und Datenbanken (66,1 %), sowie bei Speditionen (52,2 %) vertreten.[26]

2.2 Die GmbH im Wettbewerb mit der englischen Limited

Lange Zeit stand es den einzelnen Staaten frei, wie sie ausländische Gesellschaften behandelten, die ihren Sitz in einen anderen Staat verlegten. Die Sitzverlegung einer ausländischen Gesellschaft nach Deutschland führte nach der Rechtsprechung des BGH dazu, dass die Gesellschaft als rechtsfähige Personengesellschaft, also mit vollständig geändertem Haftungsstatut fortbestand.[27] So waren für deutsche Unternehmensträger ausländische Kapitalgesellschaften keine ernsthafte Alternative. Dies änderte sich durch die Rechtsprechung des Europäischen Gerichtshofes zur Niederlassungsfreiheit einer nach dem Recht eines Mitgliedsstaates der Europäischen Union gegründeten Gesellschaft. In der Centros-Entscheidung[28] stellte der Gerichtshof fest, es sei mit der durch den EG-Vertrag gewährleisteten Niederlassungsfreiheit unvereinbar, wenn einer Gesellschaft, die in einem Mitgliedsstaat rechtmäßig gegründet wurde, sich aber ausschließlich in einem anderen Mitgliedsstaat geschäftlich betätigen will, die Eintragung einer Zweigniederlassung in diesem anderen Mitgliedsstaat verweigert werde. In der Überseering-Entscheidung[29] stellte der Gerichtshof dann fest, nach der Niederlassungsfreiheit dürfe einer in einem Mitgliedsstaat wirksam errichteten Gesellschaft in einem anderen Mitgliedsstaat die Rechts- und Parteifähigkeit nicht abgesprochen werden. Diese Rechtsprechung wurde durch Urteil vom 30.09.2003 in der Rechtssache »Inspire Art«[30] fortgeführt. In diesem sah der Gerichtshof die Niederlassungsfreiheit dadurch verletzt, dass auf eine englische Limited, die ausschließlich durch eine Zweigniederlassung in Holland tätig wurde, Kapitalisierungsvorschriften nach niederländischem Recht Anwendung finden sollten.[31] Durch diese Rechtsprechung wurde der Wettbewerb der gesellschaftsrechtlichen Organisationsformen für Unternehmensträger in Europa eröffnet.[32] Für deutsche Unternehmensträger war es vor allem attraktiv, anstelle der Rechtsform der GmbH die der englischen Limited zu wählen, die ebenso wie die GmbH grundsätzlich eine Haftungsbeschränkung mit dem sehr geringen Kapitaleinsatz von 1 £ ermöglichte, während das Stammkapital der GmbH mindestens

---

26 Hansen GmbHR, 2002, S. 148, 152; MünchKommGmbHG/Fleischer, Einl. Rn 205; Praxishandb.GmbH GF/St. Oppenländer, 2. Aufl., 2011, § 2 Rn 3.
27 BGH GmbHR 2002, S. 1021, 1022; BGHZ 97, S. 269, 272; BGH ZIP 2000, S. 967, 968.
28 EuGH, EuZW 1999, S. 216 ff.
29 EuGHE I 2002, 9919 ff. – »Überseering« –.
30 EuGHE I 2003, 1055 ff. »Inspire Art« –.
31 Vgl. dazu Kübler, in: FS K. Schmidt, 2009, S.1041, 1048, 1049; MünchKommGmbHG/J. Maier § 4 a Rn 16.
32 Vgl. dazu Zimmer, in: FS K. Schmidt, 2009, S. 1789 ff.

25.000 € betragen musste. So ging der Anteil der in der Rechtsform der GmbH gegründeten Unternehmensträger jedenfalls vorübergehend durch die Gründung englischer Limiteds mit Zweigniederlassungen in Deutschland zurück. In den Jahren 2002 bis 2005 wuchs der Anteil von Neugründungen in der Rechtsform der englischen Limited im Verhältnis zur GmbH von 0,3 auf 14,8 %.[33] 2006 betrug die Zahl der Limited-Gründungen geschätzt 11.000 bis 12.000. Allerdings flachte der Gründungsboom von Limiteds bald ab, als den Gründern die Risiken der Folgekosten der »ohne Mindestkapital« möglichen Gründung, insbesondere die Kosten der Hinterlegung des Jahresabschlusses nach UK-GAAP und die Gefahren der persönlichen Haftung nach englischem Gesellschaftsrecht sowie die Probleme mit Geschäftspartnern im alltäglichen Geschäftsverkehr bewusst wurden.[34] Wichtig ist im hier untersuchten Zusammenhang vor allem: der Boom der Gründung von Limiteds mit Zweigniederlassungen in Deutschland bestätigt den Zusammenhang zwischen gesellschaftsrechtlichem Organisationsrecht und Unternehmensträgergründungen.

2.3 Die UG (haftungsbeschränkt) als Antwort auf die Limited

Befürchtungen, Gründer inländischer Unternehmensträger könnten mehr und mehr auf die ausländischen Rechtsformen ausweichen, waren u. a. gesetzgeberische Motivation für die Einführung der Unternehmergesellschaft (haftungsbeschränkt) durch das am 01. 11. 2008 in Kraft getretene Gesetz zur Modernisierung des GmbH-Rechts und zur Bekämpfung von Missbräuchen (MoMiG). Bei dieser »Einstiegsvariante der GmbH«[35] ist kein Mindestkapital erforderlich, es genügt ein Stammkapital von € 1. Nur in der Firma muss bei dieser Rechtsform die Bezeichnung »Unternehmergesellschaft (haftungsbeschränkt) oder »UG (haftungsbeschränkt)« geführt werden. Außerdem muss die Gesellschaft in ihrer Bilanz eine gesetzliche Rücklage bilden, in die jeweils ein Viertel des Jahresüberschusses einzustellen ist (§ 5 a Abs. 3 GmbHG). Durch die Thesaurierung soll erreicht werden, dass die Gesellschaft innerhalb weniger Jahre eine höhere Eigenkapitalausstattung erreicht:[36] Nach der Vorstellung des Gesetzgebers soll es durch diese Rechtsform jungen Existenzgründern einfach gemacht werden,

---

33 Niemeier ZIP 2007, S. 1794, 1795.

34 Vgl. dazu Miras, Die Neue Unternehmergesellschaft, 2. Aufl., Rn 89ff; Miras NZG 2012, S. 486.

35 BMJ-Pressemitteilung »Schwerpunkte des Gesetzes zur Modernisierung des GmbH-Rechts und zur Bekämpfung von Missbräuchen (MoMiG)« vom 26.06.2008, www.bmj.de unter Handels- und Wirtschaftsrecht-Gesellschaftsrecht-GmbH-Reform.

36 BegrReGE zu Art. 1 Nr. 5 BT-Ds. 16/6140, 31 f., zitiert nach Gehrlein, Das neue GmbH-Recht, 2009, Dokumentation, § 5 a Rn 7.

ihre unternehmerischen Ziele zu verwirklichen.[37] Die Notwendigkeit, durch die Schaffung dieser neuen Rechtsform auf die Verbreitung englischer Limiteds mit Niederlassungen in Deutschland zu reagieren, ist als überflüssig, »zur Förderung von Unternehmensgründungen nutzlos«, ja sogar als »schädlich« kritisiert worden.[38] Die Zahl der Neugründungen in dieser Rechtsform spricht indessen eine andere Sprache. Schon drei Monate nach Inkrafttreten des MoMiG waren in deutschen Handelsregistern 3000 UG (haftungsbeschränkt) eingetragen und nach sechs Monaten betrug die Zahl der eingetragenen UG (haftungsbeschränkt) bereits über 10.000.[39] Am 01.01.2010 waren bereits 23.369 Unternehmergesellschaften in deutschen Handelsregistern eingetragen, am 31.12.2010 44.271.[40] Inzwischen beträgt der Bestand an Unternehmergesellschaften (haftungsbeschränkt) in Deutschland am 29.02.2012 65.954 Gesellschaften. In naher Zukunft wird das Anwachsen auf über 100.000 Unternehmergesellschaften prognostiziert.[41] Zwar handelt es sich bei einem nennenswerten Teil der Gründungen von Unternehmensgesellschaften um Komplementärgesellschaften einer KG (UG (haftungsbeschränkt) & Co. KG), die große Beliebtheit dieser Rechtsform widerlegt jedoch die Bedenken, dass GmbH-Gründer weiter auf die englische Limited ausweichen könnten.[42] Im Gegenteil ist der Anteil der britischen Limiteds mit Niederlassungen in Deutschland seit dem Jahr 2010 nennenswert zurückgegangen.[43] Schon ein Jahr nach Inkrafttreten der MoMiG bestanden in Deutschland mehr Unternehmergesellschaften (haftungsbeschränkt) als englische Limited und am 29.02.2012 waren nur noch ca. 9.000 Limiteds in Handelsregistern in Deutschland eingetragen.[44]

3 Schlussbetrachtung

Die Erfolgsgeschichte der GmbH, der Boom der Gründung von englischen Limiteds mit Niederlassungen in Deutschland nach Eröffnung des Wettbewerbs der Rechtsformen für Unternehmensträger in den EU-Mitgliedsstaaten durch die Rechtsprechung des Europäischen Gerichtshofes und die stark anwachsende Verbreitung der Unternehmergesellschaft (haftungsbeschränkt) seit Inkrafttreten

---

37 BegrRegE zu Art. 1 Nr. 5 BT-Ds. 16/6140; 31., zitiert nach Gehrlein, Das neue GmbH-Recht, 2009, Dokumentation, § 5 a Rn 2.

38 Niemeier ZIP 2007, S. 1794, 1800, 1801; kritisch auch Goette, Einführung in das neue GmbH-Recht, 2008, Einf. Rn 39ff.; MünchKommGmbHG/Rieder § 5 a Rn 5.

39 MünchkommGmbHG/Rieder § 5 a Rn 5.

40 Werner GmbHR 2011, S. 459.

41 Bayer/Hoffmann GmbHR 2012, R 51; Miras NZG 2012, S. 486/487.

42 K. Schmidt DB 2005, S. 1095, 1096,

43 Kornblum GmbHR 2011, S. 692, 698.

44 Miras NZG 2012, S. 486/487.

des MoMiG beweisen: es besteht ein unmittelbarer Zusammenhang zwischen dem gesellschaftsrechtlichen Organisationsrecht für Unternehmensträger und Unternehmensgründungen. Gewiss zeigt die hohe Quote der Aufgabe von englischen Limiteds mit Zweigniederlassungen in Deutschland,[45] wie auch der Unternehmergesellschaften (haftungsbeschränkt),[46] dass der Vorteil eines geringen Mindestkapitals der Unternehmensgründung häufig zu Lasten der Gläubiger und anderer Nichtgesellschafter geht[47], weil sich die Gründer dieser Unternehmensträger offenbar durch das geringe Mindestkapital zu Unternehmensgründungen ohne ausreichendes wirtschaftliches Konzept verleiten lassen.[48] Daher stellt sich für Gesetzgeber und Rechtsanwendung die Aufgabe, für angemessenen Schutz der Gläubiger bei diesen Rechtsformen zu sorgen.[49] Dieser Gläubigerschutz ist mit dem weiteren gesetzgeberischen Ziel in Einklang zu bringen, das gesellschaftsrechtliche Organisationsrecht für Unternehmensträger so zu gestalten und anzupassen, dass die Gründung von Unternehmen nicht nur Kapitalkräftigen, sondern auch Existenzgründern möglich ist. Sowohl die GmbH als auch ihre »Einstiegsvariante« UG (haftungsbeschränkt) sind hierfür gelungene Beispiele.

Literatur

Ballerstedt, Kurt (1951): Unternehmen und Wirtschaftsverfassung, JR 1951, S. 486 ff.

Bayer, Walter/Hoffmann, Thomas (2012): Neue Daten zur Unternehmergesellschaft, GmbHR 2012, R 51.

Goette, Wulf (2008): Einführung in das neue GmbH-Recht.

Hansen, Herbert (2002): Die GmbH als weiterhin umsatzstärkste Rechtsform, GmbHR 2002, S. 148 ff.

Köhler, Herbert W. (1953): »Betrieb« und »Unternehmen« in wirtschaftsverfassungsrechtlicher Sicht, JZ 1953, S. 713 ff.

Kornblum, Udo (2011): Bundesweite Rechtstatsachen zum Unternehmens- und Gesellschaftsrecht, Stand 01.01.2011, GmbHR 2011, 692 ff.

Kübler, Friedrich (2009): Gesellschaftsrecht und Kodifikation, in: Festschrift K. Schmidt, 1041 ff.

Miras, Antonio (2012): Aktuelle Fragen zur Unternehmergesellschaft (haftungsbeschränkt), NZG 2012, S. 486 ff.

Miras, Antonio (2011): Die neue Unternehmergesellschaft, 2. Aufl.

Münchener Handbuch des Gesellschaftsrechts (2009): Band 3, 3. Aufl.

Münchener Kommentar zum GmbHG (2010): Band 1.

Niemeier, Wilhelm (2007): Die »Mini-GmbH« trotz Marktwende bei der Limited?, ZIP 2007, 1794 ff.

---

45 Niemeier ZIP 2007, S. 1794, 1799.

46 Miras NZG 2012, S. 486/487

47 Zimmer, in: FS K. Schmid6t, 2009, S. 1789, 1802.

48 Miras NZG 2012, S. 486/487

49 Vgl. dazu Westermann, in: FS H. J. Priester 2007, S. 835 ff.; ebenso Miras NZG 2012, S. 486/487

Oppenländer, Frank/Trölitzsch, Thomas (2011): Praxishandbuch der GmbH-Geschäftsführung, 2. Aufl.
Oppenländer, Karlheinz (2011): Erinnerungen eines Wirtschaftsforschers.
Rehbinder, Eckard (1969): Konzernaussenrecht und Allgemeines Privatrecht.
Rittner, Fritz (1962): Artikel Unternehmen in: Staatslexikon, Recht-Wirtschaft-Gesellschaft, 6. Aufl., 7. Band.
Rittner, Fritz (1971): Öffentlich-rechtliche Elemente in der Unternehmensverfassung, in: Planung V., S. 59 ff.
Rittner, Fritz, Unternehmen und freier Beruf als Rechtsbegriffe, 1962.
Rittner, Fritz (1972): Unternehmerspenden an politische Parteien, in: Festschrift A. Knur, S. 205 ff.
Rittner, Fritz (1987): Wirtschaftsrecht, 2. Aufl.
Schmidt, Karsten (2002): Gesellschaftsrecht, 4. Aufl.
Schmidt, Karsten (1999): Handelsrecht, 5. Aufl.
Schmidt-Rimpler (1965): Wirtschaftsrecht in Handwörterbuch der Sozialwissenschaften, 17. Band, S. 686 ff.
Schubert, Werner (1992): Das GmbH-Gesetz von 1892 – »Eine Zierde unserer Reichsgesetzsammlung«. Das historische Geschehen und die GmbH von 1888 bis 1902, in: Festschrift 100 Jahre GmbH-Gesetz, S. 1 ff.
Ulmer, Peter (1960): Der Unternehmensbegriff im Vertrag der Europäischen Gemeinschaft für Kohle und Stahl.
Werner, Rüdiger (2011): Aktuelle Entwicklungen des Rechts der Unternehmergesellschaft, GmbHR 2011, S. 459 ff.
Westermann, Harm Peter (2007): Wohin steuert die GmbH? – Benutzerkreis und Verwendungszwecke der Rechtsform im künftigen deutschen Gesellschaftsrecht, in: Festschrift H. J. Priester, S. 835 ff.
Zimmer, Daniel (2009): Zwischen Theorie und Empirie: Zur Konkurrenz der Gesetzgeber im Gesellschaftsrecht, in: Festschrift K. Schmidt, S. 1789 ff.

VII Zur Informationsbasis

Das Europäische Statistische System im Stresstest

*Von Johann Hahlen**

Der Jubilar, Professor Dr. Karl Heinrich Oppenländer, gehörte insbesondere in den Jahrzehnten seiner Präsidentschaft des ifo-Instituts zu den ganz intensiven Nutzern der amtlichen Statistik und begleitete diese mit großem, manchmal auch kritischen Interesse. Deshalb will dieser Beitrag einige Wegmarken der amtlichen Statistik in der Europäischen Union (EU) seit Ende der 90er Jahre des letzten Jahrtausends aufzeigen.

1 Weshalb sich das Europäische Statistische System im Stress befindet

Das Europäische Statistische System (ESS), verstanden als das Zusammenwirken von Eurostat[1] mit den heute 27 Statistischen Ämtern (NSÄs) der Mitgliedstaaten der EU,[2] steht seit Anfang dieses Jahrtausends unter zunehmendem Druck und versucht sich dagegen durch Aufbau sowie Fortentwicklung statistischer Governance zu behaupten.[3]

1.1

Für die Stresssituation des ESS sind zunächst Faktoren verantwortlich, welche jede amtliche Statistik zu bewältigen hat:

---

* Johann Hahlen, Wesseling, E-Mail: johann.hahlen@web.de
Dieser Aufsatz geht auf einen Vortrag zurück, den der Verfasser am 23.4.2012 vor der Projektgruppe 2 »Ganzheitlicher Wohlstands- bzw. Fortschrittsindikator« der Enquete-Kommission »Wachstum, Wohlstand, Lebensqualität« des Deutschen Bundestages (BT-Drs. 17/3853 vom 23.11.2010) gehalten hat.

1 Nach Art. 6 Abs. 1 der Statistik-VO Nr. 223/2009 (ABl. 2009 L 87/164) vom 11.3.2009 ist Eurostat – als eine Generaldirektion der Kommission der EU in Luxemburg – die »statistische Stelle« der EU, die von der Kommission dafür benannt ist, europäische Statistiken zu entwickeln, zu erstellen und zu verbreiten.

2 Die Legaldefinition des Art. 4 der Statistik-VO Nr. 223/2009 beschreibt das ESS jetzt als »eine Partnerschaft zwischen der Stelle der Gemeinschaft, d.h. der Kommission (Eurostat), den nationalen statistischen Ämtern (NSÄs) und den anderen einzelstaatlichen Stellen, die in den einzelnen Mitgliedstaaten für die Entwicklung, Erstellung und Verbreitung europäischer Statistiken zuständig sind«.

3 Der modisch gewordene Begriff »Stress« meint ja die alarmierte Reaktion eines Organismus auf eine über das normale Maß hinausgehende Belastung – vgl. das Stichwort Streß im dtv-Brockhaus-Lexikon, 1988, Bd. 17.

- In der öffentlichen Wahrnehmung schwingen zur amtlichen Statistik schon immer – ausgesprochen oder unbewusst – Vorurteile mit wie: »Lügen, verdammte Lügen, Statistik«[4] bzw. »Ich glaube nur Statistiken, die ich selber gefälscht habe«.[5] Solche kritischen Einstellungen gehen bekanntlich auf drei in der Tat vorhandene Schwächen der Statistik zurück:

  Die Statistik arbeitet mit wissenschaftlichen, oft mathematischen Methoden und erweckt so den Eindruck großer Präzision, der aber – weil Ergebnisse notwendigerweise unscharf und mit Fehlermargen behaftet sind – vielfach durch Ergebnisrevisionen, Umbasierungen und dgl. enttäuscht wird.

  Statistische Ergebnisse lassen sich zu ganz unterschiedlichen Schlussfolgerungen heranziehen[6] und Statistiken können vom unaufmerksamen Nutzer mißverstanden[7] oder sie können – sei es vom Nutzer, sei es gar vom Produzenten – manipuliert werden.[8]

  Die Ergebnisse der Statistik sollen möglichst aktuell sein und nicht erst mit vielen Monaten »Verspätung« vorliegen. Dieses Ziel lässt sich in der Regel nur durch Abstriche bei der Genauigkeit erreichen. Denn auch für die Statistik gilt die Gesetzmäßigkeit: »Garbage in, garbage out«, was schnell zu »Quick and dirty-Ergebnissen« führen kann.
- Idealtypisch soll die amtliche Statistik neutraler Datenproduzent sein, der die empirischen Grundlagen für die gewünschte Realitätsabbildung, für die ausgewählten Indikatoren und deren Veränderung im Zeitablauf liefert. Die Datenerstellung erfolgt im gesellschaftlichen Konsens. Politische Kontroversen werden um die Bewertung der von der Statistik gelieferten Daten und um die aus den aufgezeigten Veränderungen zu ziehenden Konsequenzen geführt[9].

---

4 Diese Steigerungsform stammt allerdings nicht von Benjamin Disraeli (1804–1881), sondern wohl von Lord Courtney (1832–1918).

5 Dieser Satz wird fälschlicherweise immer wieder Sir Winston Churchill in den Mund gelegt, was aber eine – leider kaum ausrottbare – Verfälschung Joseph Goebbelscher Propaganda ist.

6 Z. B. begründete Bundeskanzler Schröder im Bundestagswahlkampf 2002 die gute wirtschaftliche Entwicklung durch das BIP-Wachstum vom 1. zum 2. Quartal 2002 um + 0,5 %, während sein Herausforderer Stoiber die schlechte wirtschaftliche Lage durch den BIP-Rückgang vom 2. Quartal 2001 zum 2. Quartal 2002 um – 1 % belegte.

7 Z. B. liegen den Arbeitslosen-Statistiken der Bundesanstalt für Arbeit eine bestimmte, deutsche Definition von Arbeitslosigkeit zu Grunde, während die Erwerbslosen-Statistik des Statistischen Bundesamtes mit der ILO-Definition von Erwerbslosigkeit misst.

8 Dazu unten 1.2 am Ende.

9 So beschreiben Egeler/Wöll/Zwick den Unterschied zwischen »ausgelöster Statistik«, bei der Datenproduktion und Datenverwertung auseinanderfallen, und der »nicht ausgelösten Statistik«, welche – wie etwa die Deutsche Bundesbank oder die Bundesagentur für Arbeit – die Daten produziert und zugleich als Entscheidungsgrundlage nutzt, in: Perspektiven für die amtliche Statistik, AStA Wirtsch Sozialstat Arch 2011 S. 269, 270 f.

In der Lebenswirklichkeit steht die amtliche Statistik jedoch nicht als »Schiedsrichter über den Dingen«, sondern muss durch statistische Governance[10] vor eigener Schwäche und Beeinflussung von außen geschützt werden. Denn statistische Arbeit weist eine Reihe »neuralgischer Stellen« auf, die gerade unter Stress zu Fehlern führen können, die statistische Governance verhindern soll.[11]

- Das sog. Adäquationsproblem[12] stellt den Statistiker zu Beginn jeder Datenerhebung vor die so wichtige Aufgabe, die Diskrepanz zwischen dem – von Politik oder Wissenschaft – zur »Messung« aufgegebenen idealtypischen Begriff (etwa dem Einkommen) und dem empirisch mit statistischen Methoden erfassbaren statistischen Gattungsbegriff (etwa dem Bruttoeinkommen aus unselbständiger Arbeit) zu überwinden. Erkenntnistheoretisch ist diese Aufgabe nie ganz und vor allem nie ohne wertende Entscheidung und immer nur in Bezug auf eine bestimmte Fragestellung lösbar. Mit der Adäquation will der Statistiker Realität abbilden, vermag dieses aber nur durch schöpferische Konstruktion von Modellen zur Erfassung der Realität.[13]

  Das Adäquationsproblem stellt sich erschwert, wenn – wie heute sehr häufig – keine Primärerhebung, sondern nur prozessgenerierte Daten (etwa der Finanzämter für die Einkommensteuerstatistik) zur Verfügung stehen. Denn dann muss die Statistik mit Daten arbeiten, die einen Sachverhalt zwar quantitativ, aber z. B. eben steuerrechtlich beschreiben, während von ihr Angaben etwa zu Armut und Reichtum erwartet werden.
- Sobald die amtliche Statistik gebeten wird, über objektivierbare Sachverhalte hinaus subjektive Einstellungen, persönliche Befindlichkeiten, Absichten und dgl.[14] zu erfassen, muss sie sich streng im Rahmen statis-

---

10 »Governance« ist in den letzten Jahren zu einem der erfolgreichsten Modeworte in Politik und Wirtschaft geworden. Eine allgemein anerkannte oder nach dem Recht der EU bzw. nach deutschem Recht allgemein verbindliche Definition der »statistischen Governance« gibt es nicht. Ein Bericht der FAZ vom 3.6.2009 über eine Governance-Tagung im WZB stellt recht anschaulich das unterschiedliche Verständnis von »Governance«, je nach fachlicher Sichtweise, zusammen.

11 Unter »statistischer Governance« wird daher hier die Gesamtheit der Vorkehrungen und Regelungen verstanden, welche in der EU und in Deutschland das Vertrauen in die amtliche Statistik und dabei vor allem in die Qualität ihrer Ergebnisse gewährleisten sollen. Von diesem Verständnis gehen auch die Dokumente der EU zum ESS (z. B. Mitteilung der Kommission vom 15.4.2011 – KOM (2011) 211 endgültig – oder Entschließung des EP vom 13.3.2012 über ein Qualitätsmanagement für die europäischen Statistiken) und die statistische Literatur (z. B. Radermacher, Zahlen zählen, in: ASTA Wirtsch Sozialstat Arch 2011 S. 285–298) aus.

12 Grundlegend Hartwig, Naturwissenschaftliche und sozialwissenschaftliche Statistik, in: Zeitschrift für die gesamte Staatswissenschaft 112 (1956) S. 252, 261 ff.

13 Vgl. Brachinger, »Statistische Lügen« Ein Plädoyer für einen angemessenen Wahrheitsbegriff in der Wirtschaftsstatistik, in: Schweizerische Zeitschrift für Volkswirtschaft und Statistik 130 (1994) S. 377, 382 f.

14 Die amtliche Statistik ist gut beraten, solche Fragestellungen der empirischen Sozialforschung zu überlassen, so wie sich die amtliche Statistik nie auf das »Glatteis« von Prognosen begeben sollte, so sehr sie nicht selten nach solchen gefragt wird.

tischer Governance halten, damit sie nicht in Gefahr gerät, mit qualitativ mangelhaften oder anfechtbaren Ergebnissen das ihr entgegen gebrachte Vertrauen zu verlieren.

- Die amtliche Statistik beschäftigt sich zunehmend[15] – etwa im Rahmen von Berichterstattungssystemen[16] – auch mit der Analyse von Daten. Sie ist jedoch gut beraten, sich bei der Ergebnisanalyse zurückzuhalten. Denn schon das Zusammenstellen der erhobenen Daten für eine Ergebnispräsentation, die Auswahl der berichteten Merkmale, die Wahl des Zeitraums für eine Veränderungsrate, die graphische Darstellung u. a. sind wertende Entscheidungen. Sicher braucht die amtliche Statistik eine gewisse Analysekompetenz, damit sie der Wissenschaft und Politik angemessene Datendienstleistungen erbringen kann.[17] Analysen sind indessen immer wertende Interpretation ausgewählter Ergebnisse der beauftragten Statistik vor dem Hintergrund ökonomischer oder soziologischer Theorien. Von daher verlangt statistische Governance, dass sich die amtliche Statistik soweit als möglich auf eine möglichst objektive und neutrale Datenbeschaffung beschränkt, damit sie nicht selbst das Vertrauen in ihre Genauigkeit und Zuverlässigkeit gefährdet.[18]
- Schließlich gehören die Objekte amtlicher Statistik, wie z. B. das Wachstum des Bruttoinlandsprodukts (BIP), die Entwicklung der Inflationsrate oder des Arbeitsmarkts, zu den Dingen, mit denen in Europa und Deutschland demokratische Wahlen gewonnen oder verloren werden. Und da gilt: Wissen ist Macht. Denn die Wähler lassen sich nicht nur von dem beeinflussen, der ihre Wohlfahrt tatsächlich mehrt, sondern auch von dem, der ihnen sagt, wie sich die Dinge entwickelt haben, wo wir stehen und wohin es darum gehen soll. Deshalb sind z. B. ein privilegierter Zugang zu statistischen Ergebnissen und der Zeitpunkt, wann ein statistischer Befund veröffentlicht wird,[19] äußerst sensible Fragen statistischer Governance, zumal mitunter Politiker versuchen, auf diese Phasen der Statistikproduktion Einfluss zu nehmen.

---

15 § 1 Satz 1 BStatG weist der Bundesstatistik nicht nur die Aufgaben der Erhebung, Sammlung, Aufbereitung und Darstellung von Daten über Massenerscheinungen, sondern auch die Aufgabe zu deren Analyse zu.

16 Wie etwa das Statistische Bundesamt bei der Gesundheitsberichterstattung in Zusammenarbeit mit dem Robert-Koch-Institut.

17 Vgl. Egeler/Wöll/Zwick a. a. O. S. 274 (FN 8).

18 Ähnlich Grohmann, Statistik als gesellschaftspolitische Aufgabe, in: Staat und Wirtschaft in Hessen 1986 S. 103, 107 f.

19 Etwa während eines Wahlkampfs oder erst nach der Wahl.

1.2

Zur Stresssituation gerade des ESS trägt außerdem eine jüngere, allerdings nicht nur in der EU zu beobachtende Entwicklung maßgeblich bei:

Die amtliche Statistik ist auf europäischer Ebene wie auch in Deutschland grundsätzlich »ausgelöste Statistik«,[20] das heißt sie arbeitet ohne eigenes Erkenntnisinteresse. Im Rahmen der fortschreitenden Integration der EU haben statistische Daten aber hohe, ja höchste politische Bedeutung gewonnen. Denn wichtige, in wesentlichen Teilen von den NSÄs ermittelte und von Eurostat zusammengestellte Ergebnisse[21] der amtlichen Statistik sind nicht mehr nur empirische Grundlagen für politisches Argumentieren und Entscheiden, sondern sind im Vertragswerk der EU oder in deren Regelungen zu »normativen Ziel- und Richtgrößen erhoben« worden,[22] von denen etwa der Beitritt zur Eurozone oder sogar bestimmte Sanktionen abhängen.

Zugleich nutzt die EU mit statistischen Methoden erhobene Indikatoren als Mittel zu ihrer weiteren Integration, indem sie für bestimmte Bereiche, wie Arbeitsmarkt, Umwelt, Leistungsbilanzen und dgl., in regelmäßigen Abständen einen Kranz statistischer Kenngrößen[23] vom ESS ermitteln lässt und in sog. Konvergenzberichten vergleicht, ob und wie sich die einzelnen Mitgliedstaaten den aufgestellten Richtwerten angenähert haben oder sich in der vereinbarten Bandbreite bewegen.[24] Damit hat die Politiknähe des ESS geradezu dramatisch

---

20 In dem oben in FN 10 erläuterten Sinn.

21 Wie z. B. von den sog. Konvergenzkriterien des Vertrages von Maastricht (vom 7.2.1992) das stabile Preisniveau (gemessen mit dem harmonisierten Verbraucherpreisindex) sowie gesunde Staatsfinanzen (gemessen mit der jährlichen Neuverschuldung unterhalb von 3 % des Bruttoinlandsprodukts – BIP – und mit dem gesamten Schuldenstand des Staatssektors von nicht mehr als 60 % des BIP).

22 So die allgemeine Beobachtung von Rödder, Zahl und Sinn, in FAZ vom 5.7.2010 S. 7 zur Nutzung der Statistik in jüngerer Zeit.

23 Jährlich, halbjährlich oder sogar vierteljährlich in einem sog. Scoreboard.

24 Begonnen hat dieses Verfahren mit dem vom Europäischen Rat in Lissabon am 23./24.3. 2000 aufgestellten Ziel, die EU binnen 10 Jahren zur dynamischsten, wettbewerbsfähigsten und nachhaltigsten Wirtschaft zu machen, das vom ESS mit zunächst 35 und später 42 sog. Strukturindikatoren für die jährlichen Syntheseberichte der Kommission »vermessen« wurde. An die Stelle dieses – nicht erreichten – Ziels ist im Jahr 2010 die sog. Europa 2020-Strategie der EU (Mitteilung der Kommission vom 3.3.2010 KOM (2010) 2010 endgültig) getreten, über die jährlich berichtet wird, wie z. B. durch Anhang 1 »Fortschrittsbericht zu Europa 2020« zum Jahreswachstumsbericht der Kommission vom 12.2.2011 (KOM (2011) 11 endgültig). Im Rahmen der – in Reaktion auf die Weltfinanzkrise – verstärkten haushaltpolitischen Überwachung und wirtschaftspolitischen Koordinierung der Mitgliedstaaten der EU sind inzwischen eine Vielzahl solcher statistischen Richtgrößen eingeführt worden, wie z. B. durch das sog. Europäische Semester mit der Überwachung der Stabilitäts- und Konvergenzprogramme der Mitgliedstaaten (Ratsdokument 13161/10 der 3030. Tagung des ECOFIN vom 7.9.2010, verstärkt mit dem sog. six-pack vom November 2011 etwa durch Art. 1 der VO (EU) Nr. 1175/2011 vom 16.11.2011 ABl. L 306/12) und durch den neuen »Europäischen Stabilitätsmechanismus (ESM)« (mit Einfügung eines neuen Absatz 3 in Art. 136 AEUV, vgl. dazu die

zugenommen. Die zur Stabilisierung der Wirtschafts- und Währungsunion ergriffenen Maßnahmen können nur dann wirksam werden, wenn der komplexe Überwachungs- und Koordinierungsapparat auf qualitativ hochwertigen statistischen Daten des ESS beruht. Verlässlichen, von Eurostat qualitativ bewerteten und zusammengestellten statistischen Daten aus den NSÄs kommt daher heute eine bis vor Jahren noch nicht vorstellbare Schlüsselrolle zu.[25]

So erfreulich das für das Selbstwertgefühl der Statistiker bei Eurostat und in den NSÄs sein mag, so »stressig«[26] wirkt diese Entwicklung aus drei Gründen für das ESS:

- Da ist zunächst die Beobachtung des britischen Ökonomen Goodhart,[27] wonach ein statistisches Datum seinen Wert verliert, wenn es zum Ziel gemacht wird, weil solche Statistik-Zielwerte politisches Verhalten provozieren, das sich auf die statistisch zu erfassende Lebenswirklichkeit richtet, so dass die Aussagefähigkeit der statistischen Ergebnisse gefährdet ist.[28]
- Die amtliche Statistik gerät durch ihre Einbindung in das haushalts- und wirtschaftspolitische Monitoring der EU in die Rolle eines Kontrolleurs, ähnlich einem Rechnungshof,[29] der ein eigenes Erkenntnisinteresse an den von ihm erhobenen Daten hat. Dadurch läuft sie zum einen Gefahr, selbst nicht mehr so neutral zu agieren, wie es geboten wäre. Zum andern kommen die einzelnen Akteure der EU (von der Kommission bis hin zum Europäischen Rat und den Mitgliedstaaten) in die Versuchung, auf die Arbeit des ESS, etwa auf Eurostat oder die NSÄs, Einfluss zu nehmen. Diesen Gefährdungen muss statistische Governance auf europäischer und nationaler Ebene begegnen.[30]
- Zu diesen eher strukturellen Stressfaktoren sind in den letzten Jahren zwei schwerwiegende Statistikskandale im ESS gekommen: 2004 wurde deutlich, dass Griechenland beim Eintritt in die Eurozone seine Angaben zu den sog. Maastricht-Kriterien, die Voraussetzung für die Aufnahme in das Euro-Währungsgebiet sind, »geschönt« hatte, um die Aufnahmekriterien zu erfüllen.

Schlussfolgerungen des Europäischen Rates vom 25.3.2011 (EUCO 10/11) mit der Anlage 1 über den Euro-Plus-Pakt).

25 Wie es z.B. Erwägungsgrund 2 der VO (EU) Nr. 1174/2011 vom 16.11.2011 (ABl. L 306/8) über Durchsetzungsmaßnahmen zur Korrektur übermäßiger makroökonomischer Ungleichgewichte im Euro-Währungsgebiet zum Ausdruck bringt.

26 Im Sinne von »Stress verursachend«.

27 Charles Goodhart (geb. 1936) war u.a. von 1980 bis 1985 Chefberater der britischen Zentralbank; zu seinem sog. Goodharts law vgl. den entsprechenden Eintrag bei Wikipedia.

28 Wie Wagner plastisch in einem Zeitungsartikel »Zahlen lügen nicht, sie verführen«, in: TAZ vom 1.4.2005 S. 11, darstellt.

29 In diesem Zusammenhang sei – warnend – daran erinnert, dass die Statistik in der DDR für deren Planwirtschaft als wesentliches Kontrollinstrument fungierte und deshalb eng in den damaligen kommunistischen Machtapparat eingebunden und von diesem abhängig war.

30 Vgl. auch Hahlen in GHN (Grabitz/Hilf/Nettesheim, Das Recht der Europäischen Union) Art. 338 AEUV Rdnr. 7.

Im Herbst 2009 hat Griechenland dann – nach einer Parlamentswahl und folgendem Regierungswechsel – seine Defizitquote für das Jahr 2008, deren 3 %-Obergrenze ein wesentliches Kriterium des Stabilitäts- und Wachstumspaktes[31] ist, um mehr als 4 %-Punkte auf über 13 % seines BIPs berichtigt. Dabei wurde deutlich, dass die griechischen Behörden (Finanzministerium und NSA) die entsprechenden Meldungen an Eurostat früher bewusst auf ein niedrigeres Niveau manipuliert hatten.[32]

Von daher kann mit guten Gründen festgestellt werden, dass sich das ESS – sicher seit Beginn dieses Jahrtausends – in einem erheblichen Stress befindet. Es gehört deshalb zu den vordringlichen Aufgaben europäischer Statistik, damit fertig zu werden, will sagen, sich mit den »Leitplanken« der statistischen Governance als vertrauenswürdiger Statistiklieferant zu behaupten.

2 Entwicklung der statistischen Governance im ESS bis 2009

2.1

Das ESS hat sich in großem Gleichklang mit dem Fortschreiten der europäischen Integration entwickelt.[33] Seit dem 1.5.1999[34] gibt es eine ausdrückliche Rechtsgrundlage[35] für den Erlass von Rechtsakten der EU auf dem Gebiet der Statistiken und seit 1997 wird die Zusammenarbeit und Arbeitsteilung zwischen Eurostat und den NSÄs durch eine die Mitgliedstaaten unmittelbar bindende Statistik-Verordnung der EU[36] geregelt.

Obwohl es inzwischen eine kaum mehr übersehbare Fülle[37] von statistischen Rechtsakten der EU (Verordnungen, Richtlinien, Komitologieentscheidungen) gibt, die Anordnung und Durchführung von europäischen Statistiken damit wohl zu einem der am intensivsten durchregulierten Bereiche der EU gehört, brauchte es die beiden oben angesprochenen[38]schwerwiegenden Statistikskandale, um

---

31 Bestehend im Wesentlichen aus der Erklärung des Europäischen Rats vom 17.6.1997, den Art. 121 und 126 AEUV und den Verordnungen (EG) 1466/97 und 1467/97.

32 So der Prüfbericht der Kommission vom 8.1.2010 zu den Statistiken Griechenlands über das öffentliche Defizit und den öffentlichen Schuldenstand (KOM (2010) 1 endgültig) und die Begründung zum Vorschlag der Kommission vom 15.2.2010 (KOM (2010) 53 endgültig) zur Änderung der Verordnung Nr. 479/2009.

33 Vgl. dazu die Kurzdarstellung bei Hahlen in GHN (FN 31) Art. 338 AEUV Rdnr. 2ff.

34 D.h. seit dem Inkrafttreten des Vertrages von Amsterdam vom 2.10.1997.

35 Nach dem Vertrag von Amsterdam ursprünglich Art. 213a EG-Vertrag, jetzt, nach dem Vertrag von Lissabon vom 13.12.2007, Art. 338 AEUV.

36 Zunächst die Statistik-VO Nr. 322/97 vom 17.2.1997 (ABl. 1997 L 52/1), die 2009 durch die neue Statistik-VO Nr. 223/2009 vom 11.3.2009 (ABl. 2009 L 87/164) abgelöst worden ist.

37 Fachleute sprechen von ca. 350.

38 Siehe oben 1. 2 am Ende.

in der Zeit nach 2004 zu einer wirksamen statistischen Governance im ESS zu kommen bzw. um nach 2009 deren Fortentwicklung zu bewirken.

2.2

In Reaktion auf die »geschönten« Statistikangaben zum Defizit und Schuldenstand von Griechenland forderte der Rat (ECOFIN) am 2.6. 2004 die Kommission auf, binnen eines Jahres einen Vorschlag zur Entwicklung europäischer Mindeststandarts für den institutionellen Aufbau der statistischen Stellen vorzulegen, die geeignet sind, Unabhängigkeit, Integrität und Rechenschaftspflicht der NSÄs der Mitgliedstaaten zu verbessern. Daraufhin begannen Eurostat und die NSÄs Grundsätze für einen Verhaltenskodex zu erarbeiten, der am 24.2.2005 von den NSÄs einstimmig verabschiedet wurde. Zugleich verabschiedete die Kommission am 22.12.2004 eine Mitteilung an den ECOFIN und das Europäische Parlament (EP) mit dem Titel »Hin zu einer europäischen Governance-Strategie für Finanzstatistiken«[39] und forderte der ECOFIN am 17.2.2005, die Unabhägigkeit von Eurostat bei der Wahrnehmung seiner Aufgaben zu stärken. Weder ECOFIN noch Kommission waren damals aber bereit, ein für die NSÄs und Eurostat rechtlich verbindliches Regelwerk einzuführen. Vielmehr entschied man sich, den vom ESS entwickelten Verhaltenskodex[40] als Empfehlung der Kommission an die Mitgliedstaaten und deren NSÄs, als Selbstverpflichtung der Kommission bezüglich Eurostat sowie als »selbstregulierendes Instrument« (mit Selbstbewertungen der NSÄs, die durch Peer Reviews durch Sachverständige von Eurostat und anderen NSÄs ergänzt und von einem noch zu schaffenden Beratungsgremium überwacht werden) auszugestalten.

Die Mitteilung der Kommission an das EP und den Rat zur Unabhängigkeit, Integrität und Rechenschaftspflicht der statistischen Stellen der Mitgliedstaaten und der Gemeinschaft vom 25.5.2005[41] hat diese Konzeption umgesetzt.

2.3

Der damit eingeführte Verhaltenskodex für die europäischen Statistiken (CoP) beruht auf den in Art. 338 Abs. 2 AEUV für die Erstellung der Unionsstatistiken aufgestellten Prinzipien der Unparteilichkeit, der Zuverlässigkeit, der Objektivität, der wissenschaftlichen Unabhängigkeit, der Kostenwirksamkeit und der statistischen Geheimhaltung. Diese Grundsätze entsprechen internationalen Standards,

[39] KOM (2005) 71.
[40] Nach seiner englischen Fassung bald allgemein als »Code of Practice« bezeichnet und im Folgenden mit CoP abgekürzt.
[41] KOM (2005) 217 endgültig.

wie sie etwa in den Grundprinzipien der Vereinten Nationen (VN) für die amtliche Statistik[42] zusammengefaßt sind. Der CoP gliedert sich in die drei Abschnitte

- institutioneller Rahmen,
- statistische Prozesse und
- statistische Produkte.

Der CoP stellt insgesamt 15 Grundsätze auf, zu denen jeweils eine Reihe von praktischen Indikatoren[43] aufgezählt werden, die besonders geeignet sind, bei der statistischen Arbeit den jeweiligen Grundsatz einzuhalten oder zu fördern. Da sich der CoP an die Mitgliedstaaten, deren NSÄs und Eurostat richtet, geht er über die Aufstellung rein ethischer Prinzipien, die sich im Wesentlichen an den individuellen Statistikproduzenten wenden, hinaus und übernimmt Grundgedanken des sog. Total Quality Managements.[44]

Der CoP wurde zunächst nur von einem System der Selbstregulierung durch Self-Assessments der NSÄs (in den Jahren 2005/2006) und Peer Reviews bei den 27 NSÄs (von 2006 bis 2008) zur Einhaltung des CoP begleitet. Im Rahmen dieser ersten »Implementierungswelle« sind eine kaum mehr übersehbare Anzahl von Berichten mit Verbesserungsvorschlägen der Peers zu den einzelnen NSÄs und Absichtserklärungen der NSÄs für Verbesserungen ihrer amtlichen Statistiken auf nationaler Ebene entstanden.[45] Seither sind deutliche Fortschritte in Richtung auf eine bessere Einhaltung des CoP bei praktisch allen NSÄs zu beobachten. Allerdings haben sich die Self-Assessments und Peer Review-Berichte zum Teil als wenig vergleichbar erwiesen, so dass eine Gesamtbeurteilung der statistischen Governance des ESS nur bedingt möglich ist.

2.4

Das 2005 im Zusammenhang mit dem CoP von der Kommission angekündigte externe Beratungsgremium wurde – wenn auch mit einer gewissen Verzögerung – im Jahr 2008 als »Europäisches Beratungsgremium für die Statistische Governance«[46]

---

42 »Fundamental Principles of Official Statistics«, in der Sondersitzung der Statistischen Kommission der VN vom 11. bis 15.4. 1994 beschlossen.

43 So beim Grundsatz 1 (der fachlichen Unabhängigkeit) z.B. sechs Indikatoren, wie: »Es ist gesetzlich festgelegt, dass die statistische Stelle amtliche Statistiken unabhängig von politischer und anderer externer Einflußnahme erstellen und verbreiten kann.« oder »Statistische Veröffentlichungen sind klar als solche erkennbar, und statistische Daten werden getrennt von politischen bzw. Grundsatzerklärungen veröffentlicht.«

44 Radermacher, Zahlen zählen, a.a.O. S. 293 (FN 12).

45 Vgl. Radermacher, Zahlen zählen, a.a.O. S. 294 (FN 12) sowie Hahlen in GHN, a.a.O. Rdnr. 48 (FN 31) jeweils mit weiteren Nachweisen.

46 Mit Beschluss Nr. 235/2008/EG des EP und des ECOFIN vom 11.3.2008 (ABl. 2008 L 73/17), nach der englischen Bezeichnung »Europeen Statistical Governance Advisory Board« allgemein mit »ESGAB« abgekürzt.

(ESGAB) geschaffen. Das aus sieben Statistik-Experten[47] bestehende Gremium[48] soll nach Art. 1 des Einsetzungsbeschlusses eine unabhängige Überwachung der Umsetzung des CoP gewährleisten. Dazu soll ESGAB jährlich gegenüber dem EP und dem ECOFIN berichten und in seinem Bericht die Umsetzung des CoP bei Eurostat und im ESS in seiner Gesamtheit[49] bewerten.

ESGAB hat sich am 18.3.2009 in Brüssel konstituiert und bislang auf der Grundlage von Eurostat-Berichten, Anhörungen von Leitern von NSÄs und von anderen europäischen Statistikgremien sowie Fragebogenumfragen drei Jahresberichte[50] erstattet. Gleichzeitig wurde 2008 zur Vertretung der Nutzerinteressen auf europäischer Ebene der »Europäische Beratende Ausschuß für Statistik«[51] eingesetzt. Dieser hat z. B. Mitte 2011 vor dem Hintergrund ständiger Einsparauflagen für die NSÄs bei wachsenden Anforderungen eindringlich eine ausreichende Ressourcenausstattung der NSÄs gefordert.[52]

2.5

Im Rahmen einer grundlegenden Überarbeitung wurde die Statistik-VO der EU von 1997 im Jahr 2009 durch eine neue Statistik-VO[53] abgelöst, in welcher der CoP[54] sowie die beiden 2008 neugeschaffenen Beratungsgremien ESGAB und ESAC[55] integriert wurden. Vor allem wurden – erstmals – das ESS förmlich als »Partnerschaft« zwischen Eurostat und den NSÄs sowie den anderen in den Mitgliedstaaten mit der Produktion von europäischen Statistiken befassten Einrichtungen beschrieben und der CoP sowie seine wesentlichen Prinzipien

47 Von denen – für je drei Jahre – drei vom ECOFIN und drei vom EP ernannt sind; der Vorsitzende wird vom ECOFIN nach Anhörung der Kommission und Zustimmung des EP ernannt.

48 In der englischen Bezeichnung kommt mit den sich eigentlich widersprechenden Begriffen »Advisory« gleich »Beratung« und »Board« gleich »Beschlußgremium« eine gewisse Unsicherheit zum Ausdruck, was eigentlich mit dem Gremium gewollt ist.

49 Die Ausrichtung des ESGAB auf die »implementation of the CoP in the ESS as a whole« ist eine Kompromissformel, weil einige Mitgliedstaaten Vorbehalte gegen eine unmittelbare Überwachung ihrer NSÄs hatten. ESGAB hat sich in seiner ersten Arbeitsperiode (von 2009 bis 2011) allerdings auch mit der statistischen Governance in einzelnen Mitgliedstaaten befasst, weil gravierende Verstöße gegen den CoP in einem Mitgliedstaat, wie im Fall der griechischen Statistikmanipulationen, geeignet sind, das Vertrauen in das ESS als Ganzes zu erschüttern.

50 Jeweils im November 2009, 2010 und 2011, die im Internet abrufbar sind über: http://epp.eurostat.ec.europa.eu/portal/page/portal/esgab.

51 Mit Beschluss Nr. 234/2008/EG des EP und des ECOFIN vom 11.3.2008 (ABl. 2008 L 73/13), nach seiner englischen Bezeichnung abgekürzt mit »ESAC«.

52 Vgl. die ESAC-Erklärung vom 29.7.2011 »Good decisions need good data, good data require sufficient statistical resources«.

53 Verordnung (EG) Nr. 223/2009 vom 11.3.2009 (ABl. 2009 L 87/164).

54 Insbesondere durch Art. 11 der Statistik-VO Nr. 223/2009.

55 Durch Art. 8 der Statistik-VO der Statistik-VO Nr. 223/2009.

(wie Unabhängigkeit, Integrität, Rechenschaftspflicht der statistischen Stellen) rechtsverbindlich[56] verankert.

3 ESS-Reform seit 2009 und weitere Reformvorschläge

3.1

Der Ende 2009 sichtbar gewordene verheerende Zustand der amtlichen Statistik in Griechenland[57] und die im Zusammenhang mit der Weltfinanzkrise getroffenen Maßnahmen der EU zur Stärkung des Stabilitäts- und Wachstumspakts durch Ausbau der haushaltspolitischen Überwachung und Koordinierung der Wirtschaftspolitiken insbesondere für das Euro-Währungsgebiet haben zu weiteren Reformen des ESS geführt.

3.1.1

Zur Verbesserung der Haushaltsüberwachung und des Verfahrens bei einem übermäßigen Defizit (VÜD) erhielt Eurostat die Befugnis[58] – über die schon bislang mögliche Prüfung der einschlägigen Berechnungen in den NSÄs hinaus –, im Rahmen von sog. Methodenbesuchen bei Vorliegen eindeutiger Hinweise auf erhebliche Risiken oder Probleme bei der Datenqualität auch die »Quelldaten«, und zwar bei den jeweiligen Datenlieferanten in den Mitgliedstaaten, zu überprüfen.

3.1.2

Mit ihrer Mitteilung an das EP und den ECOFIN »Ein robustes Qualitätsmanagement für die europäischen Statistiken«[59] fasste die Kommission ihre Strategie zur weiteren Stärkung des Governance-Rahmens für das ESS zusammen:

---

56 Was allerdings nichts am empfehlenden Charakter des CoP gegenüber den Mitgliedstaaten änderte.

57 Vgl. den Kommissionsbericht vom 8.1.2010 (FN 33); von nach Athen entsandten Statistikexperten war der Eindruck »Augias Stall« zu hören.

58 Durch die Verordnung (EG) Nr. 479/2009 vom 25.5.2009 (ABl. 2009 L 145/1); diese Prüfungsbefugnisse wurden schon ein Jahr später durch Verordnung (EG) Nr. 679/2010 vom 26.7.2010 (ABl. 2010 L 198/1) präzisiert und durch die Verpflichtung der Mitgliedstaaten ergänzt, sicherzustellen, dass die für die Meldung der Daten und für die zugrunde liegenden Haushaltsdaten verantwortlichen Stellen und Beamten nach den in Art. 2 der Statistik-VO Nr. 223/2009 festgelegten Statistikprinzipien handeln; diese Prinzipien entsprechen den im CoP aufgestellten Grundsätzen.

59 Mitteilung vom 15.4.2011 (KOM (2011) 211 endgültig. Diese Mitteilung geht im Wesentlichen auf Vorstellungen von Eurostat zurück, wie sie dessen Generaldirektor bei vielen Gelegenheiten, z.B. in dem Aufsatz »Zahlen zählen« (FN 12), vertrat.

Es wird ein präventives Konzept für die VÜD-Statistiken angestrebt durch Gewährleistung der Qualität der Quelldaten, auch durch Zusammenarbeit mit den nationalen Rechnungshöfen. Vor allem soll die institutionelle Komponente der statistischen Governance aus dem CoP bei den NSÄs (professionelle Unabhängigkeit, angemessene Ressourcenausstattung und fachliche Rekrutierung der Amtsleitung) durch Überarbeitung des CoP und Novellierung der Statistik-VO Nr. 223/2009 gestärkt werden, indem bestimmte Aussagen des CoP für die Mitgliedstaten rechtsverbindlich werden und die Mitgliedstaaten sich durch Erklärung gegenüber der Kommission an den gesamten CoP binden.

3.1.3

Der CoP ist in diesem Zusammenhang, weil er sich nach allgemeiner Meinung bewährt hat, – nach Vorarbeiten in einer Arbeitsgruppe der NSÄs mit Eurostat 2010/2011 – nur redaktionell leicht überarbeitet worden. Die Qualitätserklärung des ESS wurde in die Einleitung übernommen; es ist bei den 15 Grundsätzen geblieben. Allerdings wurden einige der Indikatorenkataloge ergänzt, insbesondere um Maßgaben zur Bestellung und Abberufung der Leiter der NSÄs[60] sowie für einen stärkeren Einfluss der NSÄs auf Verwaltungsdaten, die für statistische Zwecke genutzt werden können. Der so überarbeitete CoP ist von den NSÄs am 28.9.2011 beschlossen worden.

3.1.4

Zu Eurostat hat es zwei Veränderungen gegeben, die im Hinblick auf das Gebot der fachlichen Unabhängigkeit der Statistikämter positiv zu bewerten sind:

- Kommissionspräsident Barroso hat am 27.10.2011 den bis dahin – nur – für Wirtschaft und Finanzen und damit auch für Eurostat zuständigen Kommissar Rehn zum Vizepräsidenten aufgewertet, um die Funktion der Kommission bei der haushalts- und wirtschaftspolitischen Überwachung der Mitgliedstaaten zu stärken. Zur Vermeidung von Interessenkonflikten und Stärkung der Unabhängigkeit der Statistikproduktion hat er zugleich Eurostat einem anderen Kommissar[61](Semeta) zugeordnet.
- ESGAB hatte in seinem ersten Jahresbericht vom 10.11.2009 mit Blick auf das Gebot der fachlichen Unabhängigkeit der Statistikämter bei Eurostat die wöchentlichen Berichtsgespräche des Eurostat-Generaldirektors bei »seinem«

[60] Die im Wesentlichen einer Empfehlung des ESGAB entspricht, um die fachliche Unabhängigkeit der NSÄ-Leiter besser zu gewährleisten. Denn ESGAB hatte z.B. in seinem zweiten Jahresbericht vom 18.11.2010 feststellen müssen, dass in letzter Zeit die Amtsleiterwechsel in 6 Mitgliedstaaten mit Parlamentswahlen zusammen gefallen waren.

[61] Der für Steuern, Zoll, Audit und Betrugsbekämpfung zuständig ist und der, weil er noch wenige Jahre zuvor Leiter des NSA von Litauen war, in der amtlichen Statistik erfahren ist.

zuständigen Kommissar beanstandet und für Eurostat – über die bislang schon üblichen eigenen Presseerklärungen – auch eigene Pressegespräche vorgeschlagen. Daraufhin sind die bisherigen »Working Arrangements« vom 3.4.2008 zwischen dem zuständigen Kommissar und Eurostat durch neue Arbeitsabsprachen vom 9./18.1.2012[62a] ersetzt worden, die den ESGAB-Empfehlungen Rechnung tragen.

3.1.5

Im Rahmen der sechs Rechtsakte der EU[62] zur Stärkung der wirtschaftspolitischen Koordinierung in der EU hat die statistische Governance des ESS eine dreifache Verstärkung erfahren:

- Erwägungsgrund 2 der Verordnung (EU) Nr. 1174/2011[63] betont die Verpflichtung der Mitgliedstaaten, die fachliche Unabhängigkeit ihrer einzelstaatlichen statistischen Stellen im Einklang mit dem CoP zu gewährleisten.
- Durch Verordnung (EU) Nr. 1175/2011[64] ist in die Verordnung (EG) Nr. 1466/97 ein Abschnitt »Zum Prinzip der Unabhängigkeit der statistischen Stellen« mit einem neuen Art. 10a eingefügt worden. Nach diesem Art. 10a haben die Mitgliedstaaten[65] die fachliche Unabhängigkeit ihrer statistischen Stellen im Einklang mit dem CoP zu gewährleisten, wozu mindestens gehören
  - transparente Einstellungs- und Entlassungsprozesse, die ausschließlich auf fachlichen Kriterien beruhen,
  - die Zuweisung von Haushaltsmitteln auf jährlicher oder mehrjährlicher Grundlage und
  - das Datum der Veröffentlichung zentraler statistischer Informationen, das rechtzeitig im Voraus zu bestimmen ist.
- Durch Verordnung (EU) Nr. 1173/2011[66] ist ein Sanktionssystem zur besseren Durchsetzung der präventiven und der korrektiven Komponente des Stabilitäts- und Wachstumspakts im Euro-Währungsgebiet eingeführt worden. Art. 8 der Verordnung sieht Sanktionen in Form abschreckender Geldbußen[67] bei absichtlich oder grob fahrlässig falschen VÜD-Statistiken gegen Euro-Staaten vor.

62a Im Internet einsehbar: http://epp.eurostat.ec.europa.eu/portal/page/portal/about_eurostat/documents/WA_SEMETA_EUROSTAT.pdf.

62 Das sog. six-pack vom November 2011.

63 Vom 16.11.2011 (ABl. 2011 L 306/8).

64 Vom 16.11.2011 (ABl. 2011 L 306/12).

65 Um sicherzustellen, dass die multilaterale Überwachung der Haushalts- und Wirtschaftspolitiken der Mitgliedstaaten auf der Grundlage fundierter und unabhängiger Statistiken erfolgt.

66 Vom 16.11.2011 (ABl. 2011 L 306/1) über die wirksame Durchsetzung der haushaltspolitischen Überwachung im Euro-Währungsgebiet.

67 In der Höhe von bis zu 0,2 % des BIP des betreffenden Mitgliedstaates.

3.2

Bei Niederschrift dieses Beitrags (bis Juni 2012) sind allerdings noch wichtige Fragen der statistischen Governance des ESS ungelöst bzw. liegen erst Entwürfe für weitere, notwendige Verbesserungen vor:

3.2.1

Die Kommission hat am 17.4.2012 ihren im April 2011 angekündigten Entwurf für eine Novellierung der Statistik-VO Nr. 223/2009 vorgelegt.[68] Zur weiteren Stärkung der statistischen Governance im ESS sollen insbesondere vier Regelungen eingeführt oder deutlich verstärkt werden:

- Die fachliche Unabhängigkeit der NSÄs wird durch einen besonderen Art. 5a über die Leiter der NSÄs gestärkt, der ihnen Unabhängigkeit bei Entwicklung, Erstellung und Verbreitung von Statistiken sowie bei der Verwaltung ihrer Behörde gewährleistet, der für ihre Ernennung und Abberufung ausschließlich fachliche Kriterien und ein transparentes Verfahren fordert und sie zu jährlichen Berichten über ihre statistischen Tätigkeiten und den Haushaltsvollzug verpflichtet.
- Ein neuer Art. 11 Abs. 3 sieht vor, dass die Regierungen der Mitgliedstaaten gegenüber der Kommission »Verpflichtungen für zuverlässige Statistiken« eingehen, in denen sich die Mitgliedstaaten verpflichten, den CoP umzusetzen und auf ihre nationalen Verhältnisse zugeschnittene Qualitätssicherungen einzuführen. Dieses soll die Kommission auf Grund jährlicher Berichte der Mitgliedstaaten überwachen.
- In Art. 5 Abs. 1 wird die innerstaatlich koordinierende Rolle der NSÄs für die Produktion europäischer Statistiken durch eine ausdrückliche Zuweisung einer solchen Koordinierungszuständigkeit gegenüber sämtlichen anderen nationalen Stellen, die europäische Statistiken produzieren, verstärkt.
- Ein neuer Art. 17a gewährleistet den NSÄs den kostenfreien Zugang zu sämtlichen Verwaltungsunterlagen, die für die Produktion europäischer Statistiken erforderlich sind und sieht eine Beteiligung der NSÄs und von Eurostat an der Planung, Weiterentwicklung und Wegfall von Verwaltungsunterlagen vor, die für statistische Daten relevant sind.

Die Kommission sieht sich bei diesen Vorschlägen im Einklang mit Empfehlungen des ECOFIN[69] und des EP.[70] Eurostat ist aber bei der Erörterung von

---

68 COM (2012) 167 final.

69 Schlussfolgerungen der 3100. Sitzung am 20.6.2011 und der 3129. Sitzung am 30.11.2011.

70 Entschließung vom 13.3.2012 über ein Qualitätsmanagement für die europäischen Statistiken (P 7_TA (2012) 0073).

Vorentwürfen auf zum Teil deutliche Zurückhaltung bzw. Ablehnung seiner Hauptanliegen durch einige Mitgliedstaaten – darunter auch Deutschland – gestoßen.[71] Der Bundesrat hat sich jetzt zum Verordnungsentwurf vom 17.4.2012 insgesamt ablehnend geäußert[72a] und gegenüber der Kommission wiederum[72b] die Wahrung der nationalen und föderalen Eigenständigkeit bei Organisation und Ausgestaltung der amtlichen Statistik angemahnt.

3.2.2

Zur Stellung von Eurostat, das als Generaldirektion Teil der Kommission und einem Kommissar zugeordnet ist,[72] lässt der Verordnungsentwurf vom 17.4.2012 Fragen offen: In Artikel 6 Abs. 2 wird zwar eingefügt, dass Eurostat bei der Produktion europäischer Statistiken unabhängig sei. Strikte Unabhängigkeitsgewährleistungen und Koordinierungszuständigkeiten, wie sie für die NSÄs vorgesehen sind, fehlen jedoch. Die Kommission hat lediglich angekündigt,[73] dass sie noch im April 2012 einen Beschluss[74] annehmen werde, in dem die institutionelle Stellung, die Rolle und die Zuständigkeiten von Eurostat innerhalb der Kommission klarer beschrieben und damit die fachliche Unabhängigkeit von Eurostat bestätigt werde. Ende Mai 2012 ist den NSÄs informell der Entwurf für einen solchen Kommissionsbeschluss bekannt geworden. Danach würde im Ergebnis Eurostat und dessen Generaldirektor, der die Funktion des »Chief Statistician« erhält, so gestellt, wie es der Verordnungsentwurf vom 17.4.2012 für die NSÄs fordert. Da die Vorstellungen der Kommission zur Rechtstellung der NSÄs bei manchen Mitgliedsstaaten – darunter Deutschland – auf erhebliche Vorbehalte[75a] treffen, scheint die Kommission die Rechtstellung von Eurostat als »Verhandlungsmasse« in den Beratungen ihres Verordnungsentwurfs nutzen zu wollen.

---

71 So hatte sich bereits der Bundesrat in anderem Zusammenhang mit Beschluss vom 16.12. 2011 (BR-Drs.769/11 (Beschluss)) dezidiert gegen die jetzt vorgeschlagenen Regelungen zur Unabhängigkeit der Leiter der NSÄs, zu deren Koordinierungskompetenz und zum Zugriff auf Verwaltungsdaten ausgesprochen und diese Stellungnahme der Kommission unmittelbar zugeleitet.

72a BR-Drs. 219/12 (Beschluss) (2) vom 15.6.2012.

72b BR-Drs. 706/09 (Beschluss) vom 6.11.2009.

72 Vgl. Hahlen in GHN a.a.O. Rdnr. 45 (FN 31).

73 In ihrer Pressemitteilung vom 17.4.2012 (IP/12/375).

74 Damit würde der durch die Entwicklung der statistischen Governance im ESS längst überholte Beschluss der Kommission vom 21.4.1997 (ABl. 1997 L 112/56) über die Rolle von Eurostat bei der Erstellung von Gemeinschaftsstatistiken ersetzt. Dieses hatte ESGAB zuletzt in seinem Jahresbericht vom 21.11.2011 angemahnt.

75a Vgl. oben 3.2.1 am Ende.

3.2.3

ESGAB hat sich in seinen bisherigen drei Jahresberichten auf die Umsetzung der drei am dringlichsten eingeschätzten Grundsätze des CoP, nämlich fachliche Unabhängigkeit, angemessene Ressourcen und Verpflichtung zu Qualität der amtlichen Statistiken im ESS konzentriert.
Mit dem Verordnungsentwurf vom 17.4.2012 werden viele der ESGAB-Empfehlungen, insbesondere zur unabhängigen Stellung der NSÄs und deren Leiter und zur Koordinierungsfunktion der NSÄs, aufgegriffen. Eine Reihe von Empfehlungen ist aber unerledigt:

- Die nationalen Statistikgesetze sind in manchen Mitgliedstaaten – so auch in Deutschland – noch nicht an den CoP und die Statistik-VO Nr. 223/2009 angepasst worden oder beide Governance-Bestandteile werden – trotz rechtlicher Vorgaben – in der Praxis nicht hinreichend beachtet.
- Die Peer Reviews zur Umsetzung des CoP in den Mitgliedstaaten sollten von unabhängigen Teams, straffer organisiert und stärker standardisiert durchgeführt werden. Erst 60 % der mit den Peer-Reviews zwischen 2006 und 2008 empfohlenen Verbesserungen sind in den Mitgliedstaaten umgesetzt worden.
- Die Abstimmung/Arbeitsteilung zwischen Eurostat und der Generaldirektion Statistik der EZB sollte verbessert werden.
- Auf nationaler Ebene sollten Einrichtungen[75] ähnlich ESGAB zur Überwachung der Einhaltung des CoP im jeweiligen Mitgliedstaat geschaffen werden.
- Die Rechtsgrundlagen von ESGAB, die in Teilen nicht eindeutig sind,[76] sollten präzisiert werden.

3.2.4

Schließlich muss die Funktion von ESGAB im Rahmen der statistischen Governance des ESS überdacht werden. Werden die im Verordnungsentwurf vom 17.4. 2012 vorgesehenen »Verpflichtungen für zuverlässige Statistiken« der Mitgliedstaaten auf den CoP und deren Überwachung durch die Kommission verwirklicht, würde eine der beiden Kernaufgaben von ESGAB, nämlich die Beobachtung der Umsetzung des CoP im ESS obsolet, weil sie von der Kommission (und dort wohl von Eurostat[77a]) wahrgenommen würde. ESGAB bliebe nur, die Einhaltung des

---

75 Solche Gremien bestehen z. B. schon in Frankreich (dort berichtet seit 2009 jährlich die »Autorité de la statistique publique« über die Einhaltung des CoP), Großbritannien (mit den Berichten der »UK Statistics Authority«) und Österreich (wo ein »Statistikrat« jährlich über die Arbeit von Statistik Austria berichtet).

76 Vgl. die Hinweise in den FN 49 und 50.

77a Das sieht in der Tat Art. 9 des Entwurfs der Kommission für einen Kommissionsbeschluss zur Rechtstellung von Eurostat vor, vgl. oben 3.2.2.

CoP durch Eurostat zu beobachten. Für diese Aufgabe erscheint ESGAB aber seit Beginn unzureichend gerüstet, weil ESGAB bislang auf die (Selbst)Auskünfte des Generaldirektors von Eurostat angewiesen ist. Deshalb sollte ESGAB dann entweder abgeschafft oder mit Befugnissen gegenüber Eurostat und der Kommission ausgestattet werden, wie sie etwa ein Rechnungshof in Deutschland hat.

4 Statistische Governance in der deutschen amtlichen Statistik

4.1

In Deutschland hat man bislang der statistischen Governance verhältnismäßig wenig Aufmerksamkeit gewidmet, auch weil es hier – glücklicherweise – nicht zu Skandalen in der amtlichen Statistik gekommen ist.

Die Bundesstatitik ist entsprechend dem föderalen Aufbau der Bundesrepublik Deutschland organisiert. Nach Art. 73 Abs. 1 Nr. 11 GG besitzt der Bund die ausschließliche Gesetzgebung für die »Statistik für Bundeszwecke«. Im Rahmen des Art. 87 Abs. 3 Satz 1 GG hat der Bund mit seinem Bundesstatistikgesetz[77] das Statistische Bundesamt als selbständige Bundesoberbehörde im Geschäftsbereich des BMI errichtet.

Die Länder führen das Bundesstatistikgesetz und die fachstatistischen Bundesgesetze[78] nach Art. 83 GG als eigene Angelegenheiten mit eigener Verwaltung[79] und nach Art. 104a Abs. 1 GG auf eigene Kosten durch. Den Statistischen Landesämtern obliegt deshalb grundsätzlich die Erhebung und Aufbereitung der Daten, die sie als Landesergebnisse dem Statistischen Bundesamt zuleiten, das die Ergebnisse für Deutschland berechnet und veröffentlicht. Statistiken dürfen nur dann zentral vom Statistischen Bundesamt durchgeführt werden, wenn dieses gesetzlich vorgesehen ist.[80] Zahlreiche Statistiken[81] werden von anderen

77 Zuerst mit Gesetz über die Statistik für Bundeszwecke vom 3.9.1953 (BGBl. I S. 1314), dann mit dem Bundesstatistikgesetz vom 14.3.1980 (BGBl. I S. 289) und jetzt mit dem Bundesstatistikgesetz vom 22.1.1987 (BGBl. I S. 462, 565), zuletzt geändert durch Art. 3 des Gesetzes vom 7.9.2007 (BGBl. I S. 2246).

78 Z.B. das Mikrozensusgesetz 2005 vom 24.6.2004 (BGBl. I S. 1350) oder das Zensusgesetz 2011 vom 8.7.2009 (BGBl. S. 1781).

79 Nachdem die Länder Hamburg und Schleswig-Holstein sowie Berlin und Brandenburg jeweils gemeinsame Statistische Landesämter gebildet haben, bestehen nur noch 14 Statistische Landesämter.

80 Z.B. die Außenhandelsstatistiken und die Volkswirtschaftlichen Gesamtrechnungen (VGR).

81 Ca. 50.

Stellen (wie z.B. Ministerien, Bundesbehörden[82] und – wenn auch selten – im öffentlichen Auftrag von privaten Einrichtungen) erhoben.

Für die Produktion von Bundesstatistiken finden sich im geltenden Bundesstatistikgesetz nur wenige, über die geschilderte föderale Arbeitsteilung hinausgehende organisatorische und im Sinne statistischer Governance Qualität sichernde Regelungen. In § 1 Sätze 2 und 3 werden der Bundesstatistik die Grundsätze der Neutralität, Objektivität und wissenschaftliche Unabhängigkeit vorgegeben und letzteres mit dem Hinweis erläutert, dass die Bundesstatistik ihre Daten unter Verwendung wissenschaftlicher Erkenntnisse und unter Einsatz der jeweils sachgerechten Methoden und Informationstechniken zu gewinnen habe.

§ 2 beschränkt sich in seinen Absätzen 2 und 3 auf die Anordnung, dass der Präsident des Statistischen Bundesamtes vom Bundespräsidenten auf Vorschlag der Bundesregierung[83] ernannt wird und dass das Amt seine Aufgaben nach den Anforderungen der fachlich zuständigen Bundesminister im Rahmen eines mit der Finanzplanung abgestimmten Aufgabenprogramms und der verfügbaren Haushaltsmittel auf der Grundlage der jeweils sachgerechten Methoden durchführt.

Nach dem – die damaligen Statistiker in Bund und Ländern in ihrem Selbstverständnis erschütternden – Volkszählungsurteil des Bundesverfassungsgerichts[84] hatte der Bundesgesetzgeber das neue Bundesstatistikgesetz von 1987 fast ausschließlich mit Blick auf die Auskunft gebenden Bürger und Unternehmen und die Wahrung des informationellen Selbstbestimmungsrechts formuliert. Von daher erklären sich etwa der grundsätzliche Gesetzesvorbehalt für die Anordnung von Statistiken, die strengen Regeln für die schnellst mögliche Trennung von Erhebungs- und Hilfsmerkmalen sowie für die statistische Geheimhaltung, das Verbot der Reidentifizierung und anderes.

Nachdem die Statistischen Ämter von Bund und Ländern mit einer außerordentlichen Kraftanstrengung und gegen militanten Widerstand einer kleinen Minderheit in der Bevölkerung die Volkszählung 1987 als Totalerhebung durchgeführt hatten, konzentrierten sich die Innovationskräfte der deutschen Statistiker auf die Suche nach methodischen Alternativen zu Primär- und Totalerhebungen und wurden von den seit den 90er Jahren besonders schnell wachsenden Statistikanforderungen der EU sowie dem Bestreben gebunden, die sich ständig verbessernden Möglichkeiten der IKT[85] für die Statistikproduktion und Verbreitung zu nutzen. Hinzu kamen die aufreibenden Anstrengungen, das System der amtlichen Statistik gegen immer neue Entbürokratisierer zu behaupten, die

[82] Etwa die Bankenstatistiken von der Deutsche Bundesbank, viele Verkehrsstatistiken vom Kraftfahrtbundesamt und die Arbeitsmarktstatistiken von der Bundesagentur für Arbeit.

[83] Also nicht nur von dem für das Amt zuständigen Bundesinnenminister.

[84] BVerfGE 65 S. 1 ff. vom 15.12.1983.

[85] Die deutsche amtliche Statistik gehörte Mitte der 90er Jahre zu den allerersten Behörden, die in Deutschland das Internet nutzten.

in den statistischen Auskünften die schlimmsten Belastungen der Bürger und der Wirtschaft sehen.[86]

So lässt sich verstehen, dass es seit 1997 nur zu wenigen Änderungen des Bundesstatistikgesetzes gekommen ist und von den vielen Empfehlungen, welche der Statistische Beirat in praktisch jeder Wahlperiode der Politik zur Reform des rechtlichen Rahmens der Bundesstatistik vorgelegt hat, nur sehr wenige verwirklicht wurden.[87]

4.2

Einen beträchtlichen Innovationsschub verdankt die amtliche Statistik einer gemeinsamen Empfehlung der Rechnungshöfe von Bund und Ländern zur Wirtschaftlichkeit des öffentlichen Statistikwesens in Deutschland vom November 2002. Diese waren – nicht zu Unrecht – zu dem Ergebnis gekommen, dass sich der Aufwand in den statistischen Ämtern erheblich senken ließe und das Statistikwesen in Deutschland deutlich verbessert werden könnte, wenn Bund und Länder zu gemeinsamen Lösungen und arbeitsteiligen Einrichtungen fänden. Die drohende Vorstellung eines erzwungenen Zusammenschlusses der Landesämter[88] veranlasste die Leiter der Statistischen Ämter von Bund und Ländern im Februar 2003, einen »Masterplan zur Reform der amtlichen Statistik in Deutschland« zu beschließen, um die Qualität der statistischen Produkte und Dienstleistungen durch nachhaltige Verbesserung der Produktionsprozesse zukunftssicher zu machen.[89] Die schrittweise Umsetzung des Masterplans durch Arbeitsteilung zwischen den Ämtern,[90] Standardisierung von Prozessen, Entlastung der Befragten über Nutzung vorhandener Daten aus den Verwaltungen und dem betrieblichen Rechnungswesen war erfolgreich und hat der deutschen amtlichen Statistik aus der »Talsohle« öffentlicher Wahrnehmung verholfen. Allerdings sind manche Ziele dieses Masterplans nach inzwischen fast 10 Jahren immer noch nicht oder nicht ganz erreicht.

Ein Versuch, im Rahmen der Föderalismus-Kommission II über den Masterplan hinausgehende Arbeitsteilungen und Kooperationen zwischen den Statistischen Ämtern von Bund und Ländern zu erreichen, scheiterte im Jahr 2007.

---

86 Ganz zu Unrecht, wie mit einer empirischen Untersuchung bei den Unternehmensstatistiken 2005 nachgewiesen werden konnte.

87 Vergleicht man z. B. die Empfehlungen des Statistischen Beirats vom 17.6.2003 zur Novellierung des Bundesstatistikgesetzes mit den Eckpunkten des Beirats zur Weiterentwicklung der amtlichen Statistik vom Februar 2010 trifft man auf sehr viele »altbekannte« Vorschläge.

88 Damals noch 16 und vielleicht sogar mit dem Statistischen Bundesamt.

89 Vgl. Brugger, Empfehlungen des Statistischen Beirats zur Novellierung des Bundesstatistikgesetzes, in: WiSta 2003 S. 891, 892 f.

90 Sowohl beim IKT-Einsatz als auch in Teilen der Statistikproduktion nach dem Prinzip »einer/mehrere für alle«, wozu der § 3a mit Gesetz vom 9.6.2005 (BGBl. I S. 1534) in das Bundesstatistikgesetz eingefügt wurde.

Jedoch haben die deutschen Statistiker auf europäischer Ebene kreativ und erfolgreich an der Formulierung der Statistik-VO Nr. 322/1997 sowie der Nachfolge-VO Nr. 223/2009 und bis 2005 an der Konzeption des CoP sowie an dessen Fortschreibung im Jahr 2011 mitgewirkt.

4.3

Auch wenn die beachtliche Fortentwicklung der statistischen Governance auf EU-Ebene noch nicht zu rechtlichen Konsequenzen in Deutschland geführt hat, hat das Nachdenken darüber begonnen. Allerdings sind dazu bislang weder vom BMI als dem zuständigen Bundesministerium noch vom Statistischen Bundesamt, insbesondere aber von den Statistischen Landesämtern Überlegungen bekannt geworden:

Die Leiter und Leiterinnen der Statistischen Ämter der Länder haben mit Beschlüssen vom 8.11.2010 und 30.5.2011 eine umfangreiche Expertise zu den Auswirkungen des CoP und der Statistik-VO Nr. 223/2009 auf die amtliche Statistik in Deutschland und zur Neufassung des Bundesstatistikgesetzes vorgelegt. In dem hier interessierenden Zusammenhang sehen die Landesämter folgende Konsequenzen:

- Die Landesämter halten eine Teilnahme von Ländervertretern in den drei bedeutendsten Statistikgremien der EU für erforderlich und verlangen ein Mitsprache-/Stimmrecht bei der Festlegung deutscher Verhandlungspositionen zu EU-Statistikfragen.
- Die deutschen Regelungen über statistische Geheimhaltung und den Zugang der Wissenschaft zu Mikrodaten der Statistik sollten an die der Statistik-VO Nr. 223/2009 angepasst werden.
- Die statistischen Grundsätze aus Art. 2 der Statistik-VO Nr. 223/2009, nicht aber der CoP, sollten in das deutsche Recht übernommen werden.
- Die Verwaltungsdatennutzung sollte durch ein Zugangs- und Mitwirkungsrecht der Statistischen Ämter im Bundesstatistikgesetz zu allen geeigneten Verwaltungs- und Registerdaten erleichtert werden.

Der Statistische Beirat hat im Februar 2010 Eckpunkte zur Weiterentwicklung der amtlichen Statistik in der 17. Wahlperiode vorgelegt und am 20.4.2010 der Leitung des BMI übergeben. Daraus sind mit Blick auf die statistische Governance folgende Punkte hervorzuheben:

- Das Bundesstatistikgesetz sollte umfassend novelliert werden, insbesondere durch Anpassung an die Statistik-VO Nr. 223/2009 bei den Regelungen über die statistische Geheimhaltung und Umsetzung des CoP.
- Die Statistik bezogene wissenschaftliche Forschung sollte als Aufgabe der Bundesstatistik im Bundesstatistikgesetz genannt, der ausländischen Wissen-

schaft ein Zugang zu faktisch anonymisierten Mikrodaten ermöglicht und die Projektbindung bei der Übermittlung faktisch anonymisierter Mikrodaten aufgegeben werden.

- Der Statistische Beirat sollte verkleinert, für hochrangige ausländische Wissenschaftler geöffnet werden und seinen Vorsitzenden aus dem Kreis der stimmberechtigten Mitglieder[91] für die Dauer einer Legislaturperiode wählen.
- Die Verwaltungsdatennutzung sollte erleichtert und Primärerhebungen nur noch durchgeführt werden, wenn Verwaltungsdaten nicht ausreichen.
- Den Statistischen Ämtern sollte durch Öffnung des § 7 Bundesstatistikgesetz ermöglicht werden, statistische Untersuchungen auch für andere private, öffentliche und internationale Stellen durchzuführen.

BDI und BDA haben ihre Vorstellungen unter der Überschrift »Für eine moderne Bundesstatistik, Eckpunkte für eine Reform des statistischen Rechtsrahmens« am 19.4.2011 vorgelegt, denen sich der Deutsche Städtetag[92] angeschlossen hat. Die beiden Wirtschaftsverbände unterstützen die Eckpunkte des Statistischen Beirats und betonen die Notwendigkeit einer grundlegenden Modernisierung des statistischen Rechtsrahmens in Deutschland. Bei der angemahnten Neuregelung sollten insbesondere

- der gesellschaftliche Stellenwert der amtlichen Statistik gestärkt,
- die Bedürfnisse der Statistiknutzer berücksichtigt,
- die rechtliche Anordnung von Statistiken vereinfacht,
- die Verwaltungsdaten besser genutzt und
- der föderale Aufbau der Statistik durch Harmonisierungen und optimierte Arbeitsteilungen modernisiert werden.

Ende 2011 hat der Statistische Beirat eine Arbeitsgruppe[93] »Fortentwicklung der amtlichen Statistik« eingerichtet, die bis zur 2012-Sitzung[94] des Beirats zu den von den Teilnehmern angemeldeten Themen auf der Grundlage der Voten von 3 Unterarbeitsgruppen Vorschläge erarbeiten soll.

Zu den sich abzeichnenden Empfehlungen gehören z.B.

---

91 Bisher liegt der – nicht stimmberechtigte – Vorsitz beim Präsidenten des Statistischen Bundesamtes.

92 Mit Schreiben vom 25.5.2011. In diesem Schreiben fordert der Deutsche Städtetag außerdem für die datenschutzrechtlich abgeschottete Kommunalstatistik einen uneingeschränkten Zugang zu Einzeldaten auf Adressebene.

93 Der Arbeitsgruppe gehören Vertreter verschiedener Bundesministerien, von einigen im Beirat vertretenen Verbänden und Gewerkschaften (wie BDI, Deutscher Städtetag, Verdi), von 6 Statistischen Landesämtern und von Eurostat sowie dem Statistischem Bundesamt an.

94 Am 5.9.2012.

- grundsätzlicher Zugang zu Verwaltungsdaten und Rückgriff bei den Bevölkerungs- und Haushaltsstatistiken auf vorhandene Register (etwa der Meldebehörden),
- vereinfachte, flexible Anordnung und Ausgestaltung von Statistiken,
- erweiterte Arbeitsteilung zwischen den Statistischen Ämtern von Bund und Ländern,
- Standardisierung von Prozessen sowie Umsetzung der EU-Qualitätsregeln in deutsches Recht,
- Zugang kommunalstatistischer Stellen zu Mikrodaten der Bundesstatistik,
- Zugang von Dritten (etwa Deutsche Bundesbank) zum Unternehmensregister,
- erweiterter Zugang der Wissenschaft zu Mikrodaten und Harmonisierung der europäischen und deutschen Geheimhaltungsvorschriften und
- Möglichkeiten zu Erhebungen für Dritte.

Elemente statistischer Governance werden nur am Rande angesprochen, indem etwa die Übernahme der statistischen Grundsätze aus Art. 2 der Statistik-VO Nr. 223/2009 und der Qualitätskriterien aus Art. 12 Abs. 1 dieser Verordnung in das Bundesstatistikgesetz empfohlen wird und das Statistische Bundesamt die Qualitätssicherung in der deutschen amtlichen Statistik koordinieren soll, während eine Verbindlichkeitserklärung des CoP in Deutschland für nicht notwendig gehalten wird.

In dem vom BMI zur Zeit vorbereiteten Entwurf für ein E-Government-Gesetz[95] sind zwar drei durchaus bedeutsame Änderungen[96] des Bundesstatistikgesetzes vorgesehen; diese beziehen sich aber nicht auf Organisation und Stellung der Statistischen Ämter.

Schließlich ist auf eine Prüfmitteilung des BRH[97] zum Statistischen Bundesamt hinzuweisen, in welcher der BRH eine umfassende Aufgabenkritik anmahnt, von der er sich erhebliche Personaleinsparungen verspricht; ergänzend solle das BMI, wo es sich um Statistiken anderer Ressorts handelt, diese künftig im Wege einer zwischenbehördlichen Leistungsverrechnung an den Kosten beteiligen.

---

95 Ende März 2012 wurde die Verbände- und Länderabstimmung des Entwurfs, der über die Web-Seite des BMI einsehbar ist, eingeleitet.

96 Es soll die Verpflichtung eingeführt werden, grundsätzlich elektronische Verfahren zur Datenübermittlung an die Statistik zu nutzen. Weiter soll klargestellt werden, dass die Bereitstellung von Einzelangaben für wissenschaftliche Zwecke zu den Aufgaben des Statistischen Bundesamtes gehört. Und künftig sollen mit Hilfe quadratischer, 100 m mal 100 m großen Gitterzellen statistische Angaben georeferenziert gespeichert und statistische Ergebnisse georeferenziert verbreitet werden dürfen.

97 Vom 24.11.2011 an das BMI im Zusammenhang mit der Prüfung der organisatorischen Auswirkungen der jährlichen pauschalen haushaltsgesetzlichen Stelleneinsparungen, Teilprüfung Statistisches Bundesamt.

4.4

Unter den aktuellen Überlegungen zur Fortentwicklung der deutschen amtlichen Statistik finden sich also nur vereinzelte Vorschläge, um deren Stressresistenz zu stärken (etwa zur Organisation und Stellung der Statistischen Ämter). Soweit sich dafür Ansätze finden, beschränken sie sich auf eine Umsetzung der Vorgaben aus dem CoP und der Statistik-VO Nr. 223/2009 im Bundesstatistikgesetz. Die ebenfalls gebotene Anpassung der Regelungen zu den Statistischen Landesämtern wird – soweit ersichtlich – nicht erörtert, stellt sich aber auf Länderebene nicht weniger.

Die sehr weitgehenden Vorschläge der Kommission im jüngsten Verordnungsentwurf vom 17.4.2012 zur Unabhängigkeit der Leiter der NSÄs, zu deren Koordinierungskompetenz gegenüber anderen nationalen Produzenten von europäischen Statistiken sowie zu deren weitestgehendem Zugriff auf nationale Verwaltungsdaten würden in Deutschland zu erheblichen Umsetzungsproblemen führen. Wie sich aus dem Papier[98] der Statistischen Landesämter zum CoP und zu der Statistik-VO Nr. 223/2009 ergibt, wollen sowohl die Landesämter als auch das Statistische Bundesamt die Entwicklung auf EU-Ebene abwarten.

Solange ECOFIN und EP den Verordnungsentwurf vom 17.4.2012 noch nicht beraten haben, lassen sich die Konsequenzen für die deutschen Statistischen Ämter noch nicht absehen. Dennoch besteht in 2 Richtungen Verbesserungsbedarf:[99]

- Die professionelle/fachliche Unabhängigkeit des Leiters des Statistischen Bundesamtes ist zwar nach geltender Rechtslage hinreichend gewährleistet. Der Präsident ist als Beamter in B 8 kein politischer Beamter; seine Rechtsstellung ist nach dem Bundesbeamtenrecht gesichert. Er muss allerdings das nötige persönliche Rückrad haben, ohne ein solches hülfen die stärksten Unabhängigkeitsgarantien nichts. Eine institutionelle Verselbstständigung des Statistischen Bundesamtes und von dessen Leiter wäre wegen des verfassungsrechtlichen Verbots ministerialfreier Verwaltung nicht möglich und nicht erforderlich. Trotz organisatorischer Einordnung des Statistikamtes in die Bundesverwaltung als obere Bundesbehörde mit der damit verbundenen Dienst- und Fachaufsicht der vorgesetzten Behörde, hier des BMI, lässt sich die funktionale Unabhängigkeit der Statistiker in statistischen Fachfragen sehr wohl verbessern: So wären – veröffentlichte – Arbeitsabsprachen, wie

[98] Vgl. oben 4.3. Ende 2010, Anfang 2011 war noch offen, wie die Kommission ihre Ankündigungen aus ihrer Mitteilung über ein robustes Qualitätsmanagement für die europäischen Statistiken vom 15.4. 2011 (KOM (2011) 211 endgültig) durch Vorschläge zur Novellierung der Statistik-VO Nr. 223/2009 konkretisieren würde.

[99] Auf Grund meiner Erfahrungen als Leiter des Statistischen Bundesamtes von 1995 bis 2006 sowie als Mitglied des ESGAB von 2009 bis 2011.

es sie zwischen dem Leiter von Eurostat und dem zuständigen Kommissar gibt,[100] hilfreich. Außerdem wäre es, wie ESGAB bei der Beschäftigung mit Statistikämtern in anderen Mitgliedstaaten beobachtet hat, durchaus sinnvoll, dem Amtsleiter einige »Korsettstangen« beizugeben: Etwa durch rechtliche Beschreibung seiner fachlichen Unabhängigkeit[101] und indem ihm – sicher ebenso wertvoll – ein unabhängiges Aufsichtsgremium (ähnlich dem ESGAB) zur Seite gestellt wird, das u. a. die fachliche Unabhängigkeit in der Praxis beobachtet, an das sich der Amtsleiter bei einem etwaigen Versuch der Beeinflussung wenden kann und das jährlich über die Arbeit des NSAs öffentlich berichtet.

Wenn in diesem Zusammenhang immer wieder[102] das Modell einer »nationalen Statistik-Agentur« propagiert wird, lässt dieser Vorschlag außer acht, dass eine Verlagerung der amtlichen Statistik in die mittelbare Staatsverwaltung keineswegs von Dienst- und Fachaufsicht »frei macht«.[103] Es braucht deshalb, wie oben dargestellt, pragmatische Verbesserungen; die Rigorositäten aus dem neuen Art. 5a des Verordnungsentwurfs vom 17. 4. 2012 werden den deutschen Verhältnissen nicht gerecht.

- Anders liegt das Problem der Koordinierungskompetenz des Leiters des Statistischen Bundesamtes: Bei den vielen Produzenten europäischer oder deutscher Statistiken außerhalb seines Amtes ist eine gewisse, aber wirksame Koordinierungsfunktion – schon zur Vermeidung von Doppelarbeiten und Mehrfachbelastungen der Auskunftspflichtigen und nicht zuletzt mit Blick auf die Einhaltung des CoP – erforderlich. Solche Koordinierungen lassen sich jedoch nicht nur durch – dann grundgesetzwidrige – Durchgriffsbefugnisse des Bundesamtes etwa auf Landesbehörden erreichen. Die deutschen Statistiker sollten sich gegenüber solchen – berechtigten – Forderungen der Kommission nicht vorschnell hinter der innerstaatlichen Kompetenzverteilung verschanzen. So lässt sich Koordination doch durch freiwillige Absprachen (einem vernünftigen Ziel wird sich so leicht keine andere, Statistiken produzierende Behörde entziehen können), Gentlemens Agreements oder Memoranden of

100 Vgl. oben 3.1.4.

101 Und flankierende Regelungen, wie sie sich z. B. in § 393 Abs. 1 SGB X zur Aufsicht über die Bundesagentur für Arbeit, in § 52 GWB zu allgemeinen Weisungen des BMWi an das Bundeskartellamt oder in § 12 Satz 1 BBankG – allerdings dann auf die fachliche Unabhängigkeit bezogen – finden. Eine Rechtsstellung wie der BRH mit richterlicher Unabhängigkeit (§ 3 Abs. 4 BRHG) erscheint nicht angemessen.

102 Etwa vor über 20 Jahren Wingen, Herausforderungen der amtlichen Statistik durch den gesellschaftlichen Wandel, in: Allg. Statist. Archiv 73 (1989) S. 16, 37 oder jetzt Rendtel, Die Zukunft der Statistik: Eine persönliche Betrachtung, in ASTA Wirtsch Sozialstat Arch 2011 S. 253, 263.

103 Wie § 393 Abs. 1 SGB X zur Rechtsaufsicht über die Bundesagentur für Arbeit zeigt.

understanding bewerkstelligen. Man muss es nur versuchen und darf nicht sofort mit dem Verdikt kommen: Das widerspricht dem Subsidiaritätsprinzip oder geht in Deutschland aus den und den juristischen Gründen nicht.

Wie immer Deutschland diese Fragen praktisch lösen wird, außer Zweifel steht: In der amtlichen Statistik in Deutschland muss statistische Governance verbessert werden, indem vor allem die Maßgaben der Statistik-VO Nr. 223/2009 (wie sie jetzt und nach der Novellierung gelten) und des CoP (in der Fassung vom 28.9.2011) umgesetzt und beachtet werden.

4.5

Zusammenfassend lässt sich feststellen: Auf die besonderen Herausforderungen für die amtliche Statistik in der EU seit Ende der 90er Jahre des vergangenen Jahrtausends hat das ESS – jedenfalls auf europäischer Ebene – mit der Einführung wirksamer statistischer Governance reagiert, die seit 2009 im Rahmen der verstärkten haushaltspolitischen Überwachung auf ein deutlich höheres Niveau gehoben wurde. Die deutsche amtliche Statistik hat insoweit noch Nachholbedarf

Ob die vorhandenen Regelungen und Maßnahmen das ESS hinreichend stressresistent gemacht haben, werden die für 2013 geplante neue Runde von Peer Reviews zur Einhaltung des CoP bei allen 27 Mitgliedstaaten, aber vor allem die tägliche Arbeit von Eurostat und der NSÄs zeigen. Das Vertrauen der Nutzer in die amtliche Statistik erscheint jedenfalls noch ausbaufähig.[104] Große Bedeutung besitzen die vom Kommissionsentwurf vom 17.4.2012 zur Novellierung der Statistik-VO Nr. 223/2009[105] vorgeschlagenen Verbesserungen zur Gewährleistung der fachlichen Unabhängigkeit der NSÄs, zur Koordinierungsfunktion der NSÄs gegenüber anderen Produzenten von europäischen Statistiken auf nationaler Ebene sowie zur allgemeinen Nutzung von Verwaltungsdaten für statistische Zwecke der NSÄs. Es bleibt abzuwarten, was aus diesen Vorschlägen in den Beratungen des ECOFIN und des EP wird und insbesondere, ob und wie die Mitgliedstaaten diese Vorgaben dann in ihren nationalen Rechtsordnungen verwirklichen.

Über solche Verbesserungen hinaus müssen vor allem zwei – weil in der statistische Praxis leicht bei Seite geschoben – Grundsätze statistischer Governance in den Mitgliedstaaten und von deren Regierungen beachtet werden:

---

104 Nach einer »Stakeholder-Umfrage« des ESGAB bei über 170 Hauptnutzern/Hauptinteressenten an der amtlichen Statistik in den 27 Mitgliedstaaten der EU ergab sich bei einer Rücklaufquote von knapp 33 % folgendes Bild: Von den Stakeholdern waren 3/4 der Auffassung, dass in ihrem jeweiligen Mitgliedstaat der CoP eingehalten werde; knapp 2/3 hatten volles Vertrauen in die Statistik ihres Mitgliedstaates, aber nur knapp die Hälfte hatte volles Vertrauen in Eurostat (Mitteilung des Verfassers, der von 2009 bis 2011 dem ESGAB als Mitglied angehörte).

105 Vgl. oben 3.2.1

- Die NSÄs müssen mit angemessenen personellen und finanziellen Ressourcen ausgestattet sein; neue Aufgaben werden die NSÄs in der Regel nur mit zusätzlichen Ressourcen oder nach Entlastung von bisherigen Aufgaben erfüllen können.
- Die amtliche Statistik darf nicht in die Rolle eines »Kontrolleurs« gebracht werden, das heißt, sie muss »ausgelöste«[106] Statistik bleiben, indem sie ihre Statistiken ohne eigenes Erkenntnisinteresse an den erhobenen Daten produziert.

Literatur

Brachinger, Hans-Wolfgang (1994): »Statistische Lügen« Ein Plädoyer für einen angemessenen Wahrheitsbegriff in der Wirtschaftsstatistik, in: Schweizerische Zeitschrift für Volkswirtschaft und Statistik 130, S. 377 ff.

Brugger, Pia (2003): Empfehlungen des Statistischen Beirats zur Novellierung des Bundesstatistikgesetzes, in: WiSta 2003, S. 891 ff.

Egeler, Roderich/Wöll, Thomas/Zwick, Markus (2011): Perspektiven für die amtliche Statistik, in: AStA Wirtsch Sozialstat Arch 2011, S. 269 ff.

Grohmann, Heinz (1986): Statistik als gesellschaftspolitische Aufgabe, in: Staat und Wirtschaft in Hessen Heft 4, S. 103 ff.

Hahlen, Johann (2011): Artikel 338 AEUV, in GHN (Grabitz, Hilf, Nettesheim, Das Recht der Europäischen Union).

Hartwig, Heinrich (1956): Naturwissenschaftliche und sozialwissenschaftliche Statistik, in: Zeitschrift für die gesamte Staatswissenschaft 112, S. 252 ff.

Radermacher, Walter (2011): Zahlen zählen, in: AStA Wirtsch Sozialstat Arch 2011, S. 285 ff.

Rendtel, Ulrich (2011): Die Zukunft der Statistik: Eine persönliche Betrachtung, in: AStA Wirtsch Sozialstat Arch 2011, S. 253 ff.

Rödder, Andreas (2010): Zahl und Sinn, in: FAZ vom 5.7.2010, S. 7.

Wagner, Gert G. (2005): Zahlen lügen nicht, sie verführen, in: TAZ vom 1.4.2005, S. 11.

Wingen, Max (1989): Herausforderungen der amtlichen Statistik durch den gesellschaftlichen Wandel, in: Allg. Statist. Archiv 73 (1989), S. 16 ff.

[106] Vgl. oben FN 10.

Datenverarbeitung und empirische Wirtschaftsforschung – Vor 25 Jahren

*Von Hans-Jürgen Krupp**

Vorbemerkung

Wenn man sich dem achtzigsten Lebensjahr nähert, ist die Erstellung eines aktuellen Beitrags nicht unproblematisch. Der Aufwand ist für den empirisch arbeitenden Wissenschaftler ohne die in einem Institut verfügbaren Hilfsmittel erheblich. Das Risiko, die ökonomische Situation nicht angemessen zu erfassen oder gar missverstanden zu werden, ist hoch. In der aktuellen Lage krisenhafter Zuspitzungen käme dazu, dass man auf Instrumente setzen möchte, die sich bewährt haben und die sich auf Erfahrungen der letzten Jahrzehnte stützen können. Ganz offensichtlich sind dies aber nicht die Instrumente, die zurzeit die deutsche Regierungspolitik prägen, die sich dabei auf viele deutsche Ökonomen berufen kann.

Der zu erwartende Einwand, dies seien die Instrumente von gestern, ist zwar richtig.

Aber das heißt ja nicht, dass sie falsch sind. Und einzuräumen ist, dass in der Krise auch ganz neue Elemente stecken. Aber gegen ganz neue Instrumente gibt es erst recht Vorbehalte.

Vor diesem Hintergrund ist der Blick in die Vergangenheit auch eine Option. Im Folgenden wird ein Vortrag wiedergegeben, den ich vor 25 Jahren am 9. Juli 1987 auf dem Hochschulkongress der IBM in Berlin gehalten habe und der meiner Kenntnis nach bisher nicht in gedruckter Form vorliegt. Dem Vortragscharakter entsprechend enthält er weder Fußnoten noch ein Literaturverzeichnis.

Der Beitrag macht deutlich, dass und wie die elektronische Datenverarbeitung die empirische Wirtschaftsforschung verändert hat. Der Jubilar, dem diese Festschrift gewidmet ist, hat in dieser Entwicklung wesentliche Beiträge geleistet. Der damalige Zeitpunkt ist interessant, weil 1987 einerseits die empirische Wirtschaftswissenschaft die Einführung der Datenverarbeitung mehr oder weniger abgeschlossen hatte, sich andererseits mit dem Übergang vom Großrechner zum PC ganz neue Entwicklungen anbahnten.

* Prof. Dr. Hans-Jürgen Krupp, Darmstadt, E-Mail: Hans-Juergen.Krupp@t-online.de
Der Autor war von 1979 bis 1988 als Präsident des Deutschen Instituts für Wirtschaftsforschung in Berlin Kollege von Karl-Heinrich Oppenländer. Zu seinen Tätigkeiten im Bereich dieses Beitrags zählt die Federführung bei der Gründung des Sozio-oekonomischen Panel (SOEP) und zusammen mit Johann Hahlen der Vorsitz der Kommission zur Verbesserung der informationellen Infrastruktur zwischen Wissenschaft und Statistik.

Der Beitrag kann aber auch Anlass sein, darüber nachzudenken, wie weit die sich damals abzeichnenden Chancen in den letzten 25 Jahren genutzt wurden. Der Siegeszug von Mikroanalyse und Mikroökonometrie ist ein Beispiel für die Ausschöpfung der Möglichkeiten, welche die Datenverarbeitung bot. Auch das Vordringen verhaltenstheoretischer Analysen ist hier zu nennen.

Was die Makroökonomie anbetrifft, ist das Bild nicht ganz so positiv. Die Berücksichtigung von Gesamtzusammenhängen verlor an wissenschaftlichem Interesse. Makroökonometrische Modelle werden vielfältig angewendet, spielen aber in der wissenschaftlichen Diskussion keine wesentliche Rolle. Immerhin ist auch festzustellen, dass in der amerikanischen Politikberatung die großen Modelle nicht an Bedeutung und Wertschätzung verloren haben. Die Krise im Jahre 2008 und danach könnte ihnen weltweit zu einer Renaissance verhelfen. In der theoretischen Diskussion gibt es eine rege Auseinandersetzung zwischen verschiedenen Schulen, die sich aber alle auf mehr oder weniger einfache und unrealistische Modelle stützen. Mathematische Lösbarkeit beschränkt die Komplexität der Systeme. Die Möglichkeit, mit der Datenverarbeitung Simulations- oder Näherungsalgorithmen zur Lösung komplexer Systeme einzusetzen, wird eher selten wahrgenommen. Aber vielleicht sind das nur Vorurteile von jemandem, der die wissenschaftliche Entwicklung nur noch mit Abstand verfolgt.

Vieles von dem, was damals als Möglichkeit aufgezeigt wurde, ist inzwischen geschehen: Hierzu haben insbesondere die Vorschläge der Kommission zur Verbesserung der informationellen Infrastruktur zwischen Wissenschaft und Statistik[1] beigetragen. Es sind in der amtlichen Statistik, aber auch in den Institutionen der Sozialverwaltung leistungsfähige Forschungsdatenzentren entstanden, die Public Use Files und Scientific Use Files bereitstellen, an denen aber auch mit Mikrodaten gearbeitet werden kann, bei denen Datenschutzprobleme bestehen. Auch prozessproduzierte Daten sind damit in erheblichem Umfang zugänglich geworden. Das Sozio-oekonomische Panel SOEP hat inzwischen 27 Datenwellen verfügbar und erlaubt damit weitreichende Datenanalysen über den langen Zeitraum von 27 Jahren. Die Verbesserung von Umfang und Zugänglichkeit von Mikrodaten hat wesentliche Fortschritte in Mikroökonometrie und Mikrosimulation zur Folge gehabt. Nachdem die damals beklagten Hindernisse entfallen sind, haben sich sehr leistungsfähige Datennetze entwickelt.

Betrachtet man freilich die Entwicklung von Datenverarbeitung und Informatik in den letzten 25 Jahren, wird deutlich, dass hier immer noch bedeutende Herausforderungen für die Wirtschaftswissenschaft liegen. Manche damals schon abseh-

1 Vgl. dazu den Kommissionsbericht: Kommission zur Verbesserung der informationellen Infrastruktur zwischen Wissenschaft und Statistik (Hrsg.), Wege zu einer besseren informationellen Infrastruktur. Gutachten der vom Bundesministerium für Bildung und Forschung eingesetzten Kommission zur Verbesserung der informationellen Infrastruktur zwischen Wissenschaft und Statistik. Nomos Verlagsgesellschaft. Baden-Baden 2001

bare Entwicklungen, wie das Entstehen von Rechnersystemen mit tausenden von Prozessoren, sind inzwischen realisiert. Sie haben aber bisher nicht in der damals angedachten Form Eingang in die Wirtschaftswissenschaften gefunden.

Wenn die Wirtschaftswissenschaften besser als bisher ihren Beitrag zur Erklärung und Gestaltung der wirtschaftlichen Entwicklung leisten wollen, lohnt es sich darüber nachzudenken, wie man die Fortschritte von Informatik und Datenverarbeitung dafür nutzen kann. Insofern mag dieser Rückblick in die Zeit vor 25 Jahren hilfreich sein.

Erfahrungen mit dem Einsatz der Datenverarbeitung in der empirischen Wirtschaftsforschung (1987)[2]

1 Qualitative Sprünge in der empirischen Wirtschaftsforschung

Vordergründig betrachtet ist die Datenverarbeitung zunächst ein Instrument, mit dem Rechenarbeiten schneller und wirtschaftlicher durchgeführt werden können. Und ein Wirtschaftsforschungsinstitut, das nun einmal immer mit vielen Zahlen zu tun hat, nützt diese Eigenschaft der Datenverarbeitung extensiv. Insbesondere die Entwicklung der letzten Jahre hat hier erhebliche Fortschritte gebracht. Bis in die Mitte der 70er Jahre wurden insbesondere nicht laufend wiederkehrende Rechnungen in großem Umfang mit – wenn auch elektronischen – Tischrechnern durchgeführt. Inzwischen sind diese nahezu vollständig durch Personalcomputer abgelöst, die insbesondere mit ihren Datenverwaltungs- und Tabellenprogrammen eine erhebliche Vereinfachung der Arbeit bieten. Besonders hervorzuheben ist dabei der hohe Software-Standard, der insbesondere im Bereich der Personalcomputer, übrigens teilweise auch bei den preiswerten Angeboten des Marktes, erreicht ist. Es kann gar kein Zweifel bestehen, dass insbesondere mit diesem Instrumentarium die mühselige Rechenarbeit im Wesentlichen erleichtert wurde. Und der Personalcomputer erlaubt es auch, den einzelnen Arbeitsplatz mit einer solchen Kapazität auszustatten, wobei hier der ja doch beträchtliche Verwaltungsoverhead des Großcomputers eingespart werden kann.

Die Einführung des Personalcomputers hat die Relation der Nutzung des Großcomputers, wobei hiermit alle Mainframe-Anlagen, also auch die kleineren verstanden sein sollen, zu der der Personalcomputer wesentlich verändert. Das Vordringen des Personalcomputers hat aber im Wesentlichen in solchen Bereichen stattgefunden, die mit dem PC neu erschlossen wurden. Hierzu hat sicher auch

---

2 Referat des Verfassers auf dem IBM Hochschulkongreß '87 am 9. Juli 1987 in Berlin.

die im Vergleich zum Großcomputer sehr viel mehr benutzerfreundliche Software beigetragen. Dies hat zwar auch dazu geführt, dass der Großcomputer von vielen kleinen Aufgaben entlastet worden ist. Die hierdurch nicht mehr in Anspruch genommene Rechenkapazität ist aber nicht sehr groß, wenn man nicht auf die Dialogkapazität abstellt. Das zurzeit beobachtbare Verhältnis von Großcomputer zu Personalcomputer ist also durchaus vernünftig.

Allerdings ist schon heute eine Entwicklung zu beobachten, die diese Relation weiter zugunsten des Personalcomputers verschieben wird, ohne dass dieses unter Hardware-Gesichtspunkten sinnvoll ist. Grund hierfür ist der nach wie vor zu große Unterschied in der Software-Qualität. Wollen die Großcomputerhersteller in diesem Bereich im Geschäft bleiben, müssen sie entweder selber für eine Verbesserung des Software-Angebots sorgen oder darüber nachdenken, ob nicht PC-Software auf Großcomputern lauffähig gemacht werden kann.

Abhilfe kann in diesem Bereich auch eine neue Arbeitsteilung zwischen Groß- und Personalcomputern auf der Basis der Vernetzung schaffen. Was die Wirtschaftsforschung anbetrifft, sollte man hier aber die Kostengesichtspunkte nicht unterschätzen. Vernetzungen, bei denen die Vernetzung mehr als der eingesetzte PC kostet, sind sicher nicht sehr attraktiv. Kostengesichtspunkte spielen auch bei der Nutzung externer Datenangebote eine wichtige Rolle. Hier liegen noch viele ungenutzte Chancen.

Diese eher technischen Überlegungen zeigen aber nicht die eigentliche Bedeutung, die die Datenverarbeitung für die Entwicklung der empirischen Wirtschaftsforschung hat. Die Möglichkeit, schneller und wirtschaftlich rechnen zu können, hat die Art der empirischen Wirtschaftsforschung so verändert, so dass man von einem qualitativen Sprung in der Wirtschaftsforschung sprechen kann, der durch die quantitative Zunahme der Rechenmöglichkeiten geschaffen wurde. Und an vielen Stellen werden nicht nur die Rechenmöglichkeiten der Datenverarbeitung in Anspruch genommen.

Es ist sicher einsichtig, dass es an dieser Stelle nicht möglich ist, die Vielfalt von Anwendungen der Datenverarbeitung in der empirischen Wirtschaftsforschung nachzuzeichnen. Beispielsweise sollen einige Bereiche herausgegriffen werden, die zugleich den qualitativen Sprung verdeutlichen, den der Einsatz der Datenverarbeitung mit sich gebracht hat.

2 Fortschritte auf dem Gebiet der Datenbereitstellung

Zunächst einmal hat die Datenverarbeitung dazu geführt, dass heute für wissenschaftliche Zwecke mehr Daten verfügbar sind, auf die einfacher zugegriffen werden kann und die teilweise in einer Form vorliegen, die eine Auswertung für den jeweiligen Verwendungszweck ohne unnötigen Informationsverlust erlaubt.

Die Einführung der elektronischen Datenverarbeitung in der Statistik hat dazu geführt, dass sehr viel mehr Auswertungen der erhobenen Informationen möglich sind, als dies früher der Fall war. Dies hat teilweise zu so umfangreichen Tabellen geführt, dass sich auch die amtliche Statistik mit der Frage konfrontiert sieht, wie sie ihre Informationen so anbieten kann, dass der Benutzer die für ihn geeignete Information auf leichte Art und Weise finden kann. Viel wichtiger war aber wahrscheinlich die Tatsache, dass inzwischen eine große Anzahl von Geschäfts- und Verwaltungsvollzügen über die elektronische Datenverarbeitung erfolgt. Grundsätzlich besteht in diesem Falle die Möglichkeit, der Statistik prozessproduzierte Daten mit geringem Kostenaufwand zur Verfügung zu stellen, die es erlauben, das statistische Bild zu erweitern. Dieser Prozess ist keineswegs am Ende, wahrscheinlich wird sich in Zukunft das Verhältnis von prozessproduzierten zu gesondert erhobenen Daten weiter verschieben. Man kann diese Entwicklung auch nur begrüßen, da sie die Belastung der Wirtschaftssubjekte mit Statistik vermindert. Allerdings muss man sich darüber im Klaren sein, dass in diesem Zusammenhang ernste Datenschutzprobleme auftreten, die allerdings bei gutem Willen aller Beteiligten gelöst werden können. Dies wird freilich auch bedeuten, nicht alles zu tun, was statistisch möglich ist. So liegen in der Verknüpfung von Verwaltungsdateien aus verschiedenen Quellen Gefahren, die man ernst nehmen sollte. Es wird hier immer wieder erneut darauf ankommen, einen Ausgleich zwischen den berechtigten Interessen des Datenschutzes einerseits und den Informationswünschen von Öffentlichkeit und Wissenschaft andererseits zu finden.

Neben der Vergrößerung des Datenangebots steht eine mehr oder weniger deutliche Verbesserung der Möglichkeiten des Datenzugriffs. In einer Anzahl von Datenbanken werden heute Informationen dargeboten, die auch für die Wissenschaft nützlich sein könnten. Allerdings bestehen in diesem Zusammenhang in der Bundesrepublik noch zahlreiche ungelöste Probleme, die an dieser Stelle nicht diskutiert werden sollen. Im Moment stellt zumindest die Tarifpolitik der Bundespost und die Preispolitik mancher Anbieter von Datenbanken ein ernsthaftes Hindernis für die Nutzung dieser Daten dar. Grundsätzlich sind diese Probleme aber überwindbar. Eine Lösung wird auch dazu beitragen, dass die Wirtschaftsforschungsinstitute ihre Ergebnisse den Unternehmen besser und schneller zur Verfügung stellen können, als dies zurzeit der Fall ist. Auch hier ist die Situation allerdings dadurch gekennzeichnet, dass die oben beschriebenen Hemmnisse die Inanspruchnahme derartiger Möglichkeiten gerade bei denjenigen Firmen beeinträchtigen, die auf eine dezentrale Datenversorgung angewiesen wären, nämlich die kleineren und mittleren Unternehmen.

Von entscheidender Bedeutung für die Datenversorgung der Wissenschaft ist jedoch die Möglichkeit, Daten als Mikrodaten oder teilaggregierte Daten zur Verfügung zu stellen und damit eine Auswertung nach den jeweils interessanten Kriterien zu erlangen. Man kann sich heute kaum noch an die Situation erinnern, in der man auf wenige von der Statistik vorgenommene Austabellierungen angewiesen war, die höchstens per Zufall Spezialinteressen abzudecken erlaubten. Im Extremfall verfügt man über viele Beobachtungen mit vielen Merkmalen, so dass je nach Verwendungszweck die Aufbereitung möglich ist. Dies hat die Arbeit mit Daten deutlich verändert. Zwar stellt die Arbeit mit derartigen Mikrodaten nach wie vor eine erhebliche technische Herausforderung dar, sie erlaubt es aber, Daten so darzustellen, dass sie für den jeweiligen Verwendungszweck geeignet sind.

Voraussetzung hierfür ist freilich, dass Daten dann auch in Form von Mikrodaten zur Verfügung stehen, ein Problem, das keineswegs trivial ist. Berechtigte Datenschutzgründe erlauben nur die Weitergabe solcher Daten, bei denen aus dem Datensatz nicht auf die betroffene Person zurückgeschlossen werden kann. Dabei muss man sich darüber im Klaren sein, dass bei unbegrenztem Zusatzwissen und unbegrenzter Datenverarbeitungskapazität die Wahrscheinlichkeit der Reidentifizierung sehr seltener Subjekte sehr hoch ist. Aus diesem Grunde würde eine sehr puristische Anonymisierungsdefinition jede Arbeit mit Mikrodaten verbieten. Seit langem wird daher gefordert, dass man auch in der Wissenschaft mit dem Konzept der faktischen Anonymisierung arbeiten müsse, einem Konzept, bei dem es auf die Verhältnismäßigkeit des eingesetzten Aufwandes zum erzielten Ergebnis ankommt. In der Mehrzahl der Fälle wird es eventuell billiger sein, eine bestimmte Information über eine bestimmte Person direkt zu erfragen, als sie mühselig aus einem großen Datenbestand herauszufischen. Dazu kommt, dass die Wissenschaft in der Regel nicht über das Zusatzwissen verfügt, das es erlaubt, die theoretisch möglichen Reidentifizierungsversuche tatsächlich zu realisieren. Es ist daher zu begrüßen, dass das neue Bundesstatistikgesetz für die Weitergabe von Daten der amtlichen Statistik an die Wissenschaft vom Konzept der faktischen Anonymisierung ausgeht.

Die Verfügbarkeit von Mikrodaten erlaubt die Entwicklung von Spezialtabellen, die für einen bestimmten Zweck besonders aussagekräftig sind. Häufig erübrigt sich eine komplizierte statistische Analyse, wenn man die wesentlichen Beziehungen schon in einer Tabelle veranschaulichen kann. Die moderne Datenverarbeitung erlaubt im Übrigen auch die schnelle Umsetzung von Tabellen in Graphiken.

3 Die Anwendung der statistischen Theorie in der Wirtschaftsforschung

Jahrzehnte lang gab es eine statistische Theorie, die in der empirischen Wirtschaftsforschung kaum angewendet wurde. Sie bezog sich in der Regel auf Einzelbeobachtungen, für die in Tabellen verfügbaren gruppierten Daten war sie meist nicht geeignet. So machte es ohnehin wenig Sinn, sie auf das Datenmaterial anzuwenden, was verfügbar war. Dies ist nun ganz anders. In dem Umfang, in dem Mikrodaten verfügbar sind, können die verschiedensten Verfahren angewendet werden, auch der Rechenaufwand hält sich aufgrund des Einsatzes der Datenverarbeitung durchaus in vertretbaren Grenzen. Die faktische Anwendung multivariater Verfahren auf breiter Front ist z.B. erst mit der Entwicklung der Datenverarbeitung vorangekommen.

Aber auch für aggregierte Daten hat der Rechenaufwand lange davon abgehalten, kompliziertere Verfahren einzusetzen. Dies gilt z.B. für die Gesamtheit der Verfahren zur Zeitreihenanalyse, bei der auch das Wechselspiel zwischen statistischer Praxis und Weiterentwicklung der Theorie beobachtet werden kann. Es gibt viele Möglichkeiten, die noch gar nicht voll erschlossen sind, die aber die Arbeit der empirischen Wirtschaftsforschung erheblich erleichtern können.

Die bisher genannten Beispiele stehen dafür, dass, betrachtet man die Einzelelemente, kaum grundlegend Neues eingeführt wurde. Trotzdem hat der Einsatz von elektronischer Datenverarbeitung die Situation völlig verändert.

4 Der Einsatz ökonometrischer Systeme in der empirischen Wirtschaftsforschung

Wohl die nachhaltigste Veränderung in der empirischen Wirtschaftsforschung ist durch den Einsatz arbeitsfähiger ökonometrischer Systeme ausgelöst worden. Auch hier gilt, dass die Grundideen ökonometrischer Systeme vor der elektronischen Datenverarbeitung entstanden. Ihre Durchsetzung ist aber ohne Datenverarbeitung nicht vorstellbar. Schon der Rechenaufwand für die Einzelgleichungsschätzung kleiner Systeme war erheblich. Große Systeme sind ohne Datenverarbeitung schlechthin nicht vorstellbar. Auch hier hat sich im Übrigen die Verbesserung der Datenlage deutlich ausgewirkt.

Inzwischen sind ökonometrische Systeme nicht mehr der Hauptgegenstand des wissenschaftlichen Interesses. Sie sind wertvolle Instrumente der Arbeit der empirischen Wirtschaftsforschung. So setzt das DIW ein Vierteljahresmodell regelmäßig in der Konjunkturprognose ein, ein Jahresmodell dient der Entwicklung mittelfristiger Szenarien. In der Entwicklung befindet sich ein großes disaggregiertes Modell, das auch zur Diskussion strukturpolitischer Fragen benutzt werden soll.

Es sei am Rande erwähnt, dass auch die traditionellen Verfahren der Rundrechnung im Rahmen der volkswirtschaftlichen Gesamtrechnung, die oft als iterativ-analytische Verfahren bezeichnet werden, durch die Datenverarbeitung sehr viel leistungsfähiger geworden sind, so dass nach wie vor eine sinnvolle Konkurrenz zwischen unterschiedlichen Verfahren auf dem Gebiet der Prognose existiert. Es kann aber gar kein Zweifel daran bestehen, dass ökonometrische Systeme insbesondere bei der Simulation von Alternativen erhebliche Vorteile besitzen. Im Falle der Unsicherheit über bestimmte zukünftige Entwicklungen, z. B. auf dem Weltmarkt, kann man versuchen, die Auswirkungen der Unsicherheit auf die wichtigen Zielvariablen deutlich zu machen. Stehen unterschiedliche wirtschaftspolitische Maßnahmen zur Diskussion, kann man ihre Auswirkungen mit Hilfe eines derartigen Systems verdeutlichen.

Die alte Streitfrage, ob nicht auch sehr kleine Modelle über eine hohe Prognosequalität verfügten, kann für die empirische Wirtschaftsforschung als abgeschlossen angesehen werden. Die Größe des Modells richtet sich nach der Differenziertheit der gewünschten Aussage. Und hier sind in der Regel Anforderungen zu stellen, die mit kleineren Modellen nicht zu bewältigen sind. Will man z. B. unterschiedliche politische Instrumente in ihrer Auswirkung überprüfen, müssen diese in der Differenziertheit im Modell enthalten sein, wie sie in der Politik diskutiert werden. Interessiert man sich für die Entwicklung bestimmter Teilaggregate des Bruttosozialprodukts, müssen diese im Modell enthalten sein. Hält man ein Staatsdefizit für eine wichtige politische Größe, muss es im Rahmen des Modells prognostizierbar sein. Alleine dieses bedeutet eine erhebliche Komplizierung jedes ökonometrischen Modells. Diese Beispiele ließen sich beliebig fortsetzen. Kleine Modelle reichen für diesen Zweck nicht aus.

Auf der anderen Seite hat sich aber auch gezeigt, dass es das große Universalmodell, das für alle Zwecke verwendbar ist, so schnell nicht geben wird. Großmodelle sind nicht nur technisch schwer beherrschbar, die Interpretation der von ihnen produzierten Ergebnisse macht nach wie vor Schwierigkeiten. Und die Reduktion ökonomischer Theorien auf eine black box ist nicht das Ziel des Wirtschaftsforschers. Für absehbare Zeit dürfte daher das Modell mittlerer Größe vorherrschen.

Allerdings sind gewisse Erweiterungen in den nächsten Jahren zu erwarten. In der Wirtschaftspolitik werden zunehmend politische Instrumente diskutiert, die an der Angebotsseite ansetzen und nicht an der Nachfrageseite. Traditionelle ökonometrische Modelle haben aber die Nachfrageseite besser erfasst als die Angebotsseite. Hier ist eine Erweiterung der Modelle zu erwarten. Dieses wird im Übrigen zu einer weiteren Komplizierung der Modelle führen, da die Berücksichtigung produktionstheoretischer Zusammenhänge einen erheblichen Aufwand bedeutet.

Dies gilt insbesondere, wenn auch strukturpolitische Fragestellungen in die Diskussion einbezogen werden sollen, was in nächster Zeit zu erwarten ist. Einfache Input-Output-Ansätze haben hier schnell ihre Grenzen erreicht, insbesondere, wenn man die Schätzprobleme bei traditioneller ökonometrischer Modellierung mitberücksichtigt. An dieser Stelle sind Neuansätze zu entwickeln.

Geht man einmal davon aus, dass auch in Zukunft der Größe einzelner Modell Grenzen gesetzt sind, wird die Verknüpfung von Modellen zu einem wichtigen Thema werden, das auch erhebliche Anforderungen an die Datenverarbeitung stellt. Allerdings gibt es hier noch viele ungelöste Probleme.

Theoretisch ergäbe sich hier auch die Möglichkeit, Mikro- und Makromodelle miteinander zu verknüpfen und so das Aggregationsproblem dort, wo es besondere Schwierigkeiten bereitet, zu umgehen. Man muss sich aber darüber im Klaren sein, dass das Gebiet der Mikromodellierung kaum von den Grundkonzepten der klassischen Ökonometrie des Cowles-Commission-Typs geprägt sein wird.

5 Mikroanalytische Ansätze als Resultat der Entwicklung der Datenverarbeitung

Die bisher genannten Beispiele sind alle dadurch gekennzeichnet, dass grundsätzlich vorhandene Ansätze durch den Einsatz der Datenverarbeitung zur Anwendungsreife gebracht wurden. Schon hier wurde deutlich, dass der Einsatz der Datenverarbeitung einen qualitativen Sprung beinhaltet. Die Beispiele, denen wir uns nun zuwenden wollen, sind Kinder der Datenverarbeitung. Diejenigen Verfahren, die man heute als mikroanalytische zusammenfasst, mögen zwar im einzelnen Quellen haben, die es auch vor der Entwicklung der Datenverarbeitung gab. So wie es sich heute darstellt, beruhen sie auf der Nutzung der Möglichkeiten der Datenverarbeitung für die Formulierung neuer theoretischer Ansätze.

Kernstück mikroanalytischer Verfahren ist die Mikrosimulation, bei der die Situation eines einzelnen Haushalts, Individuums oder Unternehmens über der Zeit verfolgt wird. Die meisten Modelle, die zurzeit verwendet werden, sind solche mit einer festen Periode, meist einer Jahresperiode. Die Hypothesen beziehen sich nicht auf Aggregate sondern auf einzelne Wirtschaftssubjekte und werden direkt auf diese angewendet. Der simulierte Mikrodatensatz kann nach den üblichen Regeln der Interferenztheorie immer wieder ausgewertet werden. Zur Gewinnung von Hypothesen für Mikrosimulationen haben sich in den letzten Jahrzehnten mikroökonometrische Ansätze herausgebildet, die zunehmend an Bedeutung gewinnen.

Besonderen Auftrieb haben diese Verfahren durch die Verfügbarkeit von Längsschnittinformationen für einzelne Individuen, sogenannten Paneldaten, erhalten. Auch in der Bundesrepublik Deutschland existiert zurzeit eine Panelstichprobe: das Sozio-ökonomische Panel. Hier werden etwa 6.000 Haushalte und 12.000 Befragungspersonen einmal im Jahr nach ihrer ökonomischen Situation und ihrer Einschätzung derselben befragt. Erwerbstätigkeit, Zeitverwendung, Einkommen, erhaltene und geleistete Transfers, Gesundheit, Wohnungssituation sind nur einige der hier erfassten Gebiete. Die Tatsache, dass für ein und dasselbe Individuum Informationen für verschiedene Zeitpunkte verfügbar sind, erlaubt es, Hypothesen zu testen, die auch kausal interpretierbar sind. Das Sozio-oekonomische Panel ist seit 1983 im Feld, zurzeit wird die vierte Welle erhoben.

Am Rande sei erwähnt, dass ein solcher Datensatz zu sehr komplexen Datenstrukturen führt, die ohne Datenverarbeitung nicht bewältig bar wären.

Immerhin werden Personen befragt, die zu bestimmten Haushalten gehören, und dies zu verschiedenen Zeitpunkten, wobei keineswegs gewährleistet ist, dass eine bestimmte Person im nächsten Jahr wieder zu demselben Haushalt gehört. Mit Aufgaben diesen Typs ist man übrigens heute noch an den Grenzen des Software-Angebots, das auf dem Markt verfügbar ist.

Mikroanalytische Ansätze haben sich bisher im Wesentlichen auf den Sektor private Haushalte bezogen. Gerade zur Untersuchung von Sozialprogrammen, Erwerbstätigkeitsproblemen und ähnlichem sind sie hervorragend geeignet. Daneben gibt es aber auch erste Ansätze für den Unternehmenssektor in Schweden und in den USA, insbesondere das Modell des IUI macht die Perspektiven auf diesem Gebiet deutlich.

6 Neue theoretische Ansätze im Wechselspiel mit der Entwicklung der Datenverarbeitung

Die Verfügbarkeit von Mikrolängsschnittdaten hat im Rahmen der Entwicklung mikroanalytischer Verfahren zu ganz neuen Ansätzen geführt, die jetzt vor dem Hintergrund der Entwicklung der Datenverarbeitung Realisierungschancen haben. Die wohl wichtigste Entwicklung ist die sich abzeichnende Abkehr von Modellen mit fester Zeitperiode. Kausal interpretierbar sind immer eher Zustandsveränderungen als Zustände. Es ist ein altes ökonometrisches Problem, dass letztlich nur die Veränderung von Zuständen die Informationen enthalten, auf die Theorien gestützt werden können. Arbeitet man aber mit einer starren und relativ zu großen Zeitperiode gehen die Zeitinformationen der Zustandsveränderungen weitgehend verloren. Ereignisanalytische Modelle eröffnen der wissenschaftlichen Analyse damit eine neue Dimension.

Zunächst liegen an dieser Stelle interessante Aufgaben für die Weiterentwicklung der Mikroökonometrie. Ereignisanalytische Ansätze werfen ganz neue Schätzprobleme auf, die wiederum neue Anforderungen an die Daten, aber auch an die Datenverarbeitung stellen. Die erzielten Ergebnisse werden zu neuen theoretischen Ansätzen führen. Insgesamt wird unsere Theorie individuellen Schicksals und individuellen Verhaltens so verbessert werden. Auf dieser Grundlage wird es auch möglich sein, Simulationsmodelle für die Entwicklung individueller Situationen zu erstellen. Im gesamtwirtschaftlichen Rahmen wird es sich hierbei freilich immer um partialanalytische Ansätze handeln. Es ist beim heutigen Stand der Datenverarbeitung freilich schon abzusehen, dass auch diese Grenze überwunden werden könnte, auch wenn manches der folgenden Überlegungen zunächst utopisch klingen mag.

Es wäre ja durchaus vorstellbar, theoretische Ansätze zu entwickeln, die sich jeweils unter Zuhilfenahme eines Mikroprozessors operationalisieren ließen. Man könnte im Zusammenspiel von einigen tausend Mikroprozessoren, die jeweils das Verhalten eines Individuums einer Stichprobe repräsentierten, die theoretischen Ansätze für Individuen miteinander verknüpfen. Die theoretischen Ansätze für Individuen wären nicht an eine feste Zeitperiode gebunden. Aktion und Reaktion, die Interaktionen zwischen den Individuen könnten zu dem Zeitpunkt erfolgen, der durch den theoretischen Ansatz bestimmt wird. Die Verknüpfung mit Modellen mit fester Zeitperiode könnte dadurch erfolgen, dass zu den durch die Periodendefinition bestimmten Zeitpunkten eine Statistik der Zustände der einzelnen Individuen erhoben würde. Datentechnisch ließe sich dies leicht realisieren, indem die Zustände der einzelnen Individuen auf einem zentralen Speicher festgehalten werden. Ein solcher Ansatz würde es erlauben, theoretische Ansätze sehr unterschiedlicher Art miteinander zu verbinden.

Die Verknüpfung sehr unterschiedlicher theoretischer Ansätze mit Hilfe der Möglichkeiten moderner Datenverarbeitungsentwicklungen führt zu neuen Modelltypen, zu neuen Arten der Gesamttheorie, wenn man diesen anspruchsvollen Begriff verwenden will. Die Operationalisierung derartiger Ansätze ist ohne die Weiterentwicklung der Informatik nicht vorstellbar, genauso wie die Weiterentwicklung der Informatik durch derartige neuartige Anwendungen vorangetrieben wird. Auch in Zukunft kann man also damit rechnen, dass sich die ökonomische Theorie vor dem Hintergrund der Datenverarbeitung verändern wird. Dies gilt insbesondere für die empirische Wirtschaftsforschung, die neue theoretische Entwicklung nur soweit nutzen kann, wie eine Operationalisierung möglich ist. Gerade die empirische Wirtschaftsforschung wird daher auch in Zukunft durch die Entwicklung der Datenverarbeitung geprägt werden. Technik ist freilich kein Ersatz für Theorie. Auch in Zukunft stehen im Mittelpunkt die kreativen Einfälle der Wissenschaftler.

Verzeichnis ausgewählter Veröffentlichungen von Karl Heinrich Oppenländer bis 2012

1 Bücher

Die moderne Wachstumstheorie. Eine kritische Untersuchung der Bausteine, der Gleichgewichtskonzeption und der Wirklichkeitsnähe, Schriftenreihe des Ifo-Instituts für Wirtschaftsforschung Nr. 55, Berlin-München 1963 (2. Aufl. 1968).

Investitionsinduzierter technischer Fortschritt. Berechnung und Analyse für die verarbeitende Industrie der Bundesrepublik Deutschland, Schriftenreihe des Ifo-Instituts für Wirtschaftsforschung Nr. 88, Berlin-München 1976 (russisch: Moskau 1981).

(Hrsg.), Unternehmerischer Handlungsspielraum in der aktuellen wirtschafts- und gesellschaftspolitischen Situation, Schriftenreihe des Ifo-Instituts für Wirtschaftsforschung Nr. 102, Berlin-München 1979.

(Hrsg.), Patentwesen, technischer Fortschritt und Wettbewerb, Schriftenreihe des Ifo-Instituts für Wirtschaftsforschung Nr. 113, Berlin-München 1984.

(Hrsg., gemeinsam mit Adolf Wagner), Ökonomische Verhaltensweisen und Wirtschaftspolitik bei schrumpfender Bevölkerung, Ifo-Studien zur Bevölkerungsökonomie, Bd. 2, München 1985.

Wachstumstheorie und Wachstumspolitik. Die Strukturdynamik als wesentlicher Erklärungsfaktor des wirtschaftlichen Wachstums und als Ansatzpunkt für eine innovationsbezogene Wachstumspolitik, München 1988 (russisch: Moskau 1992).

(Hrsg., gemeinsam mit Günter Poser), Handbuch der Ifo-Umfragen, Berlin-München 1989.

(Hrsg., gemeinsam mit Siegfried Schönherr), Strukturprobleme und Reformen in Afrika (Wilhelm Marquardt zum 75. Geburtstag), Köln 1990.

(Hrsg., gemeinsam mit Werner Popp), Innovationsprozesse im europäischen Raum: Rahmenbedingungen, Perspektiven, Risiken, München 1991.

(Hrsg.), Beschäftigungsfolgen moderner Technologien, Berlin 1991.

(Hrsg., gemeinsam mit Werner Popp), Privates und staatliches Innovationsmanagement, Ifo-Studien zur Innovationsforschung 1, München 1993.

(Hrsg., gemeinsam mit Werner Popp), Innovationen und wirtschaftlicher Fortschritt: betriebs- und volkswirtschaftliche Perspektiven, Bern-Stuttgart-Wien 1995.

(Hrsg.), Konjunkturindikatoren. Fakten, Analysen, Verwendung, München 1995, (2. Aufl. 1996, englisch: Business Cycle Indicators, Aldershot/England 1996).

(Hrsg.), Wiedervereinigung nach sechs Jahren: Erfolge, Defizite, Zukunftsperspektiven im Transformationsprozess, Berlin 1997.

Empirische Wirtschaftsforschung als Grundlage für unternehmerisches und wirtschaftspolitisches Handeln, Berlin 2000.

(Hrsg.), Regionen als Wachstumsmotor – was leisten Cluster für Innovationen?, Ludwigsburg 2007.

Erinnerungen eines Wirtschaftsforschers. Privates und Berufliches, Norderstedt 2011.

2 Aufsätze und Beiträge

Ordnungspolitische und analytische Probleme des Wirtschaftswachstums, in: Ifo-Studien 5 (1959), S. 167–198.

Investment in Modernisation and Expansion of Industrial Capacity, in: Manpower aspects of automation and technical change, supplement to the final report, Paris 1966, S. 23–47.

Residualmessungen des technischen Fortschritts und sein Zusammenhang mit Investitionsanlässen, in: Ifo-Studien 13 (1967), S. 95–111.

Ökonomische Auswirkungen der Automatisierung, in: Rohmert, W. (Hrsg.), Arbeitswissenschaft und Automatisierung, Berlin et al. 1968, S. 95–110.

Wieweit ist Wirtschaftswachstum machbar?, in: Föhl, C./Oppenländer, K. H. (Hrsg.), Wieweit ist Wirtschaftswachstum machbar?, Sonderschrift Nr. 37 des Ifo-Instituts für Wirtschaftsforschung, Berlin-München 1968, S. 21–35 (Abdruck mit Nachtrag, in: Probleme der Wirtschaftspolitik II, Darmstadt 1978, S. 185–208).

Technische Veränderungen und internationaler Handel, in: Ifo-Studien 15 (1969), S. 93–107.

Stand der Innovationsforschung in Deutschland – Zusammenfassung der Ergebnisse und Ausblick auf die künftigen Aufgaben der Innovationsforschung, in: Innovation in der Wirtschaft, Referate und Diskussionsbeiträge der Tagung vom 17.–19.3.1970, zusammengestellt und bearbeitet von Otfried Hatzold, München 1970, S. 341–351.

Industrial Change in the European Economic Community, in: Changes in the Industrial Structure of the U. K., Papers read at the Society of Business Economists Conference at King's College, Cambridge, April 1970, S. 15–38.

Wirtschaftlicher und sozialer Wandel durch technischen Fortschritt. Überblick und Ausblick, in: Wirtschaftlicher und sozialer Wandel durch technischen Fortschritt, Beihefte der Konjunkturpolitik, Heft 18, Berlin 1971, S. 11–70.

Wachstum und Investition, in: Gahlen, B./Ott, A. E. (Hrsg.), Probleme der Wachstumstheorie, Tübingen 1972, S. 242–277.

Ansatzpunkte und Probleme der sektoralen Strukturpolitik in der Bundesrepublik Deutschland, in: Ifo-Studien 20 (1974), S. 1–18.

Technischer Fortschritt – Ursache und Auswirkung wirtschaftlichen Handelns. Zusammenfassende Übersicht über die Ergebnisse der zweiten Innovationstagung, in: Technischer Fortschritt – Ursache und Auswirkung wirtschaftlichen Handelns, Referate und Diskussionsbeiträge der Tagung vom 3.–5.4.1974, zusammengestellt und bearbeitet von Karl Heinrich Oppenländer, München 1974, S. 359–369.

Das Verhalten kleiner und mittlerer Unternehmen im industriellen Innovationsprozess, in: Die gesamtwirtschaftliche Funktion kleiner und mittlerer Unternehmen, Referate und Diskussionsbeiträge der Tagung vom 8.–10.10.1975, zusammengestellt und bearbeitet von Karl Heinrich Oppenländer, München 1976, S. 199–242.

Die ökonomischen Ursachen der Unselbständigkeit, in: Pieroth, E. (Hrsg.), Mehr Selbständigkeit, Tendenzwende in der Wirtschaftspolitik, Bonn 1976, S. 35–51.

Grenzen des Wachstums in der Bundesrepublik Deutschland, in: Bombach, G./ Gahlen, B./Ott, A. E. (Hrsg.), Ausgewählte Probleme der Wachstumspolitik, Tübingen 1976, S. 177–227.

Patentschutz und Wettbewerb im Innovationsprozess, in: Bombach, G./Gahlen, B./Ott, A. E. (Hrsg.), Probleme der Wettbewerbstheorie und -politik, Tübingen 1976, S. 155–193.

Der Strukturwandel in der Bundesrepublik Deutschland, in: Bombach, G./Gahlen, B./Ott, A. E. (Hrsg.), Probleme des Strukturwandels und der Strukturpolitik, Tübingen 1977, S. 59–100.

Die volkswirtschaftliche Bedeutung des technischen Fortschritts, in: Deutsches Patentamt (Hrsg.), Hundert Jahre Patentamt, München 1977, S. 3–36.

Die Wirkungen des Patentwesens im Innovationsprozess, in: Gewerblicher Rechtsschutz und Urheberrecht, Heft 6/1977, S. 362–370.

Patent Policies and Technical Progress in the Federal Republic of Germany, in: International Review of Industrial Property and Copyright Law, Vol. 8 (1977), S. 97–122.

Patent Policies and Technical Progress in the Federal Republic of Germany, in: Stroetmann, K. A. (Hrsg.), Innovation, Economic Change and Technology Policies, Basel-Stuttgart 1977, S. 307–329.

Privatwirtschaftliche Aktivitäten und die Rolle des Staates im Innovationsprozess, in: Ifo-Studien 23 (1977), S. 7–32.

The Role of Business and Government in the Promotion of Innovation and Transfer of Technology, in: Saunders, C. T. (Hrsg.), Industrial Policies and Technology Transfers between East and West, Wien-New York 1977, S. 243–268.

Einige Gedanken zu den Ursachen der aktuellen Investitionsschwäche in der Industrie der Bundesrepublik, in: Born, K. E. (Hrsg.), Gegenwartsprobleme der Wirtschaft und der Wirtschaftswissenschaft, Tübingen 1978, S. 171–186.

Sind Strukturprognosen möglich?, in: Wirtschaftspolitische Blätter 25 (1978), S. 27–34.

Technologische Entwicklungen und Wirtschaftswachstum, Statement, in: Wachstum – warum, wozu, wodurch?, Köln 1978, S. 226–235.

Aufgaben der empirischen Wirtschaftsforschung, in: Marquardt, W. (Hrsg.), Dreißig Jahre empirische Wirtschaftsforschung im Ifo-Institut 1949–1979, München 1979, S. 7–20.

Die Entwicklung von Beschäftigung und Arbeitslosigkeit in der Bundesrepublik Deutschland, in: Bombach, G./Gahlen, B./Ott, A. E. (Hrsg.), Neuere Entwicklungen in der Beschäftigungstheorie und -politik, Tübingen 1979, S. 29–61.

Exports and Stimulation of Economic Growth, Development and Experiences in West German Industry, in: Román, Z. (Hrsg.), Industrial Development and Industrial Policy, Budapest 1979, S. 327–347.

Partner auf dem Weltmarkt seit dreißig Jahren, Bedeutung des Außenhandels für Wachstum und Strukturwandel, in: Drei Jahrzehnte Marktwirtschaft 1949–1979, Würzburg 1979, S. 15–20.

Entwicklung des Außenhandels Österreich – Bundesrepublik Deutschland, in: Begegnung in Österreich, Außenwirtschaftskongress 1980, Würzburg 1980, S. 122–124.

Investitionen in der Bundesrepublik Deutschland: Empirischer Befund, in: Bombach, G./Gahlen, B./Ott, A. E. (Hrsg.), Neuere Entwicklungen in der Investitionstheorie und -politik, Tübingen 1980, S. 1–44.

Motive für deutsche Direktinvestitionen im Ausland, in: Huhle, F. (Hrsg.), Weltwirtschaft in Forschung, Lehre und Praxis, Frankfurt 1980, S. 185–200.

Technischer Fortschritt als wirtschaftspolitische Aufgabe, in: Bundesverband der Deutschen Arbeitgeberverbände (Hrsg.), Technischer Fortschritt – Herausforderung an Wirtschafts- und Sozialpolitik, Köln 1980, S. 15–27.

Zur Produktivitätsentwicklung in der verarbeitenden Industrie der Bundesrepublik Deutschland, in: Frohn, J./Stäglin, R. (Hrsg.), Empirische Wirtschaftsforschung, Konzeptionen, Verfahren und Ergebnisse (Festschrift für Rolf Krengel), Berlin 1980, S. 41–60.

Analyse der regionalen und sektoralen Außenhandelsverflechtung der Bundesrepublik Deutschland, in: Bombach, G./Gahlen, B./Ott, A. E. (Hrsg.), Zur Theorie und Politik internationaler Wirtschaftsbeziehungen, Tübingen 1981, S. 1–33.

Autonome Investitionen, technischer Fortschritt und wirtschaftliches Wachstum, in: Mückl, W. J./Ott, A. E. (Hrsg.), Wirtschaftstheorie und Wirtschaftspolitik (Gedenkschrift für Erich Preiser), Passau 1981, S. 377–387.

Sind wir auf dem Weg in die Dienstleistungsgesellschaft?, in: Ifo-Studien 27 (1981), S. 263–275.

Begründung, Funktion und Fundierung der Strukturberichterstattung, in: Gahlen, B. (Hrsg.), Strukturberichterstattung der Wirtschaftsforschungsinstitute – Analyse und Diskussion, Tübingen 1982, S. 148–160.

Die gesamtwirtschaftliche Entwicklung in der Bundesrepublik Deutschland in kurz- und mittelfristiger Sicht, in: Gruner+Jahr AG&Co. (Hrsg.), Der Markt für Spirituosen in der Bundesrepublik Deutschland, Hamburg 1982, S. 5–33.

Wirtschaftliches Wachstum und Strukturwandel in den achtziger Jahren, in: Schöttle, K. M. (Hrsg.), Jahrbuch des Marketing, Ausgabe 1982/83, Essen 1982, S. 3–12.

Ziel, Ausmaß und Wirkungen staatlicher Eingriffe in den Unternehmenssektor, in: Bombach, G./Gahlen, B./Ott, A. E. (Hrsg.), Möglichkeiten und Grenzen der Staatstätigkeit, Tübingen 1982, S. 106–128.

Zur Messung des technischen Fortschritts: einige Ergebnisse für die verarbeitende Industrie der Bundesrepublik Deutschland, in: Piesch, W./Förster, W. (Hrsg.),

Angewandte Statistik und Wirtschaftsforschung heute (Festschrift für Heinrich Strecker), Göttingen 1982, S. 117–126.

Auswirkungen des technischen Wandels auf Beschäftigtenzahl und Beschäftigtenstruktur, in: Ifo-Studien 29 (1983), S. 77–99.

Investitionsniveau und Investitionsstruktur – empirischer Befund, in: Besters, H. (Hrsg.), Wandlungen im Investitionsverhalten, Baden-Baden 1983, S. 30–51.

Opportunities for and Problems of Further Economic Integration in Europe in the 1980s, in: Braun, H.-G./Laumer, H./Leibfritz, W./Sherman, H. C. (Hrsg.), The European Economy in the 1980s, Aldershot/England 1983, S. 220–229.

Sectoral Output Structure of German Industry: Shifts over Time and Causal Analysis, in: E. A. R. I. E., European Association for Research in Industrial Economics (Hrsg.), Conference Papers, Vol. II, Bergen/Norway 1983, S. 12–32.

The Impact of Technical and Structural Change on the Structure and Employment of Manpower, in: Streeten, P./Maier, H. (Hrsg.), Human Resources, Employment and Development, Vol. 2: Concepts, Measurement and Long-run Perspective, London and Basingstoke 1983, S. 370–394.

Reicht die Arbeit für alle? Zur Entwicklung von Wirtschaft und Arbeitsmarkt in den achtziger Jahren, in: Ifo-Studien 30 (1984), S. 193–207.

Zu aktuellen Fragen der Konjunkturbeobachtung, in: Bombach, G./Gahlen, B./ Ott, A. E. (Hrsg.), Perspektiven der Konjunkturforschung, Tübingen 1984, S. 189–204.

Auslandsinvestitionen und außenwirtschaftlicher Technologietransfer: Übersicht über Ursachen und Ausmaß, in: Zielsetzung Partnerschaft. Die weltweite Bedeutung von Auslandsinvestitionen und Technologietransfer, Stuttgart 1985, S. 41–75.

Der Ifo-Innovationstest – ein neues Instrument zur Erfassung des F- und E-Outputs, in: Buttler, G./Dickmann, H./Helten, E./Vogel, F. (Hrsg.), Statistik zwischen Theorie und Praxis (Festschrift für Karl August Schäffer), Göttingen 1985, S. 144–156.

Korreferat zum Vortrag von Luigi L. Pasinetti „Technical Progress and the Wealth of Nations“, in: Bortis, H./Bosshard, L. (Hrsg.), Technologischer Wandel in Wirtschaft und Gesellschaft (Festschrift für Florian Hans Fleck), Freiburg/Schweiz 1985, S. 75–86.

The Influence of the Possible Shift of World Economic Centres on International Competitiveness and Trade, Including Technological Trade, in: The Revolution of New Technology, Beijing 1985, S. 46–61.

Wie sieht die Zukunft für kleine und mittlere Unternehmen aus?, in: Internationales Gewerbearchiv, 33 (1985), S. 217–229.

Zur empirischen Überprüfung der Anspornwirkung des Patentwesens, in: Bombach, G./Gahlen, B./Ott, A. E. (Hrsg.), Industrieökonomik: Theorie und Empirie, Tübingen 1985, S. 193–205.

Arbeitsmarktprognosen, in: Graf Bethlen, S./Müller-Armack, A. (Hrsg.), Vollbeschäftigung – eine Utopie?, Bern-Stuttgart 1986, S. 31–46.

Aufgaben von Staat (Bund, Länder) und Kommunen bei der Förderung der Informations- und Kommunikationstechnologien, in: Schuster, F. (Hrsg.), Neue Informations- und Kommunikationstechnologien in der Anwendung, Melle 1986, S. 62–71.

Die Entwicklung des Individualverkehrs bis zum Jahre 2000, unter besonderer Berücksichtigung der Situation in Bayern, in: Haberl, F./Kroemer, W. (Hrsg.), Auto 2000, Grüne Welle ins 3. Jahrtausend, Stuttgart 1986, S. 72–78.

Innovationen schaffen Arbeit, in: Bundesvereinigung der Deutschen Arbeitgeberverbände (Hrsg.), Beschäftigungsoffensive der Arbeitgeber, Köln 1986, S. 66–79.

Strukturentwicklung in Wachstumsregionen – Ursachen des Süd-Nord-Gefälles in der Bundesrepublik Deutschland, in: Österreichische Nationalbank (Hrsg.), Vollbeschäftigung, ein erreichbares Ziel?, Wien 1986, S. 71–88.

Zur Innovationskraft kleiner und mittlerer Unternehmen, in: Ifo-Studien 32 (1986), S. 131–142.

Arbeitsmarktwirkungen moderner Technologien, in: Bombach, G./Gahlen, B./Ott, A. E. (Hrsg.), Arbeitsmärkte und Beschäftigung – Fakten, Analysen, Perspektiven, Tübingen 1987, S. 267–286.

Arbeits- und Berufswelt 2000: Tendenzen bis zum Ende des 20. Jahrhunderts, in: Reyher, L./Kühl, J. (Hrsg.), Resonanzen, Arbeitsmarkt und Beruf – Forschung und Politik (Festschrift für Dieter Mertens), Nürnberg 1988, S. 314–321.

Zur Integration von Theorie und Empirie in der Arbeit wirtschaftswissenschaftlicher Forschungsinstitute, in: Freimann, K.-D./Ott, A. E. (Hrsg.), Theorie und Empirie in der Wirtschaftsforschung, Tübingen 1988, S. 153–169.

Ertragskraft als Voraussetzung für Innovationen – Sind unternehmensgrößenspezifische Unterschiede zu erkennen?, in: Gahlen, B. (Hrsg.), Marktstruktur und gesamtwirtschaftliche Entwicklung: Proceedings des Workshops »Marktstruktur und gesamtwirtschaftliche Entwicklung«, Augsburg 5.–7. April 1989, Berlin-Heidelberg 1990, S. 253–265.

Technischer Fortschritt: Entstehung, Wirkung, Akzeptanz, in: Seitz, T. (Hrsg.), Wirtschaftliche Dynamik und technischer Wandel (Festschrift für Alfred E. Ott), Stuttgart-New York 1989, S. 163–180.

Zum Verständnis der neueren Wachstumspolitik, in: Gahlen, B./Meyer, B./Schumann, J. (Hrsg.), Wirtschaftswachstum, Strukturwandel und dynamischer Wettbewerb (Festschrift für Ernst Helmstädter), Berlin et al. 1989, S. 63–74.

Wirtschaftliches Wachstum – Wende in Bedeutung und Erklärung, in: Tübinger Universitätsreden, Band 40, Tübingen 1990, S. 13–29.

Fragen der empirischen Wirtschaftsforschung an die Wachstumstheorie, in: Gahlen, B./Hesse, H./Ramser, H. J. (Hrsg.), Wachstumstheorie und Wachstumspolitik: ein neuer Anlauf, Tübingen 1991, S. 53–77.

Stilisierte Fakten des Innovationsprozesses und ihre Analyse, in: Ifo-Studien 37 (1991), S. 151–158.

The Implications of Patent Rights for Corporate Innovation Policies in the Future European Single Market, in: Täger, U./v. Witzleben, A. (Hrsg.), Pattinova 90, Strategies for the Protection of Innovation, Dordrecht et al. 1991, S. 17–25.

The Innovation Potential of Small and Medium-Size Firms, in: Centre for International Research on Economic Tendency Surveys (Hrsg.), München 1991, S. 1–14.

Die Konjunkturprognose: Wesen, Grundlagen, Zukunft, in: Hanusch, H./Recktenwald, H. C. (Hrsg.), Ökonomische Wissenschaft in der Zukunft, Düsseldorf 1992, S. 295–302.

Direktinvestitionen und Internationalisierung der deutschen Wirtschaft, in: Kumar, B. N./Haussmann, H. (Hrsg.), Handbuch der Internationalen Unternehmenstätigkeit, München 1992, S. 35–43.

Implications of the European Common Market, German Unification and change in Eastern Europe on future economic development, in: Chawla, R. L. (Hrsg.), Development cooperation for strenghtening international economic relations, New Delhi 1992, S. 1–14.

Mangelndes Verständnis in demokratische und ordnungspolitische Grundprozesse als Hindernis auf dem Reformweg in Mittel- und Osteuropa – ein Vergleich mit der Situation im Nachkriegsdeutschland, in: Gahlen, B./Hesse, H./Ramser, H. J. (Hrsg.), Von der Plan- zur Marktwirtschaft. Eine Zwischenbilanz, Tübingen 1992, S. 37–52.

Mittelfristige wirtschaftliche Perspektiven in Folge des europäischen Binnenmarktes, in: Politische Studien 43 (1992), S. 7–15.

Ansatzpunkte für eine innovationsorientierte Wachstumspolitik (und: selbsttragender Aufschwung in den neuen Bundesländern?), in: Ifo-Institut für Wirtschaftsforschung (Hrsg.), Innovation und wirtschaftliches Wachstum in Deutschland, München 1994, S. 19–43.

Arbeitslosigkeit und Beschäftigungspolitik, in: Ifo-Studien 40 (1994), S. 283–303.

Beschäftigungspolitik – Die Sicht des Ifo-Instituts für Wirtschaftsforschung, in: Siegers, J. (Hrsg.), Vollbeschäftigung – Chance oder Illusion?, Köln 1994, S. 187–197.

Ökologie und Ökonomie. Umweltschutz als Herausforderung und Chance, in: Verein der Freunde und Förderer des Zentrums für Umwelt und Kultur, Benediktbeuren (Hrsg.), Natur und Kultur als Standortfaktoren der Wirtschaft – Bayerns Zukunft in Europa, München 1994, S. 52–57.

Produktionspotential, in: Brümmerhoff, D./Lützel, H. (Hrsg.), Lexikon der Volkswirtschaftlichen Gesamtrechnungen, München-Wien 1994, S. 286–290.

Wachstums- und Industriepolitik bei Vergrößerung des Wirtschaftsraums, in: Gahlen, B./Hesse, H./Ramser, H. J. (Hrsg.), Europäische Integrationsprobleme aus wirtschaftswissenschaftlicher Sicht, Tübingen 1994, S. 255–278.

Wirtschaftsstandort Deutschland – Aufgaben kommunaler Planungs- und Baupolitik im internationalen Wettbewerb, in: Wüstenrot Stiftung Deutscher Eigenheimverein (Hrsg.), Modernisierung der kommunalen Planungs- und Bauverwaltung, Stuttgart 1994, S. 5–14.

Wirtschaftswachstum, Beschäftigung und Arbeitslosigkeit. Theoretische und empirische Zusammenhänge, in: Wirtschaft und Gesellschaft 20 (1994), S. 361–376.

Einige Anwendungsbeispiele von qualitativen Konjunkturindikatoren zum besseren Verständnis von Konjunkturzyklen, in: Ifo-Studien 41 (1995), S. 475–493.

Wirtschaftsprognosen – Hilfen für die Unternehmungsplanung, in: Krystek, U./Link, J. (Hrsg.), Führungskräfte und Führungserfolg. Neue Herausforderungen für das strategische Management (Festschrift für Dietger Hahn), Wiesbaden 1995, S. 191–202.

Ansatzpunkte einer innovationsorientierten Wachstumspolitik, in: Harabi, N. (Hrsg.), Kreativität – Wirtschaft – Recht, Zürich 1996, S. 121–147.

Die Konjunkturforschung auf den Punkt gebracht, in: Ifo-Studien 42 (1996), S. 563–577.

Fortschritte in Theorie, Empirie, Politik?, in: Ifo-Studien 43 (1997), S. 131–144.

Einflussfaktoren der internationalen Standortwahl, in: Macharzina, K./Oesterle, M.-J. (Hrsg.), Handbuch Internationales Management, Wiesbaden 1997, S. 209–230.

Konjunkturforschung aus einem Guss als Herausforderung, in: Hüpen, R./Werbeck, T. (Hrsg.), Wirtschaftslehre zwischen Modell und Realität. Theoretische Analyse als Fundament anwendungsbezogener Aussagen (Festschrift für Tycho Seitz), Stuttgart 1998, S. 149–156.

Globalisierung der Märkte: Stellenwert der nationalen Forschungs- und Technologiepolitik, in: Hesse, H./Welzel, P. (Hrsg.), Wirtschaftspolitik zwischen gesellschaftlichen Ansprüchen und ökonomischen Grenzen (Festschrift für Reinhard Blum), Göttingen 1998, S. 249–266.

Innovation und regionales Wachstum, in: Häfliger, G. E./Meier, J. D. (Hrsg.), Aktuelle Tendenzen im Innovationsmanagement (Festschrift für Werner Popp), Heidelberg 2000, S. 27–42.

Spürbarer Abbau der Arbeitslosigkeit in Deutschland, in: Badelt, C. (Hrsg.), Aphorismen für den sozialökonomischen Fortschritt (Festschrift für Werner Clement), Frankfurt a. M. 2001, S. 323–328.

Technologische Dominanz und grundlegender Wertewandel als Herausforderungen zu Beginn des 21. Jahrhunderts, in: Berninghaus, S. K./Braulke, M. (Hrsg.), Beiträge zur Mikro- und zur Makroökonomik (Festschrift für Hans Jürgen Ramser), Berlin 2001, S. 317–329.

Einige Anmerkungen zur Diskussion über die Globalisierung der Märkte, in: Chaloupek, G./Guger, A./Nowotny, E./Schwödiauer, G. (Hrsg.), Ökonomie in Theorie und Praxis (Festschrift für Helmut Frisch), Berlin 2002, S. 267–277.

Konjunktur und währungspolitische Integration – zur monetären und realwirtschaftlichen Konvergenz der Teilnehmerstaaten der WWU, in: Liebscher, K. (Hrsg.), Vom Schilling zum Euro (Festschrift für Adolf Wala), Wien 2002, S. 227–247.

Einige Bemerkungen zur Evaluierung von Wirtschaftsforschungsinstituten, in: Jahrbücher für Nationalökonomie und Statistik 222/3 (2002), S. 382–392.

Analyse der Politikberatung: Empirie und Phantasie, in: Jahrbücher für Nationalökonomie und Statistik 223/4 (2003), S. 491–496.

Business Cycle Research: The Importance of Business Cycle Indicators, in: Matkowski, Z. (Hrsg.), Composite Indicators of Business Activity for Macroeconomic Analysis, Warszawa 2004, S. 27–41.

Neuere Ansätze in der Konjunkturforschung durch die Verwendung von Konjunkturindikatoren, in: Jahrbücher für Nationalökonomie und Statistik 224/1+2 (2004), S. 152–165.

Konjunkturindikatoren: Vermittlung von Informationen und Stütze für die Konjunkturforschung, in: IAW-Report (Institut für Angewandte Wirtschaftsforschung), 32/2 (2004), S. 1–32.

Hat sich das deutsche Konjunkturmuster geändert?, in: Jahrbücher für Nationalökonomie und Statistik 225/3 (2005), S. 374–381.

Umwelt und Energie: Einführung in die Thematik, in: Franz, W./Ramser, H. J./Stadler, M. (Hrsg.), Umwelt und Energie, Tübingen 2006, S. 1–14.

Economic Growth and European Integration: Some Important Perspectives, in: Foti, G./Inotai, A./Simai, M. (Hrsg.), Epochal Change in the World Economy Past and Prospects, Budapest 2007, S. 125–132.

Regionalpolitik im Wandel, in: Oppenländer, K. H. (Hrsg.), Regionen als Wachstumsmotor, Ludwigsburg 2007, S. 161–165.

Regionale Cluster bringen Innovationen und Wachstum, in: Wissenschaftsmanagement 14 (2008), S. 18–21.

Zum Prognoseverständnis der empirischen Wirtschaftsforschung, in: Wagner, A. (Hrsg.), Empirische Wirtschaftsforschung heute (Festschrift für Ullrich Heilemann), Stuttgart 2009, S. 159–170.

Wirtschaftswachstum, technischer Fortschritt, Innovationen – eine endlose Geschichte, in: Enke, H./Wagner, A. (Hrsg.), Zur Zukunft des Wettbewerbs (In memoriam Karl Brandt und Alfred E. Ott), Marburg 2012, S. 141–155.

Wachstumspolitik fördert Innovationen, in: Wissenschaftsmanagement 18 (2012), S. 36–39.

Autorenverzeichnis

Dr. Klaus Abberger
KOF ETH Zürich
WEC D 14
CH-8092 Zürich
abberger@kof.ethz.ch

Dr. Hans J. Barth
Prognos AG, Direktor i. R.
Fasanenweg 10
D-79540 Lörrach
dr.hans.barth@t-online.de

Prof. Dr. rer. pol. habil. Dr. h. c.
Ulrich Blum
Universität Halle
Große Steinstr. 73
D-06108 Halle (Saale)
ulrich.blum@wiwi.uni-halle.de

Professor Dr. Uwe Cantner
Friedrich-Schiller-University Jena
Carl-Zeiss-Strasse 3
D-07743 Jena
uwe.cantner@uni-jena.de

Johann Hahlen
Staatssekretär a. D.
Am hohen Rain 52
D-50389 Wesseling
johann.hahlen@web.de

Dr. Werner Gleißner
Vorstand der FutureValue Group AG
Obere Gärten 18
D-70771 Leinfelden-Echterdingen
w.gleissner@futurevalue.de

Univ.-Prof. Dr. Ullrich Heilemann
Universität Leipzig
Grimmaische Straße 12-14
D-04109 Leipzig
heilemann@wifa.uni-leipzig.de

Prof. Dr. Fritz Helmedag
Technische Universität Chemnitz
Thüringer Weg 7
D-09107 Chemnitz
f.helmedag@wirtschaft.tu-chemnitz.de

Univ.-Prof. Dr. Klaus Jaeger
Dürerstr. 7
D-68723 Oftersheim
Klaus.Jaeger@fu-berlin.de

Prof. Dr. Alfred Kleinknecht
Lehrstuhl Economics of Innovation
TU Delft
Jaffalaan 5
NL-2628 BX Delft
a.h.kleinknecht@tudelft.nl

Prof. Dr. Hans-Juergen Krupp
Präsident des DIW in Berlin
Kinzigweg 5
D-64297 Darmstadt
Hans-Juergen.Krupp@t-online.de

Dr. Willi Leibfritz
Fritz-Lutz-Strasse 4
D-81929 München
willi.leibfritz@web.de

Prof. Dr. Wulf D. von Lucius
Lucius & Lucius
Verlagsgesellschaft mbH
Gerokstr. 51
D-70184 Stuttgart
lucius@luciusverlag.com

Prof. Dr. Manfred Neumann
Universität Erlangen-Nürnberg
Robert-Koch-Str. 16
D-91207 Lauf
neumann-lauf@t-online.de

Dr. Wolfgang Nierhaus
ifo Institut
Poschingerstraße 5
D-81679 München
nierhaus@ifo.de

Dr. C. W. M. Naastepad
Dozentin für Wirtschaftstheorie
TU Delft
c.w.m.naastepad@tudelft.nl

Dr. Frank Oppenländer
Rechtsanwalt & Notar
Gänsheidestr. 1
D-70184 Stuttgart
oppenlaender@ohh-notare.de

Dr. Thomas Oursin
Generalsekretär der Europäischen
Investitionsbank Luxemburg a.D.
Boeckelerstrasse 16
D-82327 Tutzing
thomas.oursin@t-online.de

Prof. Dr. Gerd Ronning
Eberhard Karls Universität Tübingen,
Leopold Oster Weg 1
D-78479 Reichenau
gerd.ronning@uni-tuebingen.de

Prof. em. Dr. Bernd Schips
Tanneichenstrasse 5
CH_9010 St. Gallen
bschips@ethz.ch

Univ.-Prof. em. Dr. Dr. Josef Schmid
Luitpoldstraße 38
D-96052 Bamberg
josef.schmid@uni-bamberg.de

Prof. Dr. Manfred Stadler
Universität Tübingen
Mohlstr. 36
D-72074 Tübingen
manfred.stadler@uni-tuebingen.de

Dr. Servaas Storm
Dozent für Wirtschaftstheorie
TU Delft
s.t.h.storm@tudelft.nl

Dr. Uwe Christian Täger
Posener Straße 51
D-81929 München
taeger_muenchen@t-online.de

Prof. Dr. Gunther Tichy
Österreichisches Institut für
Wirtschaftsforschung
Vinzenz Hess-Gasse 9b
A-1130 Wien
Gunther.Tichy@wifo.ac.at

Simone Vannuccini
Friedrich-Schiller-University Jena
Carl-Zeiss-Strasse 3
D-07743 Jena
simone.vannuccini@uni-jena.de

Dr. Robert Vergeer
Arbeitsmarktforscher bei TNO Arbeid
Hoofddorp
robert.vergeer@tno.nl.

Univ.-Prof. Dr. Dr. h. c. Adolf Wagner
Universität Leipzig
Burglehenweg 7
D-72108 Rottenburg
prof@adolfwagner.eu

Prof. Dr. Carl Christian von Weizsäcker
Max-Planck-Institut zur Erforschung
von Gemeinschaftsgütern
Kurt-Schumacherstraße 10
D-53113 Bonn
weizsaecker@coll.mpg.de

Prof. (a.D.) Dr. Jürgen Wolters
FU Berlin
Türksteinweg 31d
14167 Berlin
juergen.wolters@fu-berlin.de

ORDO

Jahrbuch für die Ordnung von Wirtschaft und Gesellschaft
Band 62

Begründet von Walter Eucken und Franz Böhm

Herausgegeben von
Hans Otto Lenel, Thomas Apolte, Clemens Fuest, Walter Hamm, Wolfgang Kerber, Martin Leschke, Ernst-Joachim Mestmäcker, Wernhard Möschel, Josef Molsberger, Christian Müller, Peter Oberender, Ingo Pies, Razeen Sally, Alfred Schüller, Viktor Vanberg, Christian Watrin, Hans Willgerodt

2011. X/678 S., geb. € 116,–. ISBN 978-3-8282-0554-3

Inhaltsübersicht:

Vorträge zur Ordnung der Wirtschaft und Gesellschaft

LUCIUS & LUCIUS Stuttgart

FSC
www.fsc.org
MIX
Papier | Fördert
gute Waldnutzung
FSC® C083411

Kolibri 360 GmbH
Ferdinand-Jühlke-Straße 7
99095 Erfurt, Deutschland
produktsicherheit@kolibri360.de